公的年金の教科書

特定社会保険労務士
脇 美由紀 著

ビジネス教育出版社

はじめに

「公的年金」というと、皆さまは何を思い浮かべますか？

老後の支えとして受け取る年金をイメージされたでしょうか。

日本の公的年金制度はそれだけではありません。障害になったときや死亡したときにも国から支給される年金があり、私たちの万が一のときの備えにもなっています。

公的年金は誰もが同じように受けられるものではないため、制度のルールを知識として得ることは重要です。とはいえ、年金は専門的で難解であり、アクセスできる情報源も限られていることから、あまり深く知られていないようです。

このような状況の中、「皆さまのための公的年金の教科書を作りたい」との思いから始動し完成したのが本書です。私たちが知っておきたい公的年金制度を理解する手がかりとなることを目指しました。

本書の特徴は次の３つです。

①　わかりやすい内容

身近な本として利用できるように図や表を多く取り入れ、わかりやすい解説になるように工夫しています。

②　見やすい構成

得たい情報を確認しやすいように見開き１項目を基本構成としました。さらに、目次や索引を利用することによって辞書のように活用することができます。

③　幅広い内容

基本的な内容だけでなく一般的には知られていない詳細な内容も解説しており、公的年金制度に対する知識と理解を深めることができます。

本書を身近な公的年金の参考書としてご活用いただければ幸いです。

特定社会保険労務士

脇　美由紀

公的年金の教科書

目　次

第1章　公的年金制度への加入

第2章 老齢年金

第3章　障害年金

第4章　遺族年金

第5章　脱退給付

第6章　離婚分割

第7章　共済期間の年金

第8章　年金の支給・停止等

第9章　社会保障協定

付録　その他、資料

◆主な根拠条文

国年法	国民年金法(昭和34年法律第141号)
国年法附	国民年金法(昭和34年法律第141号)附則
国年令	国民年金法施行令(昭和34年政令第184号)
国年則	国民年金法施行規則(昭和35年厚生省令第12号)
厚年法	厚生年金保険法(昭和29年法律第115号)
厚年法附	厚生年金保険法(昭和29年法律第115号)附則
厚年令	厚生年金保険法施行令(昭和29年政令第110号)
厚年則	厚生年金保険法施行規則(昭和29年厚生省令第37号)
国共済法	国家公務員共済組合法(昭和33年法律第128号)
国共済令	国家公務員共済組合法施行令(昭和33年政令第207号)
国共済則	国家公務員共済組合法施行規則(昭和33年大蔵省令第54号)
国共済施行法	国家公務員共済組合法の長期給付に関する施行法(昭和33年法律第129号)
地共済法	地方公務員等共済組合法(昭和37年法律第152号)
地共済施行法	地方公務員等共済組合法の長期給付等に関する施行法(昭和37年法律第153号)
私学共済法	私立学校教職員共済法(昭和28年法律第245号)
法附則(36)	国民年金法等の一部を改正する法律(昭和36年法律第182号)附則
法附則(44)	国民年金法等の一部を改正する法律(昭和44年法律第78号)附則
法附則(51)	国民年金法等の一部を改正する法律(昭和51年法律第63号)附則
法附則(60)	国民年金法等の一部を改正する法律(昭和60年法律第34号)附則
法附則(平6)	国民年金法等の一部を改正する法律(平成6年法律第95号)附則
法附則(平8)	国民年金法等の一部を改正する法律(平成8年法律第82号)附則
法附則(平12)	国民年金法等の一部を改正する法律(平成12年法律第18号)附則
法附則(平13)	国民年金法等の一部を改正する法律(平成13年法律第101号)附則
法附則(平16)	国民年金法等の一部を改正する法律(平成16年法律第104号)附則
法附則(平23)	国民年金法等の一部を改正する法律(平成23年法律第93号)附則
法附則(平24)	国民年金法等の一部を改正する法律(平成24年法律第62号)附則、被用者年金制度の一元化等を図るための厚生年金保険法等の一部を改正する法律[被用者年金一元化法](平成24年法律第63号)附則
法附則(平26)	政府管掌年金事業等の運営の改善のための国民年金法等の一部を改正する法律(平成26年法律第64号)附則
法附則(令2)	年金制度の機能強化のための国民年金法等の一部を改正する法律(令和2年法律第40号)附則
令附則(令3)	年金制度の機能強化のための国民年金法等の一部を改正する法律の施行に伴う関係政令の整備及び経過措置に関する政令(令和3年政令第229号)附則
経過措置令(61)	国民年金法等の一部を改正する法律の施行に伴う経過措置に関する政令(昭和61年政令第54号)
経過措置令(平27)	被用者年金制度の一元化等を図るための厚生年金保険法等の一部を改正する法律の施行に伴う厚生年金保険の保険給付等に関する経過措置に関する政令(平成27年政令第343号)
国共済経過措置令(平27)	被用者年金制度の一元化等を図るための厚生年金保険法等の一部を改正する法律の施行及び国家公務員の退職給付の給付水準の見直し等のための国家公務員退職手当法等の一部を改正する法律の一部の施行に伴う国家公務員共済組合法による長期給付等に関する経過措置に関する政令(平成27年政令第345号)
被用者年金一元化法	被用者年金制度の一元化等を図るための厚生年金保険法等の一部を改正する法律[被用者年金一元化法](平成24年法律第63号)
改正前国共済法	被用者年金一元化法第2条による改正前の国家公務員共済組合法
改正前地共済法	被用者年金一元化法第3条による改正前の地方公務員等共済組合法
船員保険法	船員保険法(昭和14年法律第73号)
沖縄法	沖縄の復帰に伴う特別措置に関する法律(昭和46年法律129号)
沖縄令	沖縄の復帰に伴う厚生省関係法令の適用の特別措置等に関する政令(昭和47年政令第108号)
年金時効特例法	厚生年金保険の保険給付及び国民年金の給付に係る時効の特例等に関する法律(平成19年法律第111号)
社審法	社会保険審査官及び社会保険審査会法(昭和28年法律第206号)
特例法	社会保障協定の実施に伴う厚生年金保険法等の特例等に関する法律(平成19年法律第104号)
特例令	社会保障協定の実施に伴う厚生年金保険法等の特例等に関する政令(平成19年政令第347号)
等級区分改定令	厚生年金保険法の標準報酬月額の等級区分の改定等に関する政令(令和2年政令第246号)
農業者年金基金法	独立行政法人農業者年金基金法(平成14年法律第127号)
年金確保支援法	国民年金及び企業年金等による高齢期における所得の確保を支援するための国民年金法等の一部を改正する法律(平成24年政令第188号)
基金令	国民年金基金令(平成2年政令第304号)
支援給付金法	年金生活者支援給付金の支給に関する法律(平成24年法律第102号)
特定障害法	特定障害者に対する特別障害給付金の支給に関する法律(平成16年12月10日法律第166号)
特定障害法令	特定障害者に対する特別障害給付金の支給に関する法律施行令(平成17年政令第56号)
雇保法	雇用保険法(昭和49年法律第116号)
健保法	健康保険法(大正11年法律第70号)
健保法則	健康保険法施行規則(大正15年内務省令第36号)
労災法	労働者災害補償保険法(昭和22年法律第50号)
労災令	労働者災害補償保険法施行令(昭和52年政令第33号)
住民基本台帳法	住民基本台帳法(昭和42年法律第81号)
児扶法	児童扶養手当法(昭和36年法律第238号)

◆略語

国年	国民年金
厚年・厚生年金	厚生年金保険
新法	昭和61年4月1日改正以後の法令
旧法	昭和61年4月1日改正前の法令
一元化前	平成27年10月1日の被用者年金一元化法施行前

第1章

公的年金制度への加入

1 公的年金制度の概要

1 公的年金は社会保険方式

～現役時代に負担した保険料に対応した年金が支払われる～

1 公的年金は社会保険方式

日本の公的年金制度は、現役世代が納めた保険料が、現在の高齢者などの年金給付に充てられる**世代間扶養**の**賦課方式**が基本です。また、保険料収入を基本財源として、過去に積み立てた積立金を活用しつつ国庫負担金（税金）を組み合わせ、**社会保険方式**によって年金を給付するしくみです。

社会保険方式では年金制度に加入する人の事前の保険料の納付（拠出）を受給要件として、保険原理に基づいて年金が支給されます。そのため、基本的には保険料を納付しなければ、年金を受けることができません。また、保険料の納付に応じた給付になるため、将来受給する年金額に影響があります。

2 保険事故と給付

年金制度は特定の期間に保険料を支払い、**保険事故**が起きたときに給付を受けるしくみです。公的年金における保険事故とは、所得が得られなくなった状況を指します。これは主に**高齢期の退職、障害、家族の死亡**です。

高齢になり働けなくなると所得が途絶えます。障害があるときも思うように働けず所得が途絶えることがあります。生活の担い手だった家族が死亡したときも所得が途絶えます。そのようなときに所得保障として支給されるのが**公的年金制度の給付**です。

3 年金給付時の再評価

公的年金の大きな特徴は、賃金や物価の変動に応じて給付額が改定することです。昭和36年に国民年金制度が創設されたとき、月額保険料100円を40年間納付すると、月額3,500円の年金が65歳から支給されるしくみでした。現在の社会水準で考えれば不十分です。賃金や物価に連動することにより**現在の水準に再評価**された年金が給付されています。

4 公的年金の給付の種類

(1) 国民年金からの給付

国民年金に加入している人や加入していた人が受けられる給付は主に、**老齢基礎年金、障害基礎年金、遺族基礎年金**です。それぞれの給付に支給要件があります。

保険事故	国民年金からの給付
老　齢	老齢基礎年金、付加年金
障　害	障害基礎年金（1級、2級）
死　亡	遺族基礎年金、寡婦年金、死亡一時金

経過的に、旧令共済組合等の組合員であった期間を有する人に対する老齢年金、脱退一時金、および特別一時金の支給も行われています。また老齢福祉年金などもあります。

(2) 厚生年金からの給付

厚生年金に加入している人や加入していた人が受けられる給付は主に、**老齢厚生年金、障害厚生年金、遺族厚生年金**の３つです。それぞれの給付に支給要件があります。

保険事故	厚生年金からの給付
老　齢	老齢厚生年金
障　害	障害厚生年金（1級～3級）、障害手当金
死　亡	遺族厚生年金

経過的に、特別支給の老齢厚生年金、脱退手当金、脱退一時金、特例老齢年金、特例遺族年金の支給も行われています。

2 旧法と新法の給付（基礎年金制度の導入）

～昭和61年4月から全国民に基礎年金制度が導入された～

1 昭和61年4月以後の新年金制度（新法）

昭和 61 年3月以前の旧制度（旧法）では、国民年金、厚生年金、共済年金は別々の制度として存在していましたが、昭和 60 年に大改革があり、**昭和 61 年4月以後は新年金制度（新法）**となりました。

（1）新年金制度の年金給付

新年金制度では、全国民に**基礎年金制度**が導入され、従来厚生年金から支給されていた定額部分が国民年金の基礎年金として支給されるようになりました。厚生年金は基礎年金の上乗せの年金として報酬比例部分を支給するしくみに変更されました。

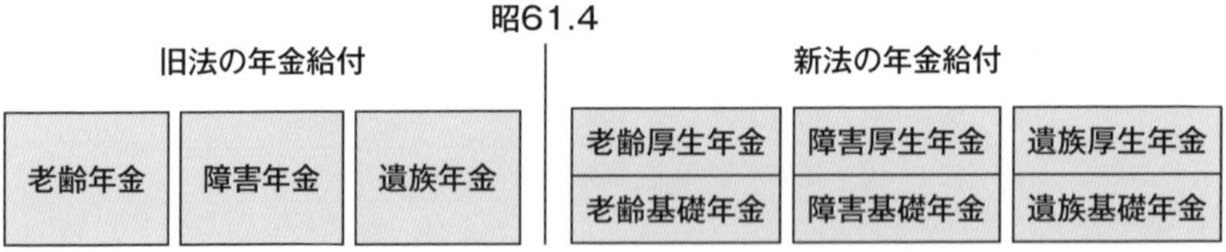

（2）新年金制度の適用

新年金制度の適用面では、厚生年金の被保険者の資格に 65 歳（現在は 70 歳まで引き上げられている）の年齢制限が設けられ、同時に国民年金の第２号被保険者として二重加入のしくみが設けられました。また、船員保険の職務外の年金部門が厚生年金に統合され、船員も厚生年金に加入することになりました。

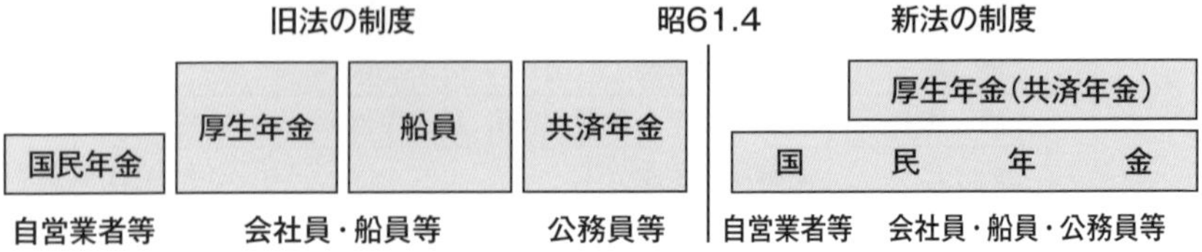

2 旧法と新法の年金給付

昭和61年4月1日前に年金の受給権を取得した人は、原則として、引き続き旧法に基づいた年金が支給され、**昭和61年4月1日以後**に受給権を取得した人には、新法に基づいた年金が支給されます。旧法と新法における給付の種類や名称は、次表のとおりです。〈法附則(60)23、31ほか〉

(1) 国民年金の旧法と新法の給付

保険事故		旧法 ～　昭61.3	新法 昭61.4　～　現在
国民年金	老齢	老齢年金 通算老齢年金 老齢福祉年金 付加年金	老齢基礎年金 老齢福祉年金 付加年金
	障害	障害年金(1級、2級) 障害福祉年金(1級、2級)	障害基礎年金(1級、2級)
	死亡	母子年金 準母子年金 遺児年金 寡婦年金 死亡一時金 母子福祉年金・準母子福祉年金	遺族基礎年金 寡婦年金 死亡一時金

昭和61年4月1日に、障害福祉年金は障害基礎年金に裁定替えされています。また、母子福祉年金と準母子福祉年金は遺族基礎年金に裁定替えされています。〈法附則(60)25①、28①〉

(2) 厚生年金、共済年金の旧法と新法の給付

保険事故		旧法	新法
厚生年金・共済年金	老齢	老齢年金 通算老齢年金 特例老齢年金 退職年金 減額退職年金 通算退職年金	老齢厚生年金(退職共済年金)
	障害	障害年金(1級～3級) 障害手当金・障害一時金	障害厚生年金(障害共済年金)(1級～3級) 障害手当金
	死亡	遺族年金 通算遺族年金 特例遺族年金	遺族厚生年金(遺族共済年金)

3 基礎年金番号

～平成9年1月からは基礎年金番号が制度化された～

1 基礎年金番号とは

平成９年１月に、全制度に共通の番号として**基礎年金番号**が制度化されました。これにより、転職や退職などで加入する制度が変わっても、生涯にわたる加入記録を１つの番号でまとめて管理できるようになりました。それまでは、各制度それぞれにおいて、加入者の年金番号が独自に付けられていました。

2 年金手帳から基礎年金番号通知書へ

年金手帳は、保険料を納付した際の領収証明や、基礎年金番号を本人に通知するために交付されてきました。しかし、マイナンバーの導入などで手帳形式である必要性がなくなったことから、令和４年４月１日以降に新たに国民年金や厚生年金の被保険者となった人には、年金手帳に代わり**基礎年金番号通知書**が交付されています。

基礎年金番号通知書
基礎年金番号
○○○○－△△△△△△
フリガナ　ネンキン　タロウ
氏名　年金　太郎
生年月日　平成×年×月×日
令和×年×月×日交付
厚生労働大臣

基礎年金番号は、4桁と6桁の数字を組み合わせた10桁の番号です。

3 年金受給権者にも基礎年金番号

基礎年金番号は、年金を受給するようになってからも引き続き使用します。年金を受給する権利がある人に交付される年金証書（巻末資料Ⅰ・３）には基礎年金番号が記載されています。

4 新制度創設後の改正

～昭和61年４月以降も多くの改正を経て現在に至っている～

1 新制度創設後の改正

公的年金制度は、昭和 61 年４月以降も多くの改正を経て現在に至っています。主に次のようなことがありました。

- 平成 22 年１月には**日本年金機構**が設立されました。
- 平成 27 年 10 月１日には**被用者年金一元化法が施行**され、厚生年金制度と各共済年金制度が一元化されました。
- 平成 28 年 10 月１日からは厚生年金の加入にかかる**短時間労働者の適用拡大**が実施され、その基準が法律で明確にされました。
- 平成 29 年８月１日から、老齢基礎年金、老齢厚生年金等の受給資格期間が 25 年から **10 年に短縮**されました。
- 令和４月４月には**繰下げ制度の改正**等が行われました。

（年金制度の主な改正は巻末資料Ⅲ・10）

2 改正と経過措置

日本の公的年金制度は、多くの改正と経過措置により複雑化しています。経過措置とは、徐々に制度変更するための措置のことです。例えば、老齢厚生年金の支給開始年齢を急に変更すると不公平が生じるため、何年もかけて徐々に支給開始年齢を引き上げていくとする経過措置が定められています。経過措置がなければ、誕生日が１日遅いだけで老齢厚生年金の支給開始年齢が５年遅くなるといった不公平な制度になってしまいます。

このように、日本の公的年金制度は過去数十年にわたって多くの改正が行われており、また多くの経過措置を含んでおり、理解することがより難しくなっています。本書では、そうした経過措置を含む新法に基づく年金制度について解説しています。

2 国民年金への加入

I 国民年金の強制加入被保険者

1 国民年金の強制加入被保険者

～日本国内に住む特定の要件に該当する人は国民年金に強制加入～

1 国民年金の制度

国民年金には、日本国内に居住する20歳以上60歳未満のすべての人が加入します。年金制度に加入する人を**被保険者**といい、職業などに応じて、**第1号被保険者、第2号被保険者、第3号被保険者**の３つの種別に分かれています。これらは加入が義務付けられた**強制加入被保険者**です。また、特定の要件を満たす場合に厚生労働大臣に申し出ることにより加入できる**任意加入被保険者**もあります。〈国年法７①〉

2 第1号被保険者

日本国内に住所を有する20歳以上60歳未満の人の中で、第２号被保険者や第３号被保険者に該当しない人が**第1号被保険者**です。これには、自営業者、20歳以上の学生、フリーター、無職の人などが含まれます。ただし、厚生年金保険法に基づく老齢給付等を受ける人や、医療目的で来日する日本国籍を有しない人など、厚生労働省令で定める特定の人は、第１号被保険者にはなりません。〈国年法７①１〉

第１号被保険者にならない人

- 「厚生年金保険法に基づく老齢給付等」とは、60歳未満で支給される特別支給の老齢厚生年金や旧厚生年金保険法による老齢年金などを指します。旧法時代には、特定の条件下で、60歳未満の人にも特別支給の老齢厚生年金等が支給されることがありました。〈国年則３〉
- 医療滞在ビザや観光、保養を目的とするロングステイビザなどで来日した人は国民年金の被保険者とされません。これは第３号被保険者においても同じです。〈国年則１の２〉

3 第２号被保険者

第２号被保険者は**厚生年金の被保険者**である人です。ただし、**65歳以上**の人は、**老齢基礎年金等の受給権を有しない人**に限ります。

〈国年法７①２、国年法附３〉

第２号被保険者にならない人

厚生年金の被保険者のうち、65歳以上の老齢基礎年金等の受給権のある人は第２号被保険者になりません。また、その人に扶養される20歳以上60歳未満の配偶者は第３号被保険者ではなく第１号被保険者です。

4 第３号被保険者

第２号被保険者の被扶養配偶者で**20歳以上60歳未満**の人は**第３号被保険者**です。**被扶養配偶者**とは、主に第２号被保険者により生計を維持される配偶者をいいますが、すでに第２号被保険者である人や国民年金の適用除外の人は除きます。第３号被保険者となるには、日本国内に住所があるか、または日本国内に住所はなくても**日本国内に生活の基礎があると認められる人**であることが必要です。これは事実婚の場合にも適用されます。

〈国年法７①３〉

日本国内に生活の基礎があると認められる人（国内居住要件の例外）

日本国内に生活の基礎があると認められる人とは次の人です。

① 外国で留学をする学生
② 外国に赴任する第２号被保険者に同行する人
③ 観光、保養またはボランティア活動、その他就労以外の目的で一時的に海外に渡航する人
④ 第２号被保険者が外国に赴任している間に身分関係が生じた人であって②と同等と認められる人
⑤ 上記①～④のほか、渡航目的その他の事情を考慮して、日本国内に生活の基礎があると認められる人

〈国年則１の３〉

2 第3号被保険者の被扶養配偶者の認定基準

～第３号被保険者には収入要件などの一定の基準がある～

1 被扶養配偶者の認定基準

第３号被保険者の「主として第２号被保険者の収入により**生計を維持すること**」の要件の認定は、**健康保険法**など各法における被扶養者の認定の取扱いを勘案して、日本年金機構が行います。原則として、次の基準を満たすときに被扶養配偶者の要件を満たします。

〈国年令４、昭61庁保発13号、昭61庁保発18号、平15庁文発798号〉

（1）認定対象者（被扶養配偶者）が第２号被保険者と同一世帯のとき

① 原則として、認定対象者の年間収入が**130万円未満**（一定の障害があるときは**180万円未満**）で、かつ第２号被保険者の年収の**２分の１未満**であるとき

② 上記の条件に該当しない場合であっても、認定対象者の年間収入が**130万円未満**（一定の障害があるときは**180万円未満**）で、かつ、第２号被保険者の**年間収入を上回らない**場合に、その世帯の生計の状況を総合的に勘案して、第２号被保険者がその世帯の生計維持の中心的役割を果たしていると認められるとき

（2）認定対象者（被扶養配偶者）が第２号被保険者と別世帯のとき

原則として、認定対象者の年間収入が**130万円未満**（一定の障害があるときは**180万円未満**）で、かつ第２号被保険者からの仕送りなどの**援助による収入額より少ない**とき

POINT!

- 一定の障害とは、概ね障害厚生年金の受給要件に該当する程度の障害のことであり、概ね３級以上の障害の程度とされています。
- 婚姻の届出をしていないが事実上婚姻関係と同様の事情にある認定対象者の取扱いに関しては、事実婚関係の認定の後に、被扶養配偶者の認定が行われます。

(3) 認定対象者(被扶養配偶者)が農業者等であるとき

第3号被保険者の認定対象者が農業者であるとき、その職業や生活実態を勘案すれば、通常の被扶養配偶者の認定基準 **(1)** および **(2)** を用いることが実態と著しくかけ離れたものとなり、かつ、社会通念に照らしても不適切であると判断されるときは、その具体的事情を考慮して最も妥当とされる認定が行われます。

2 認定対象者(被扶養配偶者)の年間収入

被扶養配偶者の年間収入の算定は、基本的に**恒常的な収入**の状況に基づきます。今後1年間の収入を見込んで判断され、過去の収入、現時点の収入または将来の収入の見込みなどにより認定が行われます。

恒常的な収入には、恩給、年金、給与所得、傷病手当金、失業給付金、資産所得など、継続的に得られる収入が含まれます。例えば、給与所得等の収入があるときは月額108,333円以下、失業給付(基本手当)の受給者は日額3,611円以下であれば、年間収入が130万円未満とみなされます。

3 健康保険の任意継続被保険者と第3号被保険者

例えば夫が会社を退職し健康保険の**任意継続被保険者**になったとき、その被扶養配偶者(妻)は健康保険の被扶養者になりますが**第3号被保険者**にはなりません。一方で、妻が任意継続被保険者で夫が会社員のとき、一定の要件を満たせば第3号被保険者になることができます。

■妻が退職し夫が会社員のケース

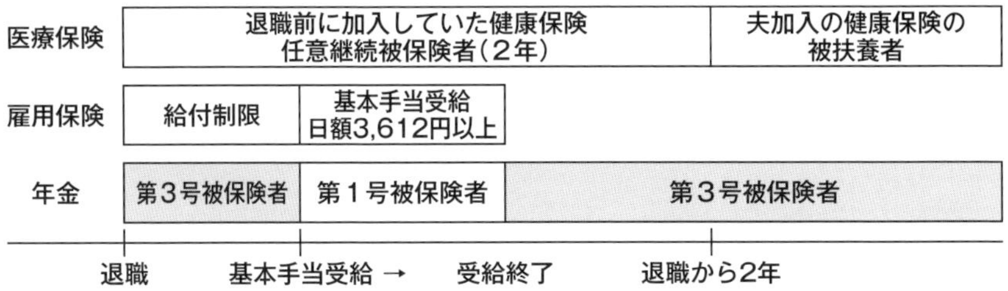

健康保険組合などは規約によって取扱いが異なることがあります。

3 資格取得と喪失の時期

～一定の年齢に該当すると国民年金の被保険者となる～

1 資格取得の時期

強制加入被保険者は、次のいずれかに該当したときに、被保険者の資格を取得します。〈国年法８〉

① 第２号被保険者や第３号被保険者に該当しない人が、次のいずれかに該当するに至った日

- **20歳**に達したとき
- 外国に住所を有していた20歳以上60歳未満の人が、**日本国内に住所**を有することになったとき
- 日本国内に住所を有する20歳以上60歳未満の人が、厚生年金保険法に基づく老齢給付等を受けることができる者、その他国民年金法の適用を除外すべき特別の理由がある者として厚生労働省令で定める者でなくなったとき

② **20歳未満の人または60歳以上の人**については、厚生年金の被保険者の資格を取得したとき

③ その他の人については、次のいずれかに該当するに至った日

- 厚生年金の被保険者の資格を取得したとき
- **被扶養配偶者**となったとき

POINT!

- 「20歳に達した日」とは、20歳の誕生日の前日をいいます。例えば、昭和36年4月2日生まれの人の20歳に達した日は、昭和56年4月1日です。〈年齢計算に関する法律など〉
- 厚生年金の被保険者が20歳に達していても、その被扶養配偶者が20歳に達していないとき、その配偶者は第3号被保険者になりません。

2 資格喪失の時期

強制加入被保険者は、次のいずれかに該当したときに、その資格を喪

失します。　〈国年法9〉

① **死亡**したとき
② **日本国内に住所を有しなくなった**とき（第2号被保険者または第3号被保険者に該当するときを除く）
③ **60歳**に達したとき（第2号被保険者に該当するときを除く）
④ 厚生年金保険法の老齢給付等を受けることができる者その他国民年金法の適用を除外すべき特別の理由がある者として厚生労働省令で定める者となったとき（第2号被保険者または第3号被保険者に該当するときを除く）
⑤ 厚生年金の被保険者の資格を喪失したとき（第1号被保険者または第3号被保険者に該当するときを除く）または**65歳**に達したとき（第2号被保険者に該当するときを除く）
⑥ **被扶養配偶者**でなくなったとき（第1号被保険者または第2号被保険者に該当するときを除く）

3 資格喪失と種別変更

20歳以上60歳未満の厚生年金の被保険者がその資格を喪失したときは、通常は国民年金の強制加入被保険者になり、被保険者の**種別の変更**に該当します。一方で、20歳未満または60歳以上の厚生年金の被保険者がその資格を喪失したときは、その日に国民年金の**資格を喪失**します。

■20歳以上60歳未満の厚生年金の被保険者が資格を喪失したとき

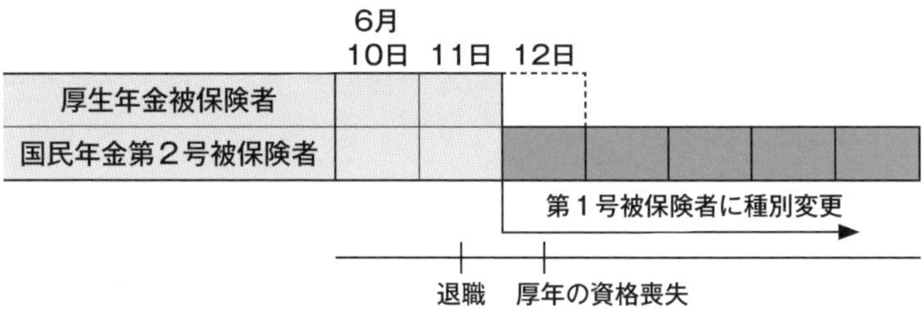

厚生年金の被保険者が**65歳**に達したときは、原則として、その日に第2号被保険者としての資格を喪失します（本章②Ⅰ1・3）。

4 被保険者に関する届出

～被保険者ごとに届出方法が異なる～

1 第1号被保険者

第１号被保険者は、その**資格の取得**および**喪失、種別の変更、氏名および住所の変更**に関する事項を市区町村長に届け出る必要があります。具体的には、これらに該当したときから14日以内に**国民年金被保険者関係届出書**を市区町村長に提出します。　〈国年法12①、国年則１の４〉

参考　20歳に達したことによる資格取得

20歳に達し第１号被保険者の資格を取得する人について、住民基本台帳法に基づく情報提供を受けてその事実を確認できるときは、資格取得の届出は不要とされています。　〈国年則１の４〉

20歳の誕生日の約２週間後に日本年金機構から国民年金への加入通知や基礎年金番号通知書、国民年金保険料の納付書などが届きます。これは、令和元年10月改正により職権による資格取得処理が可能になったためです。

20歳前から厚生年金に加入している人には、この通知は届きません。第２号被保険者に扶養されている配偶者（第３号被保険者）には通知が届くので、勤務先を通して第３号被保険者の手続きを行います。

2 第2号被保険者

第２号被保険者は、厚生年金の実施機関において第２号被保険者の手続きが行われるため、本人が別途資格取得の手続きを行う必要はありません。例えば、民間の会社で働くときには、事業主が**被保険者資格取得届**を日本年金機構に提出します。　〈国年法附７の４〉

3 第3号被保険者

第３号被保険者の**資格の取得**および**喪失、種別の変更、氏名および住所の変更**に関する届出は、配偶者（第２号被保険者）の所属する事業所の事業主や共済組合等を通じて行います。　〈国年法12の２、国年令４の２〉

第３号被保険者が次に該当したときは、**被扶養配偶者でなくなったこ**

とを、事業主等を経由して**被扶養配偶者非該当届**によって届け出る必要があります。〈国年則6の2の2①〉

- 第3号被保険者の収入が基準額以上に増加したとき
- 第2号被保険者である配偶者と離婚したとき
- 日本国内に生活の基礎があると認められなくなったとき

ただし、全国健康保険協会管掌健康保険（協会けんぽ）の適用事業所に使用される第2号被保険者の被扶養配偶者の届出は不要です。また、第2号被保険者である配偶者が退職したときおよび第3号被保険者が厚生年金の資格を取得したときも届出不要です。なお、死亡のときは別途届出が必要です。

4 第3号被保険者の種別確認届

第3号被保険者は、その配偶者が厚生年金の被保険者の資格を喪失した後に、引き続き厚生年金の被保険者の資格を取得したときは、**種別確認**の届出を日本年金機構に提出する必要があります。ただし、配偶者の転職後の厚生年金の被保険者の種別が同一であるときは必要ありません。〈国年則6の3〉

夫の転職等→妻にかかる種別確認の届出が必要

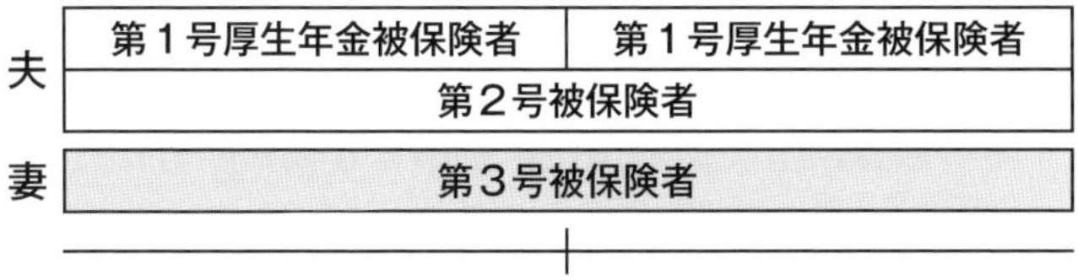

夫の転職等→妻にかかる種別確認の届出は不要

5 外国人の適用

～国内に住所を有する20歳以上60歳未満の外国人は強制加入被保険者～

1 国民年金における外国人の適用

日本国内に住所を有する**20歳以上60歳未満**の**外国人**で、第2号被保険者および第3号被保険者に該当しない人は、**第1号被保険者**に該当します。

この取扱いは、原則として住民基本台帳法に基づく外国人住民で**住民基本台帳に記録されている人**が対象者です。ただし、短期滞在者などで住民基本台帳に記録されない外国人であっても、日本国内に住所を有することが確認できれば、同様に第1号被保険者の適用の対象です。なお、日本国内に住所を有する**任意加入被保険者**（特例の任意加入被保険者を含む）も同様の取扱いです。　〈平24年管管発0614第2号〉

参考　外国人登録制度の廃止

外国人住民などに関する規定が平成24年7月9日に施行されたことに伴い、外国人登録制度が廃止され、3カ月を超えて適法に在留する外国人であって国内に住所を有する人は、住民基本台帳法の適用対象とされました。

2 外国人の被保険者の資格取得日および資格喪失日

（1）外国人の被保険者の資格取得

第1号被保険者である外国人の**資格取得日**は、原則として、入国後に最初に住所を有した日（原則**上陸許可日**）です。その他の資格取得日および種別変更日は、次のとおり定められています。

- 厚生年金の被保険者である国民年金第2号被保険者から引き続き第1号被保険者に移行したときの種別変更日は、第2号被保険者でなくなった日です。
- 第3号被保険者から引き続き第1号被保険者に移行したときの種別変更日は、第3号被保険者でなくなった日です。

- 住民基本台帳に記録されない短期滞在等の在留資格を有する外国人のうち、日本国内に住所を有することが明らかとなった人の資格取得日は、資格取得届出日以降に住所が明らかとなった日です。

参考 資格取得届の届出勧奨

外国人に対する資格取得届の届出勧奨等は、住民基本台帳法の適用対象の全外国人に対して行われています。届出勧奨後も自主的な届出がないときは、日本年金機構は住基ネット（住民基本台帳ネットワークシステム）を通じて住民基本台帳に記録された最も古い日を確認し、職権で資格取得処理を行い、その日に遡って国民年金の適用を行います。ただし、職権による資格取得処理後に本人の申出や書類の提出があったときは、入国後最初に住所を有した日が確認されれば、資格取得日の訂正が行われます。〈平29年管管発0629第4号〉

（2）外国人の被保険者の資格喪失

第1号被保険者である外国人が日本国内に住所を有しなくなったときの国民年金の**資格喪失日**は、原則、**出国の日の翌日**です。その他の資格喪失日に関する規定は次のとおりです。

- 在留資格を取り消されたこと等により、市区町村が外国人住民の住民票を消除したときの資格喪失日は、その消除事由該当日の翌日です。ただし、短期滞在等の在留資格があり、引き続き日本国内に住所を有することが明らかなときは、資格喪失にはなりません。
- 再入国許可の有効期間（みなし再入国許可期間）までに再入国をしなかったときの資格喪失日は、再入国許可期間（みなし再入国許可期間）を経過した日です。
- 住民基本台帳に記録されない短期滞在等の在留資格を有する者のうち、第1号被保険者とされている外国人の被保険者資格に関し、日本年金機構が実施した調査の結果、在留期間の経過、出国事実、または客観的居住事実がないことを確認したときは、その事実の翌日が資格喪失日です。

2 国民年金への加入

Ⅱ 任意加入被保険者

1 本来の任意加入被保険者

～強制加入被保険者でない人も国民年金に加入できる～

1 任意加入被保険者

国民年金の強制加入被保険者の資格を喪失したときに、老齢基礎年金の受給資格期間を満たしていない人や、過去に保険料の未納期間等があるため満額の老齢基礎年金を受給できない人等は、老齢基礎年金の受給権の確保または年金額の増額を目的に65歳まで国民年金に任意加入することができます。これを**（本来の）任意加入被保険者**といいます。

2 任意加入被保険者の要件

国民年金に任意加入することができるのは次の人（第２号被保険者および第３号被保険者を除く）です。 〈国年法附５①〉

① **日本国内に住所**を有する**20歳以上60歳未満**であって、厚生年金保険法に基づく老齢給付等を受けることができる人

② **日本国内に住所**を有する**60歳以上65歳未満**の人

③ **日本国籍**があって**外国に居住**している**20歳以上65歳未満**の人

参考 本来の任意加入被保険者

<table>
<tr><th colspan="2"></th><th>国内
居住</th><th>口座振替
納付</th><th>年齢要件</th><th>特別支給の
老齢厚生年金等の
受給権者</th><th>繰上げ支給の
老齢基礎年金の
受給権者</th></tr>
<tr><td>①</td><td>第1号
被保険者の
適用除外</td><td>必要</td><td>原則必要</td><td>20歳以上
60歳未満</td><td rowspan="3">任意加入可</td><td>—</td></tr>
<tr><td>②</td><td>国内居住者</td><td>必要</td><td>原則必要</td><td>60歳以上
65歳未満</td><td rowspan="2">任意加入不可</td></tr>
<tr><td>③</td><td>在外邦人</td><td>不問</td><td>不問</td><td>20歳以上
65歳未満</td></tr>
</table>

POINT!

厚生年金の被保険者、繰上げ支給の老齢基礎年金の受給権者または保険料納付済期間が480月（40年）ある人は、任意加入することができません。

3 任意加入の申出

前記２①②に該当する人が任意加入の申出を行うときには、口座振替納付を希望する旨の申出、または口座振替納付によらない正当な事由がある旨の申出を厚生労働大臣に対して行います。なお、任意加入被保険者が預貯金口座を有していないときなどには、口座振替納付によらないことができます。　〈国年法附５②、平20庁保険発0227002号〉

前記２③に該当する在外邦人が任意加入する際、本人が直接手続きを行うことが難しいことがあります。そのため、国内に居住する親族等の協力者が本人に代わって諸手続きを行うことが認められています。

〈国年法附５③、平19保険発0629002号、平15庁文発798号〉

4 任意加入被保険者の主な資格喪失時期

任意加入被保険者はいつでも自分の意思で資格を喪失する申出を行うことができ、65歳に達したときには自動的に資格を喪失します。また、老齢基礎年金の額の計算に用いられる月数の合計が480月（40年）に達したとき、つまり満額の老齢基礎年金を受給できるようになったときも任意加入被保険者の資格を喪失します。　〈国年法附５⑤⑥〉

5 任意加入被保険者の規定の適用

任意加入被保険者は、保険料納付済期間、寡婦年金、死亡一時金、脱退一時金、付加保険料の納付の適用において、第１号被保険者とみなされます。

2 特例による任意加入被保険者

～老齢基礎年金の受給権確保のため65歳以後に任意加入できる～

1 特例による任意加入被保険者

65歳に達した時点で老齢基礎年金の受給資格期間（10年）の要件を満たしていない人は、一定の要件に該当する場合に、70歳になるまでの期間、受給資格期間の要件を満たすために、任意で国民年金に加入することができます。これを**特例による任意加入被保険者**といいます。

2 特例による任意加入被保険者の要件

昭和40年4月1日以前に生まれた人であって、次の①②のいずれかに該当する人（第2号被保険者を除く）は、特例による任意加入被保険者の申出ができます。ただし、老齢基礎年金、老齢厚生年金、その他老齢または退職を支給事由とする年金を受給できるときを除きます。

〈法附則（平6）11①、法附則（平16）23①〉

① **日本国内に住所**を有する**65歳以上70歳未満**の人
② **日本国籍**を有する人であって、**日本国内に住所**を有しない**65歳以上70歳未満**の人

参考 特例による任意加入被保険者

		国内居住	口座振替納付	年齢要件	老齢基礎年金等の受給権者	目的
①	国内居住者	必要	原則必要	65歳以上 70歳未満	任意加入不可	年金権の確保
②	在外邦人	不問	不問			

3 口座振替納付の申出

上記2①に該当する人が、任意加入の申出を行うときには、口座振替納付を希望する旨の申出書、または口座振替納付によらない正当な事由がある旨の申出を厚生労働大臣に対して行います。本来の任意加入被保険者と同様です。

4 特例による任意加入被保険者の資格喪失

特例による任意加入被保険者の資格喪失の申出はいつでも行うことができます。**70歳**に達したときや厚生年金の被保険者の資格を取得したときには特例による任意加入被保険者の資格を喪失します。また、老齢基礎年金の**受給資格期間（10年）**を満たしたときも資格を喪失します。

〈法附則（平6）11⑦、法附則（平16）23⑦〉

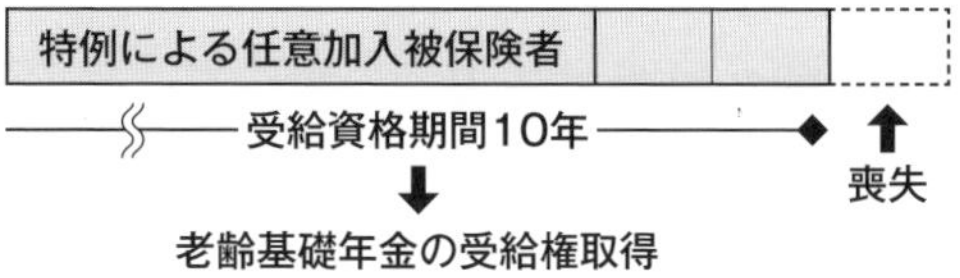

5 特例による任意加入被保険者の規定の適用

特例による任意加入被保険者は、寡婦年金、付加保険料の納付においては、第1号被保険者とみなされません。また、国民年金基金への加入もできません。本来の任意加入被保険者と、特例による任意加入被保険者の第1号被保険者にかかる規定の比較をすると次表のとおりです。

第1号被保険者にかかる規定	本来の任意加入被保険者	特例による任意加入被保険者
寡婦年金	受給資格期間に算入される	受給資格期間に算入されない
死亡一時金	受給資格期間に算入される	受給資格期間に算入される
脱退一時金	受給資格期間に算入される	受給資格期間に算入される
付加保険料	納付できる	納付できない
保険料の免除	申請できない	申請できない
国民年金基金	※	加入できない

※　日本国内に住所を有する60歳以上65歳未満の任意加入被保険者、20歳以上65歳未満の外国に住む任意加入被保険者は国民年金基金に加入できます。それ以外の人は加入できません。

Ⅲ 国民年金保険料

1 国民年金保険料

～国民年金保険料を支払うのは第1号被保険者と任意加入被保険者～

1 国民年金保険料を納付する人

国民年金の被保険者自身が国民年金保険料を納めるのは、**第1号被保険者**と**任意加入被保険者**です。国民年金保険料は被保険者本人が負担することが原則ですが、世帯主および配偶者の一方も被保険者と連帯して納付する義務を負います。配偶者は被保険者と別居している人も含みます。

〈国年法 88、94 の 6、昭 35 年国発 48〉

2 国民年金保険料の額

平成 17 年度以後の保険料額は、それぞれの年度ごとに定められた**法定保険料額**にその年度の**保険料改定率**を乗じて得た額が、その年度の国民年金保険料の額とされます。令和元年度以後の法定保険料額は 17,000 円です。

〈国年法 87 ③〉

令和 6 年度の保険料改定率は 0.999 であり、国民年金保険料は**月額 16,980 円**です。また、令和 7 年度の保険料改定率は 1.030 であり、国民年金保険料は**月額 17,510 円**です。

■国民年金保険料の推移

年度	法定保険料	保険料改定率	国民年金保険料
平成28年度	16,660	0.976	16,260
平成29年度	16,900	0.976	16,490
平成30年度	16,900	0.967	16,340
令和元年度	17,000	0.965	16,410
令和2年度	17,000	0.973	16,540

年度	法定保険料	保険料改定率	国民年金保険料
令和3年度	17,000	0.977	16,610
令和4年度	17,000	0.976	16,590
令和5年度	17,000	0.972	16,520
令和6年度	17,000	0.999	16,980
令和7年度	17,000	1.030	17,510

上記以前の国民年金保険料の推移は、巻末資料Ⅲ1

POINT!

今年度の保険料改定率は、前年度の保険料改定率に名目賃金変動率を乗じて得た率を基準として政令で定められます。名目賃金変動率は、２年前の物価変動率に４年前の年度の実質賃金変動率（３年度平準値）を乗じて算出します。

3 国民年金保険料の徴収

国民年金保険料は、**被保険者期間の計算の基礎**となる各月に徴収されます。〈国年法 87 ②〉

第１号被保険者となるのは、日本国内に住所を有する 20 歳以上 60 歳未満で、第２号被保険者および第３号被保険者のいずれにも該当しない人です。このような人は一般的には 20 歳から 60 歳までの 40 年(480 月)にかけて国民年金保険料を支払います。

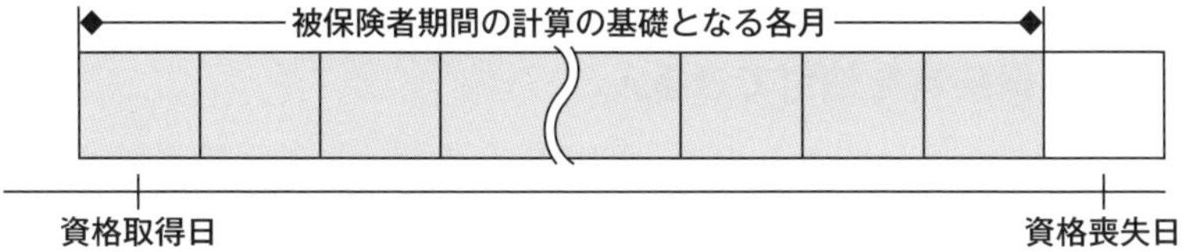

4 国民年金保険料の前納

国民年金保険料は、まとめて前払いすることにより割引が適用されます。これを**前納制度**といいます。保険料を前納したときは、その期間に応じて保険料が割引されます。前納の種類には、２年前納、１年前納、６カ月前納、当月末振替（早割）があります。令和６年３月からは、年度の途中からでも前納が可能となりました。〈国年法 93、国年則 78 の７ほか〉

参考 **第２号被保険者と第３号被保険者の国民年金保険料**

第２号被保険者と第３号被保険者は、国民年金保険料を自身で納付する必要がありません。これは、厚生年金の制度が、加入者（第２号被保険者）と、その被扶養配偶者（第３号被保険者）の数に応じた基礎年金拠出金を国民年金に拠出しているためです。つまり、第２号被保険者と第３号被保険者は厚生年金制度を通じて、国民年金保険料を納付していることになります。〈国年法 94 の３ほか〉

2 付加保険料

～付加保険料を納付することにより将来の老齢基礎年金額が増える～

1 付加保険料と付加年金

第１号被保険者は、厚生労働大臣に申し出て、その申出をした日の属する**月以後**の各月につき、国民年金保険料にプラスして、**月額 400 円の付加保険料**を納付することができます。付加保険料を納付することにより、納付した期間に応じた付加年金（第２章 1 Ⅳ２）が、老齢基礎年金に加算され支給されます。〈国年法 87 の２①、43〉

POINT！

付加保険料は定額（月額400円）であり、保険料改定率は乗じません。

2 付加保険料を納付できる人

付加保険料を納付できるのは、国民年金の第１号被保険者です。任意加入被保険者（特例による任意加入被保険者を除く）も納付できます。国民年金保険料の納付を免除されている人や**国民年金基金の加入員**は付加保険料を納付することができません。ただし、**法定免除**の対象月について国民年金保険料の**納付の申出**を行った期間は、付加保険料も納付することができます。〈国年法附５⑩、法附則（平６）11 ⑩ほか〉

農業者年金基金の被保険者は、本人の希望の有無にかかわらず、付加保険料を納付する必要があります。〈農業者年金基金法 17〉

3 付加保険料が納付できる月

付加保険料の納付は、原則として国民年金保険料の納付が実際に行われた月に限り行うことができます。また、産前産後保険料免除の規定により国民年金保険料を納付することを要しないものとされた月も付加保険料を納付することができます。なお、追納の規定により国民年金保険料が納付されたとみなされる月は、付加保険料の納付対象から除外されています。〈国年法 87 の２②〉

付加保険料を納付できる人	付加保険料を納付できない人
・各月分の国民年金保険料を納付している人 ・本来の任意加入被保険者 ・法定免除に該当し納付申出している人 ・産前産後の免除を受けている人 ・農業者年金基金の被保険者	・申請免除（全額免除、一部免除）、納付猶予、学生納付特例の承認を受けている人 ・法定免除に該当し納付申出していない人 ・特例の任意加入被保険者 ・国民年金基金の加入員

POINT!

付加保険料は、納期限（翌月末日）を過ぎても、納期限から2年以内であれば納めることができます。平成26年4月からの扱いです。

4 付加保険料の納付の中止

（1）任意の申出

付加保険料の納付を中止したいときは、いつでも厚生労働大臣に申出をすることができます。申出日の属する月の**前月以後**の各月にかかる保険料について付加保険料を納付する人でなくなります。ただし、すでに納付されたものおよび前納されたものを除きます。　〈国年法87の2③〉

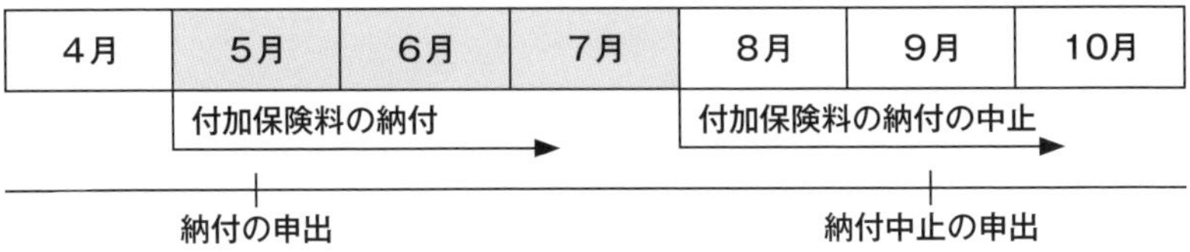

（2）国民年金基金の加入員となったとき

付加保険料を納付する人が、**国民年金基金の加入員**となったときは、その**加入員となった日**に、付加保険料を納付する人でなくなる旨の申出をしたものとみなされます。　〈国年法87の2④〉

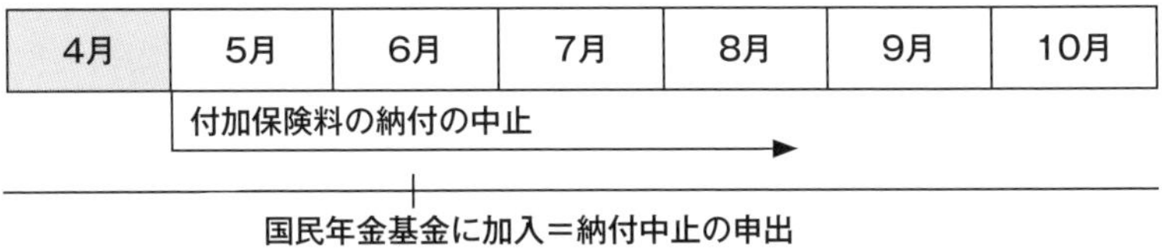

2 国民年金への加入

Ⅳ 国民年金保険料の免除制度

1 法定免除

～一定事由に該当すると法律上当然に納付義務が生じない～

1 法定免除の要件

国民年金の**第１号被保険者**が次の①～③のいずれかに該当するに至ったときは、その該当するに至った日の属する**月の前月**から、該当しなくなる日の属する**月まで**の期間にかかる国民年金保険料は、**すでに納付されたものを除き**納付義務が生じません。これを**法定免除**といい、国民年金保険料の**全額が免除**されます。〈国年法89①、国年令6の5①〉

> ① **障害基礎年金**などの年金の**受給権者**
> ただし、最後に障害等級の３級に該当しなくなった（**3級不該当**）日から起算して、一度も障害状態に該当することなく３年が経過し、現に障害状態に該当しない受給権者を除く
> ② 生活保護法による**生活扶助**その他の援助であって厚生労働省令で定めるものを受けるとき
> ③ ハンセン病療養所等に入所しているとき

上記①の「障害基礎年金などの年金の受給権者」とは次のとおりです。

- 障害基礎年金（１級、２級）
- 障害厚生年金（一元化前の障害共済年金）（１級、２級）
- 旧国民年金法による障害年金（１級、２級）
- 旧厚生年金保険法・旧船員保険法による障害年金（１級～３級）
- 共済組合等が支給する障害年金（１級～３級）

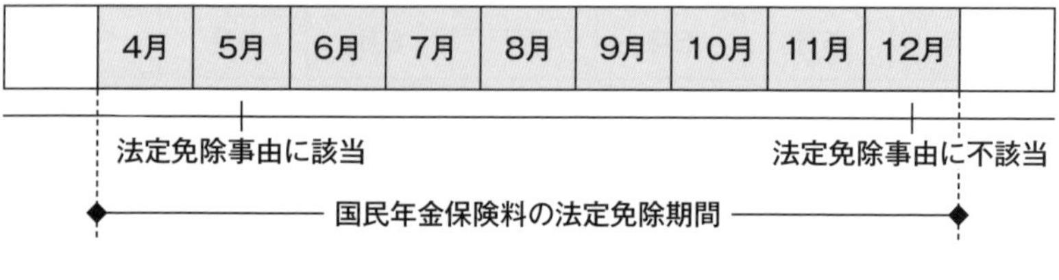

2 法定免除の対象外

３級不該当から３年が経過し、現に障害状態に該当しない障害基礎年金などの年金の受給権者は、法定免除の対象者から除かれます。障害基礎年金などの年金の支給停止時点で対象外になるわけではありません。

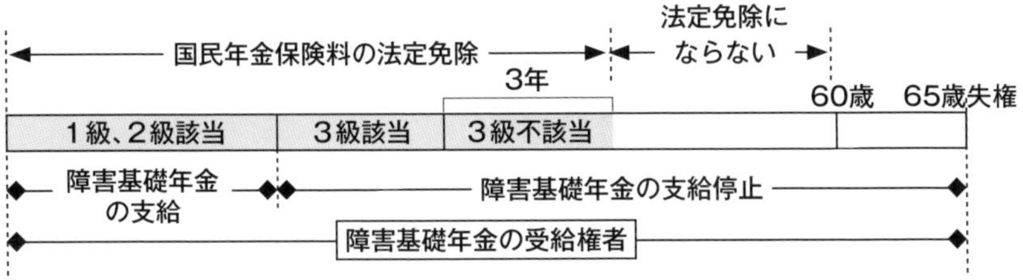

3 国民年金保険料の還付と納付

国民年金保険料を前納した人が、後に法定免除の事由に該当するときは、免除される月分以後の期間に対応する前納した国民年金保険料の還付を受けることができます。また、法定免除が遡及して適用されるときは、免除事由に該当した後に納付されていた国民年金保険料（平成26年４月以後の分に限る）は、本人が希望すれば、納付したままにしておくことができます。

4 国民年金保険料を納付する申出

法定免除の要件に該当する期間は、申出をすることにより国民年金保険料を納付することができます。この規定は平成26年４月改正で導入されました。国民年金保険料を納付する申出をしたときは、その期間に関しては法定免除の規定は適用されません。つまり、国民年金保険料を実際に納めなければ、未納期間として扱われます。〈国年法89②〉

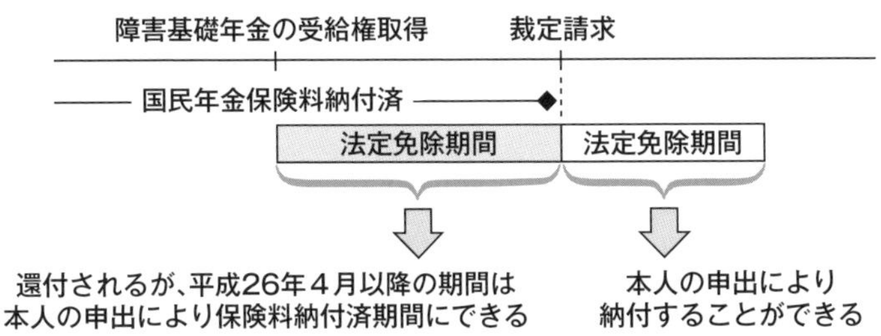

2 全額申請免除

～国民年金保険料の納付が難しいときは申請免除～

国民年金保険料の納付が困難な**第１号被保険者**については、国民年金保険料の全額または一部の納付義務が免除される制度があります。

1 全額申請免除の免除要件

全額申請免除は、第１号被保険者、配偶者および世帯主が、次の①～④のいずれかに該当することが要件です。〈国年法90①、国年令6の7〉

① 国民年金保険料を免除すべき月の属する年の**前年の所得**（1月から6月までの国民年金保険料については前々年の所得）が、その人の**扶養親族等**の有無および数に応じて、次の式で計算した額以下であるとき

（扶養親族等の数＋１）×35万円＋32万円

② 第１号被保険者または第１号被保険者の属する世帯の他の世帯員が生活保護法による**生活扶助以外の扶助**等を受けるとき

③ 地方税法に定める**障害者**、**寡婦**その他同法により市町村民税非課税者として政令で定める人で、前年の所得が135万円以下であるとき

④ 国民年金保険料を納付することが**著しく困難**であると認められるとき

2 特例免除

上記④には、次の事由が該当します。なお、これらは**特例免除**と称され、一部申請免除、学生納付特例および国民年金保険料の納付猶予の適用対象にもなります。〈国年則77の7ほか〉

① 災害により、住宅、家財その他の財産につき被害金額がその価額のおおむね２分の１以上である損害を受けたとき

② **失業**により国民年金保険料の納付が困難と認められるとき

③ 配偶者からの暴力を受けていることにより、国民年金保険料の納付が困難と認められるとき

④ ①～③に準ずる事由で国民年金保険料の納付が困難と認められるとき

■失業による特例免除

失業により免除申請をするときには、離職票、雇用保険受給資格者証など失業の確認ができる書類の添付が必要です。第1号被保険者の所得を除外して承認基準の審査が行われます。〈平15庁保発7号〉

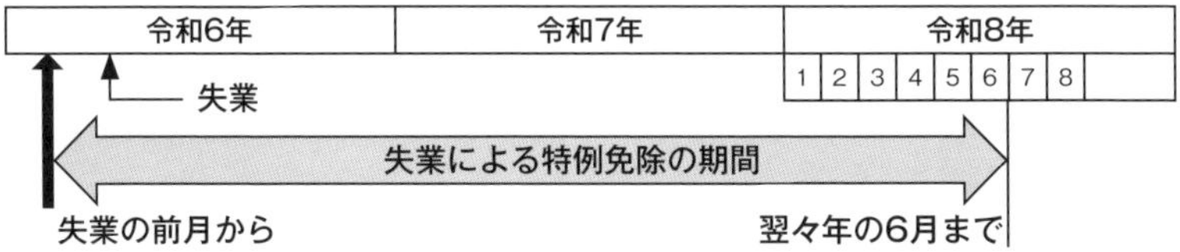

■配偶者からの暴力を受けた人にかかる国民年金保険料の免除

配偶者からの暴力を受けた人にかかる免除申請は、配偶者の所得を除外して承認基準の審査が行われます。〈平24管管発0706第1号〉

3 国民年金保険料の免除期間

国民年金保険料が免除される期間は**厚生労働大臣が指定する期間**とされており、国民年金保険料の免除要件に該当していれば、**過去2年**に遡って申請ができます。具体的には、申請があった日の属する月の2年1カ月前の月から、申請日の**翌年6月**（申請月が1月から6月のときはその年の6月）までの期間のうち必要と認める期間とされています。全額申請免除は一部申請免除の適用を受けている期間、学生などである期間、国民年金保険料の納付猶予の適用を受けている期間には適用されません。

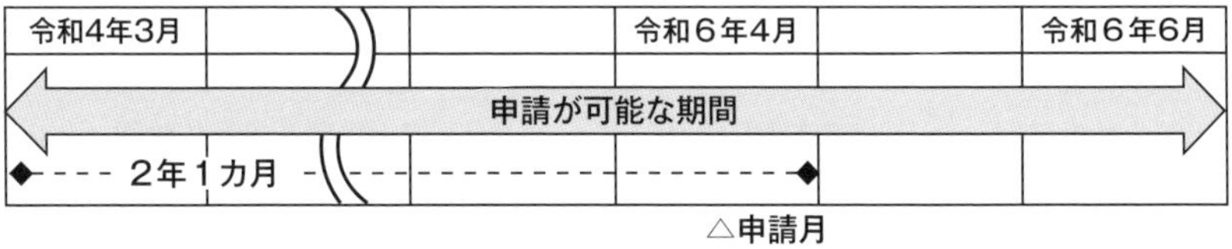

4 保険料免除期間にかかる国民年金保険料の扱い

国民年金保険料を前納した後に免除に該当したときは、免除に該当した月以後分の前納保険料の還付を受けることができます。

3 一部申請免除

～一部申請免除には、半額免除、4分の1免除、4分の3免除がある～

1 一部申請免除の免除要件

一部申請免除は、第1号被保険者、配偶者および世帯主のそれぞれが、次の①～④のいずれかに該当することが要件です。

〈国年法90の2、国年令6の7～6の9の2〉

① 国民年金保険料を免除すべき月の属する年の**前年の所得**（1月から6月までの国民年金保険料については前々年の所得）が、その人の**扶養親族等**の有無および数に応じて、「政令で定める額」以下であるとき
② 第1号被保険者または第1号被保険者の属する世帯の他の世帯員が生活保護法による**生活扶助以外の扶助**等を受けるとき
③ 地方税法に定める**障害者**、**寡婦**その他同法により市町村民税非課税対象者として政令で定める人で、前年の所得が135万円以下であるとき
④ 国民年金保険料を納付することが**著しく困難**であると認められるとき

2 一部申請免除の所得金額の要件

上記1①の「政令で定める額」を整理すると次表のとおりです。

	扶養親族なし	扶養親族あり
4分の1免除	168万円	168万円＋扶養親族等控除額
半額免除	128万円	128万円＋扶養親族等控除額
4分の3免除	88万円	88万円＋扶養親族等控除額

参考

学生納付特例	128万円	128万円＋扶養親族等控除額
全額申請免除	67万円	（扶養親族等の数＋1）×35万円＋32万円
保険料納付猶予	67万円	（扶養親族等の数＋1）×35万円＋32万円

※　4分の1免除、半額免除、4分の3免除、学生納付特例は、社会保険料控除額等を加算した額です。

3 国民年金保険料の一部申請免除期間

国民年金保険料の一部申請免除は**過去2年**（2年1カ月前）まで遡って申請することができます。これは、国民年金保険料の徴収権の消滅時効が成立していない期間に該当します。申請ができる期間は全額申請免除と同様です。

〈平26告示191号〉

4 配偶者および世帯主の所得審査

住民票上別世帯である配偶者および世帯主についても所得の審査が必要です。例えば、配偶者の所在が不明の場合においても対象となり、原則として離婚しない限り引き続き婚姻が継続しているものとして取り扱われます。

5 矯正施設に収容されているとき

矯正施設に収容されている人が、所得が少ないなどの理由により国民年金保険料を納めることが著しく困難なときは、免除の申請をすることによって、国民年金保険料の納付免除が承認される場合があります。

国民年金保険料の免除や猶予を受けるためには、住民登録と所得審査が必要です。住民登録がないときは、「矯正施設に収容されていた期間にかかる矯正施設の長の在所証明書等」を提出することにより、矯正施設の所在地を仮住所として年金事務所で管理されます。

6 一部申請免除の国民年金保険料

一部申請免除が承認されると国民年金保険料が減額されます。この減額された国民年金保険料を納付しないときは、一部申請免除は無効となり、その期間は未納期間になります。さらに、追納することもできません。

参考

特別障害給付金の受給者は法定免除には該当せず、申請免除の対象です。

4 納付猶予

～50歳未満の第1号被保険者が利用できる納付猶予～

1 納付猶予の要件

国民年金保険料の**納付猶予**は、**50歳未満**の**第1号被保険者**（学生等を除く）が対象で、**若年者納付猶予**と呼称されています。納付猶予を受けるためには、本人と配偶者の双方が、次の①～④のいずれかに該当することが必要で、適用されれば国民年金保険料の全額が免除されます。令和12年6月までの時限措置とされています。

〈法附則（平16）19、法附則（平26）14〉

① 国民年金保険料を免除すべき月の属する年の**前年の所得**（1月から6月までの国民年金保険料については前々年の所得）が、その人の**扶養親族等**の有無に応じて、次の額以下であるとき

（扶養親族等の数＋1）×35万円＋32万円

② 第1号被保険者または第1号被保険者の属する世帯の他の世帯員が生活保護法による**生活扶助以外の扶助**等を受けるとき

③ 地方税法に定める**障害者**、**寡婦**その他同法により市町村民税非課税者として政令で定める人で、前年の所得が135万円以下であるとき

④ 国民年金保険料を納付することが**著しく困難**であると認められるとき

2 納付猶予期間

国民年金保険料が免除される期間は**厚生労働大臣が指定する期間**とされており、**過去2年**（2年1カ月前）と**翌年6月**（申請月が1月から6月のときはその年の6月）までの期間が対象です。

3 納付猶予期間と年金額

納付猶予期間は老齢基礎年金の額に反映されず、受給資格期間のみ考慮されます。この期間中に、傷病の初診日があるときや死亡したときも、障害基礎年金または遺族基礎年金の対象になります。

5 学生納付特例

～学生である期間に利用できる学生納付特例～

1 学生納付特例の要件

学生納付特例は、次の①～④のいずれかに該当する学生等である第1号被保険者等に適用されます。〈国年法90の3①、国年令6の9、国年則77の2〉

① 国民年金保険料を免除すべき月の属する年の**前年の所得**（1月から3月までの国民年金保険料については前々年の所得）が、その人の**扶養親族等**の有無に応じて、次の額以下であるとき

128万円＋扶養親族等控除額＋社会保険料控除額等

② 第1号被保険者または第1号被保険者の属する世帯の他の世帯員が生活保護法による**生活扶助以外の扶助**等を受けるとき

③ 地方税法に定める**障害者**、**寡婦**その他同法により市町村民税非課税者として政令で定める人で、前年の所得が135万円以下であるとき

④ 国民年金保険料を納付することが**著しく困難**であると認められるとき

2 学生納付特例期間

国民年金保険料が免除される期間は**厚生労働大臣が指定する期間**とされており、**過去2年**（2年1カ月前）と**翌年3月**（申請月が1月から3月のときはその年の3月）までの期間が対象です。

〈平26告示191号、平26年管発0331第9号〉

学生等である期間は、法定免除は適用されますが、全額申請免除、一部申請免除および国民年金保険料の納付猶予の規定は適用されません。

3 学生納付特例期間と年金額

学生納付特例期間は老齢基礎年金の額に反映されず、受給資格期間のみ考慮されます。この期間中に、傷病の初診日があるときや死亡したときも、障害基礎年金または遺族基礎年金の対象になります。

6 産前産後の国民年金保険料免除

～出産前後の期間は国民年金保険料が免除される～

1 産前産後の国民年金保険料免除の要件

国民年金の第１号被保険者が出産する場合において、**出産予定日**（出産日以後に届出が行われたときは**出産日**）**の前月**（多胎妊娠のときは**3月前**）から**出産予定月の翌々月まで**の期間にかかる国民年金保険料の全額が免除されます。〈国年法 88 の 2、国年則 73 の 6〉

産前産後の国民年金保険料免除は、本人、世帯主または配偶者の所得にかかわらず適用され、法定免除、申請免除、学生納付特例および国民年金保険料の納付猶予より優先されます。

■単胎妊娠のとき

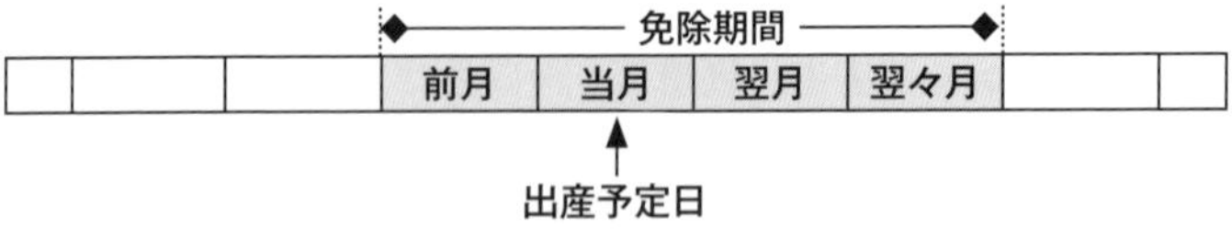

■多胎妊娠のとき

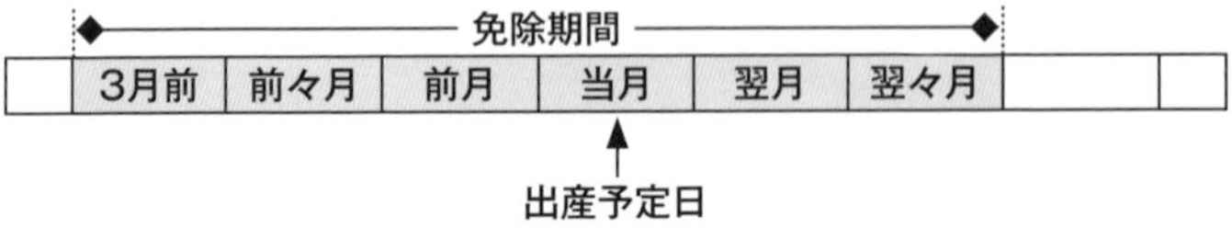

POINT!

出産とは、妊娠85日以上の出産（死産、流産、早産および人工妊娠中絶を含む）をいいます。

2 産前産後の国民年金保険料免除の期間

産前産後の国民年金保険料免除の期間の各月は、保険料納付済期間に算入されます。〈国年法 88 の 2、5 ①〉

産前産後の国民年金保険料免除の期間は、付加保険料の納付、または国民年金基金への加入が可能です。また、産前産後の国民年金保険料免除の期間にかかる前納保険料は還付されます。

7 国民年金保険料の追納

～免除された国民年金保険料は10年以内であれば追納できる～

1 国民年金保険料の追納ができるとき

免除された国民年金保険料は、**10 年以内**であれば納付することができます。これを**追納**といい、追納した期間は保険料納付済期間として扱われます。**老齢基礎年金の受給権者**は追納ができません。〈国年法 94 ①〉

2 追納する金額と順序

追納する金額は、該当する各月の国民年金保険料の額に一定の金額が加算された額です。ただし、免除を受けた月の翌々年度以内に追納するときには、この加算は適用されません。〈国年法 94 ③、国年令 10〉

追納には原則として次のような優先順位があり、**先に経過した月**の分から順次行うものとされています。〈国年法 94 ②〉

① 法定免除・申請免除期間より先に学生納付特例・納付猶予期間があるときは、学生納付特例・納付猶予期間が優先します。

4	5	6	7	8	9	10	11	12	1	2	3
学生納付特例・納付猶予						法定免除・申請免除					

→ 学生納付特例・納付猶予を優先して追納する

② 学生納付特例・納付猶予期間より先に法定免除・申請免除期間があるときは、どちらを納めるか選択できます。

4	5	6	7	8	9	10	11	12	1	2	3
法定免除・申請免除						学生納付特例・納付猶予					

→ どちらを追納するか選択できる

③ 学生納付特例期間と納付猶予期間は、先に経過した月分が優先します。

4	5	6	7	8	9	10	11	12	1	2	3
学生納付特例						納付猶予					

→ 先に経過した月から追納する

④ 法定免除期間と申請免除期間は、先に経過した月分が優先します。

4	5	6	7	8	9	10	11	12	1	2	3
法定免除						申請免除					

→ 先に経過した月から追納する

2 国民年金への加入

V 国民年金の被保険者期間

1 国民年金の被保険者期間の計算

～国民年金の被保険者期間は資格取得月から喪失月の前月までの月単位～

1 国民年金の被保険者期間の計算

(1) 原則

国民年金の被保険者期間は**月単位**で計算します。被保険者の資格を取得した日の属する**月**からその資格を喪失した**月の前月まで**の期間が被保険者期間として算入されます。
〈国年法11①〉

■6月1日が誕生日の人

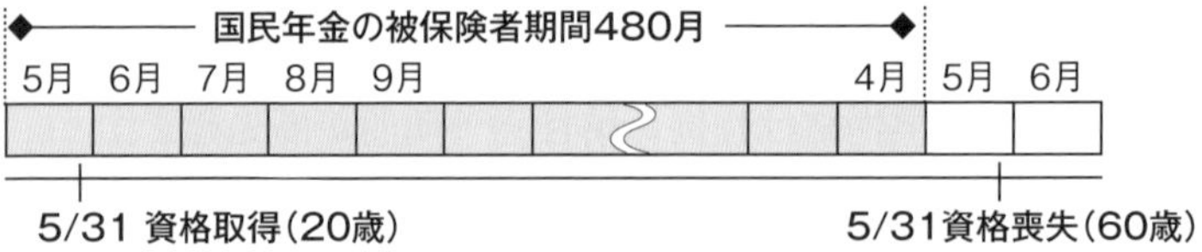

■6月2日が誕生日の人

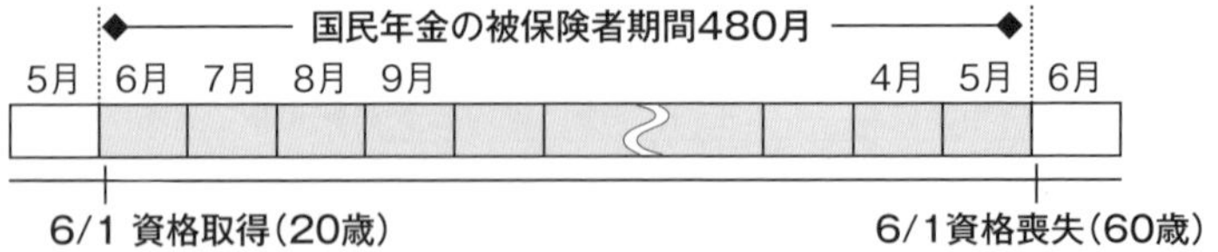

(2) 同月得喪のとき

国民年金の被保険者がその資格を取得した月に資格を喪失した場合、その月は**1カ月**の被保険者期間として算入されます。ただし、資格を喪失した月に、さらに被保険者の資格を取得したときは、後の資格取得に関する期間をもって1カ月として被保険者期間に算入されます。

〈国年法11②〉

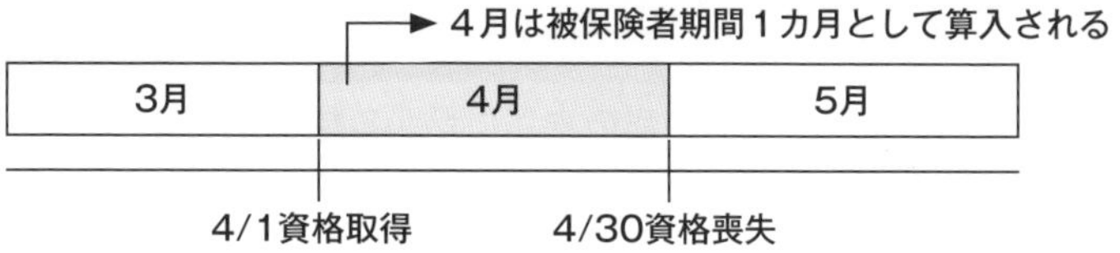

(3) 被保険者期間が複数あるとき

国民年金の被保険者が資格を喪失した後に、再び資格を取得した場合、その人の被保険者期間は、前後の被保険者期間を合わせた期間として計算されます。 〈国年法11③〉

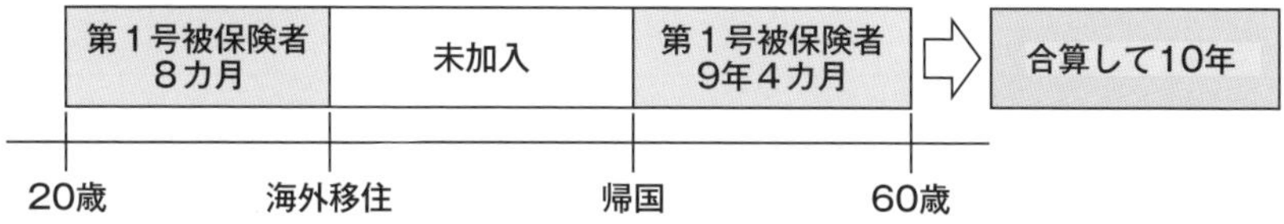

2 被保険者の種別変更

国民年金の被保険者の種別ごとに被保険者期間を計算するときは、変更があった月は**変更後の種別**の被保険者であった月とみなされます。また、同月内に2回以上被保険者の種別の変更があったときは、その月は**最後の種別**の被保険者であった月とみなされます。 〈国年法11の2〉

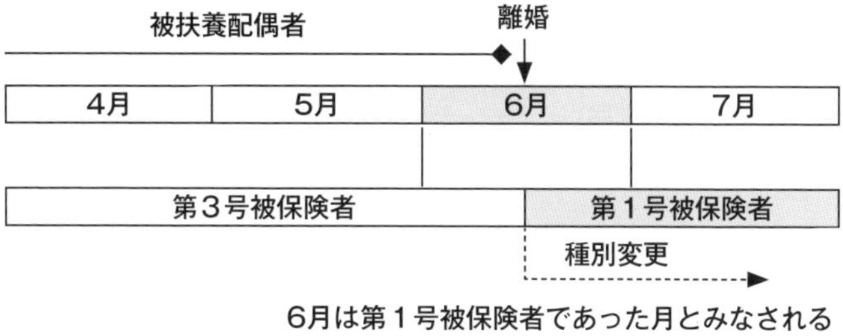

参考 種別変更

60歳未満の人が離婚により第3号被保険者から第1号被保険者になるのは、種別変更であって、資格の喪失と取得ではありません。

2 第3号被保険者の特例届出

～第３号被保険者該当届の未届にかかる特例がある～

1 第3号被保険者の届出（原則）

第３号被保険者に該当したことの届出、または第３号被保険者への種別の変更に関する届出が行われたとき、届出前の期間は第３号被保険者としての保険料納付済期間に算入されません。ただし、届出が行われた日がある月の前々月までの２年間のうちにあるものを除きます。

〈国年法附７条の３①〉

【代表的な事例】

60歳の妻が、夫の被扶養配偶者であるにもかかわらず、第3号被保険者としての届出を行っていなかったケースです。届出もれが60歳になって判明した際、第3号被保険者関係の届出を行いました。しかし、第3号被保険者期間（保険料納付済期間）として認められたのは直近2年分のみで、それ以前の期間は保険料納付済期間とならず未納扱いとなりました。

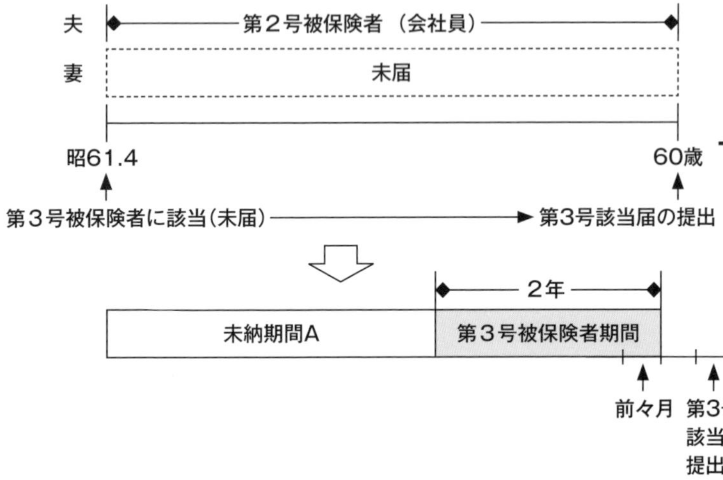

2 第3号被保険者の特例届出

第３号被保険者または第３号被保険者であった人が、**平成17年4月1日前**の期間に、保険料納付済期間に算入されない期間があるときは、厚生労働大臣に届出（**第３号被保険者の特例届**）を行うことができます。この特例届出により、**届出が行われた日以後**、その届出にかかる期間は**保険料納付済期間**として扱われます。〈法附則（平16）21①②〉

平成17年4月1日以後の期間においても、届出が遅れたことについて**やむを得ない事由**があるときには、同様の特例届出を行うことができます。特例届出を行い、その期間が保険料納付済期間と認定されたときには、**届出が行われた日以後**、その届出にかかる期間は**保険料納付済期間**として扱われます。〈国年法附７条の３②③〉

老齢基礎年金の受給権者が特例届出を行い、その届出にかかる期間が保険料納付済期間となったときは、**届出のあった日の属する月の翌月**から**年金額が改定**されます。〈法附則７条の３④、法附則（平16）21③〉

【代表的な事例】

前ページの事例で、未納期間Ａについて、改めて第３号被保険者期間の届出（第３号被保険者の特例届）をすることにより、届出が行われた日以後、第３号被保険者期間であったものと取り扱われます（第３号特例期間Ａ）。

老齢基礎年金の受給権者は、届出日の翌月から本来の年金額が支給されます。改正（平成17年4月1日）以降の扱いです。

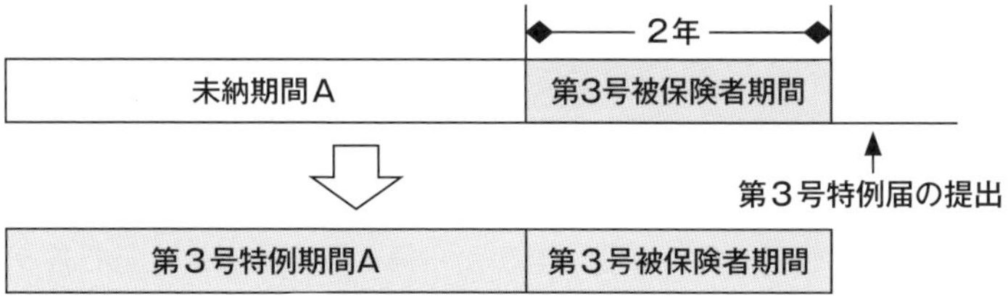

3 年金確保支援法による第3号該当届

～第3号期間に重複する第3号期間以外の期間が判明したとき～

1 年金確保支援法による第3号被保険者の認定

第3号被保険者期間に重複する他の期間が後に判明し、記録の訂正がされた場合、その期間に引き続く第3号被保険者期間は、**当初から保険料納付済期間**として取り扱われます。平成23年8月10日に公布および施行された年金確保支援法による改正です。

〈国年法附7の3の2、国年令11の19〉

【代表的な事例】

夫の被扶養配偶者としての第3号被保険者期間に、自身の厚生年金の加入期間が判明したケースです。

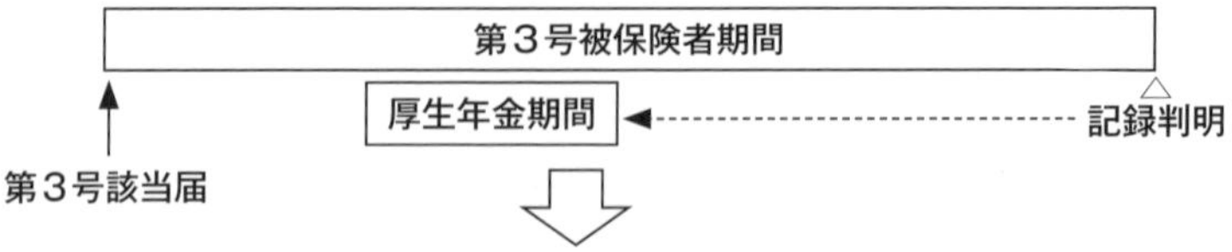

■平成23年の改正前まで

届出から2年前までの期間は第3号被保険者期間とされました。届出から2年を超える期間は、第3号特例届の提出以後、第3号被保険者期間（第3号特例期間A）とされました（本章[2]V 2）。

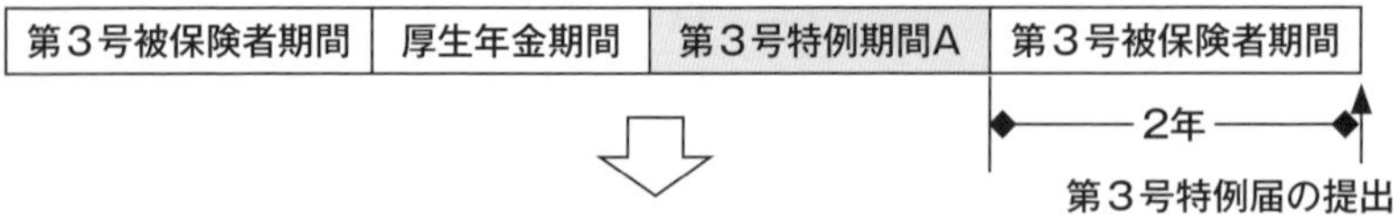

■平成23年改正後（平成23年8月10日から）

その後の第3号特例期間Aについて、改めて第3号該当届（年金確保支援法用）を提出することにより、当初から第3号被保険者期間であったものと取り扱われるようになりました。

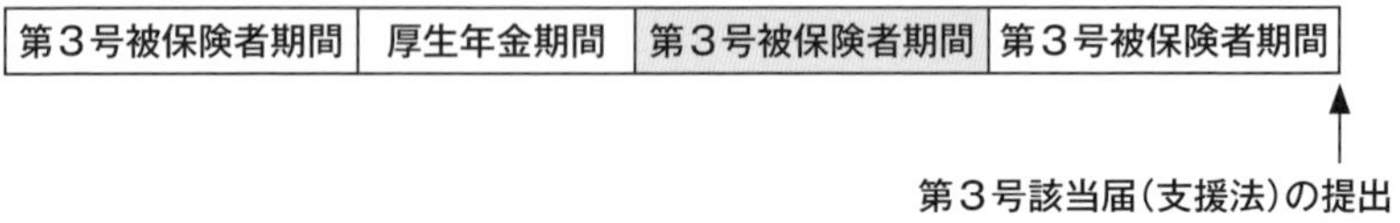

2 第3号被保険者期間に重複する他の期間

第3号被保険者期間に重複する他の期間には、**厚生年金の期間**の他、国民年金の**第1号被保険者期間、海外居住期間**（合算対象期間）などがあります。平成23年8月までに記録訂正を行っている人も対象です。

3 3号特例届と3号該当届（年金確保支援法用）

平成23年8月の改正前は、第3号被保険者期間と他の期間が重複していることが判明したとき、第3号特例届を提出することにより、その期間を第3号被保険者期間として扱っていました（本章2V2）。しかし、第3号特例届の場合、2年を超える期間は、届出日以後に保険料納付済期間として認められ、届出が遅れると過去に受け取った年金が過払いとなり返納が必要となるケースがありました。

平成23年8月の改正以後は「**第3号該当届（年金確保支援法用）**」を提出することにより、当初から保険料納付済期間として取り扱われるようになり返納する必要がなくなりました。

4 障害年金の保険料納付要件

第3号特例届の提出前の2年を超える期間は、届出日以後第3号被保険者期間と扱われるため、保険料納付要件を満たさないことを理由に障害基礎年金および障害厚生年金が不支給になる場合があります。第3号特例届は、初診日が第3号特例届の届出日以後であれば、その期間（次図の第3号特例期間A）は保険料納付済期間とされますが、初診日が届出日前であれば、未納期間となるからです。

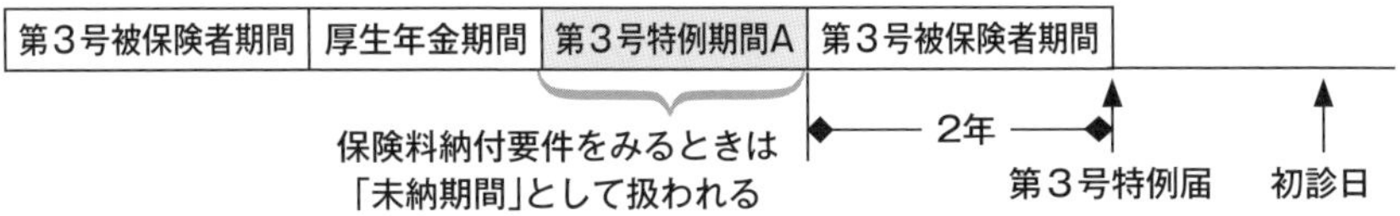

年金確保支援法に該当するときは「第3号該当届（年金確保支援法用）」の提出により、第3号特例期間Aは「保険料納付済期間」として扱われ、これにより保険料納付要件を満たす可能性があります。

4 第3号被保険者不整合期間

～実際の状況と年金記録が一致していない不整合期間～

1 第３号被保険者の不整合記録とは

第３号被保険者の**不整合記録**とは、実際の状況と年金記録が一致していないケースを指します。例えば、会社員である第２号被保険者の夫が退職したとき、その被扶養配偶者（第３号被保険者）である妻は、本来であれば第１号被保険者への種別変更の届出が必要です。しかし、届出がされておらず、妻の年金記録が第３号被保険者のままのケースがあります。

このように、実際には第１号被保険者であるにもかかわらず、年金記録が第３号被保険者として管理されている記録を、第３号被保険者の不整合記録といいます。不整合記録にかかる**不整合期間**は、**第１号被保険者期間への記録の訂正**が行われます。〈国年法附９の４の２〉

【代表的な事例】

会社員の夫が退職し厚生年金の加入者（第2号被保険者）でなくなった後も、妻は第3号被保険者のまま記録が管理され、種別変更の届出が2年以上遅れたケース

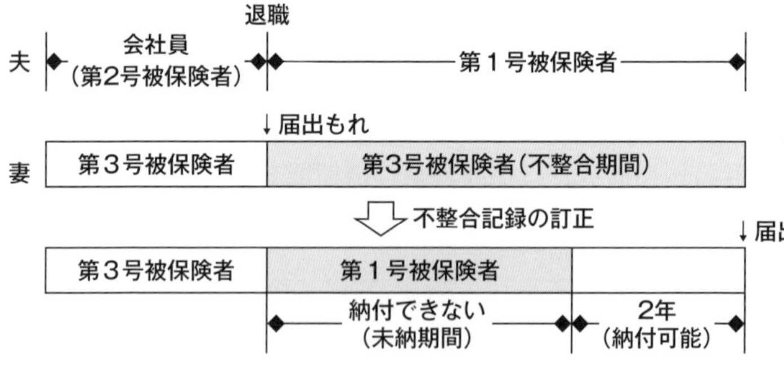

配偶者（夫）の退職以外にも、妻の収入が年間 130 万円以上に増加し被扶養配偶者から外れたときや、会社員だった夫が死亡または離婚した後も第３号被保険者として管理されているケースなども、不整合記録に含まれます。

2 第3号不整合記録への対応

訂正された期間のうち過去2年より前の期間は、保険料を納付することができません。その結果、この期間は未納扱いとなり、将来受け取る老齢基礎年金の額が減ったり、受給資格期間を満たせなかったりします。このように保険料を納付できない不整合期間（**時効消滅不整合期間**）に対処するために、**特定期間該当届**を提出することができます。届出日以後、その期間は**特定期間**として扱われます。特定期間は年金の受給資格期間や保険料納付要件をみる際に、学生納付特例と同様に扱われます。昭和61年4月から平成25年6月までの期間に限ります。

特定期間該当届に提出期限はありませんが、提出が遅れると特定期間としての効果発生時期も遅れるため、老齢基礎年金の受給開始が遅れたり、障害基礎年金や遺族基礎年金の要件を満たせない場合があります。

特定期間該当届の提出

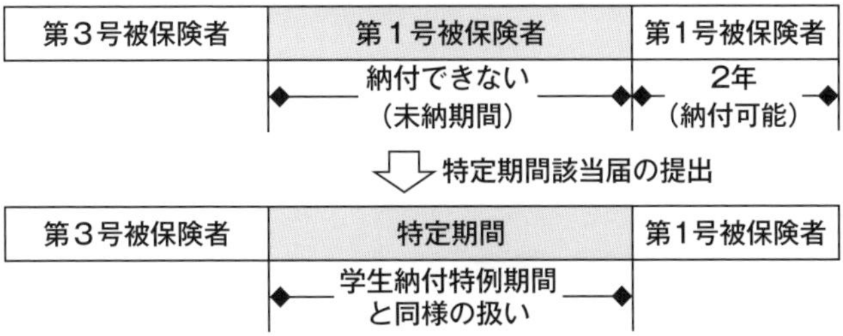

参考 特定期間

特定期間は、平成27年4月1日から平成30年3月31日までの間、追納することができました。また、特定受給者（時効消滅不整合期間を第3号被保険者期間であるとして老齢基礎年金を受給している人）に対する経過措置として、特定保険料納付期限日（平成30年3月31日）までの間、時効消滅不整合期間を保険料納付済期間とみなし、記録訂正前の年金額が支給されました。平成30年4月以後の年金額は、不整合記録の訂正後の年金額を原則とし、特例として、訂正前の年金額の90%（減額下限額）を保障する措置がとられています。

VI 国民年金基金と農業者年金基金

1 国民年金基金

～第1号被保険者の上乗せ年金としての国民年金基金～

1 国民年金基金

国民年金基金は、国民年金の第1号被保険者等を対象に、国民年金（老齢基礎年金）に上乗せして加入できる公的な年金制度です。

地域型国民年金基金は都道府県につき1個のみ設置され、**職能型国民年金基金**は同種の事業や業務に関連する分野につき全国で1つに限り設置されています。〈国年法115、118の2ほか〉

2 掛金

加入員は、国民年金保険料の他に、各基金の規約で定められた額の**掛金（上限月額68,000円）**を基金に納付します。〈国年法134〉

3 支給される年金と一時金

国民年金基金は、加入員または加入員であった人の老齢に対し**年金の支給**を行います。支給前に死亡したときは**死亡一時金**が支給されます。

国民年金基金が支給する年金の額および支給開始年齢等は、各基金の規約で定められており、少なくとも**老齢基礎年金の受給権**を取得したときに年金の支給が開始されます。〈国年法129①〉

老齢基礎年金の繰上げ支給または繰下げ支給を受けるときは、**付加年金**に相当する分の額（**200円**×加入員期間の月数）の**増額または減額**が行われます。〈国年法130②、基金令24〉

POINT!

国民年金基金は「障害」や「脱退」に関する給付は行いません。

2 農業者年金基金

～第1号被保険者である農業者の上乗せ年金としての農業者年金基金～

1 農業者年金基金

農業者年金基金は、第１号被保険者である農業者を対象に、国民年金（老齢基礎年金）に上乗せして加入できる公的な年金制度です。〈農業法３〉

2 加入者

加入要件は、①年間60日以上農業に従事する、②国民年金の第１号被保険者（国民年金の保険料納付免除者を除く）、③60歳未満の人です。さらに、年間60日以上農業に従事する60歳以上65歳未満の国民年金の任意加入被保険者も加入できます。

3 保険料

農業者年金基金の保険料は、原則として月額20,000円から**67,000円まで**の額です。農業者年金基金に加入する人は、国民年金の**付加保険料**を納付する必要があります。〈農業法44③④〉

4 支給される年金と一時金

農業者老齢年金の支給要件は年齢要件のみで、65歳から**75歳**の間で裁定請求を行ったときから支給されます。裁定請求をせずに75歳に達したときは、75歳から支給されます。60歳から64歳の間に繰り上げて受給することもできます。また、保険料納付済期間が**3年以上**ある人が死亡したときは**死亡一時金**が支給されることがあります。

〈農業法28、28の2、農業法附2〉

参考 農業者年金基金の加入者と法定免除

農業者年金基金の加入者が、障害基礎年金の受給権者となったときは、国民年金保険料の法定免除者となるため加入の継続ができません。ただし、保険料を納付する申出をしたときは継続して加入することができます（本章2Ⅳ1）。

3 厚生年金への加入

Ⅰ 厚生年金の被保険者

1 厚生年金の強制加入被保険者

～適用事業所に使用される70歳未満の人は厚生年金の被保険者～

1 厚生年金の強制加入被保険者

厚生年金が適用される事業所（**適用事業所**）に使用される **70 歳未満**の人は、厚生年金に加入します。年金制度に加入する人を**被保険者**といい、適用除外事由に該当する人を除き、本人の希望、国内居住の有無、国籍などにかかわらず当然に被保険者（**強制加入被保険者**）となります。法人の代表であっても労働の対償として報酬を受けているときは、法人に使用される者として被保険者に該当します。　〈厚年法 9、昭 24 保発 74 号〉

2 厚生年金の被保険者とならない人

一方で、個人経営の事業所の事業主は、使用される者に該当しないため、その事業所が適用事業所であっても被保険者となりません。また、適用除外事由に該当する人、例えば日雇労働者（1カ月以内）、短期間（2カ月以内）の臨時に雇われる人、季節的業務（4カ月以内）、臨時の事業所（6カ月以内）に使用される人は被保険者から除かれます。なお、船舶所有者に使用される船員は当初より被保険者です。　〈国年法 12 ①～④〉

厚生年金の適用除外の人				厚生年金の適用となる場合
①	臨時に使用される人	日々雇い入れられる人	→	1カ月を超えて引き続き使用されることになったときは、超えた日に被保険者となる
①	臨時に使用される人	2カ月以内の期間を定めて使用される人	→	2カ月以内の期間を超えて使用される見込みがあるときは、当初から被保険者となる
②	所在地が一定しない事業に使用される人（例）巡回興行		→	いかなる場合も被保険者とならない
③	季節的業務に4カ月以内の期間を定めて使用される人　（例）酒類の醸造		→	継続して4カ月を超えて使用される見込みがあるときは、当初から被保険者となる
④	臨時的事業の事業所に6カ月以内の期間を定めて使用される人（例）博覧会などで働く人		→	継続して6カ月を超えて使用される見込みがあるときは、当初から被保険者となる

3 適用事業所

(1) 強制適用事業所

厚生年金は事業所単位で適用され、その事業所で働く人は被保険者になります。株式会社などの**法人の事業所**は、業種や従業員の数にかかわらず適用事業所になり、これには従業員がいない一人社長の会社も含まれます。

国、地方公共団体（都道府県や市区町村など）も適用事業所であり、そこで働く公務員も厚生年金の被保険者です。また、従業員が**常時５人以上**いる個人の事業所は、特定の**法定業種**に該当する場合に適用事業所になります。

〈厚年法６①１、２〉

POINT! 法定業種（適用業種）

法定業種とは、①物の製造、②土木・建設、③鉱物採掘、④電気、⑤運送、⑥貨物積卸、⑦焼却・清掃、⑧物の販売、⑨金融・保険、⑩保管・賃貸、⑪媒介周旋、⑫集金、⑬教育・研究、⑭医療、⑮通信・報道、⑯社会福祉、⑰弁護士・税理士・社会保険労務士等の法律・会計事務を取り扱う士業、の17業種をいいます（⑰は令和4年10月に追加）。

(2) 任意適用事業所

上記に該当しない事業所は、自動的に適用事業所にはなりませんが、従業員の半数以上が厚生年金の適用事業所となることに同意し、厚生労働大臣の認可を受けることにより、**任意適用事業所**となることができます。任意適用事業所の認可があったとき、その事業所に使用される70歳未満の人は、適用除外事由に該当しない限り、加入に反対であった人も含めて、全員が被保険者となります。

〈厚年法６①３、４〉

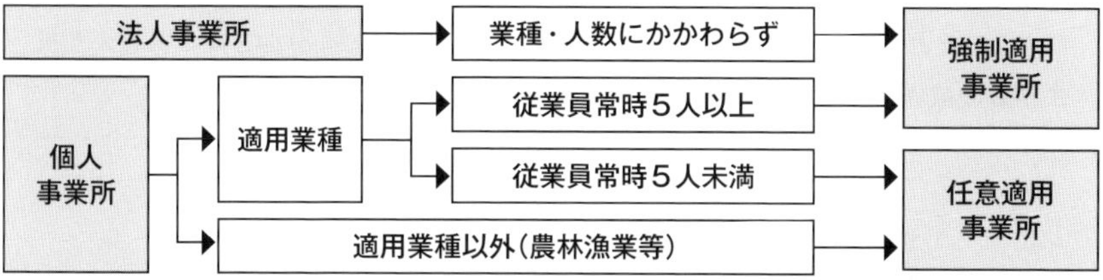

2 短時間労働の被保険者

～一定の要件を満たすパートタイマーは厚生年金の被保険者～

1 厚生年金の被保険者の資格取得基準（4分の3基準）

厚生年金の被保険者となるための要件として**4分の3基準**があります。この基準によれば、適用事業所に使用されるパートタイマーなどの働き方をしている70歳未満の人は、次のいずれにも該当するときに、厚生年金の被保険者となります。 〈厚年法12⑤〉

① **1週間の所定労働時間**が常時雇用者の**4分の3以上**

② **1カ月の所定労働日数**が常時雇用者の**4分の3以上**

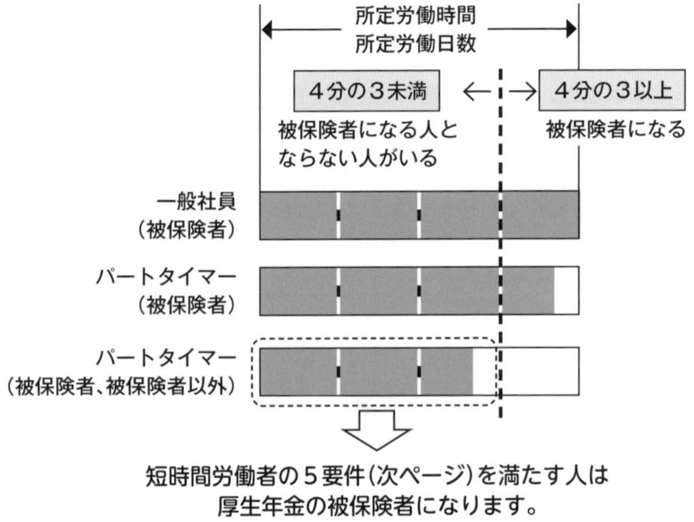

参考 平成28年9月以前の規定

以前は昭和55年に示された行政上の基準によって「1日または1週の所定労働時間および1カ月の所定労働日数が常時雇用者のおおむね4分の3以上ある人が厚生年金の被保険者となる」とされていました。

2 短時間労働者の5要件

前記1の4分の3基準を満たさない人は、原則として被保険者となりませんが、当分の間、次の①～⑤のすべてに該当するときには、厚生年金の被保険者（**短時間労働者**）となります。〈厚年法12⑤〉

① **1週間の所定労働時間が20時間以上**であること
② 月額の報酬（家族手当、通勤手当等を除く）が**88,000円以上**であること
③ **2カ月を超えて継続して働く見込み**があること
④ **学生でない**こと
⑤ **特定適用事業所、任意特定適用事業所、国・地方公共団体に属する事業所**に使用されていること

3 特定適用事業所と任意特定適用事業所

特定適用事業所とは、大まかにいえば常時**50人**（令和6年9月までは**100人**）超の被保険者を使用する事業所をいいます。法人番号が同一の適用事業所の被保険者数が50人（令和6年9月までは100人）を超える月が直近1年で6カ月以上ある事業所が特定適用事業所に該当します。事業所の規模が50人（令和6年9月までは100人）以下の場合、被保険者の同意に基づき、短時間労働者の適用拡大の事業所になることができ、これを**任意特定適用事業所**といいます。〈法附則（平24）17⑫〉

このように、企業規模等の要件を変更することにより、被用者保険（厚生年金）の適用範囲が拡大されています（**被用者保険の適用拡大**）。

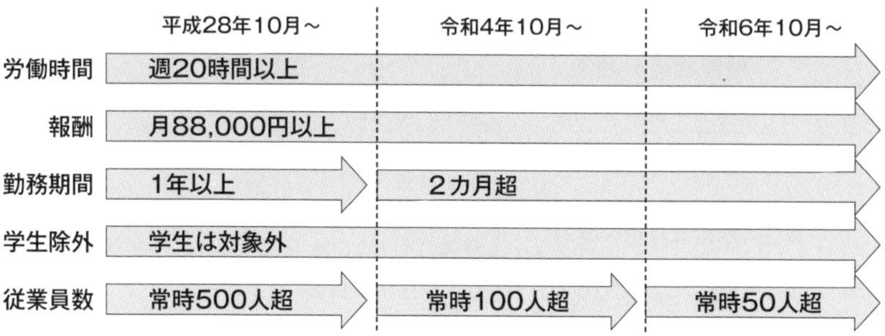

3 4つの種別の厚生年金の被保険者

～厚生年金の被保険者には4つの種別がある～

1 4つの種別の厚生年金の被保険者

平成27年10月から共済組合員等も、厚生年金の被保険者になりました。それに伴い、厚生年金の被保険者は4つの種別に区分されています。

〈厚年法2の5①〉

	被保険者の種別	対象
1	**第1号厚生年金被保険者**	会社員など、他の3種別に該当しない人
2	**第2号厚生年金被保険者**	国家公務員共済組合の組合員
3	**第3号厚生年金被保険者**	地方公務員共済組合の組合員
4	**第4号厚生年金被保険者**	私立学校教職員共済制度の加入者

それぞれの被保険者であった期間は、第1号厚生年金被保険者期間、第2号厚生年金被保険者期間、第3号厚生年金被保険者期間、第4号厚生年金被保険者期間と呼称しています。

2 4つの実施機関

被保険者の種別に応じて、各**実施機関**が事務的なことを行います。被保険者の資格、標準報酬、事業所および被保険者期間、保険給付、当該保険給付の受給権者、保険料その他の徴収金、保険料に係る運用等に関する事務などです。実施機関は次のように、加入する制度によって4つに分かれています。

	被保険者の種別	実施機関
1	第1号厚生年金被保険者	厚生労働大臣（日本年金機構）
2	第2号厚生年金被保険者	国家公務員共済組合および国家公務員共済組合連合会
3	第3号厚生年金被保険者	地方公務員共済組合、全国市町村職員共済組合連合会および地方公務員共済組合連合会
4	第4号厚生年金被保険者	日本私立学校振興・共済事業団

- 1について、法に規定する厚生労働大臣の権限に係る事務等を日本年金機構が行います。
- 本書では、2～4にかかる実施機関を総称して「共済組合等」と表記しています。

参考　昭和60年改正法附則による被保険者の種別

昭和61年4月1日前の旧厚生年金保険制度においては、被保険者の性別や職業などによって保険料の負担や年金受給のための受給資格期間に差が設けられていました。そのため、被保険者の種別が次の4つに分けられていました。

①第一種被保険者（一般男子被保険者）
②第二種被保険者（一般女子被保険者）
③第三種被保険者（坑内員）
④第四種被保険者（任意継続被保険者）

これらは、新法施行後も、経過的に保険料の負担などがあったため、当分の間、法附則で規定することとされました。なお、昭和61年4月1日から、第三種被保険者に船員が含まれることとなり、船員任意継続被保険者も設けられています。

〈法附則(60) 5ほか〉

①第一種被保険者
男子である厚生年金保険法による被保険者（第1号厚生年金被保険者に限る）であって、③④⑤以外のものをいいます。

②第二種被保険者
女子である厚生年金保険法による被保険者（第1号厚生年金被保険者に限る）であって、③④⑤以外のものをいいます。

③第三種被保険者
常時坑内作業に従事する厚生年金保険法による被保険者または適用事業所である船舶に使用される被保険者（いずれも第1号厚生年金被保険者に限る）であって、④⑤以外のものをいいます。

④第四種被保険者
厚生年金保険の被保険者期間が10年以上で一定の要件に該当する人が、被保険者の資格を喪失し、6月以内に厚生労働大臣に申し出て、厚生年金保険の被保険者期間が20年（中高齢者の特例に該当する人はその期間）に達するまで、個人で加入を続ける任意継続被保険者をいいます（本章3 I 4）。

⑤船員任意継続被保険者
昭和61年3月31日において、船員保険の年金任意継続被保険者であった人をいいます。

4 任意加入被保険者

～厚生年金に任意加入する方法がある～

1 任意単独被保険者

厚生年金に加入するのは、通常適用事業所で働く人です。しかし、**適用事業所以外**の事業所で働いていても、**70歳未満**であれば、**事業主の同意**を得て、厚生労働大臣の認可を受けることにより厚生年金の被保険者（**任意単独被保険者**）となることができます。この場合、認可を受けた日に任意単独被保険者の資格を取得します。任意単独被保険者にかかる保険料は被保険者と事業主が半分ずつ負担し、納付は事業主が行います。

また、任意単独被保険者は、厚生労働大臣の認可を受けて、被保険者の資格を喪失することができます。〈厚年法10、11〉

2 高齢任意加入被保険者

70歳以上の人は、会社に勤めていても厚生年金に加入できません。しかし、70歳になっても老齢基礎年金等を受けるために必要な期間を満たしていないときには、**高齢任意加入被保険者**として、老齢基礎年金等の受給資格期間を満たすまで厚生年金に任意加入することができます。

〈厚年法附4の3、4の5〉

(1) 適用事業所に使用される人

適用事業所で使用される**70歳以上**の人は、実施機関に申し出ることにより高齢任意加入被保険者になることができます。原則として保険料の全額を自己負担し納付することになりますが、事業主の同意があるときには、保険料の半額を事業主が負担し、事業主が保険料を納付します。

(2) 適用事業所以外に使用される人

適用事業所以外で使用される**70歳以上**の人は、**事業主の同意**を得て、厚生労働大臣の認可を受けることにより高齢任意加入被保険者になることができます。事業主の同意を得ているので、保険料は事業主と半分ずつ負担し、事業主が保険料を納付します。

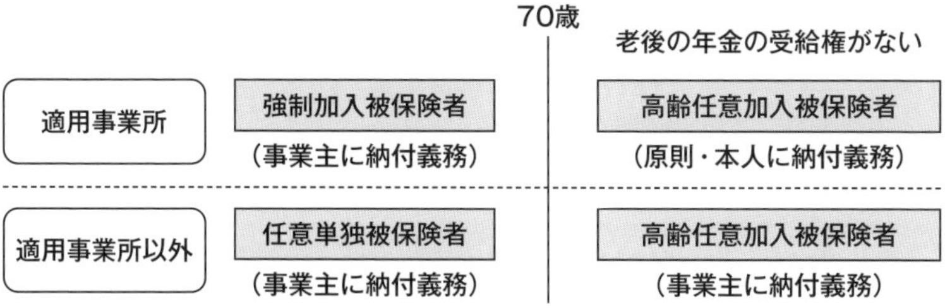

3 任意継続被保険者（第四種被保険者）

昭和61年4月1日前の旧厚生年金保険法においては、老齢年金を受けるためには、厚生年金単独で20年(中高齢者の特例に該当する人は一定期間）の被保険者期間が必要でした。しかし、退職や年齢等の理由により、この期間が満たせない人に対して、任意加入制度としての**第四種被保険者**制度が設けられていました。昭和61年4月の基礎年金制度導入に伴い、第四種被保険者制度は廃止されています。〈法附則(60)43〉

（1）第四種被保険者の経過措置

昭和16年4月1日以前に生まれ、昭和61年4月1日時点で厚生年金の被保険者であった人等に対しては、昭和61年4月以降も第四種被保険者となることができる経過措置がありました。

（2）経過措置の対象者

昭和61年4月以降も第四種被保険者になることができたのは、次のすべての要件を満たす人です。

① 厚生年金の被保険者期間が原則として10年以上あること
② 次のいずれかに該当していること
ア　昭和16年4月1日以前に生まれた人で、昭和61年4月1日時点で厚生年金の被保険者であった人
イ　昭和61年3月31日時点で、第四種被保険者であった人
③ 厚生年金の被保険者期間が20年（中高齢者の特例に該当する人はその期間）に達していないこと
ただし、昭和61年4月1日から資格喪失日の前月まで被保険者期間が続いている場合に限る

3 厚生年金への加入

Ⅱ 厚生年金の保険料と標準報酬月額

1 厚生年金の保険料

～厚生年金の保険料は標準報酬月額に保険料率をかけて計算する～

1 厚生年金の保険料の計算

厚生年金の保険料は、毎月の給与（**標準報酬月額**）と賞与（**標準賞与額**）にそれぞれ**保険料率**を乗じて算出します。この保険料は、被保険者期間の計算の基礎となる各月について、事業主と被保険者がそれぞれ保険料の半額を負担します。〈厚年法 81 ①～③〉

●給与にかかる厚生年金の保険料 ＝ 標準報酬月額 × 保険料率

●賞与にかかる厚生年金の保険料 ＝ 標準賞与額 × 保険料率

2 厚生年金の保険料率

第１号厚生年金被保険者の保険料率は**1,000 分の 183** に設定されています。平成 16 年の改正により**保険料水準固定方式**が導入され、その後、毎年 1,000 分の 3.54 ずつ引き上げられ、平成 29 年 9 月以降 1,000 分の 183 で固定されています。〈厚年法 81 ④、法附則（平 24）83 ～ 85〉

月の区分	原則の保険料率
平成16年10月から　平成17年8月までの月分	1,000分の139.34
平成17年9月から　平成18年8月までの月分	1,000分の142.88
≀	≀
平成25年9月から　平成26年8月までの月分	1,000分の171.20
平成26年9月から　平成27年8月までの月分	1,000分の174.74
平成27年9月から　平成28年8月までの月分	1,000分の178.28
平成28年9月から　平成29年8月までの月分	1,000分の181.82
平成29年9月以後の月分	1,000分の183.00

参考 保険料率

第２号厚生年金被保険者および第３号厚生年金被保険者にかかる保険料率は、毎年1,000分の3.54ずつ引上げが行われ、平成30年９月以降、1,000分の183の保険料率で固定されています。第４号厚生年金被保険者にかかる保険料率についても、令和９年４月以降の保険料率から1,000分の183に固定されます。

3 産前産後休業期間中の保険料免除

産前産後休業をしている被保険者は、事業主の申出により事業主および被保険者の厚生年金の保険料が免除されます。免除される期間は**産前産後休業が始まった月**から**終了日の翌日が属する月の前月まで**です。免除期間中も被保険者資格の変更はなく、将来の年金額の計算時には、保険料を納めた期間として扱われます。〈厚年法 81 の２の２〉

4 育児休業期間中の保険料免除

育児・介護休業法による育児休業等をしている被保険者は、事業主の申出により事業主および被保険者の厚生年金の保険料が免除されます。免除される保険料は次のとおりです。

① **育児休業等が始まった月**から**終了日の翌日が属する月の前月まで**の保険料

② 育児休業等が始まった月と終了日の翌日が属する月が同じで、その月に 14 日以上（休業期間中に就業予定日がある場合は就業日を除き、土日等の休日は含む）の育児休業等を取得した場合の**その月の保険料**

賞与に関する保険料は、賞与を支払った月の末日を含む連続した１カ月を超える育児休業等を取得した場合に免除されます。１カ月を超えるかの判断には土日等の休日も期間に含まれます。〈厚年法 81 の２〉

POINT!

保険料が免除された期間は、将来の年金額を計算する際には、休業開始前の標準報酬月額にかかる保険料を納付したものとみなされます。

2 標準報酬月額

～標準報酬月額は厚生年金の保険料や保険給付の額の基になる～

1 総報酬制

平成15年4月から**総報酬制**が採用されています。総報酬制では、被保険者の毎月の**給与と賞与**の両方を基に保険料の額を決定し、将来の年金額を計算します。これは、給与と賞与が多いほど、支払う保険料が増え、その結果として将来受け取る年金額も増えるしくみです。

2 標準報酬月額

個々人の実際の報酬（給与）により保険料や保険給付の計算を行おうとすると、とても複雑になります。そのため、各人の報酬を**報酬月額**として月額単位で区分し、それを一定の範囲に当てはめて**標準報酬月額**として設定したうえで、保険料や保険給付の計算に用います。

標準報酬月額は、被保険者の**報酬月額**に基づき、次表の等級区分により定められています。

〈厚年法20①、等級区分改定令1〉

■標準報酬月額等級区分表

標準報酬月額等級	標準報酬月額	報酬月額	標準報酬月額等級	標準報酬月額	報酬月額
第1級	88,000円	93,000円未満	第17級	260,000円	250,000円～270,000円未満
第2級	98,000円	93,000円～101,000円未満	第18級	280,000円	270,000円～290,000円未満
第3級	104,000円	101,000円～107,000円未満	第19級	300,000円	290,000円～310,000円未満
第4級	110,000円	107,000円～114,000円未満	第20級	320,000円	310,000円～330,000円未満
第5級	118,000円	114,000円～122,000円未満	第21級	340,000円	330,000円～350,000円未満
第6級	126,000円	122,000円～130,000円未満	第22級	360,000円	350,000円～370,000円未満
第7級	134,000円	130,000円～138,000円未満	第23級	380,000円	370,000円～395,000円未満
第8級	142,000円	138,000円～146,000円未満	第24級	410,000円	395,000円～425,000円未満
第9級	150,000円	146,000円～155,000円未満	第25級	440,000円	425,000円～455,000円未満
第10級	160,000円	155,000円～165,000円未満	第26級	470,000円	455,000円～485,000円未満
第11級	170,000円	165,000円～175,000円未満	第27級	500,000円	485,000円～515,000円未満
第12級	180,000円	175,000円～185,000円未満	第28級	530,000円	515,000円～545,000円未満
第13級	190,000円	185,000円～195,000円未満	第29級	560,000円	545,000円～575,000円未満
第14級	200,000円	195,000円～210,000円未満	第30級	590,000円	575,000円～605,000円未満
第15級	220,000円	210,000円～230,000円未満	第31級	620,000円	605,000円～635,000円未満
第16級	240,000円	230,000円～250,000円未満	第32級	650,000円	635,000円以上

3 標準報酬月額の決定方法（定時決定のとき）

標準報酬月額の決定方法にはいくつかの方法があります（本章③Ⅱ3）。定時決定のしくみは、次のとおりです。

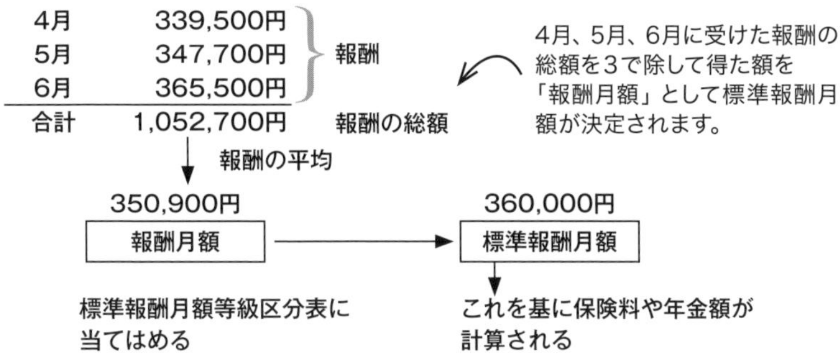

4 報酬の範囲

報酬月額の対象となる報酬は、現実に提供された労働に対する対価に加え、給与規程等に基づいて使用者が定期的に支払うものも含みます。例えば、基本給のほか、能率給、奨励給、役付手当、職階手当、特別勤務手当、勤務地手当、物価手当、日直手当、宿直手当、家族手当、休職手当、通勤手当、住宅手当、別居手当、早出残業手当、継続支給する見舞金などです。これらは、事業所から現金または現物で支給されるものを指します。さらに、年4回以上支給される賞与も報酬月額の対象となる報酬に含まれます。

〈昭32保文発第1515号ほか〉

参考 標準報酬月額

厚生年金保険法の標準報酬月額は、第1級（88,000円）～第32級（650,000円）ですが、健康保険法の標準報酬月額は、第1級（58,000円）～第50級（1,390,000円）となっています。

3 標準報酬月額の決定と改定

～標準報酬月額の決定や改定方法は状況に応じて様々～

1 標準報酬月額の決定と改定

標準報酬月額の決定や改定には、次表のとおりの方法があります。

方法	内容
資格取得時の決定	被保険者が**資格取得した際の報酬**に基づいて一定方法によって報酬月額を算定し標準報酬月額を決定します。資格取得月からその年の８月（６月１日から12月31日までに資格取得した人は翌年の８月）までの各月の標準報酬月額とします。〈厚年法22①②〉
定時決定	**毎年７月１日現在で使用される事業所**において、同日前３カ月（**４月、５月、６月**、支払基礎日数17日（特定適用事業所に勤務する短時間労働者は11日）未満の月があるときは、その月を除く）に受けた報酬の総額をその期間の月数で除して得た額を報酬月額として標準報酬月額を決定します。その年の９月から翌年８月まで使用します。〈厚年法21①〉
随時改定	被保険者の報酬が昇給・降給等で**固定的賃金に変動**があり、継続した３カ月間（各月とも支払基礎日数17日（特定適用事業所に勤務する短時間労働者は11日）以上）に受けた報酬総額を３で除して得た額が従前の標準報酬月額の基礎となった報酬月額に比べて**著しく高低を生じた場合**において、厚生労働大臣が必要と認めたときに標準報酬月額を改定します。その年の８月（７月以降改定のときは翌年８月）まで使用します。〈厚年法23①〉
産前産後休業終了時の改定	従前の標準報酬月額と比べて１等級以上の差が生じたときは、被保険者からの届出によって、**産前産後休業終了日の翌日が属する月以後３カ月間**（支払基礎日数17日（特定適用事業所に勤務する短時間労働者は11日）未満の月があるときは、その月を除く）に受けた報酬の平均額に基づき標準報酬月額を改定します。〈厚年法23の３①〉
育児休業等終了時の改定	従前の標準報酬月額と比べて１等級以上の差が生じたときは、被保険者からの届出によって、**育児休業等終了日の翌日が属する月以後３カ月間**（支払基礎日数17日（特定適用事業所に勤務する短時間労働者は11日）未満の月があるときは、その月を除く）に受けた報酬の平均額に基づき、標準報酬月額を改定します。〈厚年法23の２①〉
保険者決定	次に該当するときは**厚生労働大臣が算定する額**を被保険者の報酬月額として標準報酬月額を決定（改定）します。 ・資格取得時の決定の方法による算定が困難または不当であるとき ・定時決定の方法による算定が困難または不当であるとき ・資格取得時の算定額が著しく不当であるときなど〈厚年法24①〉

■標準報酬月額の適用時期

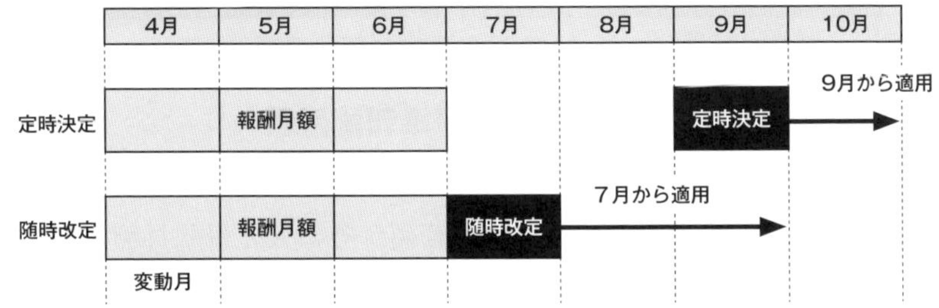

2 60歳以上の同日得喪の特例

60歳以上の厚生年金の被保険者が退職し、その後継続して同じ会社に再雇用されるときの特例があります。定時決定や随時改定を待たず、**再雇用された月**から**再雇用後の給与に応じた標準報酬月額**に変更できるしくみです。

このしくみでは、被保険者はいったん退職したものとして扱われ、資格を喪失した同日に被保険者資格を取得します。資格の喪失日と取得日が同じ日になることから、一般的に**同日得喪**と呼ばれています。60歳以上の同日得喪の特例は、退職と再雇用の間に日にちが空かずに継続して同じ会社に再雇用される60歳以上のすべての人に適用されます。

〈平25年管管発0125第1号〉

3 養育期間の従前額標準報酬月額の特例

子どもが3歳に達するまでの養育期間中に、被保険者の報酬が下がり標準報酬月額が低下したとき、将来の年金額に影響を与えないための特例があります。被保険者の申出に基づき、より高い**従前の標準報酬月額**をその期間の標準報酬月額とみなして年金額を計算します。〈厚年法26①〉

4 複数の事業所に勤めるとき

～複数の事業所で働くときは合算額が報酬月額となる～

1 複数の事業所に勤めるときの標準報酬月額

複数の事業所で厚生年金の被保険者であるときは、報酬月額は各事業所で算定された額を合計して、その合算額がその人の報酬月額とされます。

同様に、複数の事業所で賞与を受けるとき、各事業所で受け取った賞与の額を合計し、その合算額がその人の賞与額とされます。船舶に関する報酬と賞与は含みません。 〈厚年法 24 ②、24 の 4 ②〉

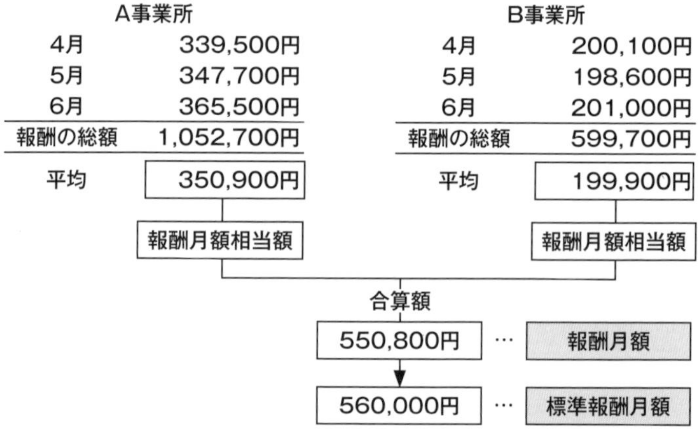

2 保険料の負担

複数の事業所（船舶を除く）において厚生年金の被保険者である人の保険料は、報酬月額相当額の総額に対するそれぞれの事業所における報酬月額相当額の割合で按分されます。賞与にかかる保険料も同様の方法で按分されます。 〈厚年法 82 ③、厚年令 4〉

5 標準賞与額

～賞与を受けたときは賞与額に基づき標準賞与額が決定される～

1 標準賞与額の決定

厚生年金の被保険者が賞与を受けた月は、**標準賞与額**が決定され、それを基に保険料や将来の年金額が計算されます。

2 標準賞与額の決定方法

標準賞与額とは、実際に受け取った税引き前の賞与額から1,000円未満の端数を切り捨てたもので、1回の支給につき**上限は150万円**（同じ月に2回以上支給されたときは合算）です。　〈厚年法24の4①〉

3 賞与の範囲

標準賞与額の対象となる賞与は、年3回以下の回数で支給されるものです。これには、賃金、給料、俸給、賞与などの名称を問いません。年4回以上支給される賞与は、標準報酬月額の対象となる報酬とされ、標準賞与額の対象となる賞与とされません。

4 賞与からの保険料の徴収

厚生年金の被保険者が、その資格を喪失したとき、資格喪失日の属する月の前月までが厚生年金の被保険者期間となります。そのため、資格喪失月に支払われた賞与にかかる保険料は徴収されません。

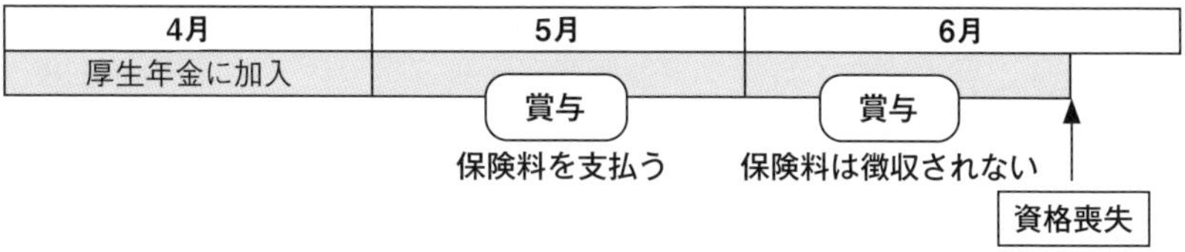

参考　標準賞与額

厚生年金保険法の標準賞与額の上限は1カ月あたり150万円ですが、健康保険法の標準賞与額は年間累積額573万円が上限です。

3 厚生年金への加入

Ⅲ 厚生年金の被保険者期間

1 厚生年金の被保険者期間

～被保険者期間は資格取得月から喪失月の前月までの月単位が原則～

1 厚生年金の被保険者期間は月単位

厚生年金の被保険者期間は**月単位**で計算します。被保険者の資格を取得した日のある**月**から、その資格を喪失した日のある**月の前月まで**の期間が被保険者期間として算入されます。例えば、1月15日に被保険者になり、12月10日に資格を喪失した場合、被保険者期間は1月から11月までの11カ月です。12月は資格喪失月なので被保険者期間に含みません。

〈厚年法19①〉

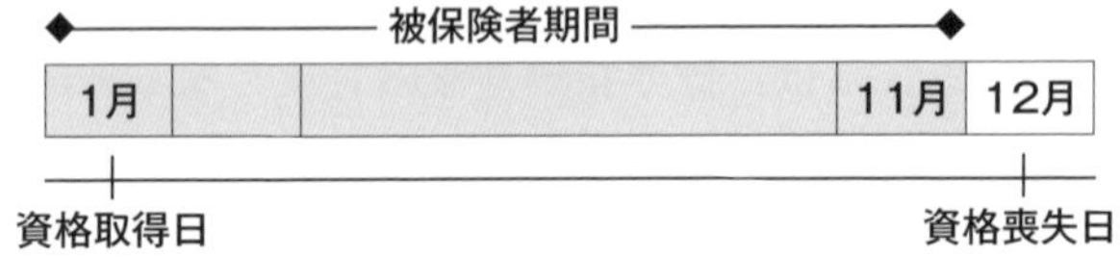

2 同月に資格の取得と喪失があるとき（同月得喪）

(1) 原則

被保険者の資格を取得した月と同じ月に資格を喪失したときは、原則として、その月は**1カ月として被保険者期間に算入**されます。

〈厚年法19②〉

(2) 例外

ア　その月に再び被保険者の資格を取得したときは、**後の事業所における期間**のみが1カ月として被保険者期間に算入されます。

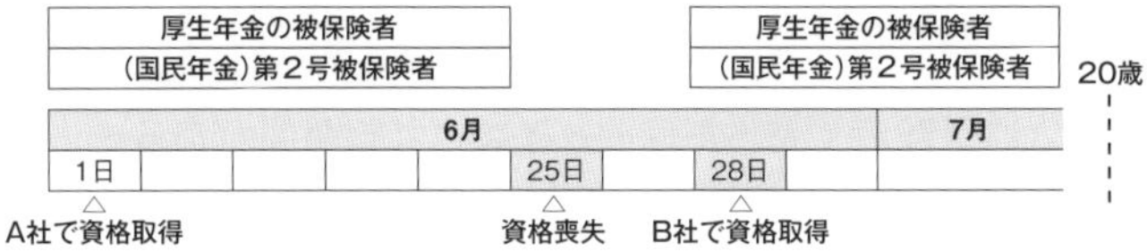

6月はB社の厚生年金の被保険者期間です。

イ　その月に国民年金の被保険者（第２号被保険者を除く）の資格を取得したときは、厚生年金の被保険者期間になりません。

6月は国民年金の第１号被保険者期間です。厚生年金の被保険者期間になりません。

3　資格の再取得

被保険者の資格を喪失した後に再び資格を取得したときは、これらの被保険者期間は合算されます。被保険者期間は**被保険者の種別ごと**に適用されます。〈厚年法 19③④〉

4　被保険者の種別の変更

同じ月に被保険者の種別に変更があったとき、その月は**変更後の種別**の被保険者であった月とみなされます。また、同じ月に被保険者の種別が２回以上変更されたときは、その月は**最後の種別**の被保険者であった月とみなされます。〈厚年法 19⑤〉

5　被保険者期間とならない期間

① 脱退一時金の支給を受けた期間

脱退一時金の支給を受けた期間は、被保険者でなかったものとみなされるため、被保険者期間には算入されません。〈厚年法附 29⑤〉

② 脱退手当金の支給を受けた期間

脱退手当金の支給を受けた期間も、被保険者でなかったものとみなされますが、受給資格を見る際には合算対象期間となることがあります。

〈法附則 (60) 75〉

2 厚生年金の被保険者期間の経過措置

～厚生年金の被保険者であった期間とみなされる期間がある～

1 昭和61年４月前の被保険者期間

昭和61年4月1日前の旧厚生年金保険法による被保険者であった期間は、厚生年金保険法の被保険者であった期間とみなされます。ただし、脱退手当金の計算の基礎となった期間を除きます。〈厚年法附4〉

同様に、昭和61年4月1日前の旧船員保険法による被保険者であった期間は、第1号厚生年金被保険者期間とみなされます。〈法附則(60)47①〉

2 第三種被保険者（船員・坑内員）であった期間

（1）昭和61年4月前の期間

昭和61年4月1日前の旧厚生年金保険法による第三種被保険者であった期間および旧船員保険法による被保険者であった期間（第1号厚生年金被保険者期間とみなされた期間）については、実際の期間を**3分の4倍**したものを被保険者期間とします。〈法附則(60)47②③〉

（2）昭和61年4月から平成3年3月までの期間

昭和61年4月1日から平成3年3月31日までの間の第三種被保険者であった期間については、実際の期間を**5分の6倍**したものを被保険者期間とします。〈法附則(60)47④〉

（3）戦時加算

昭和19年1月1日から昭和20年8月31日までの期間に坑内員として被保険者だったときは、上記(1)により3分の4倍した被保険者期間に、さらに**3分の1**を乗じた期間が加算されます。これを戦時特例による**戦時加算**といいます。〈厚年法附24、昭29保発66号〉

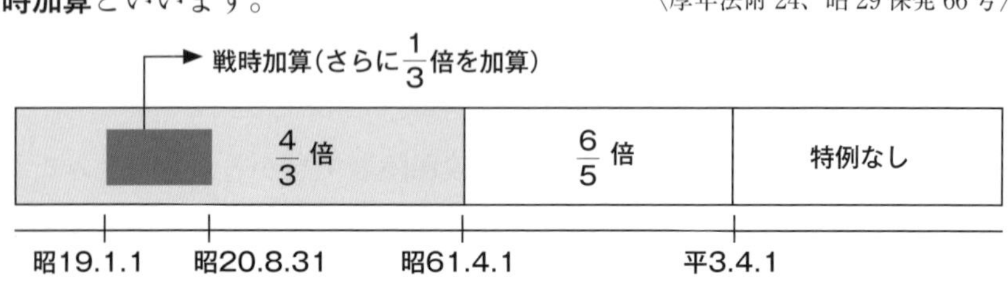

3 旧適用法人共済組合員期間等

(1) 旧適用法人共済組合員期間

旧適用法人共済組合員期間（恩給公務員期間等を除く）は、厚生年金の被保険者であった期間とみなして保険給付の額の計算の基礎とされます。ただし、脱退一時金の計算の基礎となった期間等を除きます。

厚生年金の被保険者期間を計算するときには、次の期間については実際の期間と異なる期間が被保険者期間とされます。〈法附則（平８）５〉

① **昭和61年3月31日までの**旧船員組合員であった期間は、実際の期間の**３分の４倍**したものが被保険者期間に算入されます。

② **昭和61年4月1日から平成3年3月31日まで**の新船員組合員であった期間は、実際の期間の**５分の６倍**したものが被保険者期間に算入されます。

参考 旧適用法人共済組合

旧適用法人共済組合とは、日本国有鉄道、日本電信電話公社、日本専売公社（旧３公社）の常勤職員等を対象として昭和31年7月に施行された旧公共企業体職員等共済組合法による制度を前身とする共済組合制度で、これらは平成9年4月1日に厚生年金に統合されました。

(2) 旧農林共済組合員期間

旧農林共済組合員期間は、厚生年金の被保険者であった期間とみなして、保険給付の額の計算の基礎とされます。ただし、脱退一時金の計算の基礎となった期間等を除きます。

旧農林共済組合員期間とは平成14年4月1日(厚生年金保険統合日）前の農林漁業団体職員共済組合員であった期間をいいます。〈法附則（平13）６〉

(3) 旧令共済組合員期間

第１号厚生年金被保険者期間が１年以上ある人で老齢または死亡に関する保険給付が支給される場合、**昭和17年6月から昭和20年8月まで**の旧令共済組合の組合員期間は、厚生年金の被保険者であった期間（坑内員および船員以外の期間）とみなされます（第７章1Ⅰ４）。

〈厚年法附28の２〉

3 厚生年金への加入

Ⅳ 厚生年金基金

1 厚生年金基金の給付

～厚生年金基金は国に代わって代行部分を支給する～

1 厚生年金基金の制度

厚生年金基金は、この制度を導入している事業所に勤める人が加入します。平成25年の法改正により、厚生年金基金の存続に関する基準が厳格化され、平成26年4月以降、厚生年金基金の解散や確定給付企業年金への移行が促され、厚生年金基金の新設ができなくなりました。

2 厚生年金基金の給付

厚生年金基金に加入した期間の年金は、**厚生年金基金**または**企業年金連合会**から支給されます。厚生年金基金は、国が支給する老齢厚生年金（報酬比例部分）のうち、厚生年金基金加入員期間にかかる部分の支給を国に代わって行います。これを**代行部分**といい、再評価や賃金等のスライドを行わない年金です。厚生年金基金加入期間の再評価や賃金等のスライド分の年金は、国から支給されます。厚生年金基金から支給される給付には、代行部分の他に、通常は**上乗せの給付**（**プラスアルファ部分**）があります。

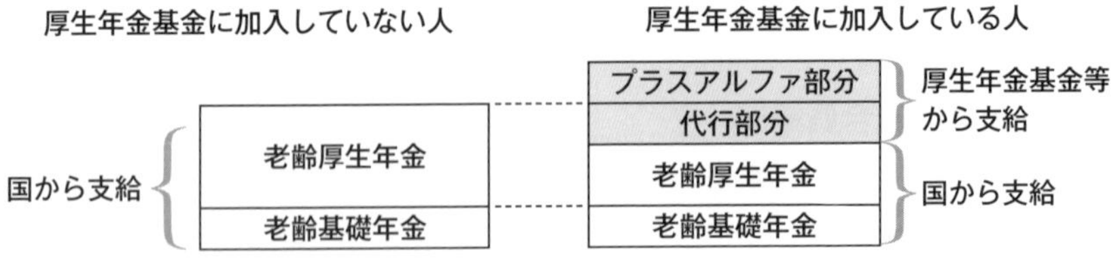

2 厚生年金基金の解散・代行返上

～解散後の厚生年金基金分の年金は国または企業年金連合会から支払われる～

1 厚生年金基金の代行返上

厚生年金基金の代行部分の支給義務を国に返上し、プラスアルファ部分を確定給付企業年金へ移行することを**代行返上**といいます。代行返上を行った厚生年金基金は消滅または解散したものとみなされます。

2 厚生年金基金の解散

厚生年金基金の解散時期が**平成26年3月31日以前**の場合は、代行部分に係る最低責任準備金は企業年金連合会に納付され、老齢厚生年金の受給権取得時に同連合会から支給されていました。しかし、**平成26年4月1日以降**に解散する厚生年金基金の場合は国に納付され、残余財産分配金のみが本人の選択により企業年金連合会に移換されます。

最低責任準備金が国に納付されると、代行部分は国が元々支給義務を負っていたスライドや再評価部分と合わせて老齢厚生年金として支給されます。すでに厚生年金基金から年金を受給していた人は、代行部分を取り込んだ新たな老齢厚生年金額に変更されます。移換された残余財産分配金は、企業年金連合会から通算企業年金として支給されます。

■平成26年3月31日以前に解散した厚生年金基金（年金を選択したとき）

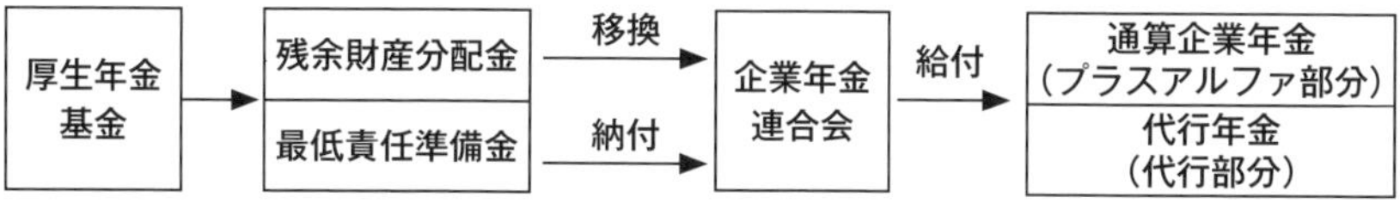

■平成26年4月1日以降に解散した厚生年金基金（年金を選択したとき）

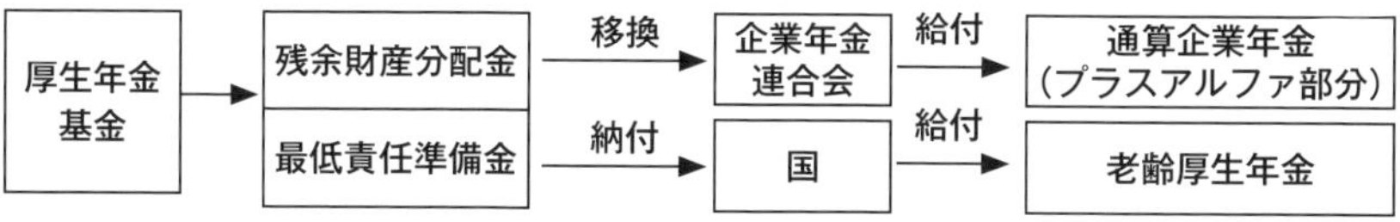

※残余財産分配金は一時金で受け取ることもできます。

3 中途脱退者への年金給付

～厚生年金基金を短期間で脱退した人を中途脱退者という～

1 中途脱退者への年金給付

中途脱退者とは、退職などの理由で厚生年金基金から短期間で脱退した人のことをいいます。**平成 26 年 3 月 31 日以前**の中途脱退者に対する年金給付は**企業年金連合会**から支給されます。**平成 26 年 4 月 1 日以降**は、脱退一時金相当額の移換のみが行われます。

■平成26年3月31日以前の中途脱退者（年金を選択したとき）

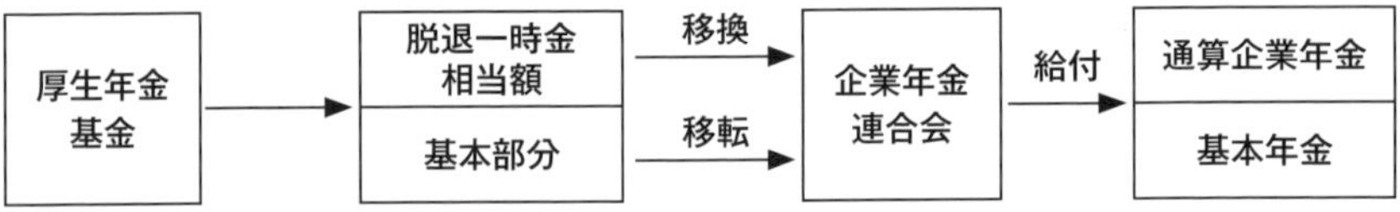

■平成26年4月1日以降の中途脱退者（年金を選択したとき）

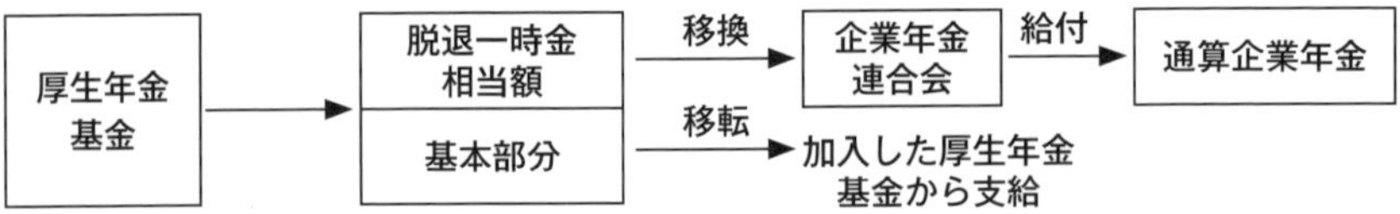

※脱退一時金を選択することもできます。

2 企業年金連合会からの年金の年金支給時期

企業年金連合会の年金の支払月は、年金額と誕生月に応じて異なります。

<table>
<tr><th colspan="6">支払月および支払回数表</th></tr>
<tr><th colspan="2">年金額</th><th>6万円未満</th><th>6万円以上
15万円未満</th><th>15万円以上
27万円未満</th><th>27万円以上</th></tr>
<tr><th colspan="2">支払回数</th><th>毎年1回</th><th>毎年2回</th><th>毎年3回</th><th>毎年6回</th></tr>
<tr><td rowspan="6">誕生月</td><td>1月・2月</td><td>4月</td><td rowspan="6">6月
12月</td><td rowspan="6">4月
8月
12月</td><td>2月</td></tr>
<tr><td>3月・4月</td><td>6月</td><td>4月</td></tr>
<tr><td>5月・6月</td><td>8月</td><td>6月</td></tr>
<tr><td>7月・8月</td><td>10月</td><td>8月</td></tr>
<tr><td>9月・10月</td><td>12月</td><td>10月</td></tr>
<tr><td>11月・12月</td><td>2月</td><td>12月</td></tr>
</table>

年金の支払いは後払いであり、支払月の前月分までが支払月の1日（1日が金融機関の休業日に当たる場合は翌営業日）に支給されます。

第2章

老齢年金

1 老齢基礎年金

Ⅰ 老齢基礎年金の要件

1 老齢基礎年金の要件

～老齢基礎年金を受給するには10年の受給資格期間が必要～

老齢基礎年金は65歳から支給される年金です。

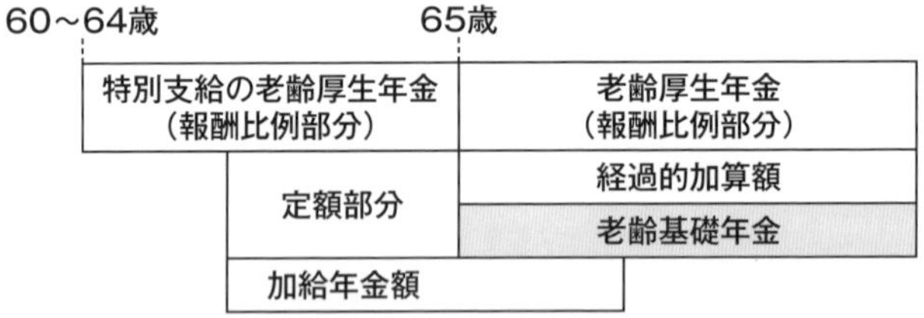

1 老齢基礎年金の支給要件

老齢基礎年金は次の①～③のすべてを満たすときに支給されます。

〈国年法26、同法附9〉

① **保険料納付済期間**または**保険料免除期間**を有すること
② **65歳**に達したこと
③ 老齢基礎年金の**受給資格期間**を満たしていること（**保険料納付済期間、保険料免除期間、合算対象期間**を合算した期間が**10年以上**あること）

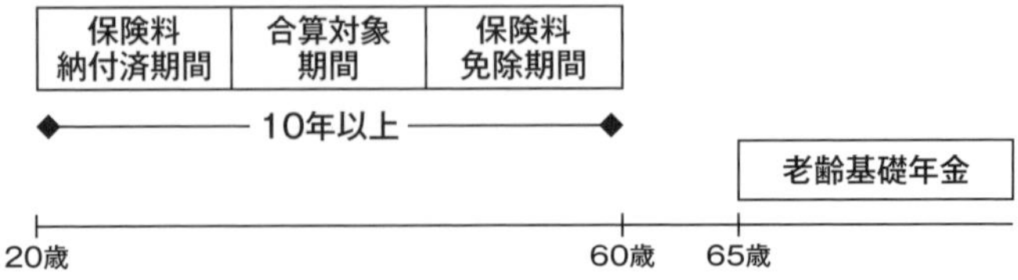

参考

平成29年7月31日までは、25年以上の受給資格期間が必要でした。

2 65歳に達した日後に要件を満たすとき

65歳に達した日において受給資格期間が10年に満たなかった人が、65歳に達した日以後に被保険者期間を有し、それによって支給要件を満たしたときは、その時点から老齢基礎年金が支給されます。〈法附則(60)18①〉

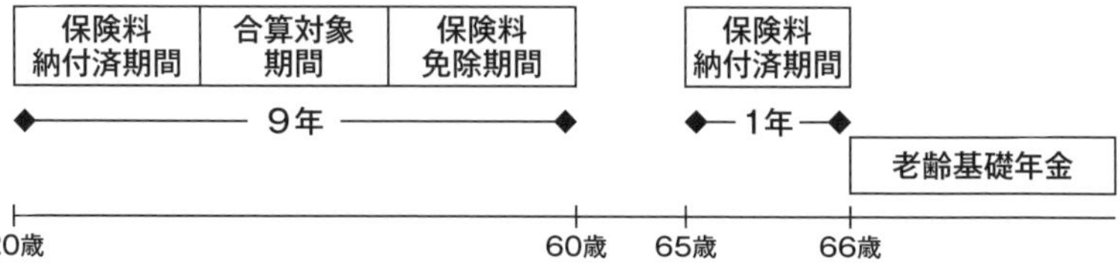

3 学生納付特例および保険料納付猶予

保険料納付済期間と保険料免除期間（学生納付特例および保険料納付猶予の規定による保険料免除期間以外の期間）を全く有していない人には、老齢基礎年金の計算の基礎となる期間がないため、老齢基礎年金は通常支給されません。ただし、**振替加算額に相当する額の老齢基礎年金**が支給されることがあります（本章①V２）。

4 老齢基礎年金の対象とならない人

次に該当する人は老齢基礎年金の支給対象とならず、旧法による年金の対象です。〈法附則(60)31①〉

（1）**大正15年4月1日以前に生まれた人**（昭和61年4月1日時点で60歳以上）

（2）昭和61年3月31日時点で、厚生年金または船員保険に基づく老齢年金の受給権がある人

（3）昭和61年3月31日以前に共済組合が支給する退職年金または減額退職年金の受給権がある人で、昭和6年4月1日以前に生まれた人

5 老齢基礎年金の失権

老齢基礎年金の受給権は、受給権者が死亡したときに消滅します。〈国年法29〉

1 老齢基礎年金

Ⅱ 保険料納付済期間と免除期間

1 保険料納付済期間

～保険料納付済期間には実際に保険料を納めていない期間もある～

老齢基礎年金の受給に必要な加入期間には、国民年金の保険料納付済期間、保険料免除期間、合算対象期間があります。

1 保険料納付済期間

老齢基礎年金の受給資格を確認するときには、次の（1）～（3）の期間を合算した期間を**保険料納付済期間**として取り扱います。

〈国年法5①、法附則(60) 8①～④〉

(1) 第1号被保険者

国民年金の**第1号被保険者**（任意加入被保険者を含む）としての期間のうち、国民年金保険料を納付した期間は保険料納付済期間となります。また、国民年金の第1号被保険者の期間のうち、**産前産後の国民年金保険料免除**の期間も保険料納付済期間です。第1号被保険者とみなされた期間(昭和61年3月以前の旧国民年金の被保険者、任意加入被保険者の期間）を含みます。

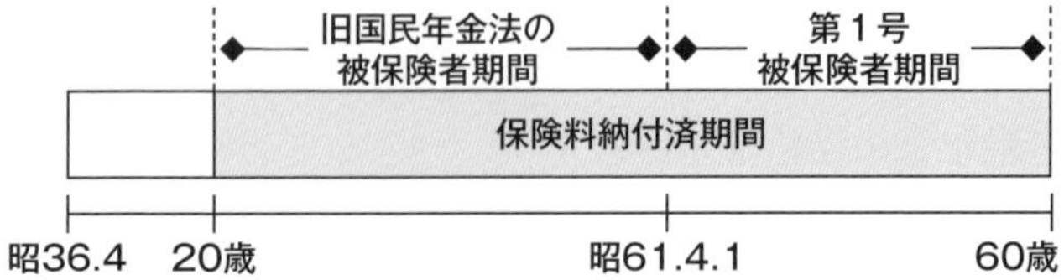

POINT!

平成31年4月から産前産後の国民年金保険料の免除制度が実施され、この制度に基づき国民年金保険料が免除された期間は保険料納付済期間とされます。

(2) 第2号被保険者

国民年金の**第2号被保険者**としての被保険者期間のうち、**20歳以上60歳未満**の期間は保険料納付済期間となります。昭和36年4月から昭和61年3月までの厚生年金、船員保険の被保険者、共済組合の組合員等期間のうち、20歳以上60歳未満の期間も含みます。

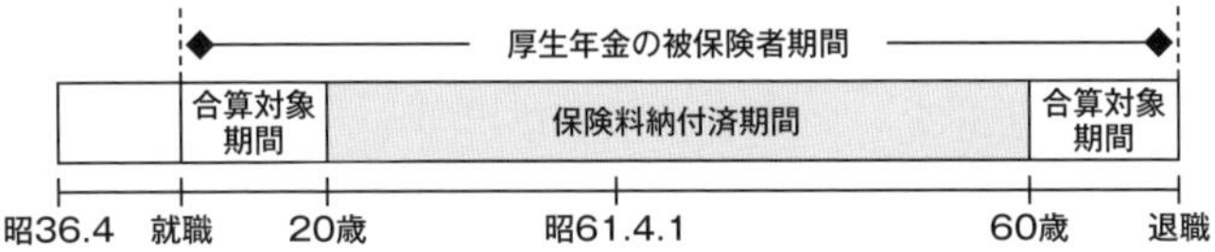

POINT!

厚生年金等の被保険者期間のうち20歳前の期間と60歳以後の期間は、障害基礎年金と遺族基礎年金の要件をみる際には、保険料納付済期間とされます。

(3) 第3号被保険者

国民年金の**第3号被保険者**としての被保険者期間は保険料納付済期間となります。

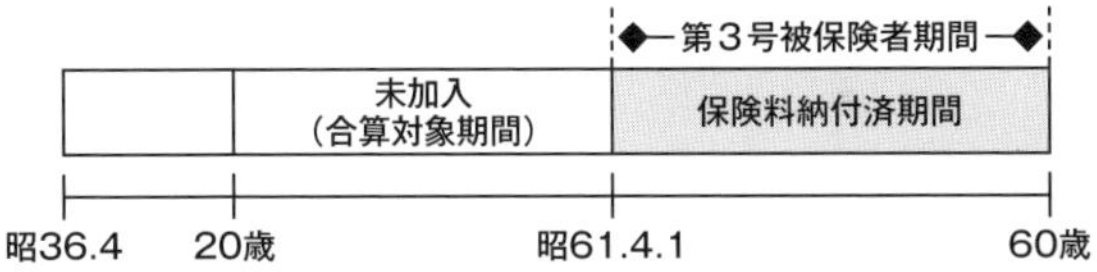

2 旧法期間の重複期間

昭和61年3月以前は、国民年金、厚生年金、共済年金は別々の制度として存在していたため、同月内にこれらの制度間で、資格の取得と喪失が重複することがありました。このような場合、同月内に国民年金の保険料を納めた期間があるときは、その期間は国民年金の**保険料納付済期間**として扱われ、国民年金の保険料を納めていないときは、同月内の厚生年金等の期間が保険料納付済期間とされます。なお、老齢基礎年金の額の計算の対象とならない厚生年金等の期間は、**経過的加算額**として年金額に反映されます。

〈法附則(60) 8、経過措置令(61) 9〉

2 保険料免除期間

～保険料免除期間には保険料全額免除期間と一部免除期間がある～

1 保険料免除期間

老齢基礎年金における**保険料免除期間**とは、保険料全額免除期間と保険料４分の３免除期間、保険料半額免除期間および保険料４分の１免除期間を合算した期間をいいます（第１章[2]Ⅳ）。

〈国年法５②～⑥、法附則(60) ８①〉

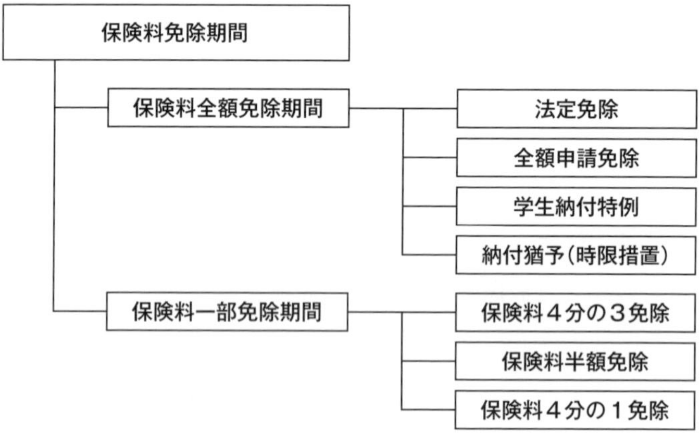

2 保険料全額免除期間

保険料全額免除期間とは、次の期間のことをいいます。

（１）第１号被保険者としての被保険者期間のうち国民年金保険料の全額免除（法定免除、全額申請免除、学生納付特例および保険料納付猶予）を受けた期間

（２）昭和 61 年４月１日前の旧国民年金の被保険者期間のうち国民年金保険料の免除を受けた期間

参考 年金額への反映

学生納付特例期間および保険料納付猶予期間は、老齢基礎年金の年金額には反映されません。

〈国年法27、法附則(16) 19④、法附則(26) 14③〉

3 保険料一部免除期間

(1) 保険料4分の3免除期間

保険料４分の３免除期間とは、第１号被保険者としての被保険者期間であって、保険料４分の３免除の規定によって、国民年金保険料の４分の３の額の納付を要しないものとされた期間をいいます。なお、納付すべき残りの４分の１の額が納付されたときに限り４分の３免除期間と認められ、納付しなかったときは未納期間となります。〈国年法５④〉

(2) 保険料半額免除期間

保険料半額免除期間とは、第１号被保険者としての被保険者期間であって、保険料半額免除の規定によって、国民年金保険料の半額の納付を要しないものとされた期間をいいます。なお、納付すべき残りの半額が納付されたときに限り半額免除期間と認められ、納付しなかったときは未納期間となります。〈国年法５⑤〉

(3) 保険料4分の1免除期間

保険料４分の１免除期間とは、第１号被保険者としての被保険者期間であって、保険料４分の１免除の規定によって、国民年金保険料の４分の１の額の納付を要しないものとされた期間をいいます。なお、納付すべき残りの４分の３の額が納付されたときに限り４分の１免除期間と認められ、納付しなかったときは未納期間となります。〈国年法５⑥〉

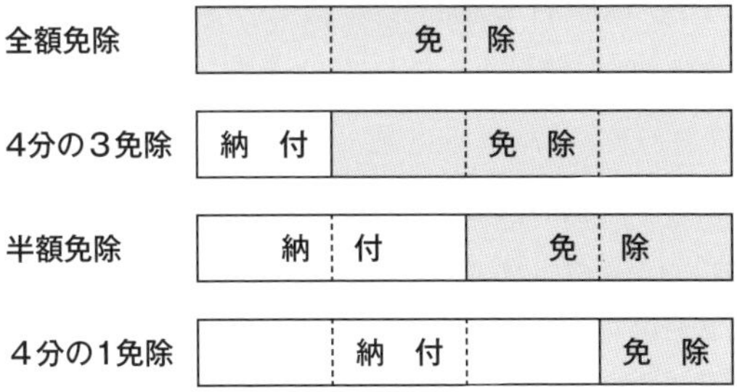

POINT!

免除された期間について、追納の規定により国民年金保険料を納付した期間は、保険料納付済期間となります（第１章②Ⅳ７）。

3 沖縄特例

～沖縄に住んでいた一定の要件を満たす人には特例がある～

1 沖縄に居住していた人の特例

昭和47年5月15日に沖縄が本土に復帰した際、沖縄の国民年金制度（昭和45年4月1日実施）が本土の年金制度に統合されました。この統合により、沖縄に居住していた人とその他の地域の人との間で国民年金の受給に差が生じるため、特例が設けられました。〈沖縄法104〉

2 基礎年金制度導入に伴う特別措置

昭和36年4月1日（20歳未満の人は20歳に達した日）**から昭和45年3月31日まで**の間のうち、沖縄に居住していた**20歳以上60歳未満**の期間は、国民年金保険料免除期間とみなされます。〈沖縄令63〉

このみなし期間は国民年金法の保険料免除期間と同様に扱われて、基礎年金額の計算の基礎となります。また、保険料免除期間とみなされた期間を有する人（国民年金法による老齢基礎年金を受ける権利を有する者を除く）は、昭和62年1月1日から平成4年3月31日（同日以前に65歳に達したときは65歳に達した日の前日、老齢基礎年金の受給権を得るに至ったときは受給権を取得した日の前日）までの間に限り、1カ月あたり2,400円の保険料を納付することができました。保険料を納付した期間は保険料納付済期間とされています。〈沖縄令63の2〉

参考 障害基礎年金の支給要件の特例

昭和36年4月1日から昭和45年3月31日まで引き続き沖縄に住所を有していた人で、初診日が同日以前の傷病が治らず、障害認定日において旧国民年金法別表に定める障害の状態になかった人が、昭和61年4月1日以後70歳に達する日の前日までの間に、国民年金法に規定する障害の状態に該当したときは、原則として20歳前傷病による障害基礎年金に該当するものとみなして障害基礎年金が支給されるとする特例が設けられています。〈沖縄令66〉

4 第三種被保険者(坑内員・船員)の特例

～平成3年3月までの坑内員・船員には特例がある～

1 厚生年金の第三種被保険者の特例

厚生年金の**第三種被保険者**（**坑内員、船員**）である国民年金の被保険者であった期間については、国民年金の被保険者期間を計算する際に、次の特定の期間に対して特例が適用されます。〈法附則(60) 8②⑤⑧〉

①**昭和36年4月1日から昭和61年3月31日まで**の期間
　実際の被保険者であった期間を**3分の4倍**して計算します。

②**昭和61年4月1日から平成3年3月31日まで**の期間
　実際の被保険者であった期間を**5分の6倍**して計算します。

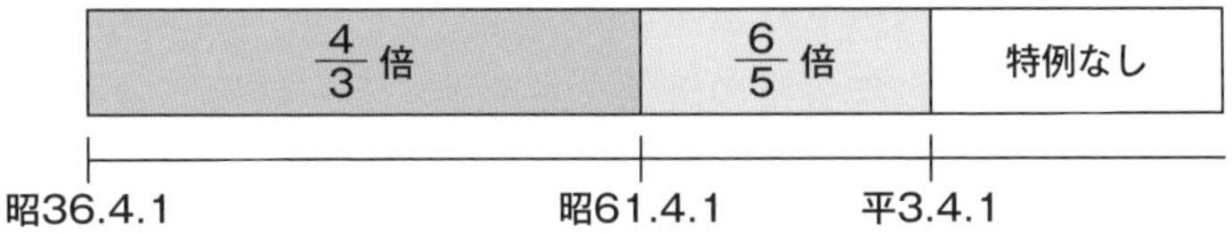

2 厚生年金の第三種被保険者の特例の適用

国民年金において、上記の特例的な計算方法を用いるのは、老齢基礎年金の受給資格期間を判断するときであり、老齢基礎年金の額を計算するときには、特例は適用されず、実際の被保険者期間に基づいて計算します。また、障害基礎年金、障害厚生年金、遺族基礎年金および遺族厚生年金の保険料納付要件を計算する際にも、適用されません。

〈法附則(60) 8③〉

	老齢基礎年金・老齢厚生年金の受給資格期間	老齢基礎年金・老齢厚生年金の年金額	障害給付・遺族給付保険料納付要件
国民年金	適用する	適用しない	適用しない
厚生年金	適用する	適用する	適用しない

1 老齢基礎年金

Ⅲ 合算対象期間

1 合算対象期間の目的

～国民年金保険料を納めていなくても受給資格期間の10年にカウントされる～

1 合算対象期間の目的

合算対象期間は、老齢基礎年金の年金額には反映されませんが、老齢基礎年金を受給するために必要とされる**受給資格期間**に算入される期間です。この期間特例は、大正15年4月2日以後に生まれた人で、特定の要件を満たす人に適用されます。 〈国年法附7ほか〉

合算対象期間には、**年金権の確保**を目的とするものと、**公平性の確保**を目的とするものがあります。

合算対象期間の目的

年金権の確保

合算対象期間のしくみを導入している主眼点は、「年金権の確保を目的とした合算対象期間」であり、合算対象期間の大半はこの観点から設けられています

公平性の確保

「公平性の確保を目的とした合算対象期間」として、老齢基礎年金の年金額の計算の基礎となる期間を公平に統一する観点から、被用者年金制度の加入期間の一部が合算対象期間とされています

2 合算対象期間が算入される期間

合算対象期間は、老齢基礎年金、老齢厚生年金、遺族基礎年金および遺族厚生年金の受給資格期間に限って算入され、障害基礎年金、障害厚生年金、遺族基礎年金および遺族厚生年金の保険料納付要件の計算時には考慮されません。

■合算対象期間等の期間算入

	老齢基礎年金・老齢厚生年金の受給資格期間	老齢基礎年金・老齢厚生年金の年金額	障害給付・遺族給付保険料納付要件
保険料免除期間	算入する	算入する	算入する
学生納付特例・保険料納付猶予	算入する	算入しない	算入する
合算対象期間	算入する	算入しない	算入しない

3 合算対象期間の主なもの

主な合算対象期間について、公的年金制度の未加入期間と、被用者年金制度の被保険者であった期間とに分けると次のとおりです。

公的年金制度に加入していなかった期間等

昭和36年4月1日以後の期間であって、かつ、20歳以上60歳未満の公的年金制度に加入していなかった期間等

◇対象となるのは次の人

①任意加入できるが任意加入しなかった人
②任意脱退の承認を受けた人
③昭和55年3月31日までの国会議員
④昭和61年4月1日前の在外邦人
⑤昭和56年12月31日までの国内居住の外国人
⑥外国在住者であった人で、日本に帰化、永住許可を受けた人

被用者年金制度の被保険者(組合員、加入者)であった期間

①昭和36年4月1日前の通算対象期間
②20歳未満の期間
③60歳以後の期間
④昭和61年4月1日以後に保険料納付済期間・保険料免除期間を有する人が、昭和61年4月1日前に脱退手当金・退職一時金を受けた場合のその計算の基礎となった期間のうち、昭和36年4月1日以後の期間
⑤昭和36年4月1日から昭和61年3月31日までの間に通算対象期間を有しない人が、昭和61年4月1日以後に保険料納付済期間、保険料免除期間を有することとなったときの、厚生年金の被保険者期間のうちの昭和36年4月1日前の期間
⑥昭和6年4月2日以後に生まれた人に支給される退職年金・減額退職年金の年金額の基礎となった期間のうち、昭和36年4月1日以後の期間

2 合算対象期間（在外邦人、配偶者、学生、外国人）

～国民年金に加入できなかった期間と任意加入しなかった期間がある～

1 海外在住の日本人

日本国内に住所を有さず、かつ、**日本国籍**を有していた人であって、国民年金に任意加入できた期間などのうち、国民年金の被保険者とならなかった**昭和36年4月1日以後**の**20歳以上60歳未満**の期間は合算対象期間とされます。　〈国年法附7①、法附則(60)8⑤1、9〉

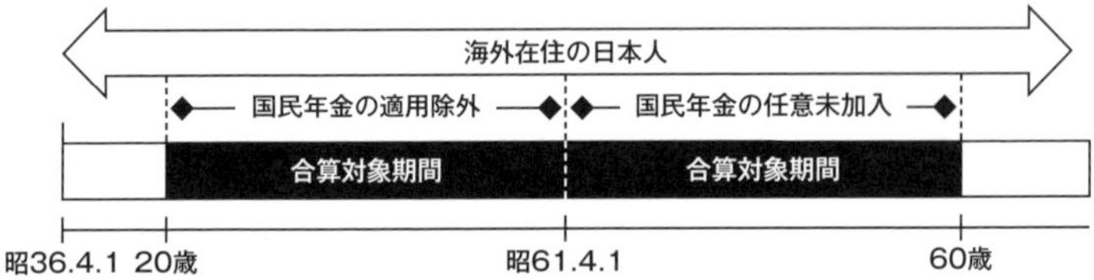

昭和61年4月1日前の在外邦人は国民年金に任意加入することができませんでした（適用除外期間）。このうち、昭和36年4月1日から昭和61年3月31日までの20歳以上60歳未満の期間は、合算対象期間となります。昭和61年4月1日以後、在外邦人が任意加入しなかった20歳以上60歳未満の期間も合算対象期間となります。

2 被用者年金制度の加入者の配偶者

厚生年金や船員保険の被保険者および共済組合の組合員等の**配偶者**で**20歳以上60歳未満**の人について、国民年金に任意加入できる期間のうち、**任意加入しなかった**昭和36年4月1日から**昭和61年3月31日まで**の期間は合算対象期間とされます。　〈法附則(60)8⑤1〉

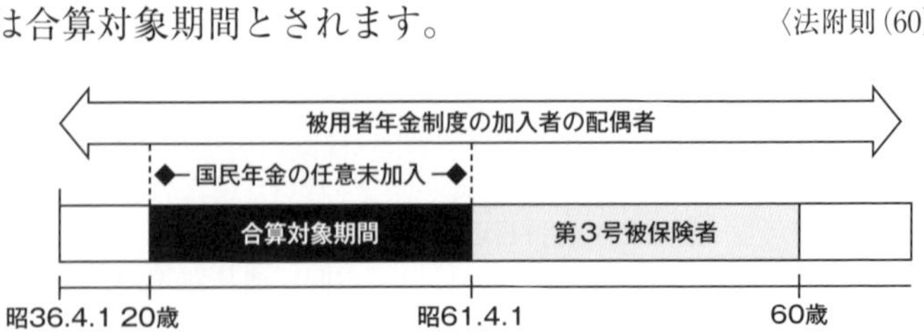

昭和61年4月1日以後、第2号被保険者の被扶養配偶者に該当する人は、第3号被保険者となります。

3 学生

学生について、昭和36年4月1日から**平成3年3月31日まで**の間の**任意加入しなかった20歳以上60歳未満**の昼間部の**学生**の期間は合算対象期間とされます。 〈法附則(60) 8⑤1〉

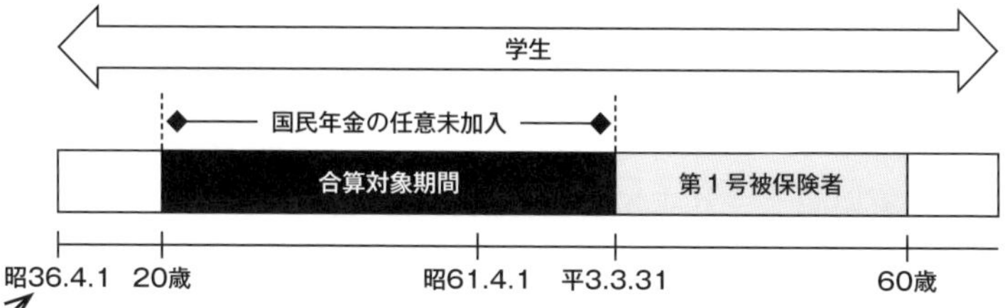

学生は、平成3年4月1日から国民年金が強制適用されています。

4 外国人

外国人について、昭和36年5月1日以後、**20歳以上65歳未満**の間に**日本国籍**を取得した人、または**永住許可**を受けた人についての次の期間は合算対象期間とされます。 〈法附則(60) 8⑤10、11〉

- **日本国内に住所を有していた期間**のうち、適用除外とされていた昭和36年4月1日から**昭和56年12月31日までの20歳以上60歳未満**の期間
- **日本国内に住所を有していなかった期間**のうち、昭和36年4月1日から**日本国籍を取得した日等の前日まで**の**20歳以上60歳未満**の期間

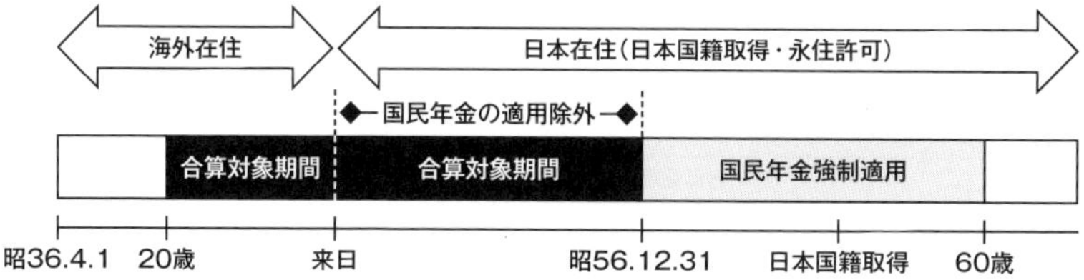

昭和56年12月31日までは、国民年金の被保険者の資格要件に国籍要件が設けられており、日本に居住する外国人は、国民年金に加入することができませんでした。

3 合算対象期間（老齢給付等受給権者、国会議員、任意加入未納）

～任意加入期間中に保険料を納付しなかった期間も合算対象期間～

1 被用者年金各法の老齢、退職給付等の受給権者等

被用者年金制度等から年金を支給される老齢（退職）年金受給権者について、国民年金に任意加入できる期間のうち、任意加入しなかった**昭和36年4月1日以後**昭和61年3月31日までの**20歳以上60歳未満**の期間は合算対象期間とされます。具体的には、次の人が該当します。

〈法附（60）8⑤1〉

- 被用者年金各法の老齢（退職）年金の受給権者と配偶者
- 被用者年金各法の老齢（退職）年金の受給資格期間を満たした人と配偶者
- 被用者年金各法の障害年金受給権者と配偶者
- 被用者年金各法の遺族年金受給権者

昭和61年4月以後に国民年金の任意加入の扱いとなるのは、上記のうち、被用者年金各法の老齢（退職）年金の受給権者に限られます。

■被用者年金各法の老齢（退職）給付の受給権者

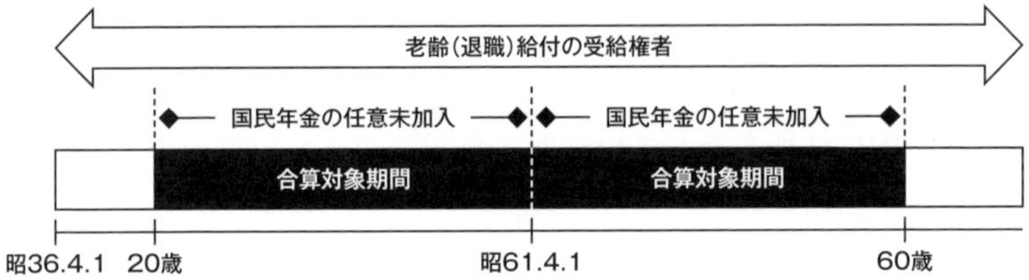

■被用者年金各法の障害・遺族給付の受給権者等

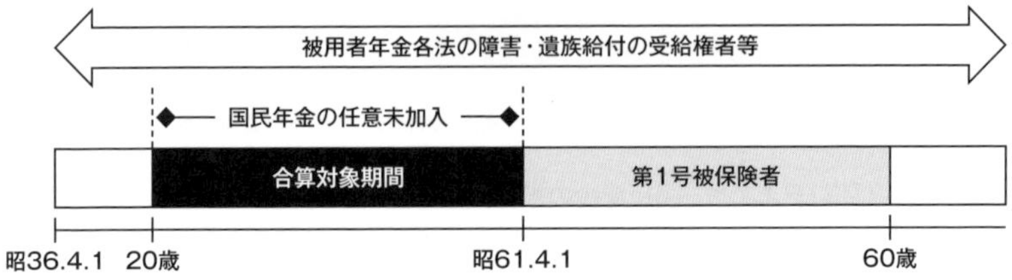

2 国会議員

国会議員であった期間（**60歳未満**の期間に限る）のうち、昭和36年4月1日から**昭和55年3月31日**までの期間は合算対象期間とされます。

〈法附則(60) 8⑤8〉

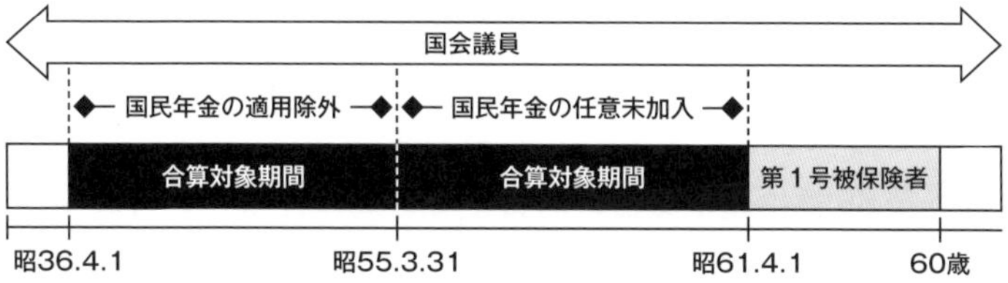

国会議員は、昭和36年4月1日から昭和55年3月31日までは国民年金の適用除外とされていました。また、昭和55年4月1日から昭和61年3月31日までは任意加入することができ、この間に任意加入しなかったときは合算対象期間となります。昭和61年4月1日から国民年金が強制適用されています。

3 任意加入未納期間

国民年金に任意加入していた期間のうち、保険料を納付しなかった期間は合算対象期間とされます。　〈国年法附7①、法附則(平24) 11-13〉

- 昭和36年4月1日から**昭和61年3月31日まで**の**任意加入未納期間**
- 昭和61年4月1日から**平成3年3月31日まで**の**任意加入未納期間**（学生に限る）
- **昭和61年4月1日以後**における**任意加入未納期間**（学生除く）

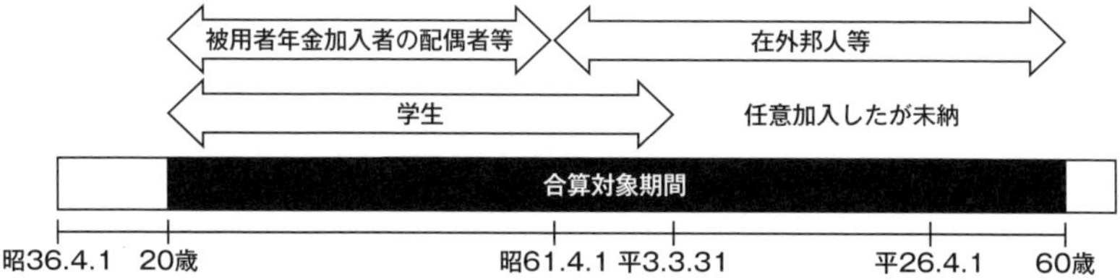

任意加入未納期間は合算対象期間から除外されていましたが、任意加入しなかった人とのバランス等の観点から、平成26年4月1日施行の法改正により、合算対象期間とされました。改正前の任意未加入期間は、平成26年4月1日に合算対象期間に算入されます。この改正により、平成26年4月1日時点で受給資格期間を満たすことができた人は、その日に老齢基礎年金の受給権者となります。

4 合算対象期間（脱退手当金、任意脱退）

～一定の要件を満たす脱退手当金を受けた期間は合算対象期間～

1 脱退手当金を受けた人

昭和36年4月1日から**昭和61年3月31日まで**の期間のうち、昭和61年4月1日前に、厚生年金・船員保険の**脱退手当金**を受けた期間は合算対象期間とされます。ただし、合算対象期間となるのは、昭和61年4月1日以後**65歳に達する日の前日**までの間に**保険料納付済期間または保険料免除期間**を有する人に限ります。〈法附則(60) 8⑤7〉

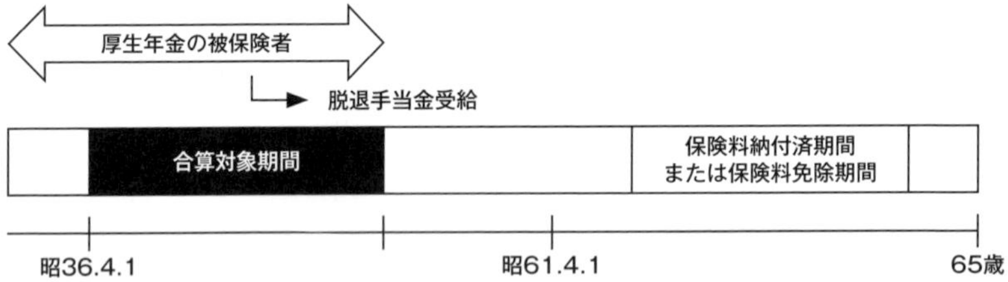

共済組合が支給した退職一時金の計算の基礎になった昭和36年4月から昭和61年3月までの期間については、保険料納付済期間とみなされる場合と、合算対象期間になる場合があります。

2 任意脱退した人

国民年金の**任意脱退**に関する承認を受けて国民年金の被保険者とならなかった期間は合算対象期間とされます。〈法附則(60) 8⑤2〉

旧国民年金法の任意脱退制度は昭和60年改正時に廃止されています。短期在留外国人向けの任意脱退制度は平成29年7月31日に廃止されています。

参考 任意脱退制度

第1号被保険者になったときに、老齢年金を受け取るための必要な資格期間を満たせないときは、承認を受けて被保険者の資格を喪失することができました。平成29年8月に、老齢年金を受給するために必要な資格期間が25年以上から10年以上に短縮されたことに伴い廃止されています。

5 合算対象期間（被用者年金制度の加入期間）

～被用者年金制度の加入期間の20歳未満と60歳以上の期間は合算対象期間～

1 被用者年金制度の加入期間

被用者年金制度の加入者（厚生年金の被保険者、船員保険の被保険者および共済組合の組合員等）について、**20歳未満**と**60歳以上**の期間は合算対象期間とされます。公平性の確保が目的です。　〈法附則（60）8④〉

■昭和36年4月1日から昭和61年3月31日までの期間で、厚生年金の被保険者等であった期間のうち、20歳未満および60歳以上の期間

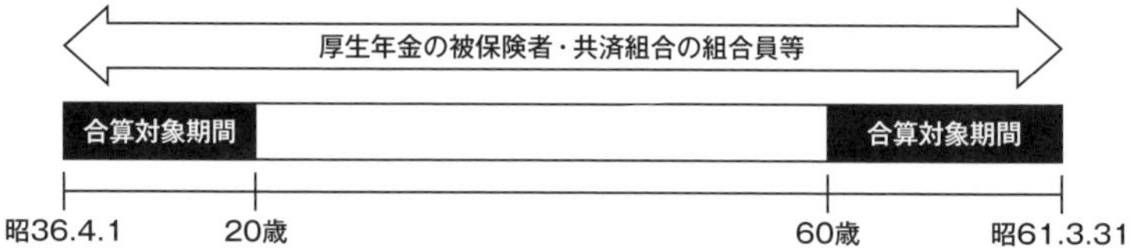

■昭和61年4月1日以後の期間で、厚生年金の被保険者等であった期間のうち、20歳未満および60歳以上の期間

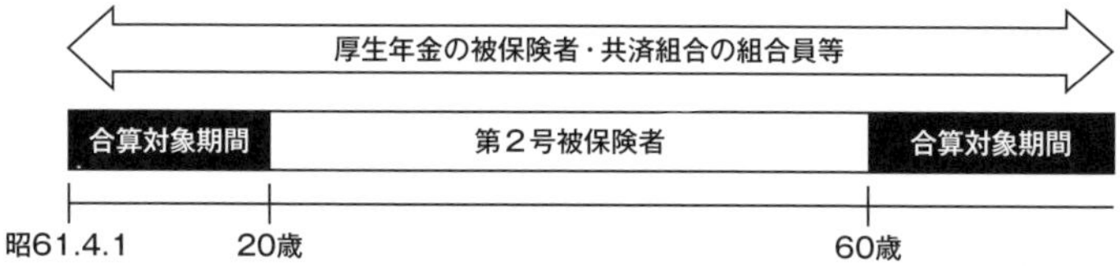

2 昭和36年4月前の期間

昭和36年4月1日前の期間については、主に次の期間が合算対象期間とされます。　〈法附則（60）8⑤3、4、経過措置令（61）14③〉

① **通算対象期間**のうち、**昭和36年4月1日前**の期間

② 昭和36年4月1日から昭和61年3月31日までの間に通算対象期間を有しない人が、昭和61年4月1日以後に保険料納付済期間または保険料免除期間を有するに至った場合における**昭和36年4月1日前**の期間。ただし、昭和36年4月1日以後の厚生年金の被保険者期間と合わせて1年以上ある場合に限ります。

1 老齢基礎年金の額

～老齢基礎年金の満額は816,000円（昭和31年4月2日以後生まれ）～

1 老齢基礎年金の額

令和６年度の老齢基礎年金の額は、**816,000 円**（昭和 31 年４月１日以前生まれの人は **813,700 円**）です。この年金額は、フルペンション（満額年金）の考え方に基づいています。**40 年間（480 月）**の被保険者期間をすべて保険料納付済期間で満たした場合に適用される年金額です。

保険料納付済期間が **40 年（480 月）**に満たないときは、満額から、不足する期間相当分が減額された年金額が支給されます。〈国年法 27〉

■令和６年度の老齢基礎年金の満額

生年月日	老齢基礎年金の満額
昭和31年4月2日以後生まれ	816,000円
昭和31年4月1日以前生まれ	813,700円

参考 年金額の改定

老齢基礎年金の額は780,900円に改定率を乗じて得た額です。一定のルールにより、毎年度改定率が変わります（第８章1Ⅱ）。

2 老齢基礎年金の額の計算方法

保険料納付済期間が **40 年（480 月）**に満たないときの老齢基礎年金の額は、次の計算方法によって算出されます（１円未満は四捨五入）。

$$\text{老齢基礎年金} = \text{その年の老齢基礎年金の満額} \times \frac{\text{保険料納付済月数} + \text{保険料免除月数} \times \text{一定割合}}{480\text{月}}$$

3 保険料免除月数の一定割合

老齢基礎年金の計算に使用する「一定割合」は次表のとおりです。

	1/4免除	半額免除	3/4免除	全額免除
平成21年３月以前の期間	6分の5	3分の2	2分の1	3分の1
平成21年４月以後の期間	8分の7	4分の3	8分の5	2分の1

POINT!

- 学生納付特例および保険料納付猶予の期間は、老齢基礎年金の受給資格期間に算入されますが、老齢基礎年金の額の計算には算入されません。
- 老齢基礎年金には配偶者および子を対象とした加算額はありません。
- 付加保険料を納めた人は200円×付加保険料納付月数が付加年金として加算されます。
- 要件を満たせば振替加算が加算されます。

4 昭和16年４月１日以前に生まれた人の特例（加入可能年数）

昭和16年４月１日以前に生まれた人は、国民年金制度が始まった昭和36年４月１日時点で20歳以上であったため、国民年金に40年間加入することができません。そのため、この世代の人には、生年月日に応じて定められた**加入可能年数**が設けられています。加入可能期間のすべてを保険料納付済期間で満たしているときには、40年間の保険料納付済期間があったものとして、老齢基礎年金の満額が支給されます。老齢基礎年金の額を計算する際は、計算式の分母の480月を次表の「加入可能年数×12」に読み替えて計算します。〈法附則(60)13、同別表４〉

■加入可能年数

生年月日	加入可能年数
大15.4.2～昭 2.4.1	25年
昭 2.4.2～昭 3.4.1	26年
昭 3.4.2～昭 4.4.1	27年
昭 4.4.2～昭 5.4.1	28年
昭 5.4.2～昭 6.4.1	29年

生年月日	加入可能年数
昭 6.4.2～昭 7.4.1	30年
昭 7.4.2～昭 8.4.1	31年
昭 8.4.2～昭 9.4.1	32年
昭 9.4.2～昭 10.4.1	33年
昭 10.4.2～昭 11.4.1	34年

生年月日	加入可能年数
昭 11.4.2～昭 12.4.1	35年
昭 12.4.2～昭 13.4.1	36年
昭 13.4.2～昭 14.4.1	37年
昭 14.4.2～昭 15.4.1	38年
昭 15.4.2～昭 16.4.1	39年
昭 16.4.2 以後	40年

2 付加年金の額

～付加保険料を払った人は、老齢基礎年金の額が増える～

1 付加年金のしくみ

付加年金は、付加保険料を納付した期間のある人が、**老齢基礎年金**の受給権を取得したときに支給されます。〈国年法 43〉

付加保険料を納付できるのは、国民年金の第１号被保険者（任意加入被保険者を含む）です。毎月の通常の国民年金保険料に加えて、**付加保険料（毎月 400 円）**を支払うことができ、付加保険料を納付した月数に応じて付加年金が支給されます。国民年金保険料の免除を受けている人や国民年金基金の加入員は、付加保険料を納付することができません（第１章2Ⅲ２）。〈国年法 87 の２①〉

2 付加年金の額

付加年金の額は、**200 円**に付加保険料に係る保険料納付済期間の月数を乗じて得た額です。付加年金の額に改定率は適用されません。

〈国年法 44〉

付加年金＝200 円×付加保険料に係る保険料納付済期間の月数

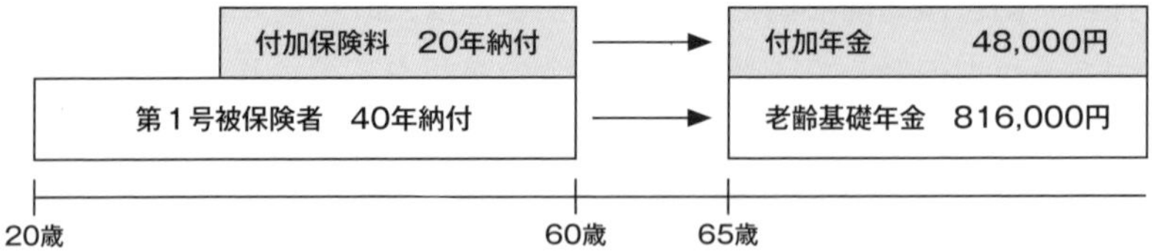

付加年金の額＝200円×20年×12＝48,000円

POINT!

付加年金は、老齢基礎年金の受給権を取得したときに併せて支給されるものであり、障害基礎年金、遺族基礎年金および寡婦年金とは併給されません。

3 老齢基礎年金の支給繰上げを行ったとき

付加年金は老齢基礎年金と併せて支給されます。老齢基礎年金の支給繰上げを行うときは、付加年金の支給も同時に繰り上げられ、老齢基礎年金と同じ割合で減額された額が支給されます。 〈国年法附9の2⑥ほか〉

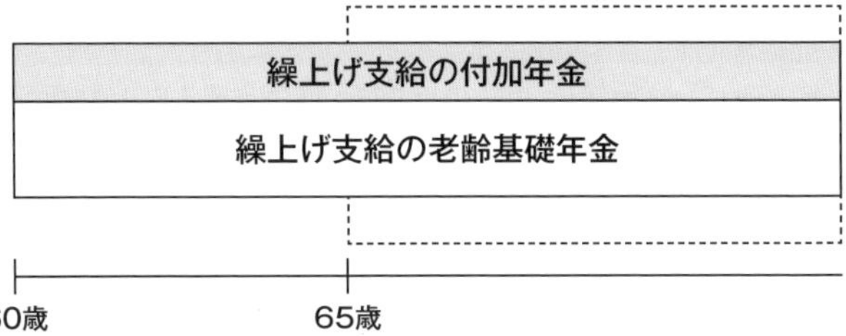

例えば、60歳で支給繰上げを行うと、老齢基礎年金は24%減額され、付加年金も24%減額されます。この減額率は1カ月につき0.4%（昭和37年4月1日以前生まれの人は0.5%）です。

4 老齢基礎年金の支給繰下げを行ったとき

老齢基礎年金の支給繰下げを行うときは、付加年金の支給も同時に繰り下げられ、老齢基礎年金と同じ割合で増額された額が支給されます。

〈国年法46〉

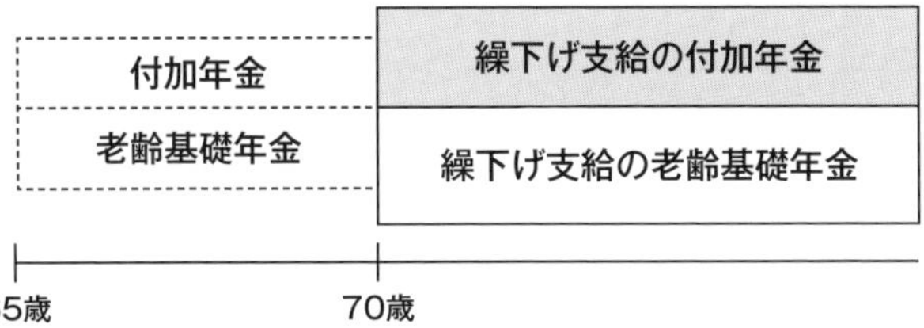

例えば、70歳で支給繰下げの申出を行うと、老齢基礎年金は42%増額され、付加年金も42%増額されます。この増額率は1カ月につき0.7%です。

5 支給停止と失権

付加年金の支給停止および失権については、老齢基礎年金と同様に取り扱われます。 〈国年法47、48〉

1 老齢基礎年金

V 振替加算

1 振替加算の要件

～振替加算が加算されるのは昭和41年4月1日以前生まれ～

1 振替加算の加算要件

大正15年4月2日から**昭和41年4月1日まで**に生まれた老齢基礎年金の受給権者が、**65歳に達した日**において、特定の要件を満たす配偶者によって**生計を維持**されていたときは、その年金額に**振替加算**が加算されます。特定の要件を満たす配偶者とは、次の①または②のいずれかに該当する人です。

〈法附則(60)14①〉

① 老齢厚生年金または退職共済年金の受給権者で、その額の計算の基礎となる被保険者期間が**240月以上**ある人
※厚生年金の中高齢者の特例（本章③Ⅳ2）に該当する人はその期間以上
② 障害等級1級または2級の**障害厚生年金または障害共済年金**の受給権者

■①のケース

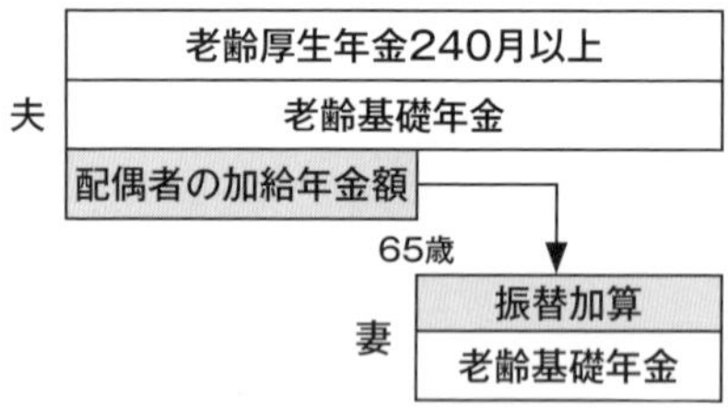

■②のケース

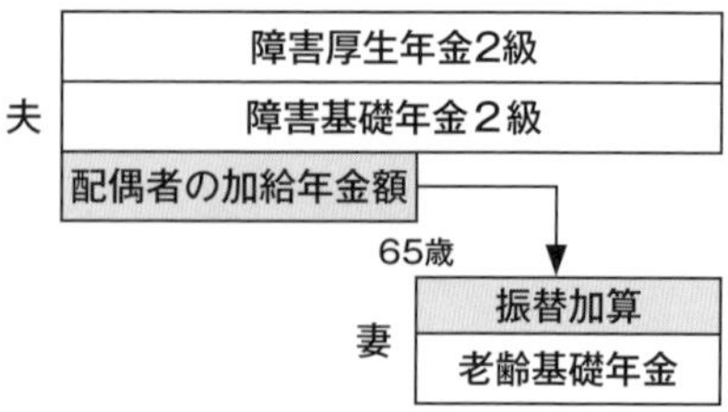

2　２以上の種別の被保険者期間を有するとき

配偶者の要件の「老齢厚生年金または退職共済年金の額の計算の基礎となる被保険者期間が**240月以上**」について、２以上の種別の被保険者期間を合算した期間が**240月以上**あるときには、この要件を満たし振替加算が行われます（第７章②Ⅰ８）。

3　妻が年上のときなど

老齢基礎年金の受給権者が65歳に達したときに、その配偶者が前記１の要件を満たしていなかったが、その後に該当するようになったときには、**該当するようになった時点**から**振替加算**が加算されます。

また、妻が年上の場合のように、妻が65歳に達した日以後に、夫が被保険者期間240月以上の老齢厚生年金等の受給権を取得したときは、**老齢厚生年金等の受給権を取得**したときに妻が夫によって**生計を維持**されていれば、振替加算が加算されます。　〈法附則(60)14②〉

この加算要件を満たしたときには、対応する手続き（老齢基礎年金額加算開始事由該当届の提出）を行うことにより振替加算が加算され、加算事由の生じた翌月から老齢基礎年金の額が改定されます。

〈法附則(60)14④〉

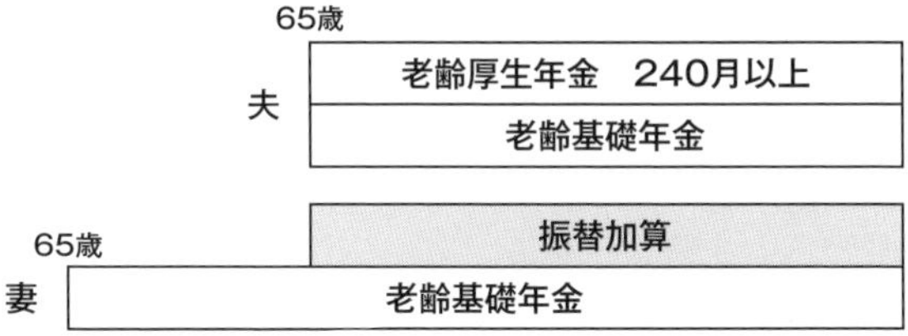

配偶者が振替加算の加算要件を満たす年金を受けるようになったため、老齢基礎年金に振替加算が加算されるとき
国民年金老齢基礎年金額加算開始事由該当届　様式第222号▶巻末資料Ⅱ・Ⅰ

2 振替加算の額

～振替加算の額は生年月日によって異なる～

1 振替加算の額

振替加算の額は、**224,700円に改定率を乗じて得た額**に老齢基礎年金の受給権者の**生年月日に応じて定められた率**を乗じて得た額です。令和6年度の額は次表のとおりです。　〈法附則(60)14①、経過措置令(61)24〉

生年月日	令和６年度の振替加算の額		
	計算式		年額
大正15年4月2日～昭和 2年4月1日	234,100円×	1.000	**234,100円**
昭和 2年4月2日～昭和 3年4月1日		0.973	**227,779円**
昭和 3年4月2日～昭和 4年4月1日		0.947	**221,693円**
昭和 4年4月2日～昭和 5年4月1日		0.920	**215,372円**
昭和 5年4月2日～昭和 6年4月1日		0.893	**209,051円**
昭和 6年4月2日～昭和 7年4月1日		0.867	**202,965円**
昭和 7年4月2日～昭和 8年4月1日		0.840	**196,644円**
昭和 8年4月2日～昭和 9年4月1日		0.813	**190,323円**
昭和 9年4月2日～昭和10年4月1日		0.787	**184,237円**
昭和10年4月2日～昭和11年4月1日		0.760	**177,916円**
昭和11年4月2日～昭和12年4月1日		0.733	**171,595円**
昭和12年4月2日～昭和13年4月1日		0.707	**165,509円**
昭和13年4月2日～昭和14年4月1日		0.680	**159,188円**
昭和14年4月2日～昭和15年4月1日		0.653	**152,867円**
昭和15年4月2日～昭和16年4月1日		0.627	**146,781円**
昭和16年4月2日～昭和17年4月1日		0.600	**140,460円**
昭和17年4月2日～昭和18年4月1日		0.573	**134,139円**
昭和18年4月2日～昭和19年4月1日		0.547	**128,053円**
昭和19年4月2日～昭和20年4月1日		0.520	**121,732円**
昭和20年4月2日～昭和21年4月1日		0.493	**115,411円**
昭和21年4月2日～昭和22年4月1日		0.467	**109,325円**
昭和22年4月2日～昭和23年4月1日		0.440	**103,004円**
昭和23年4月2日～昭和24年4月1日		0.413	**96,683円**
昭和24年4月2日～昭和25年4月1日		0.387	**90,597円**
昭和25年4月2日～昭和26年4月1日		0.360	**84,276円**
昭和26年4月2日～昭和27年4月1日		0.333	**77,955円**
昭和27年4月2日～昭和28年4月1日		0.307	**71,869円**
昭和28年4月2日～昭和29年4月1日		0.280	**65,548円**
昭和29年4月2日～昭和30年4月1日		0.253	**59,227円**
昭和30年4月2日～昭和31年4月1日		0.227	**53,141円**
昭和31年4月2日～昭和32年4月1日	234,800円×	0.200	**46,960円**
昭和32年4月2日～昭和33年4月1日		0.173	**40,620円**
昭和33年4月2日～昭和34年4月1日		0.147	**34,516円**
昭和34年4月2日～昭和35年4月1日		0.120	**28,176円**
昭和35年4月2日～昭和36年4月1日		0.093	**21,836円**
昭和36年4月2日～昭和37年4月1日		0.067	**15,732円**
昭和37年4月2日～昭和38年4月1日		0.067	**15,732円**
昭和38年4月2日～昭和39年4月1日		0.067	**15,732円**
昭和39年4月2日～昭和40年4月1日		0.067	**15,732円**
昭和40年4月2日～昭和41年4月1日		0.067	**15,732円**
昭和41年4月2日以後			－

2 振替加算相当額の老齢基礎年金

保険料納付済期間と保険料免除期間（学生納付特例および保険料納付猶予の期間を除く）を全く有していない人であっても、合算対象期間と保険料免除期間（学生納付特例および保険料納付猶予の期間に限る）とを合算した期間が10年以上であり、かつ、振替加算の加算要件を満たしていれば、老齢基礎年金の受給権者とみなされ、**振替加算に相当する額の老齢基礎年金**が支給されます。〈法附則(60)14①②〉

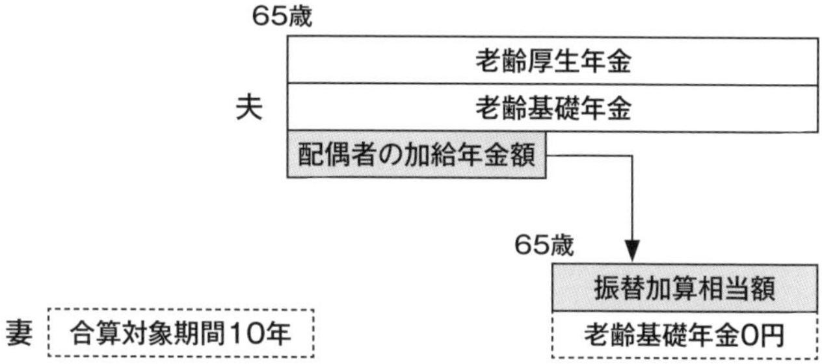

参考 振替加算の制度

昭和61年4月からの基礎年金制度では、老齢厚生年金に加算される配偶者の加給年金額は、加算対象配偶者が65歳になると打ち切られます。これは、その配偶者が国民年金に加入していたことにより、配偶者自身の老齢基礎年金を65歳から受けることになるからです。

一方で、昭和61年3月までの制度では、厚生年金の被保険者の配偶者は国民年金の強制加入被保険者ではなく、希望する人だけが任意加入することになっていました。そのため、基礎年金制度が創設された昭和61年4月1日において60歳に近い人で、国民年金に任意加入していなかった人は、低額の老齢基礎年金となります。

このような状況を考慮し、老齢厚生年金または障害厚生年金の加給年金額の対象となっていた配偶者が65歳に達し老齢基礎年金の受給権を取得したときに、低額の老齢基礎年金を補うための振替加算制度が設けられました。加給年金額に、生年月日に応じた特定の率を乗じて得た額が振替加算として老齢基礎年金に加算されます。

3 繰上げ、繰下げ時の振替加算

～老齢基礎年金の支給を繰り上げても振替加算の支給は65歳から～

1 老齢基礎年金の支給繰上げをしたときの振替加算

老齢基礎年金の支給繰上げを行ったときは、振替加算は繰り上げて支給されず、**65歳**到達後に加算されます。この場合において振替加算は減額されません。

〈法附則(60)14①〉

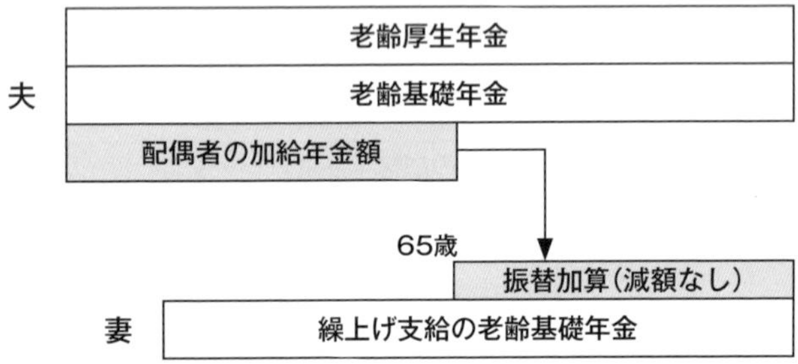

2 老齢基礎年金の支給繰下げをしたときの振替加算

老齢基礎年金の支給繰下げを行ったときは、振替加算は65歳から支給されず、老齢基礎年金と同時に支給が開始されます。この場合において振替加算には老齢基礎年金のような増額率を乗じて得た額の**加算は行われません**。

〈法附則(60)15④〉

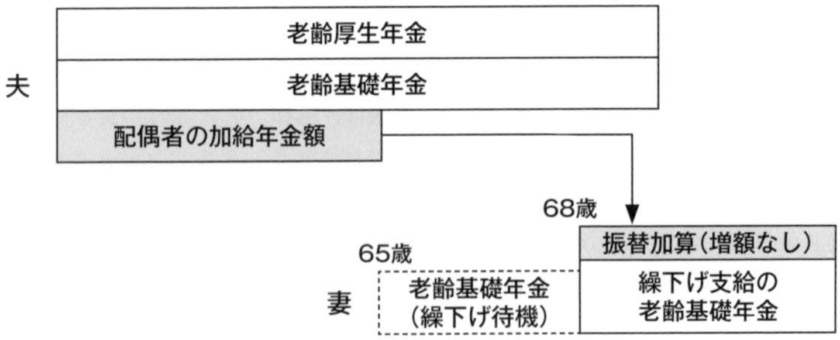

3 配偶者が繰下げ待機中のときの振替加算

老齢厚生年金（被保険者期間が**240 月以上**、または厚生年金の中高齢者の特例に該当するとき）の**繰下げ待機**をしているときは、加給年金額の対象配偶者がいてもその支給は停止されます。一方で、加給年金額の支給が停止されている期間中にその配偶者が老齢基礎年金の受給権を取得したときは、要件を満たせば**振替加算が支給**されます。

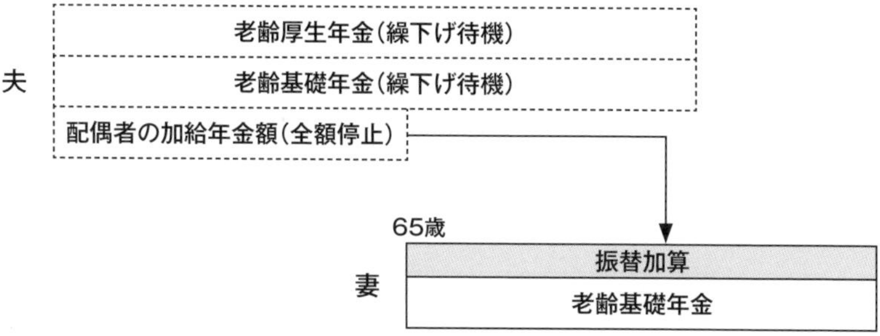

4 配偶者が在職支給停止中のときの振替加算

在職中に**老齢厚生年金**（被保険者期間が**240 月以上**、または厚生年金の中高齢者の特例に該当するとき）を受給する権利があるものの、報酬が高いために**全額支給停止**の場合は、加給年金額は支給停止されます。一方で、その配偶者が老齢基礎年金の受給権を取得したときは、その時点から**振替加算が支給**されます。

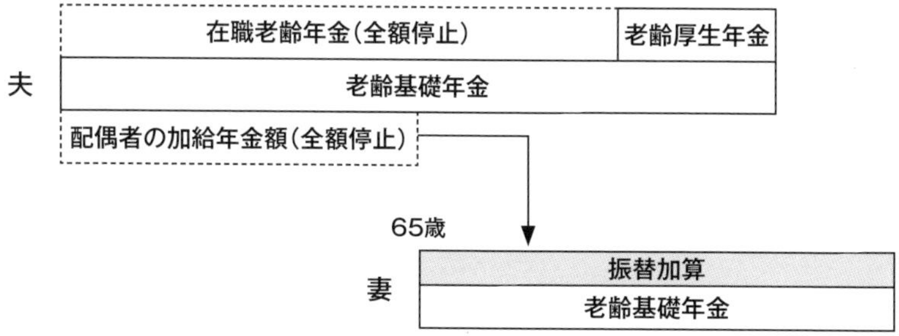

4 振替加算の支給調整

～振替加算の要件を満たしていても振替加算が行われないときがある～

1 振替加算が行われないとき

老齢基礎年金の受給権者が次に該当する場合には振替加算は加算されません。〈法附則(60)14①、経過措置令(61)25〉

(1) 240月以上の被保険者期間があるとき

老齢基礎年金の受給権者が、自身の**老齢厚生年金**または**退職共済年金**(計算の基礎となる被保険者期間等の月数が**240月以上**、または厚生年金の中高齢者の特例に該当するとき) 等を受けることができるときは、**振替加算は行われません**。

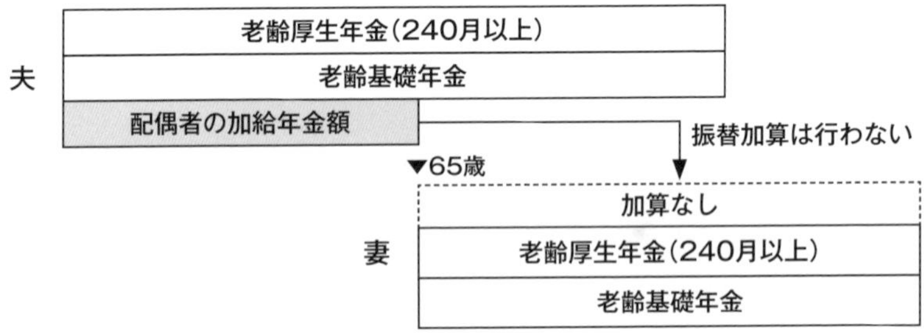

(2) 離婚時みなし被保険者期間を含めて240月以上あるとき

離婚時みなし被保険者期間(第6章②Ⅲ2)や**被扶養配偶者みなし被保険者期間**(第6章③Ⅱ1)を含めて老齢厚生年金の計算の基礎となる被保険者期間が**240月以上**あるときは、65歳に到達しても振替加算は行われません。また、振替加算の受給中に離婚し、離婚による年金分割により**240月以上**の**老齢厚生年金**を受けることができるときにも**振替加算は行われません**。

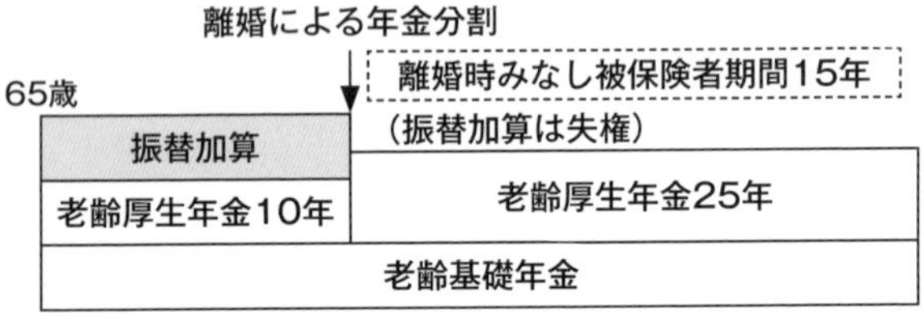

(3) 収入が多いとき

老齢基礎年金の受給権取得時に**年収850万円以上**を将来にわたって有すると認められる場合、生計維持要件を満たさないため、**振替加算は行われません**。生計維持要件は加給年金額と同様です（本章2Ⅲ1）。

2 振替加算が支給停止されるとき

老齢基礎年金の受給権者が、**障害基礎年金**、**障害厚生年金**または**障害共済年金等**の支給を受けることができるときは、その間、**振替加算の支給は停止**されます。ただし、障害基礎年金等が障害等級不該当などによって全額支給停止されているときは振替加算の支給停止が解除されます。

〈法附則(60)16、経過措置令(61)28〉

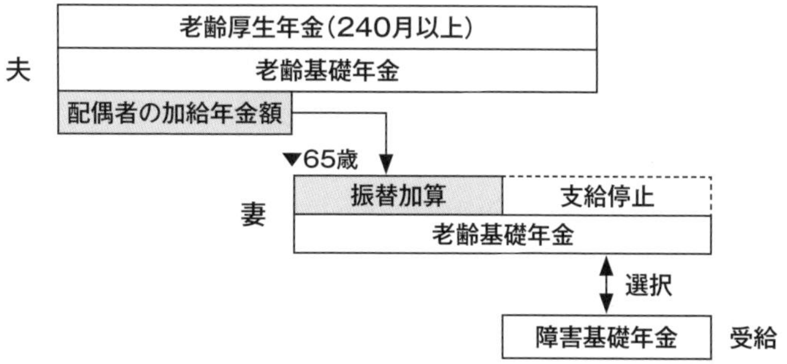

法令では、障害基礎年金等の受給資格がある場合、たとえ老齢基礎年金を選択受給した場合でも振替加算相当額は支給停止されるとされています。しかし、実際の運用では老齢基礎年金を選択受給した場合において、振替加算は停止されず支給されることが一般的です。

POINT!

老齢基礎年金の受給権者が240月以上の厚生年金の被保険者期間に基づく老齢厚生年金を受けるときには、振替加算の受給権をそもそも取得しません。しかし、障害基礎年金等を受けることができる場合は、振替加算の受給権を取得したうえで支給が停止されます。これは、障害の程度が軽快する可能性があるからです。

Ⅵ 老齢年金生活者支援給付金

1 年金生活者支援給付金

～収入や所得等が一定基準以下の年金受給者に支給される3つの給付金～

1 年金生活者支援給付金

年金生活者支援給付金は、公的年金等収入と年間所得が一定基準以下の年金受給者に対して生活を支援する目的で設けられた制度です。福祉的な性質を持ち全額国庫負担により支給されます。 〈支援給付金法1〉

2 年金生活者支援給付金の種類

■老齢年金生活者支援給付金

公的年金等収入金額とその他の所得の合計額が基準以下の老齢基礎年金受給者に対して支給され、国民年金の保険料納付済期間および保険料免除期間に基づき計算されます。所得等によって**補足的老齢年金生活者支援給付金**が支給される場合もあります。

■障害年金生活者支援給付金および遺族年金生活者支援給付金

所得が一定の基準以下の障害基礎年金または遺族基礎年金の受給者に対して、それぞれの支援給付金が支給されます。

	受給している年金	基礎となる収入・所得	その他の要件
老齢年金生活者支援給付金 　補足的老齢年金生活者支援給付金	65歳以上の老齢基礎年金の受給者	前年の公的年金等の収入金額とその他の所得との合計額	同一世帯の全員が市町村民税非課税
障害年金生活者支援給付金	障害基礎年金の受給者	前年の所得	—
遺族年金生活者支援給付金	遺族基礎年金の受給者	前年の所得	—

※障害年金生活者支援給付金は第3章⑦Ⅱに、遺族年金生活者支援給付金は第4章①Ⅳ1に記載

2 老齢年金生活者支援給付金の支給要件

～老齢年金生活者支援給付金を受給するには認定請求が必要～

1 老齢年金生活者支援給付金の支給要件

老齢年金生活者支援給付金は、次のすべてを満たしている人が対象です。

〈支援給付法2①〉

①**65歳以上**の**老齢基礎年金の受給者**であること
②同一世帯の全員が**市町村民税の非課税者**であること
③前年※1の公的年金等の収入金額とその他の所得との合計額が**778,900円**※2**以下**であること

※1　1月から9月までの月分の老齢年金生活者支援給付金については前々年
※2　基準額は令和5年10月1日から適用され政令により毎年改定される

③の要件について、障害年金や遺族年金等の非課税収入は含みません。また、合計額が778,900円を超え878,900円以下である人には、補足的老齢年金生活者支援給付金が支給されます（本章1Ⅳ4）。

POINT!

公的年金等には、老齢基礎年金や老齢厚生年金のほか、恩給、国民年金基金、厚生年金基金、確定給付企業年金および確定拠出年金などが含まれます。

2 年金生活者支援給付金の認定請求

老齢年金生活者支援給付金の支給を受けるためには、厚生労働大臣に対し、給付金の受給資格と給付金額の認定請求を行う必要があります。一度支給要件に該当しなくなった後、再びその要件を満たすようになったときも、同様に認定請求が必要です。

〈支援給付金法5〉

参考　**認定請求の手続き**

一度給付金の受給者になり、引き続き支給要件を満たしているときは、翌年以降の新たな手続きは原則不要です。

老齢年金生活者支援給付金を請求するとき
年金生活者支援給付金請求書▶巻末資料Ⅱ・2

3 老齢年金生活者支援給付金の給付額

～老齢年金生活者支援給付金の額は毎年度変わる～

1 老齢年金生活者支援給付金の給付額

令和６年度の**老齢年金生活者支援給付金**の額は、次の①と②の合計額です（１円未満は四捨五入）。〈支援給付金法３〉

① **5,310円**（給付基準額）×保険料納付済期間月数／480月※3
② **816,000円**※1 ×（保険料免除期間月数×１／６※2）／480月※3 ÷12
※１　昭和31年４月１日以前生まれは**813,700円**
※２　４分の１免除は保険料免除期間月数×１/12
※３　480月は老齢基礎年金の計算と同様に生年月日に応じて加入可能年数×12

2 給付基準額

令和６年度の給付基準額は**5,310円**です。給付基準額は法定の基準額である5,000円に改定率を乗じた額です。改定率は令和２年度以後の物価変動率の累積率であり、毎年度改定を行うしくみです。給付基準額の改定は政令で定められます。〈支援給付金法４〉

計算事例

【給付額の例】
昭和31年４月２日以後生まれの人の場合
■保険料納付済月数が420カ月、全額免除月数が０カ月のとき
（１）5,310円×420月/480月=4,646円
（２）816,000円×０月/480月＝０円
合計（１）4,646円+（２）０円=4,646円（月額）

■保険料納付済月数が240カ月、全額免除月数が60カ月のとき
（１）5,310円×240月/480月=2,655円
（２）816,000円×(60月×１／６)/480月÷12=1,417円
合計（１）2,655円+（２）1,417円＝4,072円（月額）

4 老齢年金生活者支援給付金の支払期月

～老齢年金生活者支援給付金は原則として遡及できない～

1 給付金の支払期月

老齢年金生活者支援給付金の支給は、認定請求が行われた後から始まります。認定が行われると申請した日のある**月の翌月**から支給が開始されます。支給は年金と同様に、毎年2月、4月、6月、8月、10月および12月の6期に分けて行われ、各期では前月までの分が支払われます。ただし、その支払期月でない月であっても支払われることがあります。

なお、年金生活者支援給付金は、年金の裁定請求とは異なり、原則として、遡って受給することができません。〈支援給付金法6〉

2 遡及給付の特例

老齢年金生活者支援給付金は、前年の所得情報などに基づき支給要件に該当しているかが毎年度判定され、支給決定が行われます。

老齢基礎年金を受給していて、所得額が低下したことなどの理由により、新たに支給対象となった人には、8月末から9月上旬にかけて簡易的な請求書（はがき型）が送付されます。12月末までに提出したときには、その年の9月30日に認定請求があったものとみなされ、10月分から支給を受けることができます。障害年金生活者支援給付金および遺族年金生活者支援給付金も同様です。

■簡易的な請求書（はがき型）

年金生活者支援給付金請求書

年金生活者支援給付金を請求します。

			提出日	令和　年　月　日	
氏　名	フリガナ		電話番号		
基礎年金番号		生年月日		種別コード	

※上記太枠内を必ずご記入ください。

日本年金機構では、市町村から請求者ご本人やご家族（世帯員）の所得情報の提供を受けて、年金生活者支援給付金の要件を判定しています。（所得に関する情報について、関係法令に基づき、申告義務がある場合には、正しく申告する必要があります。）

5 老齢年金生活者支援給付金が支給されないとき

～老齢基礎年金が全額支給のときは支給されない～

1 老齢年金生活者支援給付金が支給されないとき

老齢年金生活者支援給付金は、老齢基礎年金の受給権者が次のいずれかに該当するときは、支給されません。〈支援給付金法２②〉

① 日本国内に住所を有しないとき

② 老齢基礎年金の全額の支給が停止されているとき

③ 刑事施設、労役場などの施設に拘禁されているとき

POINT！

65歳未満の受給者（老齢基礎年金の繰上げ受給者）には老齢年金生活者支援給付金は支給されません。また、65歳以上であっても老齢基礎年金の受給を遅らせている人（繰下げ待機者）にも待機期間中は給付金が支給されません。

2 老齢年金生活者支援給付金の支給の制限

老齢年金生活者支援給付金の受給資格者が、正当な理由がなく命令に従わず、または職員の質問に応じないときには、給付金の全部または一部が支給されないことがあります。また、正当な理由がなく届出をせず、または書類その他の物件を提出しないときには、給付金の支払いが一時差し止められることがあります。〈支援給付金法７、８〉

3 未支払いの老齢年金生活者支援給付金

受給資格者が死亡したときに、その死亡した人に支払うべき老齢年金生活者支援給付金で、まだ支払っていなかったものがあるときは、その人の配偶者（事実上婚姻関係と同様の事情にある者を含む）、子、父母、孫、祖父母、兄弟姉妹またはこれらの者以外の三親等内の親族であって、死亡の当時に生計を同じくしていた人は、自己の名で、その未支払いの老齢年金生活者支援給付金の支払いを請求することができます。

〈支援給付金法９〉

6 補足的老齢年金生活者支援給付金

～老齢年金生活者支援給付金の所得基準を上回るときの給付金～

1 補足的老齢年金生活者支援給付金の支給要件

老齢基礎年金等の受給権者について、老齢年金生活者支援給付金の所得基準を上回る場合であっても、一定範囲の所得の人に、**補足的老齢年金生活者支援給付金**が支給されます。次のすべてを満たしている人が対象です。〈支援給付金法10〉

① **65歳以上**の**老齢基礎年金**の受給者であること
② 同一世帯の全員が**市町村民税の非課税者**であること
③ 前年※1の公的年金等の収入金額とその他の所得との合計額が**778,900円を超え878,900円以下**※2であること
※1　1月から9月までの月分については前々年
※2　基準額は令和5年10月1日から適用され政令により毎年改定される

2 補足的老齢年金生活者支援給付金の給付額

令和6年度の**補足的老齢年金生活者支援給付金**の額は、次の計算式で算出します（1円未満は四捨五入）。〈支援給付金法11〉

給付額＝5,310円×保険料納付済期間の月数／480×調整支給率※

$$※調整支給率＝\frac{878{,}900円－（前年の公的年金等の収入金額＋その他の所得の合計額）}{878{,}900円－778{,}900円}$$

※調整支給率の基準額は令和5年10月1日から適用され政令により毎年改定される

3 補足的老齢年金生活者支援給付金の額の改定時期

補足的老齢年金生活者支援給付金の受給者の前年所得額に変動が生じたときの額の改定は、**10月**から行われます。〈支援給付金法13〉

4 老齢年金生活者支援給付金の規定の準用

支払期間および支払期月、支給の制限、給付の未払給付金の規定は、老齢年金生活者支援給付金の規定が準用されます。〈支援給付金法14〉

2 老齢厚生年金

Ⅰ 65歳以後の老齢厚生年金の要件

1 老齢厚生年金の要件

～老齢厚生年金は厚生年金の被保険者期間が1カ月以上あれば支給される～

老齢厚生年金は65歳以後に支給される年金です。

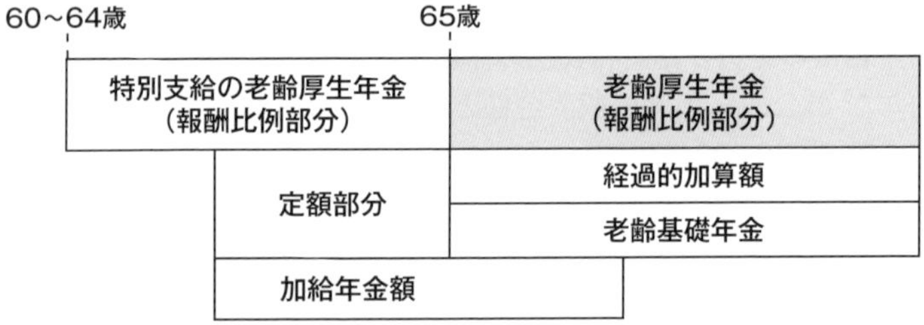

1 老齢厚生年金の支給要件

老齢厚生年金は次の①～③のすべてに該当するときに支給されます。

〈厚年法42、同法附14〉

① **65歳**以上であること
② **厚生年金の被保険者期間**を有すること
③ **受給資格期間**を満たしていること（**保険料納付済期間、保険料免除期間、合算対象期間**を合算した期間が**10年以上**あること）

受給資格期間の要件は老齢基礎年金と同じです。保険料納付済期間、保険料免除期間、合算対象期間についても同じです。

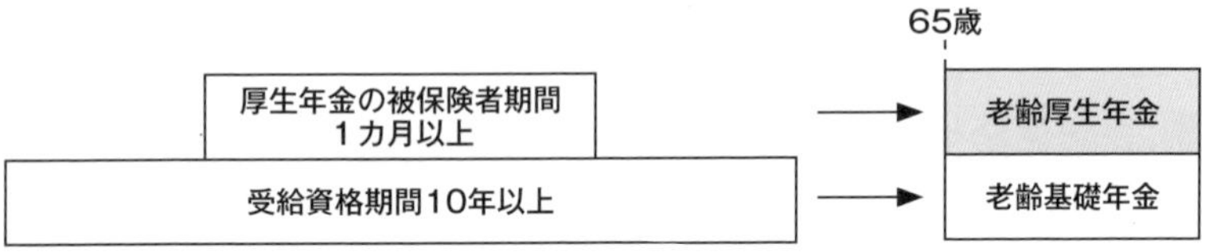

POINT!

65歳から支給される老齢厚生年金は、厚生年金の被保険者期間を１カ月以上有していれば、その被保険者期間に応じて支給されます。特別支給の老齢厚生年金は１年以上必要です。

2　２以上の種別の厚生年金の期間がある人

２以上の種別の厚生年金の被保険者であった期間を有する人にかかる老齢厚生年金は、**第１号から第４号までの各号の厚生年金被保険者期間ごと**に支給されます（第７章②Ⅰ１）。

3　65歳時点で受給資格要件を満たしていないとき

65歳になったときに受給資格要件(10年以上の受給資格期間）を満たしていないときは、受給資格要件を満たしたときから支給されます。

4　老齢厚生年金の対象とならない人

次に該当する人は、老齢厚生年金の対象とならず、旧厚生年金保険法による年金の対象です。　〈法附則(60)63〉

（１）**大正15年４月１日以前に生まれた人**(昭和61年４月１日時点で60歳以上)

（２）昭和61年３月31日時点で、厚生年金または船員保険に基づく老齢年金の受給権がある人

（３）昭和61年３月31日以前に共済組合が支給する退職年金または減額退職年金の受給権がある人で、昭和６年４月１日以前に生まれた人

5　老齢厚生年金の失権

老齢厚生年金の受給権は、受給権者が死亡したときに消滅します。

〈厚年法45〉

老齢基礎年金の受給権者が老齢厚生年金の受給権を有するに至ったとき
老齢基礎年金受給権者老齢厚生年金請求書(様式第233号)▶巻末資料Ⅱ・3

2 老齢厚生年金

Ⅱ　65歳以後の老齢厚生年金の額

1 老齢厚生年金の額

～老齢厚生年金の報酬比例部分の計算には本来水準と従前額保障がある～

1　報酬比例部分の２つの計算式

65歳以後に支給される老齢厚生年金（**報酬比例部分**）の年金は、基本的には**本来水準**で計算した年金と**従前額保障**で計算した年金の、いずれか高い額が支給されます。どちらが高いかは、それぞれの人が加入した期間などによって異なります。

本来水準で計算した年金か従前額保障で計算した年金かを受給権者が選択する必要はなく、自動的に有利な方に決定されます。

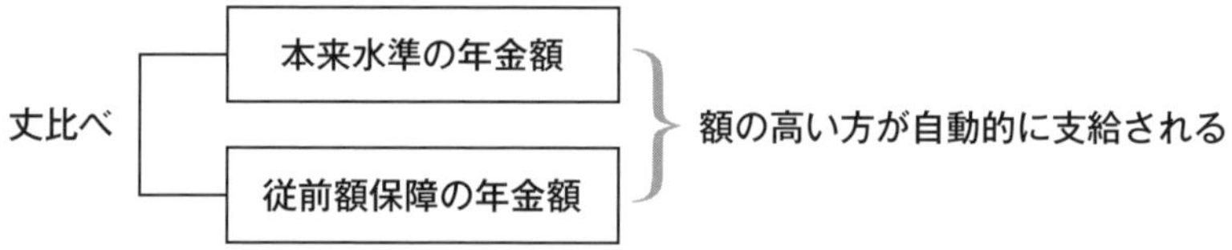

参考　**本来水準と従前額保障**

平成12年の改正時に、将来的な年金給付額の伸びを調整するため、年金の給付乗率が一律に５％引き下げられました（５％適正化）。しかし、この新給付乗率をいきなりすべての年金に採用すると、給付水準が一律に低下します。そのため、平成12年改正後の算定方法による額が平成12年改正前の算定方法による額を下回るときは，平成12年改正前の算定方法による額を年金額とする経過措置（従前額保障の年金額の支給）が設けられています。

2　5％適正化と総報酬制実施後の給付乗率

報酬比例部分は、原則として平均標準報酬額に**給付乗率**と被保険者期間の月数を乗じて算出します。給付乗率について、平成12年改正前の原則的な給付乗率は**1,000分の7.5**とされていましたが、平成12年4月からは**5％適正化**により**1,000分の7.125**とされました。

また、平成15年4月に**総報酬制**が導入されています。総報酬制とは厚生年金の保険料や年金額を月々の給与と賞与の両方から計算する方法です。平成15年3月までの賞与は1％の特別保険料が課せられていましたが、年金額には反映されていませんでした。

総報酬制実施後の原則的な給付乗率は、5％適正化がないと仮定した場合は**1,000分の5.769**であり、5％適正化を行った場合は**1,000分の5.481**と定められました。これにより、昭和21年4月2日以後生まれの総報酬制実施後の原則的な給付乗率は、1,000分の5.481または1,000分の5.769を用います。

〈法附則(平12)20①、21①〉

■適用される給付乗率

	平成15年4月1日前 総報酬制実施前(旧乗率)	平成15年4月1日以後 総報酬制実施後(新乗率)
平成12年改正前の給付乗率(従前額保障)	1,000分の10～1,000分の7.5	1,000分の7.692～1,000分の5.769
平成12年改正後の給付乗率(本来水準)	1,000分の9.5～1,000分の7.125	1,000分の7.308～1,000分の5.481

※生年月日ごとの給付乗率は本章②Ⅱ4

3　総報酬制実施前と以後の被保険者期間があるとき

平成15年4月1日前と同日以後において厚生年金の被保険者期間を有するときの報酬比例部分の額は、それぞれの給付乗率等によって年金額を計算し合算して算出します。

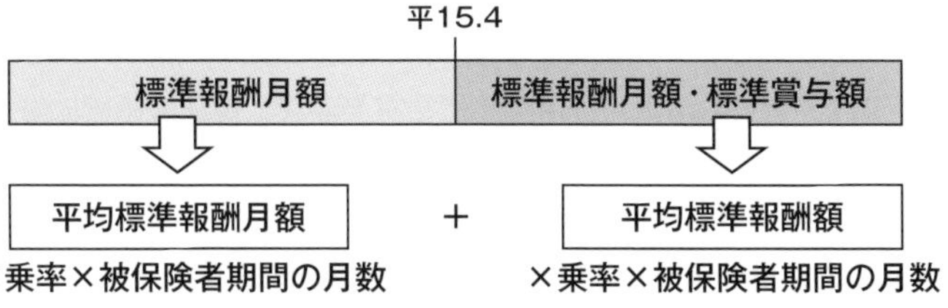

2 老齢厚生年金の報酬比例部分の計算

～報酬比例部分の年金は報酬と被保険者期間の月数で計算する～

1 老齢厚生年金（報酬比例部分）の額の計算

（1）本来水準の年金額

本来水準による老齢厚生年金の報酬比例部分の額は、被保険者であった全期間の平均標準報酬額の**1,000分の5.481**に相当する額に**被保険者期間の月数**を乗じて得た額です。　〈厚年法43①、法附則（平12）20①〉

■報酬比例部分【本来水準】

$$\text{平均標準報酬額（令6再評価率）} \times \frac{5.481}{1{,}000} \times \text{被保険者期間の月数}$$

（2）従前額保障の年金額

本来水準により算出された額が従前額保障の額を下回る場合には、**従前額保障**の年金額が報酬比例部分の額となります。従前額保障の年金額は、平成6年改正の再評価率により平均標準報酬額が算出され、その**1,000分の5.769**に相当する額に、**被保険者期間の月数**と**従前額改定率**を乗じて得た額です。　〈法附則（平12）21〉

■報酬比例部分【従前額保障】

$$\text{平均標準報酬額（平6再評価率）} \times \frac{5.769}{1{,}000} \times \text{被保険者期間の月数} \times 1.041$$

従前額改定率：昭和13年4月1日以前生まれは1.043

POINT!

- 昭和21年4月1日以前生まれの人の給付乗率には、生年月日に応じた乗率の読み替えがあります（本章②Ⅱ4）。
- 再評価率は、過去の標準報酬月額や標準賞与額を、現在の価値に修正するために用いる率のことです。受給権者の生年月日や被保険者であった期間に応じて政令で定められており、毎年度改定されます。「平6再評価率」は平成6年水準、「令6再評価率」は令和6年水準の再評価率です。

2 平成15年３月以前の期間があるときの額の計算

（1）本来水準の年金額

平成15年３月以前の被保険者期間があるときの年金額は、次の①と②を合算した額です。 〈法附則（平12）20①〉

■報酬比例部分【本来水準】

① 平均標準報酬月額（令６再評価率） × $\frac{7.125}{1,000}$ × 平成15年３月までの被保険者期間の月数

② 平均標準報酬額（令６再評価率） × $\frac{5.481}{1,000}$ × 平成15年４月以後の被保険者期間の月数

年金額＝①＋②

（2）従前額保障の年金額

本来水準により算出された額が、従前額保障の額を下回るときは、従前額保障の年金額が報酬比例部分の額となります。 〈法附則（平12）21〉

■報酬比例部分【従前額保障】

① 平均標準報酬月額（平６再評価率） × $\frac{7.5}{1,000}$ × 平成15年３月までの被保険者期間の月数

② 平均標準報酬額（平６再評価率） × $\frac{5.769}{1,000}$ × 平成15年４月以後の被保険者期間の月数

年金額＝（①＋②）× 1.041

→ 昭和13年4月1日以前生まれは1.043

POINT!

平均標準報酬月額は、平成15年３月までの被保険者期間の各月の標準報酬月額に、それぞれ再評価率を乗じて得た額の総額を、その被保険者期間の月数で除して得た額です。平均標準報酬額は、平成15年４月以後の被保険者期間の各月の標準報酬月額と標準賞与額に、それぞれ再評価率を乗じて得た額の総額を、その被保険者期間の月数で除して得た額です。

3 老齢厚生年金の計算の基礎になる被保険者期間

～受給権を取得した月は老齢厚生年金の額の計算基礎にならない～

1 老齢厚生年金の計算の基礎になる被保険者期間

老齢厚生年金の受給権を取得した月は、年金額の計算の基礎となる被保険者期間に算入されません。

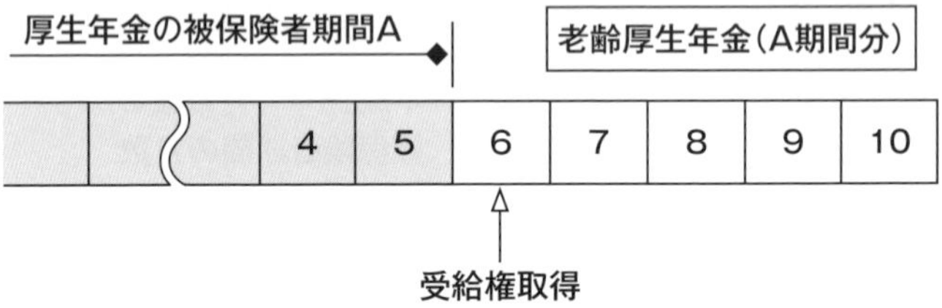

2 公務員および私立学校教職員等の期間がある人の老齢厚生年金

平成27年10月に被用者年金一元化法が施行されるまで、国家公務員共済組合、地方公務員共済組合、私立学校教職員共済制度の加入期間がある人の年金には、報酬比例部分の額に上乗せして、**職域加算額**が加算されていました。

被用者年金一元化により、職域加算額は廃止され、**年金払い退職給付**として、掛金徴収による給付制度が創設されています（第7章）。

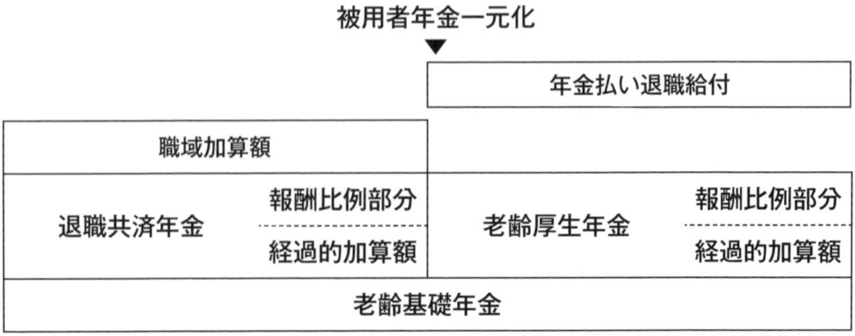

参考　過去の標準報酬月額等

- 計算の基礎となる標準報酬月額に１万円に満たないものがあるときは、１万円とします。旧船員保険法による標準報酬月額は12,000円に満たないときは、12,000円とします。〈法附則(44)3、(60)53〉
- 昭和32年10月１日から昭和51年７月31日までの被保険者であった期間が３年以上あるときは、昭和32年10月１日前の期間は、平均標準報酬月額の計算の基礎となりません。〈法附則(44) 4①〉
- 昭和32年10月１日から昭和51年７月31日までの被保険者であった期間が３年に満たないときは、昭和32年10月１日前の期間を含めた直近の３年間で平均標準報酬月額を計算します。〈法附則(44) 4②〉
- 昭和32年10月１日前と昭和51年８月１日以後に被保険者であった期間があるときは、昭和51年８月１日を基準日として、基準日前の標準報酬月額の平均額と、基準日以後の標準報酬月額の平均額を別々に計算し、２つの平均額を加重平均したものを平均標準報酬月額とします。〈法附則(51)35①〉

参考　前年度額保障の特例

基本的には本来水準と従前額保障の２つの年金額の丈比べにより、それぞれの人が受給する老齢厚生年金の報酬比例部分の額が決まりますが、本来水準の年金には、「前年度額保障の特例」があります。前年度から当該年度の３年前の年度の標準報酬月額等にかかる再評価率の例外的な改定・設定によって、前年度の名目年金を下回るケース等を回避するために設けられた制度です。〈厚年法附17の7〉

■令和6年度の年金額の丈比べ

丈比べ

- 本来水準(前年度額保障)の年金額
令和５年度の平均標準報酬(月)額×新乗率×被保険者期間の月数
- 本来水準の年金額
令和６年度の平均標準報酬(月)額×新乗率×被保険者期間の月数
- 従前額保障の年金額
平成６年度の平均標準報酬(月)額×旧乗率×被保険者期間の月数×従前額改定率

4 給付乗率と再評価率

～老齢厚生年金の給付乗率は生年月日により様々～

1 老齢厚生年金（報酬比例部分）の計算に用いる給付乗率

平成15年4月以後の期間の平均標準報酬額に乗じる原則的な給付乗率は1,000分の5.481ですが、**平成21年4月1日以前**に生まれた人は、生年月日に応じて1,000分の7.308～1,000分の5.562とする経過措置があります。平成15年3月以前の期間や旧乗率についても同様です。次表のとおりです。

〈法附則(60)59①、同別表7ほか〉

■定額部分の支給率と報酬比例部分の乗率

生年月日	定額部分の支給率	報酬比例部分の乗率（1,000分の1表示）			
		旧乗率（従前額保障）		新乗率	
		平15.3以前	平15.4以後	平15.3以前	平15.4以後
昭和 2年4月1日以前	1.875	10.00	7.692	9.500	7.308
昭和 2年4月2日～昭和 3年4月1日	1.817	9.86	7.585	9.367	7.205
昭和 3年4月2日～昭和 4年4月1日	1.761	9.72	7.477	9.234	7.103
昭和 4年4月2日～昭和 5年4月1日	1.707	9.58	7.369	9.101	7.001
昭和 5年4月2日～昭和 6年4月1日	1.654	9.44	7.262	8.968	6.898
昭和 6年4月2日～昭和 7年4月1日	1.603	9.31	7.162	8.845	6.804
昭和 7年4月2日～昭和 8年4月1日	1.553	9.17	7.054	8.712	6.702
昭和 8年4月2日～昭和 9年4月1日	1.505	9.04	6.954	8.588	6.606
昭和 9年4月2日～昭和10年4月1日	1.458	8.91	6.854	8.465	6.512
昭和10年4月2日～昭和11年4月1日	1.413	8.79	6.762	8.351	6.424
昭和11年4月2日～昭和12年4月1日	1.369	8.66	6.662	8.227	6.328
昭和12年4月2日～昭和13年4月1日	1.327	8.54	6.569	8.113	6.241
昭和13年4月2日～昭和14年4月1日	1.286	8.41	6.469	7.990	6.146
昭和14年4月2日～昭和15年4月1日	1.246	8.29	6.377	7.876	6.058
昭和15年4月2日～昭和16年4月1日	1.208	8.18	6.292	7.771	5.978
昭和16年4月2日～昭和17年4月1日	1.170	8.06	6.200	7.657	5.890
昭和17年4月2日～昭和18年4月1日	1.134	7.94	6.108	7.543	5.802
昭和18年4月2日～昭和19年4月1日	1.099	7.83	6.023	7.439	5.722
昭和19年4月2日～昭和20年4月1日	1.065	7.72	5.938	7.334	5.642
昭和20年4月2日～昭和21年4月1日	1.032	7.61	5.854	7.230	5.562
昭和21年4月2日以後	1.000	7.50	5.769	7.125	5.481

2 老齢厚生年金の計算に用いる標準報酬(月)額の再評価率

令和６年度の報酬比例部分の額の計算に用いる**再評価率**には、平成６年再評価率(従前額保障) と令和６年再評価率があります。昭和31年４月２日以後生まれは次表のとおりです。 〈法附則(平12)別表ほか〉

■平成6年再評価率

加入年月	平成６年再評価率	加入年月	平成６年再評価率
昭33. 3以前	13.960	平 6. 4～平 7. 3	0.990
昭33. 4～昭34. 3	13.660	平 7. 4～平 8. 3	0.990
昭34. 4～昭35. 4	13.470	平 8. 4～平 9. 3	0.990
昭35. 5～昭36. 3	11.140	平 9. 4～平10. 3	0.990
昭36. 4～昭37. 3	10.300	平10. 4～平11. 3	0.990
昭37. 4～昭38. 3	9.300	平11. 4～平12. 3	0.990
昭38. 4～昭39. 3	8.540	平12. 4～平13. 3	0.917
昭39. 4～昭40. 4	7.850	平13. 4～平14. 3	0.917
昭40. 5～昭41. 3	6.870	平14. 4～平15. 3	0.917
昭41. 4～昭42. 3	6.310	平15. 4～平16. 3	0.917
昭42. 4～昭43. 3	6.140	平16. 4～平17. 3	0.917
昭43. 4～昭44.10	5.430	平17. 4～平18. 3	0.923
昭44.11～昭46.10	4.150	平18. 4～平19. 3	0.926
昭46.11～昭48.10	3.600	平19. 4～平20. 3	0.924
昭48.11～昭50. 3	2.640	平20. 4～平21. 3	0.924
昭50. 4～昭51. 7	2.250	平21. 4～平22. 3	0.914
昭51. 8～昭53. 3	1.860	平22. 4～平23. 3	0.927
昭53. 4～昭54. 3	1.710	平23. 4～平24. 3	0.934
昭54. 4～昭55. 9	1.620	平24. 4～平25. 3	0.937
昭55.10～昭57. 3	1.460	平25. 4～平26. 3	0.937
昭57. 4～昭58. 3	1.390	平26. 4～平27. 3	0.932
昭58. 4～昭59. 3	1.340	平27. 4～平28. 3	0.909
昭59. 4～昭60. 9	1.290	平28. 4～平29. 3	0.909
昭60.10～昭62. 3	1.220	平29. 4～平30. 3	0.910
昭62. 4～昭63. 3	1.190	平30. 4～平31. 3	0.910
昭63. 4～平元. 11	1.160	平31. 4～令 2. 3	0.903
平元. 12～平 3. 3	1.090	令 2. 4～令 3. 3	0.899
平 3. 4～平 4. 3	1.040	令 3. 4～令 4. 3	0.900
平 4. 4～平 5. 3	1.010	令 4. 4～令 5. 3	0.904
平 5. 4～平 6. 3	0.990	令 5. 4～令 6. 3	0.879
		令 6. 4～令 7. 3	0.853

■令和6年再評価率
(昭和31年４月２日以後生まれ)

加入年月	令和６年再評価率	加入年月	令和６年再評価率
昭33. 3以前	15.459	平 6. 4～平 7. 3	1.075
昭33. 4～昭34. 3	15.126	平 7. 4～平 8. 3	1.053
昭34. 4～昭35. 4	14.918	平 8. 4～平 9. 3	1.040
昭35. 5～昭36. 3	12.337	平 9. 4～平10. 3	1.027
昭36. 4～昭37. 3	11.407	平10. 4～平11. 3	1.014
昭37. 4～昭38. 3	10.301	平11. 4～平12. 3	1.013
昭38. 4～昭39. 3	9.457	平12. 4～平13. 3	1.013
昭39. 4～昭40. 4	8.694	平13. 4～平14. 3	1.012
昭40. 5～昭41. 3	7.606	平14. 4～平15. 3	1.018
昭41. 4～昭42. 3	6.987	平15. 4～平16. 3	1.021
昭42. 4～昭43. 3	6.797	平16. 4～平17. 3	1.022
昭43. 4～昭44.10	6.013	平17. 4～平18. 3	1.024
昭44.11～昭46.10	4.596	平18. 4～平19. 3	1.024
昭46.11～昭48.10	3.988	平19. 4～平20. 3	1.021
昭48.11～昭50. 3	2.926	平20. 4～平21. 3	1.004
昭50. 4～昭51. 7	2.490	平21. 4～平22. 3	1.017
昭51. 8～昭53. 3	2.059	平22. 4～平23. 3	1.022
昭53. 4～昭54. 3	1.894	平23. 4～平24. 3	1.025
昭54. 4～昭55. 9	1.794	平24. 4～平25. 3	1.027
昭55.10～昭57. 3	1.615	平25. 4～平26. 3	1.029
昭57. 4～昭58. 3	1.538	平26. 4～平27. 3	0.999
昭58. 4～昭59. 3	1.485	平27. 4～平28. 3	0.994
昭59. 4～昭60. 9	1.429	平28. 4～平29. 3	0.997
昭60.10～昭62. 3	1.352	平29. 4～平30. 3	0.993
昭62. 4～昭63. 3	1.317	平30. 4～平31. 3	0.984
昭63. 4～平元. 11	1.284	平31. 4～令 2. 3	0.981
平元. 12～平 3. 3	1.206	令 2. 4～令 3. 3	0.978
平 3. 4～平 4. 3	1.151	令 3. 4～令 4. 3	0.981
平 4. 4～平 5. 3	1.119	令 4. 4～令 5. 3	0.956
平 5. 4～平 6. 3	1.096	令 5. 4～令 6. 3	0.926
		令 6. 4～令 7. 3	0.926

令和6年再評価率一覧
昭和31年4月1日以前生まれの人の再評価率▶巻末資料Ⅲ・7

5 経過的加算額

～65歳からの老齢厚生年金には経過的加算額が含まれる～

1 経過的加算額

65 歳前に支給される特別支給の老齢厚生年金は、１階の定額部分と２階の報酬比例部分の額です。65 歳からの老齢厚生年金は２階の報酬比例部分のみとなり、１階部分の年金として老齢基礎年金が支給されます。

定額部分と老齢基礎年金はどちらも１階部分の年金ですが、本来は異なる年金です。定額部分の単価には生年月日に応じた経過措置が適用されるため、同じ加入期間であっても年金額が異なることがあります。

また、国民年金の第２号被保険者のうち 20 歳前および 60 歳以後の期間は老齢基礎年金の額の対象とされず、合算対象期間として扱われます。このような場合には 65 歳以後の１階部分の年金額が減少するため、この差額を厚生年金の独自給付の**経過的加算額**として**老齢厚生年金の額に加算**して支給します。　〈法附則 (60) 59 ②〉

なお、定額部分が支給されなかった老齢厚生年金の受給権者にも、経過的加算額は加算されます。

■国民年金の加入期間がすべて第2号被保険者期間のとき

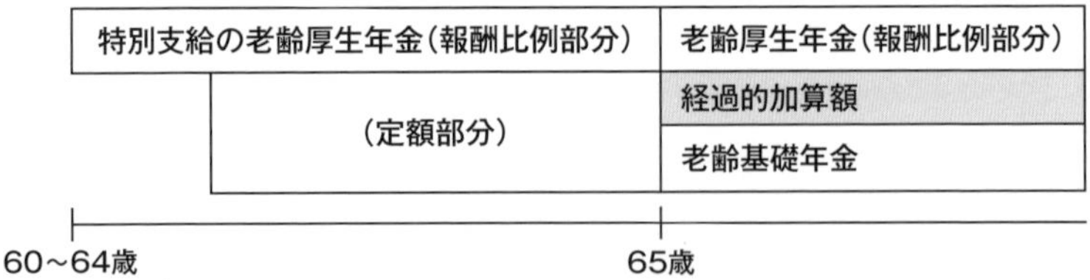

■国民年金の加入期間に第1号・第3号被保険者期間があるとき

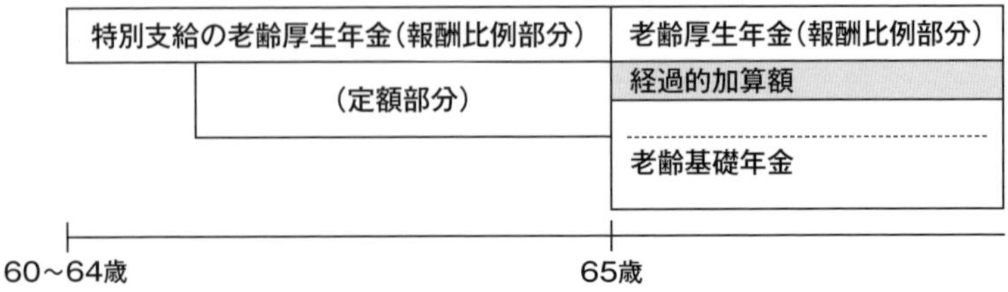

2 経過的加算額の計算方法

経過的加算額の額は、次の　①－②　です。（令和６年度額）

①　**1,701円** × 被保険者期間の月数（限度あり）

　└→（昭和31年４月１日以前生まれは**1,696円**※）

②　**816,000円** × 昭和36年４月以後で20歳以上60歳未満の厚生年金の被保険者期間の月数 ／ 480月（加入可能年数×12）

　└→（昭和31年４月１日以前生まれは**813,700円**）

※昭和21年4月1日以前生まれの人は、生年月日に応じて1.875～1.032を乗じます（本章②Ⅱ4）。

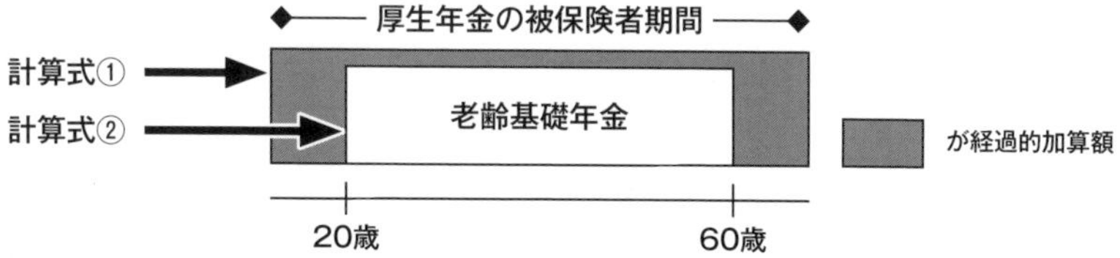

3 被保険者期間の月数の上限と240月みなし

計算式①の被保険者期間の月数は、次表のとおり、生年月日に応じた上限があります。また、厚生年金の中高齢者の特例に該当している人は、被保険者期間が240月に満たないときは**240月**であるものとみなされます。

〈法附則（平16）36②、法附則（60）61②〉

■被保険者期間の月数の上限

生年月日	上限
昭和　4.4.1以前	420月
昭和　4.4.2～昭和　9.4.1	432月
昭和　9.4.2～昭和19.4.1	444月
昭和19.4.2～昭和20.4.1	456月
昭和20.4.2～昭和21.4.1	468月
昭和21.4.2以後	**480月**

■厚生年金の中高齢者の特例

生年月日	男子40歳・女子35歳以後の第１号厚生年金期間
昭和22.4.1以前	15年（180月）
昭和22.4.2～昭和23.4.1	16年（192月）
昭和23.4.2～昭和24.4.1	17年（204月）
昭和24.4.2～昭和25.4.1	18年（216月）
昭和25.4.2～昭和26.4.1	19年（228月）

6 厚生年金基金の加入期間があるときの年金額

～基金代行分を差し引いた報酬比例部分が国から支給される～

1 厚生年金基金の加入期間があるとき

厚生年金基金は、加入者が基金に加入していた期間について、国が支給する部分を代行して支給します（第１章③Ⅳ）。国から支給されるのは、老齢厚生年金の報酬比例部分から厚生年金基金加入期間にかかる基金代行部分を差し引いた額です。〈厚年法附17の5、法附則(平12)23、24〉

計算事例

平成15年４月

厚生年金 250月 平均標準報酬月額32万円 （うち基金 250月 平均標準報酬月額28万円）	厚生年金 272月 平均標準報酬額45万円 （うち基金 130月 平均標準報酬額48万円）

①基金に加入していないとしたときの報酬比例部分

平成15年３月以前＝320,000円×7.125／1,000×250月＝570,000円

平成15年４月以後＝450,000円×5.481／1,000×272月＝670,874円

合計額＝570,000円＋670,874円＝1,240,874円

②基金加入期間の報酬比例部分

平成15年３月以前＝280,000円×7.125／1,000×250月＝498,750円

平成15年４月以後＝480,000円×5.481／1,000×130月＝342,014円

合計額＝498,750円＋342,014円＝840,764円

③国から支給される報酬比例部分

支給額＝1,240,874円－840,764円＝400,110円

POINT!

- 基金加入期間の年金額は「平均標準報酬（月）額×乗率」によって算出されます。平成15年３月以前の期間には旧乗率、平成15年４月以後の期間には新乗率を使用します（本章②Ⅱ４）。
- 基金加入期間の年金額の計算基礎となる「平均標準報酬（月）額」の算出には再評価率は使用しません。
- 65歳前の老齢厚生年金の計算も同様の方法で行われます。

7 沖縄特例

～特定の期間に沖縄に住んでいた人には特例がある～

1 沖縄の厚生年金に加入していた人の特例

沖縄の厚生年金制度の被保険者であった期間は、原則として厚生年金の被保険者期間であった期間とみなされます。〈沖縄法104〉

2 沖縄の厚生年金の特別措置

沖縄の厚生年金制度は、昭和45年1月1日から昭和47年5月14日の間のみ存在した制度であるため、被保険者期間は短く、年金額が本土と比較して低い状況にあり、不公平感が生じていました。そのため、給付水準を均衡させるための特別措置が講じられてきました。

その内容は、昭和44年12月31日までの期間に対して、保険料を納付（特別納付）する機会を設け、特別納付により納付後の年金額に加算（特別加算）を行うものです。

この特別措置は、本土復帰後数回にわたり講じられてきましたが、平成18年から講じられた特別措置は、平成23年3月31日をもって終了しています。

■これまで講じられてきた特別措置の内容

期間	特別措置
昭和47年 （沖縄の本土復帰時）	年金の受給資格期間の短縮等 〈沖縄令51ほか〉
平成２年～平成７年	本土復帰時に沖縄独自の厚生年金に加入していた人を対象に特別納付を認める 〈沖縄令53〉
平成７年～平成12年	昭和45年～昭和47年の間に沖縄独自の厚生年金に加入していた人を対象に特別納付を認める 〈沖縄法104④⑤、沖縄令56の2～56の４〉
平成18年～平成23年	平成7年施行の特別措置の対象期間に本土へ出向していたために対象とならなかった人を対象に特別納付を認める 〈沖縄令56の９〉

1 加給年金額の加算要件

～一定の要件を満たした人には加給年金額が加算される～

1 加給年金額

老齢厚生年金の受給権者が、その権利を取得した当時に一定の要件を満たした場合、老齢厚生年金に**加給年金額**が加算されます。特別支給の老齢厚生年金の定額部分が支給される人（障害者特例や長期加入者特例の該当者を含む）は、定額部分の受給権取得当時に要件を満たせば加給年金額が加算されます。〈厚年法44①、同法附9の2③ほか〉

2 加給年金額の加算要件

加給年金額は次のいずれにも該当するときに加算されます。

① 老齢厚生年金の額の計算基礎となる**被保険者期間の月数**が**240月（20年）以上**（中高齢者の特例の該当者は15年～19年以上）であること。老齢厚生年金の受給権取得当時に240月未満であったときは、在職定時改定または退職時改定により240月以上となったとき

② 老齢厚生年金の受給権を取得した当時（65歳当時もしくは定額部分の受給権取得当時）に、**生計を維持**している**65歳未満の配偶者、18歳に達する日以後の最初の3月31日までの間にある子**、または**障害等級1級もしくは2級の障害の状態にある20歳未満の子**があること

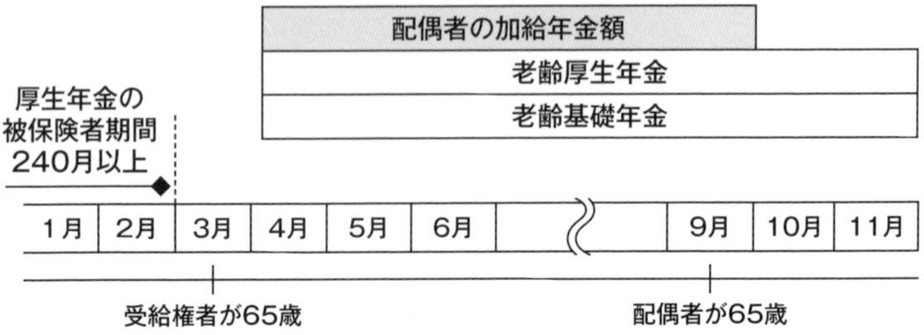

3 厚生年金の受給権を取得した当時に240月未満であったとき

老齢厚生年金の受給権取得時に、その計算の基礎となる**被保険者期間の月数**が240月未満だった場合、その後に在職定時改定または退職時改定により**240月以上となったときに**、生計を維持している一定の配偶者や子があれば、改定が行われた時点から加給年金額が加算されます。

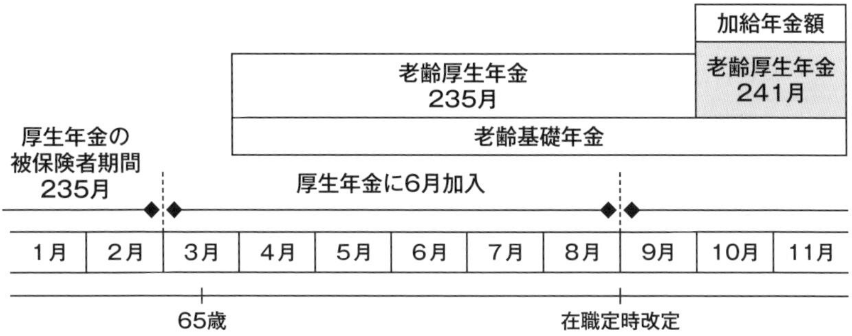

4 加給年金額の生計維持要件

加給年金額の加算要件にある「生計を維持している配偶者または子」とは、老齢厚生年金の受給権を取得した当時に生計を同じくしていた人であって（生計同一要件）、厚生労働大臣が定める金額（**年額850万円**）以上の収入を将来にわたって有すると認められる者以外の者、その他これに準ずる者として厚生労働大臣が定める者（収入要件）とされています。具体的には次のいずれかに該当すれば収入要件を満たします。

〈厚年令3の5①、平23年発0323第1号〉

① 前年の収入が年額**850万円未満**
② 前年の所得が年額**655.5万円未満**
③ **一時的な所得**があるときは、これを除いた後、前記①または②に該当すること
④ 前記①②③に該当しないが、定年退職等の事情により**近い将来**（おおむね5年以内）の収入が年額850万円未満または所得655.5万円未満となると認められること

※①②は前年の収入または所得が確定しないときは前々年の収入または所得

2 加給年金額と特別加算額

～配偶者の加給年金額には特別加算がある～

1 加給年金額

加給年金額は、224,700円（74,900円）に改定率を乗じて得た額です。令和6年度の加給年金額は、次表のとおりです。〈厚年法44②〉

加算対象者	加給年金額
配偶者	**234,800**円＋特別加算額
子が1人	**234,800**円
子が2人	**234,800**円×2人
子が3人	**234,800**円×2人＋3人目以降1人につき**78,300**円

2 配偶者の加給年金額の特別加算額

老齢厚生年金の受給権者が昭和9年4月2日以後に生まれた人であるとき、**配偶者の加給年金額**（234,800円）に更に次表の額が**特別加算**されます。〈法附則(60)60②〉

受給権者の生年月日	令和6年度 特別加算額	令和6年度 配偶者の加給年金額
昭和 9.4.2～昭和15.4.1	**34,700円**	**269,500円**
昭和15.4.2～昭和16.4.1	**69,300円**	**304,100円**
昭和16.4.2～昭和17.4.1	**104,000円**	**338,800円**
昭和17.4.2～昭和18.4.1	**138,600円**	**373,400円**
昭和18.4.2以後	**173,300円**	**408,100円**

POINT!

子の加給年金額や障害厚生年金の加給年金額に特別加算はありません。

3 加給年金額の減額改定

加給年金額の加算の対象とされている配偶者または子が次のいずれかに該当したときには、加給年金額は加算されなくなり、**その翌月**から、加給年金額を差し引いた年金額に改定されます。〈厚年法44④〉

① **死亡**したとき
② 受給権者による**生計維持**の状態がなくなったとき
③ 配偶者が**離婚**または**婚姻の取消し**をしたとき
④ 配偶者が**65歳**に達したとき
⑤ 子が**養子縁組**によって、受給権者の**配偶者以外**の人の養子となったとき
⑥ 養子縁組している子が**離縁**したとき
⑦ 子が**婚姻**したとき
⑧ 子が**18歳に達した日以後の最初の3月31日**が終了したとき
(障害等級1級または2級の障害の状態になるときを除く)
⑨ 子が18歳に達した日以後の最初の3月31日が終了した以後、障害等級の1級または2級に該当する障害の状態に該当しなくなったとき
⑩ 子が**20歳**に達したとき

POINT!

加給年金額の加算の対象である子が18歳に達する日以後の最初の3月31日までの間に障害等級の1級または2級の障害の状態に該当したときは、20歳に達するまで加算の対象になります。

4 加給年金額の増額改定

老齢厚生年金の受給権者が権利を取得した当時に**胎児であった子**が生まれたとき、その子は受給権者がその権利を取得した当時その人によって生計を維持していた子とみなされ、その**出生の月の翌月**から、老齢厚生年金の額が改定されます。 〈厚年法44③〉

参考

受給権取得時に生計維持関係がなかった配偶者や子は、後に生計維持要件を満たしても、原則として加給年金額は加算されません。また、一度加給年金額を受けていたが失権した後、再び要件を満たしたときも、加給年金額が再加算されることはありません。

年金受給権者の配偶者または子が死亡などにより加給不該当になったとき
加算額・加給年金額対象者不該当届(様式第205号)▶巻末資料Ⅱ・4

3 加給年金額の支給停止

～配偶者が一定の年金を受給するときは加給年金額が支給停止になる～

1 加給年金額の支給停止

加給年金額が加算された老齢厚生年金（特別支給の老齢厚生年金を含む）を受給する人の**配偶者**が、次の年金を受けることができるときは、加給年金額は支給停止です。〈厚年法46⑥、厚年令3の7〉

- **老齢厚生年金**
  年金額の計算の基礎となる被保険者期間の月数が**240月以上**であるときに限る
- **障害厚生年金**
- **障害基礎年金**
- その他政令で定める**老齢**、**退職**、**障害**を支給事由とする給付
  （加入期間が240月以上の退職共済年金、障害共済年金など）

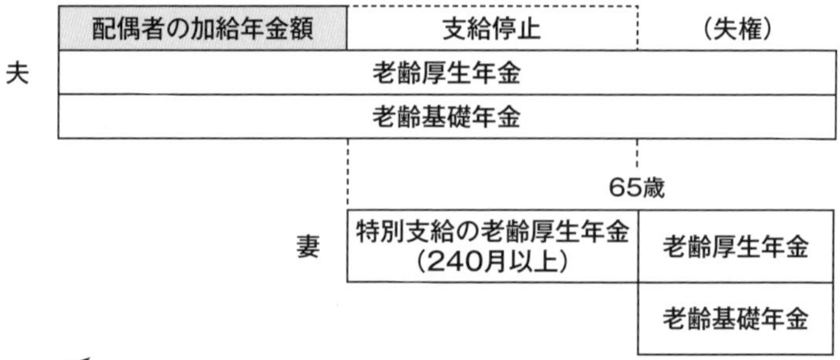

被保険者期間240月には、厚生年金の中高齢者の特例15年～19年以上に該当する人を含みます（本章③Ⅳ2）。

POINT!

配偶者が受給する老齢厚生年金の全額が支給停止されているときであっても、加給年金額は支給停止です。これは令和４年４月１日に施行された扱いであり、それ以前は支給停止が解除されていました。施行日にすでに支給停止が解除された加給年金額を受給していた人には経過措置（配慮措置）が設けられています。一方で、配偶者が受給する障害基礎年金や障害厚生年金が全額支給停止されているときは、支給停止は解除され加給年金額が支給されます。

2 配偶者が老齢基礎年金・老齢厚生年金を繰り上げたとき

(1) 老齢基礎年金の支給繰上げをしたとき

加給年金額が加算された老齢厚生年金を受給する人の配偶者が、老齢基礎年金の支給繰上げを行っても、加給年金額の支給は停止されません。

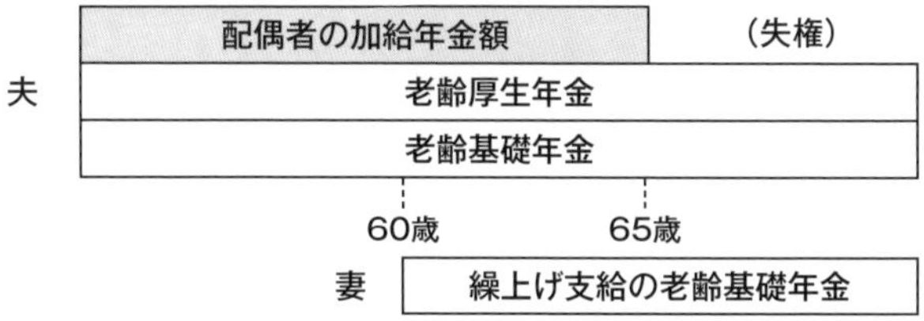

(2) 老齢厚生年金の支給繰上げをしたとき

加給年金額が加算された老齢厚生年金を受給する人の配偶者が、被保険者期間240月以上の老齢厚生年金の支給を繰り上げたときは、受給権を取得したときから、加給年金額は支給停止です。

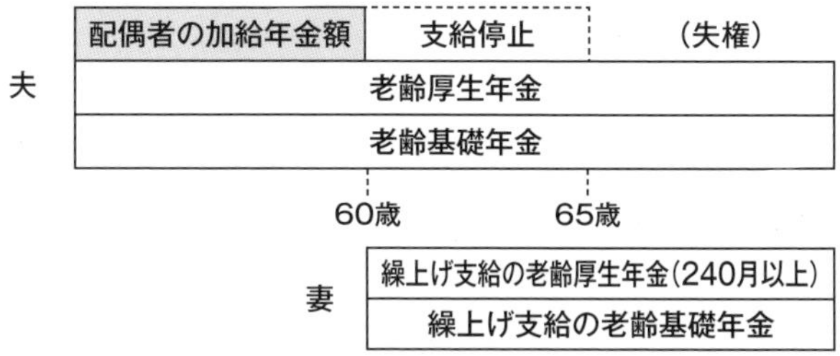

3 子の加給年金額が支給停止されるとき

65歳以後に障害基礎年金と老齢厚生年金の組み合わせで併給する場合の子の加給年金額が加算された老齢厚生年金について、障害基礎年金に子の加算が行われるときは、老齢厚生年金の子の加給年金額は支給停止されます。

〈厚年法44①〉

配偶者加給年金額が加算されている受給権者の配偶者が老齢・退職または障害を支給事由とする年金が受けられることになったとき
老齢・障害給付加給年金額支給停止事由該当届(様式第230号)▶巻末資料Ⅱ・5

3 65歳前の老齢厚生年金

Ⅰ 特別支給の老齢厚生年金の要件

1 特別支給の老齢厚生年金の要件

～65歳前の老齢厚生年金を受給するには厚生年金期間が12月以上必要～

1 特別支給の老齢厚生年金

特定の生年月日以前に生まれた人は、一定の要件を満たすと65歳になる前から老齢厚生年金を受給することができます。65歳前に支給される年金を**特別支給の老齢厚生年金**といいます。受給開始年齢は生年月日や性別によって定められており60～64歳から支給されます。報酬比例部分のみの人もいれば、報酬比例部分と定額部分が支給される人もいます。

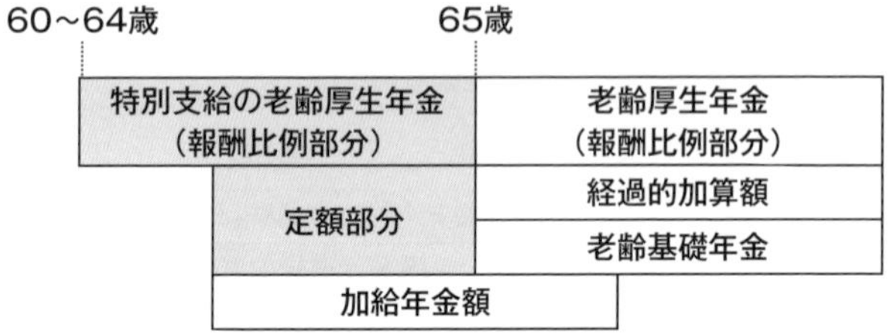

2 特別支給の老齢厚生年金の支給要件

特別支給の老齢厚生年金は、65歳未満の人が次の①～③のすべてに該当するときに支給されます。〈厚年法附8〉

① **60歳以上**であること
② **１年以上**の厚生年金の被保険者期間を有すること
③ **受給資格期間**を満たしていること（**保険料納付済期間**、**保険料免除期間**、**合算対象期間**を合算した期間が**10年以上**あること）

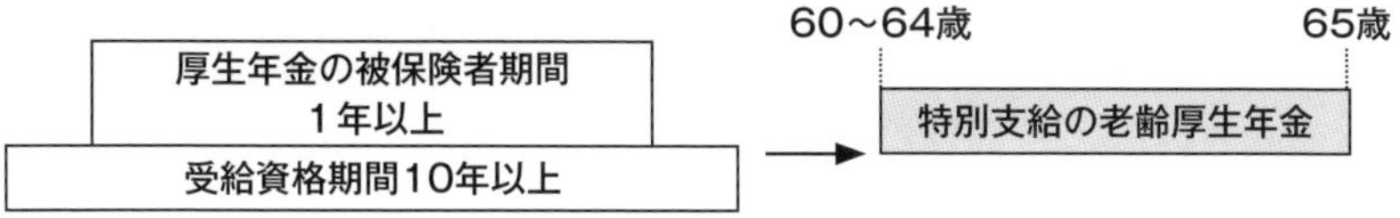

POINT!

- 「1年以上の厚生年金の被保険者期間」の要件は、2以上の種別の被保険者期間を有するときは合算して判断します。
- 厚生年金の被保険者期間が1年未満の人は65歳からの老齢厚生年金として支給されます。

3 特別支給の老齢厚生年金の年齢の要件

特別支給の老齢厚生年金が支給されるのは、特定の生年月日以前に生まれた人に限定されており、次に該当する人は特別支給の老齢厚生年金の対象外です（厚生年金被保険者の種別は第１章[3]Ⅰ３）。

〈厚年法附８の２〉

㋐ **昭和36年４月２日以後に生まれた男子**、および同条件の第２号、第３号、第４号厚生年金被保険者期間がある**女子**（㋒㋓に該当する人を除く）

㋑ **昭和41年４月２日以後に生まれた女子**（㋒㋓に該当する人を除く）で、第１号厚生年金被保険者期間がある人。つまり、民間会社等に勤務したことのある女子

㋒ 坑内員または船員としての被保険者であった期間が**15年以上**ある人で**昭和41年４月２日以後に生まれた人**（㋓に該当する人を除く）

㋓ **特定警察職員等**（本章[3]Ⅱ２）である人で、**昭和42年４月２日以後に生まれた人**

4 特別支給の老齢厚生年金の失権

特別支給の老齢厚生年金の受給権は、受給権者が**死亡**したとき、**65歳**に達したときのいずれかに該当したときに消滅します。〈厚年法附10〉

3 65歳前の老齢厚生年金

Ⅱ 特別支給の老齢厚生年金の支給開始年齢

1 特別支給の老齢厚生年金の支給開始年齢

～支給開始年齢が段階的に引き上げられていく～

1 報酬比例部分と定額部分が60歳から支給される人

平成６年の改正前は、旧法のしくみが引き継がれた**報酬比例部分と定額部分とを合わせた額の年金**が、原則として**60歳**から支給されていました。 〈法附則（平６）18①〉

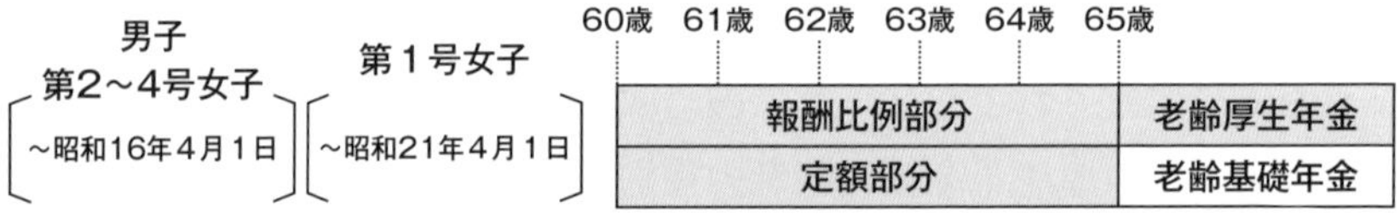

2 定額部分の支給開始年齢が引き上げられる人

平成６年の改正により、報酬比例部分のみの年金に変更されることになりました。これは徐々に**定額部分の支給開始年齢を引き上げ**、最終的には定額部分の年金を廃止するものです。 〈法附則（平６）19①②、20①②〉

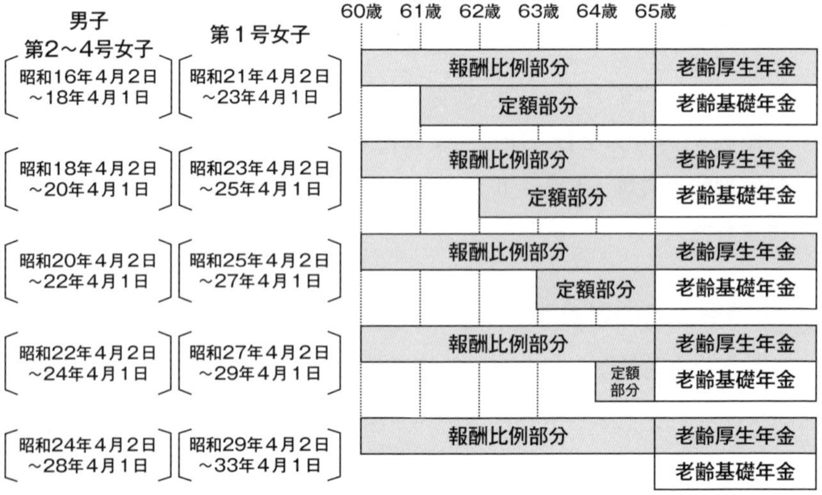

3 報酬比例部分相当の年金が61歳～64歳から支給される人

平成12年の改正により、平成6年改正による経過措置が完了した後に、徐々に**報酬比例部分の支給開始年齢を引き上げ**将来的に廃止するとされました。報酬比例部分のみの年金には加給年金額が加算されません。

〈厚年法附8、8の2①②〉

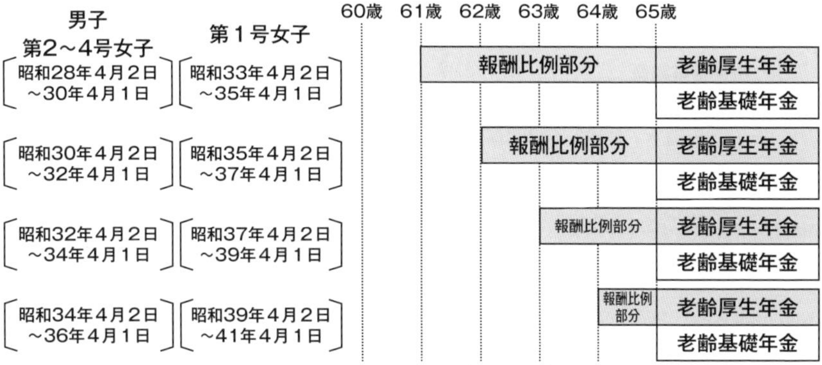

4 報酬比例部分相当の年金が支給されない人

昭和36年4月2日以後に生まれた男子や第2号、第3号、第4号厚生年金被保険者の女子、および昭和41年4月2日以後に生まれた第1号厚生年金被保険者の女子には、**特別支給の老齢厚生年金は支給されません。**

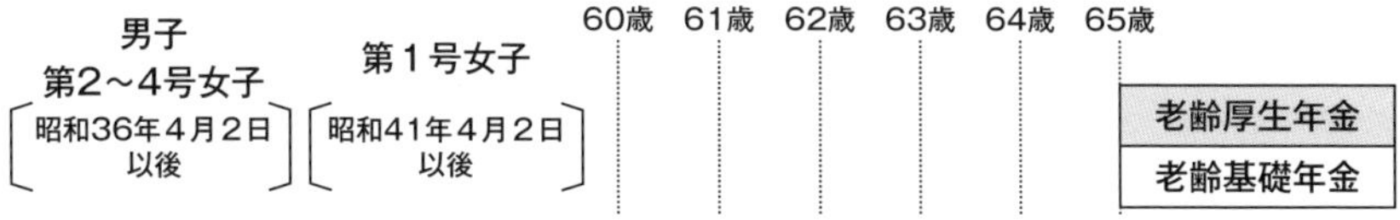

参考 特例支給開始年齢

特別支給の老齢厚生年金（定額部分または報酬比例部分）の支給開始年齢のことを特例支給開始年齢といいます。〈厚年則30⑧〉

2 特定警察職員等・坑内員・船員の支給開始年齢

～特定警察職員等、坑内員、船員は特例の支給開始年齢が適用される～

1 特定警察職員等の支給開始年齢

特定警察職員等にかかる特別支給の老齢厚生年金の支給開始年齢は、次図のとおり定められています。〈法附則(平6)20の2①②、厚年法附8の2④〉

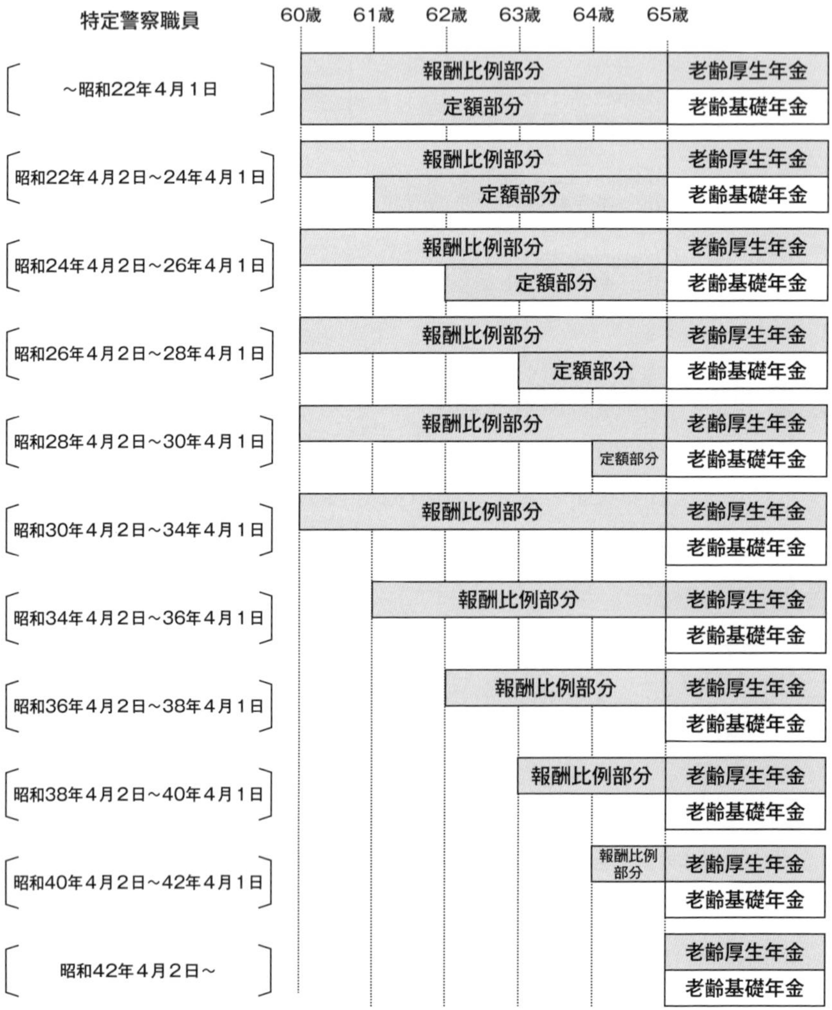

2 坑内員・船員期間15年以上の人の支給開始年齢

坑内員または船員として、実際の厚生年金の被保険者期間が15年以上ある人にかかる特別支給の老齢厚生年金の支給開始年齢は、次図のとおり定められています。なお、大正15年4月2日から昭和29年4月1日生まれの人の支給開始年齢は、生年月日に応じて55歳から59歳とされています。

〈厚年法附8の2③、法附則(平6)15〉

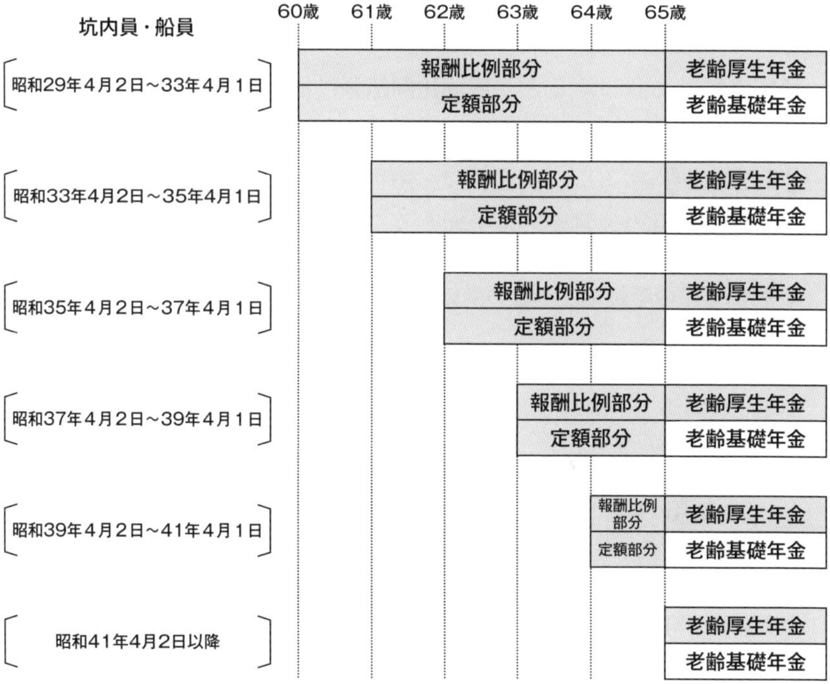

参考 特定警察職員等

特定警察職員等とは、警部以下の警察官として被保険者であった人が、特別支給の老齢厚生年金の支給要件を満たすこととなったとき（すでに退職している場合は退職時）に、引き続き20年以上勤務していた人等をいいます。

皇宮護衛官は皇宮警部以下の階級、消防吏員は消防司令以下の階級、常勤の消防団員は副団長以下の階級の人が該当します。

〈厚年令6の2〉

3 65歳前の老齢厚生年金

Ⅲ 特別支給の老齢厚生年金の特例

1 障害者特例

～障害状態にある一定の人には特例がある～

1 障害者特例の要件

障害者特例に該当すると、**報酬比例部分**に加えて**定額部分**が支給されます。また、**加給年金額**の要件を満たせば加算もされます。次の①②のいずれにも該当することが要件で、障害者特例の**請求手続き**が必要です。請求があった月の翌月から年金額が改定されます。〈厚年法附９の２①～③〉

> ① **特別支給の老齢厚生年金の受給権者**であって、厚生年金の**被保険者でない**こと
> ② **３級以上の障害状態**（傷病が治らない場合にあっては、初診日から起算して１年６月を経過した日以後の障害状態）であること

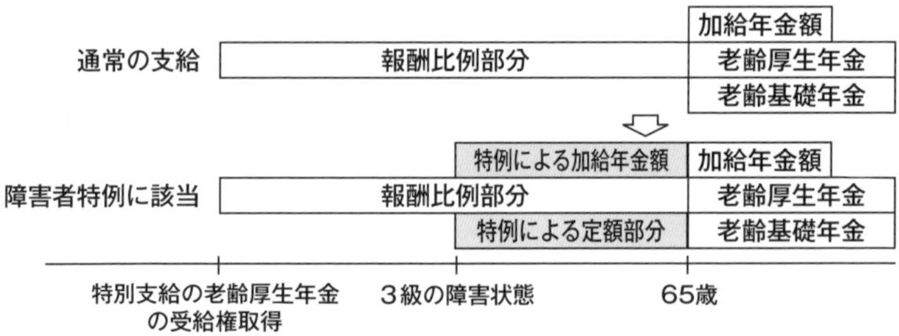

2 障害の程度が軽くなったとき

障害者特例に該当している人の障害状態が、障害等級３級よりも軽快したときは、特例の適用はなくなり、報酬比例部分の額に改定されます。長期加入者特例が適用される場合を除きます。〈厚年法附９の２④〉

3 障害者特例に該当している人が厚生年金に加入したとき

障害者特例に該当している人が厚生年金の被保険者になったときは、報酬比例部分のみが支給されます。　〈厚年法附 11 の 2〉

4 障害者特例の請求をしたとみなされるとき

次のいずれかに該当するときは、それぞれの該当日に特例の請求があったものとみなされます。　〈厚年法附 9 の 2 ⑤〉

㋐ **特別支給の老齢厚生年金の受給権者となった日**において、被保険者でなく、かつ、障害厚生年金等を受けることができるとき
㋑ **障害厚生年金等を受けることができることとなった日**において、特別支給の老齢厚生年金の受給権者であって、かつ、被保険者でないとき
㋒ **被保険者の資格を喪失した日**において、特別支給の老齢厚生年金の受給権者であって、かつ、障害厚生年金等を受けることができるとき

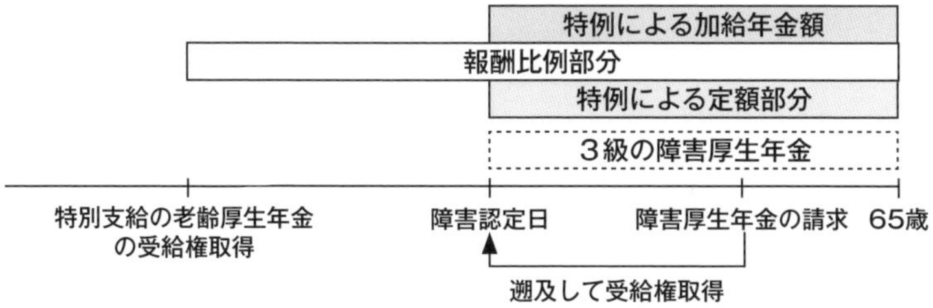

POINT!

障害厚生年金等とは、障害厚生年金、障害基礎年金、旧法による障害年金、被用者年金一元化前の障害共済年金等が該当します。　〈厚年令6の6〉

5 2以上の種別の厚生年金期間を有する人の場合

２以上の種別の厚生年金の被保険者期間を有する人は、それぞれの特別支給の老齢厚生年金に障害者特例が適用され各実施機関から支給されます（第７章②Ⅱ２）。

障害者特例を請求するとき
厚生年金保険障害者特例・繰上げ調整額請求書（様式第401号）▶巻末資料Ⅱ・6

2 長期加入者特例

〜厚生年金の加入期間が44年以上ある人には特例がある〜

1 長期加入者特例の要件

長期加入者特例に該当すると、**報酬比例部分**に加えて**定額部分**が支給されます。また、**加給年金額**の対象者がいれば加算もされます。次の①②のいずれにも該当することが要件です。〈厚年法附9の3①③〉

> ① **特別支給の老齢厚生年金の受給権者**であって、厚生年金の**被保険者でないこと**
> ② 厚生年金の被保険者期間が**44年以上**あること

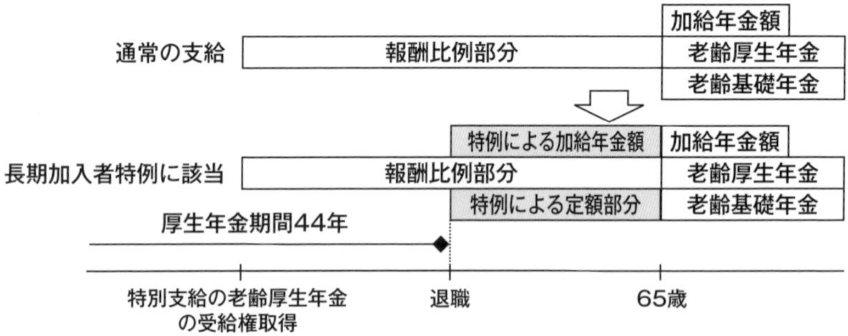

2 長期加入者特例が適用される人

長期加入者特例は、特別支給の老齢厚生年金（報酬比例部分）が支給される人にのみ適用される制度です。特別支給の老齢厚生年金が支給されない人には適用されません。

特別支給の老齢厚生年金の支給開始年齢は段階的に引き上げられていることから、最終的にはこの特例の該当者はいなくなります。例えば、昭和36年4月2日以降に生まれた男子（坑内員、船員、特定警察職員など一部を除く）は、特別支給の老齢厚生年金が支給されないため長期加入者特例の対象外です。障害者特例も同様です。

3 定額部分と加給年金額の受給手続き

特別支給の老齢厚生年金の請求手続きをすでに行っている厚生年金の被保険者が、厚生年金の被保険者期間が44年以上となり退職したとき、事業所が被保険者資格喪失届を提出することにより定額部分の受給手続きが行われます。つまり、特例による定額部分を受給するための手続きを自身で行う必要はありません。

加給年金額に関しては、特別支給の老齢厚生年金の請求手続き時に対象者が確認されていなければ、「老齢厚生年金・退職共済年金加給年金額加算開始事由該当届」を提出する必要があります。対象者がすでに登録されている場合には、「老齢厚生年金加給年金額加算開始事由該当届（生計維持申立書）」を提出します。

4 長期加入者特例に該当している人が厚生年金に加入したとき

長期加入者特例の老齢厚生年金を受けている人が、再度厚生年金の被保険者になると、原則として定額部分（加給年金額も含む）の支給が停止され、報酬比例部分のみが支給されます。ただし、**被用者保険の適用拡大**によって厚生年金の被保険者となった場合は、特定の要件を満たせば、定額部分と加給年金額を引き続き受けられる可能性があります。障害者特例の老齢厚生年金も同様です（本章3Ⅲ3）。　〈厚年法附11の2〉

5 2以上の種別の厚生年金期間を有する人の被保険者期間

2以上の種別の厚生年金期間を有する人について、厚生年金の被保険者期間44年以上の要件をみる際には、異なる種別の被保険者であった期間を合算せず、それぞれの期間で判断します（第7章2Ⅱ3）。

老齢厚生年金に加給年金額が加算されるようになったとき
老齢厚生年金・退職共済年金加給年金額加算開始事由該当届（様式第229号）
老齢厚生年金加給年金額加算開始事由該当届（生計維持申立書）
▶巻末資料Ⅱ・7

3 被用者保険の適用拡大に基づく特例の経過措置

～適用拡大の法改正により被保険者になったときは経過措置がある～

1 適用拡大により厚生年金の被保険者となったとき

特別支給の老齢厚生年金の受給権者であって、**障害者特例**、**長期加入者特例**の対象者であるとき、厚生年金の被保険者になった時点で、定額部分は支給停止となり、報酬比例部分のみが支給されます。

〈厚年法附 11 の 2〉

ただし、**被用者保険の適用拡大に基づく経過措置**に該当するときには定額部分が引き続き支給される場合があります。例えば、令和３年８月６日公布の政令に基づき、「令和４年 10 月１日から引き続き同一の事業所に勤務し、適用拡大により被保険者資格を取得した場合」には、定額部分の支給停止は行わないとしています。これは、適用拡大後に異なる事業所に勤務したときには適用されず、そのときには原則どおりに支給が停止されます。令和６年 10 月１日施行の適用拡大においても同様の扱いです。

■原則

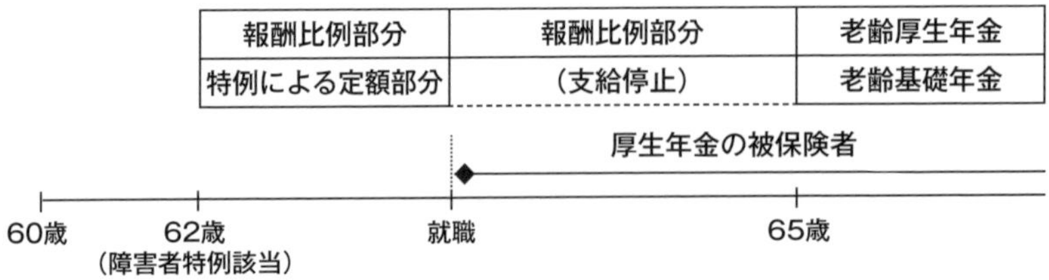

■特例の経過措置

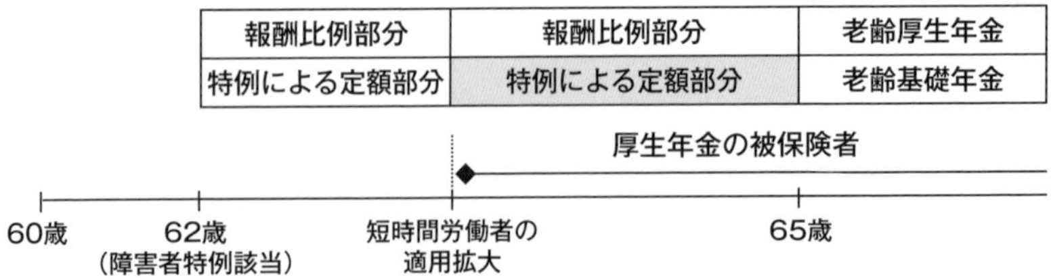

4 資格喪失時の特例年金の加算の開始時期

～厚生年金の資格喪失時期により特例の適用開始時期が異なる～

1 長期加入者特例の適用開始時期

厚生年金の資格を喪失したことにより**長期加入者特例**が適用されるときは、**退職日の翌月**（退職日から起算して１カ月を経過した日の属する月）からの適用です。例えば、３月末退職であれば４月分の年金から特例が適用されます。

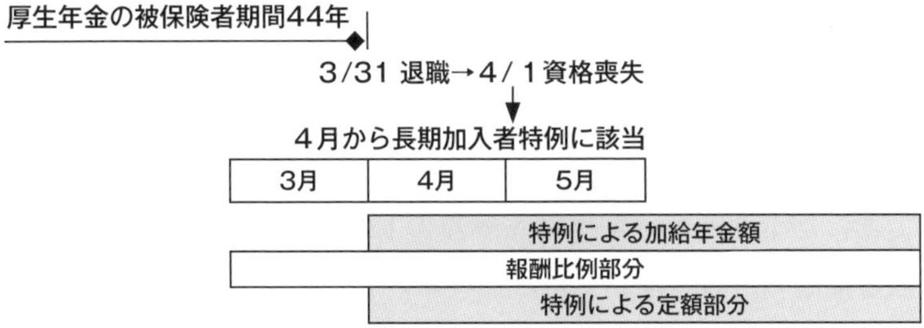

2 障害者特例の適用開始時期

厚生年金の資格を喪失したことにより**障害者特例**が適用されるときは、**資格喪失日以降**に障害者特例の請求手続きを行うことができます。

例えば、３月20日に退職したときは３月21日に資格喪失となるため、その日以降の３月中に請求を行えば、４月から特例が適用されます。

一方で、３月31日に退職すると４月１日に資格喪失となるため、障害者特例の請求は４月１日以降でなければできません。４月中に請求を行えば、５月から特例が適用されます。

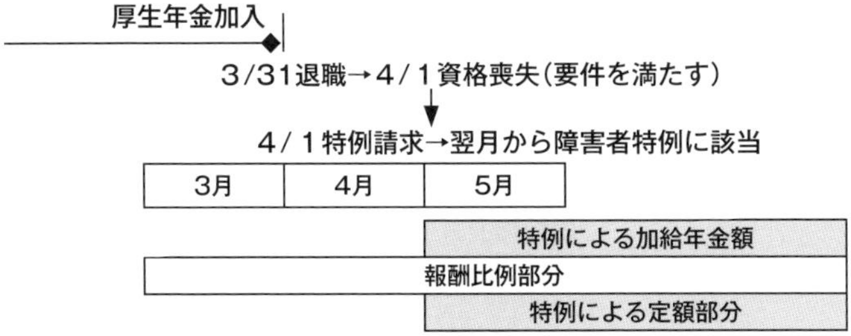

3 65歳前の老齢厚生年金

Ⅳ 特別支給の老齢厚生年金の年金額

1 特別支給の老齢厚生年金の報酬比例部分の計算

～報酬比例部分の年金は報酬と被保険者期間の月数で計算する～

1 報酬比例部分の額の計算

特別支給の老齢厚生年金の報酬比例部分の額は、65歳以後の老齢厚生年金と同じ計算方法です（本章[2]Ⅱ）。〈厚年法43、同法附8ほか〉

（1）本来水準の年金額

本来水準による特別支給の老齢厚生年金の報酬比例部分の額は、被保険者であった全期間の平均標準報酬額の**1,000分の5.481**に相当する額に、**被保険者期間の月数**を乗じて得た額です。

■報酬比例部分【本来水準】

平均標準報酬額（令6再評価率） × $\frac{5.481}{1,000}$ × 被保険者期間の月数

（2）従前額保障の年金額

本来水準により算出された額が従前額保障の額を下回る場合には、**従前額保障**の年金額が報酬比例部分の額となります。従前額保障の年金額は、平成6年改正の再評価率により平均標準報酬額が算出され、その**1,000分の5.769**に相当する額に、**被保険者期間の月数**と**従前額改定率**を乗じて得た額です。〈法附則（平12）21〉

■報酬比例部分【従前額保障】

平均標準報酬額（平6再評価率） × $\frac{5.769}{1,000}$ × 被保険者期間の月数 × 1.041

従前額改定率：昭和13年4月1日以前生まれは1.043

2 平成15年３月以前の期間があるときの額の計算

（1）本来水準の年金額

平成 15 年３月以前の被保険者期間があるときの年金額は、次の①と②を合算した額です。　〈法附則（平 12）20 ①〉

■報酬比例部分【本来水準】

① 平均標準報酬月額（令６再評価率） × $\frac{7.125}{1,000}$ × 平成15年３月までの被保険者期間の月数

② 平均標準報酬額（令６再評価率） × $\frac{5.481}{1,000}$ × 平成15年４月以後の被保険者期間の月数

年金額＝①＋②

（2）従前額保障の年金額

本来水準により算出された額が、従前額保障の額を下回るときは、従前額保障の年金額が報酬比例部分の年金額となります。〈法附則（平 12）21〉

■報酬比例部分【従前額保障】

① 平均標準報酬月額（平６再評価率） × $\frac{7.5}{1,000}$ × 平成15年３月までの被保険者期間の月数

② 平均標準報酬額（平６再評価率） × $\frac{5.769}{1,000}$ × 平成15年４月以後の被保険者期間の月数

年金額＝（①＋②）× 1.041

→ 昭和13年4月1日以前生まれは1.043

POINT!

- 昭和21年４月１日以前生まれの人の給付乗率は、生年月日に応じた読み替えがあります（本章②Ⅱ４）。
- 特別支給の老齢厚生年金の受給権を取得した月は、年金額の計算の基礎となる被保険者期間に算入されません。

2 特別支給の老齢厚生年金の定額部分の計算

～定額部分の年金は厚生年金の被保険者月数で計算する～

1 定額部分の計算式

生年月日などによっては報酬比例部分に加えて**定額部分**の年金が支給されます。障害者特例および長期加入者特例が適用される特別支給の老齢厚生年金においても定額部分が支給されます。この定額部分は「**単価×厚生年金の被保険者月数**」で計算され、単価は「**1,628円×改定率**」を用いて決定されます。 〈厚年法附9の2②③〉

令和6年度の定額部分

■定額部分の計算式（昭和31年4月2日以後生まれの人）

定額部分 ＝ 1,701円×厚生年金の被保険者月数（上限あり）

■定額部分の計算式（昭和31年4月1日以前生まれの人）

定額部分 ＝ 1,696円×1.000※×厚生年金の被保険者月数（上限あり）

※1.000について昭和21年4月1日以前生まれの人は生年月日に応じて、1.875～1.032の間での読み替えがあります（本章②Ⅱ4）。

2 被保険者期間の月数の上限と下限

定額部分にかかる**被保険者期間の月数**には、生年月日に応じて設定された次表のとおりの上限があります。 〈法附則（平16）36②〉

■被保険者期間の月数の上限

生年月日	上限
昭和 4年4月1日以前	420月
昭和 4年4月2日 ～昭和 9年4月1日	432月
昭和 9年4月2日 ～昭和19年4月1日	444月
昭和19年4月2日 ～昭和20年4月1日	456月
昭和20年4月2日 ～昭和21年4月1日	468月
昭和21年4月2日以後	**480月**

また、中高齢者の特例に該当する場合は、被保険者期間が240月に満たなくても240月あるものとみなして計算されます。

男子は40歳以後、女子は35歳以後の第1号厚生年金被保険者期間が、生年月日に応じて次表の期間があれば、中高齢者の特例に該当します。

〈法附則(60)61〉

■厚生年金の中高齢者の特例

生年月日	男子40歳・女子35歳以後の第1号厚生年金期間
昭和22年4月1日以前	15年(180月)
昭和22年4月2日　～昭和23年4月1日	16年(192月)
昭和23年4月2日　～昭和24年4月1日	17年(204月)
昭和24年4月2日　～昭和25年4月1日	18年(216月)
昭和25年4月2日　～昭和26年4月1日	19年(228月)

3　2以上の種別の被保険者期間があるときの定額部分

定額部分の年金における被保険者期間の月数の上限は、**種別ごとに適用**されます。例えば、昭和21年4月2日以後生まれの人で、第1号厚生年金被保険者期間が60月、第2号厚生年金被保険者期間が480月あるとき、それぞれの期間に対する上限が480月となり、両方を合わせて540月分の定額部分の年金が受給できます。経過的加算額の計算にも、この原則が適用されます。

〈厚年法78の26〉

■1つの種別の被保険者期間があるときの定額部分

第2号厚生年金期間540月	→	定額部分の単価×480月	(上限)

■2以上の種別の被保険者期間があるときの定額部分

第1号厚生年金期間　60月	→	定額部分の単価×　60月	(それぞれに上限)
第2号厚生年金期間480月	→	定額部分の単価×480月	

V 請求の手続き

1 年金請求書の事前送付

～年金手続きができる3カ月前に年金請求書が送付される～

1 年金請求書の事前送付

年金を受け取る権利（受給権）を取得しても、年金が自動的に支給されることはありません。年金を受け取るためには、手続きが必要です。

老齢厚生年金（特別支給の老齢厚生年金を含む）の受給権がある人には、受給開始年齢に達する約３カ月前に、基礎年金番号、氏名、生年月日、性別、住所および年金加入記録が記載された**年金請求書（事前送付用）**が送付されます。

2 年金請求書（事前送付用）を送付するところ

年金請求書（事前送付用）は、原則として、最後に加入していた実施機関から送付されます。複数の種別の厚生年金に加入していた場合には、それらの記録が１つの年金請求書（事前送付用）に印字されています。

年金加入記録	特別支給の老齢厚生年金の支給開始年齢到達時	65歳で受給権を取得するとき
第1号厚生年金・国民年金期間のみ	日本年金機構から送付	日本年金機構から送付
最終記録が第1号厚生年金期間（複数の厚生年金・国民年金期間が混在）	日本年金機構から送付	日本年金機構から送付
最終記録が第2～4号厚生年金期間（複数の厚生年金・国民年金期間が混在）	最終記録のある共済組合等から送付	日本年金機構から送付
第2号から第4号の各種別の厚生年金期間のみ	各共済組合等から送付	各共済組合等から送付

年金請求書（国民年金・厚生年金保険老齢給付）事前送付用見本▶巻末資料Ⅰ・1

2 老齢基礎年金・老齢厚生年金の手続き方法

〜年金の手続きは受給開始年齢になる誕生日の前日以降に行う〜

1 老齢基礎年金・老齢厚生年金の手続き方法

老齢厚生年金（特別支給の老齢厚生年金を含む）を受給するための手続きの流れは次のとおりです。

(1) 年金請求書の確認と必要事項の記入

年金請求書に必要事項を記入します。年金請求書の住所欄は、原則として、住民票の住所を記入しますが、住民票の住所と異なる場所を通知書等の送付先とするときには、別途申出書が必要となる場合があります。また、年金加入記録にもれや誤りがあるときは、年金事務所または共済組合等で確認をします。

(2) 添付書類の確認と準備

必要な添付書類は個人によって異なります。年金請求書に同封される書類に添付書類の説明があります。

(3) 年金請求書の提出

受給開始年齢の誕生日の前日以降に、年金請求書を年金事務所または共済組合等に提出します。一定の条件を満たすときは、電子申請もできます（令和6年6月からの扱い）。

(4) 年金の受け取り

「年金証書・年金決定通知書」が送付され、年金の支払いが開始されます。複数の種別の厚生年金に加入していた人には、それぞれの実施機関から送付され、年金が支給されます。

参考 受給資格が確認できない人

60歳到達時には通知があります。「**老齢年金のご案内**」は、老齢基礎年金、老齢厚生年金（特別支給の老齢厚生年金）の受給権がある人への通知で、「**年金加入期間確認のお願い**」は、受給資格期間（10年）が確認できない人に送付されます。

・「年金証書」▶巻末資料Ⅰ・3
・「老齢年金のご案内」「年金加入期間確認のお願い」ハガキ見本▶巻末資料Ⅰ・2

4 繰上げ

I　老齢基礎年金の支給繰上げ

1 老齢基礎年金の支給繰上げの要件

～老齢基礎年金を受ける時期を早くすることを「繰上げ」という～

1 老齢基礎年金の支給繰上げができる人

老齢基礎年金は通常65歳から支給されますが、60歳から65歳になるまでの間に支給時期を早めることも可能です。これを**繰上げ**といいます。この支給繰上げは、**60歳以上65歳未満**の人で受給資格期間を満たしている人（**任意加入被保険者**を除く）が対象です。支給繰上げを行ったときは、請求をした時点に応じて年金が減額されます。その減額率は一生変わりません。

〈国年法附9の2①〉

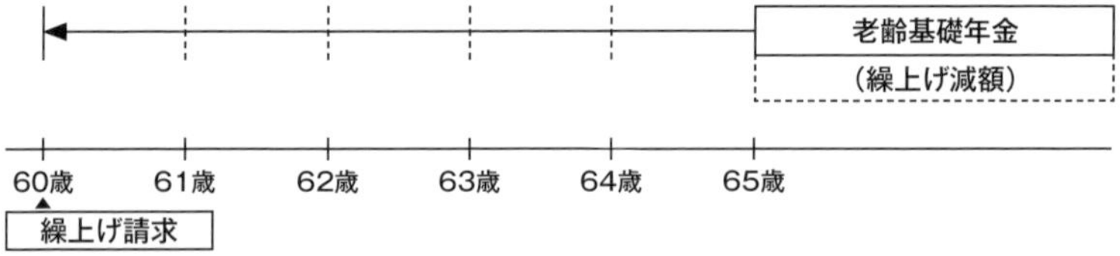

2 支給の開始

老齢基礎年金の支給繰上げを行ったときは、その**請求日**に受給権を取得し、受給権を取得した日の属する月の**翌月**から支給が開始されます。

〈国年法附9の2③〉

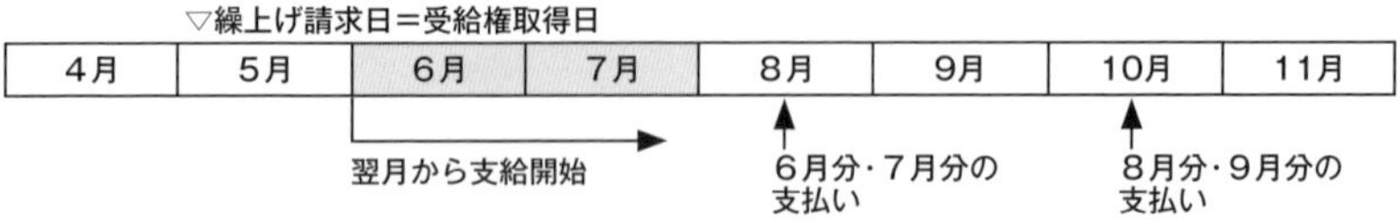

3 付加年金の繰上げ

付加年金は、老齢基礎年金と併せて支給されるため、老齢基礎年金の支給繰上げを行うと、付加年金の支給も同時に繰り上げられ、老齢基礎

年金と同じ割合で減額されます。〈国年法附９の２⑥〉

4 老齢厚生年金と同時請求

老齢基礎年金の支給繰上げを行うときは、老齢厚生年金の支給繰上げも同時に行う必要があります。〈国年法附９の２②〉

(1) 特別支給の老齢厚生年金が支給される人

ア 特例支給開始年齢到達前に支給繰上げ

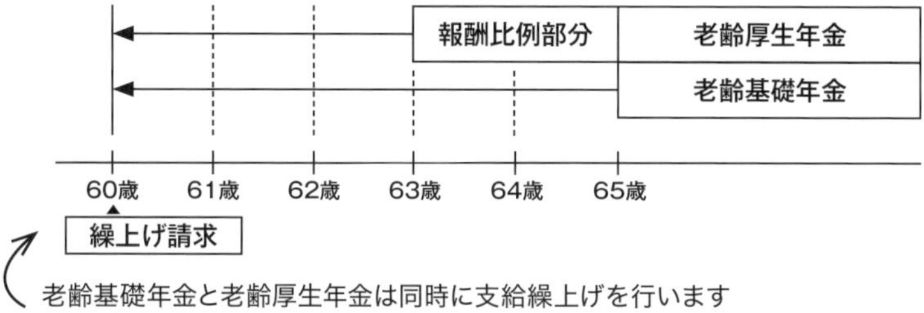

イ 特例支給開始年齢到達以後に支給繰上げ

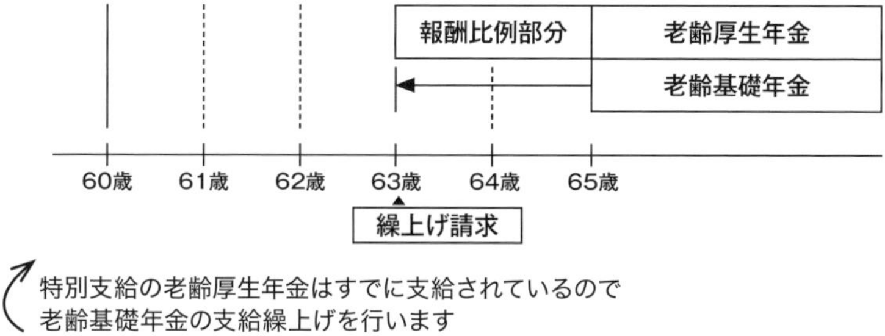

(2) 特別支給の老齢厚生年金が支給されない人

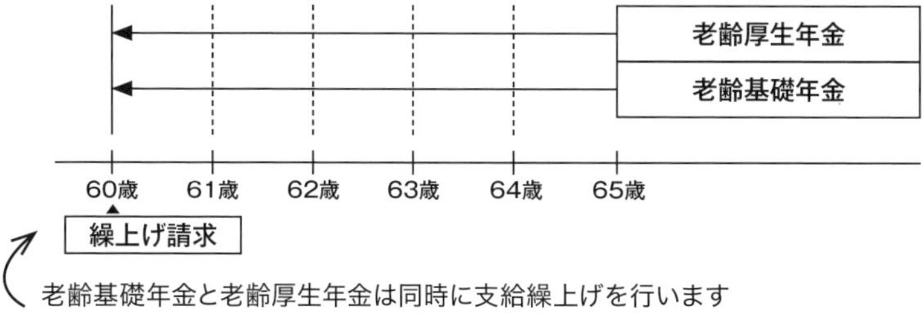

2 繰上げ支給の老齢基礎年金の額

～昭和16年4月2日以後生まれの繰上げは月単位で減額される～

1 昭和16年4月2日以後に生まれた人の支給繰上げ

繰上げ支給の老齢基礎年金の額は、65 歳から支給されるべき年金額から、その年金額に**減額率**を乗じて得た額を減じた額です。減額率は、支給繰上げの**請求日の属する月から 65 歳に達する日の属する月の前月までの月数**に **0.4%**（昭和 37 年 4 月 1 日以前生まれの人は **0.5%**）を乗じて得た額です。〈国年法附 9 の 2④、国年令 12〉

減額率　＝　支給繰上げした月から65歳到達日の前月までの月数×0.4%

昭和37年4月1日以前生まれの人は0.5%

(1) 昭和37年4月2日以後生まれの人の減額率（月単位で**0.4%**ずつ減額）

	繰上げ減額率（%）					原則
	60歳	61歳	62歳	63歳	64歳	65歳
0月	24.0	19.2	14.4	9.6	4.8	
1月	23.6	18.8	14.0	9.2	4.4	
2月	23.2	18.4	13.6	8.8	4.0	
3月	22.8	18.0	13.2	8.4	3.6	
4月	22.4	17.6	12.8	8.0	3.2	
5月	22.0	17.2	12.4	7.6	2.8	減額なし
6月	21.6	16.8	12.0	7.2	2.4	
7月	21.2	16.4	11.6	6.8	2.0	
8月	20.8	16.0	11.2	6.4	1.6	
9月	20.4	15.6	10.8	6.0	1.2	
10月	20.0	15.2	10.4	5.6	0.8	
11月	19.6	14.8	10.0	5.2	0.4	

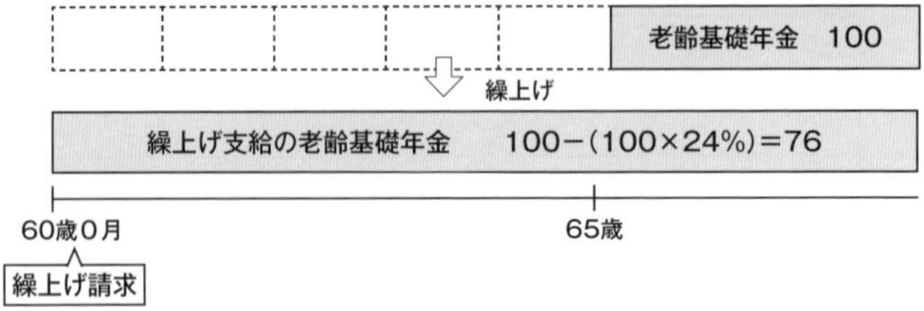

(2) 昭和37年4月1日以前生まれの人の減額率(月単位で**0.5%**ずつ減額)

	繰上げ減額率(%)					原則
	60歳	61歳	62歳	63歳	64歳	65歳
0月	30.0	24.0	18.0	12.0	6.0	減額なし
1月	29.5	23.5	17.5	11.5	5.5	
2月	29.0	23.0	17.0	11.0	5.0	
3月	28.5	22.5	16.5	10.5	4.5	
4月	28.0	22.0	16.0	10.0	4.0	
5月	27.5	21.5	15.5	9.5	3.5	
6月	27.0	21.0	15.0	9.0	3.0	
7月	26.5	20.5	14.5	8.5	2.5	
8月	26.0	20.0	14.0	8.0	2.0	
9月	25.5	19.5	13.5	7.5	1.5	
10月	25.0	19.0	13.0	7.0	1.0	
11月	24.5	18.5	12.5	6.5	0.5	

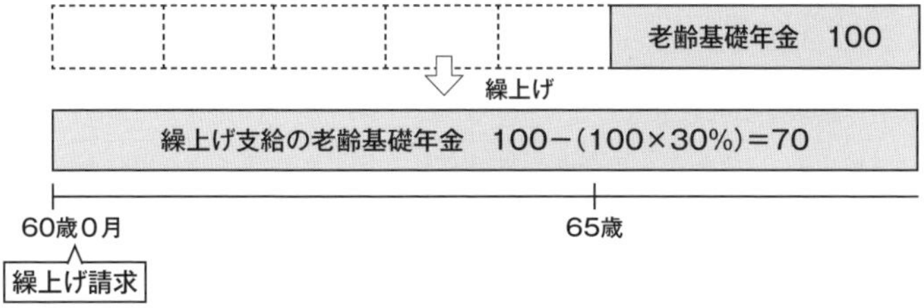

2 昭和16年4月1日以前生まれの人の支給繰上げ

昭和16年4月1日以前生まれの人の支給繰上げは、年齢に基づき、年単位で定められた減額率により減額されます。

	繰上げ減額率(%)					原則
	60歳	61歳	62歳	63歳	64歳	65歳
0月～11月	42	35	28	20	11	減額なし

参考　昭和16年4月1日以前生まれ

昭和16年4月1日以前生まれで老齢基礎年金の支給繰上げができるのは、被保険者でない人に限られ、第2号被保険者や任意加入被保険者である間は請求できませんでした。また、老齢基礎年金の繰上げ受給者が、国民年金の被保険者となったときは、その間は支給繰上げされた老齢基礎年金は全額支給停止されていました。

65歳前に年金を繰り上げて受け取りたいとき(老齢年金を初めて請求するときの老齢年金請求書添付用)
老齢基礎年金・老齢厚生年金支給繰上げ請求書(様式第102号)▶巻末資料Ⅱ・8

3 支給繰上げの効果（注意点）

～支給繰上げを行うことによる制約がある～

1 支給繰上げによる影響

老齢年金（老齢基礎年金・老齢厚生年金）の支給繰上げを行う際には注意事項があり、日本年金機構では次のような説明が行われています。

注意事項

①	老齢年金を繰上げ請求すると、繰上げする期間に応じて年金額が減額されます。生涯にわたり減額された年金を受給することになります。
②	繰上げ請求すると、請求した日の翌月分から、年金が支給されます。
③	老齢年金を繰上げ請求した後は、繰上げ請求を取消しすることはできません。
④	老齢年金を繰上げ請求すると、国民年金の任意加入や、保険料の追納はできなくなります。
⑤	共済組合加入期間がある場合、共済組合から支給される老齢年金についても、原則同時に繰上げ請求することとなります。
⑥	繰上げ請求すると、厚生年金基金から支給される年金も減額される場合があります。
⑦	繰上げ請求すると、退職後に引き続き支給される傷病手当金が減額または支給停止されます。

他年金などへの影響

①	65 歳になるまでの間、雇用保険の基本手当や高年齢雇用継続給付が支給される場合は、老齢厚生年金の一部または全部の年金額が支給停止となります。
②	厚生年金に加入した場合のほか、国会議員や地方議員になった場合には、給与や賞与の額に応じて、老齢厚生年金の一部または全部が支給停止となる場合があります。
③	繰上げ請求した老齢年金は、65 歳になるまでの間、遺族厚生年金や遺族共済年金などの他の年金と併せて受給できず、いずれかの年金を選択することになります。
④	繰上げ請求した日以後は、国民年金の寡婦年金は支給されません。寡婦年金を受給中の人は、寡婦年金の権利がなくなります。
⑤	繰上げ請求した日以後は、事後重症などによる障害基礎（厚生）年金を請求することができません。
⑥	老齢厚生年金の繰上げ請求をした場合、厚生年金の長期加入者や障害者の特例措置を受けることができなくなります。

定額部分の支給がある人への影響

①	老齢厚生年金や退職共済年金を受給中の人が繰上げ請求すると、これらの年金に定額部分の支給がある場合は、定額部分は支給停止されます。

日本年金機構資料「老齢年金の繰上げ請求についてのご確認」から一部抜粋

2 支給繰上げと障害基礎年金等の請求

繰上げ支給の老齢基礎年金および老齢厚生年金の受給権を取得した人は、**65歳**に達した者と扱われ、次の規定が適用されません。

〈国年法附９の２の３、厚年法附16の３〉

ア 60歳から65歳未満の間に初診日がある傷病による障害基礎年金
イ 事後重症による障害基礎年金・障害厚生年金
ウ 基準障害による障害基礎年金・障害厚生年金
エ その他障害が生じたことによる額の改定
オ その他障害との併合による支給停止の解除
カ 寡婦年金

ただし、支給繰上げを行った人のすべてが障害基礎年金および障害厚生年金を請求できないということではありません。被保険者期間中に初診日があり、障害認定日に障害等級に該当する障害状態にあるときには、支給繰上げを行った後であっても障害基礎年金および障害厚生年金が支給される可能性があります。

■障害基礎年金等が支給されるとき

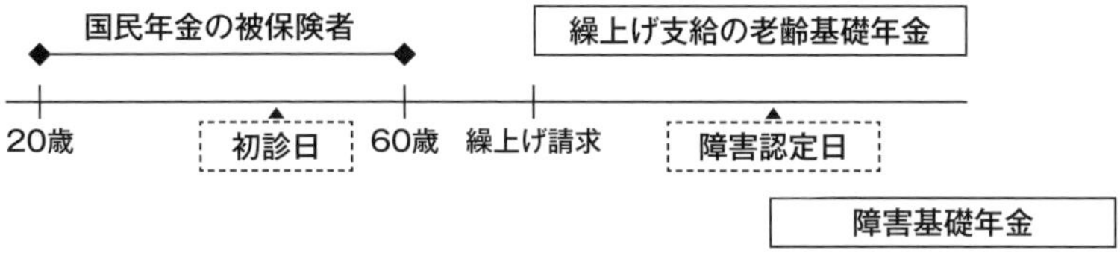

■障害基礎年金等が支給されないとき

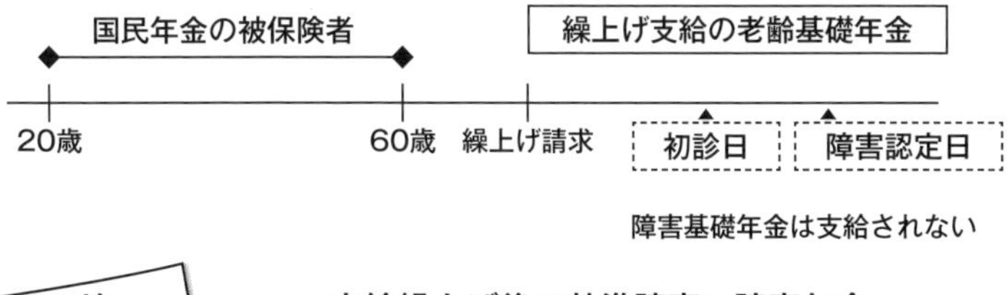

参考 支給繰上げ後の基準障害の障害年金

老齢基礎年金の支給繰上げを行う前に基準障害により２級の障害状態に至ったときでも、支給繰上げ後に基準障害による障害年金の請求をしているのであれば、障害年金は支給されません（平成27年（行ウ）第119号 障害基礎年金不支給決定取消等請求事件）。

4 繰上げ

Ⅱ 老齢厚生年金の支給繰上げ

1 繰上げ支給の老齢基礎年金との調整

～年代により支給繰上げのしくみが異なる～

1 昭和16年4月1日以前に生まれた人

昭和16年4月1日以前に生まれた人は、特別支給の老齢厚生年金と繰上げ支給の老齢基礎年金を同時に受給することができません。老齢基礎年金の支給繰上げを行った場合は、特別支給の老齢厚生年金は全額停止される扱いです。

〈法附則（平6）24①②〉

2 昭和16年4月2日以後に生まれた人

（1）定額部分の支給開始年齢に達した日以後に請求

特別支給の老齢厚生年金を受けている人が、定額部分の支給開始年齢に達した後に老齢基礎年金の支給繰上げを行ったとき、特別支給の老齢厚生年金の定額部分のうちの**基礎年金相当部分が支給停止**されます。

〈法附則（平6）24③、法附則（60）62〉

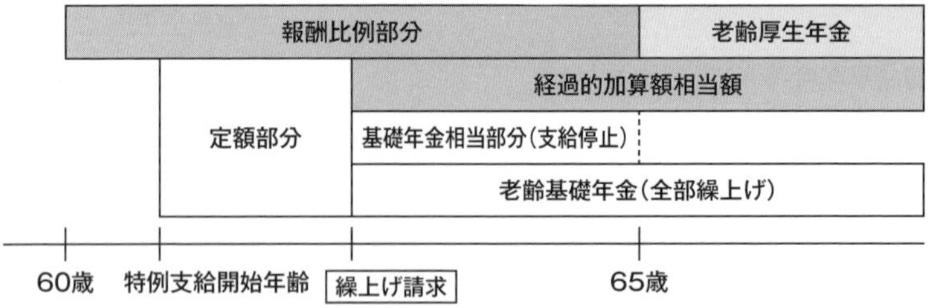

（2）定額部分の支給開始年齢に達する前に請求

定額部分の支給開始年齢が61歳から64歳の人は、老齢基礎年金の全部または一部の支給繰上げを行うことができます。

■全部繰上げ

老齢基礎年金の全部の支給繰上げを行ったときは、（1）と同様に**基礎年金相当部分が支給停止**されます。

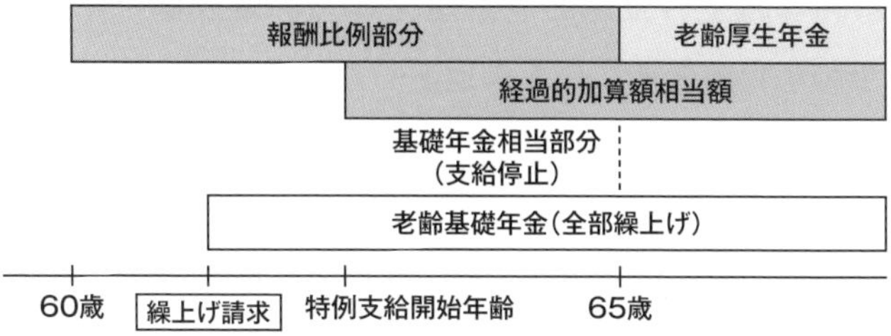

■一部繰上げ

老齢基礎年金の一部の支給繰上げを行ったときは、65歳に達するまでの間、特別支給の老齢厚生年金の報酬比例部分に加えて、定額部分（**繰上げ調整額**）と老齢基礎年金の一部が併せて支給されます。

〈法附則（平6）27⑥〉 ※計算式は本章[4]Ⅱ 3

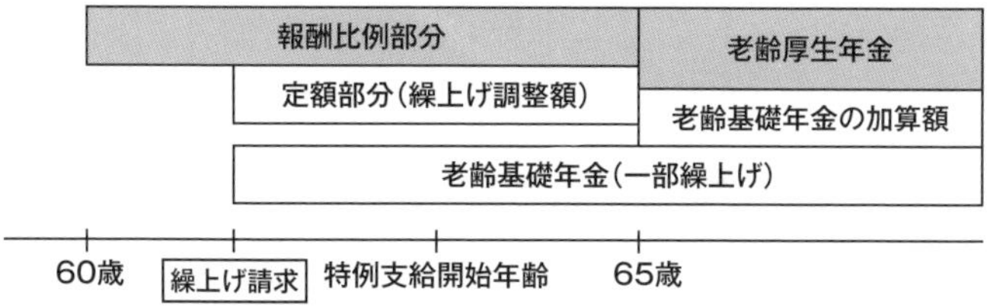

（3）定額部分が支給されない人

報酬比例部分のみの特別支給の老齢厚生年金を受ける人（定額部分が支給されない人）は、老齢基礎年金の一部を支給繰上げすることはできず、全部の支給繰上げを行います。その場合には、繰上げ支給の老齢基礎年金と老齢厚生年金は併せて支給されます。 ※計算式は本章[4]Ⅱ 2

3 昭和36年4月2日以後に生まれた人など

特別支給の老齢厚生年金が支給されない生年月日の人は老齢基礎年金と老齢厚生年金の支給繰上げを同時に行います。繰上げ支給の老齢基礎年金と老齢厚生年金は併せて支給されます。 ※計算式は本章[4]Ⅱ 4

2 経過的な繰上げ支給の老齢厚生年金

～65歳前に報酬比例部分が支給される人は支給繰上げができる～

1 経過的な繰上げ支給の老齢厚生年金の対象者

厚生年金の被保険者期間が**1年以上**あり、受給資格期間を満たしている60歳以上の次の①～④のいずれかに該当する人（**国民年金の任意加入被保険者**でない人に限る）は、老齢厚生年金の**支給開始年齢（特例支給開始年齢）に達する前**に支給繰上げを行うことができます。支給繰上げの請求があったときは、その時点で受給権を取得し、翌月から支給されます。〈厚年法附13の4①③〉

> ① **昭和28年4月2日から昭和36年4月1日生まれ**の**男子**または第2号から第4号厚生年金被保険者期間のあるの**女子**（③④に該当する人を除く）
> ② **昭和33年4月2日から昭和41年4月1日生まれ**の第1号厚生年金被保険者期間のある**女子**（③④に該当する人を除く）
> ③ 坑内員・船員の期間が**15年以上**で、**昭和33年4月2日から昭和41年4月1日生まれ**の人（④に該当する人を除く）
> ④ **特定警察職員等**で**昭和34年4月2日から昭和42年4月1日生まれ**の人

2 老齢基礎年金と同時請求

老齢基礎年金の支給繰上げが可能な人は、**同時**に老齢基礎年金の支給繰上げも請求する必要があります。〈厚年法附13の4②〉

3 2以上の種別の被保険者期間を有する人

2以上の種別の被保険者期間を有する人は、これらの期間にかかる老齢厚生年金についても、同時に支給繰上げの請求をする必要があります。

4 経過的な繰上げ支給の老齢厚生年金の額

経過的な繰上げ支給の老齢厚生年金の年金額は、60歳から64歳までの請求時の年齢に応じて、本来の年金額から特定の額を減じたものです。

この特定の額は、支給繰上げの請求日の前月までの厚生年金の被保険者期間を基に計算された老齢厚生年金の額に**減額率**を乗じて得た額です。**減額率**は、支給繰上げの**請求日の属する月から特例支給開始年齢に達する日の属する月の前月までの月数**に**0.4%**（昭和37年4月1日以前生まれの人は**0.5%**）を乗じて得た額です。具体的な計算式は次のとおりです。

〈厚年法附13の4④、厚年令8の2の3①〉

●老齢基礎年金の減額される額
　＝老齢基礎年金額×Ⓐ×0.4％
●老齢厚生年金の減額される額
　＝報酬比例部分の年金額×0.4％×Ⓑ＋経過的加算額×0.4％×Ⓐ
　※0.4％は、昭和37年4月1日以前生まれの人は0.5％

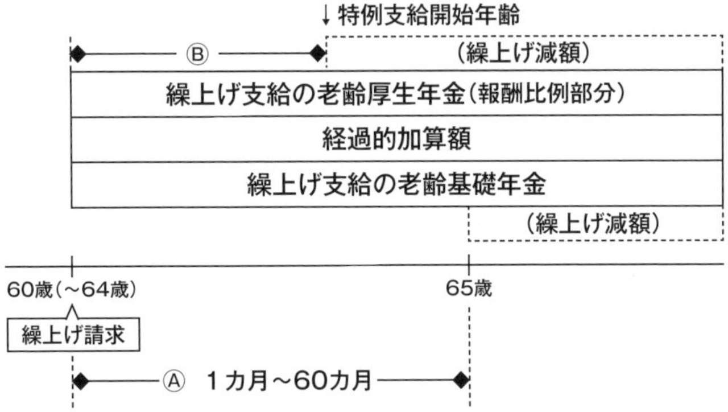

参考　**加給年金額**

65歳に達するまでの期間中は加給年金額が加算されませんが、65歳に到達した時点で加給年金額の加算要件を満たしていれば、老齢厚生年金に加算されます。

特別支給の老齢厚生年金の受給権者が老齢基礎年金を繰り上げて請求するとき
特別支給の老齢厚生年金受給権者老齢基礎年金支給繰上げ請求書（様式第234号）▶巻末資料Ⅱ・9

3 老齢基礎年金の一部の支給繰上げ

～老齢基礎年金の一部を支給繰上げすると定額部分は繰上げ調整額になる～

1 一部支給繰上げ時の計算式

一部支給繰上げは、定額部分の支給開始前のみ行うことができ、その計算式は次のとおりです。〈法附則（平6）27⑥〉

・Ⓐ月：支給繰上げ請求月から65歳到達月の前月までの月数
・Ⓑ月：支給繰上げ請求月から特例支給開始年齢到達月の前月までの月数

①繰上げ調整額
定額部分の年金額×（1－Ⓑ／Ⓐ）

②一部繰上げ支給の老齢基礎年金
老齢基礎年金×Ⓑ／Ⓐ×（1－0.4％×Ⓐ）

③老齢基礎年金加算額
老齢基礎年金×（1－Ⓑ／Ⓐ）

④繰上げ支給の老齢厚生年金
報酬比例部分＋経過的加算額－{報酬比例部分×0.4％×Ⓑ＋経過的加算額×（Ⓐ－Ⓑ）／Ⓐ＋経過的加算額×Ⓑ／Ⓐ×0.4％×Ⓐ}

⑤65歳以後の繰上げ支給の老齢厚生年金
報酬比例部分＋経過的加算額－{（報酬比例部分×0.4％×Ⓑ）＋（経過的加算額×Ⓑ／Ⓐ×0.4％×Ⓐ）}

※0.4％は、昭和37年4月1日以前生まれの人は0.5％

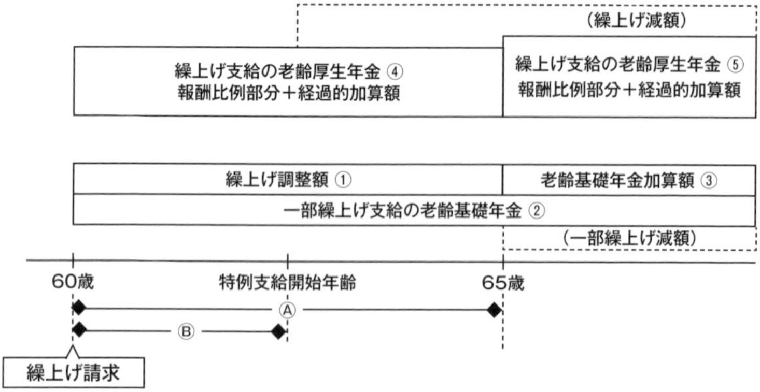

4 繰上げ支給の老齢厚生年金

～経過的加算額は支給繰上げしたときから支給される～

1 繰上げ支給の老齢厚生年金の対象者

昭和36年4月2日以後生まれ（第1号厚生年金被保険者期間のある女子、坑内員・船員は**昭和41年4月2日以後生まれ**、特定警察職員等は昭和42年4月2日以後生まれ）の人は、老齢厚生年金の支給繰上げを行うことができます。

2 繰上げ支給の老齢厚生年金の額

繰上げ支給の老齢厚生年金の額は、本来の老齢厚生年金の年金額から、特定の額を減じた額です。この特定の額は、支給繰上げの請求日の前月までの厚生年金の被保険者期間を基に計算された老齢厚生年金の額に、**減額率**を乗じて得た額です。**減額率**は、支給繰上げの**請求日の属する月から65歳に達する日の属する月の前月までの月数に0.4%**（昭和37年4月1日以前生まれの人は**0.5%**）を乗じて得た値です。具体的な計算式は次のとおりです。〈厚年法附7の3、厚年令6の3〉

●老齢基礎年金の減額される額
＝老齢基礎年金額×Ⓐ×0.4%

●老齢厚生年金の減額される額
＝（報酬比例部分＋経過的加算額）×Ⓐ×0.4%

※0.4%は、昭和37年4月1日以前生まれの人は0.5%

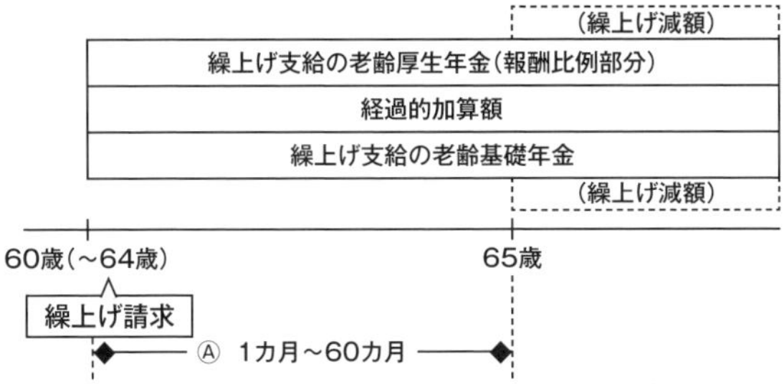

5 繰下げ

Ⅰ　老齢基礎年金の支給繰下げ

1 老齢基礎年金の支給繰下げ

〜老齢基礎年金を受ける時期を遅らせることを「繰下げ」という〜

1 老齢基礎年金の支給繰下げ

老齢基礎年金の受給権を有する人であって、**66歳に達する前**に老齢基礎年金の請求をしていない人は、老齢基礎年金の**支給繰下げの申出**をすることができます。繰り下げる期間に応じて年金額が増額され、その**増額率**は一生変わりません。老齢基礎年金の支給繰下げが可能な年齢は、原則として**66歳から75歳**までですが、昭和27年4月1日以前に生まれた人は**70歳**までです。　〈国年法28①、法附則(令2)6〉

2 老齢基礎年金の支給繰下げの要件

老齢基礎年金の受給権のある人が、支給繰下げ申出を行うためには、次の①〜③のすべてに該当する必要があります。

① **66歳**に達する前に**老齢基礎年金を請求**していないこと
② **65歳**に達した時点で、次の**他の年金の受給権者**でないこと
　ア 国民年金法による他の年金給付（付加年金を除く）
　イ 厚生年金保険法による保険給付（老齢を支給事由とするものを除く）
③ **65歳から66歳になるまでの間**に前記②アまたはイの年金給付の受給権者となっていないこと

POINT!

65歳に達した日後に老齢基礎年金の受給権を取得した人は、その受給権取得日から１年以内に老齢基礎年金の請求をしていなければ支給繰下げの申出ができます。ただし、受給権取得日時点または受給権取得日から１年を経過した日までの間に他の年金給付の受給権者であったときは、できません。

3 支給の開始時期

支給繰下げの申出をした人に対する老齢基礎年金の支給は、**支給繰下げの申出のあった月の翌月**から開始されます。支給繰下げの申出があったとみなされたときは、みなされた日の翌月から支給が開始されます。

〈国年法28③〉

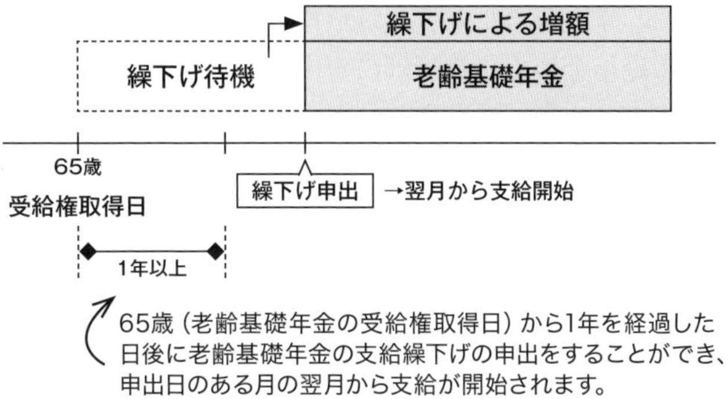

4 付加年金の繰下げ

付加年金は老齢基礎年金と併せて支給されます。老齢基礎年金の支給繰下げが行われたときは、付加年金の支給も**同時に繰り下げ**られ、老齢基礎年金と同じ割合で増額されます。〈国年法46〉

POINT!

65歳に達した日後に老齢基礎年金の受給権を取得した人は、昭和27年4月1日以前に生まれた人であっても75歳まで支給繰下げが可能な場合があります。法施行日の前日（令和4年3月31日）において、老齢基礎年金の受給権を取得した日から起算して5年を経過していないとき、つまり、老齢基礎年金の受給権取得日が平成29年4月1日以後の人です。〈法附則（令2）44〉

参考 生年月日により異なる繰下げ制度

昭和12年4月1日以前生まれの人は老齢基礎年金と老齢厚生年金等の両方を同時に支給繰下げの申出をする必要がありました。昭和12年4月2日から昭和17年4月1日生まれの人は、老齢基礎年金のみの支給繰下げができました。昭和17年4月2日以後に生まれた人から老齢厚生年金の支給繰下げも可能となりました。

2 他の年金の受給権者

～他の年金の受給権があるときは支給繰下げの申出ができない～

1 支給繰下げの申出ができないとき

65 歳に達したときに、障害基礎年金、遺族基礎年金、障害厚生年金、遺族厚生年金、障害共済年金または遺族共済年金の受給権を有している場合、老齢基礎年金の支給繰下げの申出をすることができません。また、**65 歳から 66 歳になるまでの間**に、これらの年金の受給権を取得したときも、支給繰下げの申出をすることができません。

(1) 65歳前に遺族厚生年金等の受給権者のとき

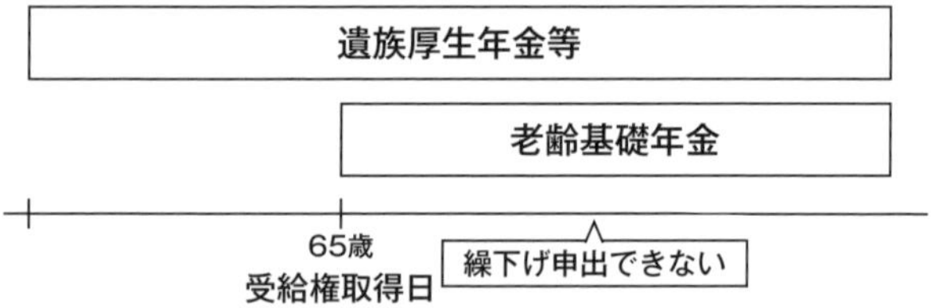

(2) 65歳から66歳までに遺族厚生年金等の受給権者となったとき

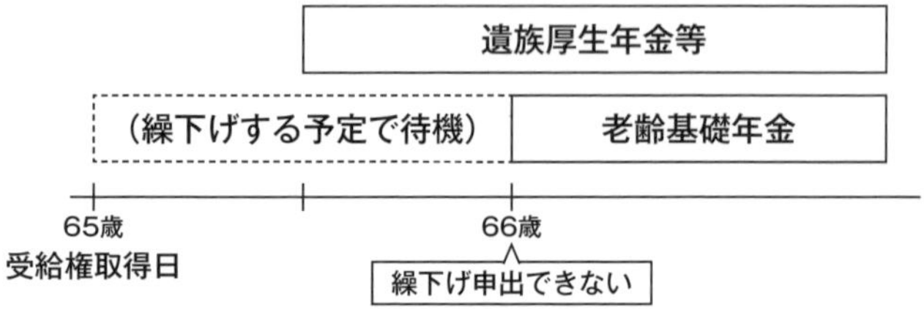

POINT!

65歳に達した日後に老齢基礎年金の受給権を取得した人は、その受給権取得日から１年以内に、障害基礎年金、遺族基礎年金、障害厚生年金、遺族厚生年金、障害共済年金または遺族共済年金の受給権者となった場合には、支給繰下げの申出をすることができません。

2 65歳前に年金を受けていたとき

(1) 特別支給の老齢厚生年金を受給していたとき

特別支給の老齢厚生年金の受給権は、65 歳に達したときに消滅します。そのため、特別支給の老齢厚生年金を受給していた人は、他の要件を満たせば老齢基礎年金の支給繰下げの申出をすることができます。

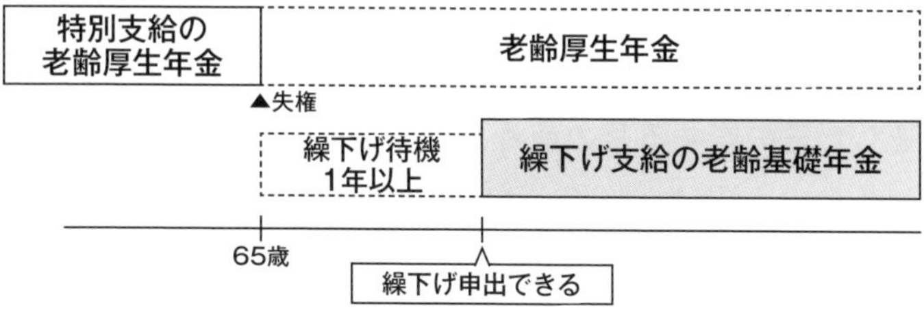

(2) 遺族基礎年金を受給していたとき

遺族基礎年金を受給していた人であっても、老齢基礎年金の受給権を取得したときに遺族基礎年金の受給権が消滅している場合は、他の要件を満たせば老齢基礎年金の支給繰下げの申出をすることができます。

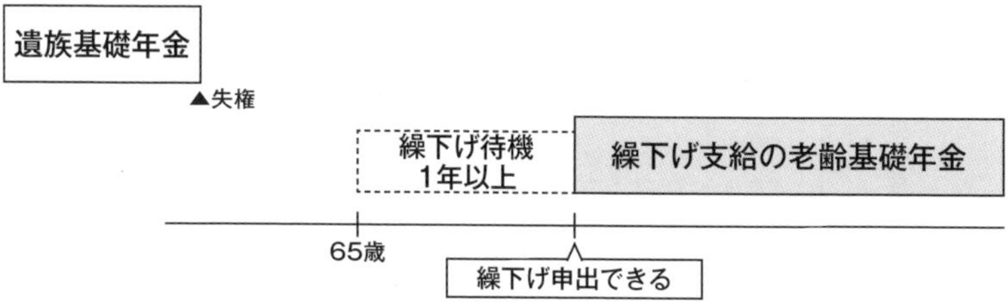

(3) 寡婦年金を受給していたとき

寡婦年金の受給権は 65 歳に達したときに消滅するため、寡婦年金を受給していた人は、他の要件を満たせば老齢基礎年金の支給繰下げの申出をすることができます。

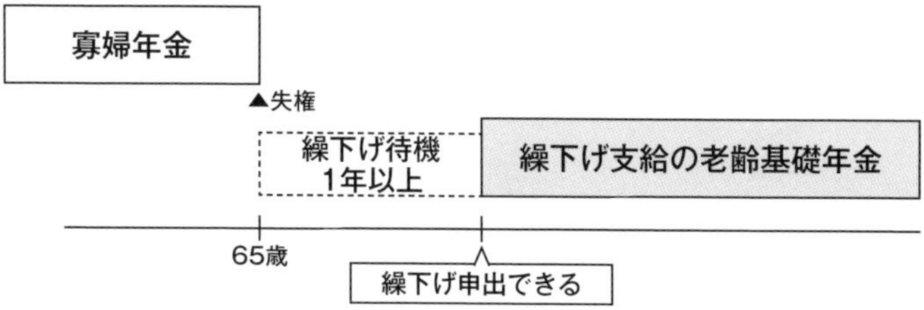

3 繰下げ支給の老齢基礎年金の額

～老齢基礎年金の支給繰下げを行うと年金額が増える～

1 支給繰下げをした老齢基礎年金の額

支給繰下げをしたときの老齢基礎年金の額は、老齢基礎年金の受給権を取得した当時に支払われるべき年金額に**増額率**を乗じて得た額を加算した額です。増額率は、**受給権を取得した日の属する月から支給繰下げの申出をした日の属する月の前月までの月数**に**0.7%**を乗じて得た率です。この月数の上限は、昭和27年4月2日以後生まれは**120月**、昭和27年4月1日以前生まれは**60月**です。

〈国年法28④、国年令4の5、令附則(令3)2〉

(1) 昭和27年4月2日以後に生まれた人の増額率
(老齢基礎年金の受給権取得が65歳のとき)

増額率：%（1カ月あたり0.7%増額）

	原則	繰下げによる増額率(%)									
	65歳	66歳	67歳	68歳	69歳	70歳	71歳	72歳	73歳	74歳	75歳
0月		8.4	16.8	25.2	33.6	42.0	50.4	58.8	67.2	75.6	
1月		9.1	17.5	25.9	34.3	42.7	51.1	59.5	67.9	76.3	
2月		9.8	18.2	26.6	35.0	43.4	51.8	60.2	68.6	77.0	
3月		10.5	18.9	27.3	35.7	44.1	52.5	60.9	69.3	77.7	
4月		11.2	19.6	28.0	36.4	44.8	53.2	61.6	70.0	78.4	
5月	増額なし	11.9	20.3	28.7	37.1	45.5	53.9	62.3	70.7	79.1	84.0
6月		12.6	21.0	29.4	37.8	46.2	54.6	63.0	71.4	79.8	
7月		13.3	21.7	30.1	38.5	46.9	55.3	63.7	72.1	80.5	
8月		14.0	22.4	30.8	39.2	47.6	56.0	64.4	72.8	81.2	
9月		14.7	23.1	31.5	39.9	48.3	56.7	65.1	73.5	81.9	
10月		15.4	23.8	32.2	40.6	49.0	57.4	65.8	74.2	82.6	
11月		16.1	24.5	32.9	41.3	49.7	58.1	66.5	74.9	83.3	

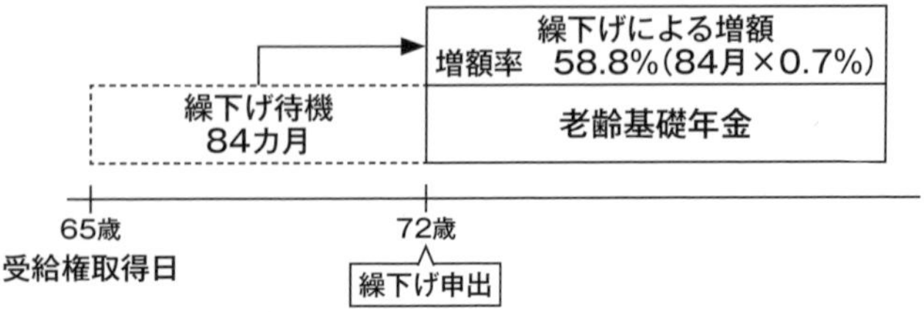

（2）昭和27年4月1日以前に生まれた人の増額率
（老齢基礎年金の受給権取得が65歳のとき）

増額率：%（1カ月あたり0.7%増額）

	原則	繰下げによる増額率（%）				
	65歳	66歳	67歳	68歳	69歳	70歳
0月		8.4	16.8	25.2	33.6	
1月		9.1	17.5	25.9	34.3	
2月		9.8	18.2	26.6	35.0	
3月		10.5	18.9	27.3	35.7	
4月		11.2	19.6	28.0	36.4	
5月	増額なし	11.9	20.3	28.7	37.1	42.0
6月		12.6	21.0	29.4	37.8	
7月		13.3	21.7	30.1	38.5	
8月		14.0	22.4	30.8	39.2	
9月		14.7	23.1	31.5	39.9	
10月		15.4	23.8	32.2	40.6	
11月		16.1	24.5	32.9	41.3	

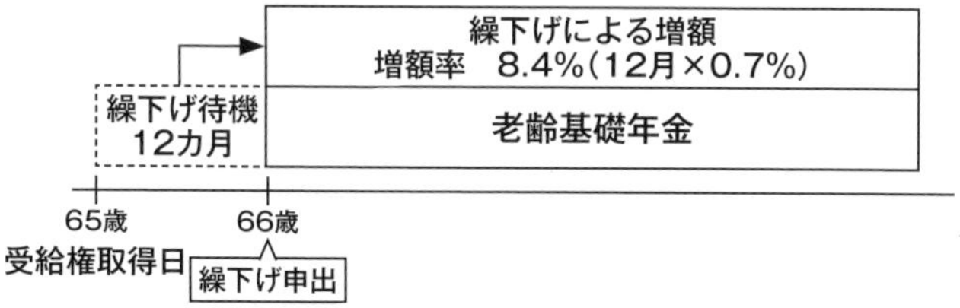

POINT!

65歳に達した日後に老齢基礎年金の受給権を取得した人は、上の簡易表によらず増額率を計算します。また、月数の上限は、受給権取得日が平成29年4月1日以後は120月、同日前は60月です。　〈法附則(60)18⑤〉

2 昭和16年4月1日以前に生まれた人の支給繰下げ

昭和16年4月1日以前に生まれた人は年単位での増額率です。老齢基礎年金の受給権取得が65歳のときの増額率は次表のとおりです。

■昭和16年4月1日以前生まれ

	原則	繰下げによる増額率（%）				
	65歳	66歳	67歳	68歳	69歳	70歳
0月～11月	—	12	26	43	64	88

4 支給繰下げの申出があったとみなされるとき

～老齢基礎年金の支給繰下げの申出があったとみなされるときがある～

1 老齢基礎年金の受給権取得日が65歳のとき

老齢基礎年金の支給繰下げの申出は、原則として、**66歳に達した日**後に行うことができます。そのうち、次の①または②に該当する人が支給繰下げの申出をしたときは、それぞれの特定の日に支給繰下げの申出があったものとみなされます。　〈国年法28②、法附則（令2）6〉

① **75歳に達する前**に他の年金給付の受給権を取得した人
→ **他の年金給付の受給権を取得した日**に支給繰下げの申出があったものとみなされます。
② **75歳に達した日後**に申出をした人（①に該当する人を除く）
→ **75歳に達した日**に支給繰下げの申出があったものとみなされます。
※昭和27年4月1日以前生まれの人は**75歳**を**70歳**と読み替える。

①のケース

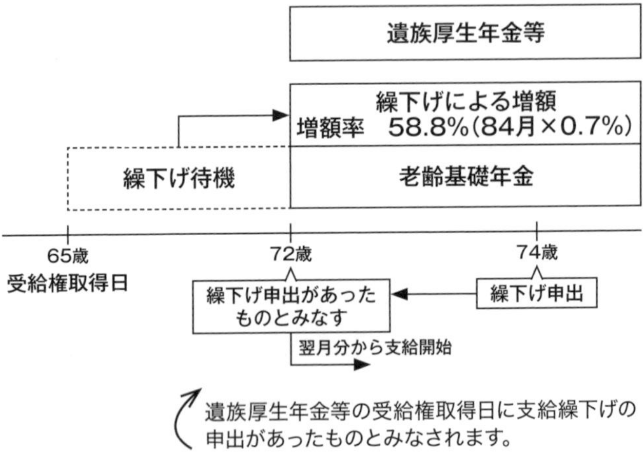

②のケース

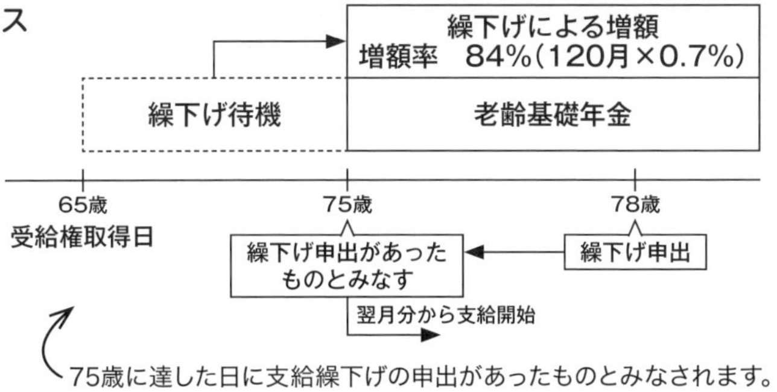

2 老齢基礎年金の受給権を取得したのが65歳後のとき

65歳時に老齢基礎年金の支給要件を満たしていなかったが、その後受給資格を取得した人は、受給権取得日から1年を経過した日後に支給繰下げの申出を行うことができます。そのうち、次の①または②に該当する人が支給繰下げの申出をしたときは、それぞれの特定の日に支給繰下げの申出があったものとみなされます。　〈法附則(60)18⑤、法附則(令2)44〉

> ① 老齢基礎年金の**受給権を取得した日から10年を経過した日前**に他の年金給付の受給権を取得した人
> → **他の年金給付の受給権を取得した日**に支給繰下げの申出があったものとみなされます。
> ② 老齢基礎年金の**受給権を取得した日から10年を経過した日後**に申出をした人（①に該当する人を除く）
> → **10年を経過した日**に支給繰下げの申出があったものとみなされます。
> ※老齢基礎年金の受給権取得日が平成29年4月1日前の人は**10年**を**5年**と読み替える。

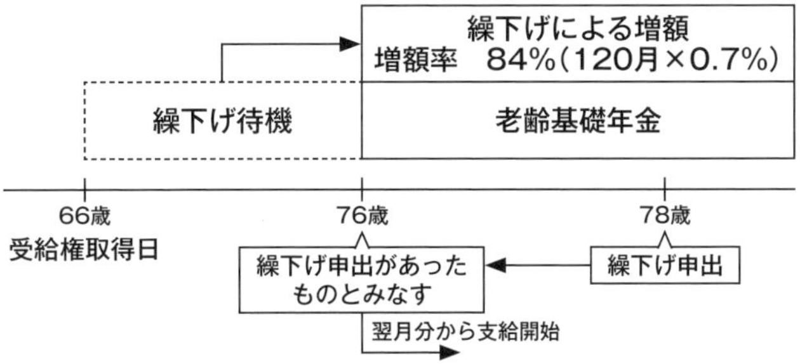

5 特例的な繰下げみなし増額制度

～5年前に繰下げ申出をしたとみなす制度が令和5年4月に創設された～

1 特例的な繰下げみなし増額制度

特例的な繰下げみなし増額制度は、老齢基礎年金の支給繰下げの申出をすることができる人が、**70歳到達日後**に老齢基礎年金を請求し、かつ請求時点において**支給繰下げの申出をしない**場合に適用されます。この制度により、**請求日の5年前の日に支給繰下げの申出があった**ものみなされ、**65歳から年金請求日の5年前の日までの月数**に応じた年金額が増額され支給されます。これは繰下げ上限年齢が70歳から75歳に引き上げられたことに対応するもので、令和5年4月から実施されています。**付加年金**も同様の扱いが実施されています。〈国年法28⑤、法附則（令2）7〉

2 老齢基礎年金の受給権取得日が65歳のとき

65歳時に老齢基礎年金の受給権を取得した人に、特例的な繰下げみなし増額制度が適用される要件は、次のすべてに該当することです。

① 老齢基礎年金の**支給繰下げが可能**であること
② **70歳に達した日後**に老齢基礎年金を請求し、かつ、**支給繰下げの申出をしない**こと

ただし、次のいずれかに該当するときは適用されません。

ア **80歳に達した日以後**に請求をするとき
イ **請求日の5年前の日以前**に他の年金給付の受給権者であったとき

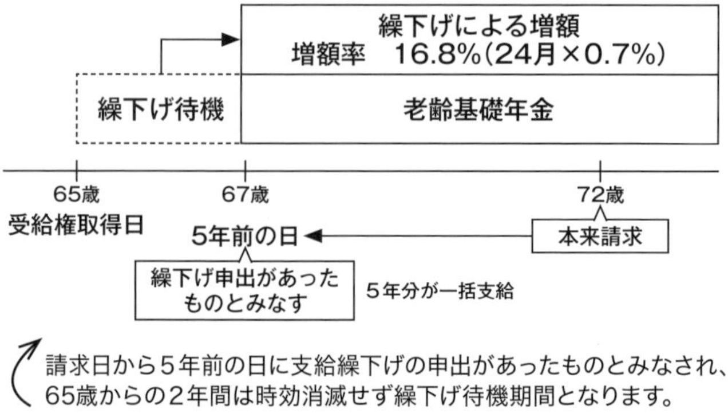

3 老齢基礎年金の受給権取得日が65歳後のとき

65歳に達した日後に老齢基礎年金の受給権を取得した人に、特例的な繰下げみなし増額制度が適用される要件は、次のすべてに該当することです。 〈法附則(60)18⑤、法附則(令2)45〉

① 老齢基礎年金の**支給繰下げが可能**であること
② **老齢基礎年金の受給権取得日から5年を経過した日後**に老齢基礎年金を請求し、かつ、**支給繰下げの申出をしない**こと
ただし、次のいずれかに該当するときは適用されません。
ア **老齢基礎年金の受給権取得日から15年を経過した日以後**に請求をするとき
イ **請求日の5年前の日以前**に他の年金給付の受給権者であったとき

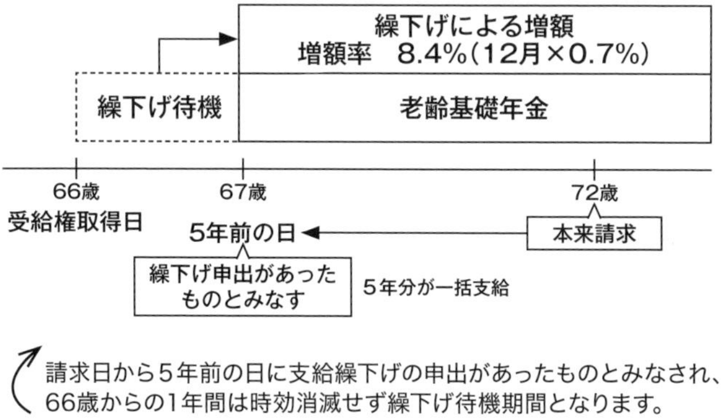

POINT!

特例的な繰下げみなし増額制度が適用されるのは、昭和27年4月2日以後生まれの人、または老齢基礎年金の受給権取得日が平成29年4月1日以後の人（75歳まで繰下げが可能な人）です。

5 繰下げ

Ⅱ　老齢厚生年金の支給繰下げ

1 老齢厚生年金の支給繰下げ

～老齢厚生年金を受給する時期を遅らせる「繰下げ」ができる～

1　老齢厚生年金の支給繰下げ

老齢厚生年金の受給権を有する人で、受給権を取得した日から**1年を経過した日**前に老齢厚生年金を請求していなかった場合、老齢厚生年金の**支給繰下げの申出**をすることができます。

繰り下げる期間に応じて年金額が増額され、その**増額率**は一生変わりません。老齢厚生年金の支給繰下げが可能な期間は、受給権を取得した日から**10年**です。ただし、老齢厚生年金の受給権取得日が平成29年4月1日前の人は**5年**となります。　〈厚年法43の3、法附則（令2）8〉

2　老齢厚生年金の支給繰下げの要件

老齢厚生年金の受給権のある人が、支給繰下げの申出を行うためには、次の①～③のすべてに該当する必要があります。

① 老齢厚生年金の**受給権取得日から1年を経過した日**前に、**老齢厚生年金を請求**していないこと
② 老齢厚生年金の受給権取得日時点で、次の**他の年金の受給権者**でないこと
　ア 厚生年金保険法による他の年金給付
　イ 国民年金法による年金給付（老齢基礎年金、付加年金、障害基礎年金を除く）
③ 老齢厚生年金の受給権取得日から**1年を経過した日までの間**に前記②アまたはイの年金給付の受給権者となっていないこと

3 支給の開始時期

支給繰下げの申出をした人に対する老齢厚生年金の支給は、支給繰下げの**申出のあった月の翌月**から開始されます。支給繰下げの申出があったとみなされたときは、みなされた日の翌月から支給が開始されます。

〈厚年法44の3③〉

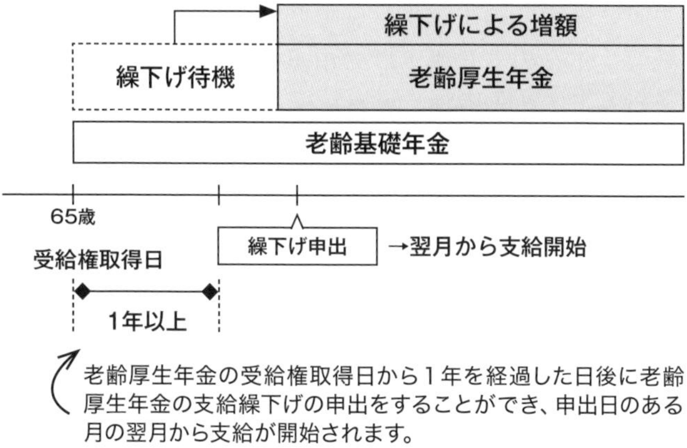

4 2以上の種別の期間を有する人

２以上の種別の被保険者期間を有する人が、老齢厚生年金の支給繰下げの申出をするときは、原則として、**同時に**行う必要があります。一方で、老齢基礎年金の支給繰下げの申出は、同時に行う必要はありません（第７章②Ⅰ３）。

POINT!

10年の支給繰下げ期間が適用されるのは、法施行日の前日（令和４年３月31日）において、老齢厚生年金の受給権を取得した日から起算して５年を経過していない人、つまり、老齢厚生年金の受給権発生日が平成29年４月１日以後の人です。受給権取得日が65歳時であれば昭和27年４月２日以後生まれが対象です。

65歳以後に老齢基礎年金および老齢厚生年金の裁定の請求を行い、いずれかの年金について支給の繰下げを希望するとき
老齢基礎年金・老齢厚生年金支給繰下げ申出書（様式第103-１号）▶巻末資料Ⅱ・10

2 他の年金の受給権者

～他の年金の受給権があるときは支給繰下げ申出ができない～

1 支給繰下げの申出ができないとき

老齢厚生年金の受給権を取得したとき、遺族基礎年金、障害厚生年金、遺族厚生年金、障害共済年金または遺族共済年金の受給権を有している場合、老齢厚生年金の支給繰下げの申出をすることができません。また、**受給権取得日から１年を経過した日までの間**に、これらの年金の受給権を取得したときも、支給繰下げの申出をすることができません。

(1) 受給権取得日前に遺族厚生年金等の受給権者のとき

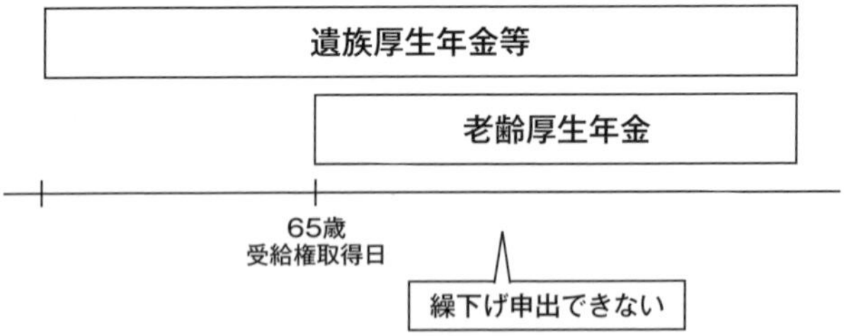

(2) 受給権取得日から1年以内に遺族厚生年金等の受給権者となったとき

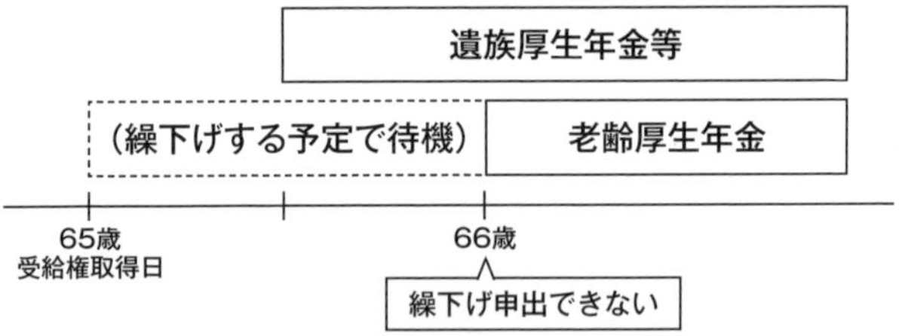

参考 障害基礎年金の受給権者

平成18年4月の改正において、65歳以後の障害基礎年金と老齢厚生年金の併給が可能になったことに伴い、障害基礎年金（同時に障害厚生年金の受給権者であるときを除く）の受給権者であっても老齢厚生年金の受給権発生日から1年を経過すれば繰下げが可能となりました。

2 65歳前に年金を受けていたとき

(1) 特別支給の老齢厚生年金を受給していたとき

特別支給の老齢厚生年金を受給していた人は、他の要件を満たせば老齢厚生年金の支給繰下げの申出をすることができます。なお、特別支給の老齢厚生年金を支給繰下げすることはできません。

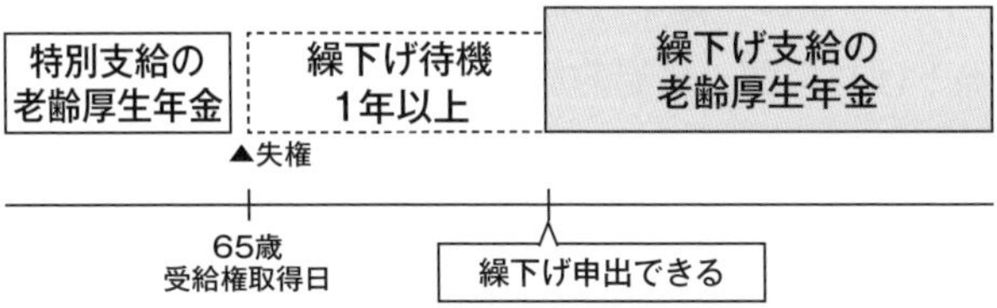

(2) 遺族基礎年金を受給していたとき

遺族基礎年金を受給していた人であっても、老齢厚生年金の受給権を取得したときに遺族基礎年金の受給権が消滅している場合は、他の要件を満たせば、老齢厚生年金の支給繰下げの申出をすることができます。

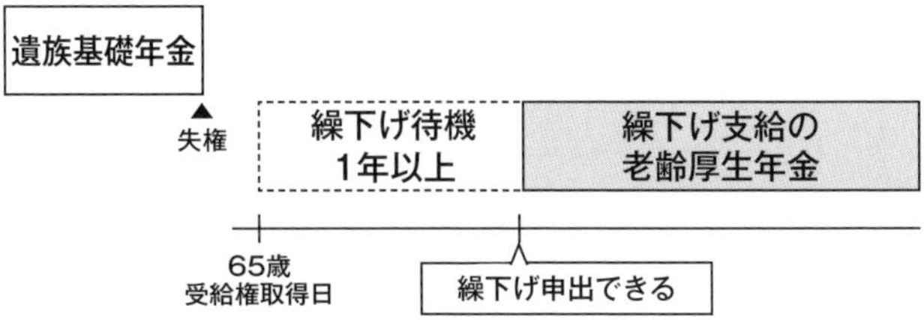

(3) 障害基礎年金の受給権があるとき

障害基礎年金の受給権があっても、他の要件を満たせば、老齢厚生年金の支給繰下げの申出をすることができます。

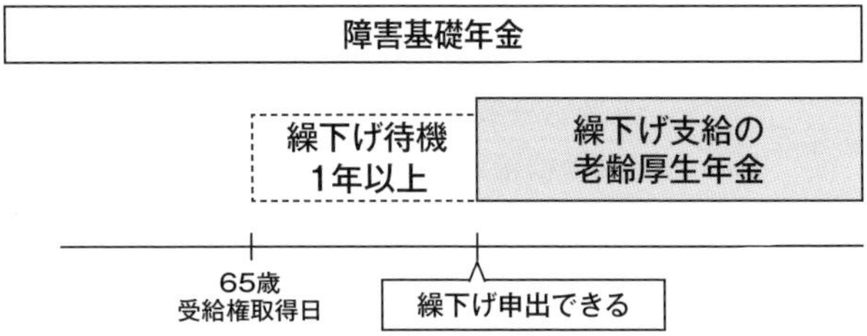

3 繰下げ支給の老齢厚生年金の額

～老齢厚生年金の支給繰下げを行うと年金額が増える～

1 支給繰下げをした老齢厚生年金の額

支給繰下げをしたときの老齢厚生年金の額は、受給権を取得した時点の老齢厚生年金の額に、**繰下げ加算額**を加算した額です。この繰下げ加算額は、(**繰下げ対象額＋経過的加算額**) ×**増額率**で計算されます。

増額率とは、**受給権を取得した日の属する月から支給繰下げの申出をした日の属する月の前月までの月数**に **0.7%**を乗じた得た率です。この月数の上限は、受給権取得日が平成 29 年 4 月 1 日以後の人(受給権取得日が 65 歳時であれば昭和 27 年 4 月 2 日以後生まれの人) は **120 月**、同日前の人は **60 月**です。また、**繰下げ対象額**は、老齢厚生年金の受給権取得日時点の老齢厚生年金の額に、それぞれの受給権者の**平均支給率**を乗じて算出します。 〈厚年法 44 条の 3④、厚年令 3 の 5 の 2〉

繰下げ支給の老齢厚生年金＝受給権取得当時の年金額＋繰下げ加算額

↓

(繰下げ対象額＋経過的加算額) ×増額率

↓

受給権取得日時点の老齢厚生年金の額×各受給権者の平均支給率

※増額率の簡易表は本章5 I 3

2 平均支給率

平均支給率とは，受給権取得日の翌月から支給繰下げの申出日の属する月までの各月の支給率の平均値です。 〈厚年令 3 の 5 の 2〉

$$平均支給率 = 1 - \frac{各受給権者の在職老齢年金による支給停止額}{受給権取得日時点の老齢厚生年金の額}$$

※受給権取得日後に在職していなければ、平均支給率は「1」です。

4 在職中の繰下げ加算額

～在職老齢年金制度適用時に想定される支給額が支給繰下げの対象～

1 厚生年金の被保険者期間中の繰下げ加算額

繰下げ待機期間が厚生年金の被保険者である期間中にある場合の**繰下げ加算額**は、老齢厚生年金の受給権を取得した時点の被保険者期間に基づいて計算された年金額と、在職老齢年金制度を適用された場合に想定される支給額を考慮して決定されます。

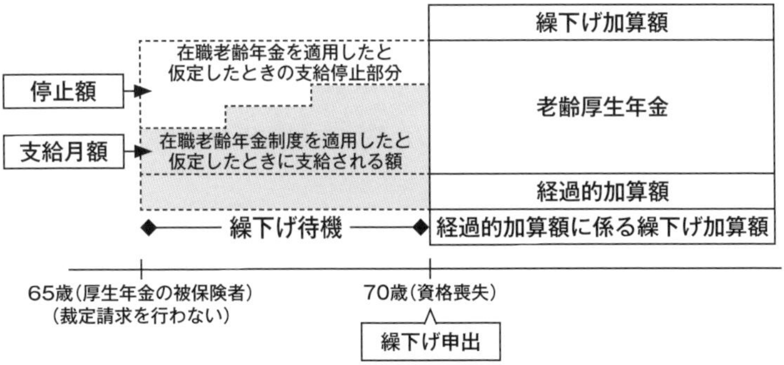

2 在職老齢年金を受給していた人の平均支給率

例えば、65歳時点の老齢厚生年金が100万円で、その後12カ月に在職老齢年金として年額50万円（50万円が支給停止）を受け取り、66歳で支給繰下げの申出を行ったとき、平均支給率は、「1 － 50万円／100万円＝0.5」です。この場合の繰下げ加算額の計算は、「(50万円(100万円×0.5) ＋経過的加算額) ×増額率 (8.4%)」となります。

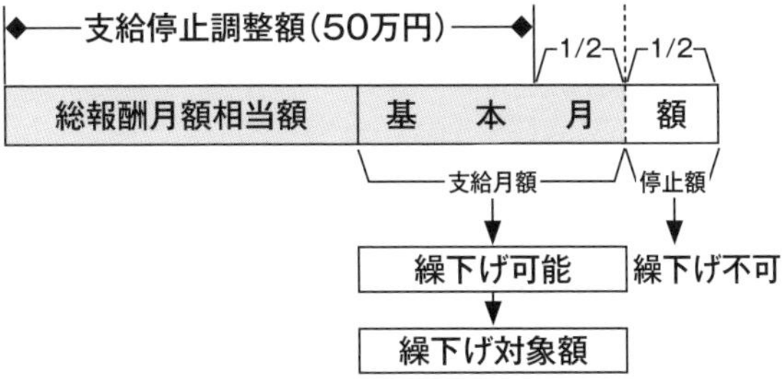

在職老齢年金制度を適用したと仮定したときに支給される額のみが、支給繰下げの対象額です。

5 支給繰下げの申出があったとみなされるとき

～老齢厚生年金の支給繰下げの申出があったとみなされるときがある～

1 繰下げの申出があったとみなされるとき

老齢厚生年金の支給繰下げの申出は、受給権を取得してから**1年を経過した日後**に行うことができます。そのうち、次の①または②に該当する人が支給繰下げの申出をしたときは、それぞれの特定の日に支給繰下げの申出があったものとみなされます。〈厚年法44の3②〉

① 老齢厚生年金の**受給権を取得した日から10年を経過した日前**に、他の年金給付の受給権を取得した人
→ **他の年金給付の受給権を取得した日**に支給繰下げの申出があったものとみなされます。
② 老齢厚生年金の**受給権を取得した日から10年を経過した日後**に申出をした人（①に該当する人を除く）
→ **10年を経過した日**に支給繰下げの申出があったものとみなされます。
※老齢厚生年金の受給権取得日が平成29年4月1日前の人（受給権取得日が65歳時であれば昭和27年4月1日以前生まれの人）は**10年**を**5年**と読み替える。

①のケース

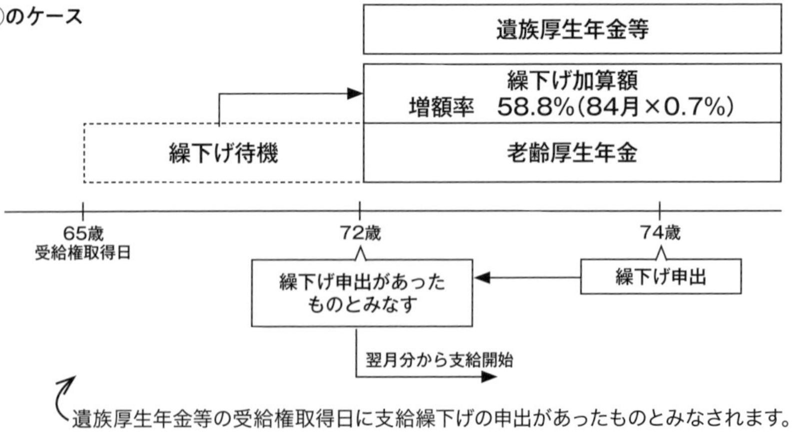

②のケース（65歳時に受給権を取得したとき）

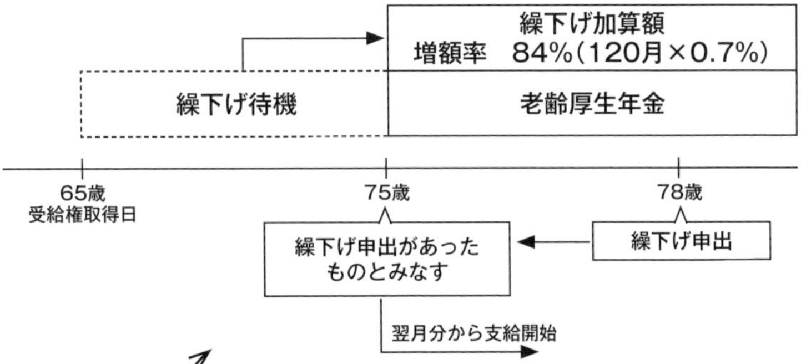

75歳に達した日に支給繰下げの申出があったものとみなされます。

②のケース（65歳後に受給権を取得したとき）

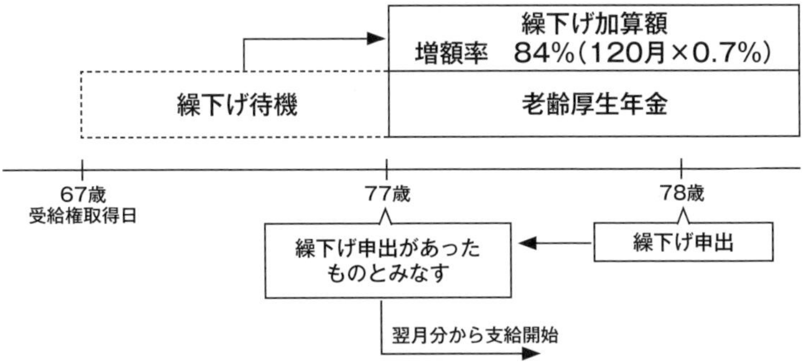

67歳で受給権を取得した人が78歳で支給繰下げの申出をしたときは、受給権取得日から10年が経過した77歳時に支給繰下げの申出があったものとみなされます。

参考　**厚生年金基金の代行部分の繰下げ**

厚生年金基金の代行部分が支給される場合は、代行部分も支給繰下げの対象となります。厚生年金基金または企業年金連合会への申出が必要です。

6 特例的な繰下げみなし増額制度

～5年前に繰下げ申出をしたとみなす制度が令和5年4月に創設された～

1 特例的な繰下げみなし増額制度

特例的な繰下げみなし増額制度は、老齢厚生年金の支給繰下げの申出をすることができる人が、その**受給権取得日から5年を経過した日後**に老齢厚生年金を請求し、かつ**支給繰下げの申出をしない**場合に適用されます。この制度により、**請求日の5年前の日に支給繰下げの申出があった**ものとみなされ、**受給権取得日から年金請求日の5年前の日までの月数**に応じた年金額が増額されて支給されます。

〈厚年法44の3⑤、法附則(令2)11〉

POINT!

特例的な繰下げみなし増額制度は、法施行日の前日（令和5年3月31日）時点で、老齢厚生年金の受給権取得日から6年を経過していない人、つまり老齢厚生年金の受給権取得日が平成29年4月1日以後の人に適用されます。65歳に達した日に老齢厚生年金の受給権を取得した人は、昭和27年4月2日以後生まれが対象です。　〈令附則(令3) 4〉

2 特例的な繰下げみなし増額制度適用の要件

老齢厚生年金の特例的な繰下げみなし増額制度が適用される要件は、次のすべてに該当することです。

① 老齢厚生年金の**支給繰下げが可能**であること

② 老齢厚生年金の**受給権取得日から5年を経過した日後**に老齢厚生年金を請求し、かつ、**支給繰下げの申出をしない**こと

ただし、次のいずれかに該当するときは適用されません。

ア **老齢厚生年金の受給権取得日から15年を経過した日以後**に請求をするとき

イ **請求日の5年前の日以前**に他の年金給付の受給権者であったとき

(1) 老齢厚生年金の受給権取得日から5年経過後に本来請求をしたとき

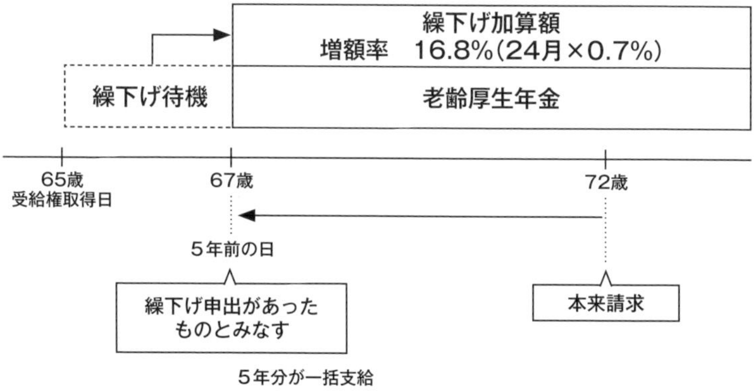

請求日から5年前の日に支給繰下げの申出があったものとみなされ、受給権取得日からの2年間は時効消滅せず繰下げ待機期間となります。

(2) 特例的な繰下げみなし増額制度が適用されないとき

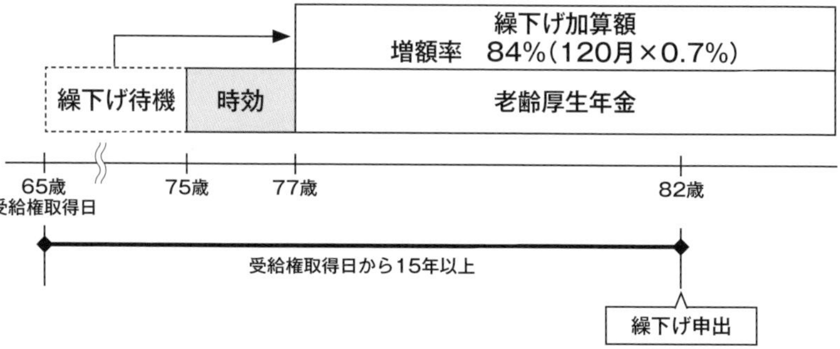

受給権取得日から起算して15年を経過した日以後に請求するときは、特例的な繰下げみなし増額制度は適用されません。5年の時効により特例的な繰下げみなしの効果がないからです。

特別支給の老齢厚生年金の受給権者、老齢基礎年金・老齢厚生年金の受給権者が、66歳以降に老齢基礎年金・老齢厚生年金を遡って請求するときまたは、繰り下げて受給しようとするとき
老齢基礎年金・老齢厚生年金裁定請求書／支給繰下げ請求書(様式第235-1号)▶巻末資料Ⅱ・11

7 繰下げ待機中の人が死亡したとき

～繰下げ待機中に死亡したときは遺族が未支給年金を請求する～

1 繰下げ待機中の人が死亡したとき

繰下げ待機中の老齢厚生年金の受給権者が**年金を請求せずに死亡**したときは、遺族は**支給繰下げの申出が行われていない**ものとして、**未支給年金を請求**することができます。

例えば、65歳時に受給権を取得し、その後支給繰下げの待機状態にあった人が、69歳になった日に死亡したときは、65歳から69歳までの4年間に通常支給されるはずだった老齢厚生年金額が未支給年金として支給されます。未支給年金は支給繰下げにより増額された額ではなく通常の支給額で計算されます。

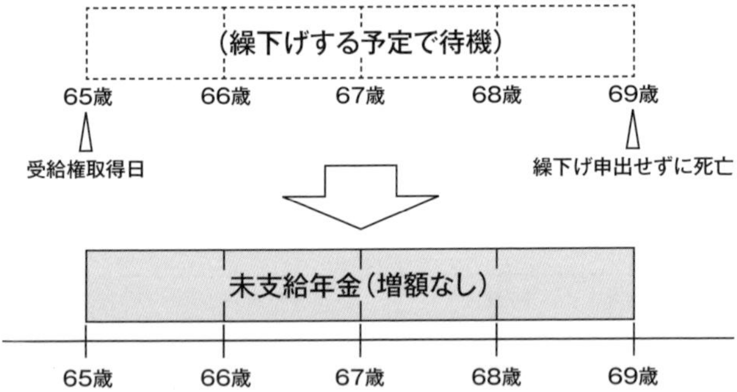

参考 過去分の年金を一括して受給するとき

受給権者が、生前に過去分の年金を一括して受給する場合には、過去に遡って医療保険・介護保険の自己負担額、保険料、税金などの調整が必要になることがあります。一方、死亡後に遺族が未支給年金を受け取る場合、受給する遺族の所得として扱われます。

2 繰下げ待機中の人が受給権取得日から5年経過後に死亡したとき

支給繰下げの待機状態にある人が、老齢厚生年金の**受給権を取得した日から5年経過後に死亡**し、遺族が未支給年金を請求するときは、**特例的な繰下げみなし増額制度を適用せず**、時効消滅していない過去5年分に限り支給されます。

これは、5年経過後の死亡であっても、特例的な繰下げみなし増額制度は適用されず、年金の一部が時効消滅することを意味します。例えば、65歳で受給権を取得し、支給繰下げ待機中の72歳のときに、年金を請求せずに死亡したときは、67歳からの5年分の未支給年金（特例増額なし）が遺族に支給され、それ以前の2年分は時効消滅します。ただし、特例的な繰下げみなし増額が適用される本来請求をした日以後に死亡したときは、繰下げ増額された額が未支給年金として支給されます。

■支給繰下げ申出をせずに死亡したとき

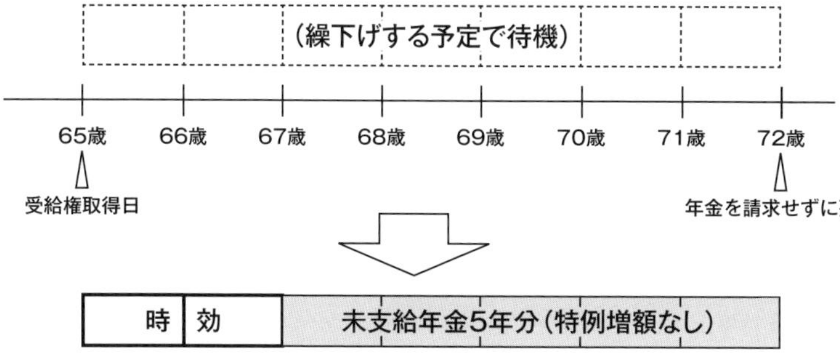

■支給繰下げ申出をしてから死亡したとき

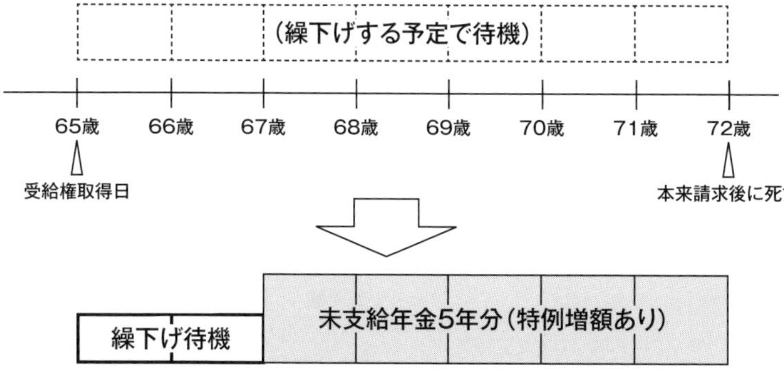

6 在職老齢年金と改定

Ⅰ 在職老齢年金のしくみ

1 在職老齢年金のしくみ

～老齢厚生年金の受給権者が厚生年金に加入すると年金が減額される～

1 在職老齢年金の制度

老齢厚生年金の受給権者が、厚生年金の**被保険者（前月以前の月に属する日から引き続き被保険者）である日**が属する月において、**総報酬月額相当額**と老齢厚生年金の**基本月額**の合計が一定額を超えると年金額が支給停止されます。**70歳以上の在職者**も対象です。〈厚年法46〉

2 年金の支給停止のしくみ

総報酬月額相当額と**基本月額**の合計額が**支給停止調整額**（令和6年度は**50万円**）**以下**の場合、支給停止はありません。**50万円を超える**場合は、50万円を超える額の**2分の1**に相当する額が支給停止されます。

〈厚年法46③〉

① 総報酬月額相当額＋基本月額≦50万円のとき

支給停止なし

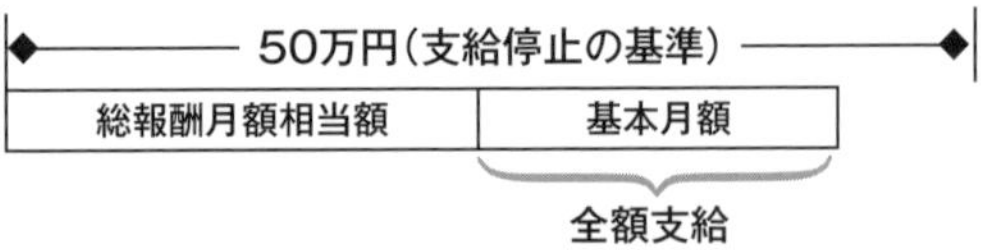

② 総報酬月額相当額＋基本月額＞50万円のとき

調整後の年金支給月額＝
基本月額－（基本月額＋総報酬月額相当額－50万円）×2分の1

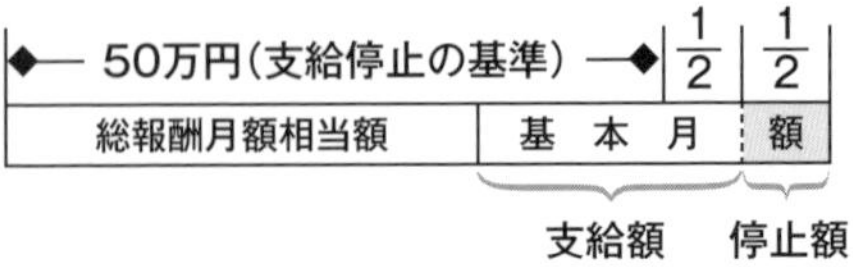

2 在職老齢年金の「総報酬月額相当額」

～総報酬月額相当額は標準報酬月額と標準賞与額で計算される～

1 総報酬月額相当額

総報酬月額相当額とは、その人の**標準報酬月額**と、**その月以前の１年間の標準賞与額**の総額を**12**で除して得た額の合計額です。

$$総報酬月額相当額＝標準報酬月額＋\frac{過去１年間の標準賞与額の総額}{12月}$$

■総報酬月額相当額の算出方法

年度	令和5年度												令和6年度											
月／万円	4	5	6	7	8	9	10	11	12	1	2	3	4	5	6	7	8	9	10	11	12	1	2	3
標準報酬月額	34					30												32						
標準賞与額			38						58						26						46			
総報酬月額相当額													38	38	37	37	37	39	39	39	38	38	38	38

◆―― 令和6年4月以前１年間 ――◆ 令和６年４月の総報酬月額相当額

＝30万円＋(38万円＋58万円)／12＝38万円

参考 在職老齢年金の計算

上の事例で令和６年４月の基本月額が14万円の場合、次の計算式により、月あたり１万円の年金が支給停止となり、13万円が支給されます。

14万円－（14万円＋38万円－50万円）×２分の１＝13万円

2 総報酬月額相当額の変更

総報酬月額相当額は毎月計算され、これに基づいて老齢厚生年金の支給停止額が変わります。

参考 60歳台前半の在職老齢年金

令和２年の改正により、令和４年４月以後の60歳台前半の在職老齢年金のしくみは、60歳台後半の在職老齢年金のしくみと同じになりました。

〈厚年法附11～11の3、法附則(平6)21ほか〉

3 在職老齢年金の「基本月額」

～基本月額とは在職老齢年金の計算のために用いる年金額をいう～

1 基本月額（65歳到達後の老齢厚生年金）

老齢厚生年金には、報酬比例部分の年金、加給年金額、経過的加算額および繰下げ加算額が含まれます。在職老齢年金の計算の対象となる年金額はこれら全部の額ではなく、加給年金額、経過的加算額および繰下げ加算額を除いた額であり、12で除して得た額を**基本月額**といいます。

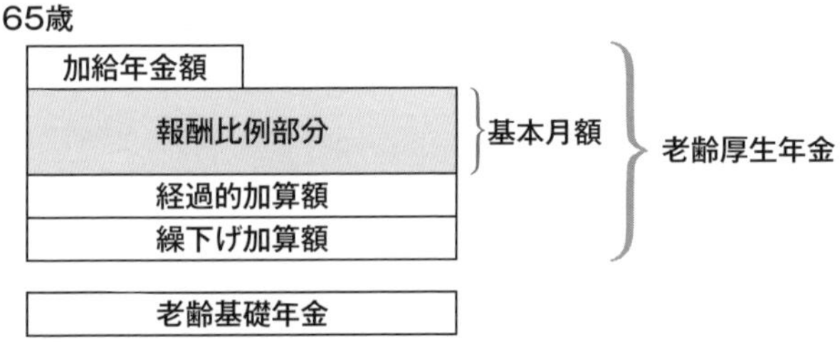

POINT!

厚生年金基金の代行部分があるときは、その額を基本月額に含めて在職老齢年金を算出します。国から支給される年金から優先的に支給停止され、次に代行部分が支給停止されます。一部でも年金が支給されるときには加給年金額は全額支給されます。経過的加算額や繰下げ加算額は支給停止の対象外です。また、老齢基礎年金も支給停止されません。　〈厚年法46、法附則（60）62ほか〉

2 基本月額（65歳前の老齢厚生年金）

（1）特別支給の老齢厚生年金

特別支給の老齢厚生年金においては、加給年金額を除いた金額が基本月額です。報酬比例部分のみを受給しているときは報酬比例部分が基本月額となり、定額部分があるときは報酬比例部分と定額部分の合計が基本月額です。

〈厚年法附11ほか〉

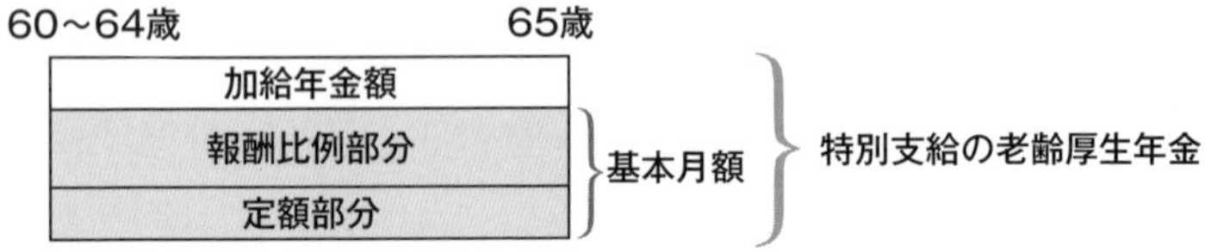

(2) 経過的な繰上げ支給の老齢厚生年金

経過的な繰上げ支給の老齢厚生年金（本章④Ⅱ 2）は、減額された報酬比例部分と経過的加算額が支給されます。この場合の基本月額は報酬比例部分と経過的加算額の合計です。65歳到達後の基本月額は報酬比例部分のみです。

〈厚年法46、同法附13の4、13の6〉

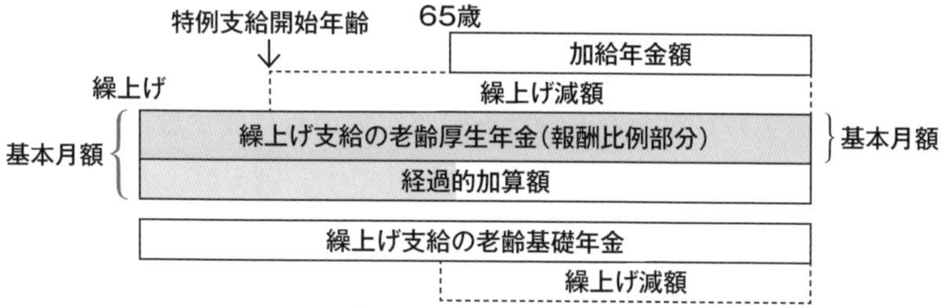

(3) 繰上げ支給の老齢厚生年金

繰上げ支給の老齢厚生年金（本章④Ⅱ 4）は、減額された報酬比例部分と経過的加算額が支給されます。この場合の基本月額は報酬比例部分です。65歳到達後の基本月額も報酬比例部分です。〈厚年法46、同法附7の5〉

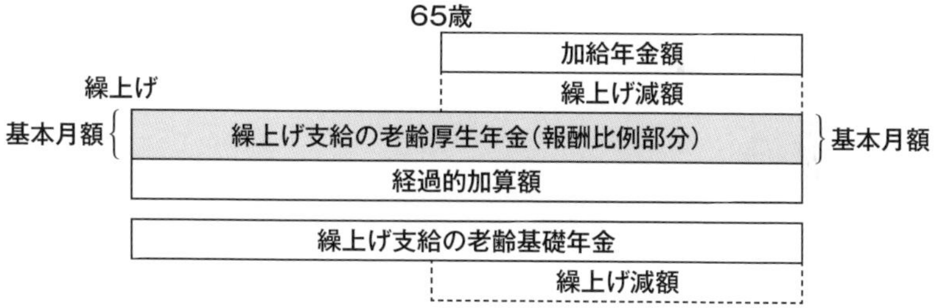

参考 在職定時改定による基本月額の変更

65歳以上70歳未満で厚生年金に加入しつつ老齢厚生年金を受給している人が、9月1日時点で厚生年金の被保険者であれば、翌月の10月以後の年金額（基本月額）が改定されます（本章⑥Ⅱ）。

4 在職老齢年金が適用される月

～受給権者が被保険者である月が在職老齢年金の対象になる～

在職老齢年金のしくみが適用される期間は、厚生年金の資格取得や喪失の時期等によって様々です。

1 就職したとき

在職老齢年金の対象となるのは、**前月以前の月に属する日から引き続き厚生年金の被保険者**である日が属する月です。例えば、老齢厚生年金の受給権者が4月11日に会社に就職したとき、4月は厚生年金の被保険者である日が属する月ですが、前月から引き続いていないため、在職老齢年金の対象にはなりません。5月は前月から引き続き被保険者であるため、在職老齢年金の対象月となります。〈厚年法46⑤〉

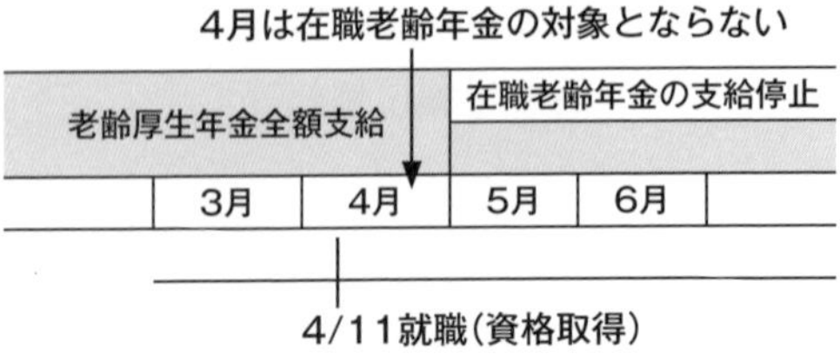

2 退職したとき

在職老齢年金による支給停止は、厚生年金の被保険者である日が属する月に適用されます。月の末日に退職したときは、その翌月は厚生年金の被保険者の資格を有しないため、退職した月までが在職老齢年金の支給停止の対象となります。ただし、厚生年金の**資格喪失日から1カ月以内に被保険者資格を取得したとき**は、在職老齢年金の規定が適用されます。〈厚年則32の2〉

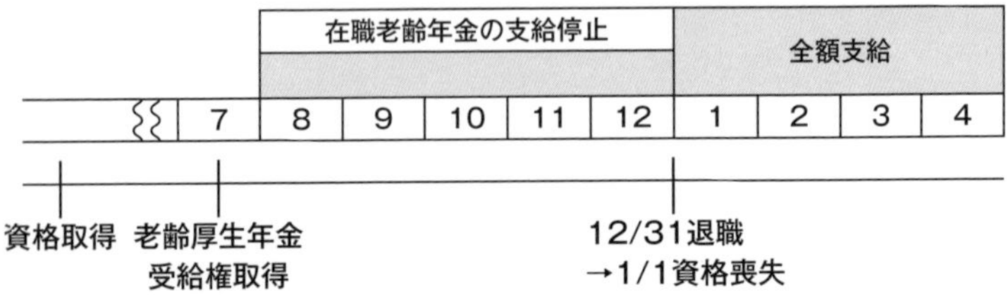

3 資格喪失の翌月に被保険者資格を取得したとき

次の例でいえば、6月は前月から引き続く被保険者である日が属する月であるため、在職老齢年金の対象月です。しかし、7月は前月から引き続いていないため、在職老齢年金の対象とはなりません。

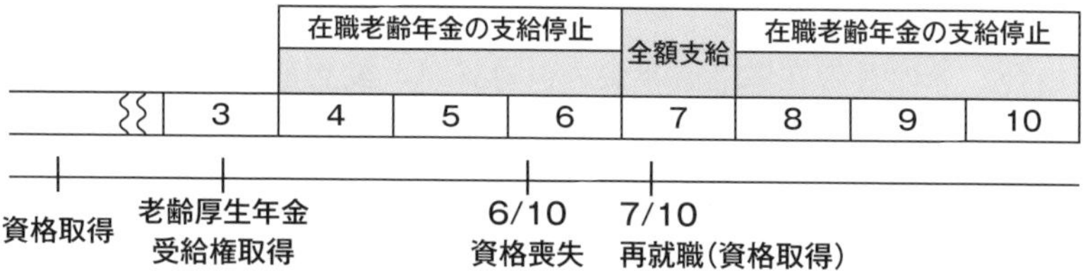

4 資格喪失した月に被保険者資格を取得したとき

次の例でいえば、6月も7月も前月から引き続く被保険者である日が属する月であるため、両月とも在職老齢年金の対象です。

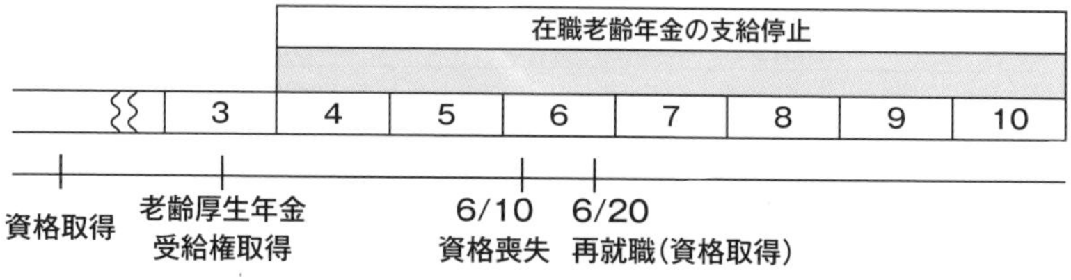

5 1カ月以内に被保険者資格を取得したとき

次の例でいえば、6月は前月から引き続く被保険者である日が属する月ではありませんが、厚生年金の資格を喪失してから1カ月以内に被保険者資格を取得しているため、在職老齢年金の規定が適用されます。

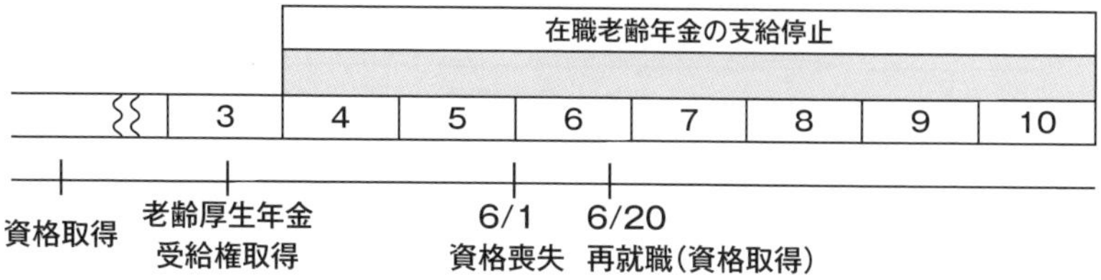

標準報酬月額変更時の在職老齢年金

～実際の標準報酬月額が在職老齢年金の標準報酬月額と異なるときがある～

1 月の途中で同日得喪のとき

月の途中の同日得喪（第1章③Ⅱ3）により標準報酬月額が変更になった場合、その月の在職老齢年金の計算には、**変更前の標準報酬月額**が用いられます。次の例でいえば、6月は前月から引き続く被保険者である日が属する月であり、標準報酬月額36万円を基に在職老齢年金の計算が行われます。

4月	5月	6月	7月	8月
── 標準報酬月額36万円 ──◆◆── 24万円 ──				

6/25 同日得喪

⇩

在職老齢年金の計算に用いる標準報酬月額

4月	5月	6月	7月	8月
36万円		24万円		

2 月の初日に同日得喪のとき

月の初日の同日得喪により標準報酬月額が変更になった場合、その月の在職老齢年金の計算には、**変更前の標準報酬月額**が用いられます。次の例でいえば、7月1日に資格を喪失し1カ月以内（同日）に資格取得しているため、7月1日は被保険者である日とみなされ、7月は標準報酬月額36万円を基に在職老齢年金の計算が行われます。

4月	5月	6月	7月	8月
── 標準報酬月額36万円 ──◆◆── 24万円 ──				

7/1 同日得喪

⇩

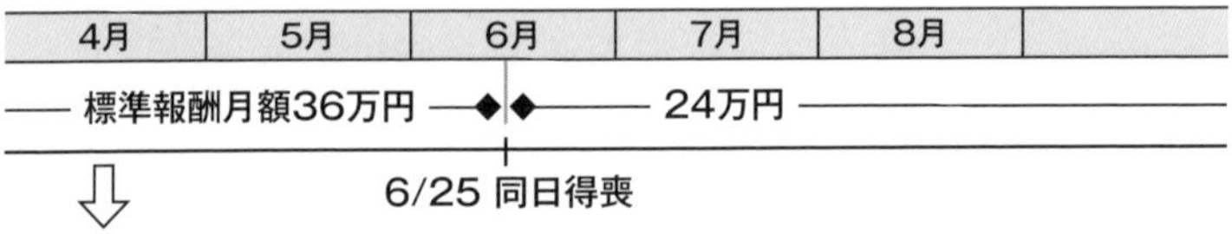

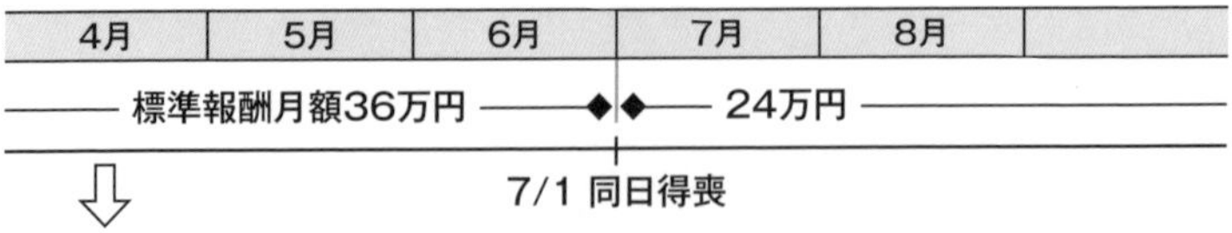

在職老齢年金の計算に用いる標準報酬月額

4月	5月	6月	7月	8月
36万円			24万円

3 随時改定のとき

随時改定に該当すると報酬に変動があった**4カ月目から**標準報酬月額が改定され、在職老齢年金の計算にも変更後の標準報酬月額が用いられます。次の例でいえば、随時改定に該当するときは、報酬が下がった5月から4カ月目の8月に標準報酬月額が改定されます。8月は前月から引き続く厚生年金の被保険者である日が属する月であるため、標準報酬月額24万円を基に在職老齢年金が計算されます。

4 1カ月以内に転職をしたとき

次の例でいえば、7月の在職老齢年金の計算には、7月10日の資格取得時決定の標準報酬月額ではなく、7月1日の資格喪失日を被保険者とみなした場合の標準報酬月額が用いられます。つまり、前の会社の標準報酬月額である36万円が在職老齢年金の計算に用いられます。

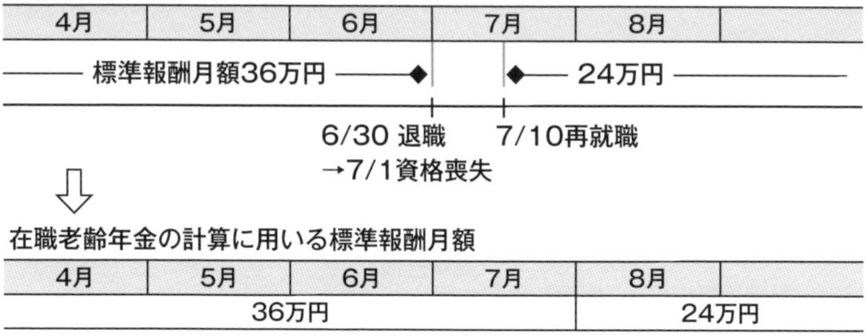

6 在職老齢年金の対象になる人

～厚生年金の被保険者でない人も在職老齢年金の対象になることがある～

1 70歳以上の在職者

適用事業所に勤務する**70歳以上**の老齢厚生年金の受給権者は、65歳以上の在職老齢年金の受給権者と同じ方法で、在職中の支給停止が適用されます。平成19年4月1日からの扱いです。ただし、高齢任意加入被保険者および第四種被保険者は対象外です。

なお、70歳以上の人は厚生年金の被保険者ではないため、厚生年金保険料は徴収されず、在職定時改定や退職時改定により年金額が増額されることはありません。

2 昭和12年4月1日以前生まれの人

在職老齢年金のしくみは、平成19年4月1日にすでに70歳に到達している人（昭和12年4月1日以前生まれの人）には適用されませんでした。しかし、平成27年10月1日の改正により昭和12年4月1日以前生まれの老齢厚生年金等の受給権者等に対しても在職老齢年金のしくみが適用されることになりました。　〈法附則（平24）16、経過措置令（平27）59〉

3 旧法の老齢年金の受給権者

70歳以上の人に対する在職老齢年金は、昭和60年改正法前の旧法の老齢年金等の受給権者にも適用され、その基本月額の計算には定額部分が含まれます。

旧法の老齢年金

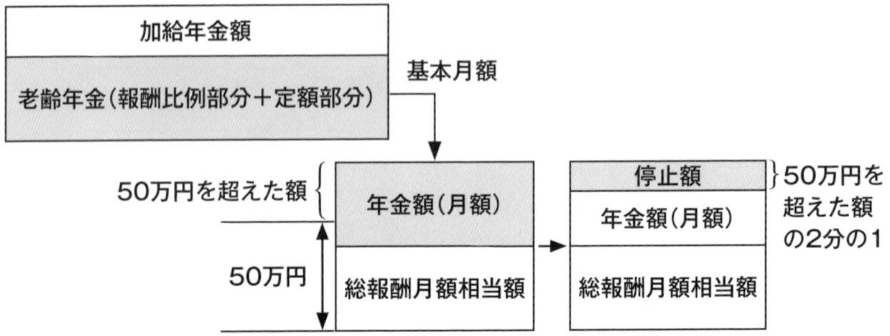

4 国会議員、地方議会議員

老齢厚生年金の受給権者が**国会議員**または**地方公共団体の議会の議員**であるときは、厚生年金の被保険者でなくても在職老齢年金の対象です。平成27年10月1日からの扱いです。

議員の総報酬月額相当額は、標準報酬月額に相当する額として政令で定める額と、その月前1年間の標準賞与額に相当する額として政令で定める額の総額を12で除して得た額です。具体的には次のとおりです。

〈厚年令3の6〉

【標準報酬月額に相当する額】

①国会議員の場合、歳費月額を標準報酬月額の基礎となる報酬月額とみなして計算した額

②地方公共団体の議会の議員の場合、報酬月額に相当する額として厚生労働省令で定める方法により算定した額を標準報酬月額の基礎となる報酬月額とみなして計算した額

※厚生年金の被保険者としての標準報酬月額等も対象です。

【標準賞与額に相当する額】

①国会議員または国会議員であった人の場合、期末手当の額を標準賞与額の基礎となる賞与額とみなして計算した額

②地方公共団体の議会の議員または議員であった人の場合、標準賞与額の基礎となる賞与額とみなして計算した額

※過去に議員であった期間を有する厚生年金の被保険者の標準賞与額等も対象です。

POINT!

- 平成17年3月までは、老齢厚生年金の額の2割に相当する額を基準に支給停止額が算出されていましたが、廃止されています。
- 平成27年10月以降は、昭和12年4月1日以前に生まれた70歳以上の人や、議員、共済組合等に加入している人についても在職老齢年金の支給停止の対象となりました。

6 在職老齢年金と改定

Ⅱ 在職定時改定

1 在職定時改定のしくみ

～65歳以上の在職者の老齢厚生年金は年1回改定される～

1 在職定時改定のしくみ

65歳以上の厚生年金の被保険者である老齢厚生年金の受給権者については、毎年1回年金額の見直しが実施されます。この見直しを**在職定時改定**といい、受給権者がそれまでに納めた厚生年金保険料が年金額に反映されます。令和4年4月からの扱いです。

在職定時改定は、**毎年9月1日を基準日**として行われ、この日に厚生年金の被保険者である受給権者の老齢厚生年金の額が、前年の9月から基準日前月の8月までの厚生年金の被保険者期間を追加したうえで再計算が行われます。

〈厚年法43②〉

■令和4年4月からのしくみ

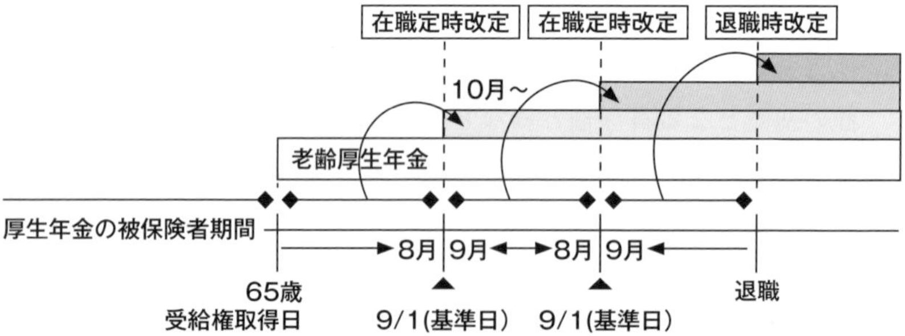

POINT!

在職定時改定の対象となるのは、65歳以上70歳未満の人に限られ、65歳未満の人には適用されません。

〈厚年法附9、15の2〉

2 年金額改定の時期

厚生年金の被保険者である老齢厚生年金の受給権者の年金額の改定は、基準日である毎年９月１日の翌月である**10月**の年金からです。

年金は、年に６回（２月、４月、６月、８月、10月、12月）に分けて支給され、それぞれの支払月には、その前月までの２カ月分が支払われます。したがって、在職定時改定により改定された年金を受け取るのは12月の支払月からです。

年金額が改定になったときは、その変更を知らせる「年金額のお知らせ（支給額変更通知書）」（巻末資料Ⅰ・４）が送付されます。

参考 在職中の老齢厚生年金額の増額

厚生年金には70歳まで加入することができます。そのうち老齢厚生年金の受給権者については、受給権を取得した後に厚生年金に加入している期間分も、年金額に反映されます。反映される時期について、以前は、退職時（厚生年金資格喪失時）や70歳に達したときのみ年金額が改定されていたため、在職中に年金額が増加することはありませんでした（退職時改定）。しかし、令和４年４月に創設された在職定時改定制度により、在職中であっても、年金額が毎年１回改定されるようになりました。これにより、厚生年金の被保険者である老齢厚生年金の受給権者は、在職中でも年金額の増加を期待できるようになりました。

■令和4年3月までのしくみ

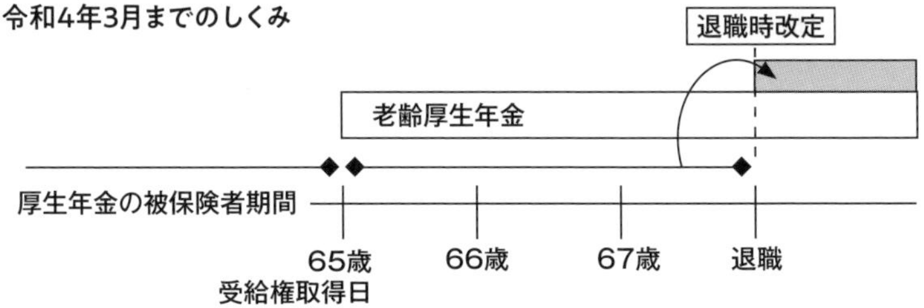

2 在職定時改定の対象になる人

～在職定時改定は65歳以上70歳未満の在職者が対象となる～

1 在職定時改定の対象になる人（原則）

在職定時改定の対象となるのは、次の２つの要件を満たす人です。

（1）老齢厚生年金の受給権者であること

在職定時改定は**老齢厚生年金の受給権者**のみに適用されます。65歳前に支給される特別支給の老齢厚生年金の受給権者には適用されません。

〈厚年法附9、15条の2〉

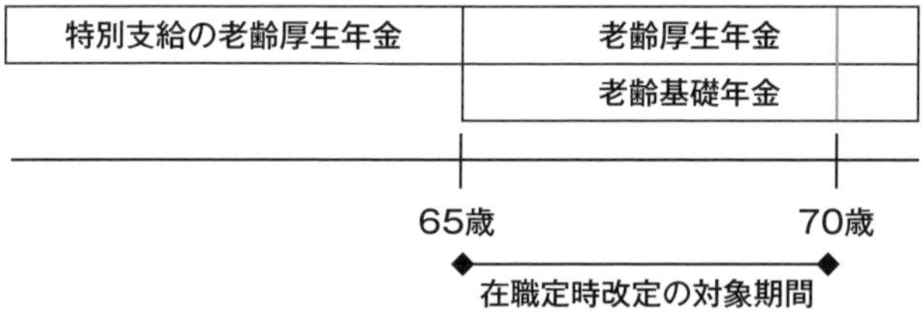

（2）基準日に厚生年金の被保険者であること

基準日は毎年**9月1日**です。この日に厚生年金の被保険者であることが原則です。ただし、基準日に厚生年金の被保険者の資格を取得したときは対象とされません。

■9月1日に厚生年金の被保険者であること

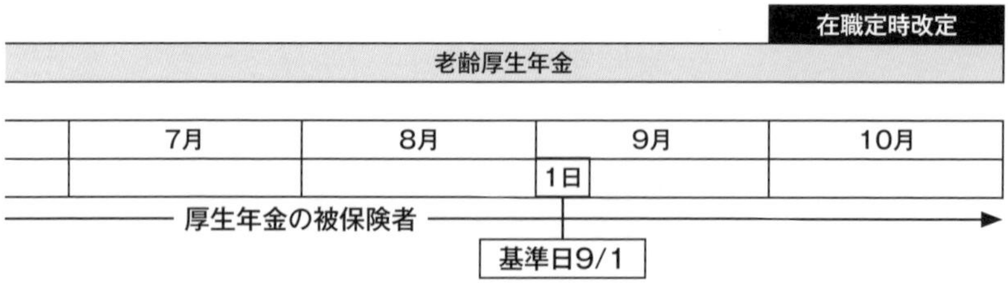

■9月1日に資格取得したとき

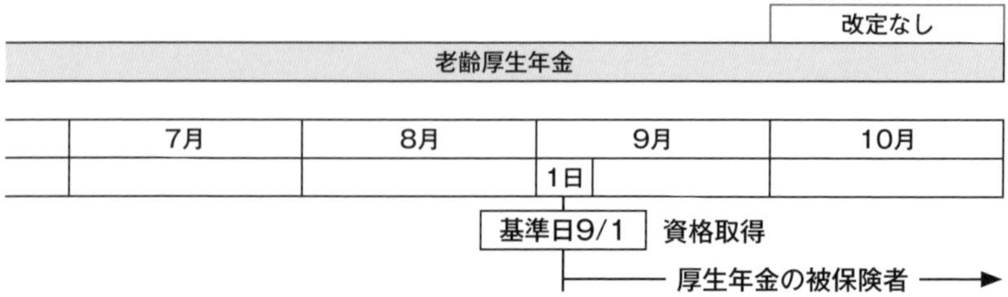

2 在職定時改定の対象になる人（例外）

（1）基準日に被保険者でない人

基準日（9月1日）に厚生年金の被保険者でない場合でも、在職定時改定の対象となることがあります。資格喪失日から再び被保険者の資格を取得した日までの間に基準日（9月1日）が到来し、かつ、その被保険者の資格を喪失した日から再び被保険者の資格を取得した日までの期間が**1カ月以内**であるときは、基準日の属する月前の被保険者であった期間が老齢厚生年金の額の計算の基礎となります。その結果、基準日の属する月の翌月からの年金額が改定されます。

〈厚年法43②、令4年管管発0705第5号〉

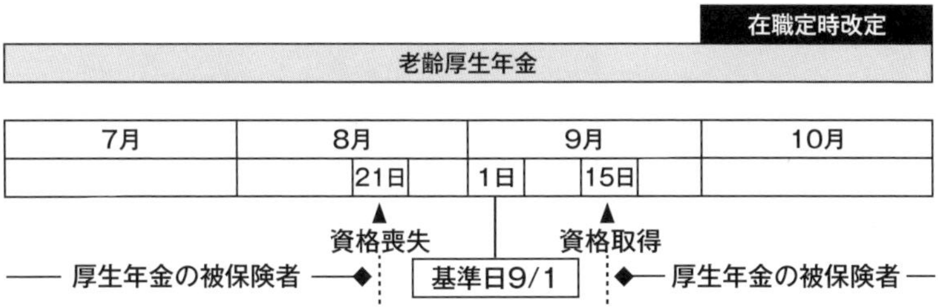

（2）基準日に資格取得したとき

資格喪失後1カ月以内に到来した9月1日に再度資格取得をしたときは、在職定時改定が行われます。

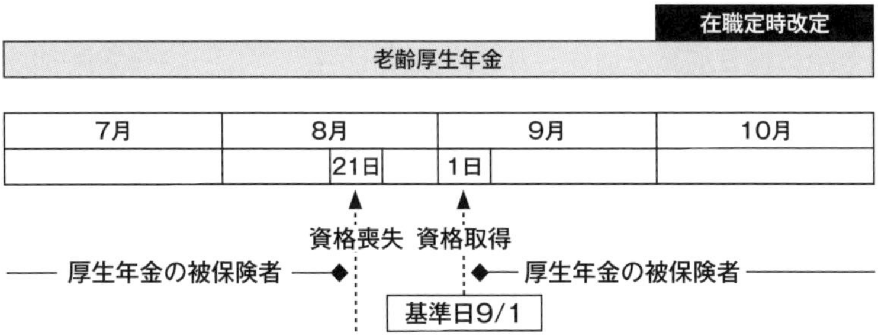

3 在職定時改定と加給年金額・振替加算

～在職定時改定により加給年金額や振替加算が加算されるときがある～

1 在職老齢年金による加給年金額の加算

在職定時改定により、老齢厚生年金の計算の基礎となる被保険者期間が**240月以上**となったときに、加給年金額の対象者がいれば、その年の10月の年金額から**加給年金額**が加算されます。この場合の生計維持関係の認定日は9月1日です。〈厚年法44①〉

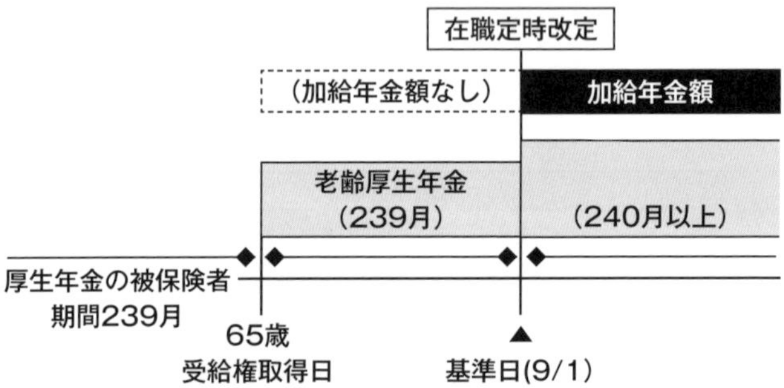

2 在職定時改定による配偶者の振替加算の加算

在職定時改定により、老齢厚生年金の計算の基礎となる被保険者期間が**240月以上**となった以降に、加給年金額の対象となる配偶者が65歳に達し、振替加算の加算要件を満たしているときは、その**配偶者**の老齢基礎年金に**振替加算**が加算されます。〈法附則(60)14①〉

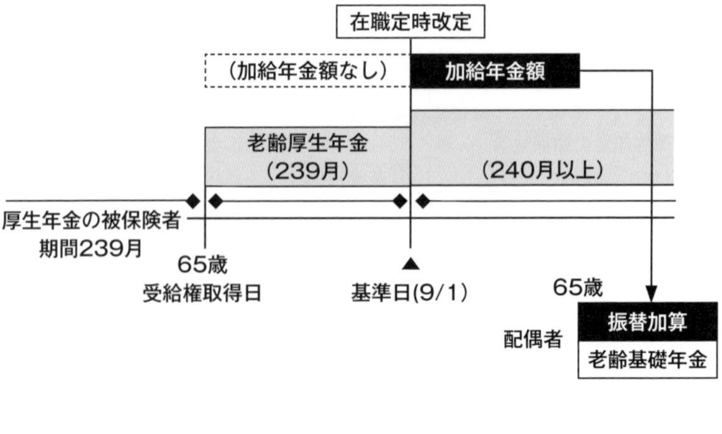

3 在職定時改定による年上の配偶者の振替加算の加算

在職定時改定により、老齢厚生年金の計算の基礎となる被保険者期間が**240月以上**となったときに、振替加算の対象となる65歳以上の配偶者がいれば、その年の10月から**配偶者**の老齢基礎年金に**振替加算**が加算されます。

〈法附則(60)14②〉

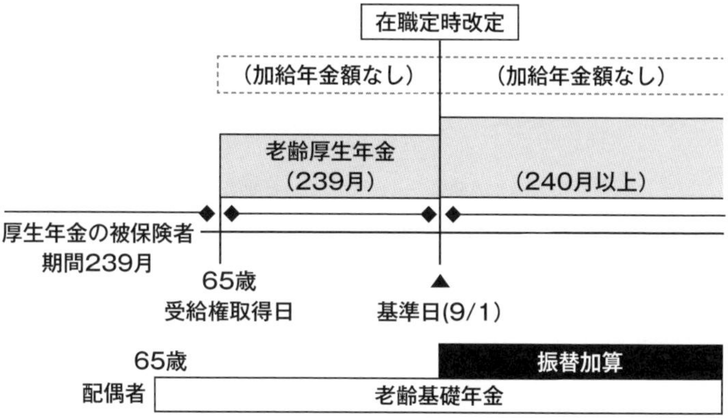

4 在職定時改定による振替加算の失権

振替加算が加算された老齢基礎年金の受給権者が、在職定時改定により、老齢厚生年金の計算の基礎となる被保険者期間が**240月以上**となったときは、その**振替加算**を受ける権利は**消滅**します。

〈法附則(60)14①、経過措置令(61)25〉

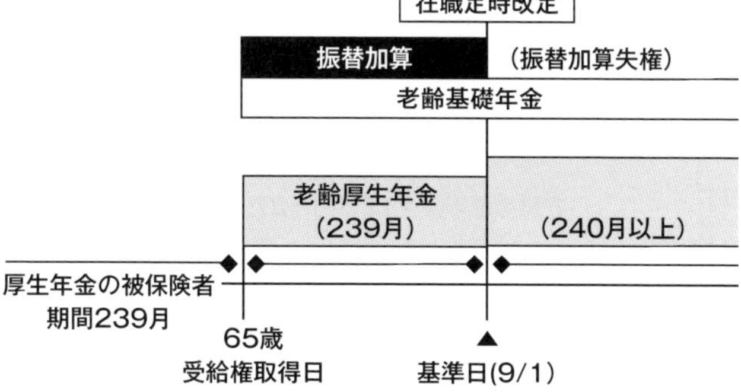

4 在職定時改定と在職老齢年金

～在職定時改定により在職老齢年金の停止額が変更になる～

1 在職定時改定による基本月額の増額

在職定時改定により老齢厚生年金の額が増額すると、在職老齢年金額の計算に用いられる**基本月額**も増えます。基本月額が増額すると、それに連動して在職中における年金の**支給停止額（在職停止額）が増加**します。

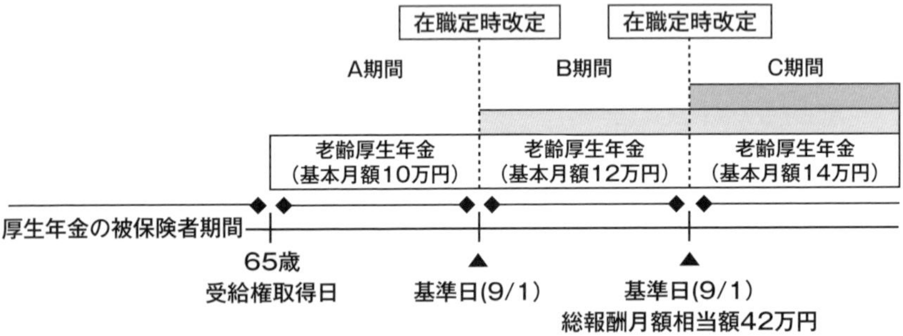

・A期間の在職老齢年金

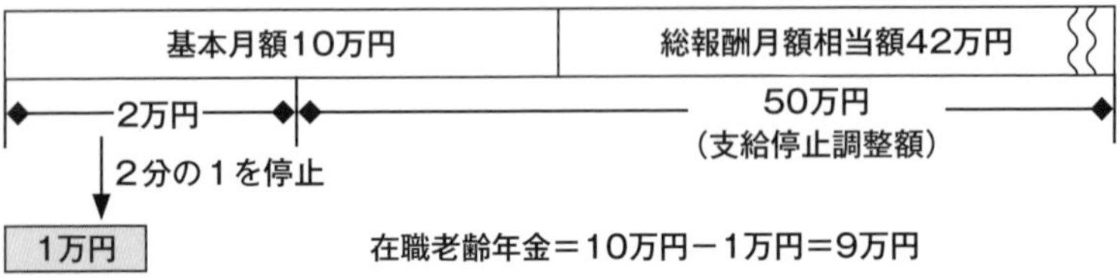

・B期間の在職老齢年金

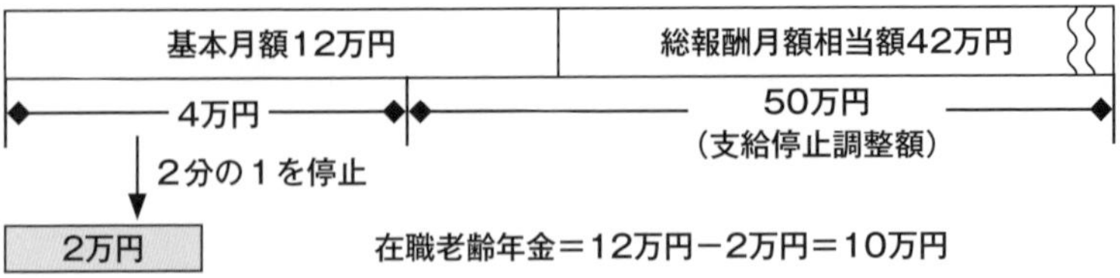

・C期間の在職老齢年金

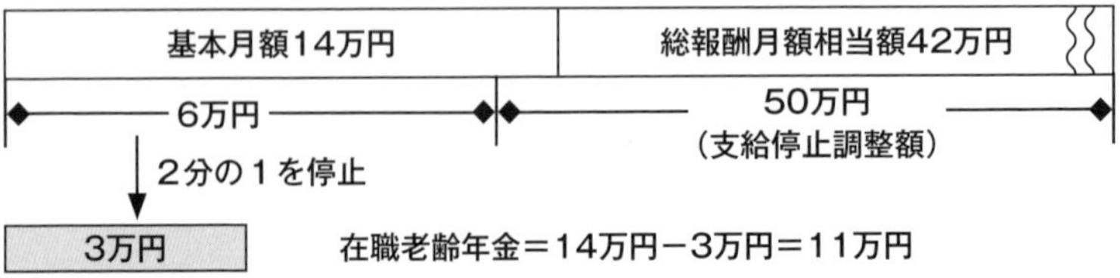

5 在職定時改定と支給繰下げ

～繰下げ待機中の人に在職定時改定は適用されない～

1 繰下げ待機中の在職定時改定

65歳以後に厚生年金の被保険者である人が、老齢厚生年金の**繰下げ待機**をしている期間中は、**在職定時改定は行われません**。支給繰下げを行った場合には、申出日の直近の8月までの被保険者期間に基づいて年金額が決定され、繰下げ加算額が加算されます。

退職時に支給繰下げを行うときは、退職時改定による年金額の増額が行われます。なお、受給権取得後の被保険者期間にかかる年金額は、繰下げ増額の対象外です。

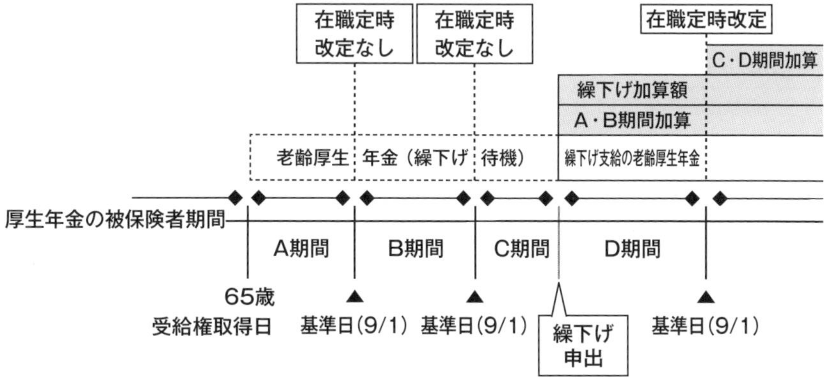

参考 繰下げ待機中の加給年金額と振替加算

老齢厚生年金の繰下げ待機中の人には在職定時改定が行われないため、基準日（9月1日）時点で、老齢厚生年金の計算の基礎となる被保険者期間が240月以上となっても、加給年金額は支給されません。一方で、繰下げ待機中の人の配偶者の振替加算は、基準日（9月1日）において老齢厚生年金の計算の基礎となる被保険者期間が240月以上となったときに、配偶者が受給する老齢基礎年金に加算されます。また、振替加算が加算された老齢基礎年金を受給中の人が、老齢厚生年金の繰下げ待機中に老齢厚生年金の計算の基礎となる被保険者期間が240月以上となったときには、基準日（9月1日）時点で振替加算が失権します。

6 在職定時改定と遺族厚生年金

〜在職定時改定により受給する遺族厚生年金額が変わるときがある〜

1 在職定時改定による遺族厚生年金額の支給停止額の改定

遺族厚生年金の額は、在職定時改定の影響を受けることがあります。老齢厚生年金の額に相当する部分が支給停止されている遺族厚生年金を受給しているときには、老齢厚生年金額の増加に伴い、**遺族厚生年金の額が改定**されます。配偶者が受給する遺族厚生年金の額は次のように改定されます。

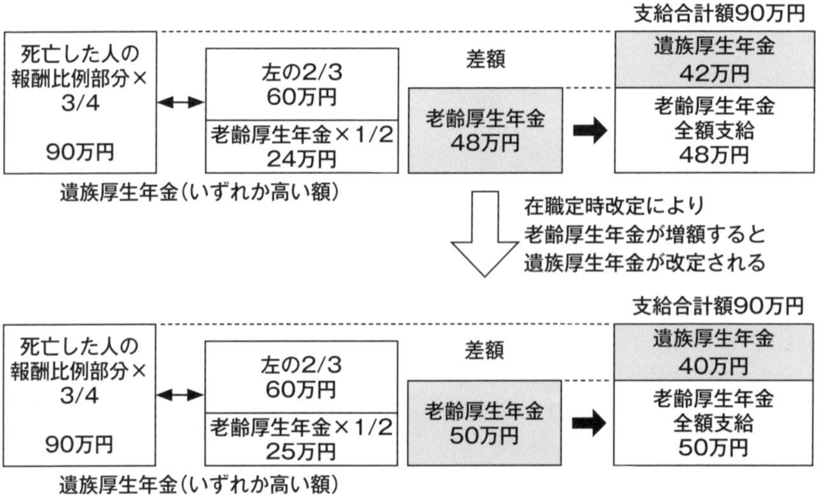

2 在職定時改定による遺族厚生年金額の計算方式の変更

在職定時改定による老齢厚生年金の増額があった場合、遺族である配偶者が受給する遺族厚生年金の額の計算方法が変わるときがあります。死亡した人の報酬比例部分の４分の３に相当する額の遺族厚生年金を受給している人について、老齢厚生年金の増額により、「老齢厚生年金額の２分の１＋死亡した人の報酬比例部分の４分の３×３分の２」の方が高い額となる場合があり、その際には遺族厚生年金の**額が改定**されます。

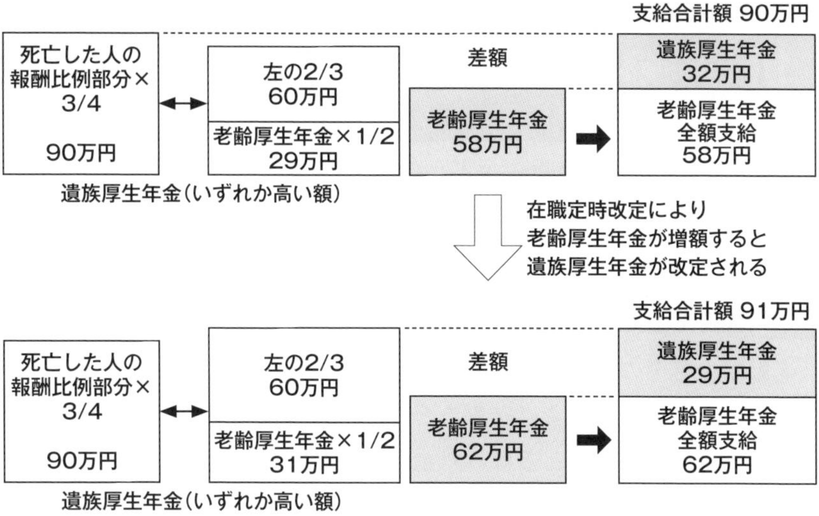

3 在職定時改定による遺族厚生年金額の増額

「老齢厚生年金額の２分の１＋死亡した人の報酬比例部分の４分の３×３分の２」で計算されている配偶者が受給する遺族厚生年金は、在職定時改定による老齢厚生年金額の増額に連動して、**額が改定**されます。

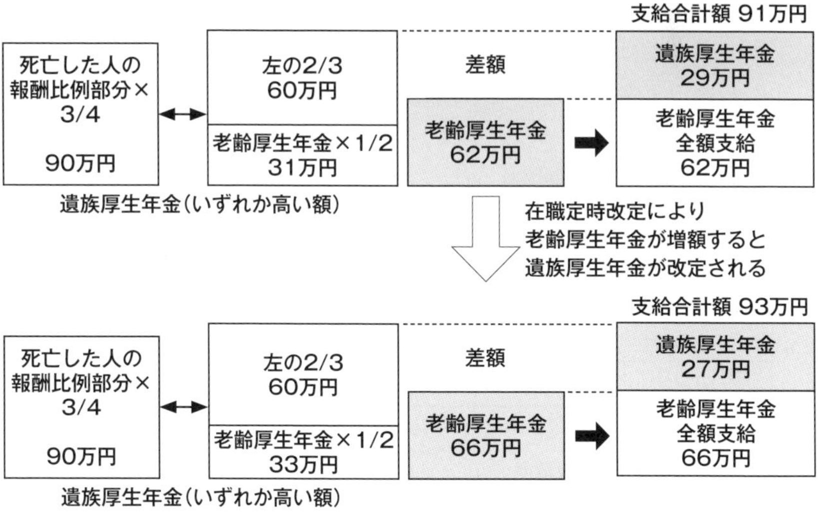

Ⅲ 退職時改定

1 老齢厚生年金の退職時改定

～退職時には年金額の改定が行われる～

1 退職時改定のしくみ

老齢厚生年金の受給権者であって、厚生年金の被保険者であった人が退職し、その後被保険者になることなくその資格を喪失した日から起算して１カ月を経過したときは、年金額の増額改定が行われます。これを**退職時改定**といいます。**70歳**を過ぎてから退職するときは、70歳時点で年金額の増額改定が行われます。退職時改定は特別支給の老齢厚生年金においても行われます。

〈厚年法43③〉

2 退職時改定による年金額の改定時期

退職時改定による年金額の改定は、次の①～⑤のいずれかに該当するに至った日から起算して**１カ月を経過した日の属する月**から行われます。

①事業所または船舶に使用されなくなった日（**退職日**）

②任意適用事業所でなくなった日（厚生労働大臣の認可があった日）

③任意単独被保険者でなくなった日（厚生労働大臣の認可があった日）

④適用除外事由に該当した日

⑤70歳に達した日

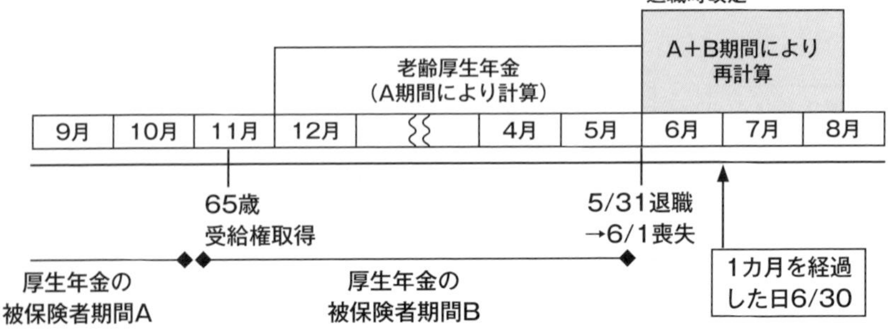

2 退職時改定と在職定時改定

～資格の再取得により在職定時改定が適用されることがある～

1 資格喪失日から１カ月以内に再度資格を取得していないとき

8月31日に退職したときは、在職定時改定の基準日である9月1日には厚生年金の被保険者でないため、在職定時改定は行われません。この場合において、資格喪失日から１カ月以内に再度資格を取得していなければ、退職時改定が行われます。

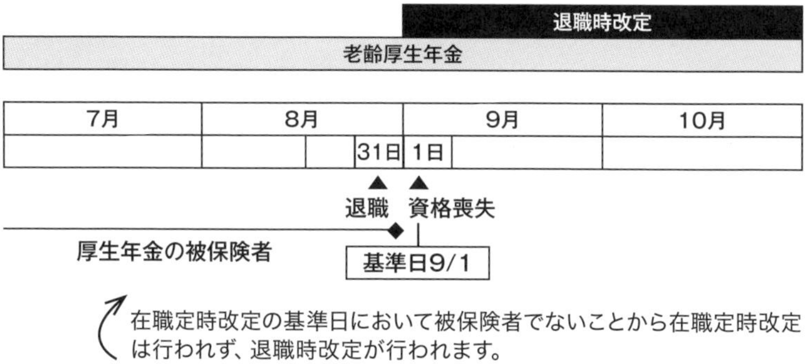

2 資格喪失日から１カ月以内に再度資格を取得したとき

上の１のケースにおいて、資格喪失日から１カ月以内に再度資格を取得したときは、在職定時改定が行われます。

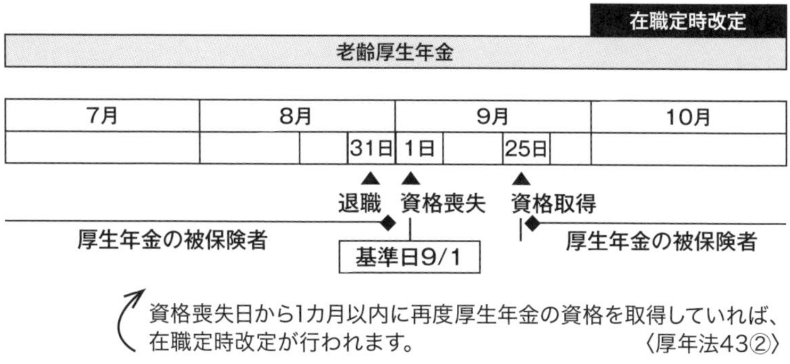

3 繰上げ受給している人の改定

～繰上げ支給の老齢厚生年金を受給している人の改定時期は状況による～

1 特別支給の老齢厚生年金が支給される人

(1) 支給開始年齢到達前に退職したとき

繰上げ支給の老齢厚生年金を受けながら在職している人（厚生年金の被保険者）が、特別支給の老齢厚生年金の支給開始年齢（特例支給開始年齢）に達する前に退職したときは、退職時改定は行われません。**特例支給開始年齢に達した時点**で、年金額の改定が行われます。

〈厚年法附15の2〉

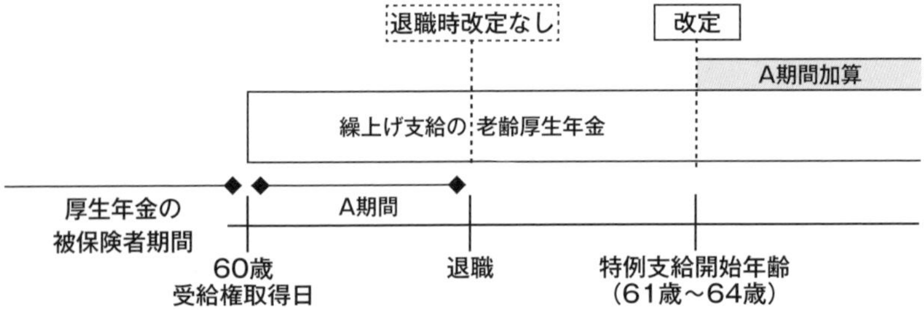

(2) 支給開始年齢時点で在職中のとき

繰上げ支給の老齢厚生年金を受けながら在職している人（厚生年金の被保険者）が、特別支給の老齢厚生年金の支給開始年齢（特例支給開始年齢）になったときは、**特例支給開始年齢に達した時点**で、年金額の改定が行われます。

〈厚年法附13の4⑤〉

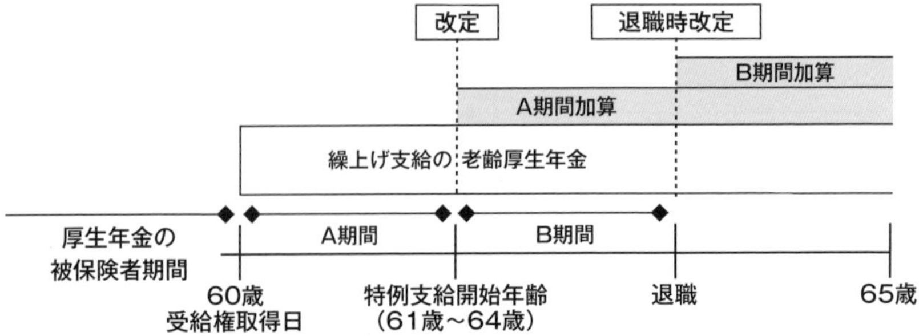

(3) 65歳を過ぎてから退職したとき

繰上げ支給の老齢厚生年金を受けながら65歳になるまで在職している人（厚生年金の被保険者）は、**65歳時点**で年金額の改定が行われます。この場合、65歳に達する日の属する月前の厚生年金の被保険者期間を基に老齢厚生年金の額が改定されます。 〈厚年法附13の4⑥〉

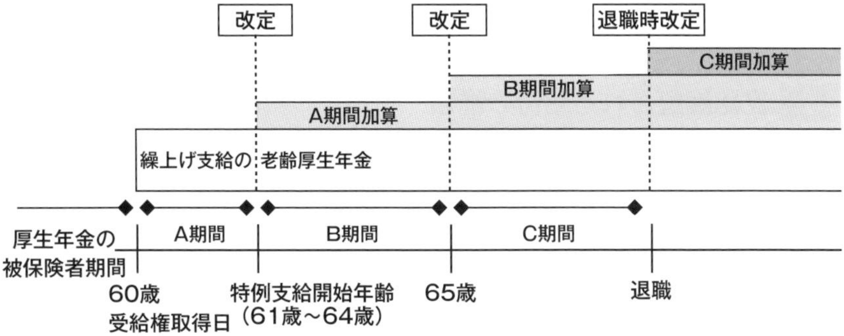

2 特別支給の老齢厚生年金が支給されない人

特別支給の老齢厚生年金が支給されない人（昭和36年4月2日以後生まれの男子と第2～4号厚生年金期間のある女子、昭和41年4月2日以後生まれの第1号厚生年金期間のある女子など）が、**繰上げ支給の老齢厚生年金**を受けながら在職し65歳前に厚生年金の資格を喪失したときは、**65歳時点**で年金額の改定が行われます。 〈厚年法附7の3⑤〉

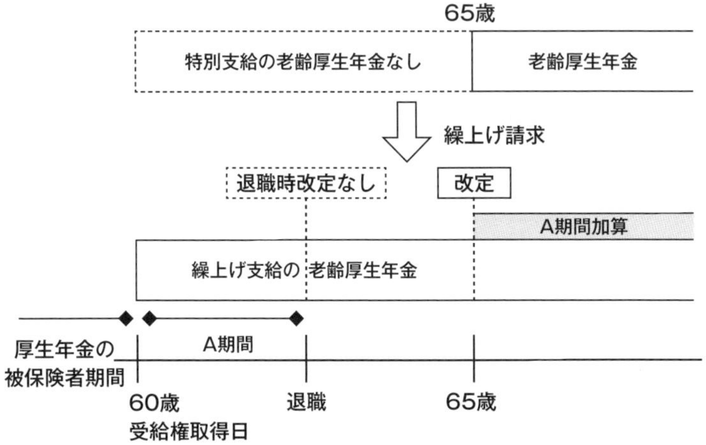

7 雇用保険との調整

I 雇用保険の給付と年金の調整

1 雇用保険の給付と年金の調整
~65歳前の老齢厚生年金は雇用保険の給付と調整される~

1 支給調整される給付の種類

65歳前の老齢厚生年金と雇用保険法の**基本手当**が同時に受けられるときは、雇用保険法による給付が優先され、65歳前の老齢厚生年金の支給が停止される調整が行われます。〈厚年法附11の5〉

また、厚生年金の被保険者であり、老齢厚生年金を受けている人が雇用保険の**高年齢雇用継続給付**を受けることができるときは、在職による年金の支給停止に加えて年金の一部が支給停止されます。〈厚年法附11の6〉

2 調整の対象となる給付

調整の対象となる年金は65歳前に支給される老齢厚生年金です。特別支給の老齢厚生年金のほか、繰上げ支給の老齢厚生年金、経過的な繰上げ支給の老齢厚生年金においても、雇用保険との調整が行われます。

雇用保険法の保険給付は、基本手当、高年齢雇用継続基本給付金、高年齢再就職給付金が対象です。

■調整の対象になる年金と雇用保険給付

	65歳		□…調整の対象
厚生年金の給付	特別支給の老齢厚生年金	老齢厚生年金	
	繰上げ支給の老齢厚生年金	繰上げ支給の老齢厚生年金	
	65歳		
雇用保険の給付	基本手当	基本手当	
		高年齢求職者給付金	
	高年齢雇用継続基本給付金		
	高年齢再就職給付金

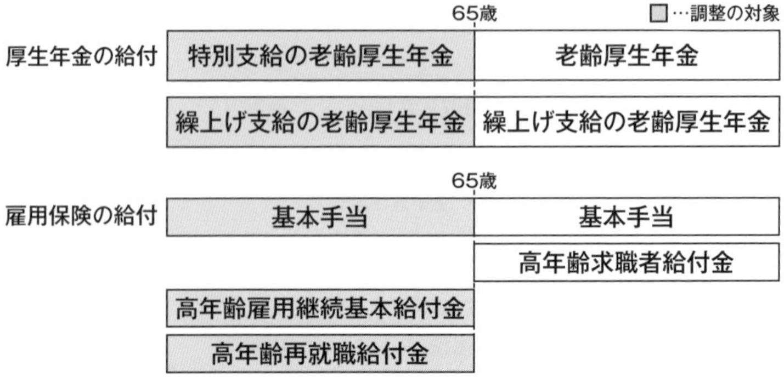

POINT!

65歳以後に支給される老齢厚生年金、障害厚生年金、遺族厚生年金は、雇用保険法による保険給付との調整の対象となりません。調整の対象となる雇用保険法による保険給付は、基本手当と高年齢雇用継続給付であり、他の求職者給付や就職促進給付は調整の対象となりません。

3 基本手当と高年齢求職者給付金

退職したときに受給できる雇用保険の給付は65歳を境に変わります。

64歳までの人に対して退職時に支給されるのは**基本手当**です。年齢と離職前6カ月の賃金総額に基づき基本手当日額が計算され、所定の日数分が支給されます。

それに対して、65歳以上で退職したときに支給されるのが**高年齢求職者給付金**です。基本手当日額に所定の日数分を掛けた額が一時金として支給され、その日数は基本手当より短いです（本章7Ｉ２）。

雇用保険法では、誕生日の前日に満年齢に達すると定められ、65歳の誕生日の前日から高年齢求職者給付金の対象になります。例えば、４月20日生まれの人が65歳になる前日の４月19日以後に退職すると高年齢求職者給付金の対象となります。65歳以後に受給する基本手当および高年齢求職者給付金は年金との調整はありません。

■基本手当と高年齢求職者給付金

離職日	雇用保険の給付	給付内容	年金との調整
65歳到達前 （65歳の誕生日の前々日以前）	基本手当	90日～360日分の 継続的な給付	あり （65歳前受給分）
65歳到達以後 （65歳の誕生日の前日以後）	高年齢求職者 給付金	50日または30日分の 一時金	なし

参考 雇用保険給付との調整

65歳前に支給される老齢厚生年金と雇用保険法による給付（基本手当および高年齢雇用継続給付）との調整は、平成10年4月1日以降に特別支給の老齢厚生年金の受給権を取得する人から適用されています。

2 基本手当受給による年金の支給停止

～求職の申込みをすると翌月から老齢厚生年金が全額停止になる～

1 基本手当と年金との調整

特別支給の老齢厚生年金（繰上げ支給の老齢厚生年金を含む。以下同じ）の受給権を持つ人が、失業の認定を受けるために公共職業安定所（ハローワーク）で**求職の申込み**をしたときは、その申込みをした月の**翌月**から、次のいずれかに該当する月まで、特別支給の老齢厚生年金は全額支給停止されます。この期間を**調整対象期間**といいます。

〈厚年法附 11 の 5〉

①基本手当を受ける期間（**受給期間**）が経過したとき

②**所定給付日数**に相当する日数分の基本手当の受給が完了したとき
（延長給付を受ける人は延長給付が終わったとき）

調整対象期間（2月～8月）

	12月	1月	2月	3月	4月	5月	6月	7月	8月	9月
基本手当			受給	受給	受給	受給	なし	なし	受給	
年金	支給	支給	停止	停止	停止	停止	支給	支給	停止	支給
		求職の申込み							受給終了	

2 基本手当を受給できる人

基本手当を受給することができるのは次のいずれにも該当する人です。

①失業していること（就労の意思と能力がある等の状態であること）

②離職の日以前２年間に雇用保険の被保険者期間が通算して 12 カ月以上（特定受給資格者等は、離職の日以前１年間に被保険者期間が通算して６カ月以上）あること

基本手当を受給するには、公共職業安定所（ハローワーク）に求職の申込みをし、受給資格が認められた人は、原則として４週間ごとに失業の認定（失業状態にあることの確認）を受ける必要があります。

3 雇用保険の基本手当の所定給付日数

(1) 基本手当

基本手当の所定給付日数は年齢等により区分されています。

■特定受給資格者以外の受給資格者の所定給付日数(自己都合・定年退職など)

被保険者期間であった期間／退職年齢	10年未満	10年以上20年未満	20年以上
全年齢	90日	120日	150日

※「被保険者期間」は雇用保険の被保険者期間(以下同じ)

■就職が困難な者である受給資格者の所定給付日数(障害がある人など)

被保険者期間であった期間／退職年齢	1年未満	1年以上
45歳未満	150日	300日
45歳以上65歳未満		360日

■特定受給資格者の所定給付日数※

被保険者期間であった期間／退職年齢	1年未満	1年以上5年未満	5年以上10年未満	10年以上20年未満	20年以上
30歳未満	90日	90日	120日	180日	−
30歳以上35歳未満		120日	180日	210日	240日
35歳以上45歳未満		150日		240日	270日
45歳以上60歳未満		180日	240日	270日	330日
60歳以上65歳未満		150日	180日	210日	240日

※受給資格にかかる退職日が令和7年3月31日までの間にある特定理由離職者(期間の定めのある労働契約の期間が満了し、かつ、その労働契約の更新がないことにより離職した人)は、特定受給資格者の所定給付日数が適用されます。

(2) 高年齢求職者給付金

高年齢求職者給付金は基本手当日額に次の日数分を掛けた額が一時金として支給されます。

被保険者期間であった期間／退職年齢	1年未満	1年以上
65歳以上	30日分	50日分

※高年齢求職者給付金の支給要件は、①失業していること、②離職の日以前1年間に雇用保険の被保険者期間が通算して6カ月以上あることです。

3 年金が支給停止されないとき

～調整対象期間であっても老齢厚生年金が支給されるときがある～

1 支給停止されない場合

調整対象期間の各月において、**基本手当の支給を受けたとみなされる日**および**これに準ずる日**が１日もない月があったときは、その月の老齢厚生年金が支給されます。　〈厚年法附 11 の 5〉

2 基本手当の支給を受けたとみなされる日

基本手当は失業している日に支給されます。しかし、雇用保険の支給記録において基本手当を受けた具体的な日が明らかでないため、失業認定日（失業状態を確認する日）直前の各日にあるとみなして並べ替えることにより、その月に基本手当を受けた日があるか否かを判断します。これを**基本手当の支給を受けたとみなされる日**といいます。

〈厚年則 34 の 3〉

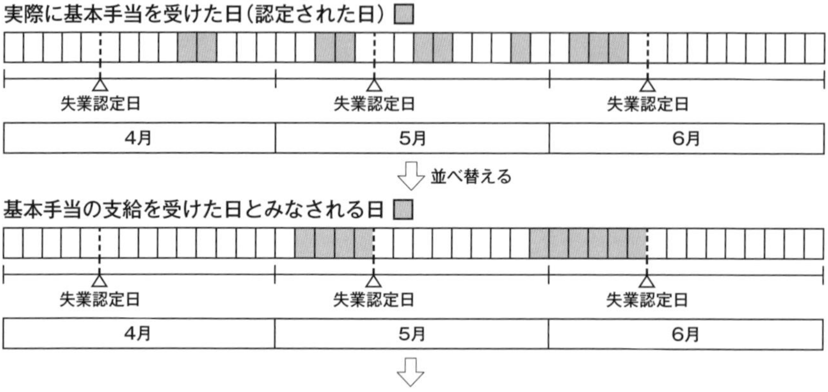

年金の支給または支給停止の判断

4月	5月	6月
基本手当の支給を受けた日とみなされる日「なし」	「あり」	「あり」
年金は支給	支給停止	支給停止

4月は実際には基本手当を受けていますが、失業認定日の直前の日に並べ替えることにより、「基本手当の支給を受けたとみなされる日」がない月となり、年金が支給されます。

3 これに準ずる日

これに準ずる日とは、雇用保険の待期、給付制限（職業紹介拒否、離職事由等）の規定により基本手当を支給しないこととされる期間のことをいいます。〈厚年令6の4〉

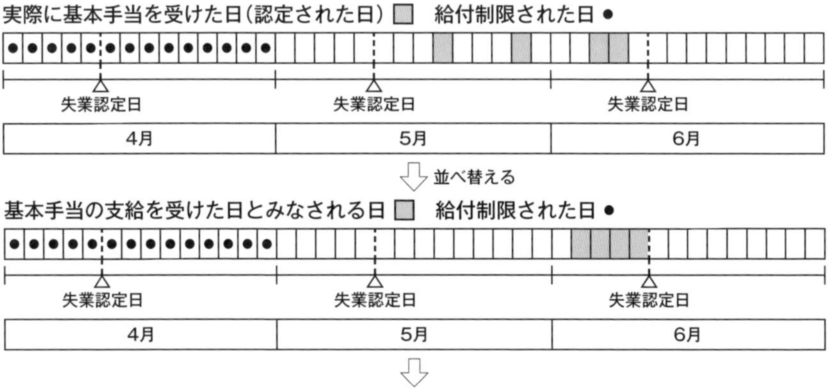

年金の支給または支給停止の判断

4月	5月	6月
基本手当の支給を受けた日とみなされた日「なし」準ずる日「あり」	みなされた日「なし」準ずる日「なし」	みなされた日「あり」準ずる日「なし」
年金は支給停止	支給	支給停止

参考 待期期間と給付制限

基本手当の支給には、いくつかのルールがあります。まず、求職の申込みを行った日から通算して7日間が待期期間とされ、この期間中は雇用保険の基本手当は支給されません。この待期期間は、離職の理由に関係なく一律に適用されます。さらに、待期期間が終了した後でも、一定の期間、基本手当の支給が制限されることがあります（給付制限）。正当な理由なく自己都合により退職したときは、待期期間終了後に更に3カ月間の給付制限が適用されます。なお、令和２年10月１日以後の正当な理由がない自己都合による退職は、５年間のうち２回までは給付制限期間が２カ月に短縮されています。

4 支給停止が解除されるとき(事後精算)

～基本手当の受給期間経過後に事後精算が行われる～

1 基本手当の事後精算

調整対象期間の各月のうちに基本手当を受けた日が１日でもある月は年金の全額が支給停止されるため、基本手当を受けた日数の合計が同じであっても、月をまたいで基本手当を受けたかどうかによって、年金が支給停止される月数に違いが出る場合があります。

そのため、基本手当の受給期間が経過した日（または所定給付日数を受け終わった日）以降に調整が行われ、過去に遡って年金が支払われることがあります。これを**事後精算**といいます。〈厚年法附 11 の５〉

2 事後精算のしくみ

支給停止されていた年金のうち、次の式で計算した支給停止解除月数が**１以上**であるときは、相当する月分の支給停止が解除されます。支給停止の解除は、直近の年金停止月より順に過去に遡って行われます。

$$支給停止解除月数 = 年金支給停止月数 - \frac{基本手当の支給を受けたとみなされる日数}{30}$$

※「基本手当の支給を受けたとみなされる日数／30」の1未満は切上げ

計算事例

・年金支給停止月：５カ月
・基本手当の支給を受けたとみなされる日数：100日

分子に「準ずる日」は含まない

$$支給停止解除月数 = 5カ月 - \frac{100日}{30日} = 5 - 4 = 1カ月$$

100÷30＝3.33･･･＝4（1未満切上げ）

→１カ月分の老齢厚生年金が遡って支給されます。

参考 事後精算

基本手当の受給期間中に、求職活動を行わない旨の申立てを行った場合においても、基本手当の受給期間が経過した日以降に事後精算（給付制限期間を含む）が行われます。

3 受給資格決定後に失業の認定が行われないとき

求職の申込みを行い基本手当の受給資格が決定された後、失業の認定日に失業認定を受ける手続きを行わなかったときは、基本手当を受けている日が1日もない状態になります。このような場合は年金の支給停止が解除されますが、支払いは定期支払いではなく、1カ月分の年金が3カ月後に支払われる暫定的は支払方法です。

例えば、2月に基本手当の受給日数（基本手当の支給を受けたとみなされる日、準ずる日）が0日であったことは3月の失業認定日に確定します。その後、4月中に公共職業安定所から日本年金機構に連絡が入り、機構は5月支払い分の情報を修正し、2月分の年金は5月15日に支払われます。なお、2月が給付制限期間等であれば、事後精算の方法によって支給停止が解除されます。

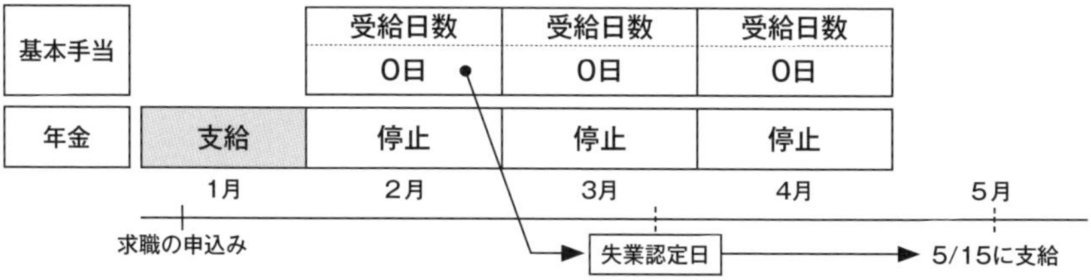

7 雇用保険との調整

Ⅱ 高年齢雇用継続給付との調整

1 高年齢雇用継続給付

～60歳以上65歳未満の雇用保険の被保険者に支給される給付金がある～

1 高年齢雇用継続給付との調整

特別支給の老齢厚生年金の受給権者が、厚生年金の**被保険者である日が属する月**について、**高年齢雇用継続給付**の支給を受けることができるときは、在職老齢年金の調整に加えて高年齢雇用継続給付との調整が行われます。
〈厚年法附 11 の 6〉

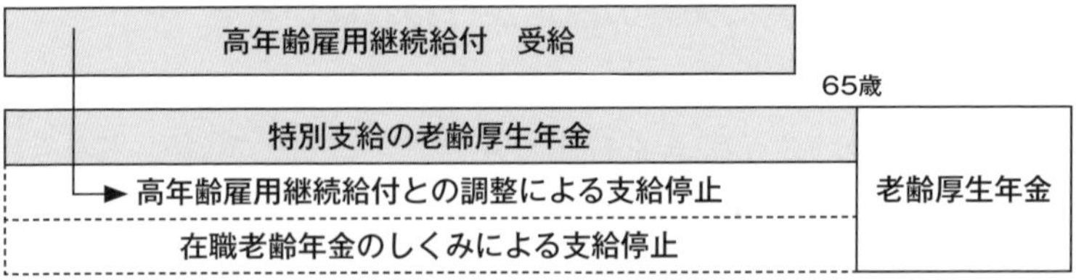

2 高年齢雇用継続給付の対象者と支給期間

高年齢雇用継続給付は、雇用保険の被保険者期間が５年以上ある 60 歳以上 65 歳未満の雇用保険の被保険者に対して、原則として 60 歳到達時の賃金から 75％未満に低下した状態で働くときに支給されます。60 歳の時点で雇用保険の被保険者期間が５年に満たないときは、５年を満たした時点の賃金が基準になります。
〈雇保法 61、61 の 2〉

(1) 高年齢雇用継続基本給付金

高年齢雇用継続基本給付金は、基本手当を受給せずに雇用保険に継続して加入している人に支給されます。支給期間は、被保険者が 60 歳に達した月から 65 歳に達する月までです。ただし、60 歳時点において、雇用保険に加入していた期間が５年に満たない場合は雇用保険に加入していた期間が５年となるに至った月から 65 歳に達する月までが支給期間となります。
〈雇保法 61 ①②〉

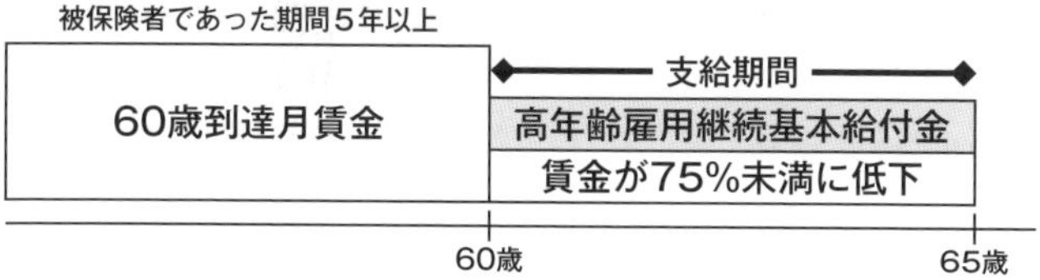

（2）高年齢再就職給付金

高年齢再就職給付金は、基本手当を受給後に所定給付日数を 100 日以上残して 60 歳以後に再就職したときに支給されます。支給期間は就職日の属する月（就職日が月の途中のときは翌月）から１年または２年を経過する日の属する月まで（65 歳到達月が限度）です。〈雇保法 61 の２〉

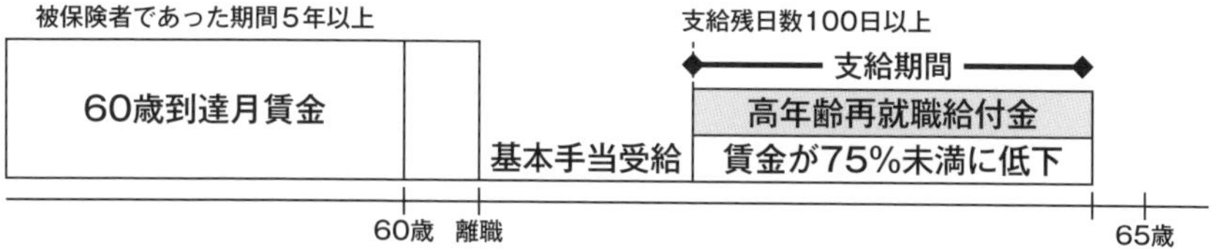

3 高年齢雇用継続給付の給付額

高年齢雇用継続給付の給付額は、支払われた賃金額が 60 歳到達時賃金の**61%未満**のときには、支払われた賃金額の**15%相当額**が支給され、60 歳到達時賃金の**61%以上 75%未満**のときには、賃金額に応じて給付額が**15%から逓減**するしくみです。例えば、60 歳到達時賃金が月額 30 万円、60 歳以後の賃金が 18 万円に低下したときは、60%低下しているので、18 万円の 15%に相当する額である 27,000 円の高年齢雇用継続基本給付金が支給されます。〈雇保法 61 ⑤〉

なお、次の場合には支給されません。①②の額は令和５年８月１日から適用され、毎年変更されます。

①各月の賃金が支給限度額（370,452 円）以上のとき

②給付額として算定された額が最低限度額（2,196 円）を超えないとき

POINT!

60歳到達時賃金とは、60歳に到達前６カ月間の賃金の合計額を180で割って得た額（賃金日額）に30を掛けたものでみなし賃金月額ともいいます。

2 高年齢雇用継続給付受給による年金の支給停止

～高年齢雇用継続給付により標準報酬月額の一定割合の年金が停止される～

1 高年齢雇用継続給付と年金との調整

老齢厚生年金と高年齢雇用継続給付との具体的な調整のしくみは、次のとおりです。調整による支給停止額が在職老齢年金による調整後の年金支給額（加給年金額を除く）を超える場合は、特別支給の老齢厚生年金の全額が支給停止されます。〈厚年法附 11 の 6①⑧〉

① 標準報酬月額が60歳到達時賃金の61%未満のとき

$$支給停止額=標準報酬月額\times\frac{6}{100}$$

② 標準報酬月額が60歳到達時賃金の61%以上75%未満のとき

$$支給停止額=標準報酬月額\times調整率$$

$$※調整率(\%)=\frac{-183Y+13{,}725}{280Y}\times100\times\frac{6}{15}$$

Y（標準報酬月額低下率）＝標準報酬月額÷60歳到達時賃金×100

参考 調整率の計算事例

60歳到達賃金40万円、60歳以後の標準報酬月額26万円のとき

Y＝26万円÷40万円×100＝65

$$※調整率(\%)=\frac{-183\times65+13{,}725}{280\times65}\times100\times\frac{6}{15}=4.0219780$$

（小数点第7位未満は切捨て）

2 支給停止されない場合

次の場合には、高年齢雇用継続給付が支給されないため、老齢厚生年金の支給調整は行われません。〈厚年法附 11 の 6⑥〉

① 標準報酬月額が60歳到達賃金の75%以上であるとき

② 標準報酬月額が高年齢雇用継続給付の支給限度額以上であるとき

■高年齢雇用継続給付の雇用支給率および年金停止率の簡易表　（単位:%）

賃金割合	給付金支給率	年金停止率	賃金割合	給付金支給率	年金停止率	賃金割合	給付金支給率	年金停止率
75%以上	0.00	0.00	70.00	4.67	1.87	65.00	10.05	4.02
74.50	0.44	0.18	69.50	5.17	2.07	64.50	10.64	4.26
74.00	0.88	0.35	69.00	5.68	2.27	64.00	11.23	4.49
73.50	1.33	0.53	68.50	6.20	2.48	63.50	11.84	4.73
73.00	1.79	0.72	68.00	6.73	2.69	63.00	12.45	4.98
72.50	2.25	0.90	67.50	7.26	2.90	62.50	13.07	5.23
72.00	2.72	1.09	67.00	7.80	3.12	62.00	13.70	5.48
71.50	3.20	1.28	66.50	8.35	3.34	61.50	14.35	5.74
71.00	3.68	1.47	66.00	8.91	3.56	61%未満	15.00	6.00
70.50	4.17	1.67	65.50	9.48	3.79			

POINT!

老齢厚生年金と高年齢雇用継続給付との調整では、賃金月額ではなく標準報酬月額を基準にして調整が行われます。また、60歳到達時賃金に賞与は反映されないため、総報酬月額相当額は用いません。

3　2以上の種別の特別支給の老齢厚生年金の受給権者

２以上の種別の特別支給の老齢厚生年金と、高年齢雇用継続給付との調整は、停止額に各種別の合計額に対する各種別の額の占める割合を乗じて得た額が、各種別の年金の停止額として計算されます。それぞれに、在職老齢年金の調整による停止額に、高年齢雇用継続給付による停止額を含めて計算が行われます。　〈厚年法附 19、厚年令８の４〉

参考　令和７年度以降の改正

令和７年度からの高年齢雇用継続給付制度の給付率の上限が、賃金額の15%から10%に縮小されます。それに伴い、年金停止率も最大で標準報酬月額の４%となります。さらに、令和12年度以降60歳に到達する人から、この給付の適用対象外となる方向で制度の改正が予定されています。

8 老齢給付の併給調整

1 老齢基礎年金と国民年金の他の給付との併給調整

～年金制度では1人1年金が大原則だが例外もある～

1 1人1年金の原則

昭和61年4月1日からの新年金制度においては、支給事由が同じである基礎年金と上乗せとなる厚生年金が一体の年金として支給されています。この制度では、同じ人が複数の異なる支給事由に基づく年金の受給権を有するときには、受給権者の選択により、1つの年金のみを受給することになります。それにより、他の年金は支給停止となり、**1人1年金**の原則に基づいた併給の調整が行われます。ただし、**65歳以上**であるときには、例外があります。 〈国年法20①、同法附9の2の4ほか〉

2 老齢基礎年金の併給調整の原則と例外

老齢基礎年金は**同一の支給事由**である老齢厚生年金と併給されます。受給権者が65歳以上のときは、老齢基礎年金と遺族厚生年金、老齢基礎年金と老齢厚生年金および遺族厚生年金が併給されます。

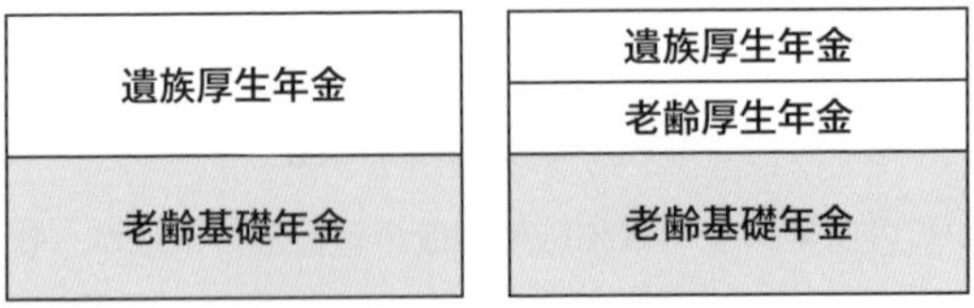

参考 老齢給付の同一の支給事由

老齢基礎年金、老齢厚生年金、退職共済年金、旧国民年金法の老齢給付、旧厚生年金保険法による老齢給付は、同一の支給事由です。

3 老齢基礎年金と国民年金の他の給付との併給調整

老齢基礎年金と国民年金法の他の給付との併給調整は次のとおりです。

		国民年金の給付				
		老齢基礎年金		障害基礎年金	遺族基礎年金	寡婦年金
		65歳未満	65歳以上			
老齢基礎年金	65歳未満	—	—	選択	選択	老齢基礎年金を受給
	65歳以上	—	—	選択	選択	—

POINT!

老齢基礎年金の支給繰上げをした人は寡婦年金の受給権を取得できません。寡婦年金の受給権者が支給繰上げを行うと寡婦年金は失権します。

4 旧国民年金法の老齢年金の併給調整

旧国民年金法の老齢年金と国民年金の給付の併給調整は次のとおりです。

		国民年金の給付				
		老齢基礎年金		障害基礎年金	遺族基礎年金	寡婦年金
		65歳未満	65歳以上			
通算老齢年金 老齢年金	65歳未満	—	—	選択	選択	選択
	65歳以上	—	—	選択	選択	—

参考 選択受給のしくみ

複数の年金が支給されるときは、まずはすべての年金の支給が停止されます。その後、受給権者が受け取る年金を選択して支給停止を解除する申請を行います。選択した年金を受け取る間は他の年金の支給は停止されます。この場合、支給停止されている年金の受給権は消滅しません。また、受給権者は、将来に向かっていつでも受給する年金を変更することができます。 〈国年法20、20④〉

選択関係にある2つ以上の年金を受けられるようになったとき
年金受給選択申出書(様式第201号)▶巻末資料Ⅱ・12

2 老齢基礎年金と厚生年金の給付との併給調整

～65歳以上の老齢基礎年金と遺族厚生年金は併給される～

1 老齢基礎年金と厚生年金の給付との併給調整

老齢基礎年金と厚生年金の給付との併給調整は次のとおりです。

		厚生年金（共済年金）の給付				
		老齢厚生年金		障害厚生年金		遺族厚生年金
		65歳未満	65歳以上	1・2級	3級	
老齢基礎年金	65歳未満	併給	—	選択	選択	選択
	65歳以上	—	併給	選択	選択	併給

2 繰上げ支給の老齢基礎年金の併給調整

繰上げ支給の老齢基礎年金の受給権者は、65 歳未満であるときには、遺族厚生年金を併せて受給することができません。例えば、60 歳から繰上げ支給の老齢基礎年金を受給している人が、62 歳のときに遺族厚生年金の受給権を取得したときは、65 歳になるまでの間は老齢基礎年金と遺族厚生年金のどちらか一方を選んで受給します。遺族厚生年金を受給すれば繰上げ支給の老齢基礎年金の支給は停止されます。

65 歳になれば遺族厚生年金と老齢基礎年金は併給されます。その際の老齢基礎年金の額は支給繰上げにより減額された金額のままです。

3 旧国民年金法の老齢年金と通算老齢年金

旧国民年金法の老齢年金と通算老齢年金についても、受給権者が 65 歳以上であるときは、遺族厚生年金が併せて支給されます。

遺族厚生年金
旧国民年金法の老齢年金

3 老齢基礎年金と旧法の給付との併給調整

～65歳以上の老齢基礎年金と旧法の遺族年金は併給される～

1 老齢基礎年金と旧厚生年金保険法の給付との併給調整

老齢基礎年金と旧厚生年金保険法の給付との併給調整は次のとおりです。〈法附則（60）11 ほか〉

<table>
<tr><td colspan="2" rowspan="3"></td><td colspan="4">旧厚生年金保険法の給付</td></tr>
<tr><td colspan="2">老齢年金・退職年金</td><td rowspan="2">障害年金
1～3級</td><td rowspan="2">遺族年金
通算遺族年金</td></tr>
<tr><td>65歳未満</td><td>65歳以上</td></tr>
<tr><td rowspan="2">老齢基礎年金</td><td>65歳未満</td><td>—</td><td>—</td><td>選択</td><td>選択</td></tr>
<tr><td>65歳以上</td><td>—</td><td>—</td><td>選択</td><td>併給</td></tr>
</table>

2 老齢基礎年金と旧厚生年金保険法の遺族年金の併給調整

（1）65歳未満

旧厚生年金保険法の年金の受給権者が老齢基礎年金の受給権を有したときは、併給調整により選択受給となるのが原則です。〈法附則（60）56〉

繰上げ支給の老齢基礎年金 ←選択→ 旧厚生年金保険法の遺族年金

（2）65歳以上

65歳以上は、旧厚生年金保険法による遺族年金と老齢基礎年金は特例的に併給されます。例えば、昭和61年4月1日前の夫の死亡により旧厚生年金保険法の遺族年金を受給している人が65歳に達し、自身の老齢基礎年金と老齢厚生年金の受給権を取得したときは、旧厚生年金保険法の遺族年金と老齢基礎年金、または、老齢厚生年金と老齢基礎年金のいずれかの組み合わせを選択して受給します。

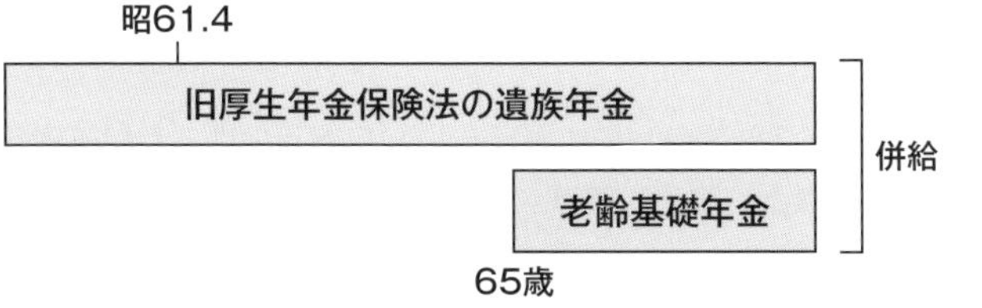

4 老齢厚生年金と国民年金法の給付との併給調整

～65歳以上の老齢厚生年金と老齢基礎年金・障害基礎年金は併給される～

1 老齢厚生年金と国民年金の給付との併給調整

老齢厚生年金と、国民年金の給付との併給調整は次のとおりです。

〈厚年法38①、同法附17〉

		国民年金の給付					
		老齢基礎年金		障害基礎年金		遺族基礎年金	寡婦年金
		65歳未満	65歳以上	65歳未満	65歳以上		
老齢厚生年金	65歳未満	併給	―	選択	―	選択	選択
	65歳以上	―	併給	―	併給	選択	―

2 老齢厚生年金の併給調整の原則

老齢厚生年金は、同一の支給事由である老齢基礎年金とは併給されます。

老齢厚生年金	老齢厚生年金	（繰上げ）老齢厚生年金
老齢基礎年金	（繰上げ）老齢基礎年金	（繰上げ）老齢基礎年金

3 老齢厚生年金の併給調整の例外

受給権者が65歳以上のときは、障害基礎年金と老齢厚生年金は併給されます。

老齢厚生年金
障害基礎年金

POINT!

老齢厚生年金（2階部分）の1階部分になり得るのは、老齢基礎年金と障害基礎年金（65歳以上に限る）です。

5 老齢厚生年金と厚生年金の他の給付との併給調整

～複数の種別の老齢厚生年金は併給される～

1 老齢厚生年金と厚生年金の他の給付との併給調整

老齢厚生年金と、他の厚生年金の給付との併給調整は次のとおりです。

		厚生年金（共済年金）の給付				
		老齢厚生年金		障害厚生年金		遺族厚生年金
		65歳未満	65歳以上	1・2級	3級	
老齢厚生年金	65歳未満	併給 複数の種別の老齢厚生年金（退職共済年金）は併給		選択	選択	選択
	65歳以上			選択	選択	併給

2 複数の種別の老齢厚生年金

複数の種別の老齢厚生年金は、同一の支給事由であるため併給されます。例えば、第１号特別支給の老齢厚生年金と第２号特別支給の老齢厚生年金は同時に受給することができます。

3 65歳以上の老齢厚生年金と遺族厚生年金の併給

65歳以上は老齢厚生年金と遺族厚生年金が併給されます。例えば、遺族厚生年金を受給する遺族が配偶者のときは、老齢厚生年金の２分の１と遺族厚生年金の３分の２の組み合わせで受給することができます。退職共済年金と遺族厚生年金の組み合わせも、同様に退職共済年金の２分の１と遺族厚生年金の３分の２の額が併給されます（第４章②Ⅱ３）。

老齢厚生年金の２分の１
遺族厚生年金の３分の２
老齢基礎年金

老齢厚生年金の２分の１
遺族厚生年金の３分の２
障害基礎年金

6 老齢厚生年金と旧法の給付との併給調整

～旧国民年金法の障害年金と65歳以上の老齢厚生年金は併給される～

1 老齢厚生年金と旧法国民年金の給付との併給調整

老齢厚生年金と旧国民年金法の給付との併給調整は次のとおりです。

〈法附則（60）56〉

		旧国民年金法の給付					
		老齢年金		障害年金1・2級		母子・遺児・寡婦年金	老齢福祉年金
		65歳未満	65歳以上	65歳未満	65歳以上		
老齢厚生年金	65歳未満	—	—	選択	—	選択	—
	65歳以上	—	—	選択	併給	選択	—

2 旧国民年金法の障害年金との併給

昭和61年4月1日前の旧法による年金給付の受給権を有している人が新たに新法による年金給付の受給権を取得したときは、原則として、いずれか一方を選択して受給しますが、例外的に受給権者が65歳以上であるときには、旧国民年金の障害年金と老齢厚生年金（退職共済年金）が併給されます（平成18年4月から）。

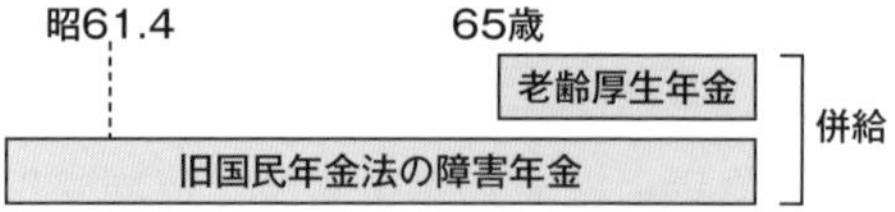

3 老齢厚生年金と旧厚生年金保険法の給付との併給調整

原則として同一支給事由の年金以外は選択受給です。

		旧厚生年金保険法の給付			
		老齢年金 通算老齢年金	障害年金		遺族年金 通算遺族年金
			1・2級	3級	
老齢厚生年金	65歳未満	併給	選択	選択	選択
	65歳以上	併給	選択	選択	選択

第3章

障害年金

1 障害基礎年金

Ⅰ　障害基礎年金の初診日の要件

1 障害基礎年金の初診日の要件

～障害基礎年金を受給するには初診日の要件を満たす必要がある～

1　障害基礎年金の３要件

障害基礎年金は、①**初診日の要件**、②**保険料納付要件**、③**障害認定日の要件**のすべての要件を満たすときに支給されます。これらの要件を満たすときに支給される年金を**本来の障害基礎年金**といい、当然に受給権が発生します。〈国年法30〉

POINT!

本来の障害基礎年金の受給権は、３要件を満たした時点で当然に発生します。そして、裁定請求することにより、その受給権（基本権）が具体化するしくみです。本来の障害厚生年金も同様です（本章②Ⅰ１）。

2　障害基礎年金の初診日の要件

障害基礎年金を受給するには、初診日において次の①または②に該当することが要件とされています。

①国民年金の**被保険者**であること
②国民年金の**被保険者であった者**であって、**日本国内に住所**を有し、かつ、**60歳以上65歳未満**であること

POINT!

初診日とはその傷病（病気やケガ）で初めて医師または歯科医師の診療を受けた日のことをいいます。

日本国内に住所を有する20歳以上60歳未満の人は、国民年金の強制加入被保険者であるため、障害基礎年金の初診日の要件を満たします。また、20歳未満および60歳以上であっても、厚生年金に加入しているときは、原則として国民年金の第2号被保険者です（第1章②Ⅰ1）。

国民年金制度に加入していない60歳以上65歳未満の日本在住の人も障害基礎年金の対象です。なお、20歳未満で厚生年金の被保険者でない人にかかる20歳前の傷病に起因する障害は、20歳前傷病の障害基礎年金の対象となります（本章①Ⅲ）。

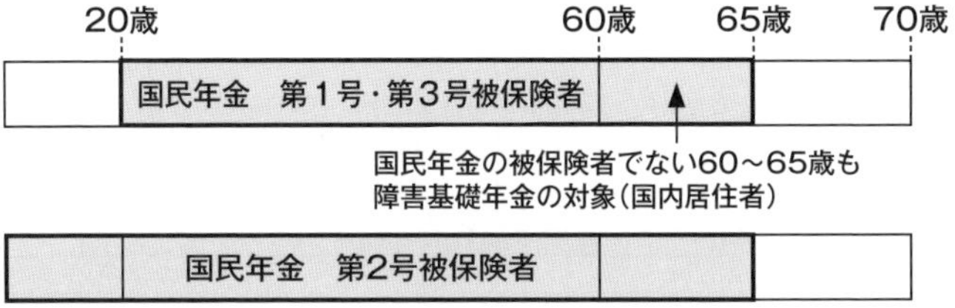

3 65歳以降の初診日

65歳以上の人が障害基礎年金の受給権を取得するには、初診日に国民年金の被保険者であることが必要です。例えば、66歳に初診日があるとき、初診日時点で厚生年金の被保険者であれば障害厚生年金の対象ですが、国民年金の第2号被保険者でなければ、障害基礎年金の受給資格はありません。

参考　旧厚生年金保険法の発病日主義

昭和61年4月1日前に受給権取得日があるものは旧法が適用され、同日以後は新法です。旧厚生年金保険法の障害年金は、厚生年金の被保険者期間中に発病していることを要件とする「発病日主義」が採用されていましたが、新法になってからは国民年金と同様に、初診日を要件とする「初診日主義」となりました。現在は、障害基礎年金や障害厚生年金を受給するための大前提として、初診日において被保険者であったこと等が求められます。

2 障害基礎年金の保険料納付要件(3分の2要件)

～3分の1以上の未納があると障害基礎年金は受給できない～

1 基本の要件(3分の2要件)

障害基礎年金を受給するには、**初診日の前日**において、初診日の属する**月の前々月**までに被保険者期間があるときは、その被保険者期間にかかる**保険料納付済期間**と**保険料免除期間**とを合算した期間が、該当する被保険者期間の**3分の2以上**である必要があります。つまり、被保険者期間の3分の1以上の未納期間がある場合には、保険料納付要件を満たしません。

〈国年法 30〉

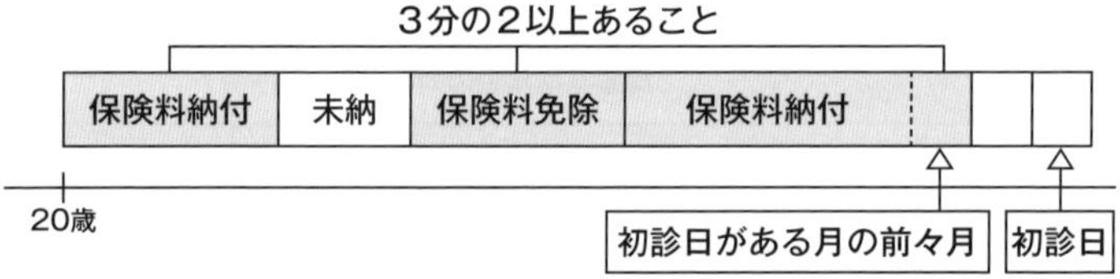

2 3分の2要件の計算方法

3分の2要件は、次の計算方法により判断されます。

$$\frac{\text{保険料納付済期間}+\text{保険料免除期間}}{\text{被保険者期間(納付すべき期間)}} \geqq \frac{2}{3}$$

POINT!

- 合算対象期間は被保険者期間に含めません。
- 計算するにあたって小数点まで計算のうえ「2/3＝0.6666」と比較します。
- 3号特例納付期間を有するときは、3号特例届出年月日が初診日前であるときに、保険料納付済期間にカウントされます。
- 全額免除期間(申請免除、学生納付特例、納付猶予期間)を有するときは、申請日が初診日前であるときに、保険料納付済期間にカウントされます。
- 一部申請免除期間を有するときは、免除期間分以外の納付年月日が初診日前であるときに、保険料納付済期間にカウントされます。

3 平成３年４月30日以前の初診日

平成３年４月30日以前に初診日があるときは、保険料納付要件の「初診日の前々月」の基準を「初診日がある月前の直近の**基準月**（１月、４月、７月、10月）の前月」の基準にして保険料納付状況が判断されます。

〈法附則(60)21〉

計算事例

計算事例１（原則）

初診日の前々月以前の被保険者期間の保険料納付状況を基に保険料納付要件の可否が判断されます。次のケースでは、被保険者期間７カ月のうち保険料納付済期間は５カ月なので、次の計算式により保険料納付要件を満たします。

$$\frac{5}{7} = 0.71 \geqq \frac{2}{3}$$

◆― この間の被保険者期間の保険料納付状況で判断 ―◆

令和2年5月	6月	7月	8月	9月	10月	11月	12月	令和3年1月	2月
未納	未納	納付	納付	納付	納付	納付	納付	納付	納付

20歳

初診日がある月の前々月（11月）

初診日（令和3年1月）

計算事例２（平成３年４月30日以前の初診日）

平成３年４月30日以前に初診日があるときは、「初診日の属する月前における直近の基準月の前月」以前の被保険者期間の保険料納付状況を基に保険料納付要件の可否が判断されます。次のケースでは、被保険者期間５カ月のうち保険料納付済期間は３カ月なので、次の計算式により保険料納付要件を満たしません。

$$\frac{3}{5} = 0.6 < \frac{2}{3}$$

◆― この間の被保険者期間の保険料納付状況で判断 ―◆

平成2年5月	6月	7月	8月	9月	10月	11月	12月	平成3年1月	2月
未納	未納	納付	納付	納付	納付	納付	納付	納付	納付

20歳

初診日がある月前の直近の基準月（10月）

初診日（平成3年1月）

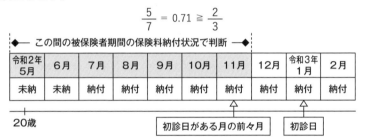

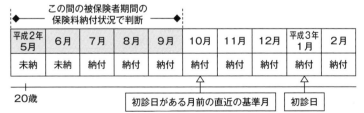

3 障害基礎年金の保険料納付要件(直近1年要件)

～令和8年4月1日前の初診日は特例的な要件が適用される～

1 特例の要件(直近1年要件)

初診日が**令和8年4月1日前**にあるときは、3分の2要件に該当しない場合でも、**初診日の前日**において、初診日の属する**月の前々月**までの**直近の1年間に保険料納付済期間および保険料免除期間以外**の被保険者期間がなければ、保険料納付要件を満たすものとされます。つまり、直近1年間の納付しなければならない期間に保険料の未納がなければ、保険料納付要件を満たします。ただし、この特例は**初診日において65歳未満**の人に限られています。 〈法附則(60)20〉

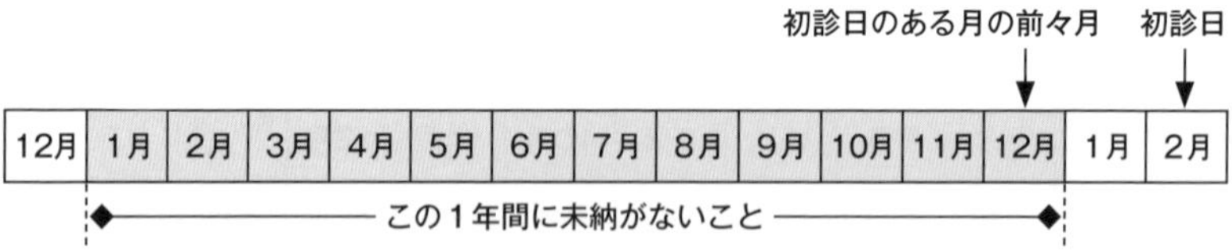

2 初診日に被保険者であるとき

直近1年要件において、初診日に被保険者であるときと被保険者でないときの扱いは異なります。初診日に被保険者である人には、国民年金の強制加入被保険者と任意加入被保険者が該当します。

(1) 20歳から60歳までの間に初診日があるとき

日本国内に居住している20歳以上60歳未満のすべての人が国民年金に加入しているため、この間の初診日であれば**初診日の属する月の前々月までの1年間**に基づいて保険料納付要件が判断されます。

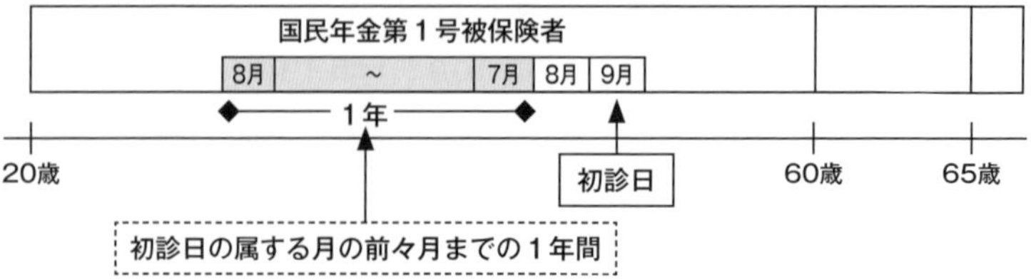

(2) 直近1年間に未加入期間があるとき

例えば、62歳のときに任意加入被保険者や厚生年金の被保険者となり、その間に初診日があるときは、**初診日の属する月の前々月までの１年間**に基づいて保険料納付要件が判断されます。この場合、60歳前に未納期間があっても、直近１年間に未納がなければ保険料納付要件を満たします。これは、直近１年間に未納期間がなければよいことが要件であって、未加入の期間が含まれていても問題がないことを意味します。

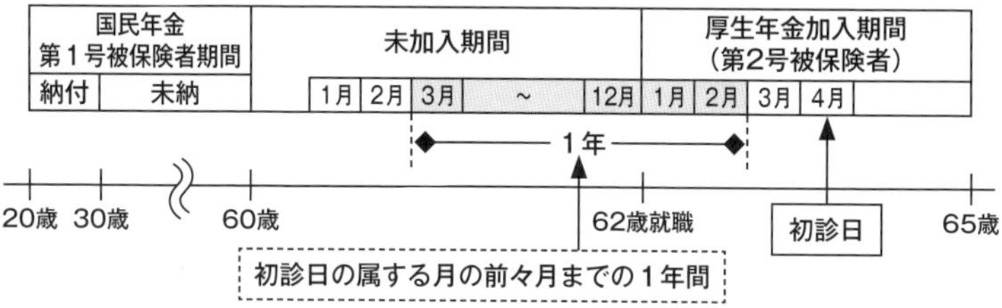

3 初診日に被保険者でなかったとき

初診日に被保険者でなかった人にかかる保険料納付要件の判断は、**初診日の属する月の前々月以前における直近の被保険者期間に係る月までの１年間**に基づいて行われます。対象になるのは、「国民年金の被保険者であった者であって、日本国内に住所を有し、かつ、60歳以上65歳未満であること」の要件に該当する人です。

例えば、国民年金に未加入の62歳のときに初診日があるときは、その人の直近の被保険者期間が60歳時点であれば、60歳の時点からの直近１年間の保険料の納付状況により保険料納付要件が判断されます。したがって、60歳までの直近１年間に未納があれば、保険料納付要件を満たしません。

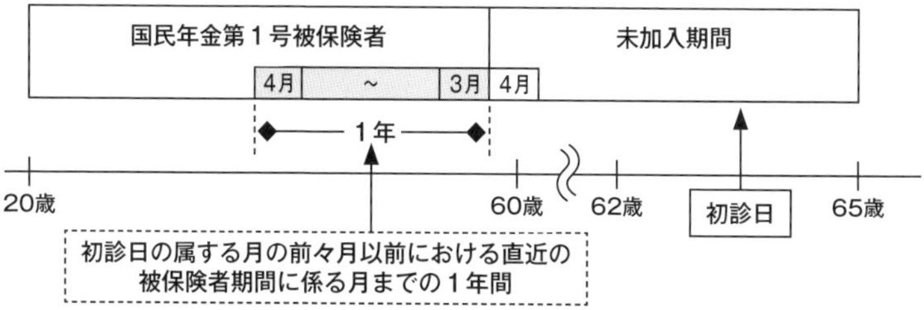

4 障害基礎年金の保険料納付要件が不要のとき

～保険料を納付すべき期間がなければ保険料納付要件は不問になる～

1 保険料を納付すべき期間

初診日の属する**月の前々月**までに国民年金保険料を納付しなければならない期間があるときは、**初診日の前日**時点で保険料納付要件を満たす必要があります。言い方を換えれば、初診日の属する月の前々月までに国民年金保険料を納付しなければならない期間がないときは、保険料納付要件の適用はありません。

例えば、**20 歳前に初診日**があるときは、保険料納付要件は必要ありません。国民年金制度には、原則として 20 歳から 60 歳まで加入するため、20 歳前には保険料の納付義務がないからです。

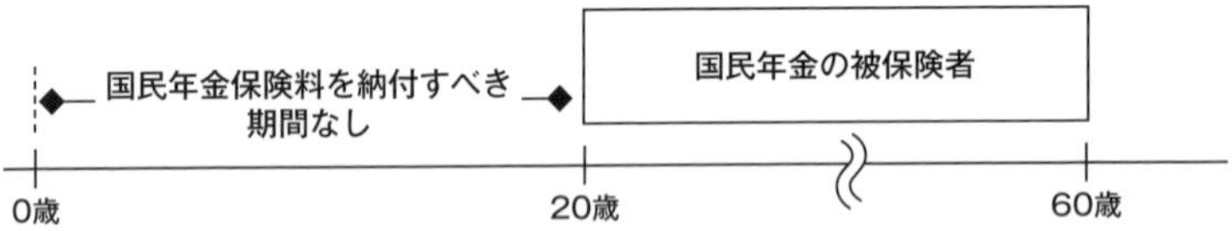

また、**20 歳以後の初診日**であっても、保険料を納付すべき期間がないケースもあります。例えば、8 月 2 日に 20 歳に到達した人は、20 歳になった 8 月分から国民年金保険料を納付します。その翌月の 9 月に事故に遭い、その日が初診日となったときは、9 月の前々月（7 月）までは国民年金保険料の納付義務がないため、保険料納付要件は不問です。

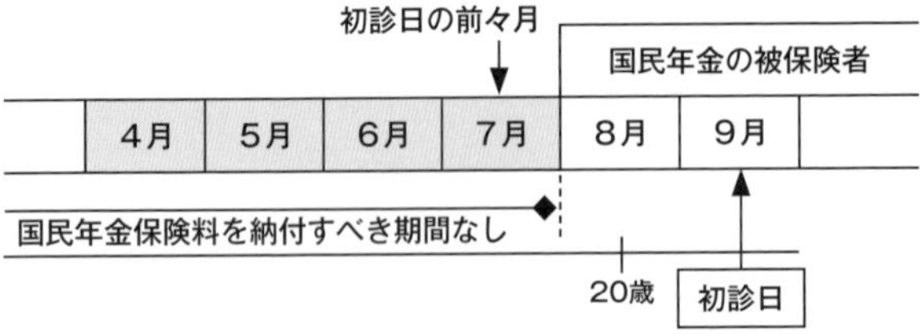

POINT!

障害厚生年金の保険料納付要件も障害基礎年金と同じしくみです。

2 初診日の前々月までの期間

障害基礎年金の保険料納付要件は、初診日の属する**月の前々月**までの保険料納付状況に基づいて評価されます。これは、国民年金保険料の**納付期限**が翌月末日であることに起因しており、初診日の前日において保険料の納付が確定しているのが、前々月までの保険料であるためです。したがって、初診日の属する月の前々月までに保険料を納付する義務があるときは、その納付状況が問われます。〈国年法 91〉

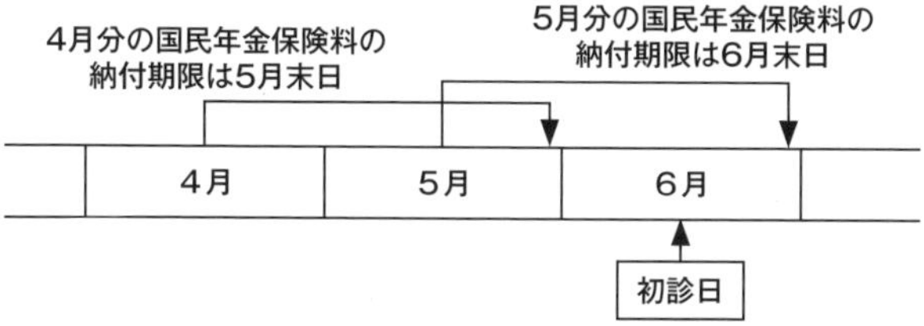

初診日時点で、納付が確定しているのは、前々月分(4月分)の国民年金保険料

POINT!

平成3年4月30日以前に初診日があるときは、「初診日がある月前の直近の基準月（1月、4月、7月、10月）の前月」までの被保険者期間により判断されます（本章1 I 2）。

3 初診日の前日までの納付

初診日の前日が基準とされている理由は、障害の原因となる事故や病気が生じた日以後に、遡って国民年金保険料を納付する逆選択を防ぐためです。事故等が生じた後に国民年金保険料を支払った月は、保険料納付要件においては未納期間とされます。

■ 6月2日が初診日のとき

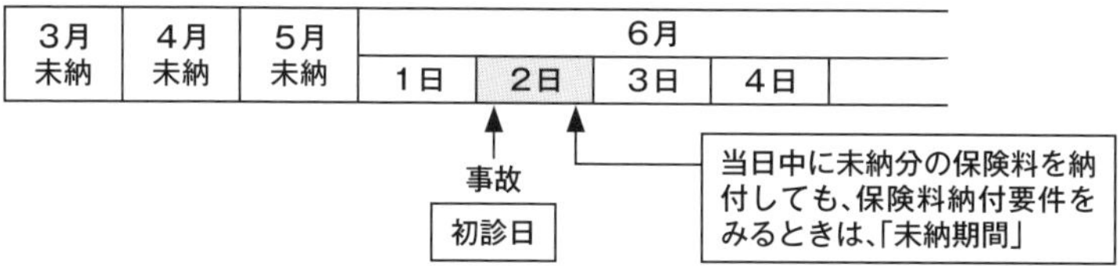

6月1日までに納付された国民年金保険料で保険料納付要件が確認されます。

5 障害基礎年金の障害認定日の要件

～障害認定日に一定の障害状態にあることが要件の1つ～

1 障害基礎年金の障害の状態の要件

障害基礎年金を受給するためには、**障害認定日**に**障害等級（1級または2級）**に該当する程度の障害の状態にあることが要件です。

〈国年法30①〉

障害認定日に障害等級に該当せず、その後その傷病が増進し障害等級に該当するようになったときは、事後重症による障害基礎年金の対象です（本章1Ｉ７）。

2 障害認定日

障害認定日とは障害の程度の認定を行う日のことをいいます。この日は、障害の原因となった傷病の**初診日**から**1年6月を経過した日**、またはその**期間内**に治った場合は**治った日**です。

初診日に**20歳未満**であった人については、障害認定日以後に20歳に達したときは**20歳に到達した日**、障害認定日が20歳に達した日後であるときは**障害認定日**における障害の状態が確認されます。

参考 1年6月を経過した日

初診日から1年6月を経過した日とは、1年6カ月後の応答日です。例えば、初診日が令和6年4月20日のときは、令和7年10月20日が障害認定日です。月末に初診日があるとき、例えば初診日が令和6年8月31日であれば、1年6月を経過した日は令和8年2月28日となります。

3 障害認定日の特例

初診日から1年6月を経過する前に、その傷病が治ったときは、**傷病が治った日**が障害認定日として扱われます。傷病の治った日には、**症状が固定しこれ以上の治療の効果が期待できない状態に至った日**を含みます。

具体的には、次の表のケースです。

■障害認定日の特例

障害認定日の特例になるケース		障害認定日	障害等級
人工透析療法	➡	透析を始めてから３カ月を経過した日	２級
人工骨頭または人工関節の挿入置換	➡	挿入置換した日	3級
人工肛門の造設または尿路変更術の手術	➡	造設日または手術日から６カ月経過した日	3級
新膀胱の造設	➡	造設した日	3級
心臓ペースメーカー、ICD（植込型除細動器）、人工弁の装着	➡	装着した日	3級
CRT（心臓再同期医療機器）、CRT-D（除細動器機能付心臓再同期医療機器）	➡	装着した日	２級
切断または離断による肢体の障害	➡	切断または離断した日（原則）	状態による
喉頭全摘出	➡	全摘出した日	２級
在宅酸素療法	➡	在宅酸素療法を開始した日	3級
脳血管疾患による肢体障害等で、医学的観点から、それ以上の機能回復がほとんど望めないと認められるとき	➡	初診から6カ月経過日以後で、左記の状態と認められる日	状態による
遷延性植物状態	➡	その状態に至った日から3カ月経過日以後の日で、医学的に機能回復がほとんど望めないと認められるとき	１級
現在の医学では、根本的治療方法がない疾病であり、今後の回復は期待できず、気管切開下の人工呼吸器（レスピレーター）使用、胃ろう等の恒久的な措置が行われており、日常の用を弁ずることができない状態であると認められるとき	➡	初診日から6カ月経過した日以後の日で、左記の状態と認められるとき	状態による

POINT!

初診日から１年６月を経過した日後に症状が固定化した場合、障害認定日は原則どおり、「初診日から１年６月を経過した日」です。

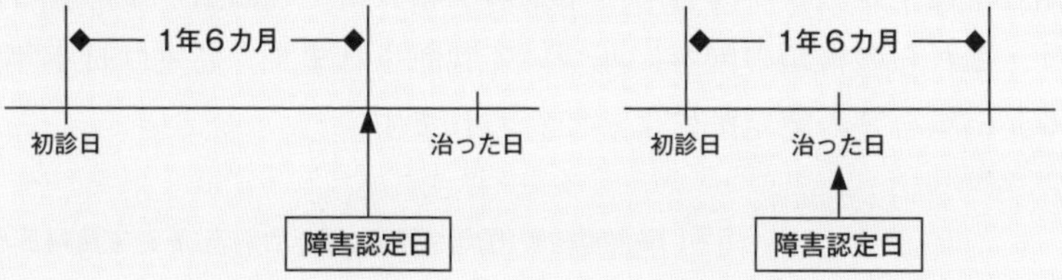

6 障害の程度と審査の基準（障害の程度）

～障害の程度は障害認定基準に定められている～

1 障害の程度

障害基礎年金には**1級**と**2級**があり、２級以上の障害状態と認定される必要があります。厚生年金の被保険者は、原則として国民年金の第２号被保険者でもあるため、１級または２級の障害厚生年金が支給されるときは障害基礎年金も併せて支給されます。〈国年法30②〉

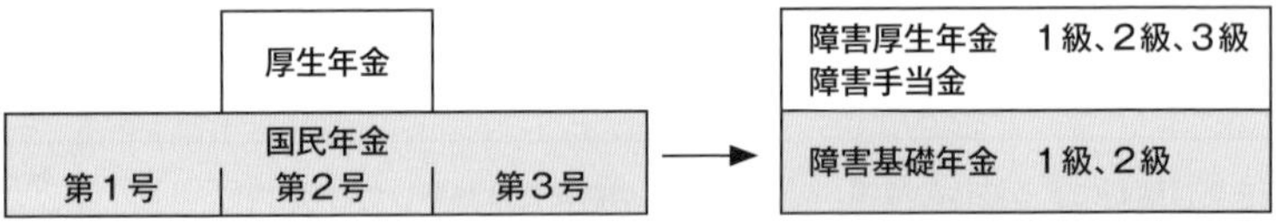

2 障害基礎年金・障害厚生年金の審査の基準

障害の程度は、国民年金法および厚生年金保険法に定められており、具体的な障害の認定基準は**国民年金・厚生年金保険障害認定基準**（「**認定基準**」という）によって規定され、これを基準として障害状態の認定が行われます。

認定基準は、医学の進歩や環境の変化に応じて随時更新され、最新の基準は日本年金機構のホームページで確認することができます。

国民年金・厚生年金保険 障害認定基準　検索

3 障害基礎年金・障害厚生年金を認定する人

年金請求時には医師の診断書や病歴・就労状況等申立書等を添付します。障害基礎年金および障害厚生年金の受給資格や、該当する障害等級などは、これらの書類の内容に基づいて判断されます。認定は日本年金機構や共済組合等の認定医によって行われます。

障害等級表（国年令別表、厚年令別表）▶巻末資料Ⅲ・9

7 障害認定日に障害の状態にないとき

～事後重症による障害基礎年金・基準障害による障害基礎年金がある～

1 事後重症による障害基礎年金

障害認定日に障害等級の１級または２級に該当する障害状態になかった人が、その後**65歳に達する日の前日まで**の間に障害等級の**１級または２級に該当**する障害の状態に至ったときは、その期間内（65歳に達する日の前日までの間）に障害基礎年金の支給を請求することができます。これを**事後重症による障害基礎年金**といい、請求があった日の属する月の**翌月**から支給が開始されます（本章④Ｉ２）。〈国年法30の2〉

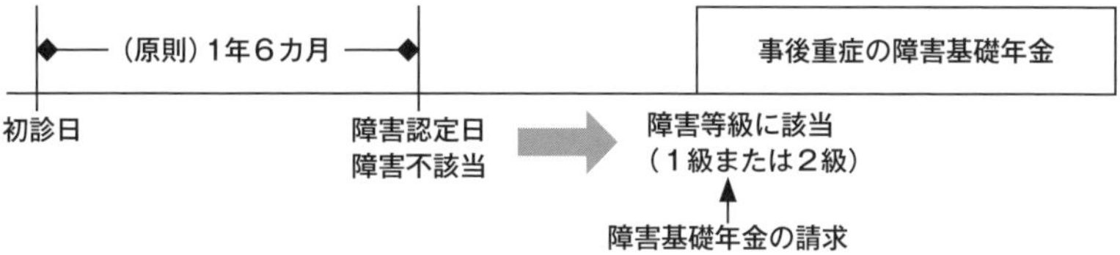

2 基準障害による障害基礎年金

２級に満たない障害がある人に、国民年金の被保険者期間中または60歳以上65歳未満で国内居住中に新たな傷病（**基準傷病**）が生じ、基準傷病の障害認定日以後**65歳に達する日の前日まで**の間に、基準傷病による障害（基準障害）と従前の障害を**併合**して、**初めて障害等級の１級または２級に該当**したときは、障害基礎年金の請求をすることができます。初めて２級以上の障害の程度に該当したときに受給権が発生し、請求があった日の属する月の**翌月**から支給が開始されます。これを**基準障害による障害基礎年金**といいます（本章④Ｉ３）。〈国年法30の3〉

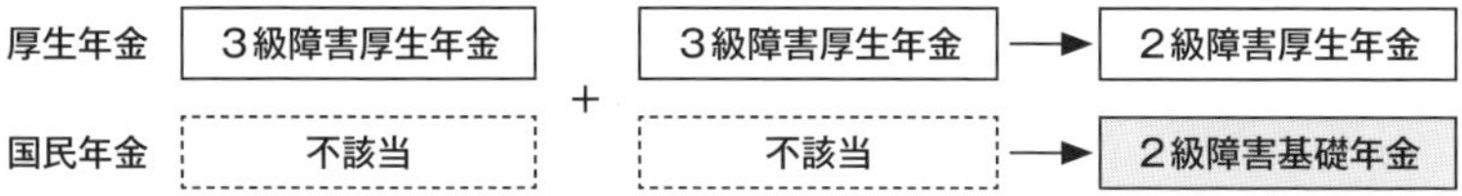

1 障害基礎年金の額

～障害基礎年金は定額で生年月日により異なる～

1 障害基礎年金の額

２級の障害基礎年金の額は、780,900円に改定率を乗じて得た額です。１級の障害基礎年金の額は、２級の額の100分の125に相当する額です。

障害基礎年金の額は定額であり、国民年金保険料を支払った期間が影響することはありませんが、次のとおり受給権者の生年月日によって年金額が異なります。 〈国年法33〉

■ 2級の障害基礎年金（令和6年度）

昭和31年4月2日以後生まれ	816,000円
昭和31年4月1日以前生まれ	813,700円

■ 1級の障害基礎年金（令和6年度）

昭和31年4月2日以後生まれ	1,020,000円
昭和31年4月1日以前生まれ	1,017,125円

POINT!

年金額の改定のルールにより、令和５年度以後の障害基礎年金の額から生年月日による年金額の違いが生じています（第8章①Ⅱ）。

2 子の加算額

障害基礎年金の額は、**受給権者により生計を維持している18歳到達年度の末日（3月31日）までの子**、または**20歳未満で障害等級1級または2級の障害のある子**がいるときは、一定の加算額を加算した額となります。令和6年度の子の加算額は、第1子・第2子は1人につき234,800円、第3子以降は78,300円となっており、老齢厚生年金の加給年金額と同じ額です。〈国年法33の2①〉

■子の加算額（令和6年度）

第1子・第2子	234,800円
第3子以降	78,300円

3 子の数による障害基礎年金の額

■昭和31年4月2日以後生まれの人（令和6年度）

	子の数			
	0人	1人	2人	3人
1級	1,020,000円	1,254,800円	1,489,600円	1,567,900円
2級	816,000円	1,050,800円	1,285,600円	1,363,900円

■昭和31年4月1日以前生まれの人（令和6年度）

	子の数			
	0人	1人	2人	3人
1級	1,017,125円	1,251,925円	1,486,725円	1,565,025円
2級	813,700円	1,048,500円	1,283,300円	1,361,600円

※3人目以降は1人につき78,300円加算。

2 子の加算額

～受給権取得日後に子が出生したときは子の加算額が加算される～

1 増額改定されるとき

障害基礎年金の額は、**生計を維持している子**がいるときは、子の加算額が加算されます。これは受給権を取得した当時だけでなく、**受給権を取得した日後**に生計を維持する子を有したときにおいても適用されます。その場合において加算が行われるのは新たに子を有した**月の翌月**からです（生計維持要件は本章[2]Ⅱ４）。 〈国年法33の2②〉

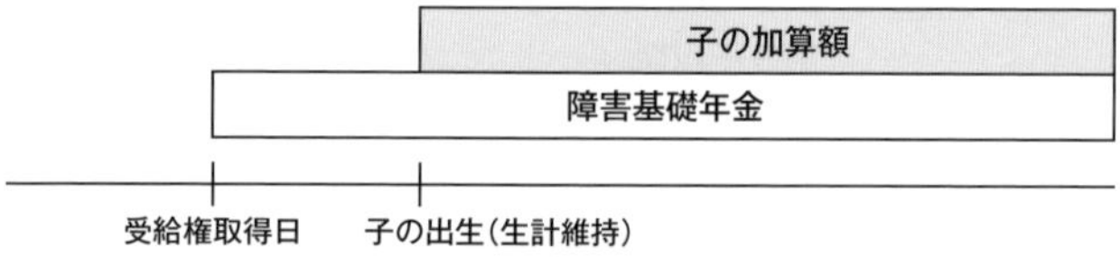

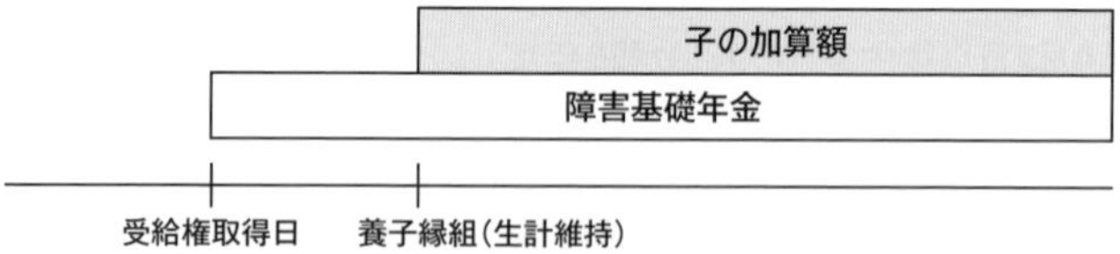

2 減額改定されるとき

子の加算額の対象の子が、次のいずれかに該当したときは、該当した**月の翌月**から年金額が改定されます。 〈国年法33の2③〉

①**死亡**したとき
②**生計維持**関係がなくなったとき
③**婚姻**したとき
④養子縁組によって受給権者の**配偶者以外**の養子となったとき
⑤養子が**離縁**したとき
⑥**18歳到達年度の末日**が終了したとき（１級または２級の障害の状態にあるときを除く）
⑦18歳到達年度の末日以後に、１級または２級の障害の状態に該当しなくなったとき
⑧**20歳**に達したとき

POINT!

障害基礎年金の受給権者が再婚し、その受給権者の子が再婚相手の養子になっても、子の加算額が減額されることはありません。

3 18歳到達年度の末日経過後の障害状態

障害基礎年金における子の加算額の対象の子が18歳到達年度の末日を経過した後に障害等級1級または2級に該当する障害の状態となった際には、子が**20歳**になるまで子の加算額が加算されます。

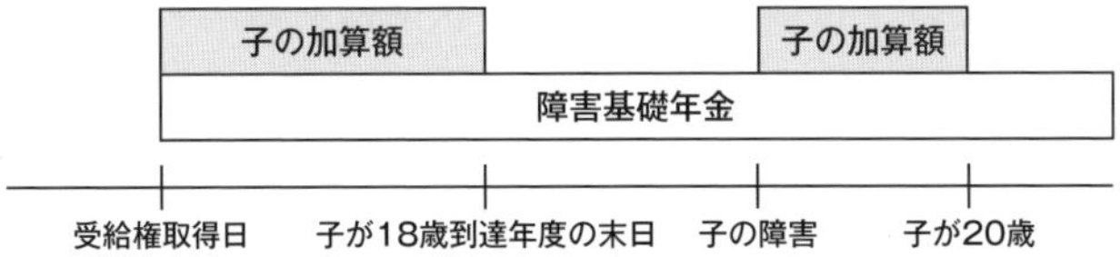

POINT!

配偶者は障害基礎年金の加算の対象になりません。

参考 平成23年4月の改正

平成23年4月に施行された障害年金加算改善法により、障害年金の配偶者や子の加算制度が改正されています。障害年金加算改善法は、公的年金制度に基づく障害年金の受給権者について、結婚や子の出生等による生活状況の変化に応じたきめ細かな対応を図る目的から、障害基礎年金に係る子の加算額および障害厚生年金に係る配偶者の加給年金額の加算時点を拡大しています。

平成23年3月までは障害年金の受給権取得時に生計維持している配偶者や子がいる場合に限って加算が行われていました。しかし、平成23年4月以後は受給権取得日後に生計維持する配偶者や子がいるときにも加算が行われることになりました。

障害基礎年金・障害厚生年金の権利を取得した日の翌日以降に、生計を維持する子を有したときなど増額改定されるとき
障害給付加算額・加給年金額開始事由該当届（様式第229-１号）▶巻末資料Ⅱ・13

3 児童扶養手当との調整

～障害基礎年金の子の加算額と児童扶養手当は調整される～

1 障害基礎年金と児童扶養手当との調整

障害基礎年金等と**児童扶養手当**との間には調整が行われる制度があります。この制度により、障害基礎年金等の子の加算額の月額が児童扶養手当の月額より低い場合には、その差額を児童扶養手当として受け取ることができます。

児童扶養手当は障害状態にある親を持つ家庭にも支給されます（所得制限あり）。例えば、母親が重度の障害状態にある場合は父親が児童扶養手当を受給します。このようなとき、以前は障害基礎年金の子の加算額と児童扶養手当を同時に受給することはできませんでしたが、平成26年の改正により、児童扶養手当が子の加算額より高い場合は、その差額を児童扶養手当として受給できるようになりました。

一人親家庭の場合、障害基礎年金（子の加算額を含む）と児童扶養手当の受給者が同一になることがあります。この場合も**子の加算額が優先**され、児童扶養手当の額が高い場合は差額を受給できるようになりました。これは令和３年の改正によるものです。　〈児扶法13の2〉

2 障害基礎年金を遡及受給したとき

障害基礎年金を遡及して受給した場合において、受給権取得後の期間中に児童扶養手当を受け取っていたときは、遡って調整が行われるため児童扶養手当の返還が生じる可能性があります。

参考　障害基礎年金等と児童扶養手当

児童扶養手当と調整が行われる「障害基礎年金等」には、国民年金法に基づく障害基礎年金、労働者災害補償保険法による障害補償年金などがあります。

児童扶養手当は、その要件を満たした18歳到達年度の末日までの間にある児童（一定以上の障害を有する場合は20歳未満の児童）を扶養している父または母や、父母に代わってその児童を養育している人（祖父母等）に支給されます。

■障害基礎年金を受給するとき
（両親がいるケース）

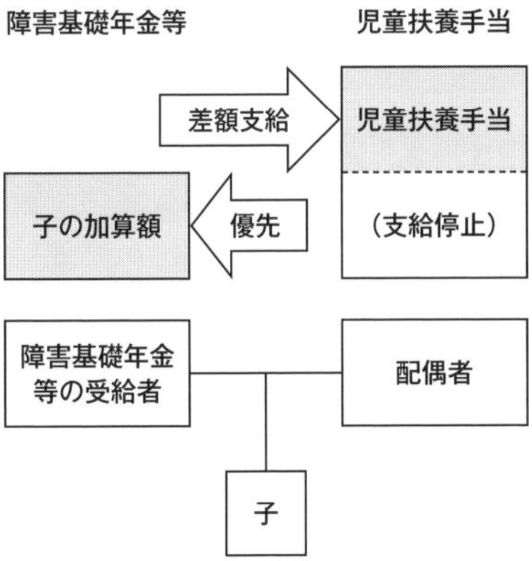

■障害基礎年金を受給するとき
（一人親のケース）

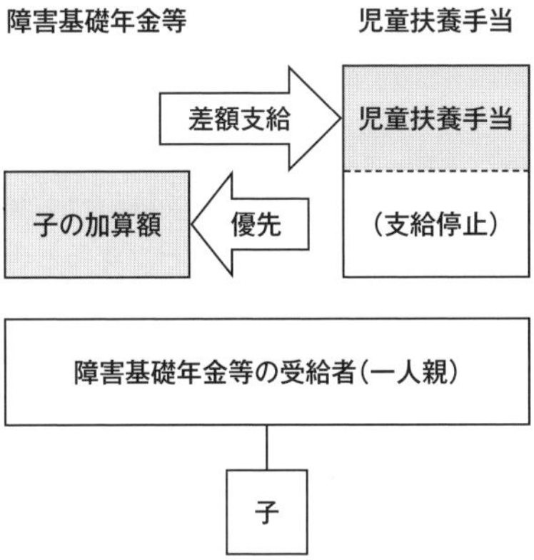

3 障害基礎年金以外の公的年金等を受給するとき

障害基礎年金以外の公的年金等を受給するときは、児童扶養手当との調整が行われます。児童扶養手当の月額が公的年金等の月額より高いときは、その差額分を児童扶養手当として受給できます。

例えば、３級の障害厚生年金を受給しているときは、年金額全体が児童扶養手当と調整されるため、児童扶養手当の全額が停止になることがあります。

ここでいう「障害基礎年金等以外の公的年金等」とは、国民年金法や厚生年金保険法などによる老齢年金、遺族年金、厚生年金保険法による障害厚生年金、労働者災害補償保険法による労災年金などの公的年金、労働基準法による遺族補償などを指します。

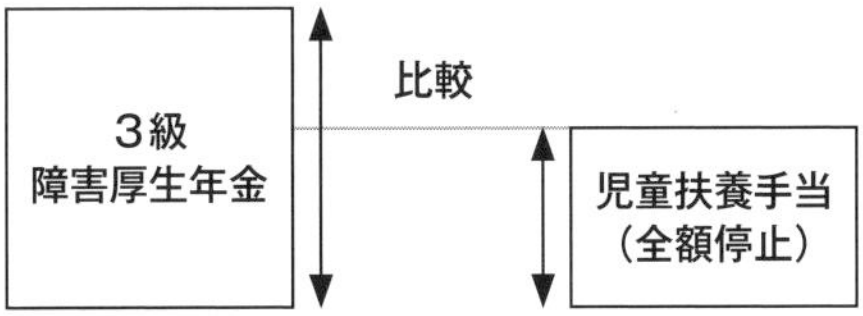

1 障害基礎年金
Ⅲ 20歳前傷病の障害基礎年金

1 20歳前傷病の障害基礎年金の要件

～20歳前に初診日があるときは「20歳前傷病の障害基礎年金」の対象～

1 20歳前傷病による障害基礎年金の支給要件

20歳前の国民年金に加入する前に初診日がある傷病によって障害等級に該当したときは、**20歳前傷病による障害基礎年金**が支給されます。

〈国年法30の4①〉

2 障害認定日または20歳に達した日に障害状態にあるとき

疾病や負傷の**初診日**において**20歳未満**である人が、**障害認定日以後に20歳**に達したときは**20歳に達した日**において、**障害認定日が20歳に達した日後**であるときはその**障害認定日**において、**障害等級**に該当する程度の障害状態にあるときは、障害基礎年金が支給されます。

つまり、20歳前傷病による障害基礎年金は、障害認定日または20歳に達した日のうち、いずれか遅い方から支給されます。

■障害認定日が20歳前のとき

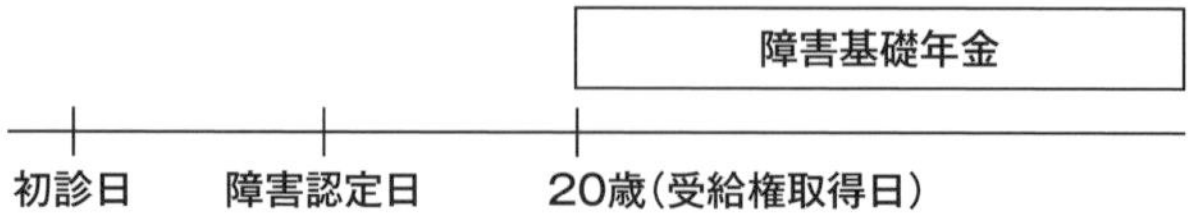

■障害認定日が20歳以後のとき

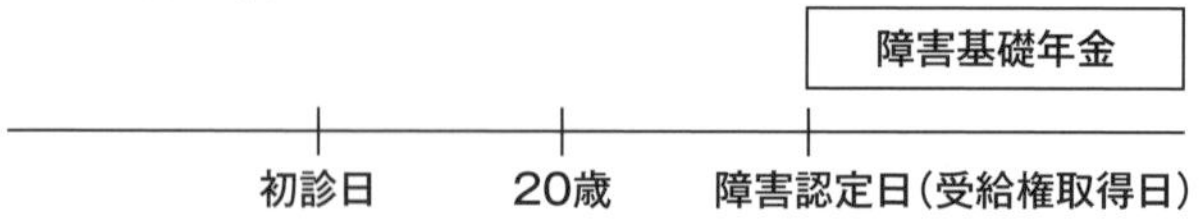

3 20歳前傷病による事後重症の障害基礎年金

初診日に20歳未満で厚生年金の被保険者でなかった人が、20歳に達した日または障害認定日のどちらか遅い方の日に、障害等級2級以上に該当する程度の障害の状態に該当していない場合でも、その後**65歳に達する日の前日まで**の間に、障害等級に該当する程度の障害の状態になることがあれば、その期間内に**20歳前傷病による事後重症の障害基礎年金**の支給を請求することができます（本章4Ⅰ2）。〈国年法30の4②〉

請求日時点の障害状態が認められれば、請求した月の**翌月**から障害基礎年金の支給が開始されます。ただし、65歳に達した後は、障害の状態が悪化しても障害基礎年金は請求できません。

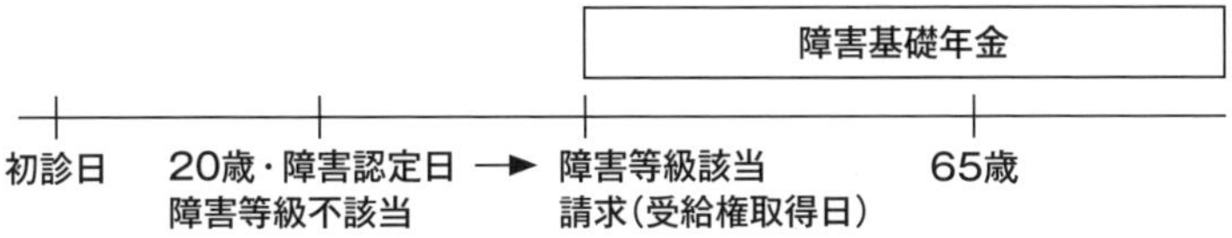

POINT!

20歳前傷病による障害基礎年金には、本来の障害基礎年金のような保険料納付要件はありません。なお、20歳前の厚生年金の被保険者期間中に初診日がある場合には、本来の障害基礎年金および障害厚生年金の規定が適用されます（本章2Ⅰ1）。

参考 1つの保険事故

国民年金法第30条（本来の障害基礎年金）の初診日に係る規定では「傷病について初めて診療を受けた日に被保険者であること」等の要件があり、これにより、初診日が異なる複数の傷病がある場合には傷病ごとに初診日要件の適否が判定されます。

一方、国民年金法第30条の4（20歳前傷病による障害基礎年金）においては、「疾病にかかり、又は負傷し、その初診日において20歳未満であった者」が要件です。これにより、20歳前に複数の傷病がある場合には複数の傷病を1つの保険事故として取り扱います。必ずしも傷病ごとの初診日要件の適否が判定されるわけではありません。

2 20歳前傷病の障害基礎年金の所得制限

～20歳前傷病の障害基礎年金には所得による制限がある～

1 20歳前傷病による障害基礎年金の所得制限

20歳前傷病による障害基礎年金には**所得制限**が設けられています。**受給権者の前年の所得**に基づいて判断され、10月から翌年9月までの年金が支給停止されることがあります。〈国年法36の3、国年令5の4〉

具体的には、次のとおりです（扶養親族等がいないとき）。

- 前年の所得額が4,721,000円を超える場合は**全額が支給停止**
- 前年の所得額が3,704,000円を超え4,721,000円以下の場合は**2分の1の年金額が支給停止**
- 前年所得が3,704,000円以下の場合は全額支給

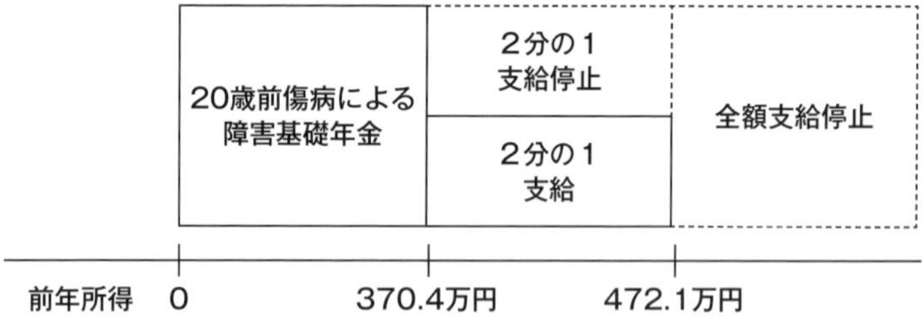

2 扶養親族がいるときの基準

扶養親族がいるときの所得制限額は扶養親族1人につき所得制限額に38万円が加算されます。対象となる扶養親族が老人控除対象配偶者または老人扶養親族であるときは1人につき48万円、特定扶養親族または控除対象扶養親族（19歳未満の者に限る）であるときは1人につき63万円が加算されます。

■所得制限の基準額

扶養親族等の数	0人	1人	2人	3人
全額停止	4,721,000円	5,101,000円	5,481,000円	5,861,000円
2分の1停止	3,704,000円	4,084,000円	4,464,000円	4,844,000円

3 20歳前傷病の障害基礎年金の支給停止

～20歳前傷病の障害基礎年金は一定事由に該当すると支給停止される～

1 恩給や労災保険の年金等を受給しているとき

20歳前傷病による障害基礎年金の受給権者が、**恩給法**および**労働者災害補償保険法**による年金給付等を受けることができるときは調整が行われます。

〈国年法36の2①〉

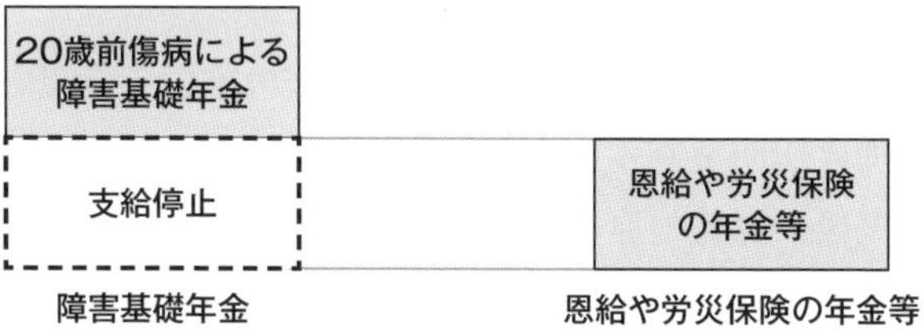

2 刑事施設、労役場等に拘禁されているとき

20歳前傷病による障害基礎年金の受給権者が、**刑事施設**、**労役場**その他これらに準ずる施設に**拘禁**されているときは、年金の全額が支給停止です。ただし**未決勾留**の人は、有罪が確定するまでは年金の支給停止は行われません。**少年院**やこれに準ずる施設に収容されている場合も同様に全額が支給停止されます。

3 日本国内に住所を有しないとき

海外に居住したときは、年金の全額が支給停止されます。

参考 支給停止事由に該当したとき

支給停止事由に該当したときは、「国民年金受給権者支給停止事由該当届」の提出が必要です。また支給停止事由がなくなったときも届出が必要です。

20歳前傷病の障害基礎年金等受給権者が支給停止事由に該当したとき
国民年金受給権者支給停止事由該当届（様式第250号）▶巻末資料Ⅱ・14

20歳前傷病の障害基礎年金等受給権者の支給停止事由が消滅したとき
国民年金受給権者支給停止事由消滅届（様式第252号）▶巻末資料Ⅱ・15

1 障害基礎年金

Ⅳ 経過的な障害基礎年金

1 旧法と新法の狭間の障害基礎年金

～旧法時代の要件を満たさなかった人に対する特例的な障害基礎年金がある～

1 旧法の要件を満たさなかったとき

昭和61年4月1日前の旧厚生年金保険法の障害年金は、少なくとも6月以上の加入期間を有することを支給要件としていたため、厚生年金に加入した直後に障害の原因となった傷病が生じたときには、保険料の滞納がなくても、障害年金が支給されないケースがありました。

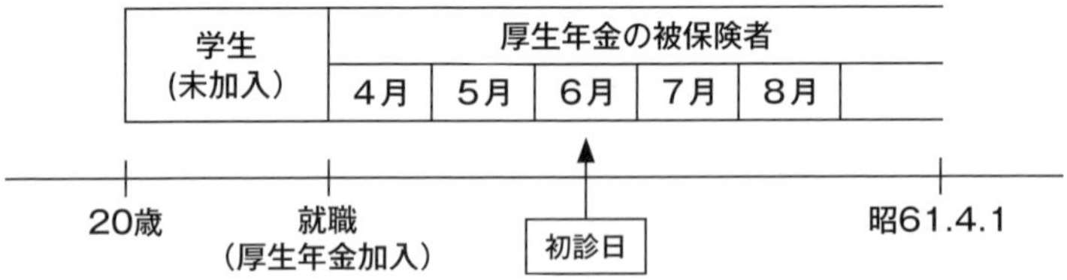

当時の障害年金の支給要件（6月以上の加入期間を有すること）を満たさず不支給

このような状況にある人について、現行の支給要件に該当し、かつ、1級または2級の障害の状態にあるときには、**65歳に達する日の前日までに**請求することによって**特例的な障害基礎年金**が支給されます。

これは特例的な扱いであるため、**20歳前傷病による障害基礎年金**と同様の所得制限や支給制限の規定が適用されます。繰上げ支給の老齢基礎年金を受けている人も請求することができます。　〈法附則（平6）4〉

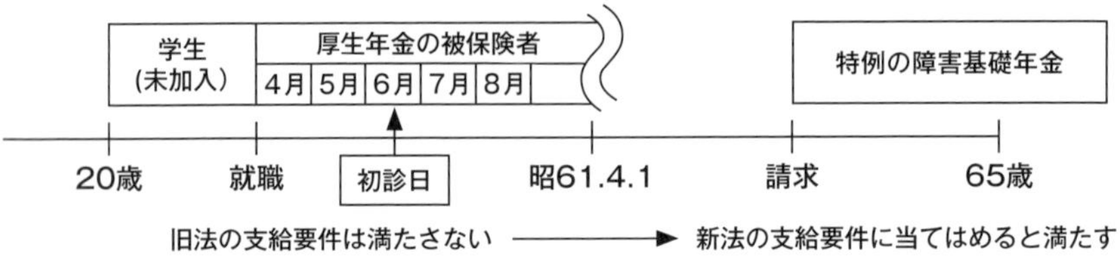

2 3年経過失権後の障害基礎年金(特例措置)

～障害基礎年金失権後に状態が悪化したときの特例措置がある～

1 3年経過失権後の障害基礎年金(特例措置)

平成6年11月9日前の規定では、障害基礎年金の受給権は、**3級の障害等級**に該当しなくなってから**3年**が経過すると失権していました。

この規定によって受給権を失権した人であっても、その人が**65歳に達する日の前日まで**の間に、その傷病により再び障害等級に該当する程度の障害状態に該当するに至ったときは、**その期間内**に本来の障害基礎年金の**請求**を行うことができます。

なお、20歳前傷病による障害基礎年金の受給権を有していた人は、20歳前傷病による障害基礎年金の請求を行うことができます。

〈法附則(平6)4〉

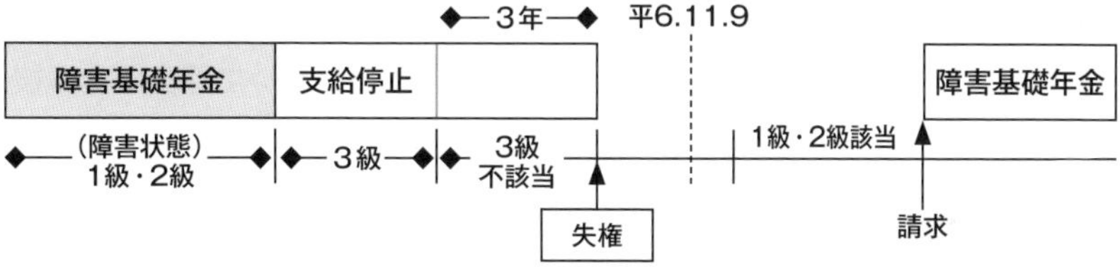

参考 外国籍の人に対する障害基礎年金

昭和56年12月以前の国民年金法には国籍要件があり、障害のある外国人に障害基礎年金や障害福祉年金は適用されていませんでした。昭和57年1月1日に国籍要件は撤廃されましたが、この時点においてすでに20歳に達していた外国人は当時の障害福祉年金が適用されていません。

一方で、20歳前傷病の障害基礎年金は、初診日において国籍要件は問わないため、昭和57年1月1日時点で20歳に達していても事後重症請求ができるものとされています。〈国年法30の4②〉ただし、この場合には事後重症による請求であることを明らかにするため、国籍要件撤廃前に障害認定日がないことがわかる、あるいは国籍要件撤廃以降になって初めて障害状態に該当したことがわかる、当時の診断書等の証明が必要とされています。

第3章 障害年金

2 障害厚生年金

Ⅰ 障害厚生年金の要件

1 障害厚生年金の初診日の要件

～初診日に厚生年金の被保険者であれば障害厚生年金の対象になる～

1 障害厚生年金の３要件

障害厚生年金は、①**初診日の要件**、②**保険料納付要件**、③**障害認定日の要件**、のすべての要件を満たしたときに支給されます。これらの要件を満たすときに支給される年金を**本来の障害厚生年金**といい、当然に受給権が発生します。 〈厚年法 47〉

2 障害厚生年金の初診日の要件

障害厚生年金における初診日の要件は、**初診日において厚生年金の被保険者**であることです。厚生年金制度には**70 歳**まで加入することができるので、65 歳以上であっても初診日に厚生年金の被保険者であれば、障害厚生年金の初診日の要件を満たします。

20 歳未満で厚生年金に加入している場合は、初診日に厚生年金の被保険者であるため、障害厚生年金の対象です。また、厚生年金の被保険者は、原則として同時に国民年金の**第２号被保険者**でもあるため、障害基礎年金の初診日の要件も満たします。この場合、20 歳前傷病の障害基礎年金ではなく、**本来の障害基礎年金**の対象です（本章①Ⅰ１）。

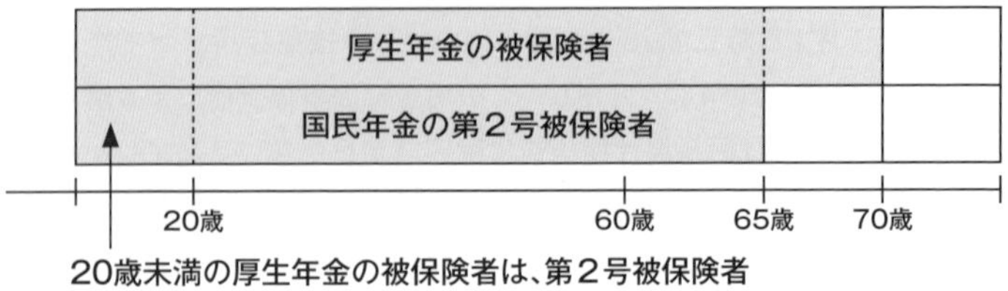

2 障害厚生年金の保険料納付要件

～障害厚生年金を受給するには保険料納付要件を満たす必要がある～

1 基本の要件（３分の２要件）

障害厚生年金を受給するには、**初診日の前日**において、初診日の属する**月の前々月**までに被保険者期間があるときは、その被保険者期間にかかる**保険料納付済期間**と**保険料免除期間**とを合算した期間が、該当する被保険者期間の**３分の２以上**である必要があります。つまり３分の１以上の未納期間がある場合には保険料納付要件を満たしません。障害基礎年金と同じ扱いです（本章1Ｉ２）。

〈厚年法47①〉

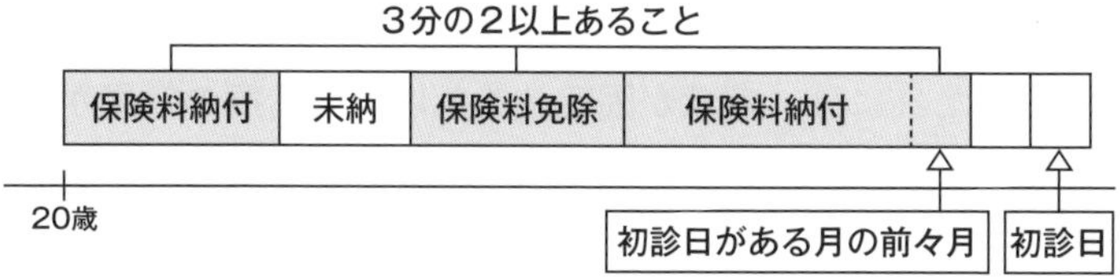

2 特例の要件（直近１年要件）

初診日が**令和８年４月１日前**にあるときは、３分の２要件に該当しない場合でも、**初診日の前日**において、初診日の属する**月の前々月**までの**直近１年間**に**保険料納付済期間および保険料免除期間以外**の被保険者期間がなければ、保険料納付要件を満たすものとされます。つまり、直近１年間の納付が必要な期間において、保険料の未納がない場合には保険料納付要件を満たします。ただし、この特例は**初診日において65歳未満**の人に限られています。障害基礎年金と同じ扱いです（本章1Ｉ３）。

〈法附則（60）64〉

3 保険料納付要件を満たす必要があるとき

初診日の属する月の前々月までに国民年金保険料を納付しなければならない期間がないときは、保険料納付要件の適用はありません。障害基礎年金と同じ扱いです（本章1Ｉ４）。

3 障害厚生年金の障害認定日の要件

～障害厚生年金には1級・2級の他に3級と障害手当金がある～

1 障害厚生年金の障害の状態の要件

障害厚生年金を受給するためには、**障害認定日**に**障害等級**（**1級～3級**）に該当する程度の障害の状態にあることが要件です。〈厚年法47②〉

2 障害認定日

障害認定日とは障害の程度の認定を行う日のことをいいます。この日は、障害の原因となった傷病の**初診日**から**1年6月を経過した日**、またはその**期間内**に治った場合は**治った日**です。

傷病の治った日には、**症状が固定**し**これ以上の治療の効果が期待できない状態に至った日**が含まれます。障害基礎年金と同じ扱いであり、具体的な例は、本章①Ⅰ5に記載しています。

3 障害厚生年金の審査の基準

障害厚生年金の障害の程度は、国民年金法および厚生年金保険法に定められ、具体的な障害の認定基準は**国民年金・厚生年金保険障害認定基準**によって規定されています（巻末資料Ⅲ・9）。

障害等級の1級および2級の障害状態は、国民年金の障害基礎年金と同じであり、障害等級の3級は厚生年金独自のものです。また、厚生年金には障害手当金（一時金）のしくみがあります。

重 ←―――― 障害の程度 ――――→ 軽

障害厚生年金	1級	2級	3級	障害手当金
障害基礎年金	1級	2級		

4 障害認定日に障害の状態にないとき

～事後重症による障害厚生年金・基準障害による障害厚生年金がある～

1 事後重症による障害厚生年金

障害認定日に障害等級の１級、２級または３級に該当する障害状態になかった人が、その後**65歳に達する日の前日まで**の間に障害等級の**１級、２級または３級に該当**する障害の状態に至ったときは、その期間内(65歳に達する日の前日までの間）に障害厚生年金の支給を請求することができます。これを**事後重症による障害厚生年金**といい、請求があった日の属する月の**翌月**から支給が開始されます（本章④Ｉ２）。

〈厚年法47の２〉

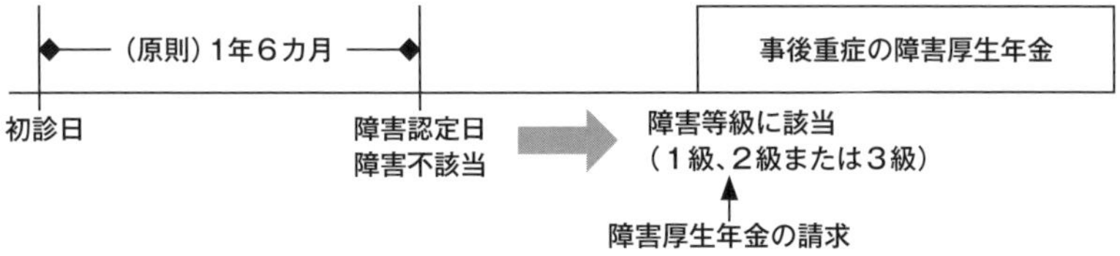

2 基準障害による障害厚生年金

２級に満たない障害がある人に、その後初診日に厚生年金の被保険者であったときに生じた新たな傷病（**基準傷病**）により、基準傷病の障害認定日以後**65歳に達する日の前日まで**の間に、基準傷病による障害（基準障害）と従前の障害とを**併合**して**初めて障害等級の１級または２級に該当**したときは、障害厚生年金の請求をすることができます。初めて２級以上の障害の程度に該当したときに受給権が発生し、請求があった日の属する月の**翌月**から支給が開始されます。これを**基準障害による障害厚生年金**といいます（本章④Ｉ３）。

〈厚年法47の３〉

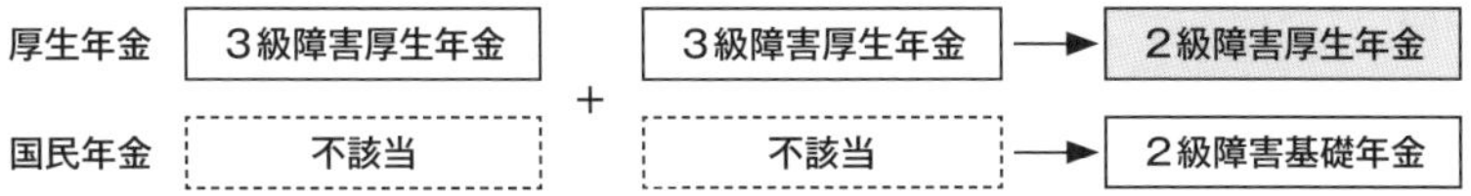

1 障害厚生年金の額

～老齢厚生年金の報酬比例部分と同様の計算式で算出される～

1 障害厚生年金の額の計算

障害厚生年金の額は、**老齢厚生年金の報酬比例部分**と同じ計算式が用いられます（第2章②Ⅱ2）。この計算においては、障害厚生年金の額の計算の基礎となる被保険者期間の月数が**300月に満たない**ときは、計算上は**300月**あるものとして算出します。次の計算式により、**本来水準**と**従前額保障**のいずれか高い額が支給されます。　〈厚年法50、50の2〉

(1) 障害厚生年金【本来水準】

1級	平均標準報酬額(令6再評価率) × $\frac{5.481}{1{,}000}$ × 被保険者期間の月数 × 1.25 ＋ 加給年金額
2級	平均標準報酬額(令6再評価率) × $\frac{5.481}{1{,}000}$ × 被保険者期間の月数 ＋ 加給年金額
3級	平均標準報酬額(令6再評価率) × $\frac{5.481}{1{,}000}$ × 被保険者期間の月数

※被保険者期間の月数が300に満たないときは300とします。

(2) 障害厚生年金【従前額保障】

1級	平均標準報酬額(平6再評価率) × $\frac{5.769}{1{,}000}$ × 被保険者期間の月数 × 1.041× 1.25 ＋ 加給年金額
2級	平均標準報酬額(平6再評価率) × $\frac{5.769}{1{,}000}$ × 被保険者期間の月数 × 1.041＋ 加給年金額
3級	平均標準報酬額(平6再評価率) × $\frac{5.769}{1{,}000}$ × 被保険者期間の月数 × 1.041

※1.041は昭和13年4月1日以前生まれの人は、1.043 となります。
※被保険者期間の月数が300に満たないときは300とします。

2 平成15年３月以前の期間があるとき

平成15年3月以前の被保険者期間がある障害厚生年金の受給権者の場合には、平成15年3月以前と4月以後の期間を分けて計算を行い、合算します。2級であれば次の計算式となり、本来水準と従前額保障のいずれか高い額が支給されます。

(1) 障害厚生年金＝①＋②【本来水準】

2級

$$① \text{平均標準報酬月額（令６再評価率）} \times \frac{7.125}{1{,}000} \times \text{平成15年3月までの被保険者期間の月数}$$

$$② \text{平均標準報酬額（令６再評価率）} \times \frac{5.481}{1{,}000} \times \text{平成15年4月以後の被保険者期間の月数}$$

$$\text{300月みなし計算をするときは}（①+②）\times \frac{300}{\text{①の月数}+\text{②の月数}}$$

(2) 障害厚生年金＝（①＋②）×1.041【従前額保障】

昭和13年4月1日以前生まれの人は、1.043

2級

$$① \text{平均標準報酬月額（平６再評価率）} \times \frac{7.5}{1{,}000} \times \text{平成15年3月までの被保険者期間の月数}$$

$$② \text{平均標準報酬額（平６再評価率）} \times \frac{5.769}{1{,}000} \times \text{平成15年4月以後の被保険者期間の月数}$$

$$\text{300月みなし計算をするときは}（①+②）\times 1.041 \times \frac{300}{\text{①の月数}+\text{②の月数}}$$

POINT!

- ２級と３級の障害厚生年金の額は、同じ計算方法により算出されるため、加給年金額の加算がなければ基本的に同じ額です。１級の障害厚生年金の額は、2級の年金額の1.25倍です。
- １級と２級の障害厚生年金の受給権者で、生計を維持している65歳未満の配偶者がいるときは、加給年金額が加算されます。

参考

障害厚生年金では、老齢厚生年金のような給付乗率の生年月日による読み替えはありません。

2 障害厚生年金の最低保障額

～障害厚生年金には最低保障額が適用される～

1 障害厚生年金の最低保障額

障害厚生年金を受給する人が障害基礎年金を受けることができないときには、障害厚生年金の**最低保障額**が適用されます。これは、障害厚生年金の額が障害基礎年金の４分の３の額に満たない場合に、**障害基礎年金の４分の３**の額が保障されるものです。 〈厚年法 50 ③〉

	令和6年度最低保障額
昭和31年4月2日以後生まれ	612,000円
昭和31年4月1日以前生まれ	610,300円

2 最低保障額が適用されるとき

最低保障額が適用される場合として主に次の２つがあります。

（1）３級の障害状態のとき

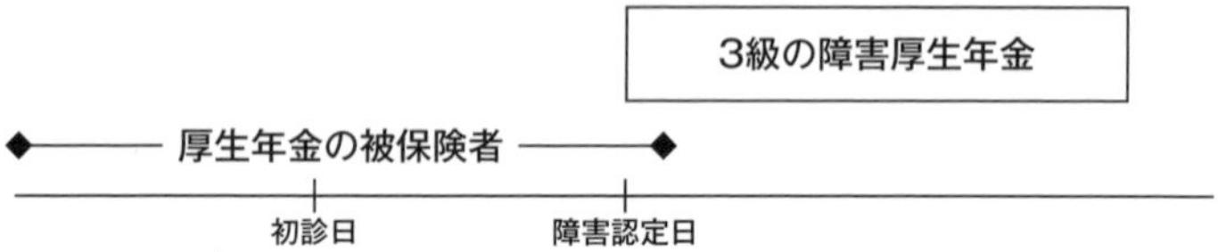

「計算式による年金額＜最低保障額」のときは最低保障額が支給されます。

（2）初診日が65歳以上のとき

初診日に 65 歳以上の厚生年金の被保険者であるときは、原則として障害厚生年金のみが支給されます（本章1Ⅰ１）。

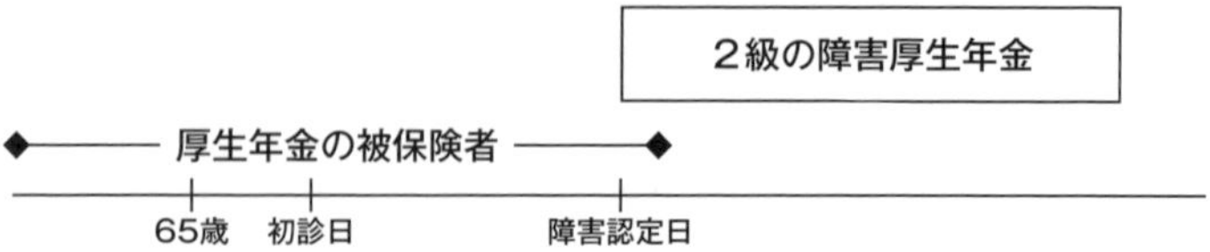

「計算式による年金額＜最低保障額」のときは最低保障額が支給されます。

3 障害厚生年金の計算の基礎になる被保険者期間

～障害認定日のある月までの期間が年金額に反映される～

1 障害厚生年金の計算に用いる被保険者期間

障害厚生年金の額の計算に用いる被保険者期間の月数は、**障害認定日のある月**までの期間です。基準障害による障害厚生年金は基準傷病の障害認定日のある月までの被保険者期間、併合認定による障害厚生年金は併合された複数の障害認定日のうち遅い日の属する月までの被保険者期間が計算の基礎となります。その月数が**300月**に満たない場合、計算上は300月あるものとして年金額を算出します。 〈厚年法51〉

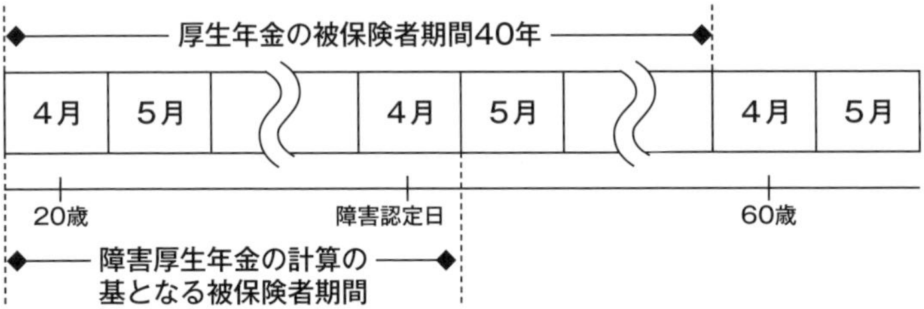

参考　障害厚生年金の計算事例

20歳から60歳までの40年間、厚生年金の被保険者であった人で、障害認定日が45歳のとき、その年金額の計算方法はおおよそ次のようになります。平均標準報酬額を30万円と仮定します。

障害厚生年金は、障害認定日までの被保険者期間により計算されます。障害認定日が45歳とすると約25年間の被保険者期間を用いて計算します。

30万円×5.481／1,000×25年×12月＝約49万円

老齢厚生年金は40年間の被保険者期間により計算されます。

30万円×5.481／1000×40年×12月＝約79万円

例えば、60歳を過ぎてから（すでに40年間の厚生年金の被保険者期間があるとき）障害厚生年金を請求したときに、その年金額が記載された年金証書をみて、40年間加入しているのに25年分しか計算されていないと疑問に思う人がいますが、このように障害認定日のある月までの期間で計算されているからです。

4 加給年金額

～一定の要件を満たす配偶者がいると年金額が加算される～

1 加給年金額

１級または２級の障害厚生年金の受給権者が、**65 歳未満の配偶者**の**生計を維持**していると認められるときは、その障害厚生年金に**加給年金額**が加算されます。

〈厚年法 50 の２〉

■令和6年度の加給年金額

	令和6年度の額
生計維持する65歳未満の配偶者がいるとき	234,800円

2 対象となる配偶者

障害厚生年金の加給年金額は、受給権を取得した時点で生計を維持していた配偶者だけでなく、受給権取得日後に生計を維持することとなった配偶者にも適用されます。これは平成 23 年４月改正によるものです。

生計を維持されている配偶者とは、障害厚生年金の受給権者と生計を同じくする人であって（生計同一要件）、厚生労働大臣の定める金額（**年額 850 万円**）以上の収入を有すると認められる者以外の者、その他これに準ずる者として厚生労働大臣が定める者（収入要件）とされています。具体的には次のいずれかに該当すれば収入要件を満たします。

〈厚年法 50 の２、厚年令３の５④〉

① 前年の収入が年額**850 万円未満**
② 前年の所得が年額**655.5 万円未満**
③ **一時的な所得**があるときは、これを除いた後前記①または②に該当すること
④ 前記①②③に該当しないが、定年退職等の事情により**現に収入**が年額850万円未満または所得655.5万円未満となると認められること
※①②は、前年の収入または所得が確定しないときは前々年の収入または所得

POINT!

障害基礎年金の「子の加算額」（本章1Ⅱ2）にかかる生計維持要件も配偶者加給年金額と同様の基準が適用されます。

3 加給年金額の加算の終了と停止

（1）加算が行われなくなるとき

加給年金額は、加算の対象である配偶者が次のいずれかに該当したときは、加算が行われなくなり、該当した**月の翌月**から年金額が改定されます。〈厚年法50の2④〉

① **死亡**したとき
② 受給権者による**生計維持**の状態でなくなったとき
③ **離婚**または**婚姻の取消し**をしたとき
④ **65歳**に達したとき

（2）加算が停止されるとき

加算の対象となっている配偶者が、老齢厚生年金（厚生年金や共済組合等の被保険者期間が240月以上または中高齢者の特例を満たすときに限る）、障害基礎年金、障害厚生年金などを受給できるときは、加給年金額が支給停止されます。ただし、障害基礎年金等の障害給付が全額支給停止されているときを除きます。〈厚年法54③〉

POINT!

加給年金額の加算の対象の配偶者が厚生労働大臣が定める金額（年額850万円）以上の収入を有すると認められるとき等は、上記（1）②に該当することにより減額改定されます。

障害基礎年金を請求するとき
年金請求書（国民年金障害基礎年金）（様式第107号）▶巻末資料Ⅱ・16

障害基礎年金・障害厚生年金を請求するとき
年金請求書（国民年金・厚生年金保険障害給付）（様式第104号）▶巻末資料Ⅱ・17

3 障害手当金

Ⅰ　障害手当金の要件と額

1 障害手当金の要件

～症状が固定していることが障害手当金の要件の1つ～

1 障害手当金の支給要件

障害手当金の対象となる障害の程度は、基本的に障害等級３級より軽いものとされています。これは一時金としての支給であり、次の①～④のすべてに該当する必要があります。〈厚年法55〉

① 初診日において**厚生年金の被保険者**であること
② 初診日から起算して**5年**を経過する日までの間に傷病が**治っている**こと
③ **傷病の治った日**において、傷病による障害の程度が政令で定める程度の**障害の状態**にあること
④ **保険料納付要件**を満たしていること

2 症状が固定していないとき

障害手当金は、傷病が**治っている**こと（症状固定）が原則であるため、傷病が治らないものは対象外です。この点について、「傷病が治らないものについては障害手当金に該当する程度の障害の状態がある場合であっても３級に該当する」とされています。つまり、症状が固定していなければ障害手当金としての一時金ではなく、障害厚生年金３級が支給されます。この場合において、症状が固定したと認定されたときには支給停止されます。

参考　障害手当金の支給件数

障害手当金が支給されることは、実際にはとても少ないです。令和４年度決定分障害年金業務統計（日本年金機構）によれば、障害基礎年金および障害厚生年金の新規裁定が129,285件のうち、障害手当金は280件に過ぎません。受給した人の0.2%です。

2 障害手当金の額と支給調整

～障害手当金には最低保障額がある～

1 障害手当金の額

障害手当金の額は、**3級の障害厚生年金の額の 100 分の 200** に相当する額です。ただし、この額が、障害厚生年金の最低保障額の２倍に達しないときは、最低保障額の２倍の額が適用されます。〈厚年法 57〉

■令和６年度の障害手当金の最低保障額

	障害厚生年金の最低保障額×2
昭和31年4月2日以後生まれ	1,224,000円
昭和31年4月1日以前生まれ	1,220,600円

2 障害手当金が受給できないとき

障害の程度を定めるべき日において、次のいずれかに該当しているときには、障害手当金は支給されません。〈厚年法 56、厚年令３の９の２〉

(1) 厚生年金保険法による年金給付の受給権者

厚生年金の年金給付の受給権者には障害手当金は支給されません。ただし、最後に３級の障害等級に該当する障害の状態に該当しなくなった日から起算して障害状態に該当することなく３年を経過した障害厚生年金の受給権者（現に障害状態に該当しない人に限る）等を除きます。

(2) 国民年金法による年金給付の受給権者

国民年金の年金給付の受給権者には障害手当金は支給されません。ただし、最後に３級の障害状態に該当しなくなった日から起算して障害状態に該当することなく３年を経過した障害基礎年金の受給権者（現に障害状態に該当しない人に限る）等を除きます。

(3) 労働者災害補償保険法等の障害補償給付の受給権者

同一傷病による障害補償給付等の受給権者には障害手当金は支給されません。国家公務員災害補償法、地方公務員災害補償法、労働基準法の規定による障害補償、労働者災害補償保険法の規定による障害補償給付等を受ける権利を有する人が該当します。

4 請求方法と額の改定

Ⅰ 障害年金の請求方法

1 本来の障害基礎年金・障害厚生年金

～障害認定日に障害状態にあるときは本来請求による請求を行う～

1 本来請求

障害基礎年金および障害厚生年金において、①初診日要件、②保険料納付要件、③障害認定日の要件のすべての要件を満たすときは、障害認定日に障害基礎年金および障害厚生年金が支給されます。**本来請求（認定日請求）**を行う必要があります。〈国年法 30、厚年法 47〉

2 初診日を証明する書類

初診日に被保険者であること等（上記１①の要件）を証明するため、障害の原因である傷病に係る**初診日を明らかにするための書類**が必要です。基本的には初診時の医療機関の証明書（**受診状況等証明書**）が用いられますが、入手が困難な場合には、初診日を合理的に推定できる参考資料を提出することにより初診日の認定が行われます。

〈国年則 31 ②６、厚年則 30 ⑩〉

また、再請求を行う際は前回の請求時に使用した受診状況等証明書（平成 29 年以降かつ５年以内のもの）を再び審査に用いることを申し出ることができます。

参考 受診状況等証明書が添付できないとき

初診日を証明する書類を添えることができない場合の取扱いについての通知が厚生労働省年金局から発出されています。（平 27 年管管 0928 第６号）

障害年金の初診日を明らかにすることができる書類を添えることができない場合の取扱いについて　検索

3 障害の状態を証明する書類

障害認定日に障害の状態にあること（前記1③の要件）を証明するため**障害の状態に関する医師または歯科医師の診断書**を提出することが求められます。障害認定日の障害状態が認められたときは、**障害認定日**の属する月の**翌月**から支給が開始されます。〈国年法則31②4ほか〉

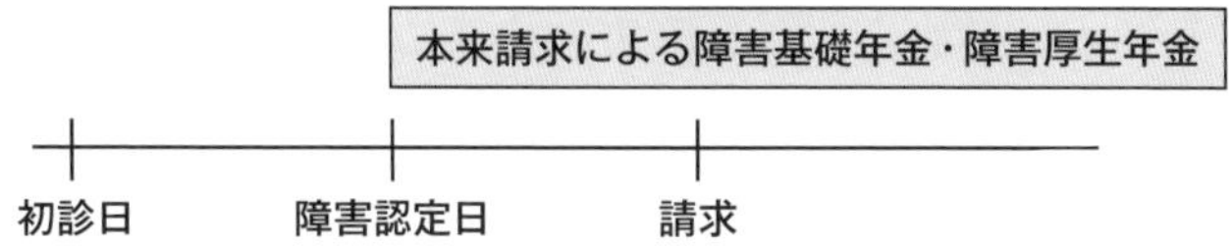

障害認定日の障害状態を証明するために提出する診断書は、障害認定日から3カ月以内の状態が記載されたものである必要があります。ただし、20歳前障害のときは、障害認定日（または20歳に達した日）前後3カ月以内の状態が記載された診断書とされています。

4 障害認定日から１年以上経過後の請求

請求の手続きが遅れても、３つの要件を満たしていれば、障害認定日に障害基礎年金および障害厚生年金の受給権を取得するため、遡って支給されます。ただし、**時効**の規定により、遡って支給される期間は**最大で５年間**と制限されています。

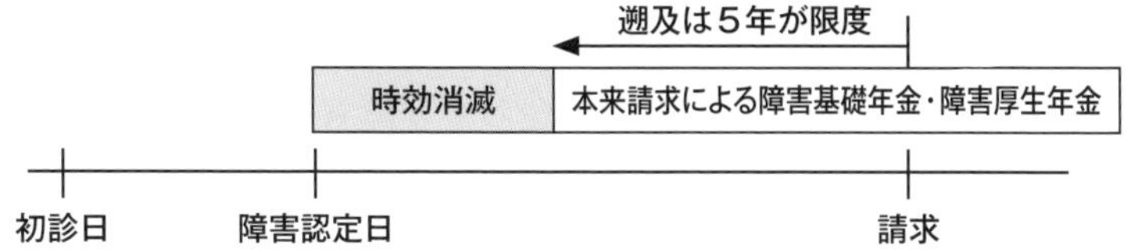

障害認定日から1年以上経過後に障害年金を請求する場合、障害認定日の診断書だけでなく、請求日以前3カ月以内の診断書も必要です。ケースによっては、障害認定日から請求日までの間の障害状態を確認するため、その間の障害状態を示す追加の診断書が必要になることもあります。

医療機関の初診日を証明するとき
受診状況等証明書▶巻末資料Ⅱ・18

前回請求時の初診日証明書類を用いたいとき
障害年金前回請求時の初診日証明書類の利用希望申出書▶巻末資料Ⅱ・19

2 事後重症による障害基礎年金・障害厚生年金

～事後重症請求は65歳までに請求手続きをする必要がある～

1 事後重症請求

事後重症請求は、本来請求の要件のうち、初診日要件と保険料納付要件は満たしているが、障害認定日に障害の状態になかった人が、その後に障害が重くなったときに請求する方法です。**65歳に達する日の前日までに請求**を行う必要があります。　〈国年法30の2、30の4②、厚年法47の2〉

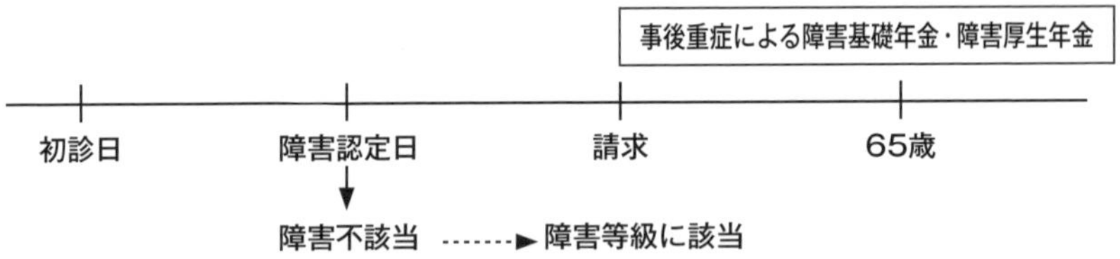

2 事後重症請求ができないとき

繰上げ支給（一部支給繰上げを含む）の老齢基礎年金の受給権者または繰上げ支給（経過的な支給繰上げを含む）の老齢厚生年金の受給権者は、事後重症による障害基礎年金および障害厚生年金の支給を請求することができません。

また、基準障害による障害基礎年金および障害厚生年金、その他障害による額の改定、その他障害による支給停止解除についても同様です。

〈国年法附9の2の3、厚年法附16の3ほか〉

3 事後重症請求による障害年金の支給開始

事後重症請求による障害基礎年金および障害厚生年金は、請求日が受給権取得日となり、**請求日の属する月の翌月**から支給が開始されます。

〈国年法18①、厚年法36①〉

参考　事後重症請求時の診断書

事後重症請求時には請求日以前3カ月以内の状態が記載された診断書が必要とされています。

3 基準障害による障害基礎年金・障害厚生年金

～軽い障害を併せて障害状態に該当するときも請求ができる～

1 基準障害による請求

基準障害による請求は、２級に満たない障害がある人に新たに別の傷病が加わり、**65 歳に達する日の前日まで**の間に、これらの障害を併せて、**初めて１級または２級に該当**したときに請求する方法です。次のすべての要件を満たす必要があります。　〈国年法 30 の 3、厚年法 47 の 3〉

① 基準傷病（後発傷病）の初診日が**前発傷病より後**にあること
② 基準傷病の**初診日要件**と**保険料納付要件**を満たしていること
③ 基準傷病の障害認定日から **65 歳に達する日の前日まで**の間に、**初めて１級または２級障害の状態**になったこと

2 基準障害による障害年金の支給開始

基準障害による障害基礎年金および障害厚生年金は、**請求日が属する月の翌月**から支給が開始されます。　〈国年法 30 の 3 ③、厚年法 47 の 3 ③〉

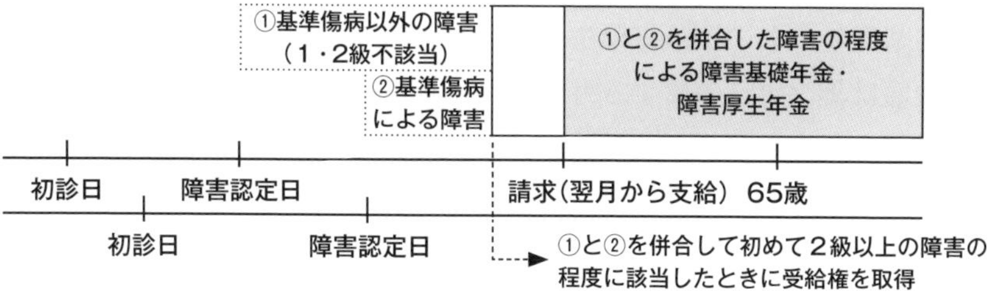

参考　**８種類の診断書**

障害基礎年金および障害厚生年金の請求には「障害の状態に関する医師または歯科医師の診断書」が必要です。〈国年則31②4、厚年則30②6〉この診断書は障害の種類や部位に応じて８種類用意されており、障害の状態を最も適切に表すことのできる診断書を使用します。日本年金機構のホームページに最新版が掲載されています。

障害年金　診断書　検索

4 請求方法と額の改定

Ⅱ 障害年金の額の改定

1 障害の状態が変わったとき

～障害の程度が変わったときは年金額が改定される～

1 障害年金の額の改定

障害基礎年金および障害厚生年金の受給権者は、永久認定を受けていなければ、その障害の態様に応じて一定期間ごとに**障害状態確認届（診断書）**を提出し障害の程度のチェックを受けます（本章⑥Ⅰ１）。また、障害の程度が増進したときは、診断書を添付したうえで障害等級の改定を請求することができます。これらの方法によって、障害の程度が従前の障害等級以外の障害等級に該当すると認定された場合には、改定後の障害等級に応じた年金額が支給されます。〈国年法34、厚年法52〉

2 額の改定の時期

障害基礎年金および障害厚生年金の**額の改定**が行われた場合、改定後の年金額は、改定日の属する月の**翌月**から支給されます。改定日は、増額改定が行われるとき、減額改定のときで異なります。

〈国年法34⑥、厚年法52⑥〉

（1）増額改定の場合

障害状態確認届（診断書）の提出に基づいて増額改定が行われるときは、その指定日（提出期限日）の属する月の初日が改定日となり、その翌月の年金額から改定されます。額の改定の請求をしたときは、請求日が改定日になります。

（2）減額改定の場合

障害状態確認届（診断書）の提出に基づいて減額改定が行われるときは、その指定日（提出期限）の属する月の初日から３カ月を経過した日が改定日となり、その翌月の年金額から改定されます。支給停止のときも同様です。

■増額改定のとき

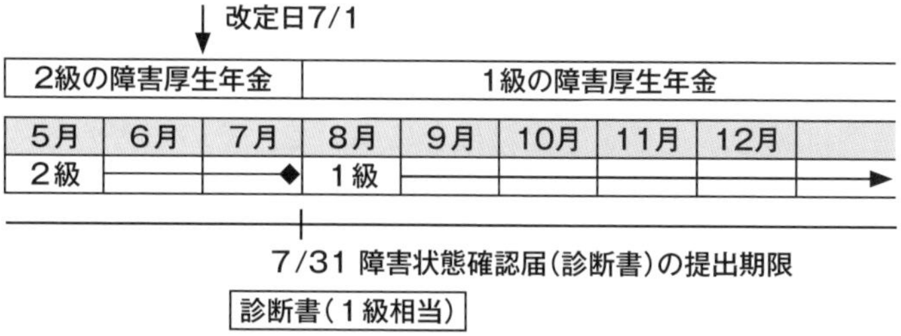

増額改定は、原則として指定日（7/31）の属する月の初日(7/1)が改定日となり、その翌月（8月）から年金額が改定されます。

■減額改定のとき

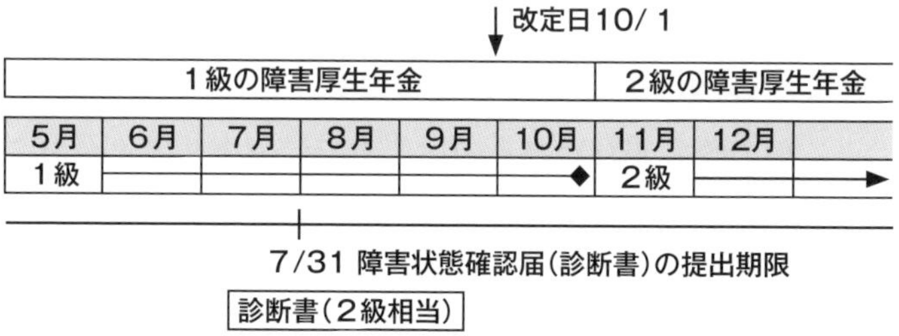

減額改定は、指定日（7/31）の属する月の初日から３カ月を経過した日（10/1）が改定日となり、その翌月(11月)から年金額が改定されます。

参考 改定日

改定日が月の初日（１日）である理由は、１年後の同月内に額の改定の請求を行うことを想定したとき、改定された金額で支払われるまでの期間を最短12カ月とするためです。以前は改定日が末日となっており翌年の額の改定までに最短で13カ月要していたため、事務の取扱いが変更になったものです。平成24年２月から変更されています。

2 職権による額の改定

～障害の程度の診査により職権による額の改定が行われる～

1 障害年金の額の改定

実施機関は障害厚生年金の受給権者について、その障害の程度を診査し、その程度が**従前の障害等級以外の障害等級に該当**すると認めるときは、障害厚生年金の**額の改定**をすることができます。

同様に、厚生労働大臣は、障害基礎年金の受給権者について、その障害の程度を診査し、従前の障害等級以外の障害等級に該当すると認めるときは、障害基礎年金の額の改定をすることができます。

〈国年法 34 ①、厚年法 52 ①〉

2 職権による額の改定が行われるとき

職権による額の改定が行われるのは、すでに障害基礎年金および障害厚生年金の受給権がある人の障害の程度が変化したときです。

主に、障害状態確認届（診断書）を通じて障害の程度が診査され、その程度が**従前の障害等級以外の等級に該当**すると認められるときが該当します。この診査は一定期間ごとに行われます。

また、本来請求の障害認定日における受給権取得後に、請求日時点の診断書等により障害状態の悪化や軽快が確認される場合においても職権による改定が行われることがあります。

■職権による額の改定例①

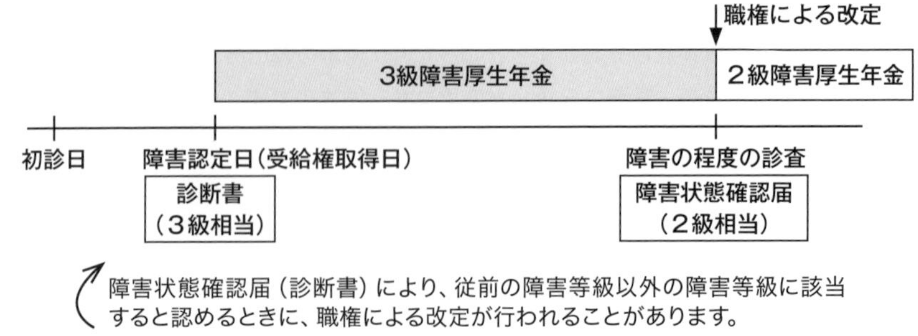

■職権による額の改定例②

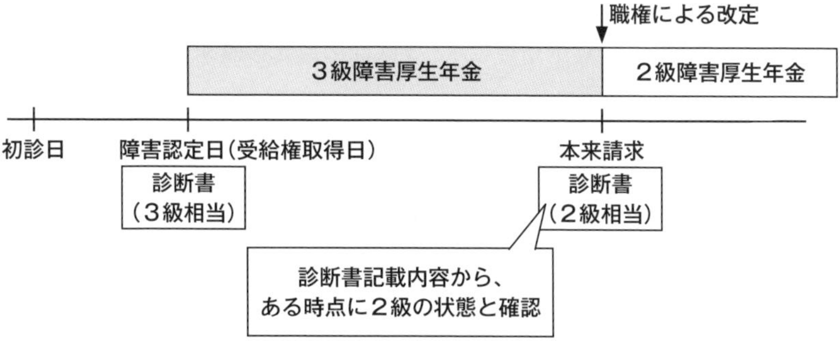

障害認定日から1年以上経過後に本来請求を行う場合等が該当します（本章4 I 1）。受給権取得日（障害認定日）後のある時点において従前の障害等級以外の障害等級に該当すると認めるときに、職権による改定が行われることがあります。

3　３級の障害厚生年金の受給権者

３級の障害厚生年金の受給権者の障害状態が悪化して２級に該当したときは、厚生年金においては３級から２級への**額の改定**が行われます。

一方、国民年金では、この状況は**事後重症による障害基礎年金**の受給権を新たに取得したものとして扱われます。事後重症による障害基礎年金は、請求することにより受給権が発生する年金ですが、障害厚生年金の額が３級から２級に改定されたときには、事後重症による障害基礎年金の請求があったものとみなされます。〈国年法30の2④〉

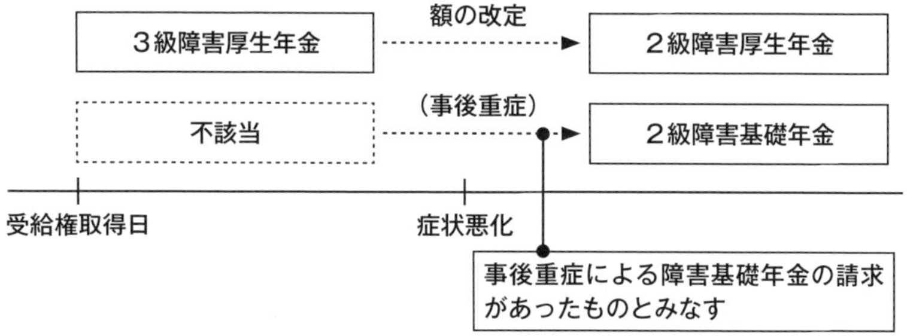

3 請求による額の改定

～障害の状態が増進したときは額の改定の請求ができる～

1 年金額の改定の請求時期

障害基礎年金および障害厚生年金の受給権者は、障害の程度が**増進**したときに**額の改定の請求**をすることができます。この改定の請求は、**受給権を取得した日**または**診査を受けた日**から起算して、**1年を経過した日後**でなければ行うことができません。ただし、平成26年4月からこの要件が一部緩和されています。**障害の程度が明らかに増進**したことが確認できる場合には、1年を経過した日後でなくても、額の改定の請求を行うことができます。　〈国年則33の2の2、厚年則47の2の2〉

■額の改定の請求時期の原則

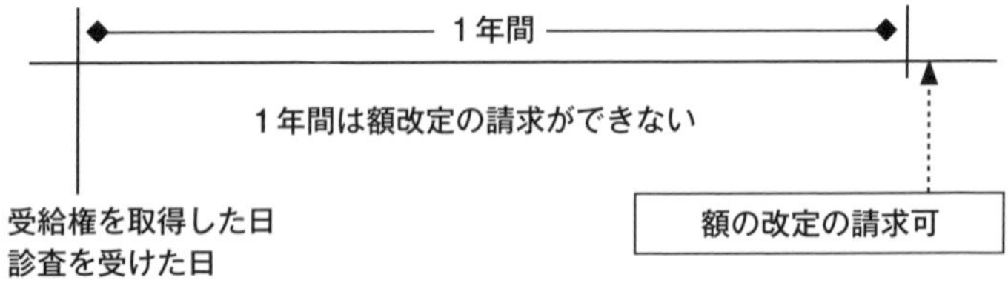

■額の改定の請求時期の例外

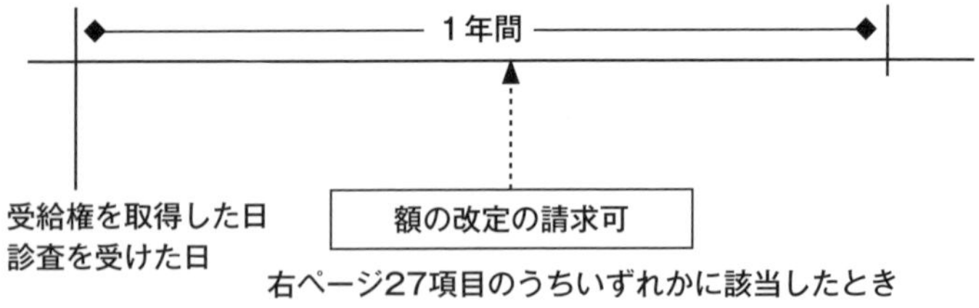

参考　同じ等級のとき

障害基礎年金および障害厚生年金の受給権者が障害状態確認届（診断書）を提出した際、障害の程度が同じ等級と判断された場合は、1年を待つことなく額の改定の請求ができます。ただし、「障害給付額改定請求書」も提出したときは「診査を受けた日」に該当するため、原則として1年経過後でなければ請求ができません。

2 1年を経過しなくても額の改定の請求ができるとき

次表右欄に該当する障害等級の受給権者が、左欄のいずれかに該当する場合には、1年を経過していなくても額の改定の請求ができます。

	眼の障害	受給権者の障害等級
1	両眼の視力がそれぞれ0.03以下のもの	2級(3級)
2	両眼の視力が0.04、他眼の視力が手動弁以下のもの	2級(3級)
3	両眼の視力がそれぞれ0.07以下のもの	3級
4	一眼の視力が0.08、他眼の視力が手動弁以下のもの	3級
5	ゴールドマン型視野計による測定の結果、両眼のI/4視標による周辺視野角度の和がそれぞれ80度以下かつI/2視標による両眼中心視野角度が28度以下のもの	2級(3級)
6	自動視野計による測定の結果、両眼開放視認点数が70点以下かつ両眼中心視野視認点数が20点以下のもの	2級(3級)
7	ゴールドマン型視野計による測定の結果、両眼のI/4視標による周辺視野角度の和がそれぞれ80度以下かつI/2視標による両眼中心視野角度が56度以下のもの	3級
8	ゴールドマン型視野計による測定の結果、求心性視野狭窄又は輪状暗点があるものについて、I/2視標による両眼の視野がそれぞれ5度以内のもの	3級
9	自動視野計による測定の結果、両眼開放視認点数が70点以下かつ両眼中心視野視認点数が40点以下のもの	3級
	聴覚・言語機能の障害	受給権者の障害等級
10	両耳の聴力レベルが100デシベル以上のもの	2級(3級)
11	両耳の聴力レベルが90デシベル以上のもの	3級
12	喉頭を全て摘出したもの	3級
	肢体の障害	受給権者の障害等級
13	両上肢の全ての指を欠くもの	2級(3級)
14	両下肢を足関節以上で欠くもの	2級(3級)
15	両上肢の親指および人指し指または中指を欠くもの	3級
16	一上肢の全ての指を欠くもの	3級
17	両下肢の全ての指を欠くもの	3級
18	一下肢を足関節以上で欠くもの	3級
19	四肢または手指若しくは足指が完全麻痺したもの(脳血管障害または脊髄の器質的な障害によるものについては、当該状態が6月を超えて継続している場合に限る)	2級(3級)
	内部障害	受給権者の障害等級
20	心臓を移植したものまたは人工心臓(補助人工心臓を含む)を装着したもの	2級(3級)
21	心臓再同期医療機器(心不全を治療するための医療機器をいう)を装着したもの	3級
22	人工透析を行うもの(3か月を超えて継続して行っている場合に限る)	3級
	その他の障害	受給権者の障害等級
23	6月を超えて継続して人工肛門を使用し、かつ、人工膀胱(ストーマの処置を行わないものに限る)を使用しているもの	3級
24	人工肛門を使用し、かつ、尿路の変更処置を行ったもの(人工肛門を使用した状態および尿路の変更を行った状態が6月を超えて継続している場合に限る)	3級
25	人工肛門を使用し、かつ、排尿の機能に障害を残す状態(留置カテーテルの使用または自己導尿〔カテーテルを用いて自ら排尿することをいう〕を常に必要とする状態をいう)にあるもの(人工肛門を使用した状態および排尿の機能に障害を残す状態が6月を超えて継続している場合に限る)	3級
26	脳死状態(脳幹を含む全脳の機能が不可逆的に停止するに至った状態をいう)または遷延性植物状態(意識障害により昏睡した状態にあることをいい、当該状態が3月を超えて継続している場合に限る)となったもの	2級(3級)
27	人工呼吸器を装着したもの(1月を超えて常時装着している場合に限る)	2級(3級)

4 65歳以後の額の改定

～65歳以後は額の改定の請求ができないことがある～

1　2級の障害基礎年金および障害厚生年金の受給権者

２級の障害基礎年金および障害厚生年金の受給権者は、障害の程度が増進したときは、年齢に関係なく額の改定の請求を行うことができます。

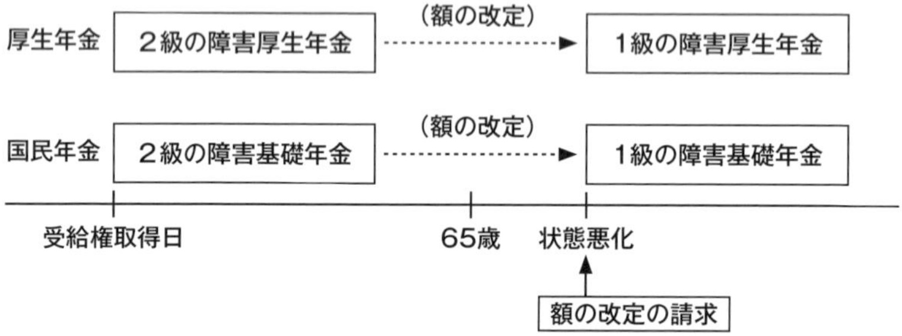

2　3級の障害厚生年金の受給権者（当初から引き続き３級）

障害基礎年金の受給権を有しない障害厚生年金の受給権者（受給権取得当時から引き続き３級の障害状態の障害厚生年金の受給権者）については、65 歳以後は障害の程度が増進したことによる額の改定が行われません。

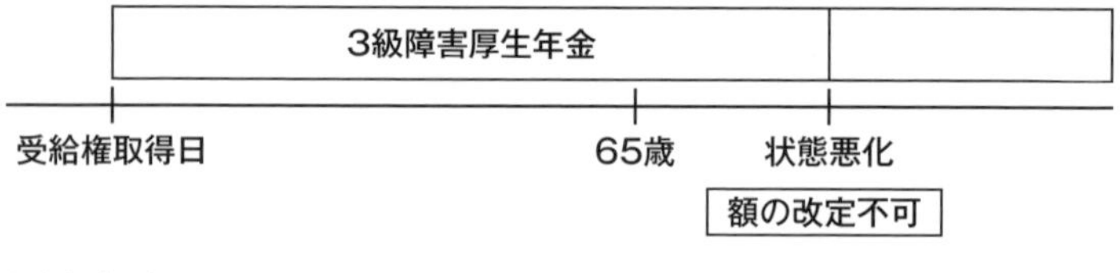

障害厚生年金が３級から２級の額に改定されると、それに伴って事後重症による障害基礎年金の受給権を取得します。しかし、事後重症による障害基礎年金は、65 歳前に請求することが条件であるため、65 歳以後に事後重症による障害基礎年金が発生することはありません。そうなると、障害厚生年金が２級の額に改定されたとしても、障害基礎年金は支給されません。このような不合理を避けるため、３級の障害厚生年金の受給権者の障害状態が65歳以後において増進しても、２級や1級への額の改定は行われていません。

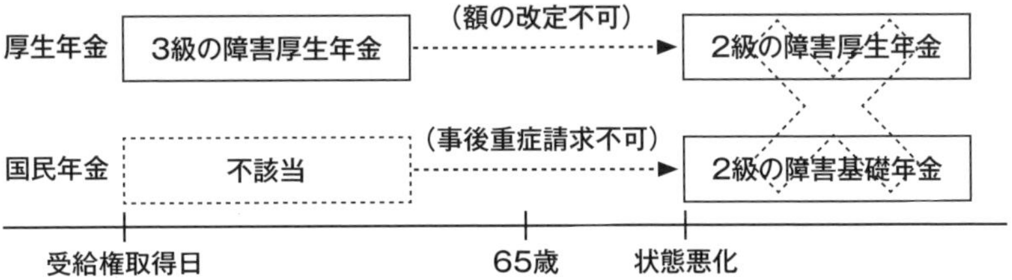

3 3級の障害厚生年金の受給権者（障害基礎年金の受給権者）

２級の障害基礎年金および障害厚生年金の受給権者が、３級の障害の状態となったときは、障害基礎年金の支給が停止されます。その後65歳以降に障害の程度が増進して２級の障害の状態になったときは、額の改定を請求することができます。いずれの年金の受給権も消滅しておらず、また、事後重症による障害基礎年金には該当しないためです。

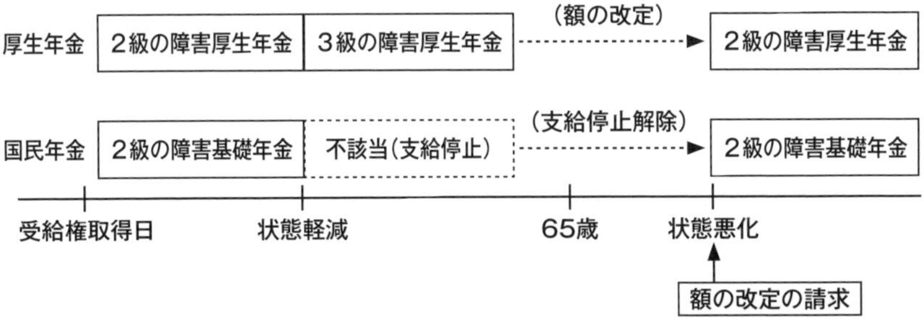

POINT!

障害の程度が増進したことによる2級から１級への額の改定の請求には、年齢制限は設けられていません。

障害給付を受ける原因となった障害の程度が重くなったとき
障害給付 額改定請求書（様式第210号）▶巻末資料Ⅱ・20

5 その他障害との併合改定

～その他障害の出現により額の改定を請求することができる～

1 その他障害との併合改定

２級の障害基礎年金および障害厚生年金の受給権者が、新たな別傷病による３級以下の軽度の障害（**その他障害**）の状態にあり、その他障害の障害認定日以後**65歳に達する日の前日までに併合**した障害の程度が１級に該当したときは、その期間内（65歳に達する日の前日までの間）に**額の改定の請求**ができます。〈国年法34④、厚年法52④〉

■ 2級の障害厚生年金の受給権者

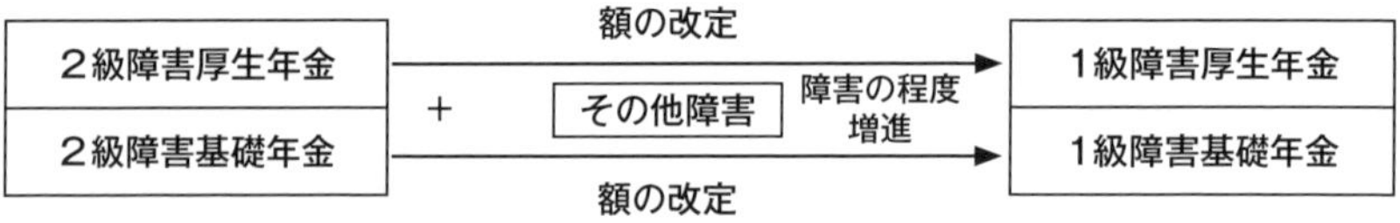

■ 2級の障害基礎年金の受給権者

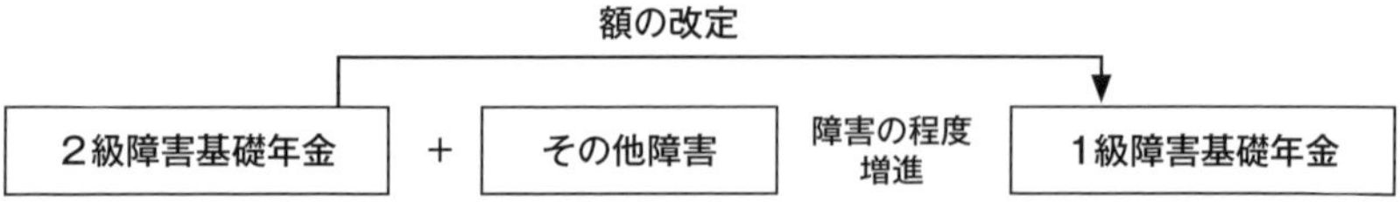

2 その他障害の要件

その他障害は、初診日が従前の障害基礎年金および障害厚生年金の支給事由となった障害に係る傷病の初診日後にあり、**初診日要件**と**保険料納付要件**を満たしている必要があります。

3 併合改定ができないとき

繰上げ支給の老齢基礎年金および繰上げ支給の老齢厚生年金の受給権者は、その他障害との併合改定の請求ができません（第２章④Ｉ３）。

参考 その他障害との併合認定

平成元年の改正による「その他障害」との併合改定は、すでに受給している年金の額の改定をするしくみで、新たな受給権を取得するものではありません。

6 障害基礎年金との併合に基づく改定

～2つの障害を併合した障害の程度に応じて額が改定される～

1 障害基礎年金との併合に基づく改定1

２級の障害基礎年金および障害厚生年金の受給権者が、厚生年金から国民年金に変わった後、さらに別の傷病による**障害基礎年金の受給権**を有するに至ったときは、２つの障害を併合した障害の程度に応じて、障害厚生年金の額が改定されます。

〈厚年法52の２①〉

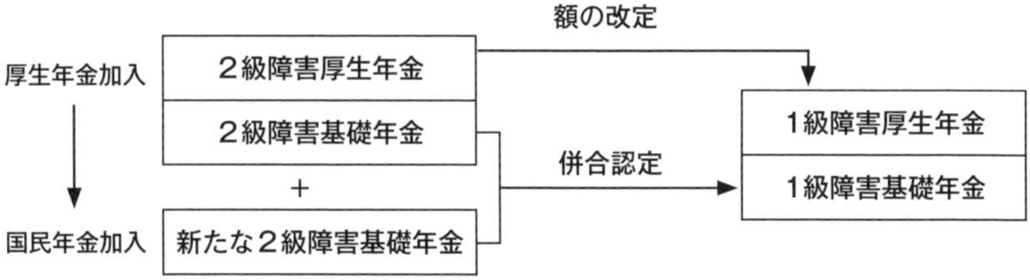

2 障害基礎年金との併合に基づく改定2

２級の障害厚生年金の受給権者(障害基礎年金の受給権も有するとき)において、**その他障害**が生じたことにより障害基礎年金が１級に改定されたときは、障害厚生年金も１級の障害に相当する額に改定が行われます。

〈厚年法52の２②〉

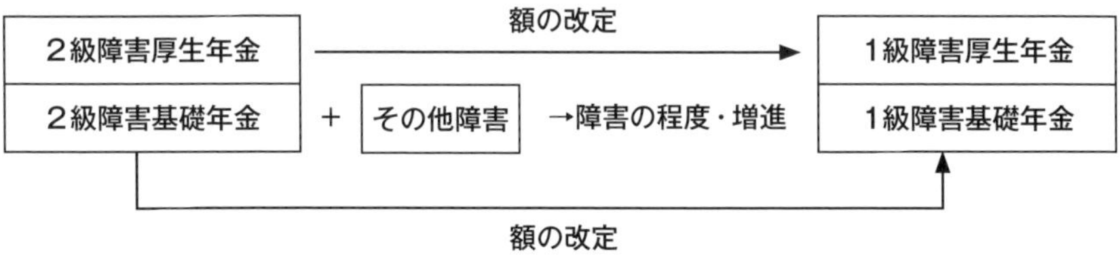

参考　障害厚生年金と障害基礎年金の等級

障害厚生年金と障害基礎年金は併給の調整（併合認定）に当たらないため、額の改定がなければ、１級の障害基礎年金と２級の障害厚生年金のような組み合わせとなってしまうことから、障害厚生年金を１級に改定することにより同じ等級となるようにしています。繰上げ支給の老齢基礎年金および繰上げ支給（経過的な支給繰上げを含む）の老齢厚生年金の受給権者には適用されません（第２章4Ⅰ3）。

5 障害年金の併給調整

1 障害基礎年金と他の給付との併給調整

～複数の受給権を得たときは1人1年金が原則となる～

1 1人1年金の原則

同一の支給事由に基づき支給される年金は併給されますが、同じ人が同時に複数の支給事由の異なる年金の受給権を得たときは、**1人1年金**を原則として、1つの年金のみを選択して受給することになります。この間、他の年金は支給停止されます。ただし、**65歳以上**であるときには、例外が設けられています。　〈国年法20①、厚年法38①ほか〉

2 障害基礎年金と国民年金の他の給付との併給調整

障害基礎年金と国民年金の他の給付（異なる支給事由）との併給調整は次のとおりです。

	国民年金の給付				
	老齢基礎年金		障害基礎年金	遺族基礎年金	寡婦年金
	65歳未満	65歳以上			
障害基礎年金	選択	選択	併合認定	選択	選択

3 障害基礎年金の併合認定

障害基礎年金の受給権者に対してさらに障害基礎年金を支給すべき事由が生じたときは、前後の障害を併合した障害の程度による障害基礎年金が支給されます。この併合認定による障害基礎年金の受給権を取得したときは、従前の障害基礎年金の受給権は消滅します。　〈国年法31〉

2級障害基礎年金 ＋ 2級障害基礎年金 —併合認定→ 1級障害基礎年金

（2級障害基礎年金）↓ 失権

2 障害基礎年金と厚生年金の給付との併給調整

〜65歳以上の障害基礎年金と老齢、障害、遺族厚生年金は併給される〜

1 障害基礎年金と厚生年金の給付との併給調整

障害基礎年金と厚生年金の給付（異なる支給事由）との併給調整は次のとおりです。

		厚生年金（共済年金）の給付				
		老齢厚生年金		障害厚生年金		遺族厚生年金
		65歳未満	65歳以上	1・2級	3級	
障害基礎年金	65歳未満	選択	—	併合認定	選択（額改定の可能性あり）	選択
	65歳以上	—	併給	選択	選択	併給

2 障害基礎年金と厚生年金の給付との併給

65歳以後の障害基礎年金は、老齢厚生年金、遺族厚生年金とも併給されます。

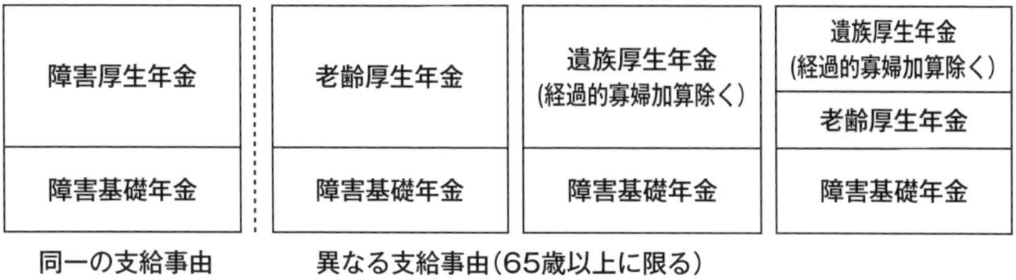

3 障害基礎年金と障害厚生年金の併合

障害基礎年金の受給権者に対してさらに2級の障害厚生年金（同一支給事由による障害基礎年金を含む）を支給すべき事由が生じたときは、前後の障害を併合した障害の程度による障害基礎年金が支給され、障害厚生年金も同じ等級になります。

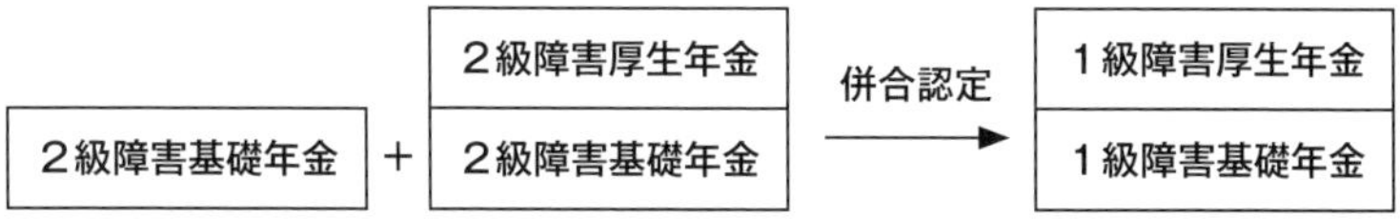

3 障害基礎年金と旧法給付との併給調整

～障害基礎年金と旧法給付は基本的には選択受給する～

1 障害基礎年金と旧国民年金法の障害年金との併給調整

障害基礎年金と旧法給付との併給調整（支給事由が異なるとき）は次のとおりです。

	旧国民年金法の給付						
	老齢年金 通算老齢年金		障害 年金	母子 年金	遺児 年金	寡婦 年金	老齢福祉 年金
	65歳未満	65歳以上					
障害基礎 年金	選択	選択	併合 認定	選択	選択	選択	選択

2 障害基礎年金と旧国民年金法の障害年金の併合認定

旧国民年金法の障害年金の受給権者に対して、さらに障害基礎年金を支給すべき事由が生じたときは、前後の障害を併合した障害の程度による障害基礎年金が支給されます。この場合において、従前の旧国民年金法の障害年金の受給権は消滅せず、新たに受給権を取得した併合認定による障害基礎年金のいずれかを選択して受給します。〈法附則（60）26〉

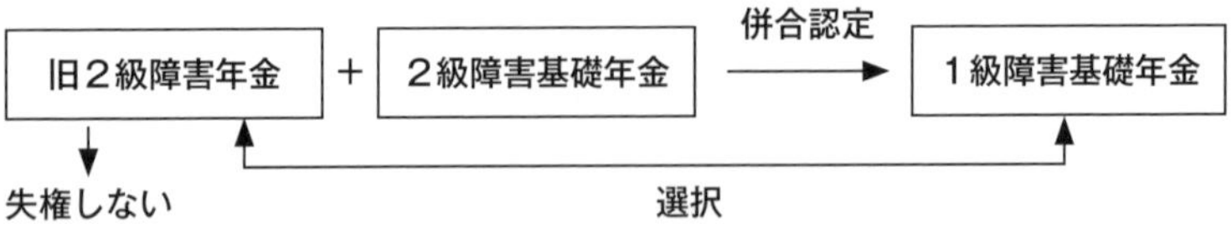

参考 障害基礎年金と旧厚生年金保険法の給付

障害基礎年金と旧厚生年金保険法の給付についても同様の扱いです。

	旧厚生年金保険法の給付			
	老齢年金・退職年金		障害年金 1～3級	遺族年金 通算遺族年金
	65歳未満	65歳以上		
障害基礎 年金	選択	選択	選択・ 併合認定	選択

4 障害厚生年金と国民年金の給付との併給調整

～2級以上の障害厚生年金と障害基礎年金は併合認定される～

1 障害厚生年金と国民年金の給付との併給調整

障害厚生年金と国民年金の給付（異なる支給事由）との併給調整は次のとおりです。

		国民年金の給付					
		老齢基礎年金		障害基礎年金		遺族基礎年金	寡婦年金
		65歳未満	65歳以上	65歳未満	65歳以上		
障害厚生年金	1・2級	選択	選択	併合認定	選択	選択	選択
	3級	選択	選択	選択（併合認定の可能性あり）	選択	選択	選択

2 障害厚生年金と障害基礎年金の併給調整

支給事由の異なる障害基礎年金と障害厚生年金（同一事由による障害基礎年金なし）は、いずれかを選択して受給します。

3 3級の障害厚生年金の受給権者

3級の障害厚生年金の受給権者（受給権取得当時から引き続き障害等級3級程度の人）に、さらに障害基礎年金を支給すべき事由が生じたときは、前後の障害を併せて評価することにより、基準障害による障害厚生年金が支給される可能性があります（本章4 I 3）。この場合において従前の障害厚生年金の受給権は消滅しません。

3級障害厚生年金 ＋ 障害基礎年金 → 1級障害厚生年金 / 1級障害基礎年金

※3級の障害によっては前後の障害が併合されるときがあります。

POINT!

3級の障害と2級の障害が併合されて1級となるケースは限定的であり、3級の傷病として眼や聴力に関する特定の障害があるときに限られます。

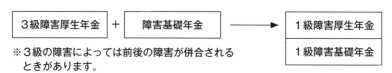

5 障害厚生年金と厚生年金の他の給付との併給調整

～複数の障害年金の受給権があるときは併合認定されることがある～

1 障害厚生年金と厚生年金の他の給付との併給調整

障害厚生年金と厚生年金保険法の他の給付との併給調整は次のとおりです。

		厚生年金（共済年金）の給付				
		老齢厚生年金		障害厚生年金		遺族厚生年金
		65歳未満	65歳以上	1・2級	3級	
障害厚生年金	1・2級	選択	選択	併合認定	併合認定	選択
	3級	選択	選択	併合認定	選択（併合認定の可能性あり）	選択

2 2級の障害厚生年金の併合認定

２級の障害厚生年金の受給権者に、さらに２級以上の障害厚生年金を支給すべき事由が生じたときは、前後の障害を併合した障害の程度による新たな障害厚生年金が支給されます。この併合認定により新たな障害厚生年金の受給権を取得したときは、従前の障害厚生年金の受給権は消滅します。

〈厚年法48①〉

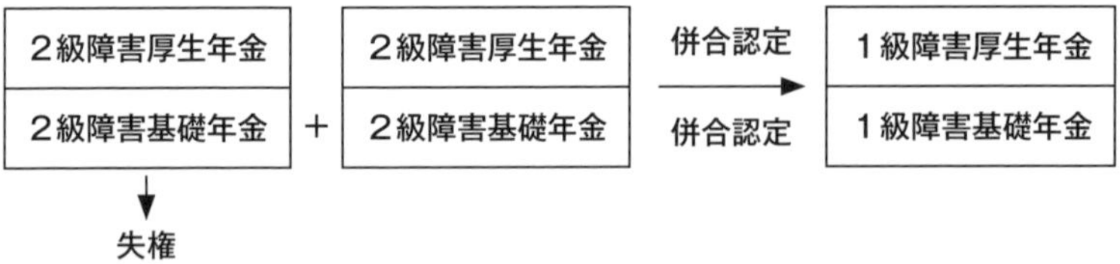

3 3級の障害厚生年金の受給権者

３級の障害厚生年金の受給権者（受給権取得当時から引き続き障害等級３級程度の人）に、さらに障害厚生年金を支給すべき事由が生じたときは、前後の障害を併合して基準障害による障害厚生年金が支給される場合があります。この際には従前の障害厚生年金の受給権は消滅しません（本章④Ｉ３）。

6 障害厚生年金と旧法給付との併給調整

～旧法の障害年金も新法の障害年金と併合される～

1 障害厚生年金と旧法の障害年金との併給調整

昭和36年4月1日以後に支給事由の生じた旧厚生年金保険法による1級または2級の障害年金の受給権者に対して、さらに新法による1級または2級の障害厚生年金を支給すべき事由が生じた場合、前後の障害の併合認定が行われます。これにより、新たに障害を併合した障害の程度による障害厚生年金が支給されます。この場合において、旧厚生年金保険法の障害年金の受給権は消滅しません。〈法附則(60)69①〉

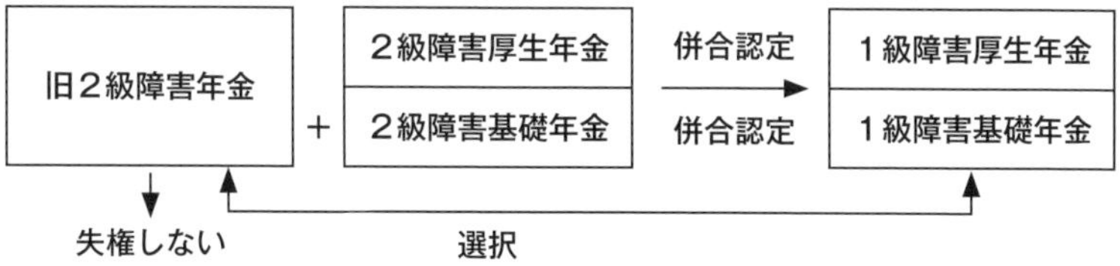

参考 65歳以後に併給可能な年金

65歳以後の年金の併給の可否は年金の種類によって異なります。基礎年金どうしや寡婦年金は他との併給ができません。一方で、障害基礎年金や遺族厚生年金は支給事由の異なる年金との併給が可能です。その汎用性から、オールマイティな年金と呼ばれることもあります。

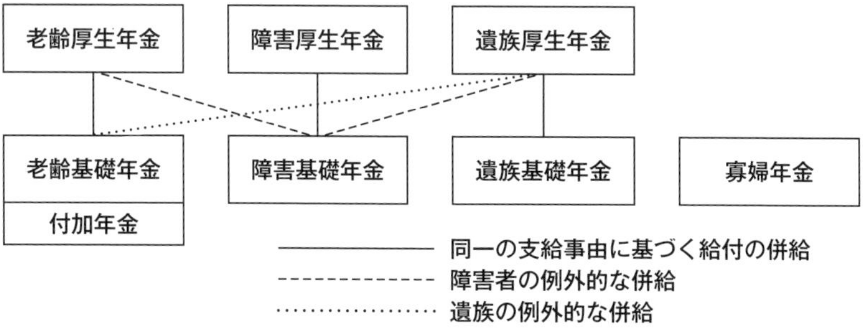

6 受給後の手続きと失権・支給停止

Ⅰ　障害年金受給後の手続き

1 障害状態確認届

～永久認定でなければ定期的に障害状態確認届（診断書）を提出する～

1 障害状態確認届の提出

障害基礎年金や障害厚生年金を受給している人に対する障害状態の確認は、障害の永久性が認められない限り定期的に実施されます。

障害状態の審査の結果、「永久認定」となったときには、原則として障害状態の確認は必要ありませんが、多くの場合は「有期認定」となり、１年から５年ごとに**障害状態確認届（診断書）**を提出する必要があります。確認届の提出サイクルは、障害の状態に応じて実施機関が決定します。障害状態確認届は、通常誕生月の３カ月前の月末に送付され、誕生月の末日が提出期限とされています。〈国年則36の4、厚年則51の4〉

2 障害状態確認届の提出が遅れたとき

障害状態確認届の提出が遅れた場合、一時的に年金の支給が**差し止められる**ことがあります。〈国年則69、厚年則52〉

１年を超え長期間にわたり提出しなかったときは、その間の障害状態の継続性の確認するために、原則として、１年ごとの診断書の提出が必要とされています。〈令２管管発ア1026第２号〉

参考　**障害状態確認届提出時の額改定請求**

障害状態の増進により受給者が上位の障害等級に該当する可能性があるとき、受給権者は「障害給付額改定請求書」を併せて提出して障害基礎年金および障害厚生年金の額の改定を請求することができます。これにより上位の障害等級と認定されないとき（障害等級に変更がないと判断されたとき等）には不服申立てを行うことができます。

3 障害状態確認届の提出が不要なとき

障害基礎年金および障害厚生年金について、次のいずれかの日から1年以内に指定日が到来する年については、障害状態確認届の提出が不要です。また、支給停止中も提出の必要がありません。

- 障害年金の裁定が行われた日
- 障害年金の額の改定が行われた日
- 障害年金の支給停止が解除された日
- 額の改定の請求をした日

4 障害状態確認届の提出後の通知

(1) 次回診断書提出年月のお知らせ

障害状態確認届により、障害等級に変更がないと判断されれば、「次回診断書提出年月のお知らせ」が届きます。

次回の診断書の提出について(お知らせ)

お客様より提出された診断書(障害状態確認届等)を審査した結果、次回の診断書の提出期限は以下のとおりとなりましたので、お知らせします。(ただし、今後、診断書の提出の必要のない場合には＊を表示しています。)

次回診断書提出時期…………令和10年６月

診断書の用紙は、上記の月の３カ月前の月末に、日本年金機構より送付しますので、誕生月の月末までに必ずご提出ください。

(2) 支給額変更通知書

障害等級が変更になり年金額が改定されたときには、「支給額変更通知書」が届きます。等級が下がったり、支給停止になったりするなど、不利益な改定のときには、指定月の翌月から起算して４カ月目の支給分から変更されます（本章[4]Ⅱ１)。

障害年金を受給している人の障害状態の確認が必要なとき
障害状態確認届(診断書)　▶巻末資料Ⅱ・22

6 受給後の手続きと失権・支給停止

Ⅱ 障害年金の失権、支給停止

1 障害基礎年金・障害厚生年金の支給停止

～障害年金が支給停止されるときがある～

1 労働基準法による障害補償が行われるとき

障害基礎年金および障害厚生年金の受給権者が同一の傷病による障害に対して、**労働基準法**に基づく**障害補償**を受けることができるときは、**6年間**その支給が停止されます。この調整は同一の傷病による障害に限定されて行われます。〈国年法36①、厚年法54①〉

2 労働者災害補償保険法の障害補償年金が支給されるとき

障害基礎年金および障害厚生年金の受給権者が同一の傷病による障害に対して、**労働者災害補償保険法**（労災法）による**障害補償年金**を受けることができるときは、障害基礎年金および障害厚生年金は全額支給され、障害補償年金が減額調整されます（第8章②Ⅳ２）。

3 障害等級に該当する状態に該当しなくなったとき

障害基礎年金および障害厚生年金の受給権者の障害の程度が軽くなり、障害等級に該当しなくなったときは、その障害の状態に該当しない間は年金の支給が停止されます。

障害の程度が増進し再び障害等級に該当する程度になったときは、「老齢・障害給付受給権者支給停止事由消滅届」を提出します。障害等級に該当すると認められれば支給停止が解除されます。ただし、支給停止の解除は、障害基礎年金および障害厚生年金の受給権が消滅しているとき（３級不該当で65歳に到達したときなど）はできません。

参考　支給停止事由消滅届

障害状態が悪化し障害等級に該当する際、「老齢・障害給付受給権者支給停止事由消滅届」を提出することによって障害基礎年金および障害厚生年金の支給が再開されることがあります。この場合、障害等級に該当した時点に遡って年金を受給することができますが、時効の規定により遡れるのは５年が限度です。

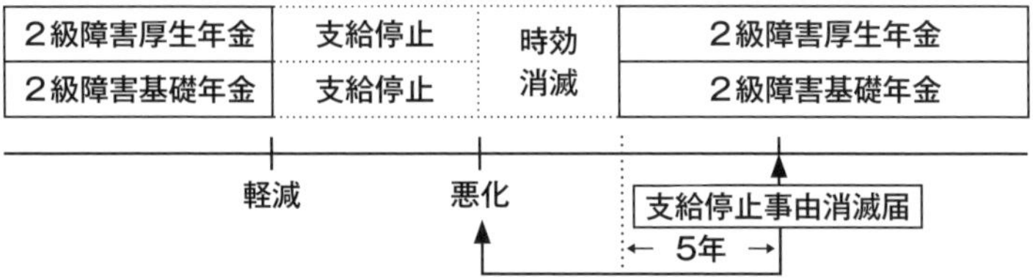

4　その他障害による支給停止解除

障害基礎年金および障害厚生年金の受給権者（受給権取得当時から引き続き３級の障害状態の人を除く）で障害の程度が障害等級に該当しないために支給が停止されている場合に、さらに新たな障害（**その他障害**）が生じたことにより、その他障害の障害認定日以後**65歳に達する日の前日まで**に前後の障害を併合した障害の程度が１級または２級に該当したときは、その**支給停止が解除**されます。〈国年法36②、厚年法54②〉

ただし、繰上げ支給の老齢基礎年金または繰上げ支給（経過的な支給繰上げを含む）の老齢厚生年金の受給権者はこの適用を受けることができません（第２章④Ｉ３）。

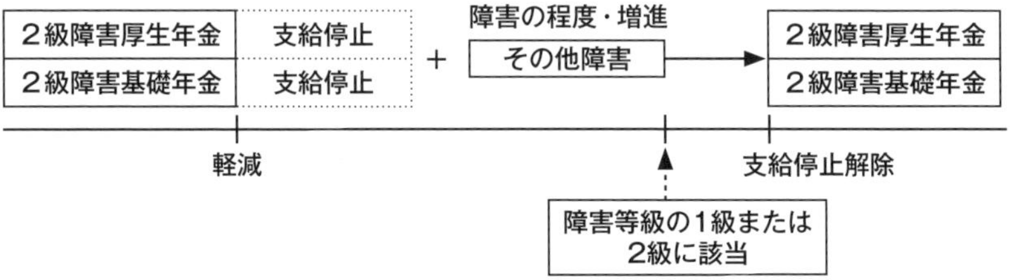

POINT!

「その他障害」とは、１級または２級に満たない程度の障害をいいます。
〈国年法34④、厚年法52④〉

年金の支給停止事由がなくなったとき
老齢・障害給付 受給権者支給停止事由消滅届（様式第207号）▶巻末資料Ⅱ・21

2 障害基礎年金・障害厚生年金の失権

～3級に満たない障害状態の障害年金の受給権は65歳で消滅する～

1 障害基礎年金の失権

障害基礎年金の受給権は、次の①～③のいずれかに該当したときに消滅します。〈国年法35〉

> ① **死亡**したとき
> ② 3級以上の障害等級の障害状態にない人が、**65歳**に達したとき。ただし、3級以上の障害等級の障害状態に該当しなくなった日から**3年を経過**していないときを除く
> ③ 3級以上の障害等級の障害状態に該当しなくなった日から**3年を経過**したとき。ただし、**3年**を経過した日に**65歳未満**であるときを除く

■②のケース

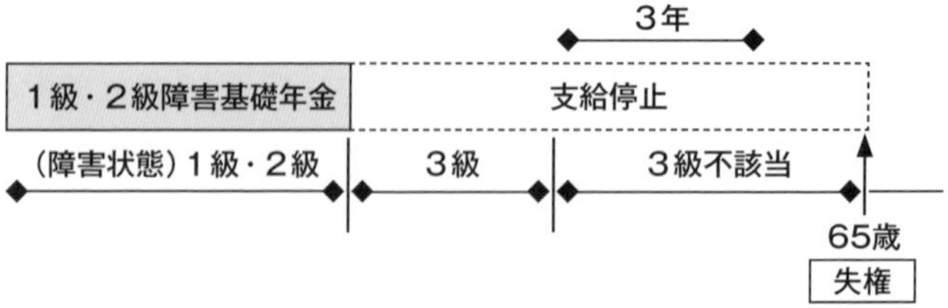

■③のケース

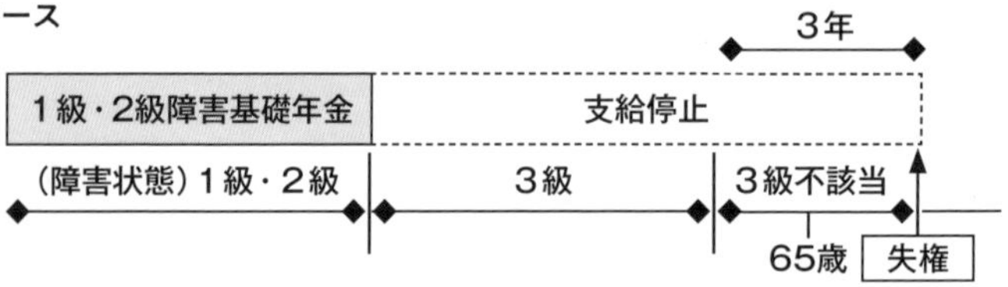

参考 **従前の障害年金の受給権の失権**

前後の障害を併合した障害の程度による新たな障害基礎年金および障害厚生年金が支給されるときは、従前の年金の受給権が消滅することがあります。

〈国年法31②、厚年法48②〉

2 障害厚生年金の失権

障害厚生年金の受給権は、次の①～③のいずれかに該当したときに消滅します。 〈厚年法53〉

> ① **死亡**したとき
> ② 3級以上の障害等級の障害状態にない人が、**65歳**に達したとき。ただし、3級以上の障害等級の障害状態に該当しなくなった日から**3年を経過**していないときを除く
> ③ 3級以上の障害等級の障害状態に該当しなくなった日から**3年を経過**したとき。ただし、**3年**を経過した日に**65歳未満**であるときを除く

■②のケース

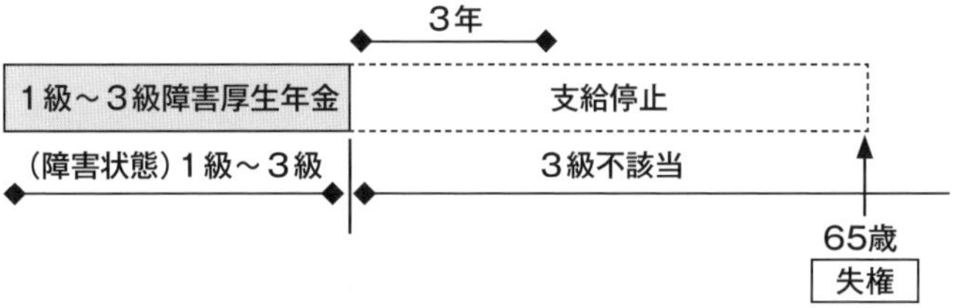

■③のケース

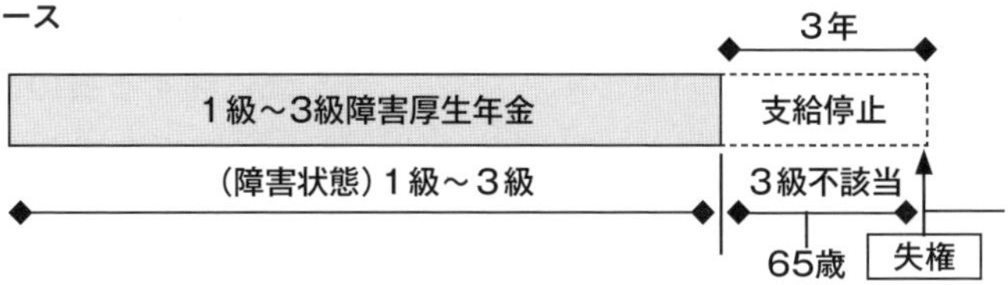

参考 **3級不該当の状態**

2級の障害基礎年金を受給中の人の障害の状態が軽減し、「3級程度の状態」と判断されたときは、年金の支給は停止されます。この支給停止期間中は障害状態確認届（診断書）の提出が原則不要のため、さらに障害の状態が軽減しても「3級不該当」と認定される機会は多くありません。3級程度の障害状態により支給停止されている20歳以上60歳未満の期間は法定免除が適用されます（第1章2Ⅳ1）。

7 障害年金以外の給付

Ⅰ　特別障害給付金

1 特別障害給付金の要件

～障害基礎年金を受給できない一定の人に対する福祉的措置がある～

1 特別障害給付金の制度

国民年金制度の発展過程において、国民年金に任意加入していなかったことにより障害基礎年金等を受給していない人について、福祉的な配慮を考慮し、**特別障害給付金制度**が設けられています。

2 特別障害給付金の対象者

特別障害給付金を受給できるのは**特定障害者**です。特定障害者とは、次の①または②に該当する人であって、国民年金に任意加入していなかった期間内に初診日があり、現在障害等級の１級または２級相当の障害の状態にある人のことをいいます。ただし、**65歳に達する日の前日まで**に障害状態に該当し請求した人に限ります。また、障害基礎年金や障害厚生年金、障害共済年金などを受給することができる人は特定障害者になりません。

〈特定障害法２、６〉

① 平成３年３月以前に国民年金の任意加入対象であった学生

国民年金の任意加入対象であった**学生**とは、次のアまたはイの昼間部に在籍していた学生をいいます。

ア　大学（大学院）、短大、高等学校および高等専門学校

イ　昭和61年4月から平成3年3月までは、上記アに加え、専修学校および一部の各種学校

POINT!

国民年金の任意加入対象であった学生には、定時制、夜間部、通信の学校は含みません。

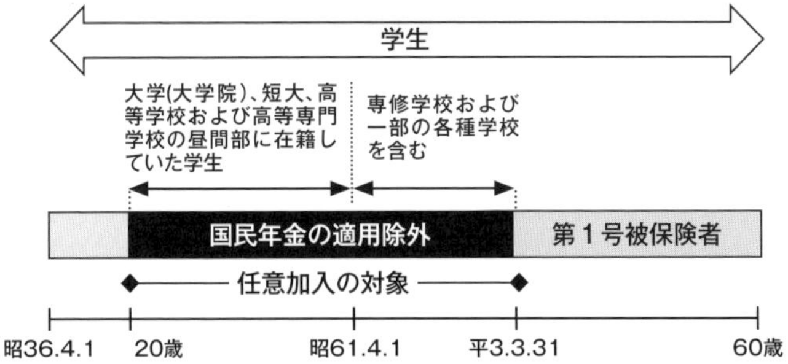

学生に対して国民年金への加入が義務付けられたのは平成３年４月からです。平成３年３月までは国民年金に任意で加入することができました。

② 昭和61年３月以前に国民年金の任意加入対象であった被用者年金制度の加入者の配偶者

国民年金の任意加入対象であった被用者年金制度の加入者（厚生年金の被保険者等）の**配偶者**には、次のような人が該当します。

ア　被用者年金制度（厚生年金、共済組合等）の加入者の配偶者

イ　上記アの老齢給付受給権者および受給資格期間満了者の配偶者

ウ　上記アの障害年金受給者の配偶者

エ　国会議員の配偶者

オ　地方議会議員の配偶者（ただし、昭和 37 年 12 月以降の期間）

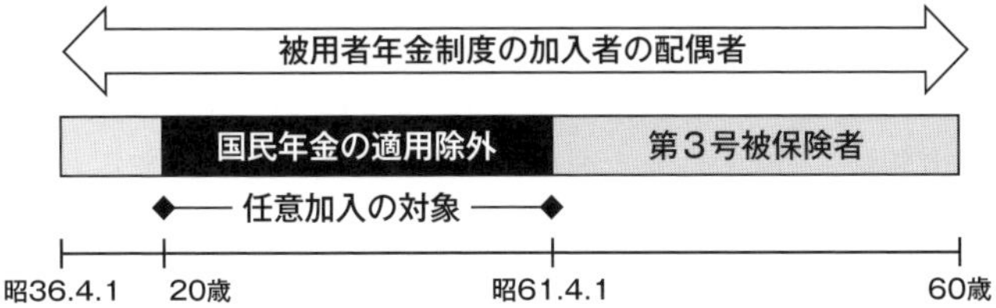

3 特別障害給付金が支給されないとき

特別障害給付金は、次の場合には支給されません。　〈特定障害法３〉

① **日本国外**に住んでいるとき

② 原則として**監獄**、**労役場**、その他これらに準じる施設に**拘禁**されているとき

2 特別障害給付金の額と支給期間

～特別障害給付金は認定請求日の翌月から支給される～

1 特別障害給付金の額

特別障害給付金は法定基準額（1級は1カ月につき5万円、2級は4万円）に平成17年以降の物価変動率の累積率を乗じて得た額です。全国消費者物価指数の変動に応じて、毎年4月に額が変わります。

令和6年度の特別障害給付金の額は次のとおりです。〈特定障害法4、5〉

等級	金額（令和6年度）
障害等級1級	月55,350円
障害等級2級	月44,280円

2 認定請求

特定障害者が特別障害給付金の支給を受けるためには、65歳に達する日の前日までに、厚生労働大臣に対して受給資格および特別障害給付金の額の認定請求を行う必要があります。〈特定障害法6〉

3 支給期間と支払期月

特別障害給付金の支給は特定障害者が請求を行った日の属する月の翌月から開始され、支給すべき理由がなくなった日の属する月で終了します。この給付金は年に6回、2月、4月、6月、8月、10月、12月の各期に、その前月までの分が支給されます。〈特定障害法7〉

4 特別障害給付金の所得制限

特別障害給付金には**所得制限**が設けられています。これは、特別障害給付金が福祉的措置であることから、本人の所得が多い場合には、支給額の全額または半額が停止するしくみです。20歳前傷病による障害基礎年金の所得制限（本章1Ⅲ3）が準用されます。〈特定障害法9〉

5 老齢年金、遺族年金等を受給したとき

特別障害給付金の受給権者が老齢給付や遺族給付などの老齢および死亡を理由とする給付を受けるときは、給付金が支給停止されます。

老齢給付等の額が、特別障害給付金より低い場合にはその差額が支給されます。ただし、特別障害給付金の額を上回る場合は、特別障害給付金は支給されません。〈特定障害法16、特定障害法令6、7〉

参考 特別障害給付金の調整

2級の特別障害給付金（年間53万円）を受けているとき、

- 62歳から　特別支給の老齢厚生年金（年間10万円）を受給するときは、特別障害給付金は53万円－10万円＝43万円が支給されます。
- 65歳から　老齢基礎年金および老齢厚生年金（年間80万円）を受給するときは、53万円－80万円＜0円となるため、特別障害給付金は支給されません。

6 特別障害給付金受給者の支給繰下げ

特別障害給付金の受給権者は、老齢基礎年金の支給繰下げの申出を行うことができます。老齢基礎年金の支給繰下げの申出は「65歳に達したときに他の年金たる給付の受給権者であったとき」は請求できませんが、この「他の年金たる給付」には特別障害給付金は含まれません。

7 特別障害給付金受給者の免除

特別障害給付金を受給している人は、国民年金の法定免除に該当しません。〈特定障害法18〉

8 未払い特別障害給付金

特定障害者が死亡した場合でまだ支払われていない特別障害給付金があるとき、その人の配偶者(事実婚姻関係を含む)、子、父母、孫、祖父母、兄弟姉妹またはこれら以外の三親等内の親族であって、死亡の当時その人と生計を同じくしていた人は、自己の名でその未払いの特別障害給付金の支払いを請求することができます。〈特定障害法16の2〉

1 障害年金生活者支援給付金

～障害基礎年金の受給権者に対し支給される給付金がある～

1 年金生活者支援給付金

年金生活者支援給付金は、消費税率引上げ分を活用し、公的年金等の収入や所得額が一定額以下の年金受給者の生活を支援するために、年金に上乗せして支給されるものです。老齢（補足的老齢）年金生活者支援給付金、障害年金生活者支援給付金、遺族年金生活者支援給付金の３つの給付金があり、それぞれに支給要件があります。相談窓口は年金事務所です。原則として申請した月の翌月分から支給されるので、早めの手続きが必要です（第２章1Ⅵ）。

2 障害年金生活者支援給付金の支給要件

障害基礎年金を受給している人で、次の支給要件をすべて満たすときは、**障害年金生活者支援給付金**を受給することができます。

① 障害基礎年金を受けていること

② 前年の所得が 472 万 1,000 円以下であること

障害基礎年金等の非課税収入は所得に含みません。また、②の基準額は扶養家族がいない場合に適用される金額で、扶養家族の人数に応じて所得の基準額は増額されます。

■障害年金生活者支援給付金の額

等級	金額（令和６年度）
障害等級１級	月6,638円
障害等級２級	月5,310円

障害年金生活者支援給付金を請求するとき
年金生活者支援給付金請求書▶巻末資料Ⅱ・２

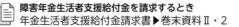

第4章

遺族年金

1 遺族基礎年金

Ⅰ 遺族基礎年金の要件

1 遺族基礎年金の要件

～遺族基礎年金は国民年金に加入中の人が死亡したときなどに支給される～

1 遺族基礎年金の支給要件

遺族基礎年金は、国民年金の被保険者または被保険者であった人が死亡したときに、その人の**配偶者または子**に支給される年金です。死亡した人は、次の①～④のいずれかの死亡事由に該当している必要があります。

〈国年法37、国年法附9〉

① 国民年金の**被保険者**が死亡したとき
② 国民年金の**被保険者であった60歳以上65歳未満**の人で、**日本国内に住所**のある人が死亡したとき
③ **老齢基礎年金の受給権者**が死亡したとき（保険料納付済期間、保険料免除期間、合算対象期間を合わせた期間が原則として**25年以上**あること）
④ **老齢基礎年金の受給資格期間を満たした人**が死亡したとき（保険料納付済期間、保険料免除期間、合算対象期間を合わせた期間が原則として**25年以上**あること）

①と②は、死亡日前に国民年金の保険料を納めるべき期間があるときは、**保険料納付要件**を満たす必要があります。③と④の**25年以上**の期間については短縮措置が設けられています（本章②Ⅰ２）。

POINT!

①について、学生納付特例や保険料の納付猶予の規定により国民年金保険料を納付することを要しないものとされている期間中の被保険者が死亡した場合も、保険料納付要件を満たしていれば遺族基礎年金が支給されます。

2 大正15年４月１日以前に生まれた人の支給要件の特例

大正15年４月１日以前に生まれ、昭和61年４月１日以後に死亡した人に対して、遺族基礎年金が支給される場合は、次のように定められています。

〈法附則(60)27、経過措置令(61)44の２〉

① 昭和61年改正前の旧法の被用者年金制度（厚生年金、共済組合等）における１級または２級の障害年金の受給権者が死亡したとき
② 昭和61年４月１日以後の被用者年金制度の加入中に初診日のある傷病により、被保険者または組合員等の資格を喪失後、初診日から5年を経過する前に死亡したとき
③ 昭和61年４月１日前の厚生年金または旧船員保険の被保険者期間中の傷病により、その傷病の初診日から５年を経過する前に死亡したとき
④ 旧厚生年金保険法等に基づく老齢年金もしくは通算老齢年金、退職年金、減額退職年金、もしくは通算退職年金の受給権者が死亡したとき
⑤ 旧国民年金法に基づく老齢年金もしくは通算老齢年金の受給権者が死亡したとき（５年年金、老齢福祉年金等の特例的に支給される年金の受給権者は除く）

②と③は保険料納付要件を満たす必要があります。⑤は大正15年4月2日以後に生まれた人も含みます。

参考 旧法の老齢年金と通算老齢年金

旧法の老齢年金とは、①旧厚生年金保険法の年金であり、原則として、被保険者期間が20年以上（中高齢者の特例に該当する場合は15年以上）ある人に60歳から支給される年金、②旧国民年金法の年金であり、原則として、受給資格期間が25年以上ある人に65歳から支給される年金です。

旧法の通算老齢年金とは、旧厚生年金保険法および旧国民年金法等に基づく年金であり、いくつかの年金制度に加入した人が、各年金制度の加入期間を通算して一定期間以上ある場合等に、各制度からそれぞれの加入期間に応じて支給される年金です。

遺族基礎年金を請求するとき
年金請求書（国民年金遺族基礎年金）（様式第108号）▶巻末資料Ⅱ・23

2 遺族基礎年金の保険料納付要件

～受給資格期間が25年以上ないときは保険料納付要件を満たす必要がある～

1 基本の要件（３分の２要件）

遺族基礎年金の要件には、死亡した人に関して保険料納付要件が必要なときがあります。**死亡日の前日**において、死亡日の属する**月の前々月**までに被保険者期間があるときは、その被保険者期間にかかる**保険料納付済期間**と**保険料免除期間**とを合算した期間が、該当する被保険者期間の**３分の２以上**必要です。つまり、被保険者期間の３分の１以上の未納期間がある場合は、保険料納付要件を満たしません。〈国年法 37〉

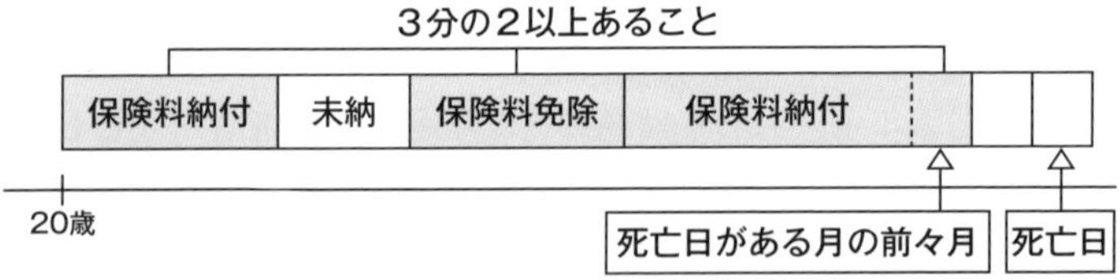

2 直近１年要件

令和８年４月１日前に死亡したときの遺族基礎年金における保険料納付要件は緩和されています。**死亡日の前日**において、死亡日の属する**月の前々月**までの**直近１年間**に**保険料納付済期間および保険料免除期間以外**の被保険者期間がないときは、３分の２要件に該当しない場合であっても保険料納付要件を満たすものとされます。つまり、直近１年間の納付が必要な期間において保険料の未納がなければ、保険料納付要件を満たします。この特例は、**死亡日において65歳未満**の人に限られています。〈法附則(60)20②〉

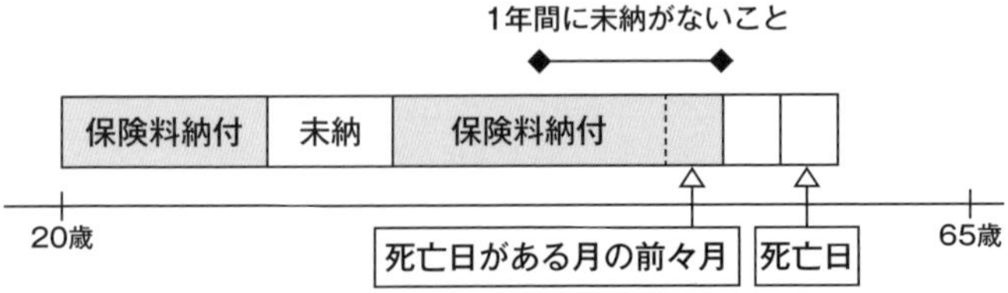

3 死亡日に被保険者のとき

直近１年間の保険料の納付状況について、死亡日に被保険者のときは**死亡日の属する月の前々月までの１年間**の状況で判断されます。対象となるのは、国民年金の強制加入被保険者、任意加入被保険者です。

20 歳から 60 歳までの間に死亡したときは、一般的には継続して国民年金の被保険者であるため、死亡日の前々月までの１年間に未納がないかが判断基準となります。

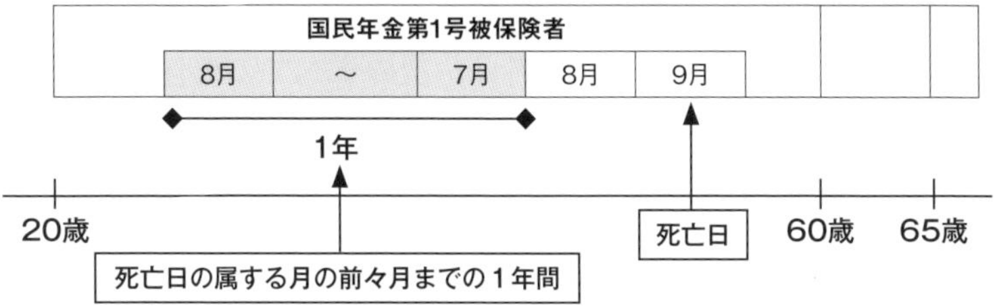

62 歳で任意加入被保険者や厚生年金の被保険者となり、その期間中に死亡したときは、死亡日の属する月の前々月までの直近１年間の保険料の納付状況に基づいて判断されます。

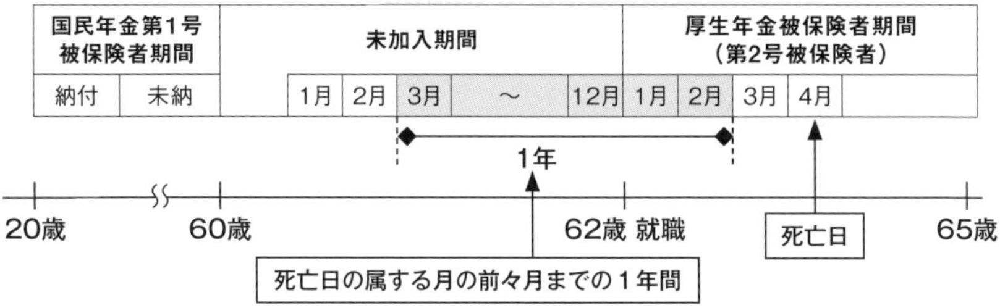

4 死亡日に被保険者でなかったとき

死亡日に被保険者でなかった人は**死亡日の属する月の前々月以前における直近の被保険者期間に係る月までの１年間**で判断されます。例えば、60 歳以後国民年金に未加入の 62 歳時に死亡したときは、直近の被保険者期間として 60 歳時点までの１年間の納付状況です。60 歳までの直近１年間に未納があれば、保険料納付要件を満たしません。

3 遺族基礎年金の遺族

～遺族基礎年金を受給できる遺族は子のある配偶者か子に限られる～

1 遺族基礎年金の遺族の要件

遺族基礎年金を受ける資格がある遺族は、被保険者または被保険者であった人の**死亡の当時**に、その人によって**生計を維持**されていた**配偶者または子**に限られます（生計維持要件は本章[1]Ⅰ４）。〈国年法37の２〉

（1）配偶者の要件

遺族基礎年金を受給できる配偶者は、次のすべての要件を満たす人です。

① 被保険者または被保険者であった人の**配偶者**であること（婚姻の届出をしていない事実婚関係にある内縁の配偶者を含む）
② 被保険者または被保険者であった人の**死亡の当時**に、その人によって**生計を維持**されていたこと
③（２）の子の要件に該当する**子と生計を同じく**していること

子のない配偶者に遺族基礎年金は支給されませんが、夫死亡時に妊娠中の妻がいて、その後に子が生まれたときは、子が生まれた時点で遺族基礎年金の要件を満たします。

（2）子の要件

遺族基礎年金を受給できる子は、次のすべての要件を満たす人です。

① 被保険者または被保険者であった人の**子**であること
② 被保険者または被保険者であった人の**死亡の当時**にその人によって**生計を維持**されていたこと
③ **18歳に達する日以後の最初の３月31日（18歳到達年度の末日）まで**の間にあるか、または**20歳未満で障害等級１級または２級に該当**する障害の状態にあり、現に**婚姻**していないこと

再婚時の相手の連れ子は、その子が届出された養子であれば、死亡した人の子とされます。被保険者等の死亡当時に胎児であった子は、出生

時に遺族である子とされます。認知された子も含まれ、その効力は遡ります。なお、事実上の親子関係は対象となりません。

2　配偶者と子が要件を満たすとき

遺族基礎年金の手続きを行うと、年金を受ける権利がある人に年金証書（巻末資料Ⅰ・３）が送付されます。配偶者と子が共に受給権を有している場合はそれぞれに年金証書が届きます。ただし、一般的に遺族基礎年金を受けるのは配偶者のみであり、子に対する遺族基礎年金は全額支給停止となるため支給されません（本章[1]Ⅲ１）。

POINT!

遺族基礎年金は、死亡した被保険者または被保険者であった人の子のある配偶者または子に支給されます。子のない配偶者や父母、孫、祖父母などには支給されません。

3　行方不明による遺族基礎年金

遺族基礎年金は家族が死亡したときに支給されるものですが、自然死のほか、民法上の**失踪宣告**に該当するものを含みます。行方不明のときは、その人が**死亡したと推定される日**、または法律上**死亡したとみなされる日**に遺族基礎年金の受給権を取得します。この際、保険料納付要件や生計維持要件は行方不明となった当時の状況で判断されます（本章[2]Ⅰ７）。

参考　別居状態の子

離婚により別居している子に対しても、養育費等の送金が継続して行われていれば生計維持関係が認められ、遺族基礎年金の対象となることがあります。ただし、生計維持関係が認められ遺族基礎年金を受ける権利を得たとしても、子が父もしくは母と生計を同じくしているときは支給停止です（本章[1]Ⅲ1）。

4 遺族基礎年金の遺族の生計維持要件

～遺族基礎年金および遺族厚生年金の要件の1つに生計維持要件がある～

1 生計維持要件

遺族基礎年金および遺族厚生年金における遺族の要件の１つに、被保険者または被保険者であった人の**死亡の当時**にその人によって**生計を維持**されていたことがあります。これは、死亡の当時に生計を同じくしていた人であって（**生計同一要件**）、一定額以上の収入を将来にわたって有すると認められる者以外の者その他これに準ずる者として厚生労働大臣が定める者（**収入要件**）とされています。〈国年令６の４〉

2 生計同一関係の認定（生計同一要件）

生計同一関係の認定にあたっては、次のいずれかに該当するときに、生計を同じくしていた人に該当するものと認定されます。

遺族が**配偶者または子**であるとき
ア 住民票上同一世帯に属しているとき
イ 住民票上世帯を異にしているが、住所が住民票上同一であるとき
ウ 住所が住民票上異なるが、次のいずれかに該当するとき
　（ア）現に起居を共にし、かつ、消費生活上の家計を１つにしていると認められるとき
　（イ）単身赴任、就学または病気療養等の止むを得ない事情により住所が住民票上異なるが、次のような事実が認められ、その事情が消滅したときは、起居を共にし、消費生活上の家計を１つにすると認められるとき
　　（ｉ）生活費、療養費等の経済的な援助が行われていること
　　（ii）定期的に音信、訪問が行われていること

参考 遺族厚生年金の遺族が配偶者または子以外

遺族が父母、孫、祖父母、兄弟姉妹である場合の認定要件は、上記ア～ウ（ア）は同様で、ウ（イ）については「生活費、療養費等について生計の基盤となる経済的な援助が行われていると認められるとき」とされています。

3 収入に関する認定(収入要件)

遺族基礎年金および遺族厚生年金を受ける資格を有する遺族には収入要件が設定されており、厚生労働大臣が定める一定の額(年額850万円)以上の収入を将来にわたって有すると認められる人は対象外とされます。具体的には次のいずれかに該当すれば収入要件を満たします。

① 前年の収入が年額**850万円未満**
② 前年の所得が年額**655.5万円未満**
③ **一時的な所得**があるときは、これを除いた後、前記①または②に該当すること
④ 前記の①②③に該当しないが、定年退職等の事情により**近い将来**(おおむね5年以内)収入が年額850万円未満または所得が年額655.5万円未満となると認められること

※①②は前年の収入または所得が確定しないときは前々年の収入または所得

参考 おおむね5年

収入要件において、年額850万円以上の収入および655.5万円以上の所得があっても、死亡からおおむね5年以内に、これらの基準内に収入または所得が減少することが明らかなときは、収入要件を満たすとされています。具体的には次のような場合が該当します。

① 定年退職が決まっているとき
　死亡日から5年以内に遺族の定年退職が決まっているときには、その後に収入減少が予測されるため、収入要件を満たすことができます。退職規定の条項の写しが確認資料になります。

② 退職の慣例・通例に基づくとき
　退職規定がない会社においてほとんどの人が一定年齢で退職する慣例があるときは、その慣例や通例に基づき退職すると推認されます。

「おおむね5年以内」とは、死亡日から5年以内を指しますが、5年数カ月後の定年退職が明らかなときなどについては、5年を超える場合であっても認められることがあります。具体的な範囲は決まっていませんが、5年と1～2カ月程度が適当とされています。

5 事実婚関係にある遺族

～遺族基礎年金および遺族厚生年金の遺族である配偶者には事実婚関係も含まれる～

1 事実婚関係にある配偶者

遺族基礎年金および遺族厚生年金を受給できる**配偶者**には、婚姻の届出をしていない**事実婚関係にある内縁の配偶者**を含みます。事実婚関係にある人、いわゆる内縁関係にある人とは、婚姻の届出をしていないが社会通念上夫婦としての共同生活と認められる事実関係にある人をいいます。事実婚として認められるためには、次の①②の要件を満たしていることが必要です。　〈国年法5⑦、平23年発0323第1号〉

① 当事者間に、社会通念上、夫婦の共同生活と認められる事実関係を成立させようとする合意があること
② 当事者間に、社会通念上、夫婦の共同生活と認められる事実関係が存在すること

2 反倫理的な内縁関係

事実婚と認定されるための要件を満たしていても、その関係が反倫理的なもの、すなわち民法734条（近親婚の制限）、735条（直系姻族間の婚姻禁止）または736条（養親子関係者間の婚姻禁止）の規定に違反する場合は事実婚として認定されません。

ただし、次のすべての要件に該当する近親婚者は、過去の判例を踏まえ、日本年金機構本部および厚生労働省年金局との協議が行われるとされています。

① 三親等の傍系血族間の内縁関係にあること
② 内縁関係が形成されるに至った経緯が、内縁関係が開始された当時の社会的、時代的背景に照らして不当ではないこと
③ 地域社会や周囲に抵抗感なく受け入れられてきた内縁関係であること
④ 内縁関係が長期間（おおむね40年程度以上）にわたって安定的に継続されてきたものであること

3 重婚的内縁関係

届出による婚姻関係と内縁関係が重複している、いわゆる**重婚的内縁関係**の場合は、届出による婚姻関係が優先されます。届出による婚姻関係がその実体を全く失ったものであるときに限り、内縁関係にある人が事実婚関係にある人として認められます。

(1) 法律婚の形骸化

届出による婚姻関係がその実体を全く失っている状態を**法律婚の形骸化**といいます。次のいずれかに該当するときが該当します。

> ① 当事者が離婚の合意に基づいて**夫婦としての共同生活を廃止**していると認められるが戸籍上離婚の届出をしていないとき
> ② 一方の悪意の遺棄によって**夫婦としての共同生活が行われていない**場合であって、その状態が長期間（おおむね10年程度以上）継続し、当事者双方の生活関係がそのまま固定していると認められるとき

法律婚の形骸化

当事者の離婚の合意
に基づいて夫婦としての共同生活を廃止していると認められるが戸籍上離婚の届出をしていないとき

一方の悪意の遺棄
によって「夫婦としての共同生活が行われていない」状態が固定化（おおむね10年程度以上）して近い将来解消される見込みがない

(2) 夫婦としての共同生活の状態にない

夫婦としての共同生活の状態にないといい得るためには、次の①～③のすべてに該当することが必要とされています。

> ① 当事者が住居を異にすること
> ② 当事者間に経済的な依存関係が反復して存在していないこと
> ③ 当事者間の意思の疎通を表す音信または訪問等の事実が反復して存在していないこと

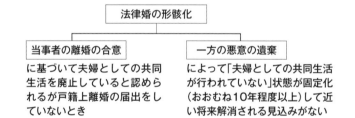

1 遺族基礎年金の額

～遺族基礎年金の額は子の人数によって決まる～

1 配偶者に支給される遺族基礎年金の額

配偶者に支給される遺族基礎年金の額は次のとおりです。〈国年法38、39①〉

遺族基礎年金の額＝基本年金額 ＋ 子の人数に応じた加算額

令和６年度の基本年金額は定額で、**816,000円**（昭和31.4.1以前生まれは**813,700円**）です。配偶者に支給される遺族基礎年金には子の加算額が加えられます。子が１人のときは**234,800円**、２人のときは**469,600円**、３人以上のときは、１人増えるごとに**78,300円**が加算されます。

■令和６年度の遺族基礎年金の額（配偶者に支給）

子の数	配偶者の生年月日	基本額	加算額	合計額（年額）
1人	昭和31.4.2以後生	816,000円	234,800円	1,050,800円
	昭和31.4.1以前生	813,700円	234,800円	1,048,500円
2人	昭和31.4.2以後生	816,000円	469,600円	1,285,600円
	昭和31.4.1以前生	813,700円	469,600円	1,283,300円
3人	昭和31.4.2以後生	816,000円	547,900円	1,363,900円
	昭和31.4.1以前生	813,700円	547,900円	1,361,600円

3人目以降の子がいるときは、1人につき78,300円が加算されます。

2 子に支給される遺族基礎年金の額

子に支給される遺族基礎年金の額は次のとおりです。

〈国年法38、39の2①〉

遺族基礎年金の額＝基本年金額 ＋ 子の人数に応じた加算額

令和６年度の基本年金額は**816,000円**です。子が２人のときは**234,800円**、３人以上のときは１人増えるごとに**78,300円**を加算した額です。つまり、遺された子が１人の場合は加算はなく、基本年金額のみが支給されます。子が２人以上いる場合は加算があり、子の人数で均等に分けられたうえでそれぞれの子に支給されます。

■令和6年度の遺族基礎年金の額（子に支給）

子の数	基本額	加算額	合計額（年額）
1人	816,000円	0円	816,000円
2人	816,000円	234,800円	1,050,800円
3人	816,000円	313,100円	1,129,100円

3人目以降の子がいるときは、1人につき78,300円が加算されます。

3 遺族基礎年金の額の改定

(1) 配偶者が受給するとき

配偶者が遺族基礎年金を受けるためには、加算の対象となる子が１人以上必要です。加算の対象となる子が２人以上いるとき、１人を除いた残りの子が、遺族基礎年金の対象である子でなくなったときは、加算額が変わるため、その**翌月から**年金額が減額されます。

配偶者が遺族基礎年金の受給権取得時に胎児であった子が生まれたときは、子が生まれた月の翌月から年金額が増額されます。生まれた子が１人目の子であるときは、出生時点で遺族基礎年金を受ける権利を取得します。

(2) 子が受給するとき

遺族基礎年金の受給権を有する子の数に増減があったときは、子の数の変更があった翌月から遺族基礎年金の額が改定されます。

年金受給権者の配偶者または子が死亡などにより加給不該当になったとき
加算額・加給年金額対象者不該当届（様式第205号）▶巻末資料Ⅱ・4

遺族基礎年金・遺族厚生年金を受給するときに胎児であった子が生まれたとき
遺族基礎（厚生）年金額改定請求書（様式第215号）▶巻末資料Ⅱ・25

1 遺族基礎年金

Ⅲ 遺族基礎年金の支給停止と失権

1 遺族基礎年金の支給停止

～遺族基礎年金を受ける権利があっても支給されないときがある～

1 労働基準法による遺族補償が行われるとき

遺族基礎年金は、**労働基準法**に基づく**遺族補償**を受けることができるときは、**死亡日から６年間**その支給が停止されます。　〈国年法 41 ①〉

2 子に対する遺族基礎年金の支給停止

子に対する遺族基礎年金は、次の（1）または（2）に該当するときに支給停止されます。　〈国年法 41 ②〉

（1）配偶者が遺族基礎年金の受給権を有するとき

夫または妻と子が共に遺族基礎年金を受給する権利を得たとき、夫（父）もしくは妻（母）が受給権を有している間は、子に対する遺族基礎年金は支給停止されます。

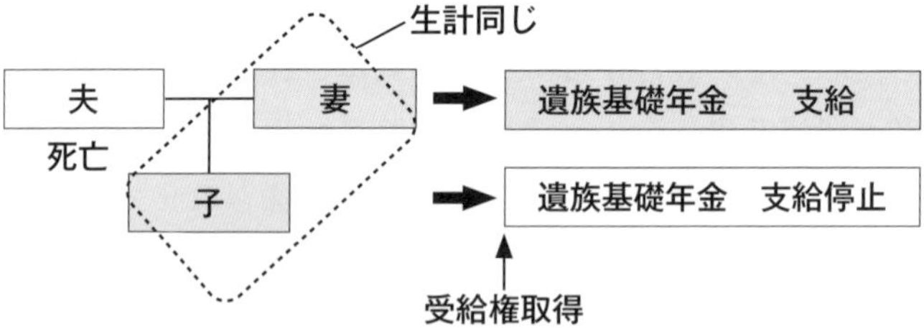

参考　他の年金給付を受給するとき

配偶者が他の年金給付を受けることによって遺族基礎年金が支給停止されているときでも、子に対する遺族基礎年金の支給停止は解除されません。

(2) 生計を同じくするその子の父もしくは母がいるとき

死亡者と子との生計維持関係が認められ、子が遺族基礎年金の受給権を得ることができたとしても、その子が父もしくは母と生計を同じくしているときは、遺族基礎年金は支給停止されます。

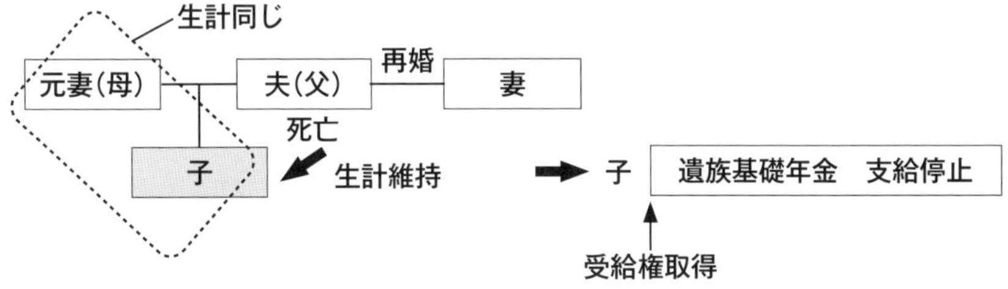

3 配偶者からの申出による支給停止

配偶者からの申出により、配偶者の遺族基礎年金の全額が支給停止となったときは、子に対する遺族基礎年金の支給停止が解除され、子に遺族基礎年金が支給されます。 〈国年法41②〉

4 所在不明による支給停止

遺族基礎年金の受給権者が**1年以上**所在不明の場合には、他の受給権者の申請に基づいて、その**所在が明らかでなくなったとき**に遡って、年金の支給が停止されます。 〈国年法41の2①、42①〉

POINT!

配偶者の遺族基礎年金が配偶者自身の申出や所在不明により支給停止されるときは、子に対する支給停止が解除されます。ただし、子が父または母と生計を同じくしているときは、その期間中は子に対する遺族基礎年金の支給が引き続き停止されます。

年金受給権者が所在不明になったとき
年金受給権者所在不明届▶巻末資料Ⅱ・26

2 遺族基礎年金の失権

～遺族基礎年金は一生涯受けられる年金ではない～

1 配偶者と子に共通の遺族基礎年金の失権事由

遺族基礎年金の受給権は、受給権者（配偶者または子）が、次のいずれかに該当したときは消滅（失権）します。〈国年法 40 ①〉

① **死亡**したとき
② **婚姻**したとき
③ **養子**となったとき（直系血族または直系姻族の養子を除く）

2 配偶者の遺族基礎年金の失権事由

すべての子が次のいずれかに該当したときは失権します。〈国年法 40 ②〉

① **死亡**したとき
② **婚姻**したとき
③ 配偶者以外の**養子**となったとき
④ **離縁**によって死亡した父または母の子でなくなったとき
⑤ 遺族基礎年金を受給する父または母と**生計を同じく**しなくなったとき
⑥ 一定年齢に達したとき
- **18歳到達年度の末日**が終了したとき
- 障害等級１級または2級に該当する子が**20歳**に達したとき
- 障害等級１級または２級に該当する子が、18歳到達年度の末日以後に障害等級に該当しなくなったとき

3 子の遺族基礎年金の失権事由

子が次のいずれかに該当したときは失権します。〈国年法 40 ③〉

① **離縁**によって死亡した人の子でなくなったとき
② 一定年齢に達したとき（前記2⑥と同じ）

Ⅳ 遺族年金生活者支援給付金

1 遺族年金生活者支援給付金

～遺族基礎年金の受給権者に対し支給される給付金がある～

1 年金生活者支援給付金

年金生活者支援給付金は、消費税率引上げ分を活用し、公的年金等の収入や所得額が一定額以下の年金受給者の生活を支援するために、年金に上乗せして支給されるものです。老齢（補足的老齢）年金生活者支援給付金、障害年金生活者支援給付金、遺族年金生活者支援給付金の３つの給付金があり、それぞれに支給要件があります。相談窓口は年金事務所です。原則として申請した月の翌月分から支給されるので、早めの手続きが必要です（第２章①Ⅵ）。

2 遺族年金生活者支援給付金の支給要件

遺族基礎年金を受給している人で、次の支給要件をすべて満たすときは、**遺族年金生活者支援給付金**を受給することができます。

① 遺族基礎年金を受けていること

② 前年の所得が472万1,000円以下であること

遺族基礎年金等の非課税収入は所得に含みません。また、②の基準額は扶養家族がいない場合に適用される金額で、扶養家族の人数に応じて所得の基準額は増額されます。

■遺族年金生活者支援給付金の額

	金額（令和6年度）
遺族基礎年金の受給者	月5,310円

遺族年金生活者支援給付金を請求するとき
年金生活者支援給付金請求書▶巻末資料Ⅱ・2

2 遺族厚生年金

Ⅰ　遺族厚生年金の要件

1 遺族厚生年金の要件

～遺族厚生年金は厚生年金の加入期間がある人が死亡したときに支給される～

1　遺族厚生年金の支給要件

遺族厚生年金は、厚生年金の被保険者または被保険者であった人が、次の①～④のいずれかの死亡事由に該当するときに、その人の一定の**遺族**に支給されます。〈厚年法 58〉

① 厚生年金の**被保険者**が死亡したとき
② 厚生年金の**被保険者であった人**が、被保険者であった間に**初診日がある傷病**により、その初診日から起算して**5年以内**に死亡したとき
③ **障害等級の1級または2級**に該当する障害の状態にある**障害厚生年金の受給権者**が死亡したとき
④ **老齢厚生年金の受給権者**（保険料納付済期間、保険料免除期間および合算対象期間を合わせた期間が原則として**25年以上**ある人）または、同じく**25年以上**の期間のある人が死亡したとき

①②に該当するときは、**保険料納付要件**を満たす必要があります。④の「25年以上」の要件には期間短縮措置があります（本章[2]Ⅰ２）。

2　短期要件と長期要件の両方に該当したとき

遺族厚生年金において、上の①～③の要件を**短期要件**、④を**長期要件**といい、年金額の計算方法などが異なります。

短期要件と長期要件の両方に該当したときは、その遺族が別段の申出をしない限り短期要件のみに該当し、長期要件には該当しないものとみなされます。実務では、「年金額が高い方の計算方法を希望する」または「指定する計算方法での決定を希望する」のいずれかを選択したうえで請求手続きが行われています。〈厚年法 58②〉

3 初診日から5年以内の死亡（②の要件）

被保険者であった人の「死亡の原因となった傷病」と「厚生年金の被保険者であった期間中に初診日がある傷病」との間に**相当因果関係**が認められるときは、**同一傷病による死亡**とみなされます。これは、**受診状況等証明書**（巻末資料Ⅱ・18）や死亡診断書等により判断されます。

4 障害厚生年金の受給権者の死亡（③の要件）

障害等級３級の障害厚生年金の受給権者が死亡した場合でも、「死亡の原因となった傷病」と障害厚生年金の対象傷病との間に相当因果関係が認定されたときは、死亡時に１級または２級の障害の程度にあったとみなされ、「障害等級の１級または２級に該当する障害の状態にある障害厚生年金の受給権者が死亡したとき」の要件を満たすことがあります。旧厚生年金保険法の３級の障害年金も同様です。

5 遺族厚生年金の支給要件の特例

旧法該当者は、支給要件の特例により、次に該当する人などが遺族厚生年金の対象です。 〈法附則（60）72、経過措置令（60）88〉

① 障害等級の１級、２級に該当する障害の状態にある旧厚生年金保険法による障害年金の受給権者が死亡したとき
② 旧船員保険法の障害年金（職務上は1級から５級、職務外は１級または２級に該当する程度の障害状態にあるもの）の受給権者が死亡したとき
③ 旧厚生年金保険法（旧船員保険法含む）による老齢年金、通算老齢年金等の受給権者が死亡したとき

POINT!

障害等級１級または２級の障害厚生年金の受給権者には共済組合等から支給される２級以上の障害共済年金を含みます。

遺族基礎年金・遺族厚生年金を請求するとき
年金請求書（国民年金・厚生年金保険遺族給付）（様式第105号）▶巻末資料Ⅱ・24

2 25年の短縮特例

～25年以上の被保険者期間がなくても要件を満たすときがある～

遺族厚生年金の**25年**の要件には、次の**短縮特例**があります。遺族基礎年金についても同様です。

〈法附則（60）12①〉

1 昭和5年4月1日以前に生まれた人の特例

保険料納付済期間、保険料免除期間および合算対象期間を合算した期間が、生年月日に応じて、21年から24年以上あれば要件を満たします。

生年月日			期間
大正15年4月2日	～	昭和2年4月1日	21年
昭和2年4月2日	～	昭和3年4月1日	22年
昭和3年4月2日	～	昭和4年4月1日	23年
昭和4年4月2日	～	昭和5年4月1日	24年

2 厚生年金等の加入期間の特例

厚生年金の期間（第1号～第4号厚生年金被保険者期間を合算した期間）が、生年月日に応じて、20年から24年以上あれば要件を満たします。

生年月日			期間
昭和27年4月1日以前			20年
昭和27年4月2日	～	昭和28年4月1日	21年
昭和28年4月2日	～	昭和29年4月1日	22年
昭和29年4月2日	～	昭和30年4月1日	23年
昭和30年4月2日	～	昭和31年4月1日	24年

3 厚生年金の中高齢者の特例

40歳（女子は35歳）以後の第1号厚生年金被保険者期間が、生年月日に応じて、15年から19年以上あれば要件を満たします。

生年月日			期間
昭和22年4月1日以前			15年
昭和22年4月2日	～	昭和23年4月1日	16年
昭和23年4月2日	～	昭和24年4月1日	17年
昭和24年4月2日	～	昭和25年4月1日	18年
昭和25年4月2日	～	昭和26年4月1日	19年

3 遺族厚生年金の保険料納付要件

～遺族厚生年金の保険料納付要件は遺族基礎年金と同じしくみ～

1 基本の要件（３分の２要件）

遺族厚生年金の要件には、死亡した人に関して保険料納付要件が必要なときがあります。遺族基礎年金と同様の扱いです（本章1Ｉ２）。

死亡日の前日において、死亡日の属する**月の前々月**までに被保険者期間があるときは、その被保険者期間にかかる保険料納付済期間と保険料免除期間とを合算した期間が、該当する被保険者期間の**３分の２以上**必要です。

〈厚年法58①〉

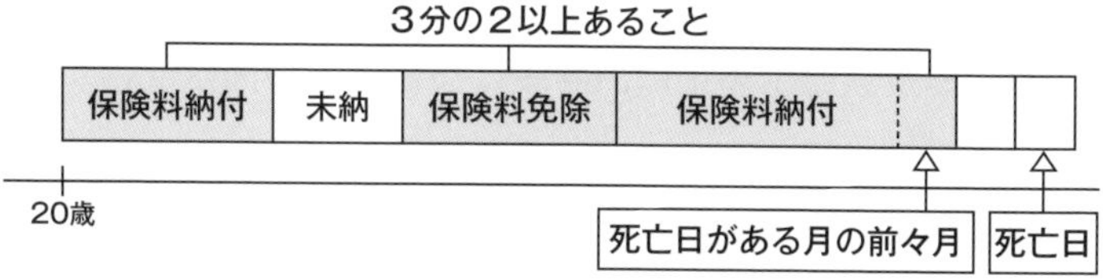

2 直近１年要件

令和８年４月１日前に死亡したときの遺族厚生年金における保険料納付要件は、遺族基礎年金と同様に緩和されています。**死亡日の前日**において、死亡日の属する**月の前々月**までの**直近１年間**に、**保険料納付済期間および保険料免除期間以外**の被保険者期間がない場合には、３分の２要件に該当しなくても保険料納付要件を満たすものとされます。この特例は、**死亡日において65歳未満**の人に限られています。〈法附則(60)64②〉

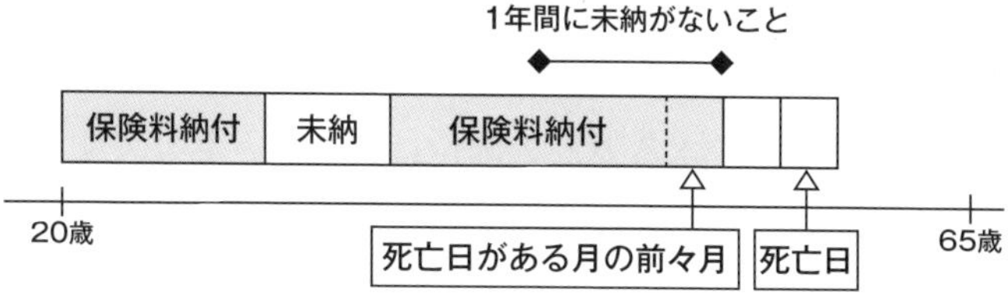

4 遺族厚生年金の遺族

～遺族厚生年金を受給できる遺族は配偶者、子、父母、孫、祖父母～

1 遺族厚生年金の遺族の要件

遺族厚生年金を受けることができる遺族は、被保険者または被保険者であった人の死亡当時に、その人によって**生計を維持**されていた**配偶者、子、父母、孫または祖父母**です。妻以外は特定の要件があります（生計維持要件は本章[1]Ⅰ4）。〈厚年法59、65の2〉

（1）夫、父母、祖父母の要件

遺族厚生年金を受けることができる**夫、父母または祖父母**は、**55歳以上**である必要があります。また、55歳以上60歳未満の夫、父母または祖父母に対する遺族厚生年金は、60歳になるまでの間は支給が停止されます。

父母には養父母（養子縁組による父母）も含まれます。なお、配偶者の父母は遺族厚生年金にかかる遺族に該当しません。

（2）子、孫の要件

遺族厚生年金を受けることができる**子または孫**は、**18歳に達する日以後の最初の3月31日まで**の間にあるか、または**20歳未満**であって**障害等級1級または2級**に該当する障害の状態にあり、現に**婚姻**していない人が該当します。死亡当時に胎児であった子が出生したときは、将来に向かって、その子は、死亡当時にその人によって、生計を維持されていた子とみなされます。

2 遺族厚生年金の遺族の優先順位

（1）遺族の優先順位

遺族厚生年金を受給できる遺族の順位は、次のとおりです。

第1順位　**配偶者と子**

第2順位　**父母**

第3順位　**孫**

第4順位　**祖父母**

（2）先順位の遺族がいるとき

要件を満たした配偶者または子がいるときには、これらの遺族が優先して遺族厚生年金を受給します。この場合、第２順位から第４順位である父母、孫または祖父母は、より上位に該当する遺族がいるため、遺族厚生年金の受給権者となりません。例えば、死亡した人に遺族厚生年金の対象となる配偶者がいたときは、その配偶者が遺族厚生年金の受給権を取得するため、父母は遺族厚生年金の対象外です。その後、配偶者が再婚などで年金の受給権を失ったとしても、父母が遺族厚生年金の受給権を得ることはありません。

〈厚年法 59 ②〉

3　55歳未満の夫、父母、祖父母が受給権者となるケース

（1）平成８年４月１日前の死亡

被保険者または被保険者であった人が平成８年４月１日前に死亡したとき、その遺族が障害等級１級または２級の障害の状態にある夫、父母または祖父母である場合は、55 歳未満であっても遺族厚生年金を受けられる遺族となります。

〈法附則 (60) 72 ほか〉

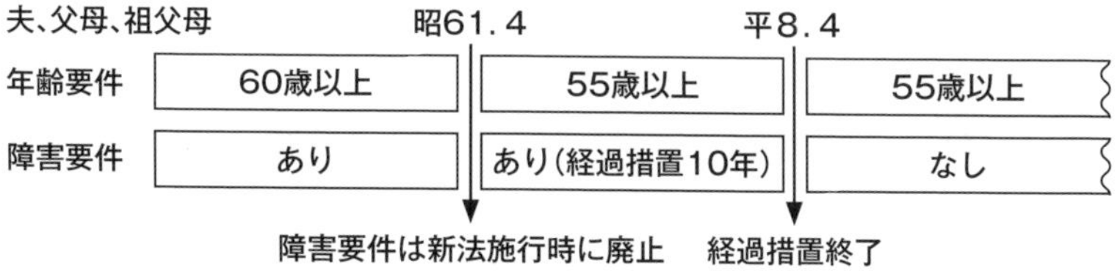

（2）旧適用法人共済組合期間を有する退職共済年金等の受給権者等

旧適用法人共済組合（日本たばこ産業協同組合、日本鉄道共済組合、日本電信電話共済組合）期間を有する退職共済年金等の受給権者等が、平成 19 年４月１日前に死亡した場合、もしくは旧農林共済組合員期間を有する退職共済年金等の受給権者が平成 24 年４月１日前に死亡した場合において、その遺族が障害等級１級または２級の障害の状態の夫、父母または祖父母であるときは、年齢に関係なく遺族厚生年金を受けられる遺族となります。

〈法附則（平８）11 ④、法附則（平 13）13 ④〉

5 若年期の妻に対する遺族厚生年金

～30歳未満の子のない妻の遺族厚生年金は5年間の有期年金となる～

1 有期給付の遺族厚生年金

30歳未満の子のない妻などが夫の死亡時に受給する遺族厚生年金は、**5年間**の期間限定で支給されます。これは平成19年4月からの扱いです。

〈厚年法63①〉

(1) 30歳未満の子のない妻

夫の死亡時に30歳未満で遺族厚生年金の受給権を得た妻であって、同一の支給事由に基づく遺族基礎年金の受給権を取得しないときは、遺族厚生年金の**受給権を取得した日から5年を経過**したときに遺族厚生年金の受給権が消滅します。

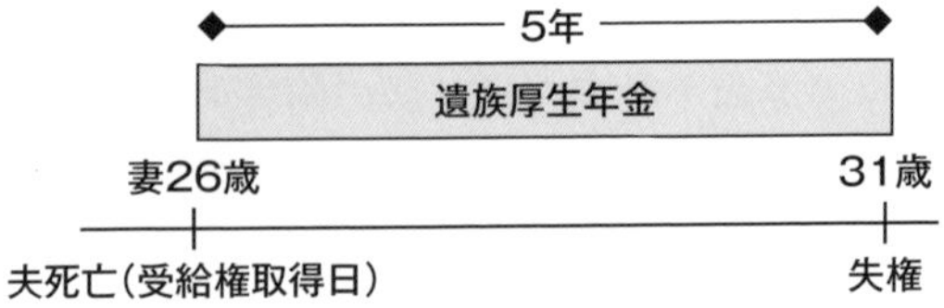

(2) 30歳までに遺族基礎年金が失権した妻

夫死亡により遺族厚生年金と遺族基礎年金の受給権を取得した妻が、**30歳に到達する日前に遺族基礎年金の受給権を失った**ときは、遺族基礎年金の**受給権が消滅した日から5年を経過**したときに遺族厚生年金の受給権が消滅します。

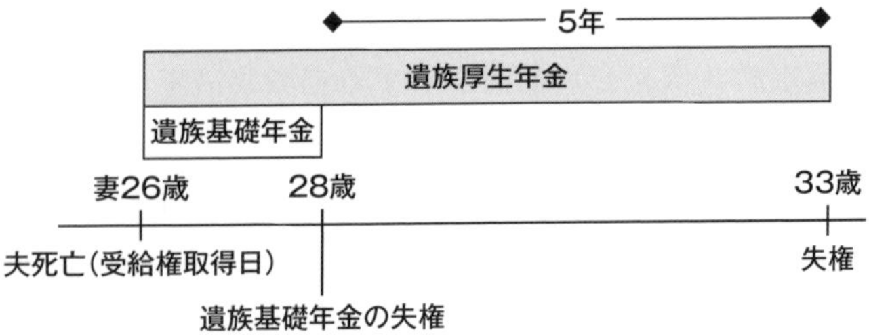

6 60歳未満の夫に対する遺族厚生年金

～夫は55歳以上でなければ遺族厚生年金を受給できない～

1 60歳未満の夫に対する遺族給付

60 歳未満の夫に支給される遺族基礎年金および遺族厚生年金は、夫の年齢と子の有無によって状況が異なります。　〈厚年法 65 の 2 ほか〉

(1) 夫が55歳以上60歳未満、子があるとき

夫が 55 歳以上 60 歳未満で、子(夫と生計を同じくする 18 歳到達年度の末日までの子または 20 歳未満の障害のある子（以下同じ)）があるときは、夫は遺族基礎年金と遺族厚生年金を受給します。夫の遺族厚生年金は 60 歳まで支給停止が原則ですが、遺族基礎年金の受給期間中は支給停止になりません。子の遺族基礎年金と遺族厚生年金は支給停止です。

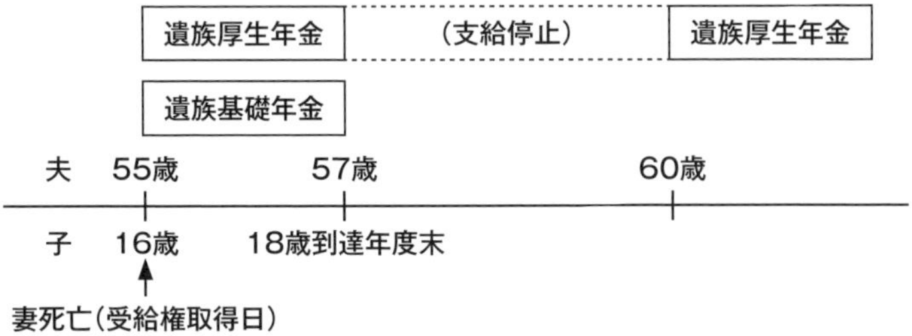

(2) 夫が55歳以上60歳未満、子がないとき

夫が 55 歳以上 60 歳未満で子がいないときは、夫に遺族厚生年金が支給されますが、60 歳までは支給停止です。妻の年金加入状況等によっては、死亡一時金を受給できる場合があります。

(3) 夫が55歳未満、子があるとき

夫が 55 歳未満で子があるときは、夫は遺族基礎年金のみを受給します。子には遺族厚生年金が支給されます。

(4) 夫が55歳未満、子がないとき

夫が 55 歳未満で子がいないときは、夫は遺族基礎年金および遺族厚生年金ともに受給できません。妻の年金加入状況等によっては、死亡一時金を受給できる場合があります。

7 死亡の推定

～死亡には自然死のほか民法上の失踪宣告に該当するものを含む～

1 行方不明による遺族厚生年金

遺族厚生年金は家族が死亡したときに支給されるもので、自然死のほか、民法に基づく**失踪宣告**も含みます。

行方不明のときは、その人が**死亡したと推定される日**、または**死亡したとみなされる日**に遺族厚生年金の受給権を取得します。この際、保険料納付要件や生計維持要件は、行方不明となった当時の状況に基づいて判断されます。

2 船舶や飛行機の事故による行方不明(特別失踪)

船舶、**飛行機**の事故により行方不明となり、**生死が３カ月間**わからない場合において、**３カ月内に死亡**したことが明らかであるものの具体的な時期が不明のときは、事故日もしくは**行方不明となった日**に死亡したものと**推定**されます。この場合において、遺族基礎年金および遺族厚生年金を受ける権利は事故日もしくは行方不明となった日に取得することとなり、生計維持関係（生計同一要件と収入要件）もその時点で判断されます。

〈国年法 18 の 3、厚年法 59 の 2〉

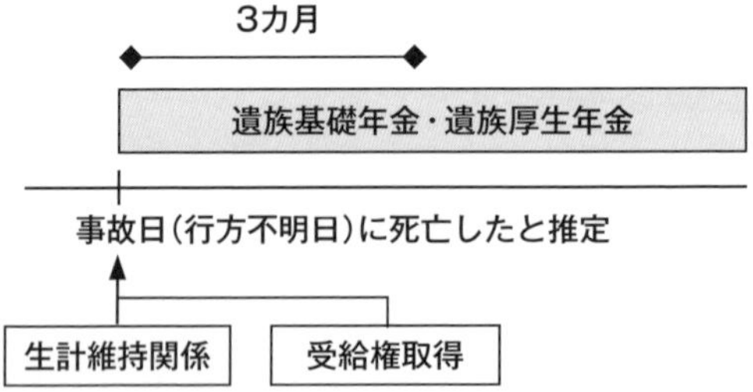

遺族厚生年金における死亡の推定は、その適用範囲が限定されています。受給権者の死亡による未支給の保険給付に関しては、死亡の推定は行われません（昭40庁保発22号）。

3 その他の行方不明（普通失踪）

その他の**行方不明**については、不在者の生死が**7年以上**明らかでないときは、利害関係人は家庭裁判所に**失踪宣告**の請求をすることができます。

失踪宣告を受けた人は、行方不明日から**7年経過した日に死亡**したものとみなされます。したがって、遺族基礎年金および遺族厚生年金の受給権は死亡とみなされた日、つまり行方不明となった日から7年を経過した日に取得します。

失踪宣告における遺族基礎年金および遺族厚生年金の支給要件については、身分関係や年齢は死亡したものとみなされた日（行方不明から7年を経過した日）で判断されます。一方で、生計維持関係（生計同一要件と収入要件）は、行方不明となった当時の状況に基づいて判断されます。また、被保険者の資格および保険料納付要件も、行方不明となった当時の状況が確認されます。

〈国年法18の4、厚年法59〉

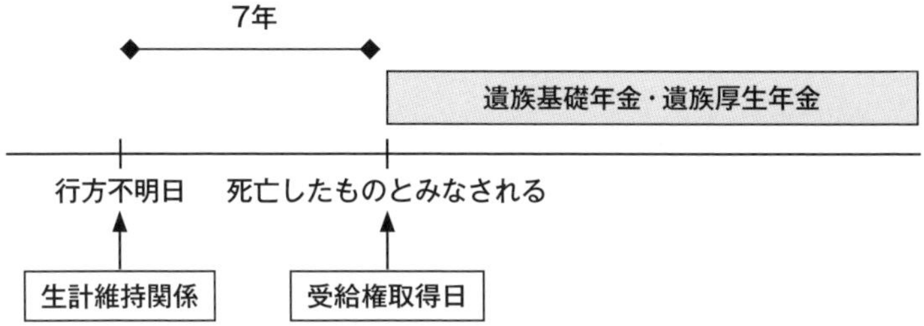

参考 失踪宣告とは

失踪宣告とは、生死が不明な人を法律上死亡したものとみなす制度です。民法では、普通失踪の場合は7年間、戦争や船舶沈没のような特別失踪では1年間の失踪期間を定めており、それぞれ生死不明の期間が継続したときに、利害関係人の請求により、家庭裁判所が失踪の宣告を行い、行方不明者を死亡したものとみなします。しかし、この失踪期間が経過するのを待っていると、遺族が必要とする給付が受けられなくなる可能性があるため、遺族基礎年金および遺族厚生年金の制度では、特例（特別失踪）が設けられています。

2 遺族厚生年金

Ⅱ 遺族厚生年金の額

1 遺族厚生年金の額（短期要件）

～短期要件の遺族厚生年金には300月みなし計算がある～

厚生年金の被保険者または被保険者であった人の死亡にかかる遺族厚生年金が、短期要件に該当するか長期要件に該当するかによって、年金額の計算方法等が異なります。

1 短期要件の遺族厚生年金の額

遺族厚生年金の額は、原則として死亡した人の**報酬比例部分の年金額の４分の３**に相当する額です。この計算において、計算の基礎となる被保険者期間の月数が**300月未満**のときは、計算上は**300月**あるものとして年金額を算出します。本来水準の額と従前額保障の額を比較し、いずれか高い額が支給されます。　〈厚年法60、法附則(60)59①〉

(1) 短期要件の遺族厚生年金【本来水準】

① 平均標準報酬月額（令6再評価率）$\times \dfrac{7.125}{1,000} \times$ 平成15年3月までの被保険者期間の月数

② 平均標準報酬額（令6再評価率）$\times \dfrac{5.481}{1,000} \times$ 平成15年4月以後の被保険者期間の月数

年金額＝(①＋②)×4分の3

被保険者期間が300月に満たないときは次の計算式により算出します。

$$(①+②) \times \frac{300}{①の月数+②の月数} \times 4分の3$$

参考　給付乗率

短期要件の遺族厚生年金では、給付乗率の生年月日による読み替えはありません。

(2) 短期要件の遺族厚生年金【従前額保障】

$$① \ \text{平均標準報酬月額（平6再評価率）} \times \frac{7.5}{1,000} \times \text{平成15年3月までの被保険者期間の月数}$$

$$② \ \text{平均標準報酬額（平6再評価率）} \times \frac{5.769}{1,000} \times \text{平成15年4月以後の被保険者期間の月数}$$

年金額＝(①+②)× 従前額改定率×4分の3

※従前額改定率は1.041（昭和13年4月1日以前生まれは1.043）

被保険者期間が300月に満たないときは次の計算式により算出します。

$$(①+②) \times \frac{300}{\text{①の月数}+\text{②の月数}} \times \text{従前額改定率} \times \text{4分の3}$$

2 被用者年金の一元化後の取扱い

短期要件の遺族厚生年金は、死亡した人が死亡日に加入していた実施機関が決定し支給します。死亡日に被保険者でなかったときは、初診日に加入していた実施機関が決定します。

死亡した人が２以上の種別の厚生年金被保険者期間を有していたときは、これらを合算し、１つの厚生年金被保険者期間のみを有するものとみなして年金額を計算します。具体的には、各種別の「平均標準報酬（月）額×乗率×被保険者期間月数」を計算し、その合算額の４分の３が遺族厚生年金の額です。なお、全被保険者期間月数が300に満たない場合は、300月あるものとして遺族厚生年金の額を算出します。

POINT!

遺族厚生年金の額に、配偶者や子を対象とした加給年金額の加算のしくみはありません。

2 遺族厚生年金の額（長期要件）

～長期要件の遺族厚生年金の額は実期間で計算する～

1 長期要件の遺族厚生年金の額

遺族厚生年金の額は、原則として死亡した人の**報酬比例部分の年金額の４分の３**に相当する額です。本来水準の額と従前額保障の額を比較し、いずれか高い額が支給されます。

被保険者期間が300月未満のときは、短期要件の遺族厚生年金のように300月あるものとみなされることはなく、**実際の被保険者期間の月数**を使用して計算されます。　〈厚年法60、法附則(60)59①〉

（1）長期要件の遺族厚生年金【本来水準】

① 平均標準報酬月額（令6再評価率）× $\frac{7.125}{1,000}$ × 平成15年3月までの被保険者期間の月数

② 平均標準報酬額（令6再評価率）× $\frac{5.481}{1,000}$ × 平成15年4月以後の被保険者期間の月数

年金額＝（①＋②）×４分の３

（2）長期要件の遺族厚生年金【従前額保障】

① 平均標準報酬月額（平6再評価率）× $\frac{7.5}{1,000}$ × 平成15年3月までの被保険者期間の月数

② 平均標準報酬額（平6再評価率）× $\frac{5.769}{1,000}$ × 平成15年4月以後の被保険者期間の月数

年金額＝（①＋②）× 従前額改定率×４分の３

※従前額改定率は1.041（昭和13年4月1日以前生まれは1.043）

POINT!

再評価率および毎年の改定率は、死亡者の生年月日ではなく、遺族である受給権者の生年月日の年度区分に応じた改定率です。

2 乗率の読み替え

長期要件の遺族厚生年金の額の計算に用いる乗率は、死亡した人が昭和21年4月1日以前生まれのときは、その人の生年月日に応じて次のとおり読み替えられます。

■長期要件の遺族厚生年金の乗率（1,000分の1表示）

生年月日	旧乗率（従前額保障）		新乗率	
	平15.3以前	平15.4以後	平15.3以前	平15.4以後
昭和 2年4月1日以前	10.00	7.692	9.500	7.308
昭和 2年4月2日 ～ 昭和 3年4月1日	9.86	7.585	9.367	7.205
昭和 3年4月2日 ～ 昭和 4年4月1日	9.72	7.477	9.234	7.103
昭和 4年4月2日 ～ 昭和 5年4月1日	9.58	7.369	9.101	7.001
昭和 5年4月2日 ～ 昭和 6年4月1日	9.44	7.262	8.968	6.898
昭和 6年4月2日 ～ 昭和 7年4月1日	9.31	7.162	8.845	6.804
昭和 7年4月2日 ～ 昭和 8年4月1日	9.17	7.054	8.712	6.702
昭和 8年4月2日 ～ 昭和 9年4月1日	9.04	6.954	8.588	6.606
昭和 9年4月2日 ～ 昭和10年4月1日	8.91	6.854	8.465	6.512
昭和10年4月2日 ～ 昭和11年4月1日	8.79	6.762	8.351	6.424
昭和11年4月2日 ～ 昭和12年4月1日	8.66	6.662	8.227	6.328
昭和12年4月2日 ～ 昭和13年4月1日	8.54	6.569	8.113	6.241
昭和13年4月2日 ～ 昭和14年4月1日	8.41	6.469	7.990	6.146
昭和14年4月2日 ～ 昭和15年4月1日	8.29	6.377	7.876	6.058
昭和15年4月2日 ～ 昭和16年4月1日	8.18	6.292	7.771	5.978
昭和16年4月2日 ～ 昭和17年4月1日	8.06	6.200	7.657	5.890
昭和17年4月2日 ～ 昭和18年4月1日	7.94	6.108	7.543	5.802
昭和18年4月2日 ～ 昭和19年4月1日	7.83	6.023	7.439	5.722
昭和19年4月2日 ～ 昭和20年4月1日	7.72	5.938	7.334	5.642
昭和20年4月2日 ～ 昭和21年4月1日	7.61	5.854	7.230	5.562
昭和21年4月2日以後	7.50	5.769	7.125	5.481

3 長期要件の被用者年金の一元化後の取扱い

長期要件の遺族厚生年金において、死亡した人が2以上の種別の厚生年金被保険者期間を有していたときは、第1号から第4号までの各号の被保険者期間ごとに、それぞれの実施機関から支給されます。

各号の遺族厚生年金の額は、死亡した人が有していた厚生年金被保険者期間ごとの額を合算し、その合算額に合算遺族按分率を乗じたものです（第7章2Ⅳ5）。

3 65歳以上の人に支給される遺族厚生年金

～65歳以上の人が受給する遺族厚生年金は老齢厚生年金と調整される～

1 65歳以上の配偶者が老齢厚生年金の受給権を有するとき

配偶者の死亡により遺族厚生年金の受給権を有する**65歳以上**の人が、老齢厚生年金の受給権も有するときは、遺族厚生年金の額は次のいずれか高い方の額となります。ただし、同一の支給事由で遺族基礎年金を受給する場合は①の額になります。〈厚年法60、同法附17の2〉

① 平均標準報酬額×5.481／1,000×被保険者期間の月数×4分の3
② ①の額の3分の2＋自身の老齢厚生年金の2分の1（加給年金額を除く）

2 老齢厚生年金との調整

65歳以上で老齢厚生年金と遺族厚生年金の受給権を有する人には、老齢厚生年金の全額が支給されます。同時に遺族厚生年金も支給されますが、**老齢厚生年金の額に相当する部分**は支給停止されます。つまり、遺族厚生年金の額が老齢厚生年金の額より高いときは老齢厚生年金の額との差額が遺族厚生年金として支給されますが、老齢厚生年金の額が遺族厚生年金の額より高いときは遺族厚生年金は全額支給停止となり支給されません。〈厚年法64の2〉

3 配偶者以外の遺族厚生年金の受給権者

配偶者以外の遺族厚生年金の受給権者の遺族厚生年金の額は上記1①の計算によって算出されます。さらに**65歳以上**の遺族が老齢厚生年金の受給権者でもあるときには、遺族厚生年金の額が老齢厚生年金の額より高いときに、その差額が遺族厚生年金として支給されます。

POINT!

在職老齢年金により老齢厚生年金の額の全部または一部が全額支給停止されているときでも、遺族厚生年金の差額支給額に影響はありません。

4 老齢厚生年金相当分の遺族厚生年金の支給停止（差額支給）

（1）前記１①の計算による遺族厚生年金が老齢厚生年金よりも高いときは、老齢厚生年金との差額が遺族厚生年金として支給されます。

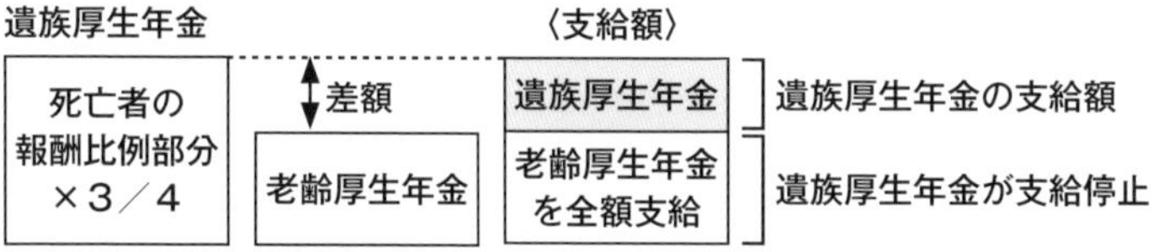

（2）前記１②の計算による遺族厚生年金が老齢厚生年金よりも高いときは、差額が遺族厚生年金として支給されます。配偶者に限られます。

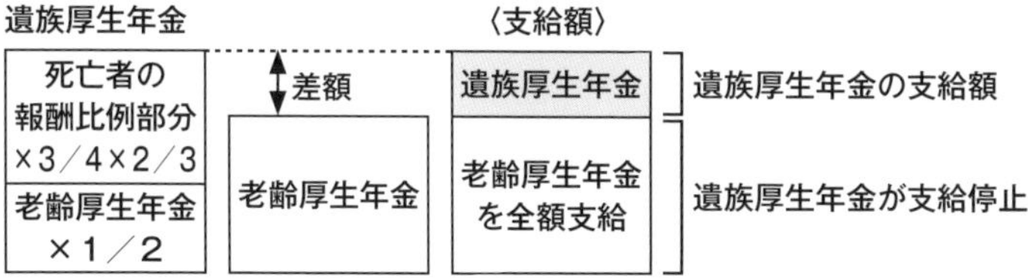

5 老齢厚生年金相当分の遺族厚生年金の支給停止（全額支給停止）

（1）前記１①の計算による遺族厚生年金が老齢厚生年金よりも低いときは、遺族厚生年金は支給されません。

（2）前記１②の計算による遺族厚生年金が老齢厚生年金よりも低いときは、遺族厚生年金は支給されません。配偶者に限られます。

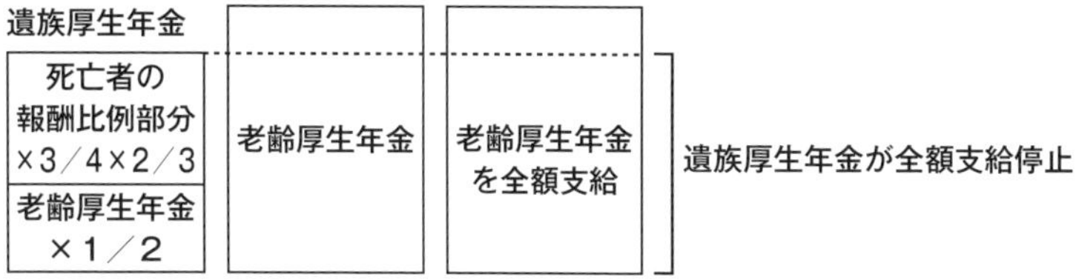

4 中高齢寡婦加算

～遺された妻が受給する遺族厚生年金には加算がある～

1 中高齢寡婦加算

遺族厚生年金の受給権者が子のある配偶者や子であるときには、遺族基礎年金が同時に支給されることが一般的です。一方で、夫が死亡したときに遺された妻に子がいないときや子が18歳到達年度の末日（障害があるときは20歳）を超えているようなときには、遺族基礎年金は支給されません。このような状況にある中高齢の**妻**を対象として加算が行われることがあります。これを**中高齢寡婦加算**といいます。〈厚年法62〉

2 中高齢寡婦加算の加算要件

(1) 遺族である妻の要件

中高齢寡婦加算には**妻**の要件があり、次の①または②のいずれかに該当する必要があります。

① 夫の死亡時に**40歳以上65歳未満の妻**であること

② **40歳**に達したときに、夫死亡当時から引き続き**生計を同じく**している**子**（18歳到達年度の末日までの子または障害がある20歳までの子）がある**妻**であること

(2) 死亡した夫の要件

中高齢寡婦加算には死亡した夫の要件があり、次の①または②のいずれかに該当する必要があります。

① 遺族厚生年金の**短期要件**に該当すること

② 遺族厚生年金の**長期要件**に該当し、かつ厚生年金の被保険者期間が**240月（20年）以上**（中高齢者の特例に該当するときは15年～19年以上）あること

したがって、厚生年金の被保険者期間が240月未満の長期要件の遺族厚生年金には、中高齢寡婦加算は加算されません。

3 中高齢寡婦加算の額

中高齢寡婦加算の額は、**遺族基礎年金の額に4分の3**を乗じて得た額です。令和6年度は年額**612,000円**です。

4 中高齢寡婦加算の支給期間

中高齢寡婦加算が加算されるのは、妻が40歳から**65歳まで**の期間です。夫が死亡したときに子がいて、40歳時点で遺族基礎年金を受給しているときは、遺族基礎年金が失権した時点から65歳になるまでの間において中高齢寡婦加算が適用されます。 〈厚年法65〉

■子のいない妻のケース

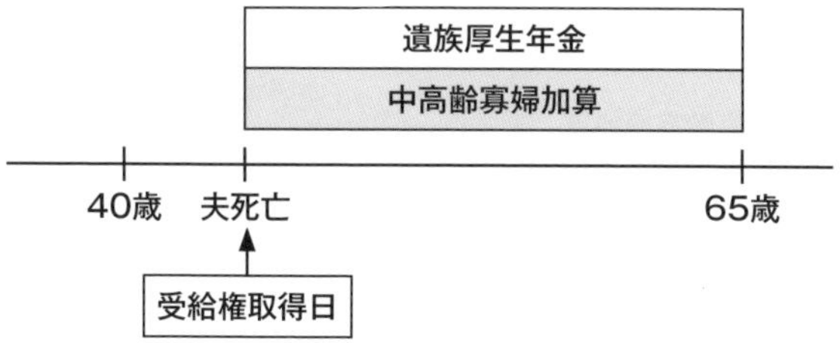

■子のある妻のケース

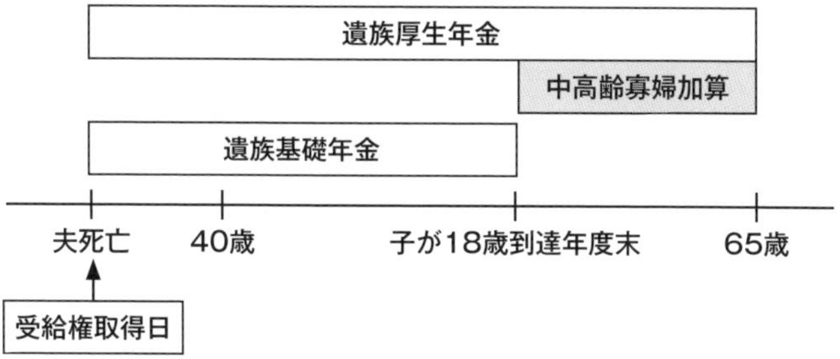

参考 平成19年3月前の中高齢寡婦加算

平成19年3月前に遺族厚生年金の受給権を得た妻にかかる中高齢寡婦加算の加算要件は、夫死亡時に35歳以上65歳未満であることでした。この場合において加算開始は40歳からとされていました。

5 経過的寡婦加算

～昭和31年4月1日以前生まれには経過的寡婦加算がある～

1 経過的寡婦加算

遺族厚生年金の受給権者が65歳になると、遺族厚生年金と老齢基礎年金を併せて受給できます。このため、それまで加算されていた中高齢寡婦加算は加算されません。この場合、**昭和31年4月1日以前に生まれた人**（昭和61年4月1日において30歳以上であった人）に関しては、65歳に達した後も中高齢寡婦加算に代わる**経過的寡婦加算**が加算されます。

〈法附則（60）73、別表9〉

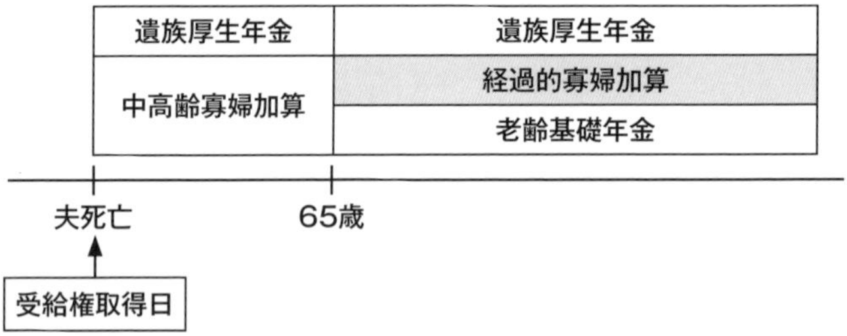

2 65歳以上で遺族厚生年金の受給権者となったとき

65歳以上で遺族厚生年金の受給権者となった昭和31年4月1日以前に生まれた妻に対しても、65歳前から中高齢寡婦加算を受けている妻との均衡を図るために経過的寡婦加算が適用されます。

この経過的寡婦加算の加算要件は中高齢寡婦加算と同様です。すなわち、遺族厚生年金の要件が短期要件もしくは長期要件で厚生年金の被保険者期間が240月（20年）以上（中高齢者の特例に該当するときは15年～19年以上）の場合に限られます。

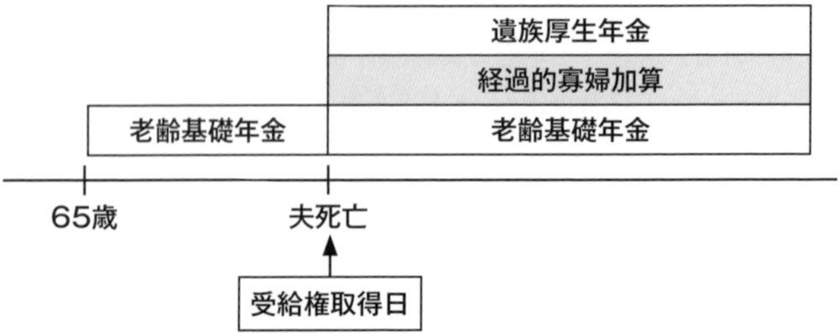

3 経過的寡婦加算の額

経過的寡婦加算は次の式で計算されます。令和6年度の年額は次表のとおりです。

経過的寡婦加算の額＝	遺族基礎年金の4分の3	－	老齢基礎年金の満額	×	生年月日に応じて定める率
（令和6年度）	610,300円		813,700円		0～480分の348

受給権者（妻）の生年月日	乗率	経過的加算額
昭和 2年4月1日以前	－	610,300円
昭和 2年4月2日 ～ 昭和 3年4月1日	312分の12	579,004円
昭和 3年4月2日 ～ 昭和 4年4月1日	324分の24	550,026円
昭和 4年4月2日 ～ 昭和 5年4月1日	336分の36	523,118円
昭和 5年4月2日 ～ 昭和 6年4月1日	348分の48	498,066円
昭和 6年4月2日 ～ 昭和 7年4月1日	360分の60	474,683円
昭和 7年4月2日 ～ 昭和 8年4月1日	372分の72	452,810円
昭和 8年4月2日 ～ 昭和 9年4月1日	384分の84	432,303円
昭和 9年4月2日 ～ 昭和10年4月1日	396分の96	413,039円
昭和10年4月2日 ～ 昭和11年4月1日	408分の108	394,909円
昭和11年4月2日 ～ 昭和12年4月1日	420分の120	377,814円
昭和12年4月2日 ～ 昭和13年4月1日	432分の132	361,669円
昭和13年4月2日 ～ 昭和14年4月1日	444分の144	346,397円
昭和14年4月2日 ～ 昭和15年4月1日	456分の156	331,929円
昭和15年4月2日 ～ 昭和16年4月1日	468分の168	318,203円
昭和16年4月2日 ～ 昭和17年4月1日	480分の180	305,162円
昭和17年4月2日 ～ 昭和18年4月1日	480分の192	284,820円
昭和18年4月2日 ～ 昭和19年4月1日	480分の204	264,477円
昭和19年4月2日 ～ 昭和20年4月1日	480分の216	244,135円
昭和20年4月2日 ～ 昭和21年4月1日	480分の228	223,792円
昭和21年4月2日 ～ 昭和22年4月1日	480分の240	203,450円
昭和22年4月2日 ～ 昭和23年4月1日	480分の252	183,107円
昭和23年4月2日 ～ 昭和24年4月1日	480分の264	162,765円
昭和24年4月2日 ～ 昭和25年4月1日	480分の276	142,422円
昭和25年4月2日 ～ 昭和26年4月1日	480分の288	122,080円
昭和26年4月2日 ～ 昭和27年4月1日	480分の300	101,737円
昭和27年4月2日 ～ 昭和28年4月1日	480分の312	81,395円
昭和28年4月2日 ～ 昭和29年4月1日	480分の324	61,052円
昭和29年4月2日 ～ 昭和30年4月1日	480分の336	40,710円
昭和30年4月2日 ～ 昭和31年4月1日	480分の348	20,367円
昭和31年4月2日以後	－	－

参考 経過的寡婦加算のしくみ

経過的寡婦加算は、昭和31年4月1日以前に生まれた妻を対象に設けられています。老齢基礎年金の額が中高齢寡婦加算の額より低く、結果として65歳前の年金額より65歳以後の年金額が低下する可能性があるからです。妻が障害基礎年金または遺族基礎年金を受給するときは、経過的寡婦加算は支給停止されます。

Ⅲ 遺族厚生年金の支給停止と失権

1 遺族厚生年金の失権

～遺族厚生年金は一定事由に該当すると失権する～

1 すべての受給権者の失権事由

遺族厚生年金の受給権は、受給権者が次のいずれかに該当するに至ったときに消滅します。〈厚年法63①〉

① **死亡**したとき

② **婚姻**をしたとき（事実上婚姻関係と同様の事情にある場合を含む）

③ 直系血族および直系姻族以外の人の**養子**となったとき（事実上養子縁組関係と同様の事情にある場合を含む）

④ **離縁**によって、死亡した被保険者または被保険者であった人と親族関係が終了したとき

2 妻の失権事由

30歳未満で子のない**妻**などが夫の死亡時に受給する遺族厚生年金は、**5年間**の期間限定で支給されます（本章2Ⅰ5）。

3 子または孫の失権事由

子または孫に支給される遺族厚生年金の受給権は、子または孫が一定年齢に到達したときに消滅します。次のいずれかです。〈厚年法63②〉

① **18歳に達した日以後の最初の3月31日**が終了したとき。ただし、障害等級の１級または２級の障害の状態にあるときを除く

② 障害等級１級または２級に該当する障害の状態にある子または孫は、その事情が止んだとき。ただし、子または孫が18歳に達する日以後の最初の3月31日までの間にあるときを除く

③ 子または孫が、**20歳**に達したとき

参考 再婚のとき

遺族厚生年金の受給権者が妻（母）および子である場合において、妻（母）が再婚して、子が再婚相手の夫と養子縁組を行ったとしても、子は直系姻族の養子になるため、遺族厚生年金の受給権を失いません。

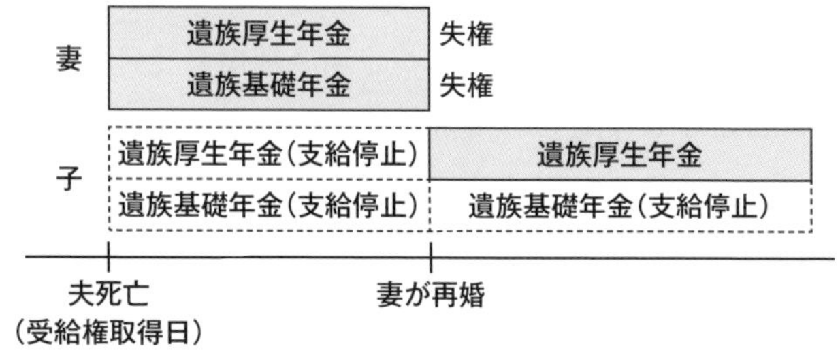

4 父母、孫、祖父母の失権事由

父母、**孫**、**祖父母**に支給される遺族厚生年金の受給権は、被保険者または被保険者であった人の死亡の当時、**胎児**であった子が出生したときに消滅します。

〈厚年法63③〉

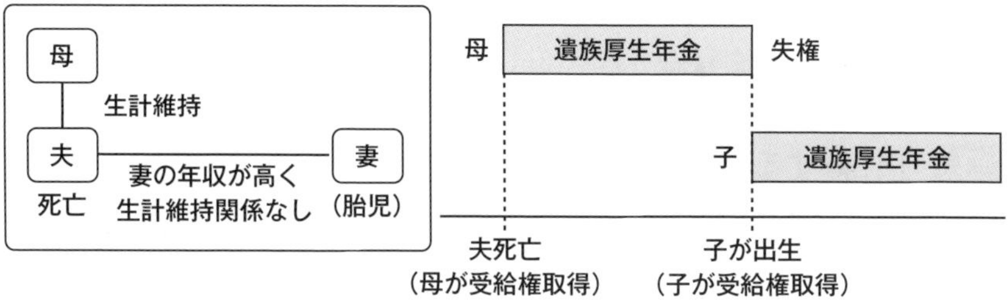

参考 離縁

遺族厚生年金の受給権者である妻が実家に復籍し旧姓に戻したとしても、これは「離縁」に該当しないため、遺族厚生年金の受給権は消滅しません。法律上「離縁」とは養子縁組の解消を指し、民法728条2項による意思表示は含みません。民法728条2項では、夫婦の一方が死亡した場合に生存配偶者が姻族関係を終了させる意志を表示したときは、離婚による婚姻の終了と同様とされています。このため、いわゆる「死後離婚」を行っても、遺族厚生年金の受給権は失いません。

2 遺族厚生年金の支給停止

～遺族厚生年金を受ける権利があっても支給されないときがある～

1 労働基準法による遺族補償が行われるとき

遺族厚生年金は、**労働基準法**に基づく**遺族補償**を受けることができるときは、**死亡日から6年間**その支給が停止されます。〈厚年法64〉

参考 遺族補償年金の受給

同一事由により労働者災害補償保険法による遺族補償年金の支給を受けることができるときは、遺族厚生年金は全額支給され、遺族補償年金が減額調整されます（第8章2Ⅳ2）。

2 夫等に対する遺族厚生年金の支給停止

夫、父母または祖父母に対する遺族厚生年金は、受給権者が**60歳**に達するまでの期間、その支給が停止されます。ただし、**夫**が**遺族基礎年金**の受給権を有するときは、60歳に達する前であっても、遺族厚生年金の支給は停止されません（本章2Ⅰ６）。〈厚年法65の2〉

3 子に対する遺族厚生年金の支給停止

(1) 配偶者が遺族厚生年金の受給権を有するとき

子に対する遺族厚生年金は、**配偶者**が遺族厚生年金の受給権を有する間、その支給が停止されます。ただし、配偶者に対する遺族厚生年金が所在不明により支給を停止されている間は、子に対する支給停止が解除されます。〈厚年法66①〉

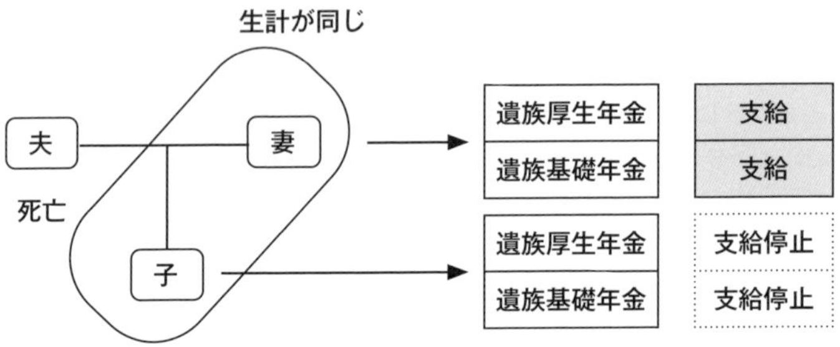

(2) 配偶者からの申出による支給停止

配偶者からの申出により、遺族基礎年金と遺族厚生年金の支給が停止される場合、**子**の遺族基礎年金の支給停止は解除されますが、遺族厚生年金の支給停止は解除されません。

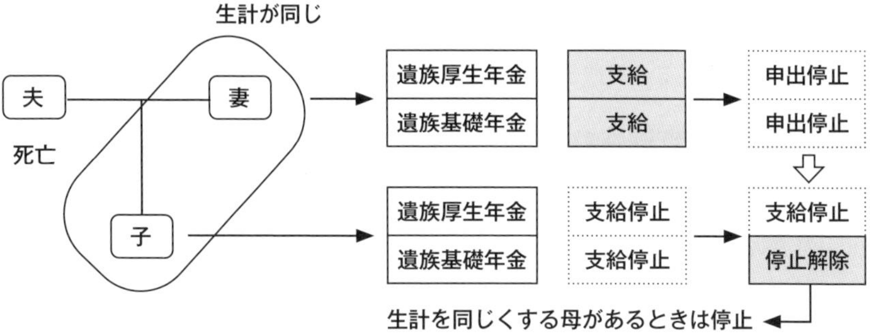

4 配偶者に対する遺族厚生年金の支給停止

配偶者が遺族基礎年金の受給権を有しない場合であって**子**が遺族基礎年金の受給権を有するときには、配偶者に対する遺族厚生年金の支給が停止され、子に遺族基礎年金と遺族厚生年金が支給されます。ただし、子の遺族厚生年金が**所在不明**により支給を停止されている間は、配偶者に対する遺族厚生年金が支給されます。 〈厚年法 66 ②〉

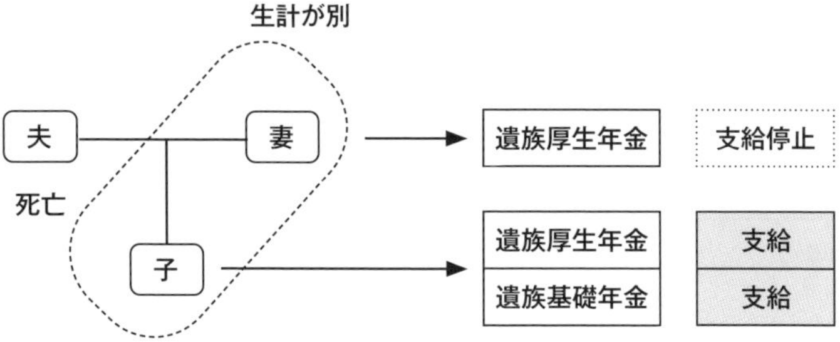

5 所在不明による支給停止

受給権者が**1年以上所在不明**のときには、他の受給権者の申請に基づき、所在不明時に遡って、年金の支給が停止されます。 〈厚年法 67 ①〉

2 遺族厚生年金

Ⅳ 特例の年金ほか

1 遺族厚生年金の加算の特例

～子がいるのに遺族基礎年金が支給されないときは特例の加算がある～

1 配偶者に支給される遺族厚生年金の加算の特例

厚生年金の被保険者または被保険者であった人の死亡について、配偶者に遺族厚生年金が支給される場合において、その配偶者が子（18歳到達年度の末日までの子または20歳未満の1級もしくは2級の障害状態にある子）と生計を同じくしているにもかかわらず遺族基礎年金が支給されないときには、子のある配偶者にかかる**遺族基礎年金に相当する額**が遺族厚生年金の額に加算されます。 〈法附則(60)74①〉

参考 加算特例の事例

例えば、外国に居住している2級の障害厚生年金の受給権者である40歳の夫が、国民年金に任意加入していない期間に死亡した場合であって、子のある妻が遺族として遺されたときは、遺族厚生年金の支給要件を満たすものの、遺族基礎年金の支給要件には当てはまらないため、このケースに該当します。

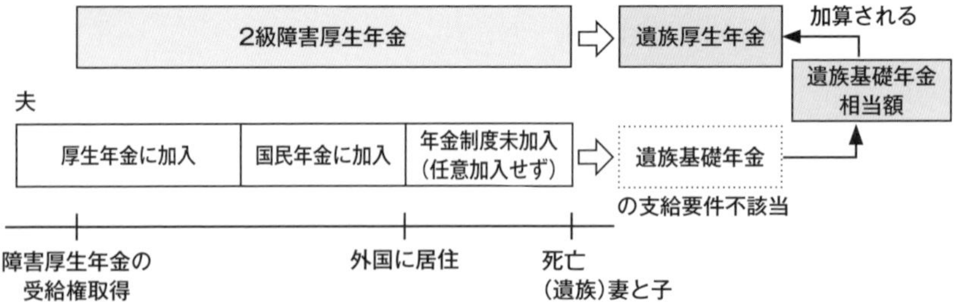

2 子に支給される遺族厚生年金の額の加算の特例

子に支給される遺族厚生年金についても、その子が遺族基礎年金の受給権を取得できないときは、子に支給される遺族厚生年金の額に**遺族基礎年金に相当する額**が加算されます。 〈法附則(60)74②〉

2 旧厚生年金保険法の遺族年金

～旧法の遺族年金を受給している人がいる～

1 特例遺族年金

特例遺族年金は、旧令共済組合（旧陸海軍等において雇員・工員などの身分で勤務していた人が加入していた共済組合。第７章①Ｉ４）の組合員期間を有する人に対する旧厚生年金保険法における特例の年金です。次の①～③のすべてに該当する人が死亡したときに、遺族厚生年金の受給権がない遺族に支給されます。〈厚年法附 28 の 4 ①〉

> ① 第１号厚生年金被保険者期間が１年以上あること
> ② 保険料納付済期間と保険料免除期間の合計が25年に満たないこと
> ③ 第１号厚生年金被保険者期間と旧令共済組合員期間を合計して20年以上あること

特例遺族年金の額は、特別支給の老齢厚生年金の年金額（報酬比例部分と定額部分を合わせた額）の計算に基づいて算出された額の 100 分の 50 に相当する金額です。ただし、旧令共済組合の組合員期間は、定額部分の計算における被保険者期間の月数に算入されますが、報酬比例部分の計算における被保険者期間の月数には算入されません。

2 旧厚生年金保険法の遺族年金

旧厚生年金保険法の遺族年金は一定の要件を満たした人が昭和 61 年３月 31 日までに死亡したときに支給される年金です。基本年金額は死亡者の年金（定額部分＋報酬比例部分）の２分の１で、次表の最低保障額があります。また、遺族年金の受給権者である妻には、60 歳になると寡婦加算が加算されます。〈旧厚生年金保険法 60 ②、62 の 2、法附則（60）78 ②〉

■妻が受給する遺族年金の最低保障額（令和6年度）

妻の年齢		基本額	寡婦加算	合計
60歳未満		816,000円	—	816,000円
60歳以上	昭31.4.2以後生	816,000円	156,400円	972,400円
	昭31.4.1以前生	813,700円	156,000円	969,700円

3 寡婦年金

1 寡婦年金の要件

～第1号被保険者期間のある夫が死亡したときには寡婦年金が支給される～

1 寡婦年金の支給要件

国民年金の第1号被保険者期間を有する夫が老齢基礎年金を受給する前に死亡したとき、遺された妻の60歳から65歳までの間の生活保障を目的として、**寡婦年金**を支給する制度が設けられています。〈国年法49〉

寡婦年金は、次の①～③のすべてに該当するときに、遺された妻に対して支給されます。

① **死亡日の前日**において、死亡日の属する**月の前月**までに、**第1号被保険者**期間としての**保険料納付済期間**と**保険料免除期間**とを合算した期間が**10年以上**ある**夫**が死亡したこと ② 夫の死亡当時、夫によって**生計を維持**し、かつ、夫との**婚姻関係**（事実婚関係を含む）が**10年以上継続した65歳未満の妻**があるとき ③ 死亡した夫が**老齢基礎年金または障害基礎年金**（旧国民年金法の障害年金を含む）**の支給**を受けたことがないこと

※①について平成29年7月31日以前に死亡した場合は25年以上必要

(1) 死亡した夫の要件

上記①の要件は、**保険料納付済期間**または学生納付特例もしくは保険料の納付猶予の規定による納付することを要しないものとされた期間以外の**保険料免除期間**を有する夫に限ります。つまり、寡婦年金額に反映される期間を有していなければ、本要件を満たしません。

また、任意加入被保険者（特例による任意加入被保険者を除く）としての保険料納付済期間や、昭和36年4月から昭和61年3月までの保険料納付済期間および保険料免除期間は算入されますが、合算対象期間は算入されません。国民年金の第2号被保険者期間および第3号被保険者期間も含みません。

> **POINT!**
> 遺族である配偶者は、遺族基礎年金および遺族厚生年金では死亡した時点で婚姻関係にあればよいとされていますが、寡婦年金は婚姻が10年以上継続している必要があります。事実上の婚姻関係も含みます（本章①Ｉ５）。

（2）遺族である妻の要件

寡婦年金を受けるためには、妻が夫によって**生計を維持**されていたことが要件です。生計維持の認定基準は、遺族基礎年金および遺族厚生年金と同様であり、**死亡の当時**に生計同一要件および収入要件を満たしていれば、死亡者と生計維持関係があるものと認定されます（本章①Ｉ４）。

なお、**繰上げ支給の老齢基礎年金**を受給している妻に寡婦年金は支給されません。また、寡婦年金の受給権者である妻が、老齢基礎年金の支給繰上げをしたときは、寡婦年金の受給権は消滅します。

〈国年法附９の２⑤、９の２の２⑥、９の２の３〉

2 死亡一時金の支給要件を満たすとき

夫の死亡により寡婦年金の受給資格のある人が、同じ夫の死亡による**死亡一時金**の支給を受けることができるときは、請求者（妻）の選択により、死亡一時金と寡婦年金のどちらか一方のみが支給されます。

〈国年法52の６〉

3 行方不明による寡婦年金

夫が行方不明のときは、死亡したと推定される日や死亡したとみなされる日に寡婦年金の受給権を取得します。保険料納付要件や生計維持要件は行方不明となった当時の状況に基づいて判断されます（本章②Ｉ７）。

2 寡婦年金の額と支給期間

～寡婦年金は60歳から65歳になるまで支給される～

1 寡婦年金の額

寡婦年金の額は、夫が生存していれば受け取ることができた**老齢基礎年金**（死亡日の属する**月の前月**までの**第１号被保険者**としての被保険者期間に係る**死亡日の前日**における**保険料納付済期間および保険料免除期間**に基づく）の**４分の３**に相当する額です。例えば、国民年金の第１号被保険者として、40 年間国民年金保険料を納付していた夫が死亡したときは、夫が受給するはずだった老齢基礎年金の額（年約 80 万円）の４分の３に相当する約 60 万円が寡婦年金の額になります。５年受け取ると、総額約 300 万円です。なお、夫が付加保険料を納付していたとしても、寡婦年金の額には反映されません。〈国年法 50〉

2 寡婦年金の支給期間

60 歳未満の妻に対して寡婦年金が支給される期間は、**60 歳に達した日の属する月の翌月**から、**65 歳**に達した日の属する月までで、最大で５年です。〈国年法 49 ③〉

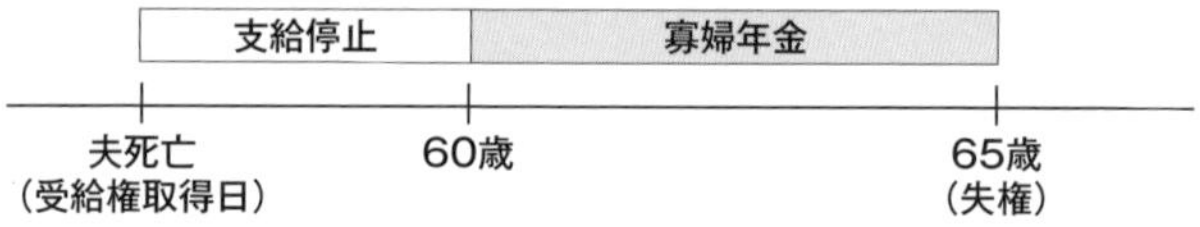

60 歳以上の妻に対して寡婦年金が支給される期間は、夫が死亡した日の属する**月の翌月**から **65 歳**に達した日の属する月までです。この制度は、妻自身の老齢基礎年金を受けるまでの繋ぎの役割です。

寡婦年金を請求するとき
年金請求書（国民年金寡婦年金）（様式第109 号）▶巻末資料Ⅱ・27

3 寡婦年金の支給停止と失権

～寡婦年金は他の年金と同時に受けることができない～

1 寡婦年金の支給調整

遺族基礎年金を受給していた人も要件を満たせば寡婦年金を受給できます。ただし、寡婦年金は他の年金と同時に受給することはできません。そのため、支払時期が重なるときは、遺族基礎年金と寡婦年金のいずれか一方を選んで受給する必要があります。〈国年法 20 ほか〉

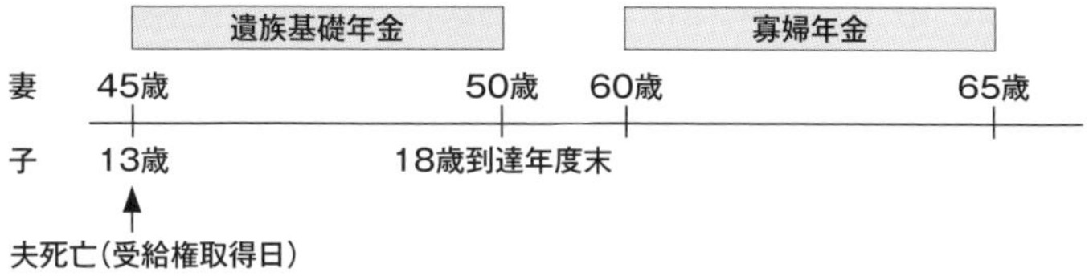

2 寡婦年金の支給停止

寡婦年金は、**労働基準法**に基づく**遺族補償**を受けることができるときは、**死亡日から6年間**その支給が停止されます。〈国年法 52〉

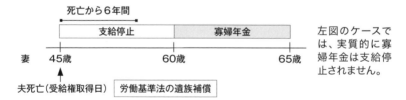

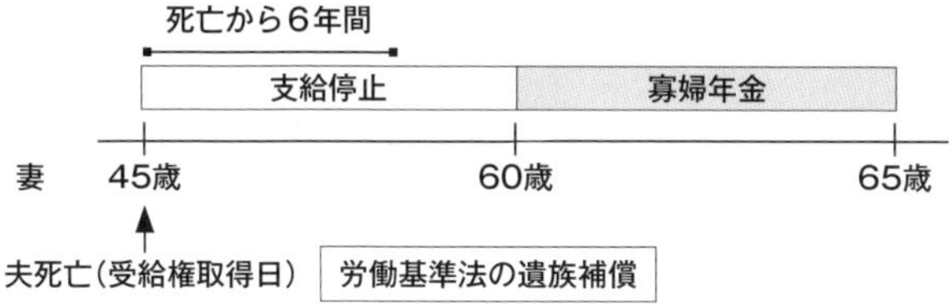

左図のケースでは、実質的に寡婦年金は支給停止されません。

3 寡婦年金の失権

寡婦年金の受給権は、受給権者が次の①～⑤のいずれかに該当したときは、消滅します。〈国年法 51〉

① **65歳**に達したとき

② **死亡**したとき

③ **婚姻**したとき

④ **養子**となったとき（直系血族または直系姻族の養子を除きます）

⑤ **繰上げ支給の老齢基礎年金**の受給権を取得したとき

4 死亡一時金

1 死亡一時金の要件

～死亡一時金は保険料の掛け捨て防止のため一時金として支給される～

1 死亡一時金の制度

死亡一時金は、第１号被保険者として国民年金保険料を一定期間以上納めている人が、年金を受けることなく死亡したときに支給される一時金です。納付した保険料の掛け捨て防止のための制度です。

2 死亡一時金の支給要件

死亡一時金の支給要件は、次の２つです。〈国年法 52 の２①〉

① **死亡日の前日**において、死亡日の属する**月の前月**までの**第１号被保険者**としての国民年金保険料が**36月以上**あること

「36月」は、第１号被保険者期間としての保険料納付済期間の月数、保険料免除期間を含み、次のように計算します。

- 保険料納付済期間の月数 ➡ １月
- ４分の１免除期間の月数 ➡ ４分の３月
- 半額免除期間の月数 ➡ ２分の１月
- ４分の３免除期間の月数 ➡ ４分の１月

② 死亡した人が**老齢基礎年金・障害基礎年金**を受けたことがないこと

POINT!

任意加入被保険者（特例による任意加入被保険者を含む）としての保険料納付済期間も支給要件の月数に算入されます。支給額を算出するときも同様です。また、昭和36年4月から昭和61年3月までの間の国民年金の保険料納付済期間（任意加入被保険者期間を含む）も支給要件の月数に算入されます。

3 死亡一時金が支給されないとき

（1）**遺族基礎年金**の受給権者がいるときは、死亡一時金は通常支給されません。ただし、死亡日のある月に遺族基礎年金の受給権が消滅したときは、死亡一時金が支給されます。例えば、遺族基礎年金の受給権を取得した日と失権した日が同月内にあるときは、実際には遺族基礎年金は全く支給されないため、国民年金保険料が掛け捨てにならないよう、死亡一時金が支給されます。

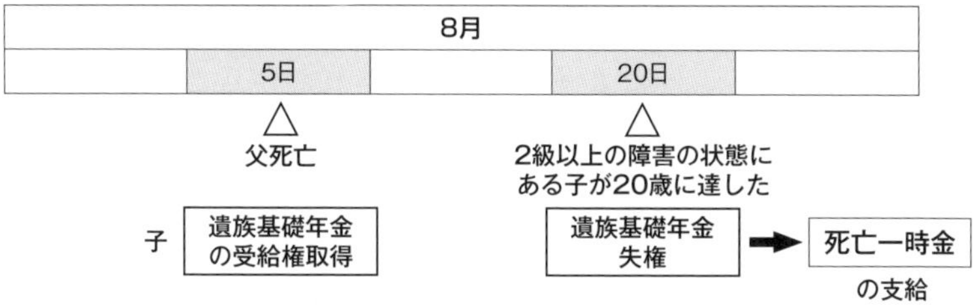

（2）死亡日において胎児であった子が生まれたことによって、その子または死亡した人の配偶者が遺族基礎年金の受給権を得たときは、死亡一時金は支給されません。ただし、その胎児であった子が生まれた日の属する月に遺族基礎年金の受給権が消滅したときには、死亡一時金が支給されます。

4 死亡一時金が支給されるとき

遺族基礎年金の受給権者が**子**（配偶者が遺族基礎年金の受給権を取得したときを除く）であり、その子と**生計を同じく**する**父または母**があるときは、遺族基礎年金の支給は停止されます。このような状況では、実際に遺族基礎年金を受け取ることができないため、**死亡一時金**が支給されます。

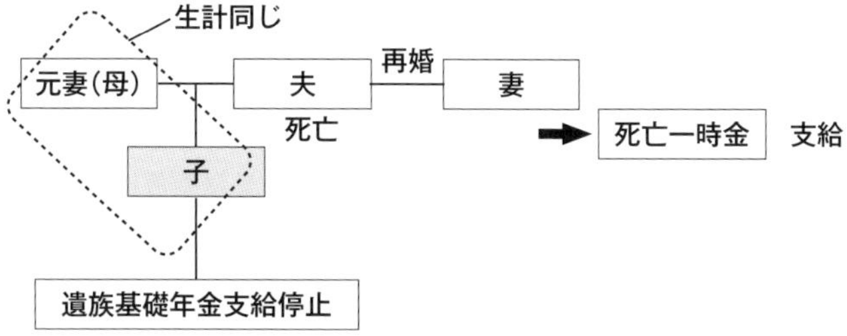

2 死亡一時金の遺族

～死亡一時金を受給できる遺族には優先順位がある～

1 死亡一時金の遺族の範囲

死亡一時金を受けることができる遺族は、第1号被保険者または第1号被保険者であった人が死亡したときに、死亡した人と**生計を同じく**していた、**配偶者**、**子**、**父母**、**孫**、**祖父母**、または**兄弟姉妹**です。

なお、**子**に対する遺族基礎年金が、その子と生計を同じくするその子の**父または母**があることによって支給停止されていることを理由に死亡一時金が支給される場合において、死亡一時金を受けることのできる遺族は、死亡した人の**配偶者**であって、その人の死亡の当時にその人と**生計を同じく**していた人となります。 〈国年法52の3①〉

2 死亡一時金の遺族の優先順位

死亡一時金を受ける人の優先順位は、死亡した人の①配偶者、②子、③父母、④孫、⑤祖父母、⑥兄弟姉妹の順です。 〈国年法52の3②〉

同順位の遺族が複数いるときは、そのうちの1人が行った請求は、全員のためその全額につき行ったものとみなし、その1人に対して行った支給は、全員に対して行ったものとみなされます。 〈国年法52の3③〉

3 生計同一要件

死亡一時金の受給には生計同一要件が適用されます。例えば、長年音信不通の兄弟姉妹は生計同一関係にないため、遺族の要件を満たしません。

遺族基礎年金、遺族厚生年金、寡婦年金には生計維持要件がありますが、死亡一時金は生計同一要件です。つまり、死亡一時金には収入要件がないので、収入や所得が高い人でも受けることができます。

参考 転給

死亡一時金の受給権者がその死亡一時金の支給を受ける前に死亡したときは、その死亡一時金は、次の順位にある遺族に支給されます。 〈昭50庁文発1249号〉

3 死亡一時金の額

～死亡一時金の額は第1号被保険者の保険料納付状況で決まる～

1 死亡一時金の額

死亡一時金の額は、死亡日の属する**月の前月**までの**第1号被保険者**としての被保険者期間にかかる**死亡日の前日**における**保険料納付済期間**の月数、**保険料4分の1免除期間の月数の4分の3**に相当する月数、**保険料半額免除期間の月数の2分の1**に相当する月数および**保険料4分の3免除期間の月数の4分の1**に相当する月数を合計した月数に応じて定める額です。　〈国年法52の4①〉

死亡日の属する**月の前月**までの**第1号被保険者**の被保険者期間にかかる**死亡日の前日**の**付加保険料**の納付済期間が**3年以上**あるときは、死亡一時金の額に**8,500円**が加算されます。　〈国年法52の4②〉

死亡日の属する月の前月までの第1号被保険者としての保険料納付実績

合算月数
- ・保険料納付済期間の月数
- ・4分の1免除期間の月数を、4分の3で計算した月数
- ・半額免除期間の月数を、2分の1で計算した月数
- ・4分の3免除期間の月数を、4分の1で計算した月数

合算した月数	死亡一時金の額
36月以上　180月未満	120,000円
180月以上　240月未満	145,000円
240月以上　300月未満	170,000円
300月以上　360月未満	220,000円
360月以上　420月未満	270,000円
420月以上	320,000円

＋

死亡した日の属する月の前月までの付加保険料の納付済期間が3年以上あるとき
8,500円

2 支給の調整

同一人の死亡により、遺族が同時に死亡一時金と寡婦年金を受けることができるときは、その人の選択により、いずれか1つのみが支給されます。　〈国年法52の6〉

なお、死亡一時金と遺族厚生年金は両方を受給することができます。

死亡一時金を請求するとき
国民年金死亡一時金請求書▶巻末資料Ⅱ・28

5 遺族給付の併給調整

1 遺族基礎年金と他の給付との併給調整

～複数の受給権を得たときは1人1年金が原則となる～

1 1人1年金の原則

同一の支給事由に基づき支給される年金は併給されますが、支給事由の異なる複数の年金の受給権を同時に得たときは、**1人1年金**の原則に基づき併給の調整が行われます。ただし、受給権者が65歳以上のときは例外があります。

〈国年法20①、厚年法38①ほか〉

2 遺族基礎年金等と国民年金の他の給付との併給調整

遺族基礎年金と国民年金の他の給付（異なる支給事由）との併給調整は次のとおりです。

	国民年金の給付				
	老齢基礎年金		障害基礎年金	遺族基礎年金	寡婦年金
	65歳未満	65歳以上			
遺族基礎年金	選択	選択	選択	選択	選択
寡婦年金	老齢基礎年金を受給	－	選択	選択	－

→ 本章3 1

3 遺族基礎年金等と厚生年金の給付との併給調整

遺族基礎年金と厚生年金の給付（異なる支給事由）との併給調整は次のとおりです。

	厚生年金（共済年金）の給付				
	老齢厚生年金		障害厚生年金		遺族厚生年金
	65歳未満	65歳以上	1・2級	3級	
遺族基礎年金	選択	選択	選択	選択	選択
寡婦年金	選択	－	選択	選択	選択

遺族基礎年金は同一の支給事由の遺族厚生年金とは併給されますが、支給事由が異なるときは選択受給となります。

2 遺族厚生年金と他の給付との併給調整

～65歳以降の遺族厚生年金と基礎年金は併給される～

1 遺族厚生年金と国民年金の給付との併給調整

遺族厚生年金と国民年金の給付（異なる支給事由）との併給調整は次のとおりです。

	国民年金の給付					
	老齢基礎年金		障害基礎年金		遺族基礎年金	寡婦年金
	65歳未満	65歳以上	65歳未満	65歳以上		
遺族厚生年金	選択	併給	選択	併給	選択	選択

→ 前ページ3

65歳以上の遺族厚生年金は、支給事由が異なる老齢基礎年金または障害基礎年金と併せて受給することができます。ただし、障害基礎年金と併給するときは、遺族厚生年金のうち経過的寡婦加算に相当する部分の支給は停止されます。

■ 65歳以後の遺族厚生年金の併給の組み合わせ

異なる支給事由		同一の支給事由
遺族厚生年金	遺族厚生年金（経過的寡婦加算除く）	遺族厚生年金（経過的寡婦加算除く）
老齢基礎年金	障害基礎年金	遺族基礎年金

2 遺族厚生年金と厚生年金の他の給付との併給調整

遺族厚生年金と厚生年金の給付（異なる支給事由）との併給調整は次のとおりです。

	厚生年金（共済年金）の給付				
	老齢厚生年金		障害厚生年金		遺族厚生年金
	65歳未満	65歳以上	1・2級	3級	
遺族厚生年金	選択	併給	選択	選択	選択

遺族厚生年金の受給権者が、老齢厚生年金の受給権を有するときは、併給されます。そのときには、老齢厚生年金額に相当する部分の遺族厚生年金が支給停止されます（本章2Ⅱ3）。

3 遺族厚生年金と旧国民年金法の給付との併給調整

～65歳以上の遺族厚生年金と旧国民年金法の老齢年金や障害年金は併給される～

1 遺族厚生年金と旧国民年金法の給付との併給調整

遺族厚生年金と旧国民年金法の給付（異なる支給事由）との併給調整は次のとおりです。

	旧国民年金法の給付					
	老齢年金		障害年金 1・2級		母子・遺児・寡婦年金	老齢福祉年金
	65歳未満	65歳以上	65歳未満	65歳以上		
遺族厚生年金	選択	併給	選択	併給	選択	併給制限

2 旧国民年金法の老齢年金との併給

旧国民年金法の老齢年金（通算老齢年金も同様）の受給権を有している人が、遺族厚生年金の受給権を取得したとき、老齢年金と遺族厚生年金は併給されます。〈法附則（60）56⑤〉

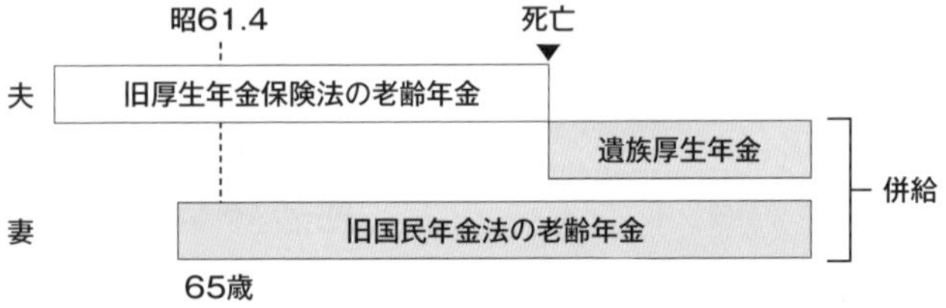

3 旧国民年金法の障害年金との併給

旧国民年金法による障害年金の受給権を有している65歳以上の人が、遺族厚生年金の受給権を取得したとき、障害年金と遺族厚生年金は併給されます。〈法附則（60）56④〉

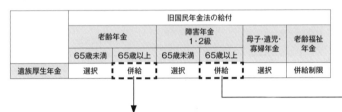

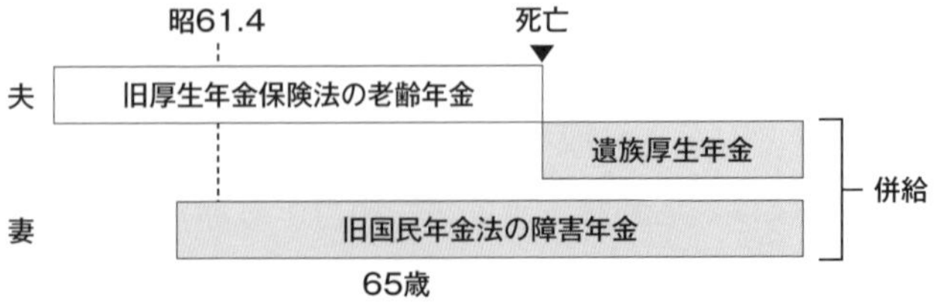

4 遺族厚生年金と旧厚生年金保険法の給付との併給調整

～遺族厚生年金と旧厚生年金保険法の給付はいずれかを選択受給する～

1 遺族厚生年金と旧厚生年金保険法の他の給付との併給調整

遺族厚生年金と旧厚生年金保険法の給付（異なる支給事由）との併給調整は次のとおりです。

	旧厚生年金保険法の給付			
	老齢年金 通算老齢年金	障害年金		遺族年金 通算遺族年金
		1・2級	3級	
遺族厚生年金	選択	選択	選択	選択

2 旧厚生年金保険法の老齢年金との併給調整

旧厚生年金保険法による老齢年金（通算老齢年金や特例老齢年金も同様）と遺族厚生年金の受給権を有する65歳以上の人は、原則としてどちらか１つを選択し受給します。ただし、遺族厚生年金を選択すると、老齢年金（在職による支給停止部分以外の部分）の２分の１と遺族厚生年金が併給されます。

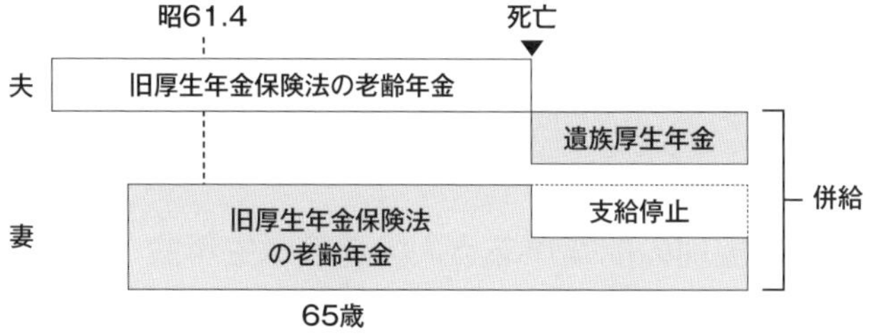

例えば、旧厚生年金保険法による老齢年金を受給している人が、遺族厚生年金の受給権を有したときは、①旧厚生年金保険法による老齢年金の２分の１と遺族厚生年金、②旧厚生年金保険法による老齢年金のいずれか一方を選択して受給することになります。〈法附則(60)56⑥〉

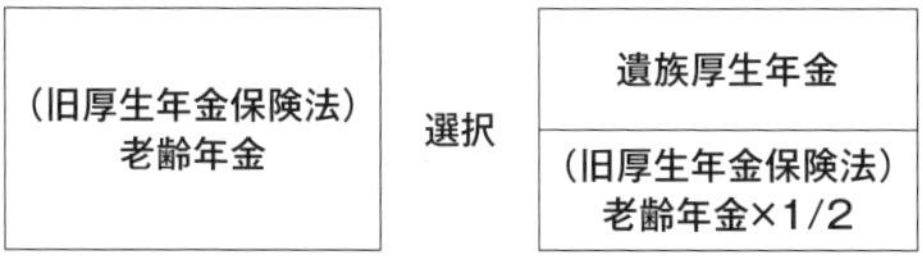

5 平成19年4月1日までの併給調整

～平成19年４月１日時点で65歳以上の人の併給調整方法は異なる～

1 平成19年４月１日までの併給調整

平成19年４月１日時点で65歳以上である遺族厚生年金の受給権を有する人には、遺族厚生年金と老齢厚生年金の併給調整（差額支給）の規定は適用されません。老齢基礎年金と老齢厚生年金、老齢基礎年金と遺族厚生年金の組み合わせを選択することができました。

参考 平成19年4月前のしくみ

平成19年４月前は、老齢厚生年金か遺族厚生年金の受給権者は、いずれかを選択して受給するしくみでした。そのため、老齢基礎年金と遺族厚生年金（老齢厚生年金は全額停止）の組み合わせを選択することができました。

平成19年４月からは、65歳以上に支給される遺族厚生年金は、本人の老齢厚生年金を全額支給することを基本とし、遺族厚生年金額が老齢厚生年金額を上回る場合には、その差額が遺族厚生年金として支給されるしくみに変更されました。これにより、65歳以上の人は、遺族厚生年金から老齢厚生年金に相当する額の支給が停止されています。

平成19年４月１日に65歳未満で遺族厚生年金の受給権を有する人には、新しい制度が適用されます。

2 ２以上の種別の期間がある人の遺族厚生年金

２以上の種別の厚生年金被保険者期間を有する人が死亡した場合の長期要件の遺族厚生年金は、種別ごとに年金額を計算し、それらを合算した額に合算遺族按分率を乗じることにより、各実施機関から支給される遺族厚生年金の額を算出します。

65歳以上の人に支給される遺族厚生年金は、その人が老齢厚生年金等の受給権を有するときは、それぞれの遺族厚生年金額から老齢厚生年金額に合算遺族按分率を乗じて得た額に相当する部分（職域加算を除く）の支給停止が行われます（第７章[2]Ⅳ６）。

第 5 章

脱退給付

1 脱退手当金

1 脱退手当金の要件

～脱退手当金は経過的に支給されることがある～

1 脱退手当金の制度

脱退手当金は、厚生年金から「脱退」ができる制度のことですが、昭和61年4月1日の新法施行時に廃止されています。

昭和61年4月1日前の旧厚生年金保険法においては、短期間で会社を退職する女性社員が厚生年金の脱退手当金を受給するケースが多くありました。また、中高齢者になってから海外から帰国した人など被保険者期間が短いため老齢にかかる年金給付が受けられない人が**脱退手当金**を受給していました。国民皆年金制度が整備されてから20年以上経過した新法施行時（昭和61年4月）には、脱退手当金の必要性が乏しくなり廃止されたものです。

しかし、新法施行後においても、老齢基礎年金の支給要件等を満たせない人もいることから、一定の要件に該当する人に対しては、経過的に脱退手当金を支給することになりました。

2 脱退手当金の支給要件

脱退手当金は次のすべての要件に該当する人に支給されます。

〈法附則（60）75・経過措置令（61）91ほか〉

① **昭和16年4月1日以前生まれ**
② 厚生年金の被保険者期間が**5年以上**（旧船員保険法の脱退手当金は3年以上）あること
③ **60歳**に達していること
④ **被保険者の資格を喪失**していること

⑤ 老齢厚生年金（または旧厚生年金保険法の通算老齢年金）、障害厚生年金（または旧厚生年金保険法の障害年金）を受ける資格がないこと
⑥ すでに脱退手当金の額以上の障害厚生年金または障害手当金を受けていないこと

⑥について、障害厚生年金（旧厚生年金保険法の障害年金を含む）を受けたことがある人は、その額が脱退手当金に満たない場合には、差額が脱退手当金として支給されます。

3 特例の脱退手当金

厚生年金保険法の改正による経過措置として、前記2の要件を満たしていなくても、次の条件のいずれかを満たしている場合は、年齢に関係なく**脱退手当金**が支給されます。 〈法附則（36）9②ほか〉

① 明治44年4月1日以前に生まれた人で、男子は被保険者期間が5年以上で55歳以上、女子は被保険者期間が2年以上あって、いずれも被保険者の資格を喪失していること
② 昭和29年5月1日前に被保険者期間が5年以上の女子が同日前に資格を喪失し、かつ同年4月30日において50歳未満で、その後被保険者となることなく55歳に達したとき
③ 被保険者期間が2年以上ある女子が昭和53年5月31日までに資格を喪失したとき

参考 未支給の脱退手当金

脱退手当金の受給資格要件を満たしながら、これまで請求していなかった人は、現在でも請求することができます。請求権に関する時効の起算日は、請求日の翌日です。被保険者であった人が死亡したときは、その遺族が5年以内に請求することにより、未支給の保険給付として脱退手当金が支給されます。

（平5庁文発277号、平8庁文発3291号）

2 脱退手当金の額

～脱退手当金の額は平均標準報酬額と被保険者期間で決まる～

1 脱退手当金の額

脱退手当金の額は、被保険者であった期間の平均標準報酬額（再評価なし）を基に計算します。**平均標準報酬額**に、被保険者期間に応じた1.1～5.4の**支給率**を乗じて得た額が脱退手当金の額です。この計算において、標準報酬月額が10,000円に満たないものがあるときは、10,000円として計算します。

厚生年金の被保険者であった期間の全部または一部が平成15年4月1日以後である人に支給する脱退手当金の額の計算式は、次のとおりです。

〈法附則(60)75、法附則(平12)22②〉

$$\text{脱退手当金} = \frac{\begin{array}{c}\text{平成15年4月1日前の}\\ \text{各月の標準報酬月額の}\\ \text{合算額}\end{array} + \begin{array}{c}\text{平成15年4月1日以後の}\\ \text{各月の標準報酬月額と}\\ \text{標準賞与額の合算額} \div 1.3\end{array}}{\text{被保険者期間の月数}} \times \begin{array}{c}\text{支給率}\\ (1.1 \sim 5.4)\end{array}$$

■厚生年金の脱退手当金の支給率〈旧厚年法別表3〉
（一般的な要件を満たした場合）

被保険者期間	支給率	被保険者期間	支給率
60月以上　72月未満	1.1	156月以上　168月未満	3.3
72月以上　84月未満	1.3	168月以上　180月未満	3.6
84月以上　96月未満	1.5	180月以上　192月未満	3.9
96月以上　108月未満	1.8	192月以上　204月未満	4.2
108月以上　120月未満	2.1	204月以上　216月未満	4.6
120月以上　132月未満	2.4	216月以上　228月未満	5.0
132月以上　144月未満	2.7	228月以上	5.4
144月以上　156月未満	3.0		

POINT!

特例の脱退手当金の支給率および旧船員保険法の脱退手当金の支給率は、それぞれに異なります。

3 脱退手当金の支給の効果

～脱退手当金を受けた期間は被保険者でなかったものとみなされる～

1 脱退手当金の支給の効果

脱退手当金の支給を受けたときは、その額の計算の基礎となった被保険者期間は、**被保険者でなかったもの**とみなされます。　〈法附則(60)8⑤〉

ただし、昭和36年4月1日から昭和61年3月31日までの脱退手当金の計算の基礎となった期間は、合算対象期間として扱われます。大正15年4月2日以後に生まれ、昭和61年4月1日以後65歳到達日の前日までの間に保険料納付済期間または保険料免除期間がある場合に限ります（第2章1Ⅲ4）。

2 脱退手当金の失権

脱退手当金の受給権は、次のいずれかに該当したときは消滅します。

① 受給権者が厚生年金の被保険者となったとき

② 老齢厚生年金、障害厚生年金、旧厚生年金保険法における通算老齢年金の受給権を取得したとき

参考　旧厚生年金保険法の制度

旧厚生年金保険法における制度では、20年以上の加入期間がなければ年金が受給できない規定であったため、数年会社勤めをした後に結婚や出産で退職する女性など、脱退手当金を受け取るケースが多かったようです。本人が知らない間に会社が脱退手当金の手続きをして、退職金として受け取ったケースもありました。脱退手当金の受給要件や受給額は幾度となく変更されており、昭和53（1978）年5月までは、女性に限り2年以上の厚生年金加入期間でも脱退手当金を受け取ることができる経過措置がありました。現在では、厚生年金制度は大きく変更されており、受給資格期間を満たしたうえで、1カ月でも厚生年金に加入していれば、老齢厚生年金が支給されます。

2 特別一時金

1 特別一時金の要件

～一定の条件に該当すれば特別一時金を受給できる～

1 特別一時金の制度

昭和61年4月1日前の旧年金制度では旧厚生年金保険法等による障害給付と国民年金の老齢給付は併給されていたため、障害年金受給権者の中には国民年金保険料を納める人がいました。

ところが、昭和61年4月1日施行の新制度は**1人1年金**が原則とされ、障害年金と老齢基礎年金の併給が行われなくなりました。

そこで、経過的な措置として、障害年金等の受給権者であって、**昭和61年4月1日前**に国民年金に**任意加入**して国民年金保険料を納付した人、または法定免除された国民年金保険料を**追納**した人は、一定の要件に該当すれば、その保険料納付済期間に応じて一時金が受給できるようになりました。この一時金を**特別一時金**といいます。

参考

旧年金制度においては、国民年金の障害年金の受給権者は国民年金保険料の法定免除となり、被用者年金の障害年金の受給権者は国民年金の強制加入から除外されていましたが任意加入することができました。

2 特別一時金の支給要件

特別一時金の支給の対象になるのは、次のいずれかの障害給付の受給権者であって、老齢基礎年金または旧国民年金法による老齢年金（通算老齢年金）の受給資格を満たしている人、または障害給付の障害の程度が減退しない人（永久固定および症状が増悪化傾向にあり将来障害の程度が減退しないと判断される場合を含む）です。

〈法附則(60)94①、経過措置令(61)132、134、135〉

① 障害福祉年金の裁定替えによる障害基礎年金、旧国民年金法による障害年金の受給権者
② 旧厚生年金保険法による障害年金の受給権者
③ 旧船員保険法による障害年金の受給権者
④ 共済組合が支給する障害年金の受給権者

3 特別一時金が請求できないとき

特別一時金は、次のいずれかに該当するときは請求ができません。

① 施行日から請求日前日までの間に障害年金等の受給権が消滅したとき
② 対象の障害年金等の受給権取得日から請求日までの間に、障害基礎年金（障害福祉年金の裁定替え分を除く）等を受けたことがあるとき
③ 特別一時金の請求日前に老齢基礎年金または旧国民年金法による老齢年金（通算老齢年金）の支給を請求したとき

4 特別一時金の対象となる旧保険料納付済期間

対象となる旧保険料納付済期間は次のとおりです。〈経過措置令(61)133〉

(1) 障害福祉年金の裁定替えによる障害基礎年金、旧国民年金法による障害年金の受給権者の場合

- 旧障害福祉年金および障害年金の受給権取得日の属する月前の直近の基準月の初日から施行日の前日までの保険料納付済期間
- 併合認定された障害福祉年金および障害年金の受給権者は、前発の年金（消滅した旧障害福祉年金）の受給権取得日から施行日の前日までの保険料納付済期間

(2) 旧厚生年金保険法による障害年金の受給権者の場合

- 障害年金の受給権取得日から施行日の前日までの期間のうち、旧国民年金法に規定する保険料納付済期間
- 併合認定された旧厚生年金保険法による障害年金の受給権者は、併合した障害による障害年金の受給権取得によって消滅した従前の障害年金の受給権取得日から施行日の前日までの期間のうち、旧国民年金法に規定する保険料納付済期間

2 特別一時金の額

～特別一時金の額は対象旧保険料納付済期間に応じて決まる～

1 特別一時金の額

令和6年度の特別一時金の額は、**対象となる旧保険料納付済期間**に応じて、30,000円～754,900円の範囲で決定されます。**付加保険料**を支払っていたときは、その納付済期間に応じて、4,800円～76,800円が加算されます。

〈法附則(60)94、経過措置令(61)136〉

■特別一時金の支給額一覧(令和6年度)

対象となる保険料納付済期間	特別一時金の額
1年以下	30,000円
1年超　2年以下	60,400円
2年超　3年以下	90,400円
3年超　4年以下	120,800円
4年超　5年以下	151,000円
5年超　6年以下	181,200円
6年超　7年以下	211,600円
7年超　8年以下	241,700円
8年超　9年以下	271,800円
9年超　10年以下	301,900円
10年超　11年以下	332,300円
11年超　12年以下	362,500円
12年超　13年以下	392,700円
13年超　14年以下	422,700円
14年超　15年以下	452,800円
15年超　16年以下	483,200円
16年超　17年以下	513,200円
17年超　18年以下	543,600円
18年超　19年以下	574,000円
19年超　20年以下	604,000円
20年超　21年以下	634,300円
21年超　22年以下	664,400円
22年超　23年以下	694,600円
23年超　24年以下	724,700円
24年超　25年以下	754,900円

付加保険料に係る対象となる保険料納付済期間	特別一時金の加算額
1年以下	4,800円
1年超　2年以下	9,600円
2年超　3年以下	14,400円
3年超　4年以下	19,200円
4年超　5年以下	24,000円
5年超　6年以下	28,800円
6年超　7年以下	33,600円
7年超　8年以下	38,400円
8年超　9年以下	43,200円
9年超　10年以下	48,000円
10年超　11年以下	52,800円
11年超　12年以下	57,600円
12年超　13年以下	62,400円
13年超　14年以下	67,200円
14年超　15年以下	72,000円
15年超　15年6月以下	76,800円

3 特別一時金の支給の効果

～特別一時金を受けた期間は被保険者でなかったものとみなされる～

1 特別一時金の支給の効果

特別一時金の支給対象となった期間は、国民年金の**被保険者でなかったもの**とみなされます。そのため、障害基礎年金および遺族基礎年金の支給要件において、特別一時金の支給対象となった期間中に保険事故があったとしても、被保険者であった期間中の初診日または死亡日とみなされません。一方で、新法の支給要件をみる場合には**合算対象期間**とされますので、遺族基礎年金の長期要件等における受給資格期間に含まれます。

〈経過措置令(61)138〉

また、特別一時金の支給を受けた期間は、老齢基礎年金または付加年金の計算基礎となる被保険者期間に含みません。

旧障害福祉年金から裁定替えとなった障害基礎年金の受給権者は、特別一時金の支給を受けた後に老齢基礎年金の支給決定を受けたときは、いずれかの年金を選択します。

〈法附則(60)94④〉

2 特別一時金の未支給年金

特別一時金は請求しなければ受給権が生じないため、請求を行った後に死亡した場合に限り、未支給の年金給付として生計を同じくする遺族が受給することができます。

参考 事例

現在においても特別一時金の対象になる人はいます。例えば、旧法の障害年金の受給権者が障害年金の受給権取得以後に国民年金保険料を納付していた状況が、老齢基礎年金の請求をする65歳頃に確認されることがあります。65歳以後は老齢基礎年金と障害年金のいずれかを選択して受給することになるため、引き続き障害年金を受給するのであれば、特別一時金の請求を行います。

3 脱退一時金

1 国民年金の脱退一時金

～日本国籍のない短期滞在者には脱退一時金が支給される～

1 国民年金の脱退一時金の支給要件

国民年金の**脱退一時金**を受給するには、次のすべての要件を満たす必要があります。〈国年法附9の3の2①〉

① **日本国籍**を有していないこと
② 公的年金制度（厚生年金または国民年金）の**被保険者でない**こと
③ 保険料納付済期間等の月数の合計が**6カ月以上**あること（保険料の未納期間は要件に該当しない）
④ **老齢基礎年金の受給資格期間**（厚生年金加入期間等を合算して10年間）を満たしていないこと
⑤ **障害基礎年金**などの受給権を有したことがないこと
⑥ **日本国内に住所**を有していないこと
⑦ 最後に公的年金制度の**被保険者資格を喪失した日**（同日に日本国内に住所を有していた場合は、同日後に初めて、**日本国内に住所を有しなくなった日**）から**2年以上経過**していないこと

2 保険料納付済期間の月数

上記③の要件にある「保険料納付済期間等の月数の合計」とは、**請求日の前日**において、**請求日の属する月の前月**までの**第1号被保険者**（任意加入被保険者も含む）としての被保険者期間にかかる次のア～エを合算した月数のことをいいます。

ア　保険料納付済期間の月数
イ　保険料4分の1免除期間の月数×4分の3
ウ　保険料半額免除期間の月数×2分の1
エ　保険料4分の3免除期間の月数×4分の1

3 国民年金の脱退一時金の支給額

国民年金の脱退一時金の支給額は、**最後に保険料を納付した月が属する年度の保険料額**と保険料納付済期間等の月数に応じて計算します。計算式は、基準月の属する年度における保険料の額に**2分の1**を乗じて得た額に、保険料納付済期間等の月数に応じて**政令で定める数**を乗じて得た額です。　〈国年法附9の3の2④、国年令14の3の2〉

最後に保険料を納付した月が属する年度の保険料額	×	**2分の1**	×	**政令で定める数**

■最後に保険料を納付した月が令和6年4月から令和7年3月の場合

保険料納付済期間等の月数	政令で定める数	支給額（令和6年度）
6月以上　12月未満	6	50,940円
12月以上　18月未満	12	101,880円
18月以上　24月未満	18	152,820円
24月以上　30月未満	24	203,760円
30月以上　36月未満	30	254,700円
36月以上　42月未満	36	305,640円
42月以上　48月未満	42	356,580円
48月以上　54月未満	48	407,520円
54月以上　60月未満	54	458,460円
60月以上	60	509,400円

POINT!

基準月とは、請求日の属する月の前月までの第１号被保険者期間としての被保険者期間（保険料納付済期間、保険料４分の１免除期間、保険料半額免除期間、保険料４分の３免除期間）であって、請求日の前日までに納付された保険料にかかる月のうち、直近の月をいいます。

参考　計算事例

基準月が令和６年10月で、保険料納付済期間等の月数が50月あるときの脱退一時金の支給額

16,980円（令和６年度の保険料）×２分の１×48＝407,520円

2 厚生年金の脱退一時金

～日本国籍のない短期滞在者には脱退一時金が支給される～

1 厚生年金の脱退一時金の支給要件

厚生年金の**脱退一時金**を受給するには、次のすべての要件を満たす必要があります。〈厚年法附29①、厚年令12〉

① **日本国籍**を有していないこと
② 公的年金制度（厚生年金または国民年金）の**被保険者でない**こと
③ 厚生年金（共済組合等を含む）の加入期間の合計が**6カ月以上**あること
④ **老齢基礎年金の受給資格期間**（10年間）を満たしていないこと
⑤ **障害厚生年金**などの受給権を有したことがないこと
⑥ **日本国内に住所**を有していないこと
⑦ 最後に公的年金制度の**被保険者資格を喪失した日**（同日に日本国内に住所を有していた場合は、同日後に初めて、**日本国内に住所を有しなくなった日**）から**2年以上経過**していないこと

2 厚生年金の脱退一時金の支給額

厚生年金の脱退一時金は、被保険者であった期間の**平均標準報酬額**に**支給率**を乗じて得た額です。〈厚年法附29③〉

脱退一時金＝平均標準報酬額×支給率

脱退一時金の額の計算に用いる平均標準報酬額について、各月の標準報酬額および標準賞与額に再評価率は乗じません。

(1) 支給率

支給率とは、**最終月**（最後の資格喪失日の属する月の前月）の属する年の**前年10月の保険料率**（最終月が1月から8月であれば、前々年10月の保険料率）に**2分の1**を乗じた率に、被保険者期間の区分に応じた支給率計算に用いる数を乗じて得た率をいいます（小数点第1位未満は四捨五入）。〈厚年法附29④〉

■支給率計算に用いる数

保険料納付済期間	数	支給率	保険料納付済期間	数	支給率
6月以上　12月未満	6	0.5	36月以上　42月未満	36	3.3
12月以上　18月未満	12	1.1	42月以上　48月未満	42	3.8
18月以上　24月未満	18	1.6	48月以上　54月未満	48	4.4
24月以上　30月未満	24	2.2	54月以上　60月未満	54	4.9
30月以上　36月未満	30	2.7	60月以上	60	5.5

最終月が令和3年3月以前の場合は、36月が上限

計算事例

最終月が令和６年10月で、被保険者期間が50月、平均標準報酬額30万円のときの脱退一時金の支給額

支給率＝1,000分の183（保険料率）×２分の１×48＝4.392≒4.4

脱退－時金＝30万円×4.4＝132万円

(2) 平成15年4月1日前の期間があるとき

平成15年4月1日前の厚生年金の被保険者期間があるときは、同日前の被保険者期間の各月の**標準報酬月額に1.3を乗じて得た額**ならびに同日以後の被保険者期間の各月の標準報酬月額および標準賞与額を合算した額を被保険者月数で割って得た額に支給率を乗じます。

（法附則（平12）22①）

$$\text{脱退一時金} = \frac{\begin{array}{c}\text{平成15年4月1日前の}\\\text{各月の標準報酬}\\\text{月額}\times 1.3\text{の合算額}\end{array} + \begin{array}{c}\text{平成15年4月1日以後の}\\\text{各月の標準報酬月額と}\\\text{標準賞与額の合算額}\end{array}}{\text{被保険者期間の月数}} \times \text{支給率}$$

3 脱退一時金の支給の効果

～脱退一時金を受けた期間は被保険者でなかったものとみなされる～

1 脱退一時金の支給の効果

脱退一時金の支給を受けたときは、その額の計算の基礎となった被保険者であった期間は、**被保険者でなかったもの**とみなされます。

〈厚年法附29③〉

2 未支給の脱退一時金

未支給の脱退一時金（すでに請求されているものに限る）は、未支給の保険給付に準じて扱われます。死亡した受給権者が死亡前に脱退一時金の支給を請求していなかったときは、未支給の脱退一時金を請求することはできません。〈厚年法附 29 ⑨〉

3 2以上の種別の期間がある人の脱退一時金

平成 29 年 10 月の被用者年金一元化以降は、２以上の種別の被保険者であった期間を有する人は、それらの期間を合算して６カ月以上あれば、脱退一時金の支給要件を満たします（第７章[2]Ｖ１）。

参考　脱退一時金制度の創設と改正

公的年金制度は、国内に居住する人であれば国籍を問わず適用されますが、短期滞在の外国人の場合には、保険料納付が老齢年金の受給に結び付きにくい問題が存在していました。この問題に対応するためには社会保障協定の締結が重要ですが、その締結には時間を要します。そこで、短期滞在の外国人が帰国した場合に支給される脱退一時金制度が平成７月４月１日に創設されました。最大３年分の保険料に対応する金額を一時金として支給するものです。

令和２年４月に施行された改正出入国管理法により、特定技能１号の在留資格を持つ外国人の在留期間の上限が5年に設定されました。これに伴い、３～５年滞在する外国人が増加し、脱退一時金の支給上限も３年から５年に引き上げられました。この変更は令和３年４月から施行されています。

第6章

離婚分割

1 離婚時の年金分割の概要

1 離婚時の厚生年金の分割

～離婚分割には合意分割と3号分割がある～

離婚時に厚生年金記録が分割できる**離婚分割**制度が平成19年4月に創設されました。

1 離婚分割の概要

離婚分割では、離婚時の夫婦の婚姻期間中の**厚生年金記録（標準報酬）**を、離婚時に限り当事者間で**分割**することが認められています。離婚分割には、**合意分割**と**3号分割**の2種類があり、それぞれに異なる適用要件があります。

合意分割は平成19年4月から実施されています。この方法により分割の対象となるのは、婚姻期間中に両者または一方が加入していた厚生年金の期間です。これには平成19年3月以前の期間も含まれます。

3号分割は平成20年4月から実施されています。この方法により分割の対象となるのは、平成20年4月以後の婚姻期間のうち一方が国民年金の第3号被保険者であった期間に限られます。

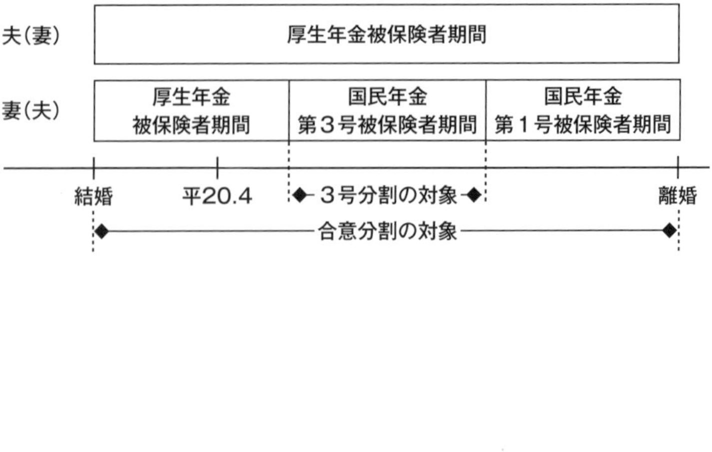

2 離婚分割にかかる離婚

離婚分割が適用される**離婚**は次のとおりです。〈厚年則 78 の 2①〉

① **法律上の離婚**：一般的な法的手続きによる離婚です。

② **婚姻の取消し**：婚姻年齢に未到達、重婚、近親婚、偽装や脅迫などにより婚姻を取り消されたときです。

③ **事実婚関係の解消**：事実上婚姻関係と同様の事情にある人は、一方が被扶養配偶者として第３号被保険者期間を有している状況において事実婚解消が認められたときです。

POINT!

事実婚関係の解消時は、原則として離婚分割の対象から除外されています。その理由は婚姻期間の把握が困難であるためです。ただし、一方が第3号被保険者として認定されていた期間に限って、離婚分割の対象とすることが省令で定められています。第3号被保険者としての期間が明確に把握可能であるため、事実婚関係の解消に際して離婚分割が適用されます。〈厚年則78ほか〉

3 離婚分割の対象となる期間

離婚分割の対象となる期間は、次のように定められています。

① 法律上の離婚の場合は、婚姻期間

② 婚姻の取消しの場合は、婚姻が成立したときから取り消した日までの期間

③ 事実婚関係の解消の場合は、当事者の一方が第３号被保険者であった期間

参考 **事実婚と法律婚**

事実婚から法律婚に移行した場合、同じ当事者間で婚姻関係が継続しているときは、事実婚期間と法律婚期間は一体として扱われ離婚分割の対象となる期間とされます。一方で、法律婚から事実婚に移行したときは婚姻関係が継続していたとしても、法律婚期間と事実婚期間は別個の期間として扱われます。〈厚年則78の2②〉

2 合意分割と3号分割

～合意分割と3号分割は要件などに違いがある～

1 合意分割と3号分割

合意分割と3号分割の主な違いは、次のとおりです。

	合意分割	3号分割
施行日	平成19年4月1日	平成20年4月1日
対象となる離婚	平成19年4月1日以降の離婚、婚姻の解消、事実婚の解消	平成20年5月1日以降の離婚、婚姻の解消、事実婚の解消
当事者	分割を受けるのは、第3号被保険者期間を有する人に限られない ・分割する人…**第1号改定者** ・分割を受ける人…**第2号改定者**	分割を受けるのは、第3号被保険者期間を有する人に限られる ・分割する人…**特定被保険者** ・分割を受ける人…**被扶養配偶者**
分割の合意	分割すること、および按分割合に両者の合意が必要	不要
対象となる期間	**対象期間** 婚姻期間(平成19年3月以前の期間を含む)のうち、両者または一方の厚生年金の被保険者期間	**特定期間** 平成20年4月以後の婚姻期間のうち、一方が第3号被保険者であった期間
按分割合の範囲	両者の婚姻期間中の厚生年金記録(対象期間標準報酬総額)合計額の2分の1(上限)～第2号改定者の持ち分(下限)	特定期間における特定被保険者の標準報酬総額の**2分の1**
改定方法	按分割合および対象期間の標準報酬等から改定割合を算出したうえで、双方の標準報酬月額を改定または決定する	按分割合2分の1により双方の標準報酬月額を改定または決定する
分割の手続き	分割請求と按分割合についての両者の合意の証明が必要。両者または一方からの分割請求手続きが必要	第3号被保険者からの分割請求手続きが必要
請求期間	原則として、離婚後**2年以内** (審判等が確定したときなどの例外あり)	
分割された期間	**離婚時みなし被保険者期間**という。分割を受ける側の実際の加入期間でないため制限あり	**被扶養配偶者みなし被保険者期間**という。分割を受ける側の実際の加入期間でないため制限あり

2 離婚分割後の給付

(1) 報酬比例部分の年金

離婚分割により厚生年金記録の分割を受けた人は、自分の厚生年金記録として将来の年金額が計算されます。離婚分割により年金額に影響があるのは、厚生年金の**報酬比例部分の額**のみであり、基礎年金の額や老齢厚生年金の定額部分の年金には影響しません。

(2) 年金資格期間

分割された厚生年金記録は**受給資格期間**には算入されません。このため、老齢厚生年金の 10 年の受給資格期間を自身が満たしていないときは、分割された厚生年金記録にかかる年金を受給することはできません(本章[2]Ⅲ 2、本章[3]Ⅱ 1)。

(3) 支給開始年齢

老齢厚生年金の支給開始年齢に達していない人に対して厚生年金記録の分割が行われた場合、分割を受けた人は自身の**支給開始年齢**に達したときに、分割された老齢厚生年金を受けることができます。例えば、老齢厚生年金受給中の 65 歳の夫の厚生年金記録の分割を受けた妻が 55 歳のとき、すぐに老齢厚生年金を受給できるわけではなく、自身の支給開始年齢（例えば 65 歳）に達したときから受給ができます。

(4) 元配偶者の死亡

厚生年金記録の分割を行った元配偶者が死亡したときや、当時者がそれぞれ再婚したときであっても、すでに改定または決定された厚生年金記録には影響しません。

参考　離婚分割制度の意義

例えば、夫がサラリーマンで妻が専業主婦の夫婦が受け取る老後の年金は、夫と妻それぞれの国民年金（老齢基礎年金）と夫名義の厚生年金（老齢厚生年金）です。この夫婦が離婚したとき、離婚後に妻が受ける年金は国民年金のみであり、夫が受け取る年金と大きな差が生じます。このような状態を解消するため、夫婦間で記録を分割し、将来の給付に反映させるのが離婚分割の制度です。

2 離婚時の合意分割

Ⅰ 合意分割のしくみ

1 離婚時の合意分割

～合意分割には当事者双方の合意と按分割合の定めが必要となる～

1 合意分割

合意分割は、平成19年4月1日以後に離婚等をした夫婦が、婚姻期間中の厚生年金記録（標準報酬）を当事者間で分割することができる制度です。合意分割を行うには、当事者双方の合意または裁判手続きにより**按分割合**を定める必要があります。 〈厚年法78の2①〉

POINT!

合意分割は、平成19年4月1日（合意分割の施行日）前に離婚等をしたときには適用されません。なお、施行日以後に離婚等をしたときには、施行日前の婚姻期間を含めて分割の対象です。 〈法附則（平16）46〉

2 合意分割の要件

合意分割は、離婚等をした場合であって、次の①または②のいずれかに該当するときに、行うことができます。

① 離婚した**当事者**が**標準報酬改定請求**をすることおよび請求すべき**按分割合**について合意しているとき
② **家庭裁判所**が請求すべき**按分割合**を定めたとき

当事者間の合意の協議が調わないとき、または**協議**ができないときは、**当事者の一方**の申立てにより**家庭裁判所**が介入します。この際、家庭裁判所は分割の対象となる期間の保険料納付における当事者の寄与の程度やその他事情を考慮して、請求すべき**按分割合**を定めることができるものとされています。 〈厚年法78の2②〉

3 標準報酬改定請求の期限

(1) 原則

厚生年金記録の分割には、**標準報酬改定請求**を行う必要があります。標準報酬改定請求は、次のいずれかに該当した日の翌日から起算して**2年を経過したとき**は原則として行うことができません。〈厚年則78の3①〉

① 離婚が成立した日

② 婚姻が取り消された日

③ 事実婚の状態にある人が第3号被保険者の資格を喪失し事実婚が解消したと認められた日

(2) 例外

離婚後に裁判などが長引き、按分割合の確定や成立が標準報酬改定請求の請求期限である**2年を超えた**場合の特例が設けられています。次の条件のいずれかに該当するときは、**確定または成立した日の翌日から6カ月以内**に標準報酬改定請求をすればよいとされています。

〈厚年則78の3②〉

① 請求期限日前に按分割合に関する**審判**の申立てを行い、本来の請求期限日後またはその日前6カ月以内に審判が確定したとき

② 請求期限日前に按分割合に関する**調停**の申立てを行い、本来の請求期限日後またはその日前6カ月以内に調停が成立したとき

③ **裁判**で按分割合に関する附帯処分の申立てを行い、本来の請求期限日後またはその日前6カ月以内に按分割合を定める**判決**が確定したとき

④ **裁判**で按分割合に関する附帯処分の申立てを行い、本来の請求期限日後またはその日前6カ月以内に按分割合を定める**和解**が成立したとき

4 2以上の種別の被保険者期間があるとき

2以上の種別の被保険者期間があるときは、その各期間に関する標準報酬改定請求は、同時に行う必要があります（第7章2 Ⅵ）。

2 合意分割ができる期間と標準報酬

～対象期間の標準報酬月額と標準賞与額の総額が分割の対象となる～

1 対象期間と対象期間標準報酬総額

分割の対象となる期間のことを**対象期間**といいます。原則として、婚姻が成立した日から離婚が成立した日までの期間を指します。

対象期間にかかる被保険者期間の標準報酬（各月の標準報酬月額と標準賞与額）の総額を**対象期間標準報酬総額**といい、この額が分割の対象です。対象期間標準報酬総額を計算する際には、それぞれの当事者を受給権者とみなし**再評価率**を乗じて算出します。〈厚年則78の2、78の2の2〉

2 対象期間にかかる被保険者期間

対象期間標準報酬総額の計算において、対象期間にかかる被保険者期間は次のように扱われます。〈厚年則78の2の2〉

- 対象期間の初日の属する月が被保険者期間であるとき
  →その月は対象期間にかかる被保険者期間に含む
- 対象期間の末日の属する月が被保険者期間であるとき
  →その月は対象期間にかかる被保険者期間に含まない

例えば、3月3日に婚姻し同年の7月7日に離婚したときには、3月から6月までが対象期間となります。

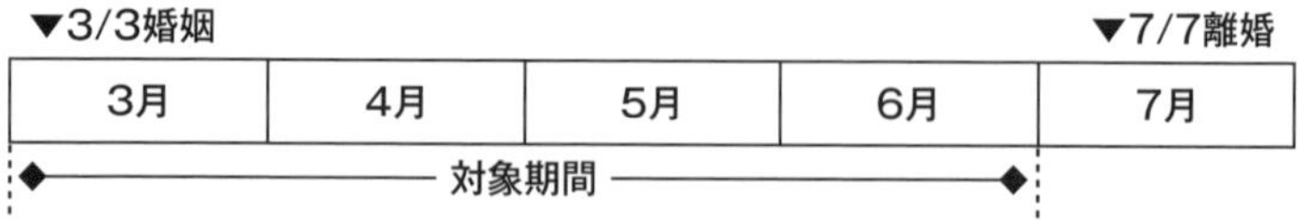

POINT!

対象期間の初日と末日が同月内にあるとき（婚姻期間が1カ月未満）は、その月は対象期間にかかる被保険者期間に含まれず分割の対象外です。

3 離婚分割時の再評価率

厚生年金記録の分割の際の標準報酬の再評価は、実施機関ごとに標準報酬月額や標準賞与額に**再評価率**を乗じることにより行います。

平成15年4月の総報酬制の導入により、年金額の計算に標準賞与額が含まれることになり、年金計算の給付乗率が1.3分の1減少し、1,000分の7.125から1,000分の5.481になりました。これにより対象期間標準報酬総額の算出にあたっては、平成15年4月1日前の各月の標準報酬月額に1.3を乗じ総報酬制導入後に合わせて計算します。〈厚年令3の12の5〉

■実際に年金額を計算するときの方法

◆― 平成15年3月以前の被保険者期間 ―◆	◆― 平成15年4月以後の被保険者期間 ―◆
各月の標準報酬月額×再評価率	各月の標準報酬月額(標準賞与額)×再評価率
(給付乗率7.125／1,000)	(給付乗率5.481／1,000)

■対象期間標準報酬総額の算定のための計算方法

◆― 平成15年3月以前の対象期間 ―◆	◆― 平成15年4月以後の対象期間 ―◆
各月の標準報酬月額×1.3×再評価率	各月の標準報酬月額(標準賞与額)×再評価率

計算事例

対象期間標準報酬総額の計算事例

- 対象期間　平成5年4月から9月
- 当事者の一方の標準報酬月額　240,000円(他方は国民年金第1号被保険者)
- 再評価率　1.032

平成5年4月	240,000円×1.3×1.032	＝321,984円
5月	240,000円×1.3×1.032	＝321,984円
6月	240,000円×1.3×1.032	＝321,984円
7月	240,000円×1.3×1.032	＝321,984円
8月	240,000円×1.3×1.032	＝321,984円
9月	240,000円×1.3×1.032	＝321,984円
合計(対象期間標準報酬総額)		1,931,904円

2 離婚時の合意分割

Ⅱ 合意分割の手続き

1 合意分割の手続きの流れ

～合意分割は合意をしたうえで標準報酬改定請求を行う～

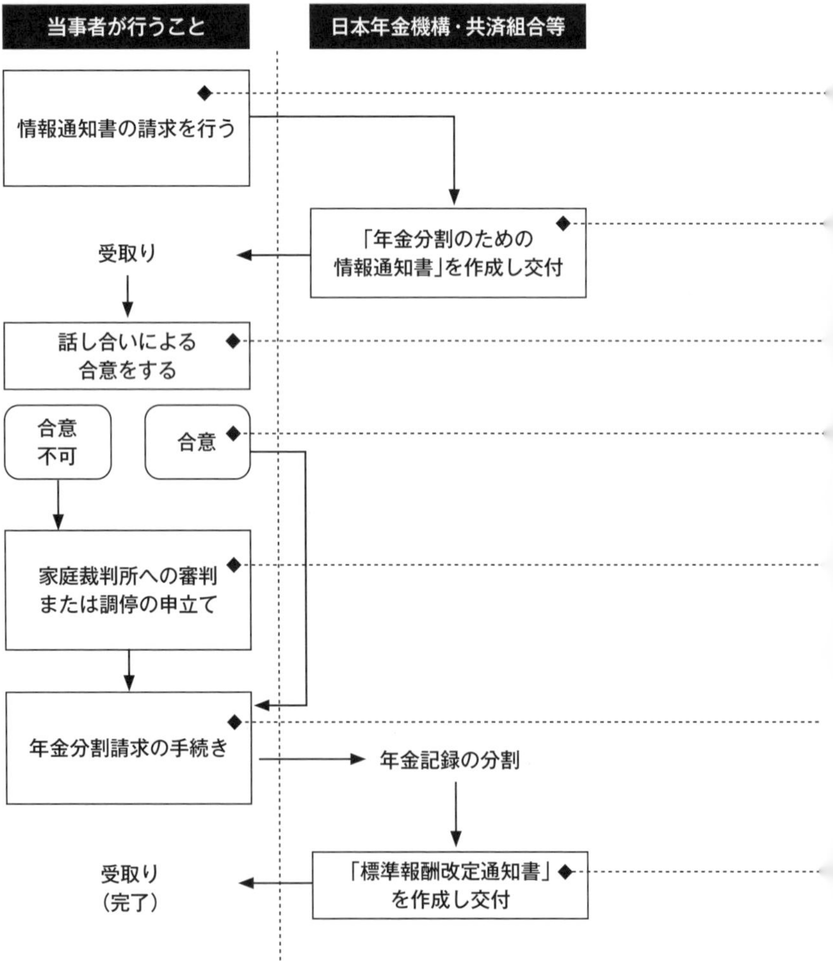

- 年金分割に必要な情報通知書は２人一緒でも１人でも請求できます。
- 50歳以上で、老齢厚生年金の受給資格期間を満たしている人は、老齢厚生年金の見込額試算を依頼することができます。
- 障害厚生年金を受けている人は、障害厚生年金の見込額試算を依頼することができます。

※３号分割のみを請求するときは、情報通知書の請求は必要ありません。

- 情報通知書を受け取ります。受取り方法は請求時に指定できます。
- ２人一緒に請求したときは、それぞれに交付されます。
- １人で請求したときは、離婚前であれば請求した人のみに交付され、離婚後であれば双方に交付されます。

- 年金分割を請求するためには、話し合いにより、「年金分割の請求をすること」と「分割する場合の按分割合」を合意する必要があります。

※３号分割のみを請求するときは、２人の合意は必要ありません。

- 話し合いにより年金分割の割合等を合意したときは、その内容を明らかにすることができる書類を添付して、離婚後に年金分割請求を行います。
- 請求期限（離婚日の翌日から起算して２年）を過ぎると原則として年金分割の請求はできません。

- 話し合いで合意できなかったときは、一方が家庭裁判所に次の手続きを申し立てることにより按分割合を定めることができます。
  ①審判手続き
  ②調停手続き
  ③離婚訴訟における附帯処分の手続き

- 年金分割の請求は、離婚後、当事者の双方またはその一方が、「標準報酬改定請求書」に按分割合を明らかにすることができる書類を添付して行います。
- 請求期限（離婚日の翌日から起算して２年）を過ぎると原則として年金分割の請求はできません。

※３号分割のみを請求するときは、離婚後、第３号被保険者であった人が行います。按分割合を明らかにすることができる書類は必要ありません。

- 按分割合に基づき、厚生年金の標準報酬を改定し、改定後の標準報酬が日本年金機構からそれぞれに通知されます。

※共済加入期間を有する場合には共済組合等からも通知が届きます。

2 情報提供請求

～合意分割を行うにあたり必要な情報提供を請求することができる～

1 標準報酬改定請求を行うために必要な情報の提供

当事者双方またはその一方は、実施機関に対し、標準報酬改定請求を行うために必要な情報を請求することができます。この**情報提供請求**は、離婚前でも離婚後でも行うことができますが、次に該当するときには請求することができません。　〈厚年法78の4①、厚年則78の7〉

- 離婚した日の翌日から2年を経過しているとき
- すでに離婚分割（標準報酬改定請求）が行われているとき
- 情報提供請求を受けて3カ月を経過していないとき

POINT!

情報提供請求には、事実婚関係にあった期間のうち、当事者の一方が被扶養配偶者として国民年金第3号被保険者と認定されていた期間を含みます。

（1）離婚前の情報提供

離婚前に当事者の一方が情報提供請求を行ったときには、次の点に留意する必要があります。

- もう一方の当事者に対して情報提供は行われません。
- 対象期間が決まっていないため、当事者は任意の時点で情報提供請求を行います。
- 基本的には情報提供請求があった日時点の情報に基づき行われます。

参考

年金事務所の窓口で情報提供請求をしたときは、請求者の住所地を管轄する年金事務所の窓口交付ができます。至急のときは請求者の住所地の管轄内でない窓口交付も可能です。郵送交付も可能であり、請求者の現住所地以外の住所を指定することもできます。

(2) 離婚後の情報提供

離婚後に当事者の一方が情報提供請求を行ったときは、もう一方の当事者に対しても、情報提供される内容が通知されます。

2 情報提供される内容

情報提供される内容は次のようなものです。〈厚年則78の8〉

① 分割対象期間にかかる当事者それぞれの**標準報酬総額**

② **第1号改定者**と**第2号改定者**の氏名および生年月日

③ **按分割合の範囲**

④ 算定の前提となった婚姻期間（**対象期間**）

⑤ その他の必要な情報

⑥ 年金分割を行った場合の**年金見込額**

⑥について、当事者が50歳以上または障害厚生年金の受給権者であるときは、希望をすれば分割後の年金見込額の情報が提供されます。

■年金分割のための情報通知書

年金分割のための情報通知書
（厚生年金保険制度）

平成25年9月2日

○○　○○　様

日本年金機構理事長　㊞

○○様より、年金分割のための情報提供の請求がありましたので、情報を提供します。

氏　　名	（第1号改定者）○○　○○ （第2号改定者）○○　○○	
生 年 月 日	（第1号改定者） 昭和31年5月5日	（第2号改定者） 昭和33年5月10日
基礎年金番号	（第1号改定者） 1111-111111	（第2号改定者） ＊＊＊＊＊＊＊＊＊＊

離婚分割にかかる情報提供を求めるとき
年金分割のための情報提供請求書（様式第650号）▶巻末資料Ⅱ・29

3 合意分割の手続き

～対象期間標準報酬総額の多い人から少ない人に分割が行われる～

1 第１号改定者と第２号改定者

合意分割では、離婚当事者の対象期間中の対象期間標準報酬総額の多い側が、少ない側に対して厚生年金記録（標準報酬）の分割を行います。このしくみにおいて、両当事者は次のように呼ばれます。

- 対象期間標準報酬総額の多い側（分割される人）　：**第１号改定者**
- 対象期間標準報酬総額の少ない側（分割を受ける人）：**第２号改定者**

2 合意分割による標準報酬改定請求

標準報酬改定請求は離婚後に行うことができます。その際に必要な書類は次のとおりです。〈厚年法78の2③、厚年則78の11〉

① 請求者の基礎年金番号またはマイナンバーのわかる書類

② 婚姻期間を明らかにする書類（戸籍謄本または各戸籍抄本）

③ ２人の生存を確認できる書類（戸籍謄本、戸籍抄本または住民票）

④ 年金分割の割合を明らかにすることができる書類（次の書類のいずれか１つ）

ア　公正証書の謄本または抄録謄本

公正証書とは私人からの嘱託により公証人がその権限に基づいて作成する公文書のことです。公証人が作成した文書は真正に成立したものと推定されます。公正証書の作成には、原則として当事者双方が出席しなければなりません。例外的に委任状が許される場合にも特別な形式の委任状が必要です。

イ　公証人の認証を受けた私署証書

当事者が作成した文書について公証人がその存在を確認したものです。

ウ　年金分割することおよび按分割合について合意している旨を記入し、自らが署名した書類

当事者双方または当事者それぞれの代理人が年金事務所に来所

し**年金分割の合意書**を提出することができます。当事者本人が来所できない場合は、あらかじめ作成した年金分割の合意書、委任状（年金分割の合意書用）および印鑑登録証明書が必要です。

エ　調停（和解）の場合は調停（和解）調書の謄本または抄本

調停は話し合いによりお互いが合意することにより紛争の解決を図る手続きです。合意できないときは自動的に審判に移行します。

オ　審判（判決）の場合は審判（判決）書の謄本または抄本および確定証明書

裁判官が当事者から提出された書類や家庭裁判所調査官が行った調査の結果などの種々の資料に基づいて審判します。この審判に不服があるときは、２週間以内に不服（即時抗告）の申立てをすることにより、高等裁判所に審理をしてもらうことができます。そのため確定証明書が必要です。

3　成年後見人による手続き

第１号改定者または第２号改定者の成年後見人による標準報酬改定請求手続きは可能です。また、成年後見人が自己の責任で復代理人を選任したときには、その復代理人による請求手続きも可能とされています。なお、成年後見人以外の法定代理人（保佐人、補助人等）も、家庭裁判所の審判により財産管理権が付与されている場合は、上記と同様の考え方が適用されます。

参考　年金分割の手続き

裁判手続きなどにより合意分割の按分割合が決定されても、その後の標準報酬改定請求を行わなければ厚生年金記録は分割されません。例えば、裁判により合意分割の按分割合が決定された女性のケースでは、自身の老齢厚生年金の手続きのときに、標準報酬改定請求を行っていないことに気がつきました。受給する老齢厚生年金の中に離婚分割による年金額が反映されていなかったからです。裁判により分割が可能とされた場合でも、離婚から２年を経過すると原則として分割請求はできなくなるため、期限内に標準報酬改定請求の手続きを行う必要があります。

離婚分割にかかる標準報酬改定請求をするとき
標準報酬改定請求書（様式第651号）▶巻末資料Ⅱ・30

4 合意分割の按分割合の範囲

～按分割合には上限と下限がある～

1 第１号改定者と第２号改定者の決まり方

合意分割では、離婚当事者の対象期間中の**第１号改定者**（対象期間標準報酬総額の多い側）が、**第２号改定者**（対象期間標準報酬総額の少ない側）に対して厚生年金記録の分割を行いますが、この場合、必ずしも将来受給する年金額の多い側から少ない側に分割されるとは限りません。

例えば、夫が30年の厚生年金期間、妻が10年の厚生年金期間を有するときは、将来受給する年金額は一般的に夫のほうが多くなります。しかし、年金分割において考慮するのは**婚姻期間中の標準報酬総額**です。婚姻期間中の妻の標準報酬総額が夫の標準報酬総額よりも多いときには、妻が第１号改定者で夫が第２号改定者です。

■夫が第１号改定者となるケース

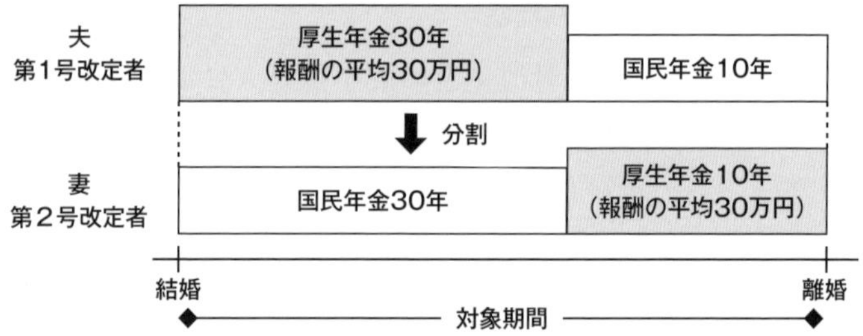

■妻が第１号改定者となるケース

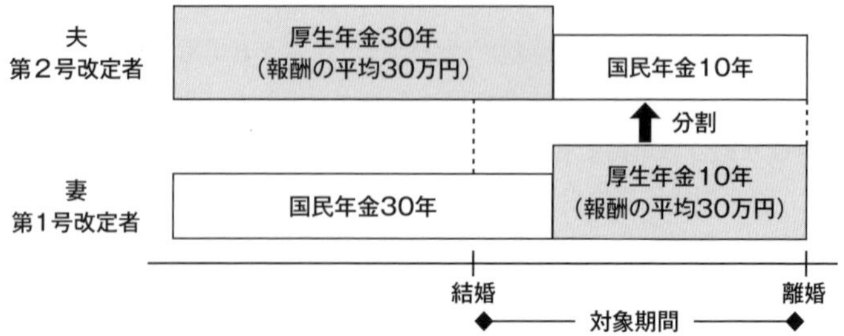

2 按分割合の範囲

按分割合は、当事者双方の対象期間標準報酬総額の合計額のうち、分割後における第２号改定者の持ち分です。その範囲は、当事者双方の対象期間標準報酬総額の合計に対する第２号改定者の対象期間標準報酬総額の割合を超え**２分の１以下**の範囲内で定められます。つまり、上限と下限があります。 〈厚年法78の３①〉

$$\frac{\text{分割前の第2号改定者の対象期間標準報酬総額}}{\text{当事者双方の対象期間標準報酬総額の合計額}} < \text{按分割合} \leqq \frac{1}{2}$$

(1) 按分割合の上限

按分割合の上限は常に**２分の１**（50％）であり、分割によって第２号改定者の対象期間標準報酬総額が第１号改定者の額を超えることはありません。

■按分割合50%の分割イメージ

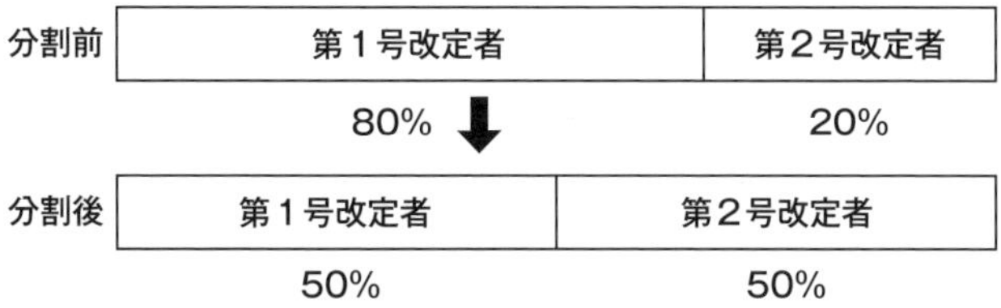

(2) 按分割合の下限

按分割合の下限は分割前の**第２号改定者**の持ち分です。分割によって第２号改定者の対象期間標準報酬総額が減らないように下限が設けられています。

参考 按分割合の下限

第１号改定者の対象期間標準報酬総額2,000千円、第２号改定者の対象期間標準報酬総額1,000千円のときの下限は３分の１です。

$$\text{下限} = \frac{1{,}000\text{千円}}{2{,}000\text{千円} + 1{,}000\text{千円}} = \frac{1}{3}$$

5 合意分割の厚生年金記録の分割方法と改定割合

～被保険者期間の各月ごとに標準報酬月額と標準賞与額が改定される～

1 標準報酬の改定および決定

対象期間において、第１号改定者が標準報酬月額または標準賞与額を有する**被保険者期間の各月ごと**に、**標準報酬月額および標準賞与額**の**改定または決定**が行われます。〈厚年法 78 の 6〉

具体的には、**按分割合**に基づいて**改定割合**を算出し、この改定割合を基に次のように当事者それぞれの標準報酬月額および標準賞与額が改定または決定されます。なお、分割前に第２号改定者の標準報酬月額または標準賞与額がない月は、「０」として計算します。

第１号改定者
改定前の標準報酬月額（標準賞与額）×（１－改定割合）

第２号改定者
改定（決定）前の標準報酬月額（標準賞与額）＋第１号改定者の改定前の標準報酬月額（標準賞与額）×改定割合

参考 分割後の標準報酬月額

ある月の第１号改定者の標準報酬月額が300,000円、第２号改定者が０円であり、改定割合が0.25だとすると、分割後の標準報酬月額は次のとおりです。

● 第１号改定者の分割後の標準報酬月額
300,000円×（1－0.25）＝225,000円

● 第２号改定者の分割後の標準報酬月額
０円＋300,000円×0.25＝75,000円

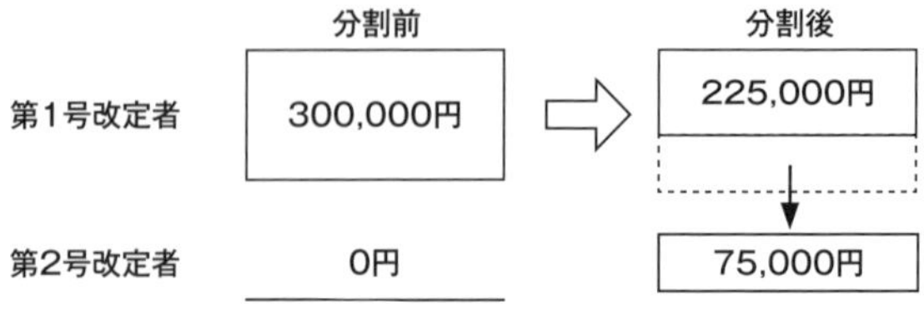

2　3歳に満たない子を養育する被保険者等の特例期間

3歳に満たない子を養育する被保険者等の標準報酬月額の特例を受けている期間にかかる合意分割の計算は、特例の標準報酬月額（従前の標準報酬月額）を用います。この特例は合意分割前に3号分割が行われるときは適用されません。〈厚年法26、78の6①、78の20⑤〉

3　改定割合

改定割合とは、第2号改定者の対象期間標準報酬総額の持ち分が、指定された按分割合どおりになる値として、厚生労働省令で定められる値をいいます。

$$\text{改定割合} = \frac{\text{按分割合} - \dfrac{\text{第2号改定者の対象期間標準報酬総額}}{\text{第1号改定者の対象期間標準報酬総額}} \times (1 - \text{按分割合})}{\text{按分割合} - \text{按分割合} \times \text{変換率} + \text{変換率}}$$

（小数点第7位未満は四捨五入）

$$\text{変換率} = \frac{\text{第1号改定者の対象期間標準報酬総額（第2号改定者の再評価率で再評価したもの）}}{\text{第1号改定者の対象期間標準報酬総額}}$$

当事者双方の再評価率が異なるときには、双方の対象期間標準報酬総額の合計額が分割の前後で増減する場合があります。

参考　改定割合の算出方法

当事者双方の再評価率が同じである場合は、次のような計算式になります。

$$\text{改定割合} = \text{按分割合} - \frac{\text{第2号改定者の対象期間標準報酬総額}}{\text{第1号改定者の対象期間標準報酬総額}} \times (1 - \text{按分割合})$$

例えば、第1号改定者の対象期間標準報酬総額2,000千円、第2号改定者の対象期間標準報酬総額0円のとき、按分割合が1/2(0.5)であれば、改定割合は1/2(0.5)です。

改定割合＝0.5－0円÷2,000千円×（1－0.5）＝0.5

第1号改定者の対象期間標準報酬総額2,000千円、第2号改定者の対象期間標準報酬総額1,000千円のとき、按分割合が1/2(0.5)であれば、改定割合は1/4(0.25)です。

改定割合＝0.5－1,000千円÷2,000千円×（1－0.5）＝0.25

6 合意分割による厚生年金記録の分割事例

～按分割合から改定割合を算出し標準報酬月額に乗じて改定が行われる～

1 合意分割による厚生年金記録の分割方法

令和6年3月3日に結婚し、令和6年7月15日に離婚した夫婦を例にすると、次のように標準報酬の改定が行われます。なお、対象期間における夫の各月の再評価後の標準報酬月額は300千円、6月の再評価後の標準賞与額は800千円、妻の5月と6月の再評価後の標準報酬月額は500千円とします。

(1) 離婚分割の対象期間

離婚分割の対象期間は、令和6年3月から6月までの4カ月間です。

(2) 厚生年金記録（標準報酬）

対象期間の標準報酬総額は夫のほうが多いので、夫が第1号改定者、妻が第2号改定者です。対象期間標準報酬総額の合計額は、3,000千円です。

	3月	4月	5月	6月		対象期間標準報酬総額
第1号改定者（夫）	標準報酬月額				標準賞与額	
	300千円	300千円	300千円	300千円	800千円	2,000千円(A)
	◆―厚生年金加入期間―◆					
第2号改定者（妻）	0円	0円	500千円	500千円	0円	1,000千円(B)
	◆国民年金第1号期間◆		◆―厚生年金加入期間―◆			

(3) 按分割合の上限と下限

按分割合の上限は、1／2です。下限は、1,000千円 ÷ (2,000千円＋1,000千円) の計算により、1／3と算出されます。

> 1／3 ＜ 按分割合 ≦ 1／2

(4) 改定割合

本ケースの按分割合を「1／2 (0.5)」とすると、改定割合は、

0.5 － 1,000千円 ÷ 2,000千円 × (1 － 0.5) ＝ 0.25

の計算により0.25と算出されます（再評価率が同じのとき）。

> 改定割合 ＝ 0.25

(5) 標準報酬の改定(決定)

■第1号改定者

第1号改定者の標準報酬の改定は、次の式で計算します。

> 第1号改定者の改定前の標準報酬月額(標準賞与額)×(1－改定割合)

本ケースでは、次の計算式により算出します。

[標準報酬月額] 300千円×(1－0.25)＝225千円

[標 準 賞 与 額] 800千円×(1－0.25)＝600千円

	3月	4月	5月	6月		対象期間標準報酬総額
分割前	300千円	300千円	300千円	300千円	800千円	2,000千円(A)
	↓	↓	↓	↓	↓	↓
分割後	225千円	225千円	225千円	225千円	600千円	1,500千円(A')

■第2号改定者

第2号改定者の標準報酬の改定は、次の式で計算します。

> 第2号改定者の改定前の標準報酬月額(標準賞与額)＋
> 第1号改定者の改定前の標準報酬月額(標準賞与額)×改定割合

本ケースの6月分は、次の計算式により算出します。

[標準報酬月額] 500千円＋300千円×0.25＝575千円

[標 準 賞 与 額] 0千円＋800千円×0.25＝200千円

	3月	4月	5月	6月		対象期間標準報酬総額
分割前	0円	0円	500千円	500千円	0円	1,000千円(B)
	↓	↓	↓	↓	↓	↓
分割後	75千円	75千円	575千円	575千円	200千円	1,500千円(B')

2 分割後の対象期間標準報酬総額

按分割合を2分の1としたので、分割後の対象期間標準報酬総額は、第1号改定者および第2号改定者ともに1,500千円となります。

$$\text{標準報酬分割の按分割合} = \frac{B'}{A'+B'} = \frac{1{,}500\text{千円}}{1{,}500\text{千円}+1{,}500\text{千円}} = \frac{1}{2}$$

第6章 離婚分割

1 合意分割による年金額の改定

～標準報酬の改定は将来に向かってその効力を有する～

1 離婚分割による標準報酬の改定の効果

離婚分割による標準報酬の改定は、改定請求があった日から**将来に向かって**、その効力を有します。原則として、過去に遡って受給権を取得したり、年金額が改定されたりすることはありません。〈厚年法78の6④〉

2 老齢厚生年金の額の改定

老齢厚生年金の受給権者について、合意分割による標準報酬の改定または決定が行われたときは、標準報酬改定請求のあった日の属する月の**翌月**から年金額が改定されます。**対象期間**にかかる被保険者期間の最後の月以前における被保険者期間および改定または決定後の標準報酬が老齢厚生年金の額の計算の基礎となります。〈厚年法78の10①〉

3 老齢厚生年金の受給権者で在職中の被保険者の分割改定

(1) 厚生年金の被保険者である老齢厚生年金の受給権者

厚生年金の被保険者である老齢厚生年金（特別支給の老齢厚生年金を含む）の受給権者が分割改定を受けるとき、**受給権取得月までの期間**

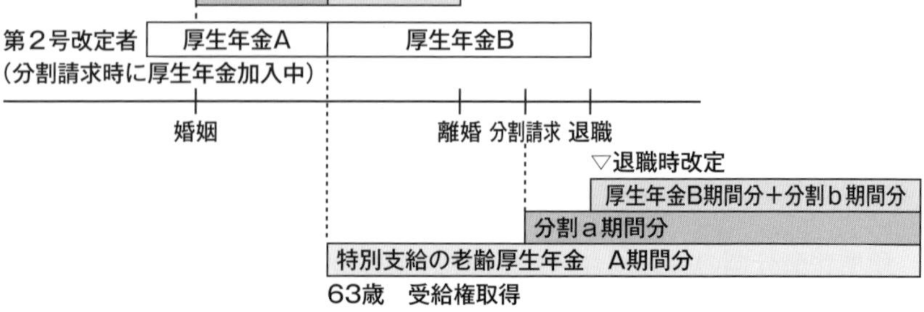

（離婚時みなし被保険者期間を含む）に対する年金額の改定は、標準報酬改定請求のあった日の属する月の**翌月**から行われます。**受給権取得月以後の対象期間**の厚生年金記録の分割改定は、**退職時改定**時（65歳以上の人は、在職定時改定時または退職時改定時）に行われます。

(2) 在職定時改定後の分割改定

65歳以上の老齢厚生年金の受給権者が在職定時改定後に分割改定を受けるとき、対象期間のうち直近の**在職定時改定の基準日（9月1日）**の属する**月前までの期間**（離婚時みなし被保険者期間を含む）に対する年金額の改定は、標準報酬改定請求のあった日の属する月の**翌月**から行われます。**その後の対象期間**の厚生年金記録の分割改定は、**次回の在職定時改定**時（それまでに退職したときは**退職時改定**時）に行われます。

〈厚年令3の12の2〉

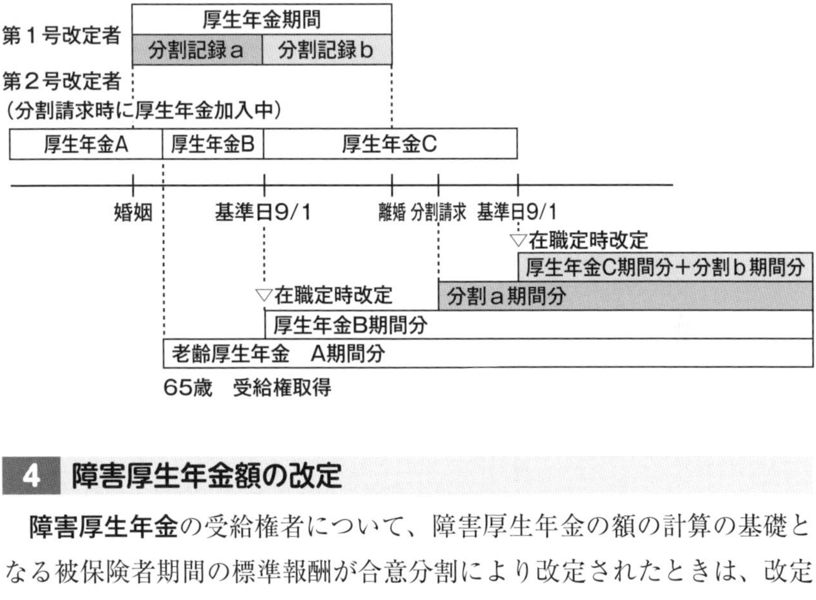

4 障害厚生年金額の改定

障害厚生年金の受給権者について、障害厚生年金の額の計算の基礎となる被保険者期間の標準報酬が合意分割により改定されたときは、改定後の標準報酬を基礎として障害厚生年金の額が改定されます。年金額の改定は、標準報酬改定請求のあった日の属する月の**翌月**からです。

ただし、被保険者期間の月数を300月あるものとみなして支給されている障害厚生年金においては、離婚時みなし被保険者期間は年金額の計算の基礎とされません。

〈厚年法78の10②〉

2 離婚時みなし被保険者期間

～離婚時みなし被保険者期間は一定の範囲内で効力を生じる～

1 離婚時みなし被保険者期間

対象期間のうち、第1号改定者の被保険者期間であって第2号改定者の被保険者期間でない期間は、**離婚時みなし被保険者期間**として、第2号改定者の被保険者期間であったものとみなされます。

〈厚年法78の6③、78の7〉

離婚時みなし被保険者期間は、第2号改定者が実際には厚生年金に加入していなかった期間を、厚生年金の被保険者期間とみなして年金額等の計算基礎とする扱いであるため、その効力は一定の範囲内で生じます。

〈厚年法78の11、厚年令3の12の3ほか〉

	項目	離婚時みなし被保険者期間の扱い
①	受給資格期間	●婚姻期間中の国民年金保険料の滞納期間であっても、厚生年金記録の分割を受けることができますが、離婚時みなし被保険者期間は受給資格期間には算入されません。
②	老齢厚生年金の加給年金額	●加算要件のうちの被保険者期間の要件（被保険者期間が原則240月以上必要）の被保険者期間に算入されません。
③	特別支給の老齢厚生年金	●特別支給の老齢厚生年金の支給要件（被保険者期間が1年以上）の被保険者期間に算入されません。 ●特別支給の老齢厚生年金の定額部分の計算基礎とされません。 ●特別支給の老齢厚生年金の長期加入者特例の要件（被保険者期間が44年以上）の被保険者期間に算入されません。
④	障害厚生年金	●離婚時みなし被保険者期間中に初診日がある傷病によって障害認定日に障害等級に該当する程度の障害状態にあっても、障害厚生年金は支給されません。 ●被保険者期間が300月あるものとみなして計算される障害厚生年金の額の計算の基礎となりません。

⑤	遺族厚生年金	●長期要件による遺族厚生年金にかかる中高齢寡婦加算の加算の要件（被保険者期間が原則240月以上）の被保険者期間に算入されません。 ●厚生年金の被保険者であった期間を有しない人であっても、合意分割によって、離婚時みなし被保険者期間を有するに至ったときには、その人の死亡により、遺族厚生年金が支給されることがあります。
⑥	特例老齢年金 および 特例遺族年金	●支給要件（第１号厚生年金被保険者期間が１年以上、第１号厚生年金被保険者期間と旧共済組合期間とを合算した期間が20年以上）の被保険者期間に算入されません。
⑦	脱退一時金	●支給要件（被保険者期間が６月以上）の被保険者期間に算入されません。
⑧	老齢基礎年金にかかる振替加算	●振替加算が加算された老齢基礎年金を受給している人の厚生年金の被保険者期間が、合意分割により、離婚時みなし被保険者期間を含めて240月以上となったときは、振替加算は行われません。

POINT!

離婚時みなし被保険者期間は、特別支給の老齢厚生年金の支給要件である「厚生年金の被保険者期間が１年以上」の被保険者期間に算入されませんが、本来の老齢厚生年金の支給要件である「厚生年金の被保険者期間が１カ月以上」の被保険者期間には算入されます。つまり、厚生年金の被保険者期間であった期間を全く有しない人であっても受給資格期間を満たしていれば本来の老齢厚生年金は支給されます。

2 在職老齢年金における標準賞与額

離婚分割により標準報酬が改定されますが、**在職老齢年金**の計算における標準賞与額については、**改定前の標準賞与額**で計算します。改定後の標準賞与額を用いると、年金の増額分以上に支給停止額（在職老齢年金の調整額）が増額され、結果的に受給額が減少することがあるからです。

〈厚年法78の11、法附則（平16）48〉

3 離婚時の３号分割

Ⅰ　3号分割のしくみ

1 離婚時の3号分割

～3号分割は平成20年4月1日以後の期間が対象となる～

1　3号分割

被扶養配偶者（国民年金の第３号被保険者）を有する厚生年金の被保険者の保険料は、夫婦で負担したものであることを基本認識とする旨が法律上明記されており、離婚時には国民年金の第３号被保険者期間について、標準報酬の分割（厚生年金記録の分割）が認められています。これを、離婚時の第３号被保険者期間の厚生年金の分割（**3号分割**）といいます。３号分割では厚生年金の被保険者の**厚生年金記録（標準報酬）の２分の１**を**被扶養配偶者**に分割することができます。　〈厚年法 78 の 13〉

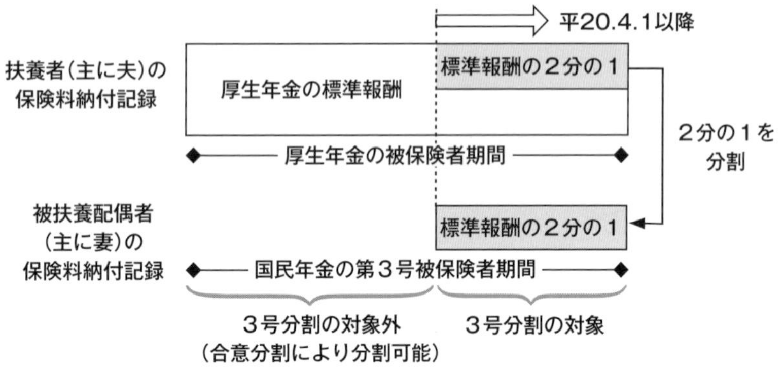

2　3号分割の要件

３号分割は、離婚または事実婚を解消した場合であって、**施行日（平成 20 年 4 月 1 日）以後**に、当事者の一方に国民年金の第３号被保険者期間があるときに行うことができます。　〈厚年法 78 の 14 ①〉

3 改定請求の期限

3号分割による標準報酬改定請求は、被扶養配偶者であった人が行うことができます。ただし、次のいずれかに該当した日の翌日から起算して**2年を経過**したときは原則としてできません。〈厚年則78の17①〉

① 離婚が成立した日
② 婚姻が取り消された日
③ 事実婚の状態にある人が第3号被保険者の資格を喪失し事実婚が解消したと認められた日

なお、合意分割と同様に離婚後の裁判が長引いた場合などの例外があります（本章②Ⅰ1）。〈厚年則78の17②〉

4 離婚等以外に改定請求できるとき

被扶養配偶者は、離婚または婚姻の取消しの場合のほか、次の①または②のいずれかに該当するときにも、標準報酬改定請求（3号分割標準報酬改定請求）を行うことができます。〈厚年則78の14〉

① 事実婚関係にあった人が、被扶養配偶者である**第3号被保険者の資格を喪失**し、**事実上婚姻関係が解消**したと認められるとき
② 3号分割標準報酬改定請求のあった日に、次のいずれかに該当し、かつ、被扶養配偶者が**第3号被保険者の資格を喪失**しているとき
　ア　特定被保険者（厚生年金被保険者期間がある人）が**行方不明となって3年**が経過していると認められるとき
　イ　離婚の届出をしていないが、夫婦としての共同生活がなく、**事実上離婚したと同様の事情**にあると認められる場合で、かつ、3号分割標準報酬改定請求に際して、当事者双方がともにこのような事情にあると認めているとき

POINT!

3号分割は平成20年5月1日前の離婚には適用されません。

3号分割ができる期間と標準報酬

~3号分割の対象となる期間を特定期間という~

1 特定被保険者と被扶養配偶者

　3号分割では、特定被保険者が被扶養配偶者に対して厚生年金記録（標準報酬）の2分の1の分割を行います。**特定被保険者**とは、厚生年金の被保険者または被保険者であった人であって、その人が被保険者であった期間中に被扶養配偶者を有していた人をいいます。**被扶養配偶者**は、特定被保険者の配偶者として、国民年金法による第3号被保険者に該当していた人をいいます。　〈厚年法78の14①~③〉

2 特定期間

　3号分割の対象となる期間を**特定期間**といいます。特定期間は、特定被保険者が厚生年金の被保険者であった期間であり、かつ、その被扶養配偶者が特定被保険者の配偶者として国民年金の第3号被保険者であった期間です。特定期間は、**平成20年4月1日以後**の期間に限られ、同日前に被扶養配偶者として第3号被保険者であった期間があっても算入されません。　〈厚年法78の14①〉

3 特定期間にかかる被保険者期間

　特定期間にかかる被保険者期間には、特定期間の初日の属する月は含まれますが、末日の属する月は含みません。例えば、5月に第3号被保険者になり同年の9月7日に離婚した場合、5月から8月までの期間が特定期間です。ただし、特定期間の初日と末日が同月内にあるとき（第3号被保険者期間が1カ月未満のとき）は、その月は特定期間にかかる被保険者期間に算入されず、3号分割の対象外です。

3月	4月	5月	6月	7月	8月	9月
第1号被保険者		第3号被保険者				

3/3婚姻　　　　　　　◆―――特定期間―――◆　9/7離婚

4 特定被保険者が障害厚生年金の受給権者であるとき

3号分割の標準報酬改定請求があった日に、特定被保険者が障害厚生年金の受給権者であって、特定期間の全部または一部がその額の計算基礎であるときは3号分割の請求ができません。〈厚年則78の17〉

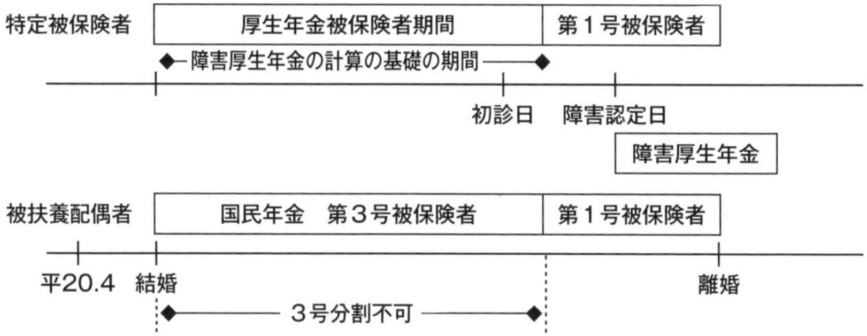

5 遡及して障害厚生年金の受給権を取得したとき

3号分割の標準報酬改定請求後に、特定被保険者にかかる障害厚生年金が遡及請求により認定されたときは、その受給権取得日後に標準報酬改定請求が行われているのであれば、3号分割の改定処分は取り消されます。さらに、3号分割請求と合意分割請求が同時に行われ、その後に特定期間が障害厚生年金の計算の基礎となる期間と重複していることが判明したときも、改定処分は取り消されます。この際には3号分割の対象となる期間を除き、改めて合意分割請求時の按分割合に基づく改定処分が行われます。

参考　事実婚関係の3号分割

- 事実婚関係であった期間においても、被扶養配偶者が国民年金の第3号被保険者であった期間は、3号分割の対象です。
- 法律婚と事実婚が重複しているときは、事実婚の第3号被保険者期間にかかる厚生年金記録の分割が優先されます。
- 同じ当事者間で事実婚が継続しており、断続的に第3号被保険者期間が複数存在するときは、複数ある第3号被保険者期間は一体として扱われ、分割の対象になります。〈厚年則78の16ほか〉

3 離婚時の3号分割

Ⅱ　3号分割の手続きと年金額の改定

1　3号分割の分割方法

～被扶養配偶者みなし被保険者期間は一定の範囲内で効力が生じる～

1　3号分割の流れ

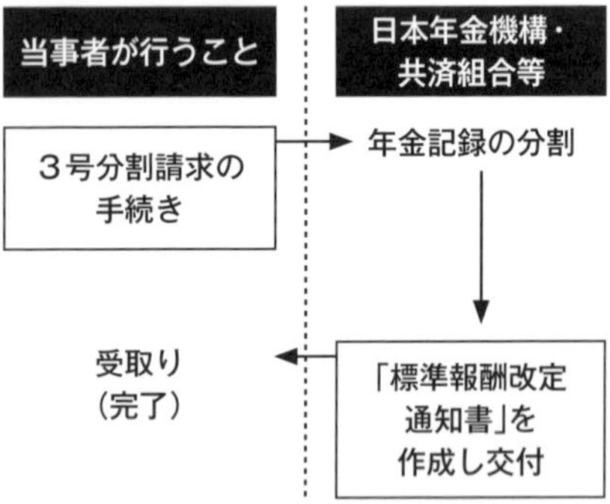

- 3号分割請求は、離婚後に第3号被保険者であった人が行います。按分割合を明らかにすることができる書類は必要ありません。
- 請求期限（離婚日等の翌日から起算して2年）を過ぎると原則として年金分割の請求はできません。
- 按分割合に基づき、厚生年金の標準報酬を改定し、改定後の標準報酬が各実施機関からそれぞれに通知されます。

合意分割のように情報通知書の請求や当事者の合意は不要です。

2　2以上の種別の被保険者期間があるとき

2以上の種別の被保険者期間を有するときは、その各期間に係る3号分割標準報酬改定請求は、同時に行う必要があります（第7章②Ⅵ）。

3　3号分割の分割方法と改定

3号分割では、特定期間中の特定被保険者の厚生年金記録（標準報酬）が、被扶養配偶者に対して分割されます。標準報酬の**按分割合は2分の1**であり、これを増減することはできません。特定被保険者の特定期間にかかる標準報酬が2分の1に改定され、これが被扶養配偶者の標準報酬の額として新たに決定されます。〈厚年法78の14②〉

標準報酬の改定の効果および老齢厚生年金の額の改定時期は、合意分割と同様です。〈厚年法78の14④、78の18〉

4 被扶養配偶者みなし被保険者期間

3号分割による厚生年金記録（標準報酬）の分割が行われたときは、特定期間にかかる被保険者期間は、被扶養配偶者の厚生年金の被保険者期間であった期間とみなされます。これを**被扶養配偶者みなし被保険者期間**といいます。〈厚年法78の15〉

被扶養配偶者みなし被保険者期間は、被扶養配偶者が実際には厚生年金に加入していなかった期間を、厚生年金の被保険者期間とみなして年金額等の計算基礎とする扱いであるため、その効力は一定の範囲内で生じます。具体的には、受給資格期間や加給年金額の支給要件（原則240月以上）には算入されません。また、特別支給の老齢厚生年金の支給要件となる被保険者期間、定額部分の計算の基礎となる被保険者期間、長期加入者の特例の要件となる被保険者期間、特例老齢年金の支給要件となる被保険者期間、脱退一時金の支給要件となる被保険者期間等にも算入されません。〈厚年法78の19、厚年令3の12の9ほか〉

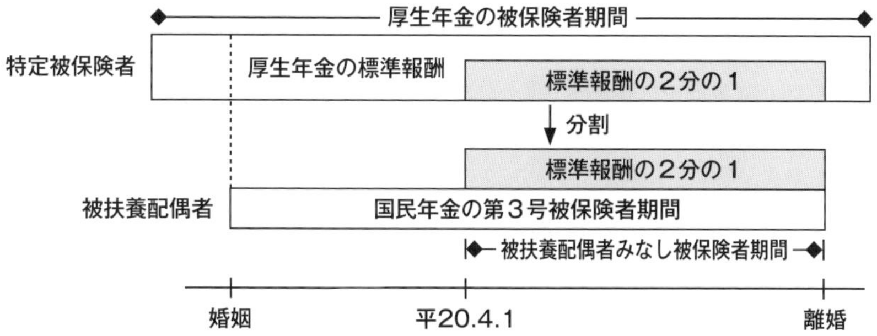

5 在職老齢年金における標準賞与額

在職老齢年金の調整における標準賞与額は、合意分割と同様に、**改定前の標準賞与額**で計算されます。〈厚年法78の19〉

6 特定被保険者が死亡したとき

離婚後に特定被保険者が死亡した場合、**死亡日から１カ月以内**に被扶養配偶者から３号分割標準報酬改定請求があったときは、特定被保険者の**死亡日の前日に請求があったもの**とみなされます。〈厚年令3の12の14〉

2 特定期間を対象期間とした合意分割請求

～合意分割の請求をしたときに3号分割の請求があつたものとみなす～

1 3号分割があったものとみなす扱い

特定被保険者または被扶養配偶者が、3号分割による標準報酬の改定および決定が行われていない特定期間の全部または一部を対象期間として、合意分割に基づく標準報酬改定請求をしたときは、合意分割の請求をしたときに**3号分割の請求があったもの**とみなされます。ただし、この扱いは、標準報酬改定請求日に特定被保険者が障害厚生年金の受給権を有しないときに限ります。

この場合において、合意分割の按分割合の範囲の対象期間標準報酬総額の基礎となる特定期間に係る被保険者期間の標準報酬は、3号分割による改定および決定後の標準報酬となります。〈厚年法78の20〉

参考 3号分割が行われたとみなした情報通知書の記載

合意分割において、3号分割による標準報酬の改定および決定が行われていない特定期間が対象期間に含まれる場合の情報提供は、対象期間中の特定期間に係る被保険者期間の3号分割による標準報酬の改定および決定が行われたものとして算定されます。

年金分割のための情報通知書
（厚生年金保険制度）

山田 太郎 様　　　　平成25年10月2日

山田太郎様より、年金分割のための情報提供の請求がありましたので、情報を提供します。

氏名	（第1号改定者）　山田太郎 （第2号改定者）　山田幸子	
	（第1号改定者）　昭和31年5月5日	（第2号改定者）　昭和31年8月5日
	（第1号改定者）　1111-111111	（第2号改定者）　*********
	平成25年9月24日	
婚姻期間等	昭和61年2月11日～平成25年9月24日 （①情報提供請求日　2離婚が成立した日　3婚姻が取り消された日　4事実婚が解消したと認められる日）	
対象期間標準報酬総額	（第1号改定者）　55,207,741円	（第2号改定者）　11,025,709円
按分割合の範囲	16.647%を超え50%以下 ※按分割合とは、当事者双方の対象期間標準報酬総額のうち、分割後における分割を受ける側（第2号改定者）の持分を表すもので、この按分割合の範囲内で定めることになります。	

3号分割による標準報酬の改定および決定が行われたとみなした後の額が記載されます。

第7章

共済期間の年金

1 共済期間がある人の年金

Ⅰ 共済期間がある人の年金

1 被用者年金制度の一元化の概要

～平成27年10月1日に厚生年金と共済年金の制度が統一された～

1 被用者年金制度の一元化

公的年金制度は、主に基礎年金制度と被用者年金制度の２つに分けることができます。

基礎年金制度は、自営業の人のほか、会社員（民間企業に勤める人）、公務員および私立学校教職員やこれらの被扶養配偶者も加入する全国民共通の制度です。一方、被用者年金制度は、会社員、公務員、私立学校教職員等が加入する制度をいいます。平成 27 年９月までは厚生年金制度と共済年金制度があり、前者には会社員が加入し、後者には公務員および私立学校教職員等が加入していました。

平成 27 年 10 月 1 日に施行された**被用者年金一元化法**により**共済年金制度と厚生年金制度が統一**され、厚生年金保険法が公務員および私立学校教職員等にも適用されるようになりました。これを**被用者年金制度の一元化**（以下「一元化」という）といいます。

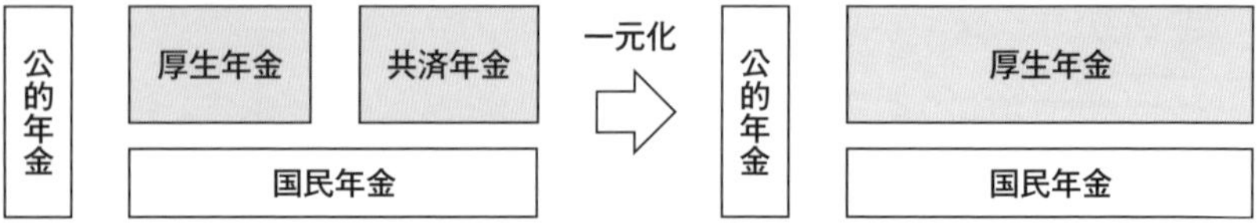

2 一元化後の公的年金制度の体系

現在の公的年金制度は、国民年金（１階部分）と厚生年金（２階部分）によって構成されています。さらに、公的年金制度を補完するものとして、企業年金等の制度（３階部分）があります。

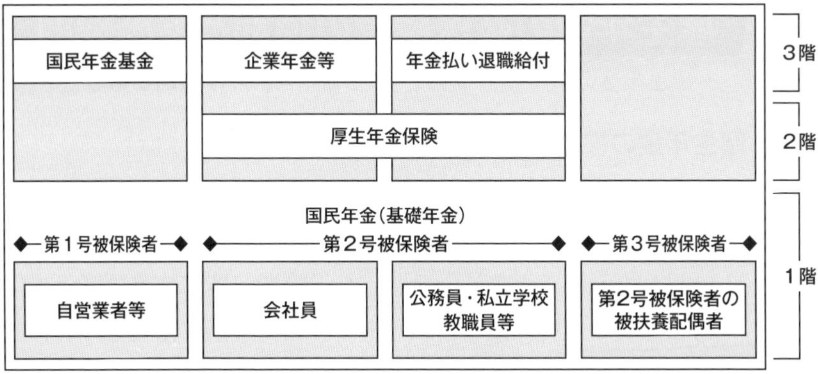

3 一元化後の公務員・私立学校教職員等の年金

1階部分：国民年金（基礎年金）

公務員および私立学校教職員等は国民年金制度にも加入し基礎年金が支給されます。老齢基礎年金、障害基礎年金、遺族基礎年金が該当します。

2階部分：厚生年金

公務員および私立学校教職員等に支給される年金は主に厚生年金です。老齢厚生年金、障害厚生年金、遺族厚生年金が該当します。支給要件や年金額の計算方法は会社員が加入する厚生年金と基本的に同じです。

3階部分：年金払い退職給付

年金払い退職給付には、退職年金、公務（職務）障害年金、公務（職務）遺族年金があり、原則として公務員および私立学校教職員等に対して退職給付の一部として支給されます。

また、一元化前の共済年金に職域年金相当部分の額が加算されていたことの経過措置として、平成27年9月までの加入期間に基づく**経過的職域加算額**が支給されます。これには、経過的職域加算額（退職共済年金）、経過的職域加算額（障害共済年金）、経過的職域加算額（遺族共済年金）があります。

2 厚生年金の被保険者の種別と実施機関

～厚生年金の被保険者は第1号から第4号までの種別がある～

1 厚生年金の被保険者の種別

一元化に伴い、厚生年金の被保険者は**第1号～第4号厚生年金被保険者**の4つに区分されています。これは国民年金の被保険者（第1号～第3号）との混乱を避けるため、一般厚年被保険者、国家公務員厚年被保険者、地方公務員厚年被保険者、私立学校教職員厚年被保険者の名称でも整理されています。〈厚年法2の5〉

	対象者	被用者年金一元化以降の厚生年金	
		種別	名称
1	会社員など、他の3種別に該当しない人	第1号厚生年金被保険者	一般厚年被保険者
2	国家公務員共済組合の組合員	第2号厚生年金被保険者	国家公務員厚年被保険者
3	地方公務員共済組合の組合員	第3号厚生年金被保険者	地方公務員厚年被保険者
4	私立学校教職員共済制度の加入者	第4号厚生年金被保険者	私立学校教職員厚年被保険者

※本書では2～4に該当する人を総称して「共済組合員等」と表記しています。

POINT!

厚生年金に加入できるのは70歳未満の人です。一元化前の国家公務員と地方公務員の共済年金制度では、70歳以上の組合員が存在しましたが、一元化による改正に伴い、70歳未満の人のみが対象となりました。〈厚年法9〉

2 事務を行う実施機関

被保険者の資格、標準報酬、事業所および被保険者期間、保険給付、保険給付の受給権者、保険料その他の徴収金、保険料に係る運用等に関する事務は、被保険者の種別に応じたそれぞれの**実施機関**が行います。

実施機関は加入する制度によって次表のように分かれています。

なお、一部を除きすべての窓口（日本年金機構および各共済組合等）で対応するワンストップサービスが実施されています。〈厚年法2の5〉

■実施機関

	被保険者の種別	実施機関
1	第1号厚生年金被保険者	厚生労働大臣（日本年金機構）
2	第2号厚生年金被保険者	国家公務員共済組合および国家公務員共済組合連合会
3	第3号厚生年金被保険者	地方公務員共済組合、全国市町村職員共済組合連合会および地方公務員共済組合連合会
4	第4号厚生年金被保険者	日本私立学校振興・共済事業団

※本書では2～4の実施機関を総称して「共済組合等」と表記しています。

3 厚生年金の種別ごとの計算

厚生年金の**被保険者期間**は、被保険者の資格を取得した**月**からその資格を喪失した**月の前月まで**の月単位で計算されます。その計算は、それぞれの被保険者の**種別ごと**に行われます。例えば、第２号厚生年金被保険者の資格を喪失した後に、さらに第２号厚生年金被保険者の資格を取得した場合は前後の被保険者期間を合算します。一方で、第２号厚生年金被保険者から第１号厚生年金被保険者に変わったときは、これらの期間は合算せずそれぞれに計算します。〈厚年法19④〉

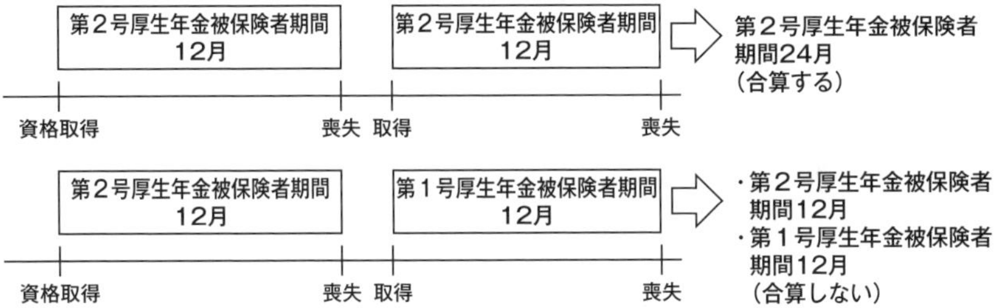

4 月途中に厚生年金の種別が変わった場合

同月内で厚生年金の被保険者の資格を喪失し、さらに資格を取得したときは、その月は変更後の被保険者の種別の被保険者であった月とみなされます。

3 一元化前の共済期間がある人の被保険者期間

～一元化前の共済期間は厚生年金の被保険者期間とみなされる～

1 旧共済組合員等の期間の扱い

国家公務員共済組合員期間、地方公務員共済組合員期間または私立学校教職員共済加入者期間（以下「共済組合員等期間」という）の一元化前の期間は、それぞれに**第２号厚生年金被保険者期間、第３号厚生年金被保険者期間、第４号厚生年金被保険者期間**とみなされます。ただし、脱退一時金の支給を受けた期間は除きます。〈法附則（平 24）７①〉

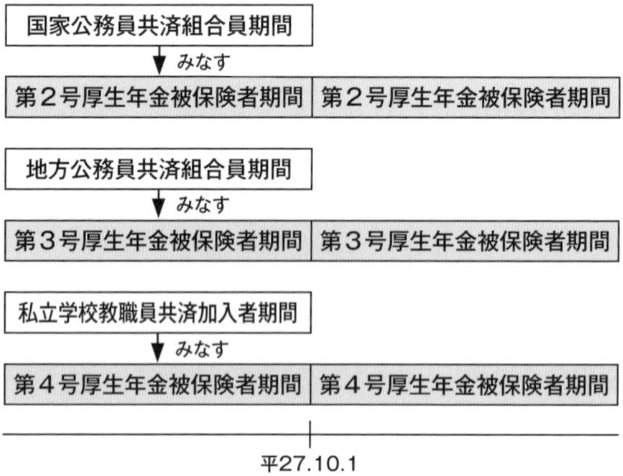

2 老齢厚生年金の計算基礎とされない期間

平成 27 年 9 月 30 日に、一元化前の国家公務員共済組合法による退職共済年金、または昭和 61 年 3 月以前の国家公務員共済組合法による退職年金、減額退職年金、通算退職年金の受給権を有していた人に支給される老齢厚生年金の額について、これらの年金額の計算の基礎となった一元化前の国家公務員共済組合員期間は、老齢厚生年金の計算の基礎とされません。地方公務員共済組合員期間および私立学校教職員共済加入者期間も同様です（図１）。〈法附則（平 24）11 ほか〉

一方で、平成 27 年 9 月 30 日に、特別支給の退職共済年金の受給権を有していた人について、その年金額の計算の基礎となった一元化前の共済組合員等期間は、老齢厚生年金の計算の基礎となります（図２）。

〈法附則（平24）11③〉

■図1　老齢厚生年金の基礎とされない期間

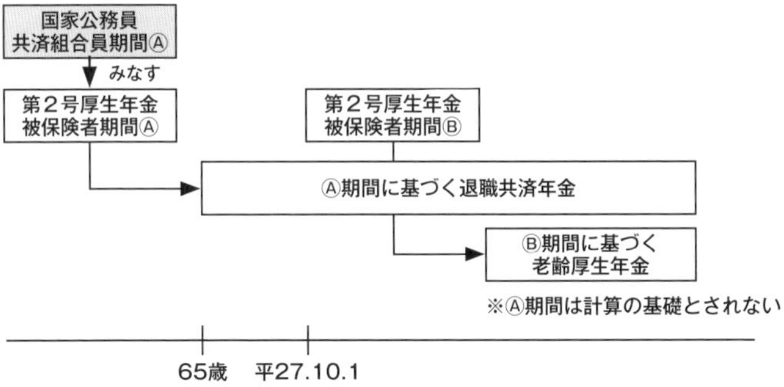

■図2　老齢厚生年金の基礎とされる期間

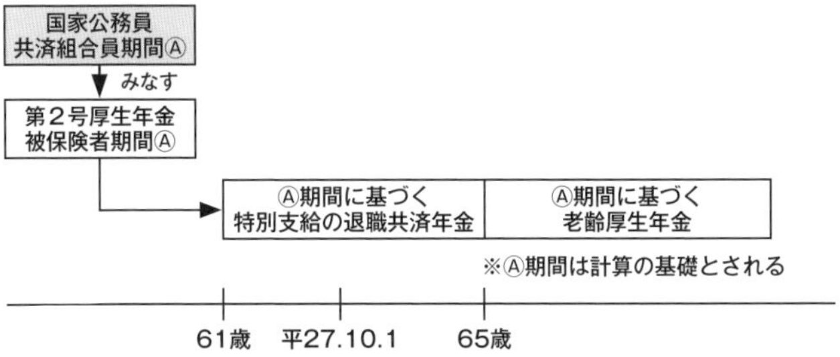

3　旧共済組合員等期間における標準報酬月額等

一元化前の共済組合員等期間の標準報酬の月額等は、それぞれの種別における各月の標準報酬月額とみなされます。また、一元化前の共済組合員等期間の期末手当等は、それぞれの種別における各月の標準賞与額とみなされます。

〈法附則（平24）8〉

参考　地方公務員共済組合の手当率制

平成27年10月1日前の地方公務員共済年金制度においては、標準報酬制ではなく手当率制（基本給に法令で定められた手当率を乗じて算定）でした。一元化に伴い、標準報酬制に移行し、実際に支給された基本給および諸手当が保険料や給付額等の算定の基礎となりました。

4 旧令共済組合員期間がある人の年金

～旧令共済組合員期間を有する人の特例がある～

1 特例老齢年金

特例老齢年金は、旧令共済組合の組合員期間を有する人に対する旧厚生年金保険法の特例の年金です。次の要件を満たすときに支給されます。

- 保険料納付済期間と保険料免除期間を合わせた期間が25年（平成29年8月前）に満たない
- 厚生年金の被保険者期間が1年以上ある
- 旧令共済組合員期間と厚生年金被保険者期間を合算して20年以上ある

なお、年金額の計算、支給開始年齢、在職調整、支給調整などの取扱いは、特別支給の老齢厚生年金に準じて行われます。　〈厚年法附28の3〉

2 特例遺族年金

特例老齢年金の受給権者または受給資格期間を満たす人が死亡した場合には、その遺族に**特例遺族年金**が支給されます（第4章2Ⅳ2）。

3 旧令共済組合員期間を有する人の老齢厚生年金

第1号厚生年金被保険者期間が1年以上あり、かつ**旧令共済組合員**期間がある人について、旧令共済組合の組合員期間のうち**昭和17年6月から昭和20年8月まで**の期間は、老齢厚生年金、遺族厚生年金、特例老齢年金、特例遺族年金の支給要件および年金額（定額部分）の計算において、厚生年金の被保険者期間とみなされます。　〈厚年法附28の2〉

ただし、国家公務員共済組合や地方公務員共済組合から退職を支給事由とする年金を受給できるときは、旧令共済組合の期間は共済組合員期間に合算されるため、老齢厚生年金等の計算に含みません。

参考　**旧令共済組合**

旧令共済組合には、旧陸軍、旧海軍、朝鮮総督府（逓信官署、交通局）および台湾総督府（専売局、営林、交通局逓信、交通局鉄道）があります。

5 追加費用対象期間がある人の年金

～平成25年8月1日から恩給期間給付の引下げが実施された～

1 追加費用対象期間を有する人の年金

追加費用対象期間を有する人については、退職共済年金、障害共済年金または遺族共済年金が国家公務員共済組合連合会および地方公務員共済組合等から支給されます。**追加費用対象期間**とは、一元化前の国家公務員共済組合法および地方公務員等共済組合法の規定に基づいて、国家公務員共済組合の組合員期間に算入するものとされた昭和34年10月1日前の期間および地方公務員共済組合の組合員期間に算入するものとされた昭和37年12月1日前の期間です。〈法附則(平24)41、65ほか〉

2 追加費用対象期間を有する人の減額

追加費用対象期間のある人について、退職共済年金の額（老齢基礎年金または障害基礎年金が支給されている場合にはこれらを加えた額）が**230万円**を超えている場合には、平成25年10月の定期支払期分から年金額が引き下げられています。

引下げ後の年金額は、次のうち最も多い額です。

①現在の年金額から追加費用対象期間に係る部分の27%を控除した額

②現在の年金額から年金額の10%を控除した額

③ 230万円

退職共済年金、障害共済年金、遺族共済年金に対して適用されます。

〈国共済施行法13の2～13の4、地共済施行法13の2、22の2, 27の2〉

参考 追加費用の削減

共済制度発足前の恩給期間の掛金は低額だったため、その期間の給付には追加費用財源が充てられていました。被用者年金一元化に伴い、この追加費用を削減するための年金額の改定が行われています。なお、昭和31年6月以前の旧三公社の加入期間（追加費用対象期間）についても、平成27年12月の定期支払期分からの年金額が減額されています。

1 共済期間がある人の年金

Ⅱ 経過的職域加算額

1 経過的職域加算額(退職共済年金)と年金払い退職給付

～一元化により新たな３階部分の年金制度が創設された～

1 被用者年金一元化による制度の廃止と創設

一元化により共済年金の３階部分として独自給付されていた職域年金相当部分が廃止されたことに伴い、新たな３階部分として、**年金払い退職給付（退職等年金給付）**が創設されました。平成 27 年 10 月 1 日以後の共済組合員等の期間がある人に支給されます。〈国共済法 74 ほか〉

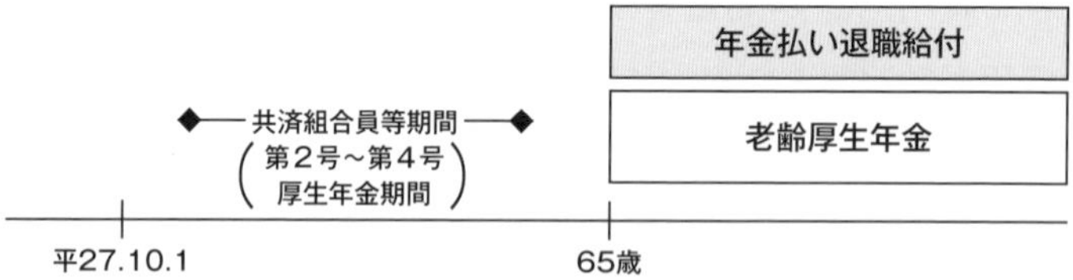

2 平成27年10月１日前の共済組合員等期間があるとき

(1) 平成27年10月1日前に退職共済年金の受給権者

平成 27 年 10 月 1 日前に退職共済年金の受給権を有している人には、引き続き退職共済年金（厚生年金相当部分と職域年金相当部分）が支給されます。

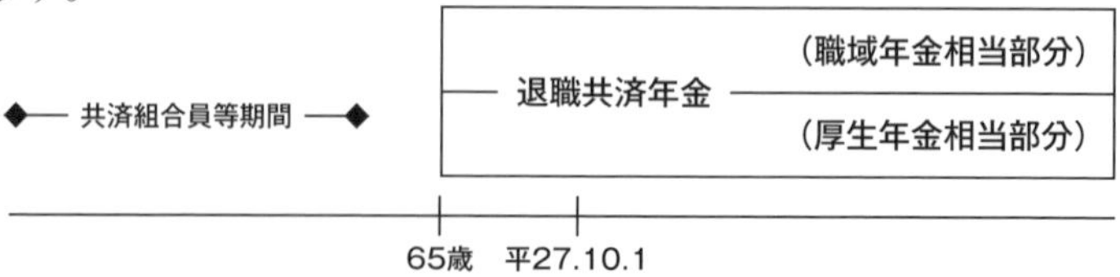

(2) 平成27年10月1日前に特別支給の退職共済年金の受給権者

平成 27 年 9 月 30 日時点で特別支給の退職共済年金の受給権者である人の 65 歳以後は、厚生年金相当部分が老齢厚生年金として、職域年金相当部分が経過的職域加算額（退職共済年金）として支給されます。

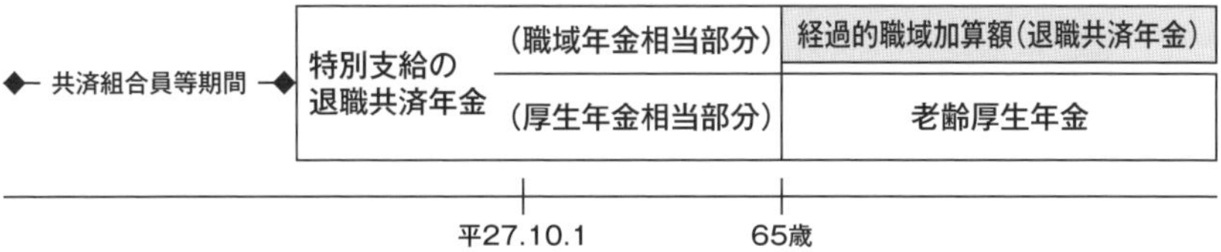

（3）平成27年10月1日前に受給権者でない人

一元化前の共済組合員等期間がある人は、経過措置として加入期間に応じた経過的職域加算額（退職共済年金）が支給されます。

〈法附則（平24）36、60、78〉

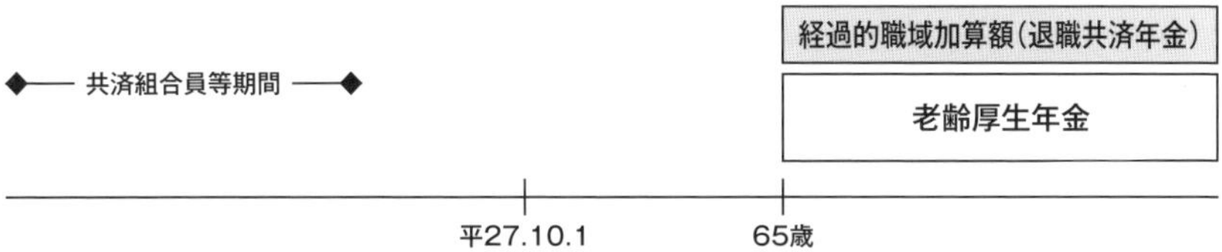

3 平成27年10月1日前後の共済組合員等期間を有する人

一元化前の共済組合員等期間と平成27年10月1日以後の共済組合員等（第2号～第4号厚生年金被保険者）期間を有する人には、経過的職域加算額（退職共済年金）と年金払い退職給付が支給されます。

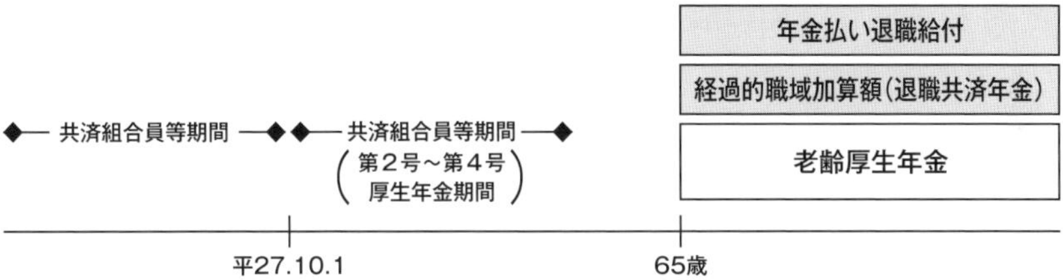

4 平成27年10月1日以後の共済組合員等期間のみを有する人

平成27年10月1日以後の共済組合員等（第2号～第4号厚生年金被保険者）期間のみを有する人には、経過的職域加算額（退職共済年金）は支給されません。

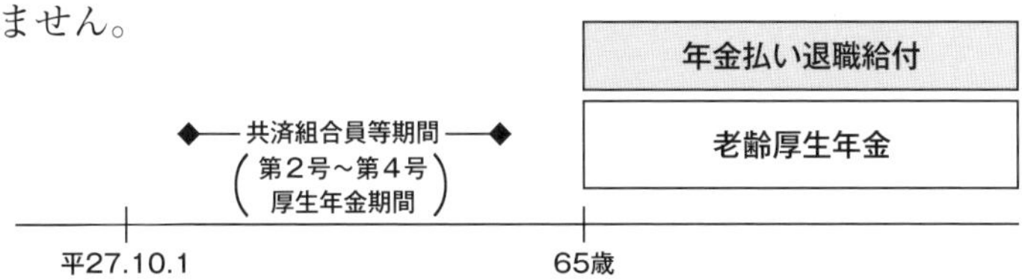

2 経過的職域加算額（退職共済年金）の要件と計算

～一元化前の共済組合員等期間がある人に支給される～

1 経過的職域加算額（退職共済年金）の支給要件

経過的職域加算額（退職共済年金）は、次の①②のいずれにも該当するときに支給されます。

〈改正前国共済法 76、法附則（平 24）36 ①、60 ①、78 ①、国共済経過措置令（平 27）6 ほか〉

①**平成27年10月1日前**に**1年以上**の引き続く共済組合員等期間があること ②共済組合員等期間に基づく老齢厚生年金を受給できること

「1年以上」の要件は、平成27年10月1日以後の期間をまたいで1年以上あれば要件を満たします

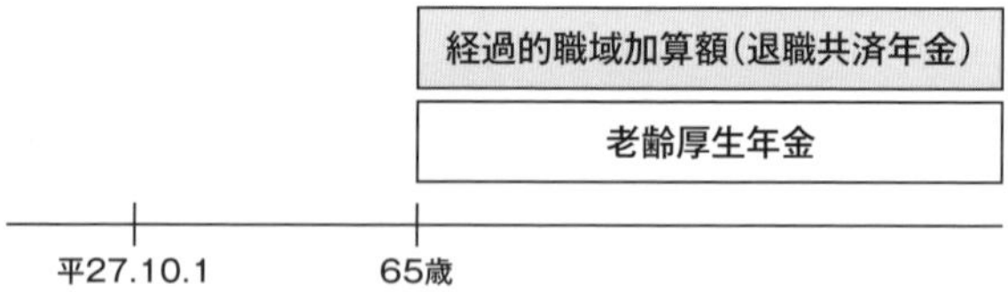

2 経過的職域加算額（退職共済年金）の支給開始時期

経過的職域加算額（退職共済年金）は、老齢厚生年金（特別支給の老齢厚生年金を含む）に併せて支給されます。

また、経過的職域加算額（退職共済年金）は老齢厚生年金と同様に、支給繰上げまたは支給繰下げを行うことができます。

3 経過的職域加算額（退職共済年金）の支給停止と失権

経過的職域加算額（退職共済年金）は、その受給権者が同じ種別の厚生年金被保険者であるときは、全額停止されます。この場合、第２号厚生年金被保険者と第３号厚生年金被保険者は同じ種別とみなされます。

経過的職域加算額（退職共済年金）の受給権に関しては、老齢厚生年金の受給権の失権規定に準じて適用されます。

4 経過的職域加算額（退職共済年金）の計算方法

（1）経過的職域加算額（退職共済年金）の額

経過的職域加算額（退職共済年金）は、一元化前の共済組合員等期間を計算の基礎として、一元化前の職域年金相当部分と同様の算出方法により計算されます。　〈改正前国共済法77②，国共済経過措置令（平27）8ほか〉

① 平均標準報酬月額（令6再評価率）× $\frac{1.425^{※1}}{1,000}$ × 平成15年3月までの共済組合員等期間の月数

② 平均標準報酬額（令6再評価率）× $\frac{1.096^{※2}}{1,000}$ × 平成15年4月から平成27年9月までの共済組合員等期間の月数

経過的職域加算額＝①＋②

※1　一元化前後の共済組合員等期間が20年未満の人は $\frac{0.713}{1,000}$

※2　一元化前後の共済組合員等期間が20年未満の人は $\frac{0.548}{1,000}$

（2）経過措置

（1）の額より次の従前額保障の額が高ければ、次の計算式で算出した額が支給されます。　〈法附則（平12）12ほか〉

① 平均標準報酬月額（平6再評価率）× $\frac{1.5^{※1}}{1,000}$ × 平成15年3月までの共済組合員等期間の月数

② 平均標準報酬額（平6再評価率）× $\frac{1.154^{※2}}{1,000}$ × 平成15年4月から平成27年9月までの共済組合員等期間の月数

経過的職域加算額＝（①＋②）× 1.041（従前額改定率）
昭和13年4月1日以前生まれは1.043

※1　一元化前後の共済組合員等期間が20年未満の人は $\frac{0.75}{1,000}$

※2　一元化前後の共済組合員等期間が20年未満の人は $\frac{0.577}{1,000}$

POINT!

平成27年10月以後の期間を含めて20年以上か未満かを判断します。また、給付乗率は生年月日による読み替えが適用されます。

3 経過的職域加算額(障害共済年金)の要件

～一元化前の共済組合員等期間中に初診日のある人に支給される～

1 経過的職域加算額(障害共済年金)の支給要件

経過的職域加算額(障害共済年金)は、次の①～③のいずれかに該当するときに支給されます。**保険料納付要件**を満たす必要があります。

〈改正前国共済法81、法附則(平24)36②、60②、78①、国共済経過措置令(平27)6ほか〉

①**平成27年10月1日前**の**初診日**において、共済組合員等であり、平成27年10月1日以後の障害認定日に障害等級の1級から3級に該当する障害の状態にあるとき
②**平成27年10月1日前**の**初診日**において、共済組合員等であり、障害認定日には障害等級の1級から3級に該当する障害の状態になかった人が、平成27年10月1日以後65歳に達する日の前日までの間に、障害等級の1級から3級に該当する程度の障害の状態になったとき
③先発の障害のあった人が、**平成27年10月1日前**の共済組合員等であったときに**初診日**のある後発の基準傷病で障害となり、基準傷病にかかる障害認定日以後65歳に達する日の前日までにおいて、初めて併合して障害等級1級または2級に該当する程度の障害の状態に至ったとき

上記要件を満たすときは、年金請求手続きにより、厚生年金相当部分は障害厚生年金として支給され、平成27年10月1日前の共済組合員等期間は経過的職域加算額(障害共済年金)として支給されます。

■要件①:本来請求の障害厚生年金受給のとき

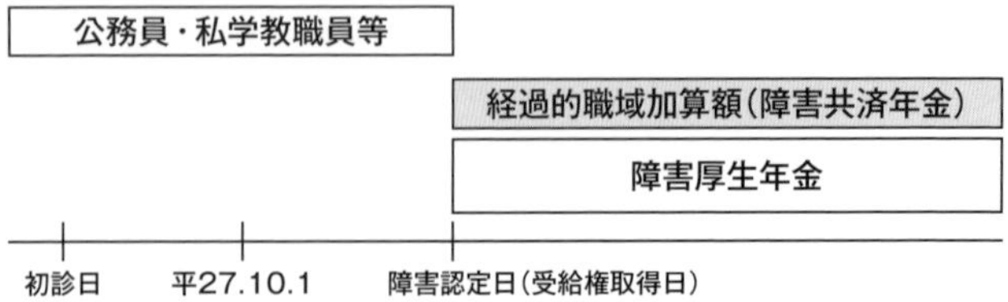

■要件②：事後重症による障害厚生年金受給のとき

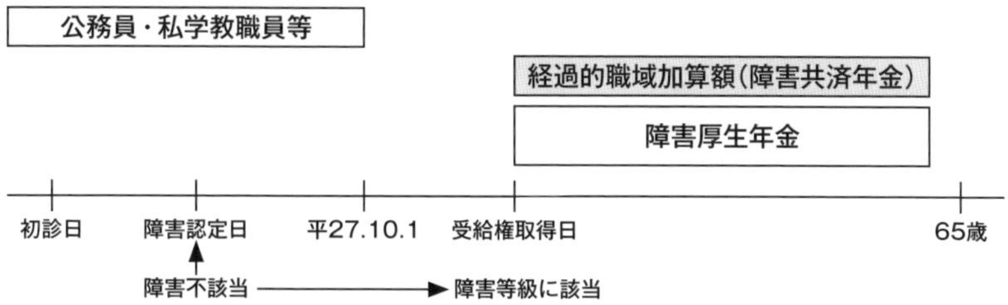

■要件③：基準障害による障害厚生年金受給のとき

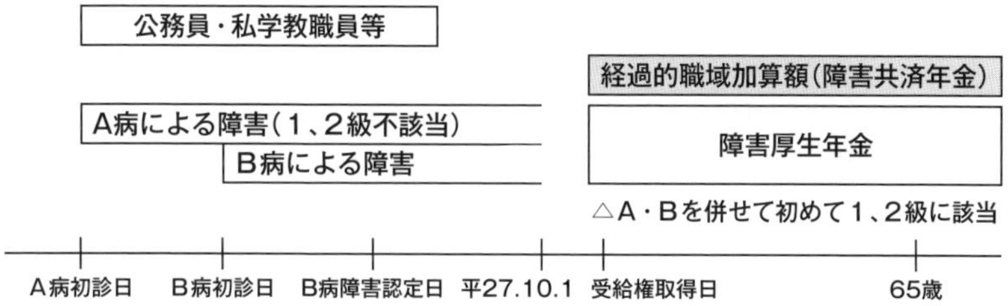

POINT!

初診日が平成27年10月1日以後にあるときには経過的職域加算額（障害共済年金）は支給されません。

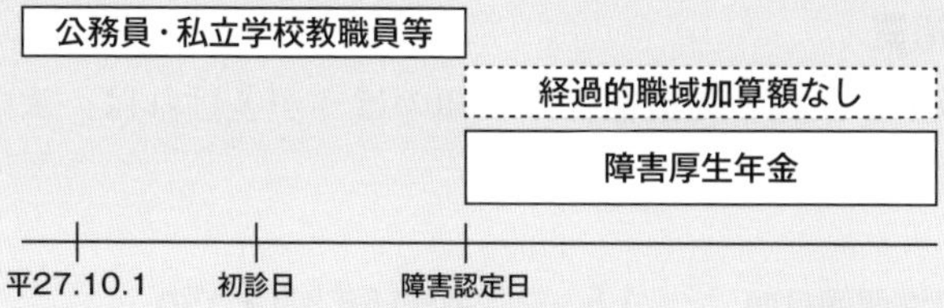

4 経過的職域加算額(障害共済年金)の計算

～経過的職域加算額（障害共済年金）の計算には300月みなしがある～

1 経過的職域加算額(障害共済年金)の計算方法

(1)経過的職域加算額(障害共済年金)の額

公務外の障害による経過的職域加算額（障害共済年金）は、一元化前の共済組合員等期間（障害認定日までの月数）を計算の基礎として、一元化前の職域年金相当部分と同様の算出方法により計算されます。

〈改正前国共済法82、国共済経過措置令（平27）8ほか〉

① 平均標準報酬月額（令6再評価率）× $\frac{1.425}{1,000}$ × 平成15年3月までの共済組合員等期間の月数

② 平均標準報酬額（令6再評価率）× $\frac{1.096}{1,000}$ × 平成15年4月から平成27年9月までの共済組合員等期間の月数

経過的職域加算額＝①＋②

共済組合員等期間の総月数が300月に満たないときは、計算上は300月あるものとして年金額を算出します。障害の程度が1級のときは、1.25倍の額です。(2) 経過措置も同様です。

(2) 経過措置

（1）の額より次の従前額保障の額のほうが多ければ、次の計算式で算出した額が支給されます。

① 平均標準報酬月額（平6再評価率）× $\frac{1.5}{1,000}$ × 平成15年3月までの共済組合員等期間の月数

② 平均標準報酬額（平6再評価率）× $\frac{1.154}{1,000}$ × 平成15年4月から平成27年9月までの共済組合員等期間の月数

経過的職域加算額＝（①＋②）× 従前額改定率

令和6年度の従前額改定率は、昭和13年4月1日以前生まれは「1.043」、昭和13年4月2日以後生まれは「1.041」です。

2 経過的職域加算額（障害共済年金）の支給停止

経過的職域加算額（障害共済年金）は、その受給権者が、**同じ種別の厚生年金被保険者**であるときは**全額停止**されます。第２号厚生年金被保険者と第３号厚生年金被保険者は同じ種別とみなされます。

参考 経過的職域加算額と社会的治癒

障害厚生年金には「社会的治癒」という考え方があります。社会的治癒とは、医学的な治癒とは異なり、医学的には同じ傷病であっても前の傷病と後の傷病を分けて「社会通念上の治癒」として取り扱うことをいいます。前の傷病から数年経過して再発（再燃）したときでも、その間特段の療養もなく通常の日常生活を送っていたときは、再発後の受診日を障害年金の初診日とする考え方です。

社会的治癒は、経過的職域加算額（障害共済年金）に影響を及ぼすことがあります。例えば、前の傷病の初診日が平成27年10月１日前、再発したときの初診日が同日以後である場合、社会的治癒により再発時を初診日として障害厚生年金の受給権を取得したときには、経過的職域加算額（障害共済年金）は支給されません。ただし、障害認定日が後になることにより、障害厚生年金の計算の基礎となる期間が増え年金額が増える可能性があります。

3 経過的職域加算額（障害共済年金）の失権

経過的職域加算額（障害共済年金）の受給権は、障害厚生年金の受給権の失権規定に準じて適用されます。

参考 公務等による経過的職域加算額（障害共済年金）

公務等による経過的職域加算額（障害共済年金）は、公務外の経過的職域加算額（障害共済年金）と比べると算出式の乗率や最低保障額の有無の違いなどがあります。また、障害補償年金等が支給される場合には、一部が支給停止されます。

5 経過的職域加算額(遺族共済年金)の要件と計算

～一元化前の共済組合員等期間がある人の遺族に支給される～

1 経過的職域加算額(遺族共済年金)の支給要件

経過的職域加算額（遺族共済年金）は、平成27年10月1日前の共済組合員等期間を有する人が、平成27年10月1日以後に死亡した場合で、次の①～④のいずれかに該当するときに、その人の遺族に支給されます。このうち、①と②は**保険料納付要件**を満たす必要があります。

〈改正前国共済法88、法附則（平24）36③④、60③④、78②③、国共済経過措置令（平27）7ほか〉

① 共済組合員等（失踪の宣告を受け、行方不明になった当時共済組合員等であった人を含む）が死亡したとき
② 平成27年10月1日前の共済組合員等であった間に初診日がある傷病により、その初診日から起算して5年を経過する日までに死亡したとき
③ 障害等級の1級または2級に該当する障害の状態にある、経過的職域加算額（障害共済年金）または、一元化前国家公務員共済組合法等による障害給付の受給権者が死亡したとき
④ **平成27年10月1日前**に**1年以上**の引き続く共済組合員等期間を有する人（共済組合員等期間25年以上）が**公務によらない傷病等で死亡**したとき

上の①～③の要件を「短期要件」、④を「長期要件」といいます。

2 経過的職域加算額(遺族共済年金)の支給停止

経過的職域加算額（遺族共済年金）の遺族の要件は、遺族厚生年金と同じです。受給権者である夫(遺族基礎年金の受給権を有する夫を除く)、父母、祖父母が60歳未満のときは、60歳に達するまで支給停止です。また、子に対する経過的職域加算額（遺族共済年金）は、同順位者である配偶者がその権利を有するときは支給が停止されます。

3 経過的職域加算額(遺族共済年金)の失権

経過的職域加算額（遺族共済年金）の受給権に関しては、遺族厚生年金の受給権の失権規定に準じて適用されます。

4 経過的職域加算額（遺族共済年金）の計算方法

経過的職域加算額（遺族共済年金）は、一元化前の共済組合員等期間を計算の基礎として、一元化前の職域年金相当部分と同様の算出方法により計算されます。なお、経過的職域加算額（退職共済年金）と同様の経過措置が設けられており、従前額保障の額と比べていずれか高い額が支給されます。　〈改正前国共済法89、国共済経過措置令（平27）8ほか〉

■前記1の支給要件①②③（短期要件）に該当するとき

① 平均標準報酬月額（令6再評価率） × $\frac{1.425}{1,000}$ × 平成15年3月までの共済組合員等期間の月数

② 平均標準報酬額（令6再評価率） × $\frac{1.096}{1,000}$ × 平成15年4月から平成27年9月までの共済組合員等期間の月数

経過的職域加算額＝（①＋②）× 4分の3

共済組合員等期間の合計月数が300月に満たないときは、計算上は300月あるものとして年金額を算出します。

■前記1の支給要件④（長期要件）に該当するとき

① 平均標準報酬月額（令6再評価率） × $\frac{1.425^{※1}}{1,000}$ × 平成15年3月までの共済組合員等期間の月数

② 平均標準報酬額（令6再評価率） × $\frac{1.096^{※2}}{1,000}$ × 平成15年4月から平成27年9月までの共済組合員等期間の月数

経過的職域加算額＝（①＋②）× 4分の3

※1　一元化前後の共済組合員等期間が20年未満の人は $\frac{0.713}{1,000}$

※2　一元化前後の共済組合員等期間が20年未満の人は $\frac{0.548}{1,000}$

POINT!

平成27年10月以降の期間を含めて20年以上か未満かを判断します。また、長期要件の給付乗率は生年月日による読み替えが適用されます。

6 経過的職域加算額（遺族共済年金）の支給割合

～経過的職域加算額（遺族共済年金）の支給割合は段階的に減少する～

1 令和7年10月1日以後の死亡時の支給割合

平成27年10月1日前に1年以上の引き続く共済組合員等期間（25年以上）を有する人が、平成27年10月1日以後に公務によらない傷病等で死亡したときは、厚生年金相当部分が遺族厚生年金として支給され、平成27年9月までの期間にかかる職域年金相当部分が**経過的職域加算額（遺族共済年金）**として支給されます。この額は、死亡した人が受給する経過的職域加算額（退職共済年金）の4分の3とされていますが、受給権取得日が**令和7年10月1日以後**のときには、次表の区分に応じた支給割合を乗じます。
〈法附則（平24）36⑥ほか〉

受給権取得日（原則死亡日）	支給割合
～ 令和 7年9月30日	職域年金相当部分の30分の30
令和 7年10月1日 ～ 令和 8年9月30日	職域年金相当部分の30分の29
令和 8年10月1日 ～ 令和 9年9月30日	職域年金相当部分の30分の28
令和 9年10月1日 ～ 令和10年9月30日	職域年金相当部分の30分の27
令和10年10月1日 ～ 令和11年9月30日	職域年金相当部分の30分の26
令和11年10月1日 ～ 令和12年9月30日	職域年金相当部分の30分の25
令和12年10月1日 ～ 令和13年9月30日	職域年金相当部分の30分の24
令和13年10月1日 ～ 令和14年9月30日	職域年金相当部分の30分の23
令和14年10月1日 ～ 令和15年9月30日	職域年金相当部分の30分の22
令和15年10月1日 ～ 令和16年9月30日	職域年金相当部分の30分の21
令和16年10月1日以後	職域年金相当部分の30分の20

例えば、令和16年10月1日以後に受給権を取得したときの経過的職域加算額（遺族共済年金）は、次の計算式で算出します。

平均標準報酬（月）額×乗率×平成27年9月までの共済組合員等期間の月数×2分の1（4分の3×30分の20）

7 経過的職域加算額の支給停止と給付制限

～年金と同じ種別の厚生年金の被保険者のときは支給停止～

1 経過的職域加算額の支給停止

経過的職域加算額（退職共済年金）と経過的職域加算額（障害共済年金）は、受給権者が**同じ種別の厚生年金被保険者**であるときは、全額停止されます。この場合において、第２号厚生年金と第３号厚生年金は同じ種別とみなされます。例えば、第２号老齢厚生年金と経過的職域加算額（退職共済年金）の受給権を有する人が、第２号厚生年金被保険者または第３号厚生年金被保険者である間は、経過的職域加算額の支給は、報酬額にかかわらず全額が停止されます。一方で、他の種別の厚生年金被保険者である場合は、経過的職域加算額は全額支給されます。

2 経過的職域加算額の給付制限

禁錮以上の刑に処せられたとき、停職以上の懲戒処分を受けたとき、退職手当支給制限等処分に相当する処分を受けたときには、その人が支給を受ける経過的職域加算額（退職共済年金または障害共済年金）の一部を一定期間支給しない措置がとられることがあります。

また、経過的職域加算額（遺族共済年金）の受給権者が禁錮以上の刑に処せられたときにも、その人が支給を受ける経過的職域加算額（遺族共済年金）の一部を一定期間支給しないことができるとされています。

参考 職域年金相当部分と年金払い退職給付の違い

一元化前の職域年金相当部分と年金払い退職給付の主な違いは、公的年金であるか否かです。一元化前の職域年金相当部分は公的年金制度の中に位置付けられていますが、年金払い退職給付は公的年金制度ではなく、民間企業でいうところの企業独自の年金（厚生年金基金とは異なる）に相当します。そのため、年金払い退職給付は原則として、公的年金との併給調整などの影響を受けません。一方で、一元化前の職域年金相当部分は退職共済年金の一部として支給されているため、調整規定が適用されます。なお、給付制限は両者に適用されます。

1 共済期間がある人の年金

III 年金払い退職給付(退職年金)

1 年金払い退職給付

～一元化以降の共済組合員等期間がある人には年金払い退職給付が支給される～

1 年金払い退職給付の種類と給付

年金払い退職給付には、**退職年金、公務（職務）障害年金、公務（職務）遺族年金**の３種類があります。年金払い退職給付は一元化前の職域加算額に代わるもので、公務上の障害年金および遺族年金は、この制度で支給されますが、通勤による障害および死亡に関しての支給はありません。年金払い退職給付にかかる保険料の上限は1.5％と定められており、これは労働者と使用者が折半で負担します。

2 退職年金の種類

年金払い退職給付（退職年金）には、**終身退職年金**と**有期退職年金**があります。有期退職年金の支給期間は、原則として、**20年（240月）**ですが、申出により**10年(120月)**を選択することもできます。また、一時金による受給もできます。

終身退職年金と有期退職年金は、退職まで積み立てた**給付算定基礎額**を基に計算されます。10年以上の共済組合員等期間がある人は、給付算定基礎額の**2分の1**が終身退職年金と有期退職年金のそれぞれの計算の基になります。10年未満の期間の人は、給付算定基礎額の**4分の1**がそれぞれの退職年金の計算の基になります。　〈国共済法76、地共済法87ほか〉

3 退職年金の受給資格

退職年金は１年以上の引き続く共済組合員等期間を有する人が退職後に**65歳**に達したとき、または65歳に達した日以後に退職したときに支給されます。支給繰下げや支給繰上げもできます。

〈国共済法77、地共済法88ほか〉

2 退職年金(終身退職年金)

～終身退職年金の額には「終身年金現価率」が用いられる～

1 給付算定基礎額

年金払い退職給付（退職年金）の額は、給付算定基礎額を基に計算されます。

給付算定基礎額＝
付与額（平成27年10月1日以後の共済組合員等期間に係る各月の標準報酬月額および標準期末手当等の額×付与率）の累計額＋当該各月から給付事由が生じた日の前日の属する月までの期間に応じ、基準利率により複利計算の方法で計算した利子の総額

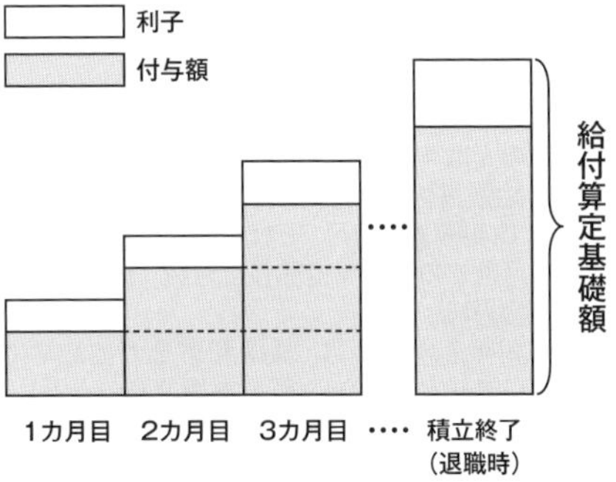

2 終身退職年金の計算方法

終身退職年金は次の計算式で算出します。〈国共済法78、地共済法89ほか〉

(1) 当初決定時から9月30日までの年金額

$$終身退職年金額＝\frac{終身退職年金算定基礎額（※1）}{受給権者の年齢に応じた終身年金現価率（※2）}$$

※1　給付算定基礎額の2分の1（共済組合員等期間が10年未満の人は4分の1）。
※2　終身年金現価率は、終身にわたり一定額の年金を支給する場合の計算率であり毎年9月30日までに定められ、各年の10月から翌年9月までの期間に適用されます。

(2) 10月1日以降の決定額

$$終身退職年金額＝\frac{各年の10/1から9/30の終身退職年金算定基礎額}{各年の10/1の受給権者の年齢に応じた終身年金現価率}$$

※終身退職年金額は毎年改定されます。

第7章 共済期間の年金

3 退職年金（有期退職年金）

～有期退職年金は年金や一時金で受け取ることができる～

1 有期退職年金額の計算方法

有期退職年金は、次の計算式で算出します。〈国共済法79、地共済法90ほか〉

（1）当初決定時から9月30日までの年金額

$$有期退職年金額 = \frac{有限退職年金算定基礎額（※1）}{支給残月数（※2）に応じた有期年金現価率（※3）}$$

※1　有期退職年金算定基礎額は、給付算定基礎額の2分の1（共済組合員等期間が10年未満の人は4分の1）。

※2　支給残月数は、有期退職年金の給付事由が生じた日からその日の属する年の9月30日までの間は240月、それ以降は、240月から受給権取得日の属する月の翌月から各年の9月までの月数を控除した月数（10年の有期退職年金を選択した人は、240月ではなく120月）。

※3　有期年金現価率は、基準利率その他政令で定める事情を勘案して支給残月数の期間において一定額の年金額を支給することとした場合の年金額を計算する率として、毎年9月30日までに定められ、各年の10月から翌年9月までの期間に適用されます。

（2）10月1日以降の決定額

$$有期退職年金額 = \frac{各年の10/1から9/30の有期退職年金算定基礎額}{各年の10/1の支給残月数に応じた有期年金現価率}$$

※有期退職年金の額は毎年改定されます。

■共済組合員等期間が10年以上のとき

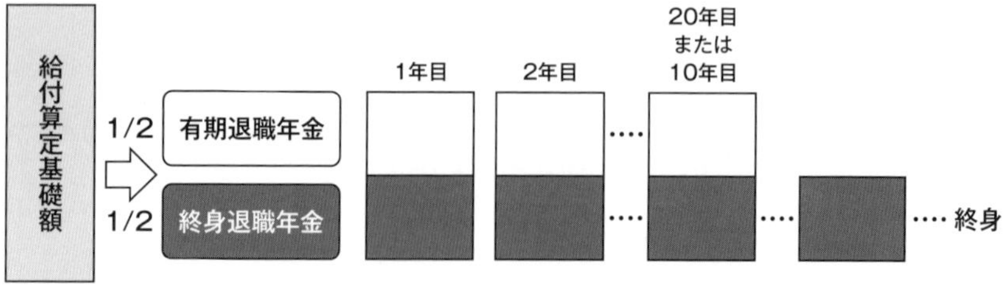

2 有期退職年金に代わる一時金

有期退職年金を一時金として受け取ることもできます。この場合の一時金の額は、有期退職年金算定基礎額に相当する金額です。

有期退職年金に代わる一時金の額＝給付事由が生じた日の有期退職年金算定基礎相当額

3 整理退職の場合の一時金

定員の改廃などによるいわゆる整理退職のときは、65歳未満であっても有期退職年金を一時金として前倒しで受給することができます。この整理退職時の一時金の額は、退職をした日における給付算定基礎額の２分の１に相当する額です。

$$\text{整理退職の場合の一時金の額} = \frac{\text{退職日の給付算定基礎額}}{2}$$

4 遺族に対する一時金

１年以上の引き続く共済組合員等期間を有する人が死亡したときは、その人の遺族に一時金が支給されます。一時金は、死亡した人の退職年金の受給権の有無などにより定められた計算方法が適用されます。

5 組合員等である間の退職年金の支給停止

終身退職年金の受給権者が再び共済組合員等となったときは、組合員等である間は終身退職年金の支給が停止されます。その後、この終身退職年金の支給を停止されている人が退職すると、前後の共済組合員等期間に基づいて計算された額が終身退職年金になります。

また、有期退職年金の受給権者が再び組合員等となったときは、組合員等である間は有期退職年金が支給されません。

1 退職一時金の返還

～退職一時金は原則として返還する必要がある～

1 退職一時金を受けた期間

退職一時金は、昭和54年12月31日以前にあった制度であり、原則として共済組合員等期間が1年以上20年未満の人が退職したときに支給されていました。

退職一時金を受けた期間は、原則として年金額（退職共済年金、障害共済年金または遺族共済年金(一元化後の厚生年金を含む)）に反映されます。その場合、退職一時金として受けた額に利子を加えて返還します。**返還**が必要になるのは、将来の年金の**原資**を残して退職一時金を受給したときや、退職一時金の計算の基礎となった共済組合員等期間と他の同一の共済組合員等期間を合わせた期間が**20年以上**あるときです。

〈法附則(平24)39〉

	同一の共済組合員等期間が20年未満	同一の共済組合員等期間が20年以上（通算可）
全額受給	返還不可	返還が必要
原資を残して受給	返還が必要	返還が必要

参考 退職一時金の受給方法は主に次の2つ

- 将来年金を受けないことを前提として、退職一時金の全額の支給を受ける方法
- 将来年金を受けることを希望して、年金の原資を差し引いた（原資控除）残りの額のみの支給を受ける方法

2 昭和61年4月以後の受給権者

退職一時金を受給した人が昭和61年4月1日以後に退職共済年金等の受給権者となるときの具体的な取扱いは次のとおりです。

（1）20年以上の退職共済年金の受給権者

退職一時金の計算の基礎となった期間を含めて年金額が計算されるときは、受給済の退職一時金の額に利子を加えた額を返還します。

〈改正前国共済法附 12 の 12、12 の 13、改正前国共済令附 7 の 3 ほか〉

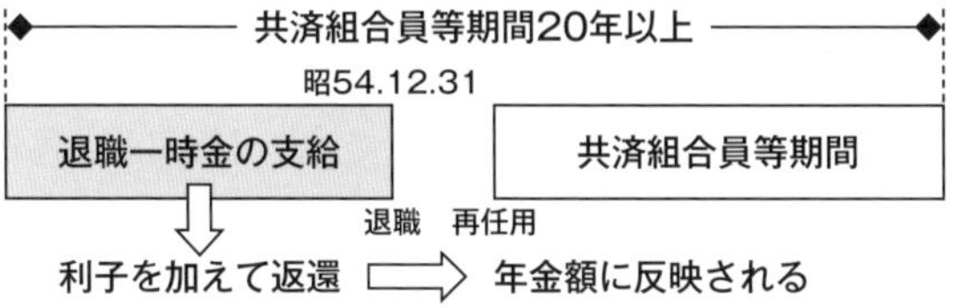

（2）20年未満の退職共済年金の受給権者

退職一時金の全額を受給しているとき（将来の年金を受けるための原資を残していないとき）は、その退職一時金の計算の基礎となった期間とそれ以外の共済組合員等期間の合計が 20 年未満であれば、退職一時金の返還は不要です。この場合、退職一時金の基礎となった期間は、年金額の計算の基礎となる厚生年金の期間に算入されません。

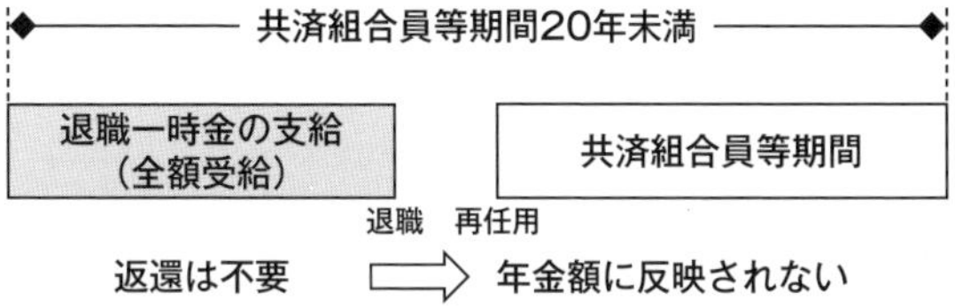

参考　原資控除

20年未満の共済組合員等期間のある人が退職したときは、まず、勤務年数に応じた額を計算し、その額から原資を控除した残りの額が退職一時金として支給されていました。このため、原資控除をした額は、退職一時金の返還額には含まれません。

なお、昭和44年10月までに退職した男子組合員等および昭和53年5月までに退職した女子組合員等については、原資控除を希望しない選択権があり、全額を退職一時金として受給することができました。また、昭和55年1月以降の退職者は、退職一時金制度が廃止されたことに伴い、全額が年金原資として積み立てられています。

2 退職一時金の返還額

～退職一時金の返還額は利子を加えた額となる～

1 退職一時金の返還額の計算式

退職一時金の返還額は、実際に支給を受けた退職一時金の額に、退職一時金を受けた月の翌月から老齢厚生年金などの年金の受給権を取得した月までの期間に応じた利子を加えた額です。利子は、各期間に応じた利率に基づく複利計算により求めることとされ、その利率は次表のとおりです。〈法附則(平24)39④、国共済経過措置令(平27)116ほか〉

返還額＝退職一時金受給額（原資控除額は含まない）＋利子相当額

利子の対象となる期間	利率
一時金の支給を受けた月の翌月から平成13年３月までの期間	5.50%
平成13年４月から平成17年３月まで	4.00%
平成17年４月から平成18年３月まで	1.60%
平成18年４月から平成19年３月まで	2.30%
平成19年４月から平成20年３月まで	2.60%
平成20年４月から平成21年３月まで	3.00%
平成21年４月から平成22年３月まで	3.20%
平成22年４月から平成23年３月まで	1.80%
平成23年４月から平成24年３月まで	1.90%
平成24年４月から平成25年３月まで	2.00%
平成25年４月から平成26年３月まで	2.20%
平成26年４月から平成27年３月まで	2.60%
平成27年４月から平成28年３月まで	1.70%
平成28年４月から平成29年３月まで	2.00%
平成29年４月から平成30年３月まで	2.40%
平成30年4月から平成31年３月まで	2.80%
平成31年４月から令和 2年３月まで	3.10%
令和 2年４月から令和 5年３月まで	1.70%
令和 5年４月から令和 7年３月まで	1.60%
令和 7年４月から令和 8年３月まで	1.70%
令和 8年４月から令和 9年３月まで	2.00%
令和 9年４月から令和11年３月まで	2.10%

2 退職一時金の返還方法

退職一時金の返還額は、年金定期支給額の２分の１を超えない範囲内で計算され、返還額に達するまで定期支給額から順次控除されます。なお、退職一時金の返還は、老齢厚生年金等の受給権を得たときに行われるため、年金の受給権を取得する前に返還することは、制度上できません。

POINT!

退職一時金の返還が必要な人は、年金請求書内にある該当ページで、返還方法等を選択し申し立てることが必要です。

3 退職一時金の返還理由

(1) 重複支給の防止

過去に退職一時金の支給を受けた人が、後に老齢厚生年金等を受給する際には、退職一時金の基礎となった期間が、年金額の計算基礎となる共済組合員等期間に含まれます。そのため、退職一時金と老齢厚生年金等とが重複して支給されることを防止し、退職一時金の支給を受けなかった人との均衡を図るため、支給を受けた退職一時金に利子に相当する額を加えた額を返還します。

(2) 過重返還の防止

昭和61年３月までは、年金額から一定額を生涯控除する方法により、退職一時金との調整が行われていました。しかし、過去に受給した退職一時金より、生涯にわたって年金額から控除される金額の方が多額になる事態が生じたため、昭和61年４月以後は返還の方法をとることにより生涯にわたる年金額からの控除は行わないことになりました。

参考 他の旧制度

退職共済年金等の受給資格期間を満たさずに60歳に達したときなどに一時金が支給される脱退一時金（昭和55年1月1日創設、昭和61年4月1日廃止）や返還一時金（昭和55年1月1日廃止）の制度がありました。

2　2以上の種別の厚生年金期間がある人の年金

Ⅰ　2以上の種別がある人の老齢厚生年金

1　老齢厚生年金の要件（2以上の種別）

～2以上の種別の期間がある人の老齢厚生年金は種別ごとに支給される～

1　2以上の種別の期間がある人の老齢厚生年金の支給要件

２以上の種別の厚生年金の被保険者であった期間を有する人にかかる**老齢厚生年金**は、次の①②のいずれにも該当するときは、第１号から第４号までの種別ごとに支給されます。〈厚年法42、78の26①〉

① **65歳以上**であること
② **受給資格期間**を満たしていること（**保険料納付済期間、保険料免除期間、合算対象期間**を合算した期間が**10年以上**あること）

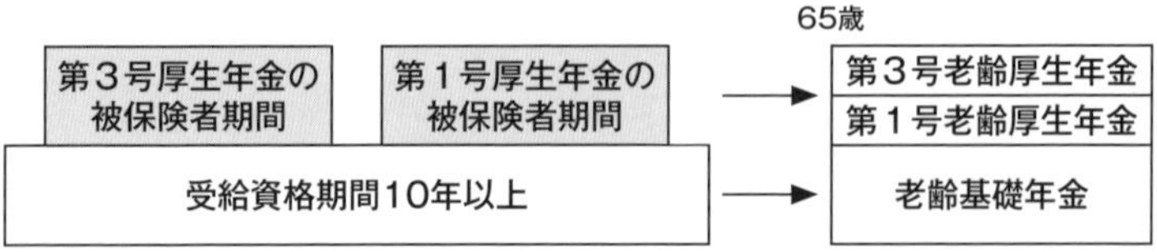

2　2以上の種別の期間がある人の老齢厚生年金の額の計算

老齢厚生年金の**報酬比例部分**は、原則として「**平均標準報酬額×1,000分の5.481×被保険者期間の月数**」で計算します（第２章②Ⅱ２）。

〈厚年法43①、78の26②〉

２以上の種別の厚生年金の被保険者期間を有する人は、**各号の厚生年金被保険者期間ごとに**算出します。例えば、地方公務員であった期間（第3号厚生年金被保険者期間）に係る報酬比例部分の額は、第3号厚生年金被保険者期間中の標準報酬月額と標準賞与額と被保険者期間の月数により計算します。他に会社員であった期間（第１号厚生年金被保険者期間）があれば同様に計算を行います。

参考　種別ごとに計算

第１号と第３号の厚生年金被保険者期間がある人は、それぞれの期間に対する平均標準報酬額を計算し、その期間の月数を乗じることにより、それぞれの老齢厚生年金額を算出します。

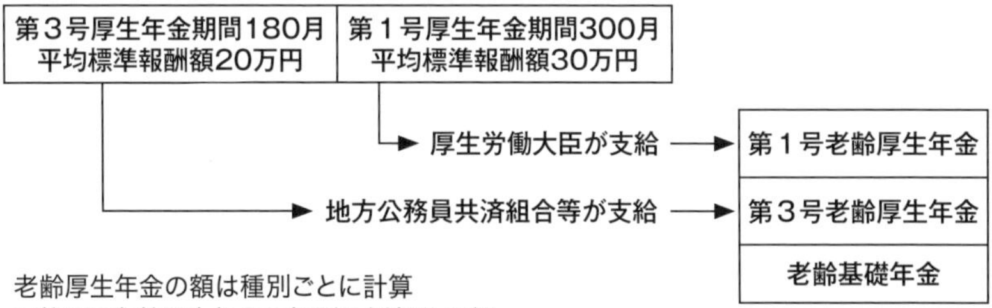

老齢厚生年金の額は種別ごとに計算
■第３号老齢厚生年金の報酬比例部分の額
20万円×1,000分の5.481×180月
■第１号老齢厚生年金の報酬比例部分の額
30万円×1,000分の5.481×300月

3　国家公務員と地方公務員の期間がある人

地方公務員共済組合の組合員と、国家公務員共済組合の組合員の両方の期間を有する人は、最後に加入した共済組合から、合算した期間にかかる老齢厚生年金が支給されます。例えば、地方公務員であり、その後国家公務員になった人は、地方公務員共済組合員期間を国家公務員共済組合員期間であったとみなして、国家公務員共済組合連合会から第２号老齢厚生年金が支給されます。逆に、最終履歴が地方公務員であった人は、国家公務員共済組合員期間を地方公務員共済組合員期間であったとみなして、地方公務員共済組合等から第３号老齢厚生年金が支給されます。

〈国共済法 126 の 3、地共済法 144〉

4　老齢厚生年金の経過的加算額

２以上の種別の被保険者期間を有するときの**経過的加算額**は、**各号の厚生年金被保険者期間ごと**に区分して計算します。計算式は、一般的な経過的加算額の計算式と同様で、厚生年金の被保険者期間の月数の**上限は種別ごと**に適用されます（第２章②Ⅱ５）。

2 退職時改定（2以上の種別）

～2以上の種別の期間がある人の退職時改定と在職定時改定は種別ごとに適用される～

1 2以上の種別の期間がある人の種別ごとの適用

老齢厚生年金の受給権を有する人が厚生年金の被保険者であるときの**退職時改定**および**在職定時改定**は、第１号から第４号までの**各号の厚生年金被保険者期間ごと**に適用されます。〈厚年法78の26〉

2 2以上の種別の期間がある人の退職時改定

退職時改定は、被保険者の資格を喪失し、かつ被保険者となることなく資格喪失日から１カ月を経過したときに行われます。つまり、被保険者の資格を喪失日から１カ月以内に再び被保険者の資格を取得した場合には退職時改定はありません（第２章⑥Ⅲ１）。この規定は種別ごとに適用されるため、１つの種別において１カ月を経過していれば退職時改定が行われます。具体的には、次のような扱いとなります。

- 資格喪失後1カ月以内に、退職前と同じ種別の厚生年金の被保険者となったときには、退職時改定は行われない
- 資格喪失後1カ月以内に、退職前と異なる種別の厚生年金の被保険者となったときには、退職時改定が行われる

例えば、会社員が厚生年金の資格喪失日から１カ月以内に、別の会社に再就職したときには、資格喪失前後ともに同じ種別（第１号厚生年金被保険者）のため年金額の改定は行われませんが、１カ月以内に地方公務員（第３号厚生年金被保険者）となったときには、種別が異なるため退職時改定が行われます。

参考　支給繰上げ後の退職

支給繰上げにより受給権を取得した後の厚生年金の被保険者期間については、支給開始年齢到達前に退職したときは支給開始年齢から、支給開始年齢到達後65歳になるまでに退職したときは被保険者の資格を喪失した日から1カ月を経過したとき、退職しないときは65歳で年金額の改定が行われます（第2章⑥Ⅲ3）。

■第1号厚生年金被保険者→第3号厚生年金被保険者

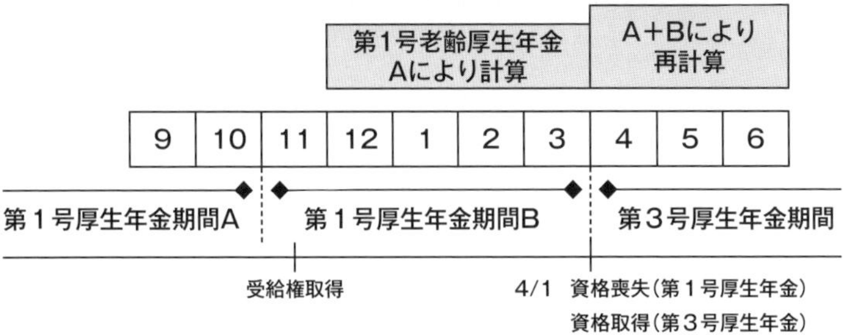

■第1号厚生年金被保険者→第1号厚生年金被保険者

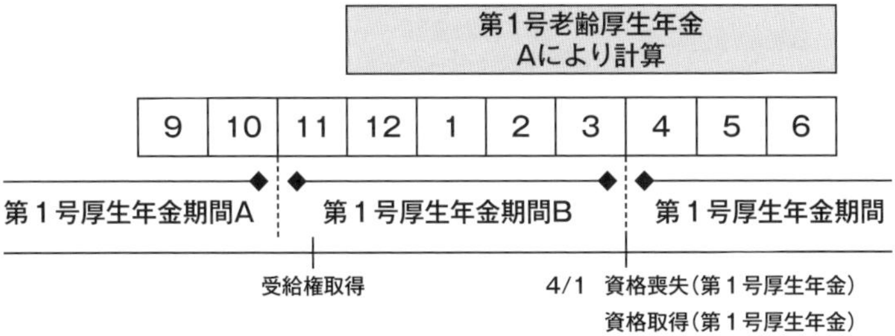

3　2以上の種別の期間がある人の在職定時改定

在職定時改定は、基準日である９月１日に厚生年金の被保険者である必要があるため、例えば8月31日に退職したときには在職定時改定は行われません。しかし、資格喪失日から１カ月以内に再度厚生年金の資格を取得した場合には、在職定時改定が適用されるとする例外があります（第２章6Ⅱ）。

この規定は種別ごとに適用されるため、資格喪失日から１カ月以内に退職前と同じ種別の厚生年金の被保険者となったときは在職定時改定が行われます。一方で、異なる種別の被保険者となったときは、在職定時改定は行われず、退職時改定が行われます。〈厚年法78の26②〉

3 繰下げ（2以上の種別）

～2以上の種別の期間がある人の老齢厚生年金の支給繰下げの申出は同時に行う～

1　2以上の種別の期間がある人の老齢厚生年金の支給繰下げの申出

２以上の種別の厚生年金の被保険者であった期間を有する人が、**老齢厚生年金の支給繰下げの申出**を行うときは、**同時**に申出をしなければなりません。〈厚年法78の28②〉

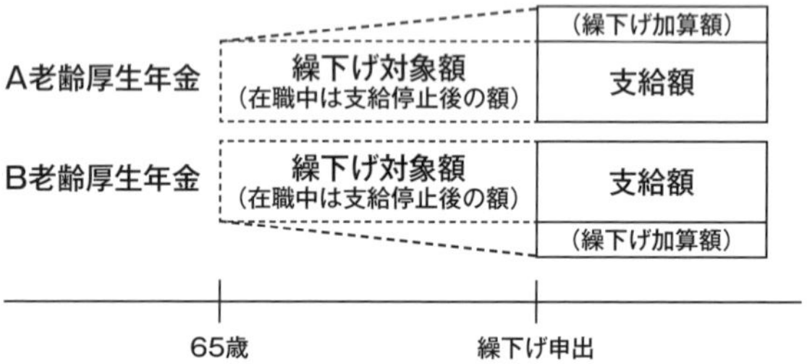

2　2以上の種別の期間がある人が支給繰下げできないとき

次のいずれかに該当するときは、老齢厚生年金の支給繰下げの申出ができません。〈厚年法44の3①、78の28、厚年令3の13の2〉

（1）他の年金給付の受給権者であったとき

老齢厚生年金の受給権を取得したときに、**他の年金の受給権者**である場合には、支給繰下げを行うことができません。

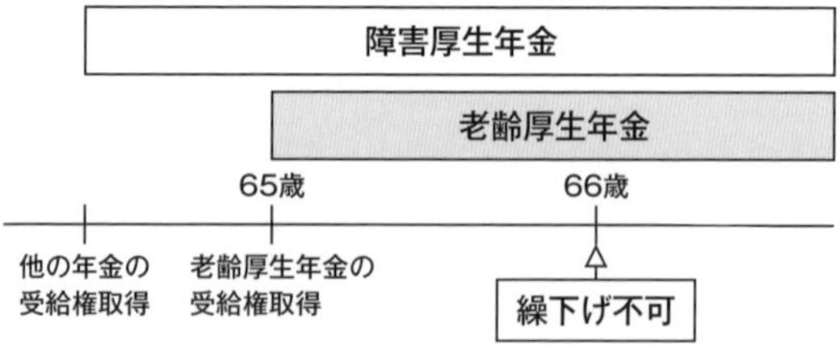

他の年金とは、障害厚生年金や遺族厚生年金のことをいい、他の種別の被保険者期間に基づく老齢厚生年金、老齢基礎年金、付加年金、障害基礎年金は含みません。

（2）他の年金給付の受給権者となったとき

老齢厚生年金の受給権を取得した日から**１年が経過**した日までに**他の年金の受給権者**となった場合は、支給繰下げを行うことができません。

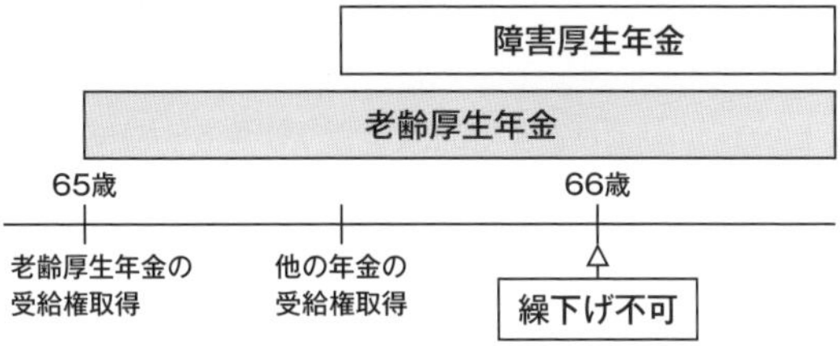

(3) 他の老齢厚生年金の受給権取得日から9年が経過したとき

老齢厚生年金の受給権を取得したときに、**他の種別の老齢厚生年金の受給権取得日から9年が経過**している場合は、支給繰下げができません。

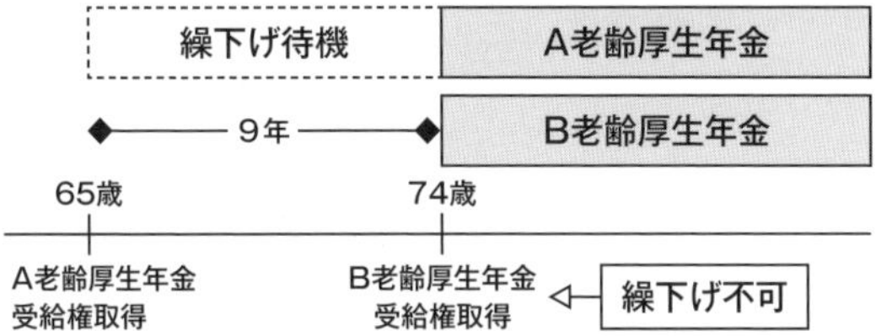

(4) 1年を経過した日に他の老齢厚生年金を受給しているとき

老齢厚生年金の受給権を取得したときに、**他の種別の老齢厚生年金**を受給している場合、または受給することができる場合は、支給繰下げができません。

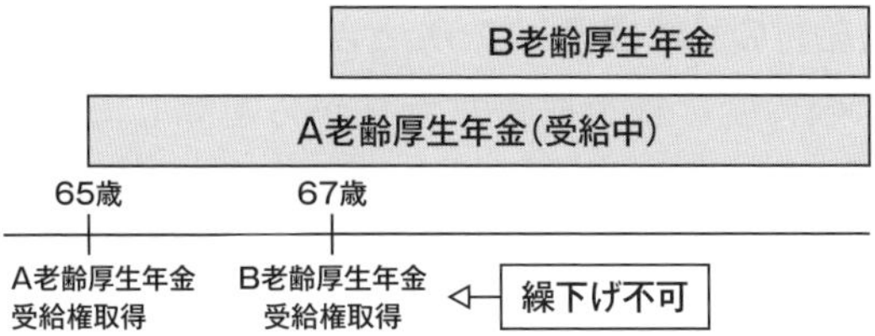

(5) 他の老齢厚生年金の受給権取得日から1年を経過していないとき

老齢厚生年金の支給繰下げの申出時に、**他の種別の老齢厚生年金の受給権取得日から1年を経過**していない場合は、支給繰下げができません。

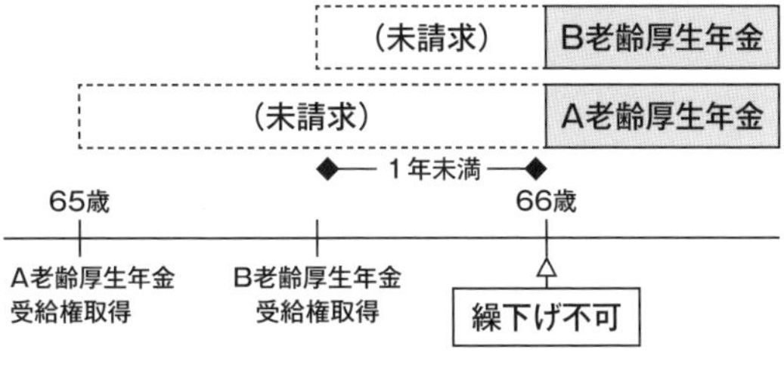

4 繰下げみなし（2以上の種別）

～2以上の種別の期間がある人には支給繰下げがあったとみなされるときがある～

1　2以上の種別の期間のある人が支給繰下げをしたとみなされるとき

次のいずれかに該当するときは、老齢厚生年金の支給繰下げがあったものとみなされます。　〈厚年法44の3②、78の28、厚年令3の13の2〉

(1) 他の老齢厚生年金の請求手続きをすでに行っているとき

老齢厚生年金の支給繰下げ申出日において、**他の種別の老齢厚生年金**をすでに請求している場合は、その**受給権取得日**に支給繰下げの申出をしたものとみなされます。

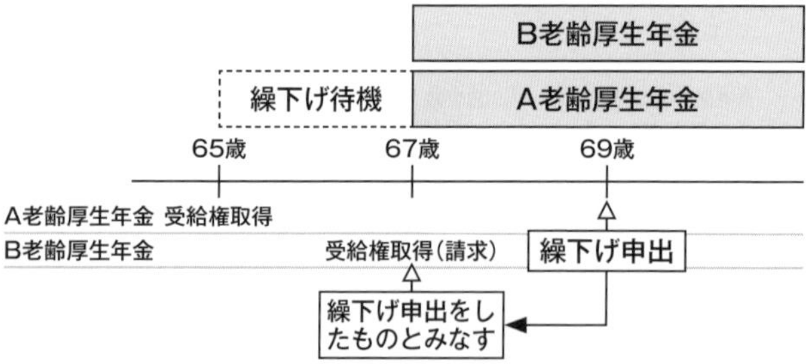

(2) 他の年金給付の受給権者となったとき

老齢厚生年金の受給権を取得した日から起算して10年経過日前に、**他の年金給付の受給権者**となった場合は、**他の年金給付を支給すべき事由が生じた日**に支給繰下げの申出をしたものとみなされます。

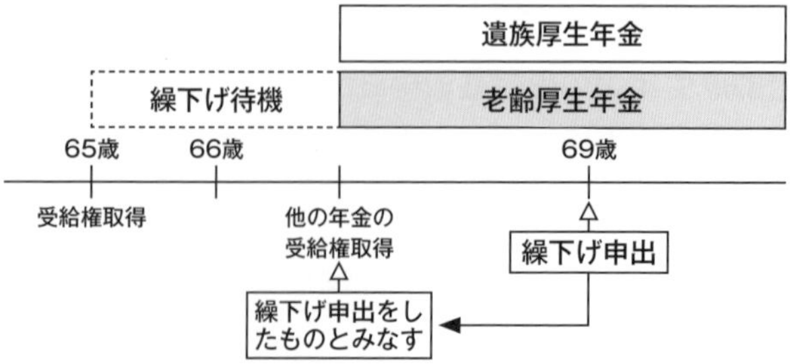

(3) 他の老齢厚生年金の受給権取得日から10年が経過したとき

老齢厚生年金の支給繰下げ申出日が、**他の種別の老齢厚生年金の受給**

権取得日から 10 年が経過した日後にあるときは、その老齢厚生年金の**受給権取得日から 10 年が経過した日**に支給繰下げの申出をしたものとみなされます。

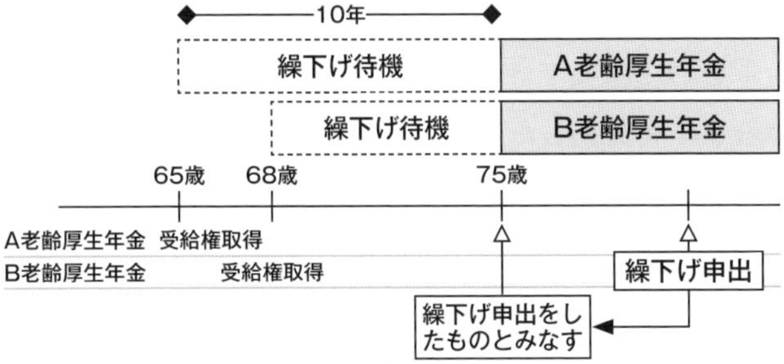

(4) 受給権取得日から10年経過後に申出をしたとき

老齢厚生年金の繰下げ申出日が、受給権取得日から **10 年経過日後**にある場合は、老齢厚生年金の受給権取得日から **10 年が経過した日**に支給繰下げの申出をしたものとみなされます。

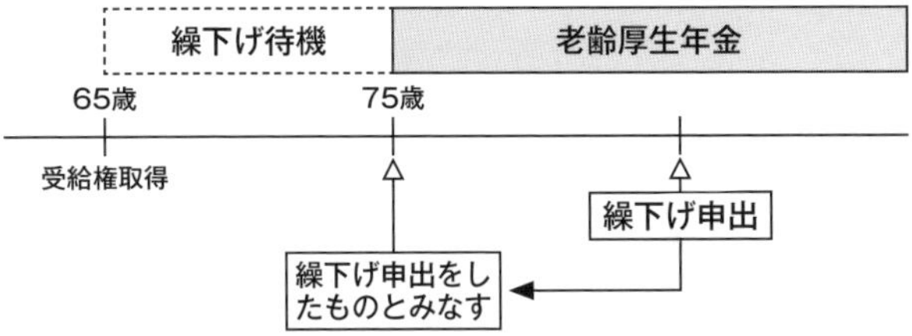

2 2以上の種別の期間がある人の支給繰下げの手続き

老齢厚生年金の請求手続きは、ワンストップサービスの対象であり、いずれの実施機関でも請求可能です。一元化前はそれぞれに請求する必要がありました。支給繰下げの手続きもいずれかの実施機関へ提出することができます。

参考 一元化前の支給繰下げ

一元化前は、同時に支給繰下げをする必要がなかったため、一方の年金を受給し、他方の年金を繰下げ受給することが可能でした。

5 特例的な繰下げみなし増額制度（2以上の種別）

～2以上の種別の期間がある人の特例増額にかかる本来請求は同時に行う～

1　2以上の種別の期間がある人の特例的な繰下げみなし増額制度

老齢厚生年金の支給繰下げの申出をすることができる人が、その**受給権取得日から５年を経過した日後**に老齢厚生年金を請求し、かつ**支給繰下げの申出をしない**ときは、**請求日の５年前の日に支給繰下げの申出があった**ものとみなす**特例的な繰下げみなし増額制度**が適用されます（第２章5Ⅱ６）。

２以上の種別の厚生年金の被保険者期間がある人は、２以上の種別の被保険者期間のうち、１の種別の期間に基づく老齢厚生年金について特例的な繰下げみなし増額制度が適用される本来請求を行う場合において、他の種別の期間に基づく老齢厚生年金も**同時**に本来請求を行う必要があります。

〈厚年法44の３、78の28③〉

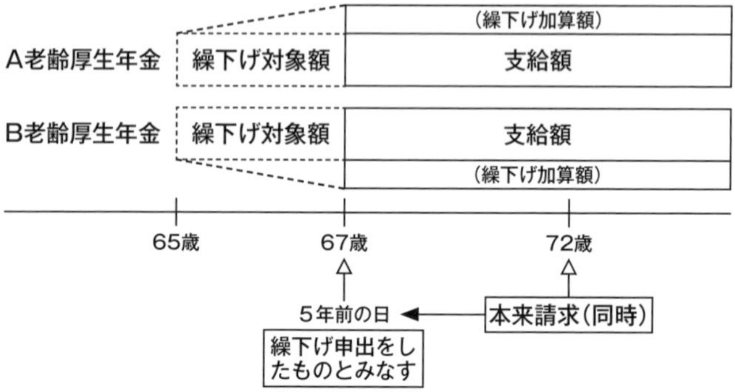

なお、老齢厚生年金の受給権取得日から15年を経過した日後に請求するとき、請求日の５年前の日以前に他の年金給付の受給権者であったときは、特例的な繰下げみなし増額制度は適用されません。

POINT!

2以上の種別の厚生年金の被保険者期間がある人で、1の種別の期間に基づく老齢厚生年金のみ特例的な繰下げみなし増額制度の要件を満たす場合、他の種別の期間に基づく老齢厚生年金と同時に請求をしたときは次のようになります。

- 1の種別の期間に基づく老齢厚生年金：特例的な繰下げみなし増額制度が適用されます。
- 他の種別の期間に基づく老齢厚生年金：特例的な繰下げみなし増額制度が適用されず本来額の老齢厚生年金が支給されます。

2 特例的な繰下げみなし増額制度の適用の有無

1の種別の期間に基づく老齢厚生年金の受給権取得日から起算して1年を経過した日における他の種別の期間に基づく老齢厚生年金の請求の状況により、特例的な繰下げみなし増額制度の適用の有無が異なります。次のとおりです。

（1）1の種別の期間に基づく老齢厚生年金を請求する日より前に、他の種別の期間に基づく老齢厚生年金を請求しているときは、1の種別の期間に基づく老齢厚生年金の支給繰下げ申出を行うことができないため、1の種別の期間に基づく老齢厚生年金に特例的な繰下げみなし増額制度は適用されません。

（2）1の種別の期間に基づく老齢厚生年金を請求する日以後に、他の種別の期間に基づく老齢厚生年金の請求が行われるときは、1の種別の期間に基づく老齢厚生年金に特例的な繰下げみなし増額制度が適用されます。

参考　過去分の年金を一括して受給するとき

令和5年3月30日の通知（年管管発0320第1号）によれば、過去分の年金を一括して受給する場合の周知等として注意事項が記載されています。

それは、医療保険、介護保険の自己負担額、保険料、税金などの過去に遡っての調整の必要が生じることがあるからです。特に、本来受給選択時の特例的な繰下げみなし増額制度の導入にあたって、注意が必要とされています。

6 加給年金額（2以上の種別）

～2以上の種別の期間がある人の加給年金額の要件は合算して適用する～

1 加給年金額の加算要件

老齢厚生年金の受給権者が、その権利を取得した当時に一定の要件を満たしたときは、老齢厚生年金に加給年金額が加算されます。一定の要件の1つに「老齢厚生年金の額の計算基礎となる被保険者期間の月数が**240月以上**」があります（第2章②Ⅲ 1）。

2 2以上の種別の期間がある人の加給年金額

2以上の種別の厚生年金の被保険者であった期間を有する人について、**240月以上**の被保険者期間の要件をみるとき、2以上の種別の被保険者であった期間にかかる被保険者期間を**合算**して、1の期間にかかる被保険者期間のみを有するものとみなします。つまり、老齢厚生年金の額の計算基礎となる被保険者期間の月数が合算して240月以上あれば、加給年金額の加算要件を満たします。

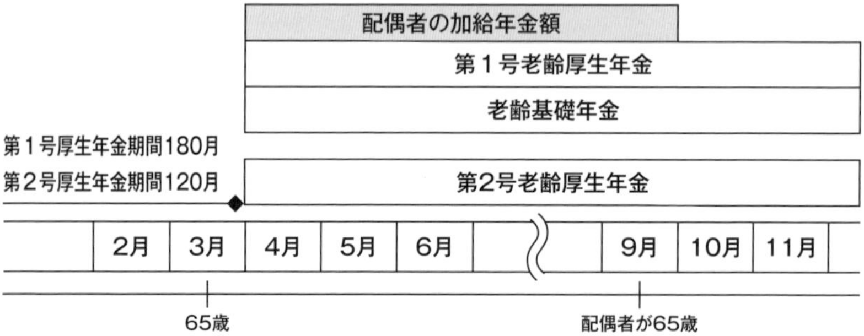

3 2以上の種別の期間が240月未満のとき

2以上の種別の被保険者期間がある人が老齢厚生年金の受給権を取得した当時に、老齢厚生年金の計算の基礎となる被保険者期間が合算して**240月未満**であったときは、次のいずれかに該当した時点で生計を維持している一定の配偶者や子があれば、その時点から加給年金額が加算されます。

ア　在職定時改定または退職時改定により、老齢厚生年金の計算の基礎となる被保険者期間が合算して**240月以上**となったとき

イ　他の種別の老齢厚生年金の受給権取得により、老齢厚生年金の計算の基礎となる被保険者期間が合算して**240月以上**となったとき

4　2以上の種別の期間がある人の加給年金額加算の優先順位

2以上の種別の被保険者期間を有する人の加給年金額は、第1号～第4号までの各号の老齢厚生年金のうち、**いずれか1つに加算**されます。優先順位は原則として次のとおりです。　〈厚年令3の13②〉

① 最初に受給権を取得した老齢厚生年金

② 受給権取得が同時の場合は最も加入期間の長い老齢厚生年金

③ 最も加入期間の長い老齢厚生年金が2つ以上ある場合、第1号厚生年金被保険者期間、第2号厚生年金被保険者期間、第3号厚生年金被保険者期間、第4号厚生年金被保険者期間に基づく老齢厚生年金の優先順位

④ 特別支給の老齢厚生年金に加給年金額が加算されている場合は、65歳以降も引き続き支給されるその期間に基づく老齢厚生年金

参考　**支給開始年齢が異なるとき**

2以上の種別の老齢厚生年金の支給開始年齢が異なるとき（障害者特例など）は、受給する特別支給の老齢厚生年金の計算の基礎となる期間を合算して240月以上となった時点から加給年金額が加算されます。

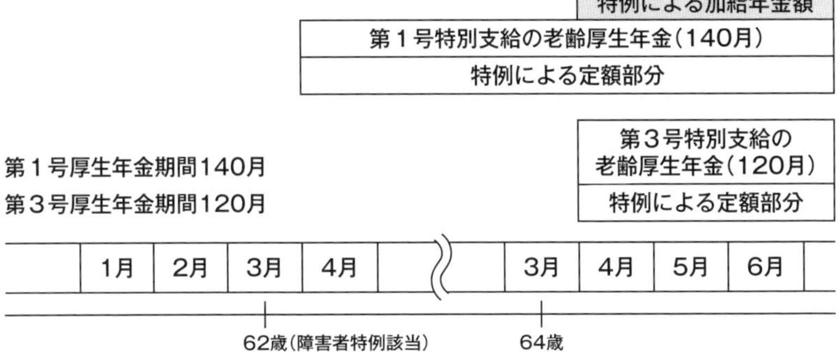

7 加給年金額の支給停止（2以上の種別）

～2以上の種別の期間がある人の加給年金額の支給停止は合算して適用する～

1 配偶者に係る加給年金額の支給停止

老齢厚生年金等の受給権者で一定の要件を満たしているときは、生計維持関係にある65歳未満の配偶者がいることにより**加給年金額**が加算されます。配偶者が65歳に達するとその権利は消滅しますが、65歳に達する前でも加算対象配偶者が次のいずれかの年金を受けることができる場合は、加給年金額が支給停止されます（第2章[2]Ⅲ3）。〈厚年法46⑥〉

① 被保険者期間**240月以上**の**老齢厚生年金**および**退職共済年金**
② **障害厚生年金**および**障害共済年金**、**障害基礎年金**等

2 2以上の種別の被保険者期間があるとき

加算対象配偶者が2以上の種別の被保険者期間を**合算**して**240月以上**ある老齢厚生年金および退職共済年金を受給しているときにおいても、上記①の加給年金額の停止の要件に該当します。〈厚年法78の29〉

参考 加給年金額の支給停止事例

例えば、妻が第2号厚生年金被保険者期間120月と第4号厚生年金被保険者期間120月を有し、その夫の老齢厚生年金に加給年金額が加算されているときは、妻が合算して240月以上の老齢厚生年金の受給権を有したときに加給年金額の支給が停止されます。

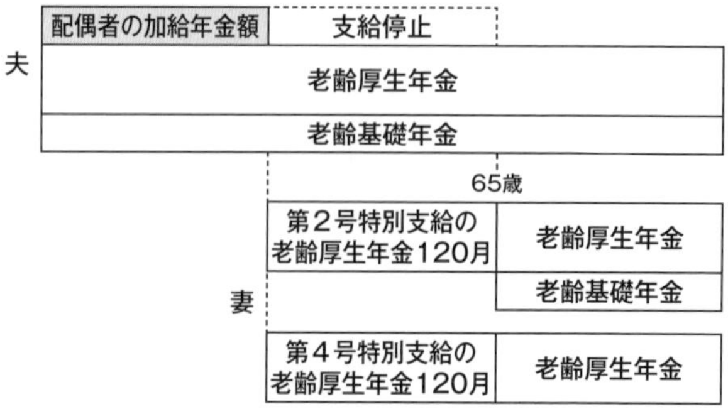

3 一元化前の共済組合員等期間の扱い

配偶者の加給年金額の支給停止の規定における被保険者期間の計算には、第２号～第４号厚生年金被保険者期間とみなされた一元化前の共済組合員等期間を含めます。　〈法附則（平24）7①、経過措置令（平27）66〉

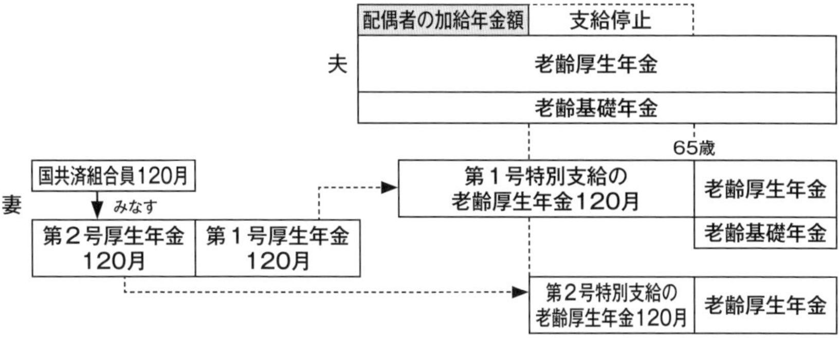

参考　一元化当時の経過措置

平成27年10月１日の一元化当時に加給年金額が加算されていた老齢厚生年金には、経過措置がありました。加給対象配偶者が２以上の種別の厚生年金被保険者期間を有し、１の種別の期間のみで240月に満たないものの２以上の種別の期間を合算すると240月以上となるときは、引き続き加給年金額は支給停止されないとするものです。　〈経過措置令（平27）21②〉

参考　加給年金額支給停止の届

夫が加給年金額の加算された老齢厚生年金を受給中に妻が240月以上の特別支給の老齢厚生年金を受給するようになったときは、夫の加給年金額は支給停止されますが、両者が受給する老齢厚生年金の種別が異なるときには、加給年金額の支給停止は自動的に行われません。そのため、届出が必要です。夫と妻が逆の立場であっても同様です。

8 振替加算（2以上の種別）

～2以上の種別の期間がある人の振替加算の要件は合算して適用する～

1 振替加算の加算要件

振替加算は、特定の要件を満たす人の老齢基礎年金に加算される加算額です。特定の要件とは、大正15年4月2日から**昭和41年4月1日まで**の間に生まれた人が、**65歳に達した日**において、次の①または②のいずれかに該当する配偶者によって**生計を維持**されていることです（第2章[1]V 1）。

〈法附則(60) 14①〉

① 配偶者が老齢厚生年金や退職共済年金の受給権を有しており、その額の計算の基礎となる被保険者期間が**240月以上**あるとき
② 配偶者が障害等級1級または2級の障害厚生年金や障害共済年金を受給しているとき

2 配偶者に2以上の種別の被保険者期間があるとき

2以上の種別の被保険者期間がある人にかかる①の要件は、**合算**した期間が**240月以上**あるかどうかで判断されます。〈経過措置令（平27）69①〉

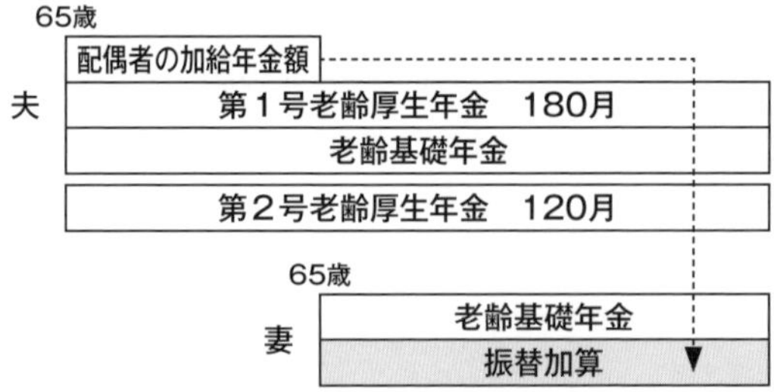

参考 一元化前の共済組合員等期間の扱い

振替加算の加算要件である被保険者期間（240月以上）は、第2号～第4号厚生年金被保険者期間とみなされた一元化前の共済組合員等期間を含めます。

〈法附則（平24）7①、経過措置令（平27）66〉

3 受給権者に２以上の種別の被保険者期間があるとき

振替加算は老齢基礎年金の受給権者自身が「被保険者期間が**240月以上**ある老齢厚生年金または退職共済年金等」を受けることができるときは加算されません。 〈法附則(60)14①、経過措置令(61)25〉

この要件の判断において、２以上の種別の被保険者期間を有する人は、各種別の被保険者期間を合算した期間が適用されます。つまり、各種別の被保険者期間を**合算**した期間が**240月以上**あるときは、振替加算が加算されません。

例えば、第１号厚生年金被保険者期間180月、第２号厚生年金被保険者期間120月を有している場合、これらの期間を合算すると300月になります。240月以上であるため、振替加算は行われません。

〈経過措置令(平27)69①〉

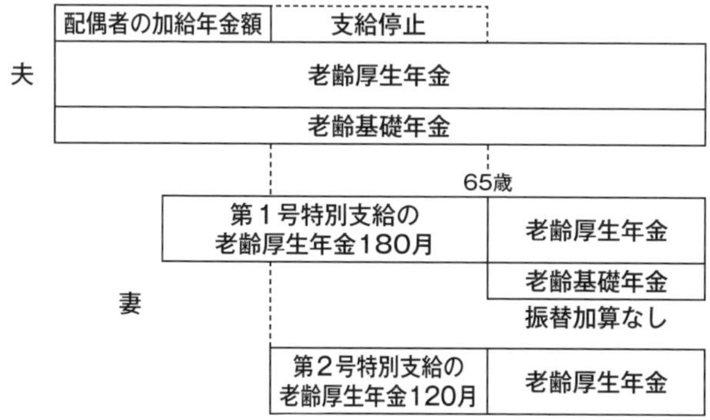

参考 一元化当時の経過措置

平成27年10月1日前に振替加算が加算されていた老齢基礎年金の受給権者には、経過措置が適用されました。２以上の種別の被保険者期間が合算して240月以上であるとき（1の種別の期間は240月未満のとき）においても、振替加算は失権しないとする措置です。ただし、生涯の受給が約束されたものではなく、その後老齢厚生年金の受給権の取得などの合算の契機があったときには失権となる場合があります。

〈経過措置令(平27)69②〉

9 在職老齢年金(2以上の種別)

～2以上の種別の期間がある人の在職老齢年金は按分計算する～

1 在職老齢年金が適用される月

第1号～第4号までのいずれか1つの厚生年金被保険者期間を計算の基礎とする老齢厚生年金の受給権者にかかる**在職老齢年金**の適用は、原則として**被保険者である日が属する月**において適用されます。例えば、第2号厚生年金被保険者期間に基づく老齢厚生年金の受給権者が、第1号厚生年金被保険者である月は在職老齢年金が適用されます。

2 2以上の種別の期間がある人の支給停止額の計算方法

2以上の種別の被保険者期間を有する人の在職老齢年金による支給停止額は、次の方法で計算されます。〈厚年法46、78の29〉

① 複数の年金の合算額を基に支給停止総額を計算します。

② 支給停止総額を各種別の年金額で按分し、それぞれの種別の老齢厚生年金の支給停止額を算出します。

③ 算出された支給停止額が、それぞれの種別の老齢厚生年金の額以上であるときは、各老齢厚生年金の全額が支給停止されます。

令和6年度の支給停止額（月額）
={（合算した基本月額 + 総報酬月額相当額 − 50万円）× 1/2}
× （各種別の基本月額/合算した基本月額）

合算した基本月額は、第1号～第4号までの各号の厚生年金被保険者期間を計算の基礎とする各老齢厚生年金の額を合算して算出した額の12分の1です。加給年金額、繰下げ加算額、経過的加算額は含みません。各種別の期間の基本月額も同様の方法で計算されます。

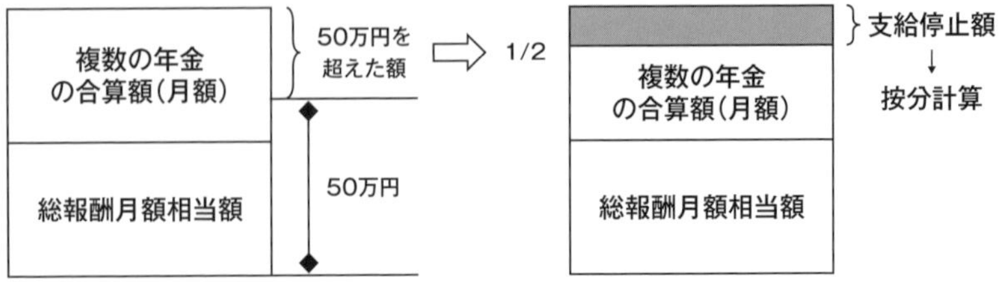

計算事例

第３号老齢厚生年金(第３号老厚)　8万円/月
第１号老齢厚生年金(第１号老厚)　2万円/月
総報酬月額相当額　48万円

① 合算した基本月額　(8万円＋2万円)＝10万円
② 支給停止額(合算)　(10万円＋48万円－50万円)×1/2＝4万円
③ 第３号老厚　支給停止額　4万円×8万円/10万円＝3.2万円
　　　　　　　支給額　8万円－3.2万円＝4.8万円
　第１号老厚　支給停止額　4万円×2万円/10万円＝0.8万円
　　　　　　　支給額　2万円－0.8万円＝1.2万円

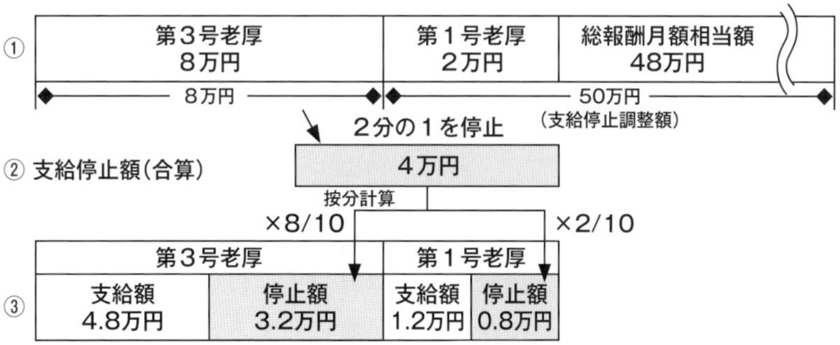

参考　経過的職域加算額（退職共済年金）

一元化前の共済組合員等期間がある人に支給される経過的職域加算額(退職共済年金）は、在職老齢年金の計算の対象となりません。経過的職域加算額（退職共済年金）は、第２号老齢厚生年金または第３号老齢厚生年金を受給する人が、第２号厚生年金被保険者または第３号厚生年金被保険者であるときには全額支給停止となり、第１号厚生年金被保険者または第４号厚生年金被保険者であるときには全額支給されます。また、第４号老齢厚生年金を受給する人が、第４号厚生年金被保険者であるときには全額支給停止となり、第１号～第３号厚生年金被保険者であるときには全額支給されます。

10 種別変更時の在職老齢年金(2以上の種別)

～被保険者の種別に変更があった場合には資格の喪失と取得が行われる～

1 種別変更時の退職時改定

同一の適用事業所において、被保険者の種別が変更になると資格の喪失と取得が行われ、老齢厚生年金の受給者には退職時改定により増額した老齢厚生年金が支給されます。 〈厚年法15ほか〉

例えば、第３号老齢厚生年金を受給中の地方公務員（第３号厚生年金被保険者）が４月１日付で短時間勤務の公務員（第１号厚生年金被保険者）として再任用されたケースでは、４月から退職時改定された第３号老齢厚生年金が支給されます。

2 種別変更時の在職老齢年金

原則として、被保険者であった日の属する月は在職老齢年金の対象となり、資格喪失日の属する月以後(被保険者であった日がない月に限る)は対象外です。ただし、資格喪失後１カ月以内に再び被保険者となったときは、資格喪失後の各月に在職老齢年金のしくみが適用されます。

例えば、第３号老齢厚生年金を受給中の地方公務員（第３号厚生年金被保険者）が、４月１日付で短時間勤務の公務員（第１号厚生年金被保険者）として再任用されたケースでは、喪失後１カ月以内に被保険者の資格を取得しているため、４月は在職老齢年金の規定が適用されます。その場合、同月得喪があった月の在職老齢年金の算出式には、資格喪失前の標準報酬月額および退職時改定により再計算された基本月額を用います。

■在職老齢年金の計算に用いる標準報酬月額と基本月額

	3月	4月	5月
標準報酬月額	第3号厚生年金被保険者期間の標準報酬月額		第1号厚生年金被保険者期間の標準報酬月額
基本月額	退職時改定前の額	退職時改定により再計算された額	

4/1　資格喪失・資格取得(同日得喪)

計算事例

第３号老齢厚生年金を受給中の地方公務員（第３号厚生年金被保険者）が、３月末で退職し、４月１日付で短時間勤務の公務員（第１号厚生年金被保険者）として再任用されたとき

- 第３号老齢厚生年金　9万円／月
  （退職時改定により４月から10万円／月）
- 再任用前の標準報酬月額　44万円
- 再任用後の標準報酬月額　28万円
- 過去１年間に賞与なし

4月の在職老齢年金

① 基本月額　10万円
② 支給停止額　（44万円＋10万円－50万円）×1/2＝2万円
③ 支給額　10万円－2万円＝8万円

5月の在職老齢年金

① 基本月額　10万円
② 支給停止額　（28万円＋10万円－50万円）×1／2＝▲6万円
③ 支給額　10万円（停止なし）

■各月の標準報酬月額

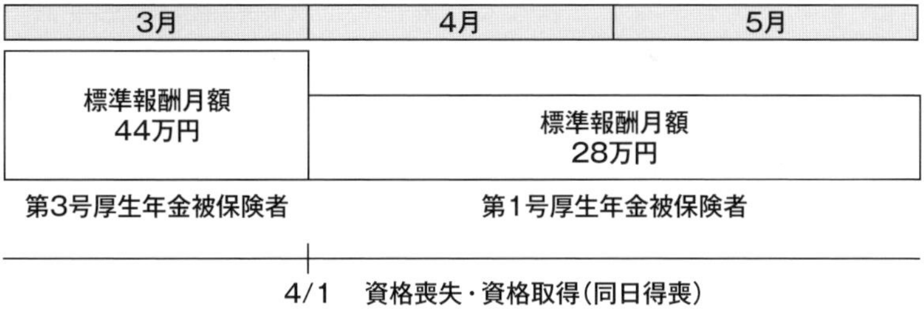

■在職老齢年金の計算に用いる標準報酬月額

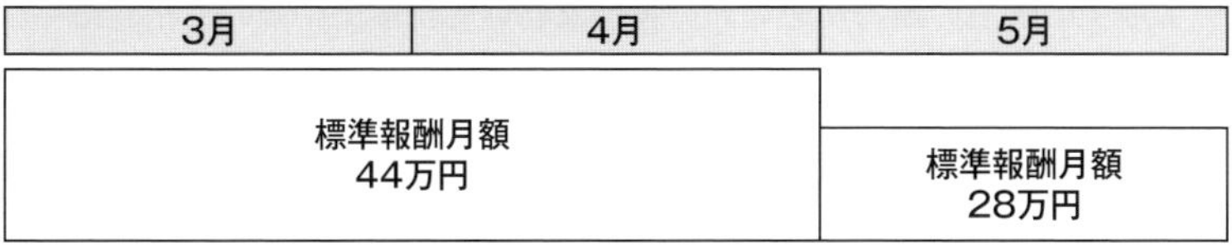

2 2以上の種別の厚生年金期間がある人の年金

Ⅱ 2以上の種別がある人の65歳前の老齢厚生年金

1 特別支給の老齢厚生年金（2以上の種別）

～2以上の種別の期間がある人の特老厚の支給要件は合算して適用する～

1 2以上の種別の期間がある人の特別支給の老齢厚生年金の支給要件

65歳前に支給される特別支給の老齢厚生年金は、厚生年金被保険者期間が１年以上ある場合に支給されます。１年未満の場合には、65歳到達以後に老齢厚生年金として支給されます（第２章③Ⅰ１）。

２以上の種別の厚生年金被保険者期間を有するときは、特別支給の老齢厚生年金の要件である「**１年以上**の厚生年金被保険者期間を有すること」については各期間を**合算**して適用します。〈厚年法附20〉

例えば、第１号厚生年金被保険者期間を１カ月、第２号厚生年金被保険者期間を11カ月有するときは、合算して１年（12月）以上の厚生年金被保険者期間を有することになるため、特別支給の老齢厚生年金の要件を満たし、それぞれの実施機関から支給されます。

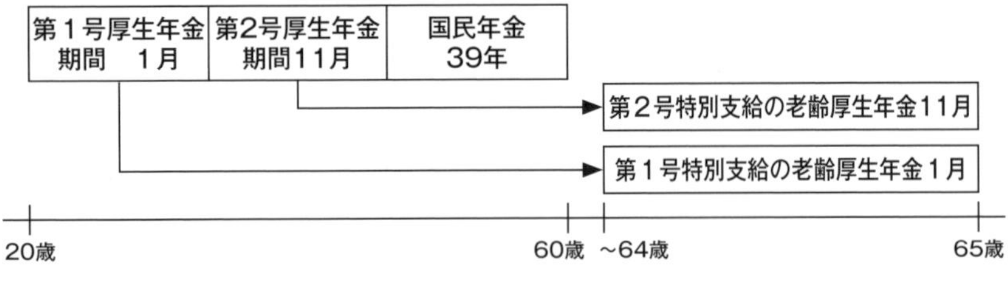

2 2以上の種別の期間がある人の特別支給の老齢厚生年金の支給開始年齢

２以上の種別の被保険者期間を有する人にかかる**老齢厚生年金の支給開始年齢**は、第１号～第４号までの**各号の厚生年金被保険者期間ごと**に適用されます。例えば、第１号厚生年金被保険者期間と第２号～第４号の厚生年金被保険者期間を有する女子の特別支給の老齢厚生年金の支給開始年齢はそれぞれに異なります（第２章③Ⅱ）。

参考 支給開始年齢

例　昭和35年4月2日生まれ女子の特別支給の老齢厚生年金の支給開始年齢

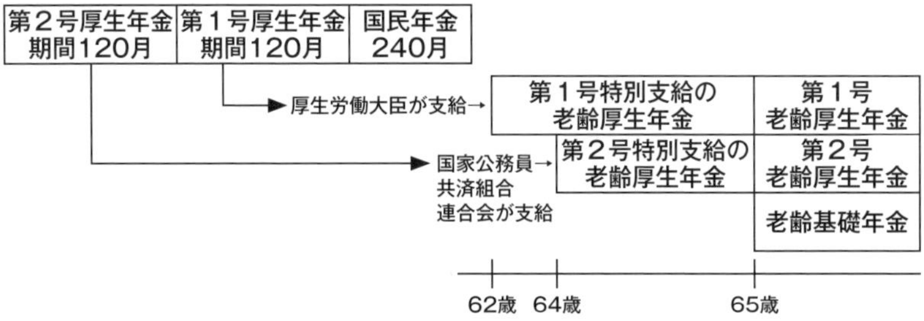

3　2以上の種別の期間がある人の特別支給の老齢厚生年金の額の計算

２以上の種別の厚生年金の被保険者期間を有する人にかかる**特別支給の老齢厚生年金の額**の計算は、**各号の厚生年金被保険者期間ごと**に区分して計算します。〈厚年法附 20 ②〉

(1) 報酬比例部分

報酬比例部分の計算式は、一般的な老齢厚生年金と同様で、原則として「平均標準報酬額× 1,000 分の 5.481 ×被保険者期間の月数」で計算します（第２章③Ⅳ１）。

２以上の種別の厚生年金の被保険者期間を有する人にかかる平均標準報酬額の計算は、**種別ごと**に被保険者であった各月の標準報酬月額と標準賞与額を基に算出します。被保険者期間の月数は**種別ごと**の月数を乗じます。

(2) 定額部分

定額部分の計算式は、一般的な老齢厚生年金と同様であり、２以上の種別の厚生年金の被保険者期間を有するときは、**種別ごと**に計算します。定額部分の上限はそれぞれの種別ごとに適用されます（第２章③Ⅳ２）。

2 障害者特例（2以上の種別）

～2以上の種別の期間がある人の障害者特例は種別ごとに適用される～

1 2以上の種別の期間がある人の障害者特例の老齢厚生年金

障害者特例の老齢厚生年金は、報酬比例部分に加えて定額部分が支給され、要件を満たせば加給年金額も加算されます（第２章3Ⅲ１）。

２以上の種別の被保険者期間を有する人にかかる障害者特例の老齢厚生年金は、第１号～第４号までの**各号の厚生年金被保険者期間ごと**に適用されます。例えば、障害者特例に該当する人が、第１号厚生年金被保険者期間と第２号厚生年金被保険者期間を有するときは、それぞれの種別ごとに障害者特例の加算が適用され、それぞれの支給開始年齢から特例の年金が支給されます。　〈厚年法附 20②〉

実施機関ごとに支給開始年齢が異なるときは、先に受給権を取得した老齢厚生年金が障害者特例に該当する場合、後の老齢厚生年金も障害者特例に該当しているものとされます。

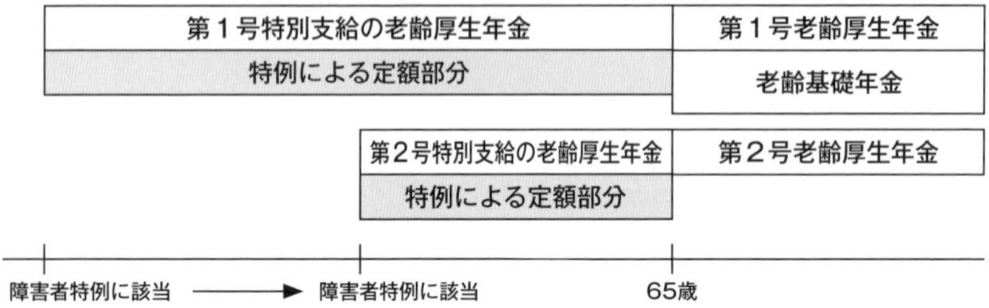

2 障害者特例の老齢厚生年金と障害年金

障害者特例の老齢厚生年金の受給権者は、障害基礎年金や障害厚生年金の受給権者でもあることが多いです。この場合において、障害者特例の老齢厚生年金もしくは障害基礎年金および障害厚生年金のいずれかを選択して受給します。

２以上の種別の厚生年金の被保険者期間がある人で、障害者特例の老齢厚生年金の受給開始時期が異なるときは、それぞれの受給権取得時点でどちらの年金を受給するかの選択の検討をする必要があります。

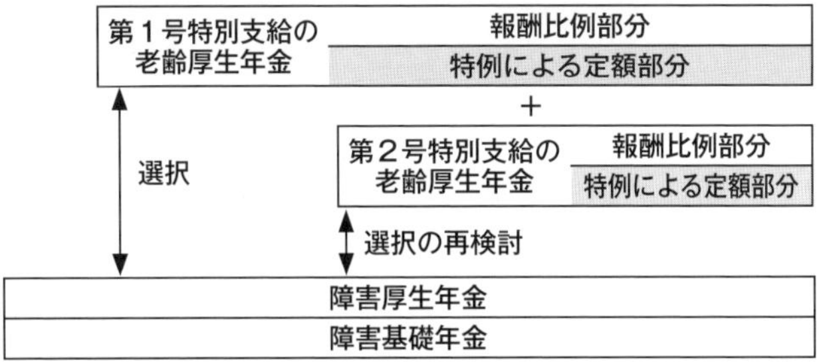

3 障害者特例該当者が厚生年金の被保険者となったとき

障害者特例に該当する人が、いずれかの種別の**厚生年金の被保険者**であるときは、特例による定額部分および加給年金額が**支給停止**されます。この際、受給する障害者特例の老齢厚生年金と同じ種別の厚生年金の被保険者になったときだけではなく、異なる種別の厚生年金の被保険者になったときにも支給停止されます。

例えば、第２号厚生年金被保険者期間にかかる障害者特例の老齢厚生年金を受給する人が第２号厚生年金被保険者となったときだけでなく、第１号厚生年金被保険者となったときも、特例により加算されていた定額部分および加給年金額が支給停止されます。また、支給される報酬比例部分相当額は、在職老齢年金の規定が適用されます。〈厚年法附 11 の２〉

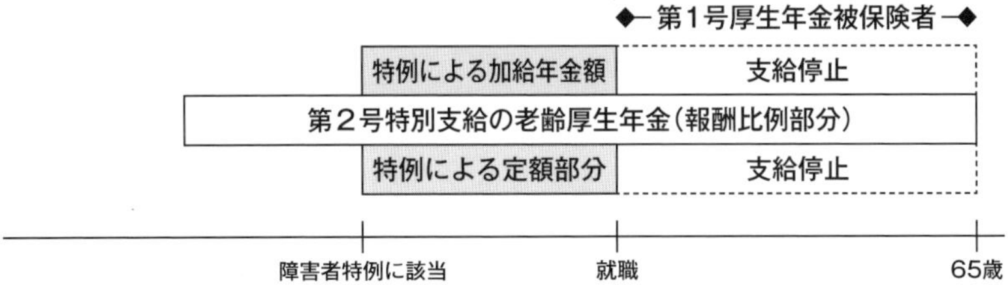

参考 特例の経過措置

被用者保険の適用拡大により厚生年金の被保険者となった際の経過措置では、一定の要件を満たすことにより、特別支給の老齢厚生年金の定額部分と加給年金額を引き続き受給できることがあります（第２章③Ⅲ３）。

3 長期加入者特例（2以上の種別）

～2以上の種別の期間がある人の長期加入者特例は種別ごとに適用される～

1 2以上の種別の期間がある人の長期加入者特例

長期加入者特例の老齢厚生年金は、報酬比例部分に加えて定額部分が支給され、要件を満たせば加給年金額も加算されます（第2章3Ⅲ2）。

2以上の種別の被保険者期間を有する人にかかる長期加入者特例の老齢厚生年金は、第1号～第4号までの**各号の厚生年金被保険者期間ごと**に適用されます。つまり、44年以上の被保険者期間の要件をみるときには、2以上の種別の被保険者期間は合算せずにそれぞれの期間で判断されるため、1つの種別で44年以上の被保険者期間の要件を満たす必要があります。

〈厚年法附20②〉

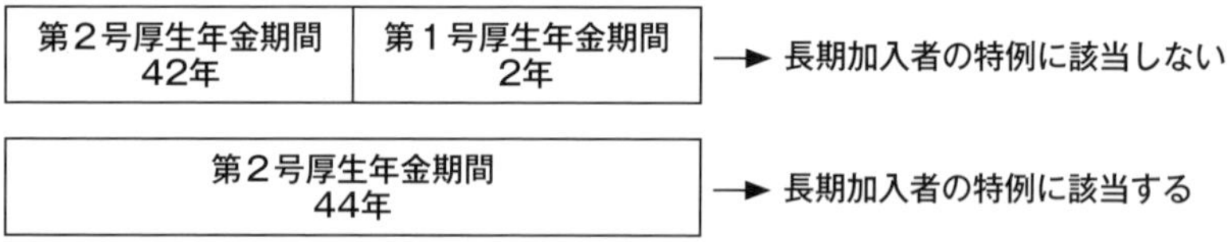

2 一元化前の公務員等の期間

平成27年10月1日前の共済組合員等期間は、第2号厚生年金被保険者期間、第3号厚生年金被保険者期間、第4号厚生年金保険者期間とみなされ、これらはそれぞれの厚生年金の被保険者期間と合算して適用されます。なお、第2号厚生年金被保険者期間と第3号厚生年金被保険者期間は通算されます。

特例による加給年金額	
特別支給の老齢厚生年金	報酬比例部分
	特例による定額部分

3 長期加入者特例該当者が厚生年金の被保険者となったとき

長期加入者特例は、**厚生年金の被保険者**でないことが要件です。そのため、厚生年金の被保険者期間が44年以上あっても、被保険者である間は、特例による定額部分と加給年金額は支給されません。例えば、第3号厚生年金被保険者期間にかかる長期加入者特例の老齢厚生年金を受給する人が第3号厚生年金被保険者となったときだけでなく、第1号厚生年金被保険者となったときも、特例により加算されていた定額部分および加給年金額は支給停止されます。支給されている報酬比例部分相当額については、在職老齢年金の規定が適用されます。　〈厚年法附11の2〉

①受給している老齢厚生年金と同じ種別の被保険者になったとき

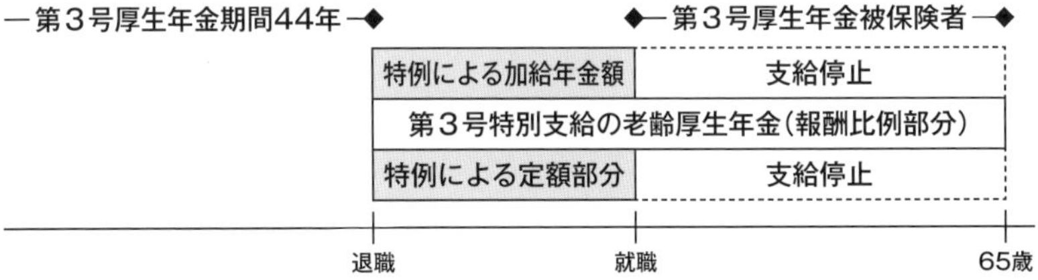

②受給している老齢厚生年金と違う種別の被保険者となったとき

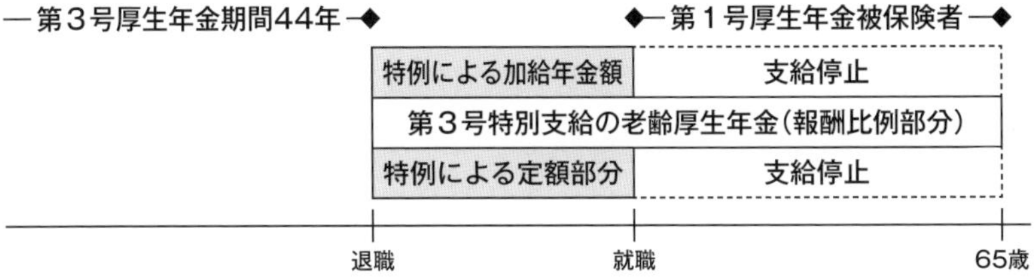

参考　特例の経過措置

会社員等が被用者保険の適用拡大により厚生年金の被保険者となった場合などの経過措置において特定の要件を満たせば、年金の定額部分と加給年金額の受給を継続できる場合があります（第２章3Ⅲ３）。

4 経過的な繰上げ支給の老齢厚生年金(2以上の種別)

～2以上の種別の期間がある人の経過的な老齢厚生年金の支給繰上げは同時に行う～

1 経過的な繰上げ支給の老齢厚生年金の対象者

支給開始年齢引上げ経過期間中で、報酬比例部分相当額の支給開始年齢が61歳から64歳の次表の年代の人は、老齢厚生年金の支給繰上げの請求をすることができます（第2章4Ⅱ2）。〈厚年法附13の4①③〉

対象者	生年月日
男子または女子（第2号厚生年金被保険者期間、第3号厚生年金被保険者期間、第4号厚生年金被保険者期間を有する人）	昭和28年4月2日から 昭和36年4月1日までに生まれた人
女子（第1号厚生年金被保険者期間を有する人に限る）	昭和33年4月2日から 昭和41年4月1日までに生まれた人
坑内員と船員の期間を合算して15年以上ある人	昭和33年4月2日から 昭和41年4月1日までに生まれた人
特定警察職員等	昭和34年4月2日から 昭和42年4月1日までに生まれた人

2 2以上の種別の期間がある人の繰上げ

2以上の種別の被保険者期間を有する人が、1の種別の期間に基づく老齢厚生年金の**支給繰上げ**を行うときは、他の種別の期間に基づく老齢厚生年金も**同時**に請求をする必要があります。例えば、第1号厚生年金被保険者期間と第3号厚生年金被保険者期間を有する人は、第1号厚生年金被保険者期間に基づく老齢厚生年金のみを支給繰上げすることはできず、両方を同時に支給繰上げする必要があります。〈厚年法附21〉

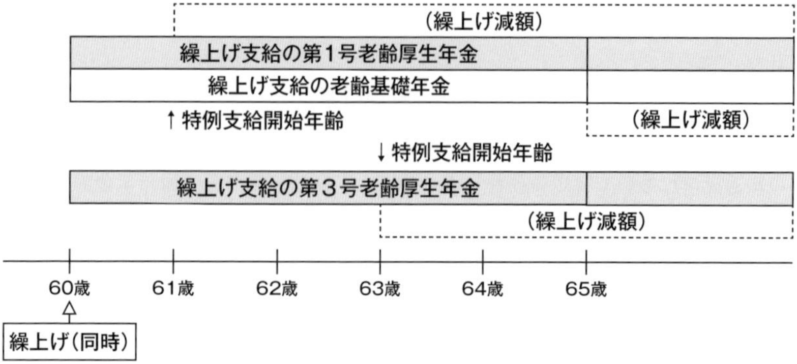

5 繰上げ支給の老齢厚生年金(2以上の種別)

～2以上の種別の期間がある人の老齢厚生年金の支給繰上げは同時に行う～

1 繰上げ支給の老齢厚生年金の対象者

支給開始年齢引上げが完了し、60 歳から 64 歳の間に特別支給の老齢厚生年金が支給されない次表の年代の人は、老齢厚生年金の支給繰上げの請求をすることができます（第２章④Ⅱ４）。〈厚年法附７の３〉

対象者	生年月日
男子または女子(第2号厚生年金被保険者期間、第3号厚生年金被保険者期間、第4号厚生年金被保険者期間を有する人)	昭和36年4月2日以後に生まれた人
女子(第1号厚生年金被保険者期間に限る)	昭和41年4月2日以後に生まれた人
坑内員と船員の期間を合算して15年以上ある人	昭和41年4月2日以後に生まれた人
特定警察職員等	昭和42年4月2日以後に生まれた人

2 2以上の種別の期間がある人の繰上げ

２以上の種別の被保険者期間を有する人が、１の種別の期間に基づく老齢厚生年金の**支給繰上げ**を行うときは、他の種別の期間に基づく老齢厚生年金も**同時**に請求をする必要があります。例えば、第１号厚生年金被保険者期間と第４号厚生年金被保険者期間を有する人は、第１号厚生年金被保険者期間に基づく老齢厚生年金のみを支給繰上げすることはできず、第４号厚生年金被保険者期間に基づく老齢厚生年金も同時に支給繰上げする必要があります。〈厚年法附 18〉

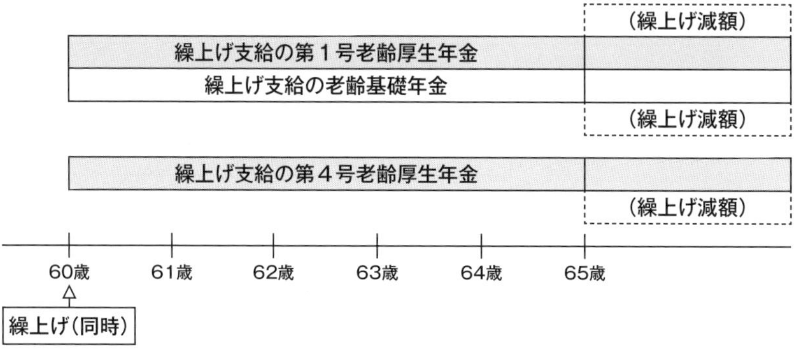

2 2以上の種別の厚生年金期間がある人の年金

Ⅲ 2以上の種別がある人の障害厚生年金

1 障害厚生年金の要件

～初診日が旧共済組合員等期間中であっても障害厚生年金が支給される～

1 一元化前の共済組合員等期間中に初診日があるとき

障害厚生年金を受給するための要件の１つに、「初診日において厚生年金の被保険者であること」があります（第３章②Ⅰ１）。

一元化前の共済組合員等期間中は厚生年金の被保険者でないため、この期間に初診日がある場合には要件を満たしません。しかし、平成27年10月１日前の共済組合員等期間中に初診日があり、平成27年10月１日以後に障害認定日があるときは、**障害厚生年金**の対象とする経過措置があります。一方で、平成27年10月１日前に受給権を取得する場合は障害共済年金の対象です。〈経過措置令（平27）60〉

■平成27年10月1日以後の障害認定日

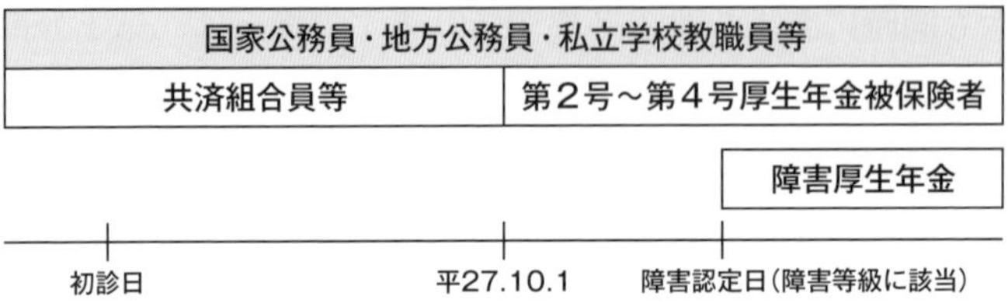

■平成27年10月1日前の障害認定日

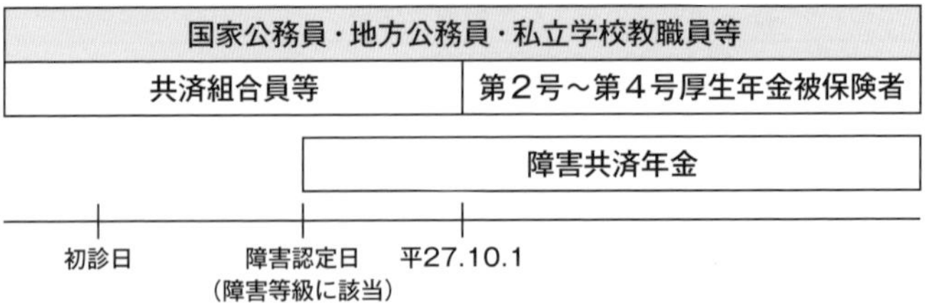

2 事後重症による障害厚生年金

一元化前の共済組合員等期間中に初診日がある傷病による障害により、障害認定日には障害の状態になかったが、65歳に達する日の前日までの間において、障害等級に該当する程度の障害状態に至ったときは、**事後重症による障害厚生年金**を請求することができます。〈経過措置令（平27）61〉

事後重症請求の場合には、受給権取得日（請求日）が平成27年10月1日以後となるため、障害厚生年金の対象となります。

■平成27年10月1日前の障害認定日

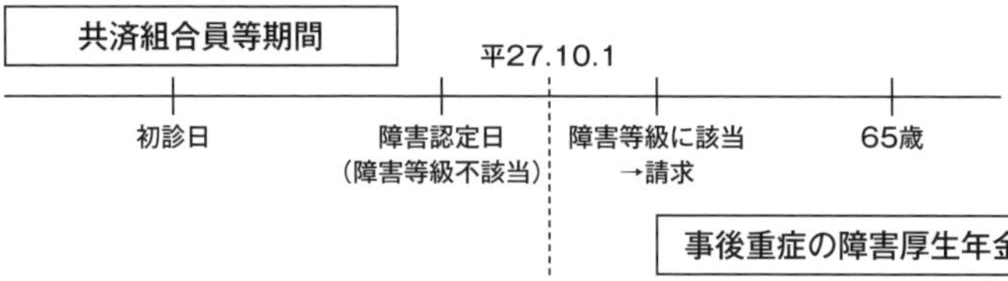

■平成27年10月1日以後の障害認定日

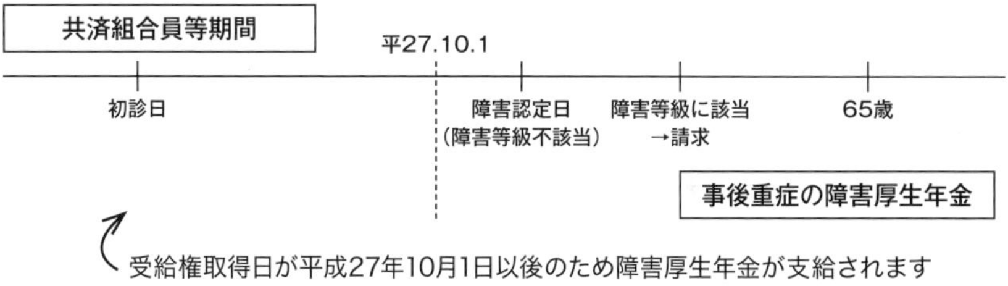

POINT!

- 基準障害による障害厚生年金においては、平成27年10月1日以後に受給権を取得する場合に障害厚生年金の対象となります。〈経過措置令（平27）62〉
- 障害厚生年金は、保険料納付要件を満たす必要があります（第3章②Ⅰ2）。一元化前の障害共済年金において本要件は問われませんでした。

2 障害厚生年金の額(2以上の種別)

～2以上の種別の期間がある人の障害厚生年金は合算して計算する～

1 2以上の種別の期間がある人の障害厚生年金の額

障害厚生年金の基本的な計算式は、「平均標準報酬額× 5.481/1,000 ×被保険者期間の月数」です。1つの種別の厚生年金被保険者期間のみを有するときは、この計算式で算出します（第3章②Ⅱ1）。

障害厚生年金の受給権者が、障害認定日において、2以上の種別の厚生年金被保険者期間を有するときは、これらの期間を**合算**して**1つの厚生年金被保険者期間のみを有する**ものとみなして、障害厚生年金の額の計算の規定が適用されます。

具体的には、それぞれの被保険者期間ごとに平均標準報酬額を計算し合算します。なお、合算した厚生年金被保険者期間の月数が**300月**に満たないときは、計算上**300月**あるものとみなして年金額を算出します。

〈厚年法78の30、厚年令3の13の4〉

計算事例

厚生年金期間が合わせて300月以上の場合(本来水準)

- 第3号厚生年金被保険者期間362月(平均標準報酬額38万円)
- 第1号厚生年金被保険者期間70月（平均標準報酬額26万円)

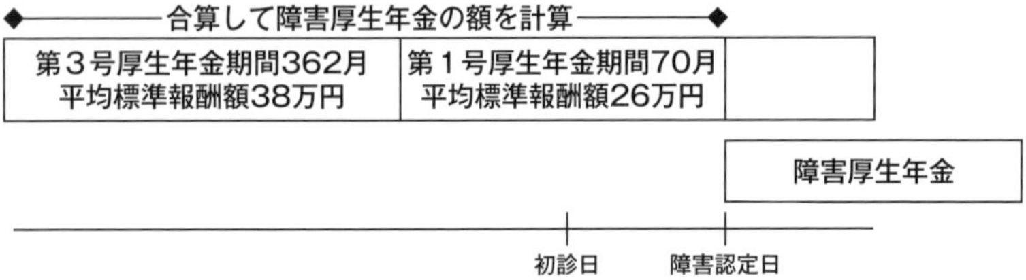

380,000円×5.481/1,000×362月＝753,966円
260,000円×5.481/1,000×70月＝99,754円
753,966円＋99,754円＝853,720円

計算事例

厚生年金期間が合わせて300月未満の場合(本来水準)
- 第2号厚生年金被保険者期間144月(平均標準報酬額38万円)
- 第4号厚生年金被保険者期間60月(平均標準報酬額26万円)

◆───── 合算して障害厚生年金の額を計算 ─────◆

第2号厚生年金期間144月 平均標準報酬額38万円	第4号厚生年金期間60月 平均標準報酬額26万円	
		障害厚生年金

初診日　　　障害認定日

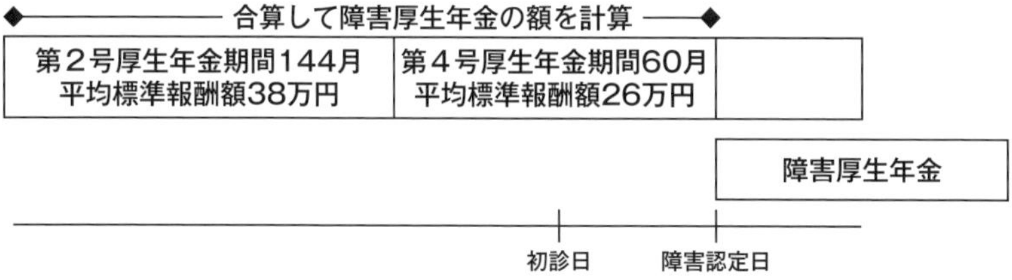

380,000円×5.481/1,000×144月＝299,920円
260,000円×5.481/1,000×70月＝99,754円
(299,920円＋99,754円)×300/214＝560,291円

2 2以上の種別の期間がある人の障害手当金

　2以上の種別の厚生年金被保険者期間を有する人の障害手当金の額は、障害厚生年金の額の計算方法と同様に、2以上の種別の被保険者期間を合算して、1つの厚生年金被保険者期間のみを有するものとみなして算出します。　　　　　　　　　　　　　　　　　　　　　　〈厚年法78の31〉

参考 -------------- 障害共済年金の計算 --------------

　平成27年10月1日前に受給権を取得するときは、障害共済年金の対象です。その場合、改正前の規定が適用されるため、その年金額の計算は、初診日に加入していた制度の平均標準報酬額と加入期間を用いて算出します。

3 障害厚生年金の実施機関（2以上の種別）

～2以上の種別の期間がある人の障害厚生年金の実施機関の決まりがある～

1　2以上の種別がある人の障害厚生年金の実施機関

２以上の種別の厚生年金の被保険者期間を有する人の障害厚生年金および障害手当金の支給に関する事務（診査・支給等）は、その障害にかかる**初診日時点の被保険者の種別に応じた実施機関**が行います。

〈厚年法78の33〉

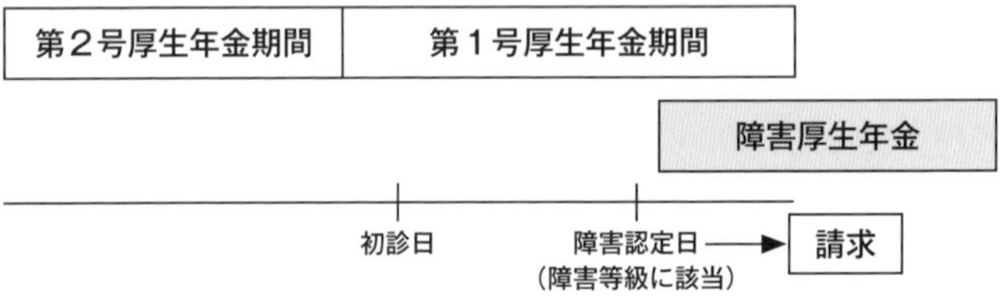

初診日に第1号厚生年金被保険者であるため
その実施機関である日本年金機構が事務を行います

2　基準障害による障害厚生年金の実施機関

２以上の種別の厚生年金の被保険者期間を有する人の基準障害による障害厚生年金の支給に関する事務（診査・支給など）は、**基準傷病にかかる初診日時点の被保険者の種別に応じた実施機関**が行います。

〈厚年令3の13の10①〉

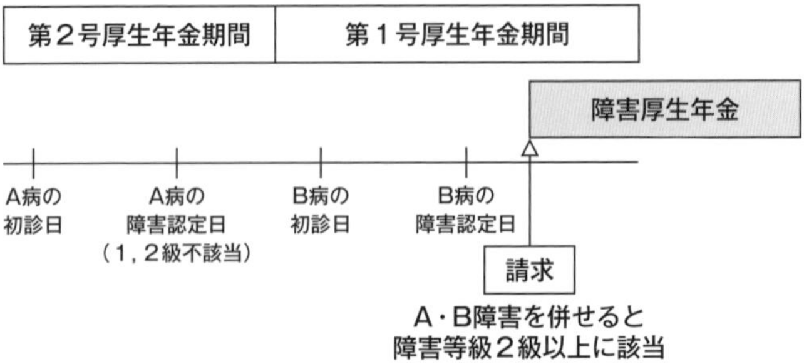

B病（基準障害）の初診日に第1号厚生年金被保険者であるため
その実施機関である日本年金機構が事務を行います

3 併合認定に係る障害厚生年金の実施機関

2以上の種別の厚生年金の被保険者期間を有する人の**併合認定**にかかる障害厚生年金は、**いずれか遅い**障害にかかる**初診日時点の被保険者の種別に応じた実施機関**が事務を行います。 〈厚年令3の13の10①〉

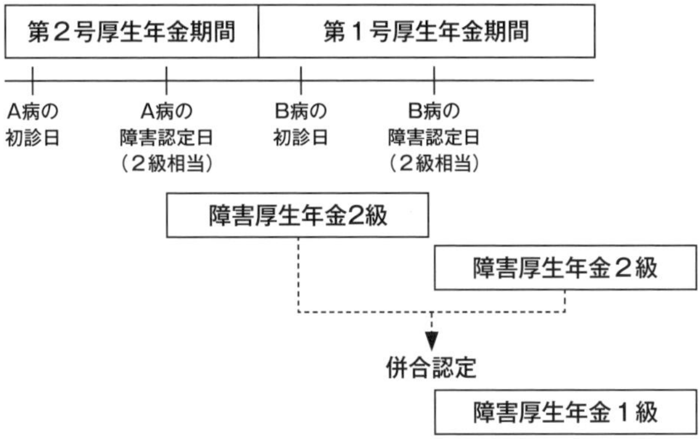

B病の初診日が遅いので、第1号厚生年金被保険者の実施機関である日本年金機構が事務を行います

参考 障害厚生年金の請求先

障害厚生年金の請求はワンストップサービスの対象外であり、請求手続きは事務の取りまとめをする実施機関に行う必要があります。例えば、初診日に公務員・私立学校教職員等（第2号～第4号厚生年金被保険者）であったときは、日本年金機構に請求することができません。逆に、初診日に会社員（第1号厚生年金被保険者）であったときは、共済組合等に請求はできません。

請求後に事務を行う実施機関が誤っていたと判明したときは、書類がすべて返却され、改めて正しい実施機関に提出することになります。特に事後重症による障害厚生年金は、原則として書類の受付日が受給権取得日となるため、正しい実施機関に請求することが重要です。

4 同月得喪内の初診日の実施機関（2以上の種別）

～同月得喪期間内に初診日があるとき実施機関の決まりがある～

1 同月得喪期間内に初診日があるとき

厚生年金の資格を同月内で取得して喪失したとき、その月は厚生年金の被保険者期間に算入される場合とされない場合に分かれます（第１章③Ⅲ１）。この**同月得喪期間内に初診日**がある場合については、請求者の厚生年金の加入状況により実施機関が決まります。〈厚年令３の10の２〉

2 同月得喪月が初診日の種別の厚生年金期間となるとき

同月得喪期間内に初診日があり、その月が初診日の種別の厚生年金期間となるときは、初診日に加入していた実施機関が事務等を行います。

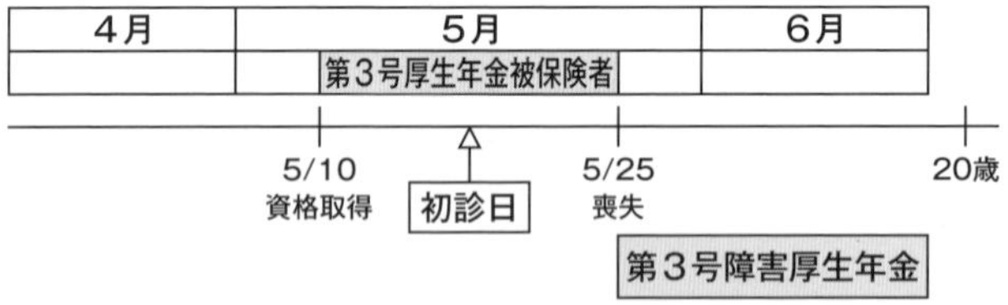

5月は厚生年金の被保険者期間となる。第３号厚生年金被保険者期間にかかる実施機関である地方公務員共済組合等が事務等を行う

3 同月得喪月が初診日の種別の厚生年金期間とならないとき

同月得喪期間内に初診日があり、その月が初診日の種別の厚生年金期間とならないときは、次に定める実施機関が事務等を行います。

（1）初診日に加入していた種別の厚生年金期間を有しているとき

受給権者が初診日に加入していた実施機関の厚生年金期間を有しているときは、初診日に加入していた実施機関が事務等を行います。

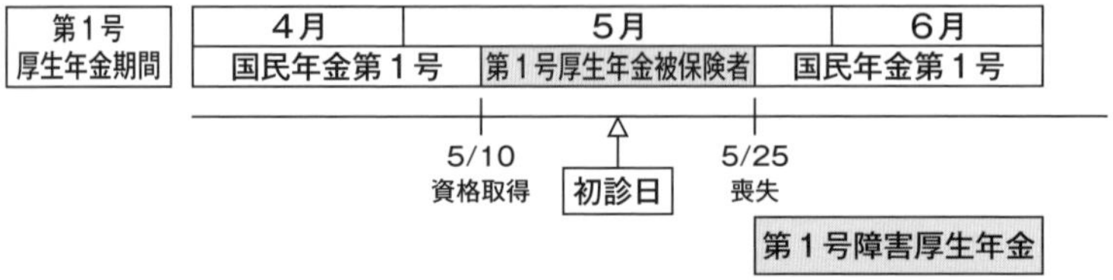

5月は厚生年金の被保険者期間とならない。初診日に加入していた期間（第1号）を有するので、その実施機関である日本年金機構が事務等を行う

(2) 初診日に加入していた種別の厚生年金期間を有しないとき

① 同月内に種別の変更があったとき

同月内に種別の変更があったときは、変更後の種別（2回以上変更があったときは最後の種別）の実施機関が事務等を行います。

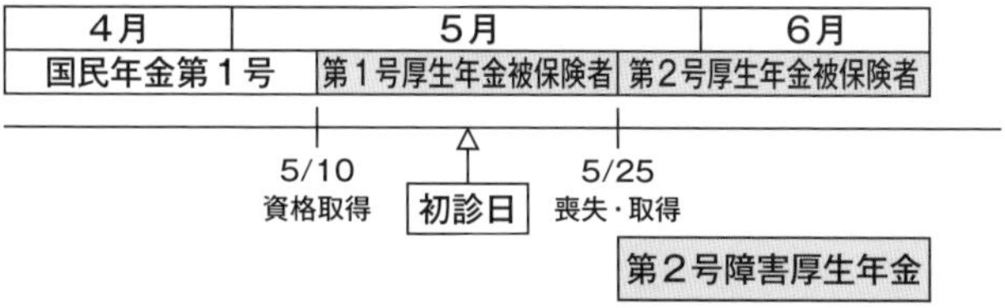

5月は第2号厚生年金被保険者期間とみなされるため、その実施機関である国家公務員共済組合連合会が事務等を行う

② 同月が国民年金（第1号・第3号被保険者）の期間であるとき

請求者が有する被保険者期間にかかる種別の実施機関が行います。2以上の種別の厚生年金被保険者期間を有する人は、請求者が有する最も長い被保険者期間の種別の実施機関が行います。被保険者期間が同じときは、第1号厚生年金、第2号厚生年金、第3号厚生年金、第4号厚生年金の順です。

〈厚年令3の13の11①〉

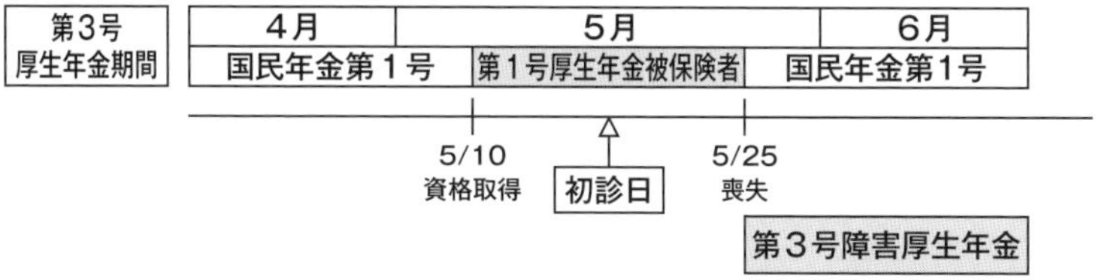

5月は厚生年金の被保険者期間とならず、国民年金の期間となる第3号厚生年金期間を有するので地方公務員共済組合等が事務等を行う

参考 同月得喪月が厚生年金期間とならず他の期間がないとき

請求者が厚生年金の被保険者期間を全く有していないときであっても、初診日に被保険者であれば障害厚生年金の「初診日において被保険者であったこと」の要件を満たします。しかし、被保険者期間が全くなければ平均標準報酬額を算出することができず年金額が計算できません。このような場合、例えば2級の障害状態であれば2級の障害基礎年金が支給されます。

2 2以上の種別の厚生年金期間がある人の年金

Ⅳ 2以上の種別がある人の遺族厚生年金

1 遺族厚生年金の要件（2以上の種別）

～遺族厚生年金は厚生年金加入期間がある人が死亡したときに支給される～

1 2以上の種別の期間がある人の遺族厚生年金の支給要件

遺族厚生年金を受給するためには、死亡した人の要件と遺族の要件の両方を満たす必要があります。死亡した人には４つの要件があり、このうち次表の①から③までを**短期要件**、④を**長期要件**といいます（第４章2Ⅰ１）。

２以上の種別の被保険者期間を有する人が死亡した場合、短期要件に該当するときはいずれか１つの種別の遺族厚生年金が支給され、長期要件に該当するときは、それぞれの種別の遺族厚生年金が支給されます。

短期要件	①	厚生年金の被保険者の死亡
	②	厚生年金の被保険者資格を喪失した後に、被保険者期間中に初診日のある傷病により、初診日から起算して5年以内の死亡
	③	障害等級1級または2級に該当する障害状態にある障害厚生年金の受給権者の死亡
長期要件	④	老齢厚生年金の受給権者または受給資格期間を満たした人（保険料納付済期間、保険料免除期間および合算対象期間を合算した期間が25年以上ある人）の死亡

①②に該当するときは、保険料納付要件を満たす必要あります。④の25年以上の要件には期間短縮措置があります（第４章2Ⅰ２）。

①厚生年金の被保険者の死亡

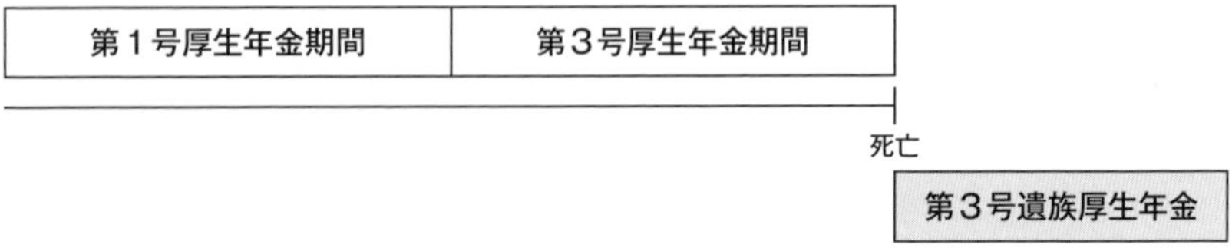

②厚生年金の被保険者資格を喪失した後に、被保険者期間中に初診日のある傷病により、初診日から起算して5年以内の死亡

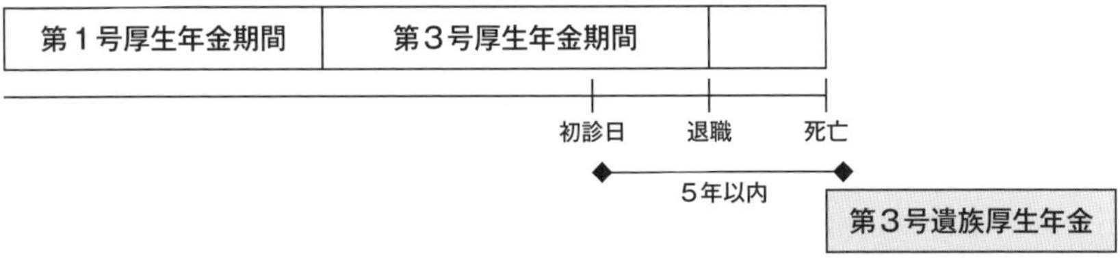

③障害等級1級または2級に該当する障害状態にある障害厚生年金受給権者の死亡

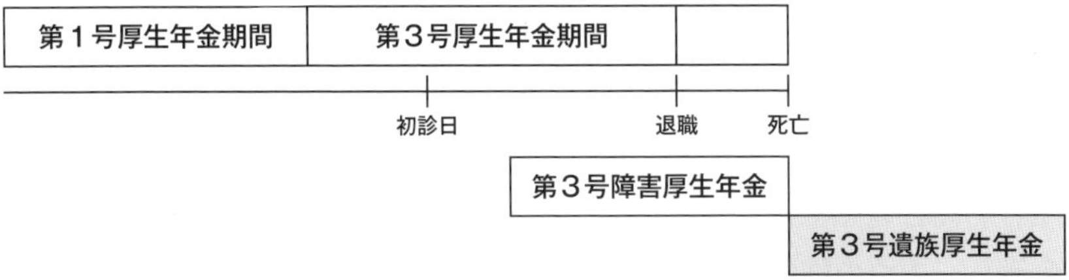

④老齢厚生年金の受給資格期間を満たした人の死亡
（保険料納付済期間や保険料免除期間等が合算して25年以上ある人）

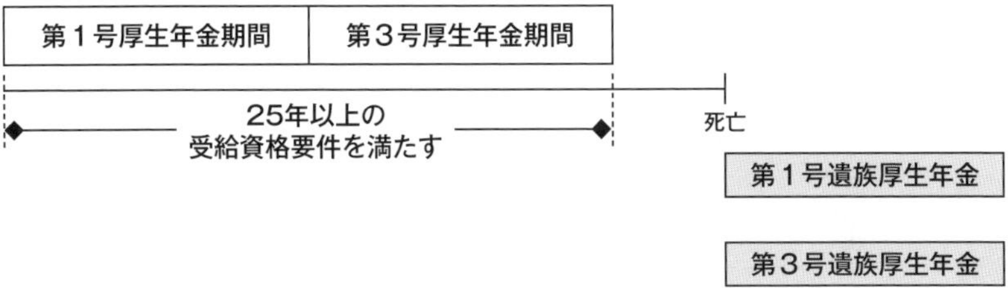

2 退職共済年金等の受給権者の死亡

平成 27 年 10 月 1 日前の各共済組合法による年金給付（遺族給付を除く）の受給権者等が平成 27 年 10 月 1 日以後に死亡したときは、原則として遺族厚生年金の対象です。〈法附則（平 24）20、経過措置令（平 27）64〉

参考 一元化前の死亡

共済組合員等期間を有する人が平成27年10月1日前に死亡した場合において各要件を満たすときは、一元化前共済各法に基づく遺族共済年金が支給されます。

2 短期要件の遺族厚生年金の額（2以上の種別）

～2以上の種別の期間がある人の短期要件の遺族厚生年金は300月みなしがある～

1 短期要件の遺族厚生年金の額

短期要件の遺族厚生年金の原則的な計算式は、「平均標準報酬額×5.481/1,000×被保険者期間の月数×４分の３」です。１つの種別の厚生年金被保険者期間のみを有する人の死亡にかかる遺族厚生年金の額の計算は、この計算式で算出されます（第４章②Ⅱ１）。

2 ２以上の種別の期間がある人の額の計算

短期要件の遺族厚生年金において、死亡した人が２以上の種別の被保険者期間を有していたときは、その人の２以上の種別の被保険者期間を**合算**し、**１つの被保険者期間を有するもの**とみなして年金額を計算します。具体的には、それぞれの被保険者期間ごとに算出した平均標準報酬額の1,000分の5.481に相当する額に、それぞれの被保険者期間の月数を乗じて得た額を計算し、これらを合算した額の４分の３を遺族厚生年金の額とします。なお、合算した厚生年金被保険者期間の月数が300月に満たないときは、計算上300月あるものとして遺族厚生年金の額を算出します。

〈厚年法78の32①、厚年令3の13の6①〉

参考 　**一元化前の死亡**

平成27年10月1日前に受給権を取得するときは、遺族共済年金の対象です。この場合、改正前の規定が適用されるため、その年金額の計算は、死亡日に加入していた制度の平均標準報酬額と加入期間を用いて算出します。

計 算 事 例

厚生年金期間が合わせて300月以上の場合（本来水準）
- 第3号厚生年金被保険者期間362月（平均標準報酬額38万円）
- 第1号厚生年金被保険者期間70月（平均標準報酬額26万円）

◆─────── 合算して遺族厚生年金の額を計算 ───────◆

第3号厚生年金期間362月 平均標準報酬額38万円	第1号厚生年金期間70月 平均標準報酬額26万円

遺族厚生年金

死亡日（短期要件）

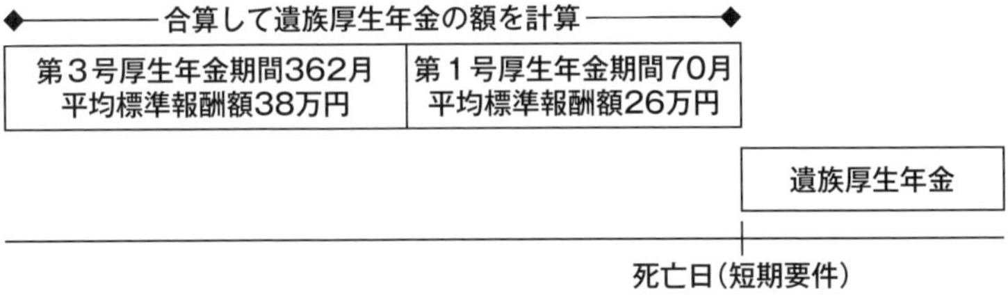

380,000円 × 5.481/1,000 × 362月 ＝ 753,966円
260,000円 × 5.481/1,000 × 70月 ＝ 99,754円
（753,966円 ＋ 99,754円）× 3 / 4 ＝ 640,290円

計 算 事 例

厚生年金期間が合わせて300月未満の場合（本来水準）
- 第3号厚生年金被保険者期間144月（平均標準報酬額38万円）
- 第4号厚生年金被保険者期間70月（平均標準報酬額26万円）

◆─────── 合算して遺族厚生年金の額を計算 ───────◆

第3号厚生年金期間144月 平均標準報酬額38万円	第4号厚生年金期間70月 平均標準報酬額26万円

遺族厚生年金

死亡日（短期要件）

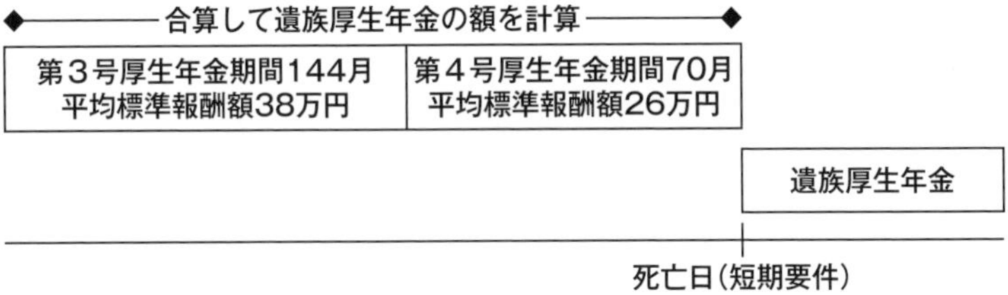

380,000円 × 5.481/1,000 × 144月 ＝ 299,920円
260,000円 × 5.481/1,000 × 70月 ＝ 99,754円
（299,920円 ＋ 99,754円）× 300/214 × 3 / 4 ＝ 420,218円

3 短期要件の遺族厚生年金の実施機関（2以上の種別）

～2以上の種別の期間がある人の短期要件の遺族厚生年金の実施機関の決まりがある～

1 2以上の種別の被保険者期間があるときの実施機関

２以上の種別の厚生年金被保険者期間を有する場合の短期要件の遺族厚生年金は、１つの実施機関において、他の実施機関の加入期間を含めた年金額が算定されます。そして、その年金は**１つの実施機関から支給**されます。　〈厚年法 78 の 33、厚年令 3 の 13 の 10〉

2 厚生年金の被保険者が死亡したとき

厚生年金の被保険者が死亡したときは、死亡日に加入していた実施機関が事務等を行います。

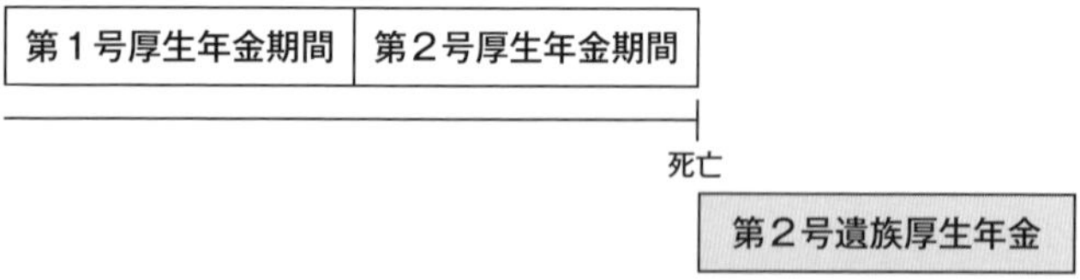

第２号厚生年金被保険者期間中の死亡のため、遺族厚生年金にかかる事務は国家公務員共済組合連合会が行う

3 被保険者期間中に初診日のある傷病により５年以内に死亡したとき

厚生年金の被保険者資格を喪失した後に、被保険者期間中に初診日のある傷病により、初診日から起算して５年以内に死亡したときは、初診日に加入していた厚生年金の実施機関が事務等を行います。

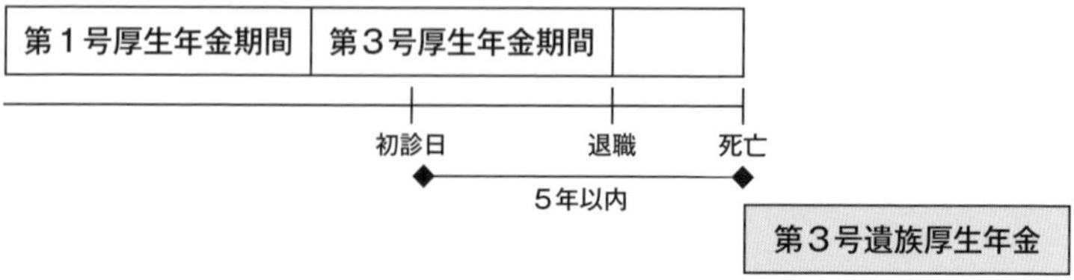

第３号厚生年金被保険者期間中に初診日があるため、遺族厚生年金にかかる事務は地方公務員共済組合等が行う

4 障害等級１級または２級の障害厚生年金の受給権者が死亡したとき

障害等級１級または２級に該当する障害状態にある障害厚生年金の受給権者が死亡したときは、障害厚生年金にかかる初診日に加入していた実施機関が事務等を行います。

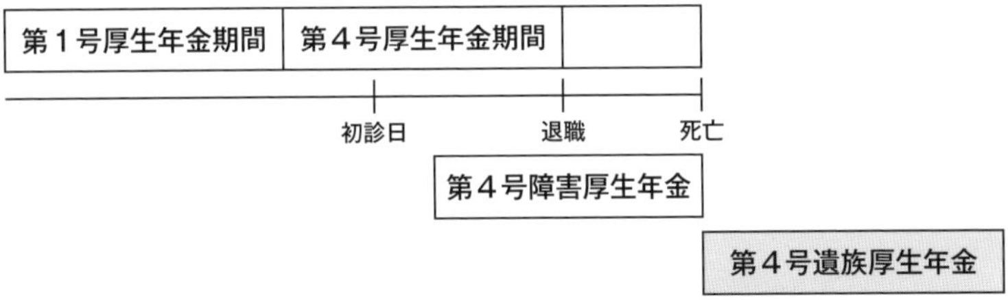

第４号厚生年金被保険者期間中に初診日があるため、遺族厚生年金にかかる事務は日本私立学校振興・共済事業団が行う

POINT!

短期要件のうちの２以上の要件に該当する場合、厚生年金の被保険者が死亡したときは死亡日に加入していた実施機関、それ以外の場合には障害厚生年金の支給事由となった障害にかかる傷病の初診日に加入していた実施機関が事務を行います。 〈厚年令３の13の10④〉

5 国家公務員と地方公務員の期間がある人

地方公務員共済組合の組合員であった人が、国家公務員共済組合の組合員となったときには、地方公務員共済組合の組合員であった期間における各月の厚生年金の標準報酬月額および標準賞与額は、第２号厚生年金被保険者期間における標準報酬月額および標準賞与額とみなされます。

〈国共済令 48〉

また、国家公務員共済組合の組合員であった人が、地方公務員共済組合の組合員となったときには、国家公務員共済組合の組合員であった期間における各月の標準報酬月額および標準賞与額は、第３号厚生年金被保険者期間における標準報酬月額および標準賞与額とみなされます。

〈地共済令 45〉

これは、遺族厚生年金の計算にも影響し、１つの種別の厚生年金被保険者期間のみを有する人の死亡として年金額が算出されます。

4 同月得喪内の初診日にかかる死亡時の実施機関（2以上の種別）

～同月得喪期間内に初診日がある死亡時の実施機関の決まりがある～

1 同月得喪期間内に初診日がある傷病により死亡したとき

厚生年金の資格を同月内で取得して喪失したとき、その月は被保険者期間に算入される場合とされない場合に分かれます（第１章③Ⅲ１）。この**同月得喪期間内に初診日がある傷病により死亡**した場合において、死亡者の厚生年金の加入状況により実施機関が決まります。〈厚年令３の12〉

2 同月得喪月が初診日の種別の厚生年金期間とならないとき

（1）死亡者が初診日に加入していた種別の厚生年金期間を有しているとき

① 厚生年金期間中に初診日のある傷病により、初診日から５年以内に死亡したときは、初診日に加入していた実施機関が事務等を行います。

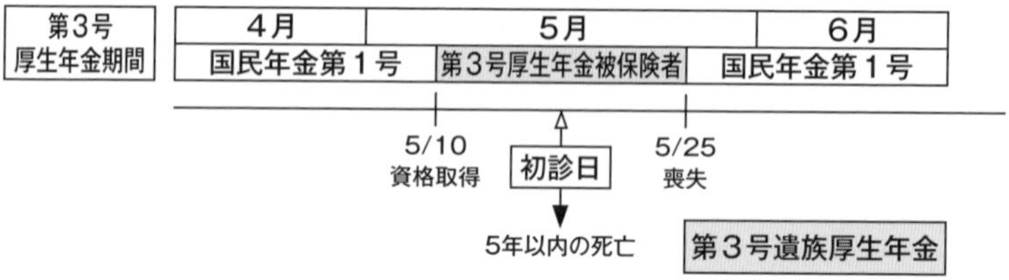

5月は厚生年金の被保険者期間とならない。初診日に加入していた期間（第３号）を有するので、その実施機関である地方公務員共済組合等が事務等を行う

② 障害等級１級または２級に該当する障害状態にある障害厚生年金受給権者が死亡したときは、初診日に加入していた実施機関が事務等を行います。

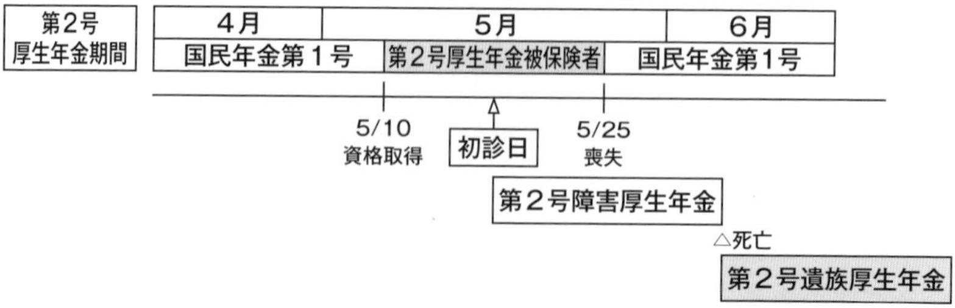

5月は厚生年金の被保険者期間とならない。初診日に加入していた期間（第２号）を有するので、その実施機関である国家公務員共済組合連合会が事務等を行う

(2) 死亡者が初診日に加入していた種別の厚生年金期間を有しないとき

① 同月内に種別の変更があったとき

同月内に種別の変更があったときは、変更後の種別（２回以上変更があったときは最後の種別）の実施機関が事務等を行います。

A. 厚生年金の被保険者資格を喪失した後、被保険者期間中に初診日のある傷病により、初診日から起算して5年以内に死亡したとき

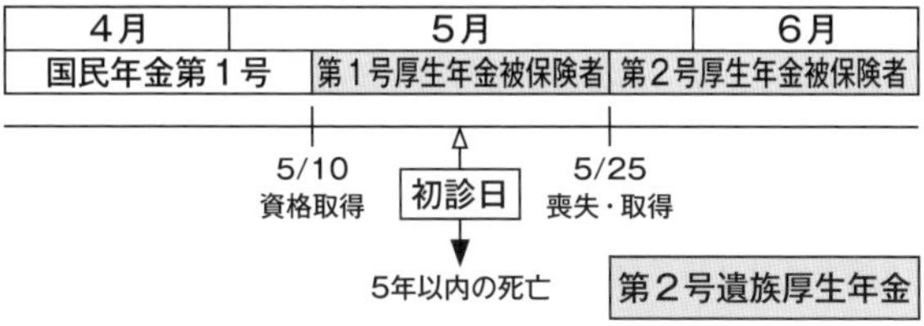

5月は第2号厚生年金被保険者期間とみなされるため、その実施機関である国家公務員共済組合連合会が事務等を行う

B. 障害等級1級または2級に該当する障害状態にある障害厚生年金の受給権者が死亡したとき

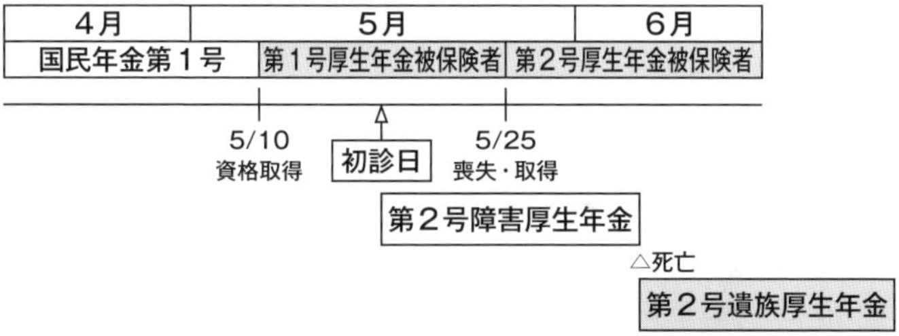

5月は第2号厚生年金被保険者期間とみなされるため、その実施機関である国家公務員共済組合連合会が事務等を行う

② 同月が国民年金（第1号・第3号被保険者）の期間であるとき

同月得喪後に国民年金の第１号または第３号被保険者となったときは、死亡した人が有する被保険者期間にかかる種別の実施機関が事務等を行います。２以上の種別の期間を有するときは最も長い被保険者期間の種別の実施機関が行います。被保険者期間が同じときには、第１号厚生年金、第２号厚生年金、第３号厚生年金、第４号厚生年金の種別の順です。〈厚年令３の13の11②〉

A. 厚生年金の被保険者資格を喪失した後に、被保険者期間中に初診日のある傷病により、初診日から起算して5年以内に死亡したとき

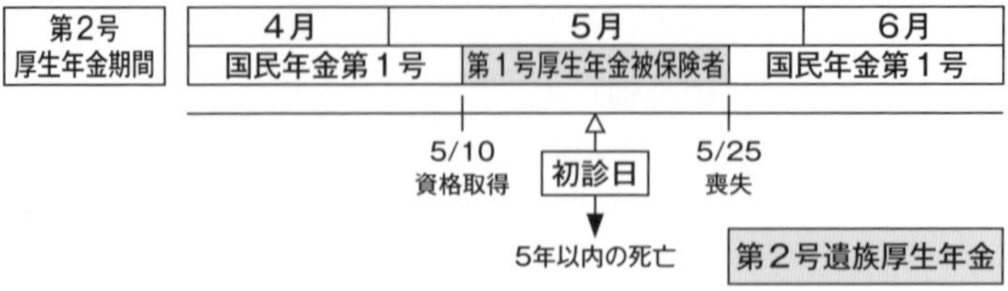

5月は厚生年金の被保険者期間とならない。第2号厚生年金期間を有するので、国家公務員共済組合連合会が事務等を行う

B. 障害等級1級または2級に該当する障害状態にある障害厚生年金受給権者が死亡したとき

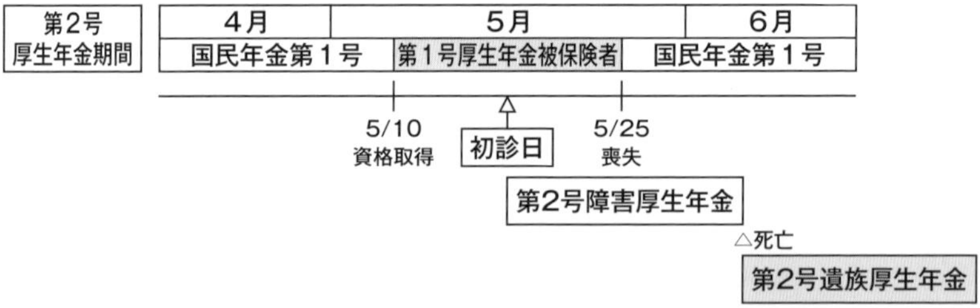

5月は厚生年金の被保険者とならない。第2号厚生年金期間を有するので、国家公務員共済組合連合会が事務等を行う

3 同月得喪期間内に死亡日があるとき

同月得喪における資格喪失の理由が死亡のときは、その月は厚生年金の被保険者期間になります。そのため、死亡時に加入していた種別の実施機関が遺族厚生年金の事務等を取り扱います。

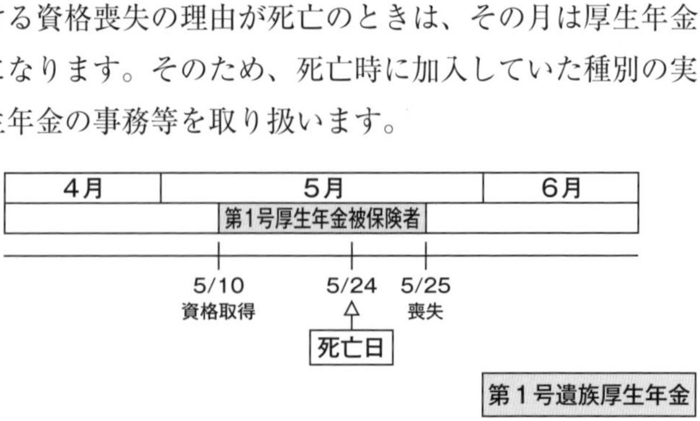

5月は厚生年金の被保険者期間となる。第1号厚生年金被保険者にかかる実施機関である日本年金機構が事務等を行う

参考 **遺族**

遺族厚生年金を受給できるのは、厚生年金の被保険者または被保険者であった人が死亡した当時、その人と生計を共にし、かつ恒常的な年収が850万円未満（または所得額が655万5千円未満）である一定の遺族です。その遺族の優先順位は、第1順位が配偶者および子、第2順位が父母、第3順位が孫、第4順位が祖父母であり、妻以外の遺族には年齢要件があります。

一元化前の遺族共済年金では、夫、父母、祖父母、障害のある子には年齢要件がなかったのに対し、平成27年10月1日からは厚生年金保険法に統一され、年齢要件が適用されるようになりました。ただし、一元化前に遺族共済年金を受給していた20歳以上の障害等級1、2級の障害状態にある子および孫は、改正後も引き続き遺族共済年金の受給権を有します。

平成27年10月1日以後に受給権を取得する遺族厚生年金は、20歳以上の障害状態にある子および孫はその受給権者となりません。経過的職域加算額（遺族共済年金）も同様です。

順位	遺　族	平成27年９月30日までの遺族共済年金の遺族の要件		平成27年10月１日以後の遺族厚生年金の遺族の要件
1	配偶者	年齢要件なし （夫…60歳まで支給停止）		夫は55歳以上 （60歳まで支給停止）
	子	18到達年度末までにある子で現に婚姻していない 受給権取得時から引き続き障害等級1、2級に該当（年齢要件なし）	→	18到達年度末までにある子で現に婚姻していない 受給権取得時から引き続き障害等級1、2級に該当し、20歳未満で現に婚姻していない
2	父母	年齢要件なし （60歳まで支給停止）		55歳以上 （60歳まで支給停止）
3	孫	第1順位の子と同じ		第1順位の子と同じ
4	祖父母	第2順位の父母と同じ		第2順位の父母と同じ

遺族厚生年金の受給権者は、遺族のうち最優先順位者に限られます。一元化前の共済年金制度では、第2順位以下の遺族に遺族共済年金の受給権が受け継がれる転給制度がありました。転給制度は厚生年金には設けられておらず共済年金制度特有のものでしたが、一元化により廃止されています。

5 長期要件の遺族厚生年金の額（2以上の種別）

～2以上の種別の期間がある人の長期要件の遺族厚生年金は按分計算される～

1 長期要件の遺族厚生年金の額

長期要件の遺族厚生年金の原則的な計算方法は、「平均標準報酬額×5.481/1,000×被保険者期間の月数×4分の3」です。給付乗率は生年月日による読み替えが適用されます。（第4章②Ⅱ2）。

2 2以上の種別の期間がある人の額の計算

長期要件の遺族厚生年金において、死亡した人が2以上の種別の期間を有していたときは、第1号～第4号の**各号の実施機関から支給**されます。各号の遺族厚生年金の額は、死亡した人が有していた各号の厚生年金被保険者期間に基づいて計算された額を合算した額に**合算遺族按分率**を乗じて得た額です。〈厚年法78の32②、厚年令3の13の6②〉

POINT!

合算遺族按分率とは、1の種別の期間に基づく報酬比例部分の4分の3に相当する額を、各号の被保険者期間ごとの報酬比例部分の4分の3に相当する額を合算した額で除して得た数です。

3 2以上の種別の期間がある人の所在不明による支給停止の申請

配偶者または子に対する遺族厚生年金は、その配偶者または子の**所在が1年以上明らかでない**ときは、遺族厚生年金の受給権を有する子または配偶者の申請によって、その所在不明時に遡って支給が停止されます〈厚年法67〉。また、配偶者以外の人に対する遺族厚生年金も同様です〈厚年法68〉。

2以上の種別の遺族厚生年金を受給できる場合における所在不明による支給停止の申請は、それぞれの年金について**同時**に行う必要があります。例えば、第1号厚生年金被保険者期間にかかる遺族厚生年金と、第2号厚生年金被保険者期間にかかる遺族厚生年金を受給しているとき、どちらか一方のみ所在不明による支給停止の申請をすることはできず、両方に対して申請をする必要があります。〈厚年法78の34〉

計算事例

昭和21年4月2日以後生まれの人の死亡

- 第４号厚生年金被保険者期間360月（平均標準報酬額30万円）
- 第１号厚生年金被保険者期間60月（平均標準報酬額20万円）

▼死亡（長期要件）

第４号厚生年金期間　360月 平均標準報酬額30万円	第１号厚生年金期間60月 平均標準報酬額20万円

第４号遺族厚生年金

第１号遺族厚生年金

合算した遺族厚生年金額

(300,000円×5.481／1,000×360×3/4)＋(200,000円×5.481／1,000×60×3/4)

＝493,290円

第４号遺族厚生年金額

$$493{,}290\text{円}\times\frac{300{,}000\text{円}\times5.481/1{,}000\times360\times3/4}{493{,}290\text{円}}=493{,}290\text{円}\times\frac{443{,}961\text{円}}{493{,}290\text{円}}$$

＝**443,961円**

第１号遺族厚生年金額

$$493{,}290\text{円}\times\frac{200{,}000\text{円}\times5.481/1{,}000\times60\times3/4}{493{,}290\text{円}}=493{,}290\text{円}\times\frac{49{,}329\text{円}}{493{,}290\text{円}}$$

＝**49,329円**

参考　**一元化前の遺族厚生年金と遺族共済年金**

一元化前の長期要件の遺族厚生年金では、死亡した人が有していた厚生年金被保険者期間ごとに遺族厚生年金の額の計算を行い、遺族厚生年金と遺族共済年金の両方が支給される場合がありました。その場合、短期要件に該当するときと長期要件に該当するとき等の違いにより、次のように併給調整が行われていました。

厚生年金＼共済組合等		遺族共済年金	
		短期要件	長期要件
遺族厚生年金	短期要件	選択	選択
	長期要件	遺族共済年金のみ支給	併給

6 長期要件の遺族厚生年金の併給調整（2以上の種別）

～2以上の種別の期間がある人の支給停止額は按分して計算される～

1 遺族厚生年金の受給権者が老齢厚生年金の受給権者のとき

65歳以上で**老齢厚生年金と遺族厚生年金**の受給権を有するときは、老齢厚生年金に相当する額の支給が停止されます（第4章2Ⅱ3）。

〈厚年法64の2〉

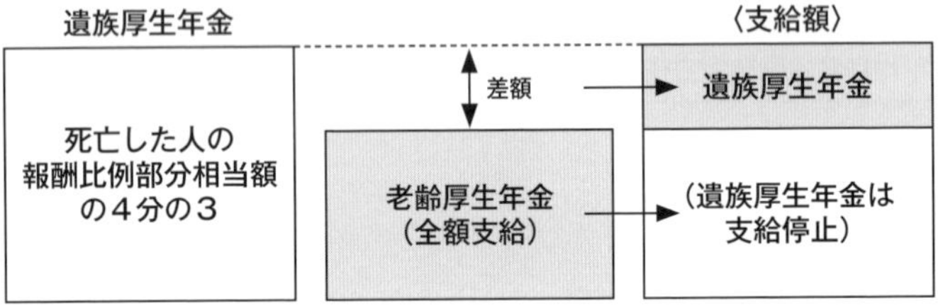

2 2以上の種別の遺族厚生年金の額

2以上の種別の被保険者期間を有する人の死亡による長期要件の遺族厚生年金は、死亡した人が有していた**各号の厚生年金被保険者期間ごと**に年金額を計算し、合算した額に**合算遺族按分率**を乗じることにより、各実施機関から支給される遺族厚生年金を算出します。この遺族厚生年金の受給権者が65歳以上で老齢厚生年金の受給権を有するときは、それぞれの遺族厚生年金額から老齢厚生年金額に合算遺族按分率を乗じて得た額に相当する部分の支給が停止されます。 〈厚年令3の13の6②〉

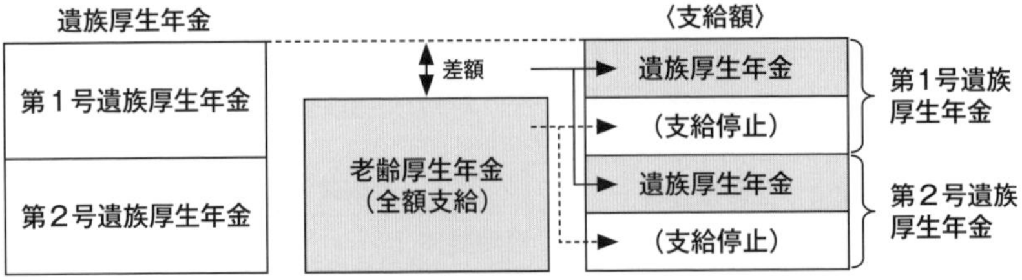

合算遺族按分率を乗じることにより按分して支給停止

計算事例

65歳以上の遺族厚生年金の受給権者が老齢厚生年金の受給権を有するとき（死亡した人は昭和21年４月２日以後生まれ）

第４号厚生年金被保険者期間360月（平均標準報酬額30万円）-

第１号厚生年金被保険者期間60月（平均標準報酬額20万円）

遺族が受給する老齢厚生年金10万円

▼死亡（長期要件）

第４号厚生年金期間　360月 平均標準報酬額30万円	第１号厚生年金期間60月 平均標準報酬額20万円	

合算した遺族厚生年金額

$$(300{,}000\text{円}\times 5.481/1{,}000\times 360\times 3/4)+(200{,}000\text{円}\times 5.481/1{,}000\times 60\times 3/4)$$

$$=493{,}290\text{円}$$

第４号遺族厚生年金額

$$493{,}290\text{円}\times\frac{300{,}000\text{円}\times 5.481/1{,}000\times 360\times 3/4}{493{,}290\text{円}}-100{,}000\text{円}\times\frac{443{,}961\text{円}}{493{,}290\text{円}}$$

$$=443{,}961\text{円}-90{,}000\text{円}=353{,}961\text{円}$$

第１号遺族厚生年金額

$$493{,}290\text{円}\times\frac{200{,}000\text{円}\times 5.481/1{,}000\times 60\times 3/4}{493{,}290\text{円}}-100{,}000\text{円}\times\frac{49{,}329\text{円}}{493{,}290\text{円}}$$

$$=49{,}329\text{円}-10{,}000\text{円}=39{,}329\text{円}$$

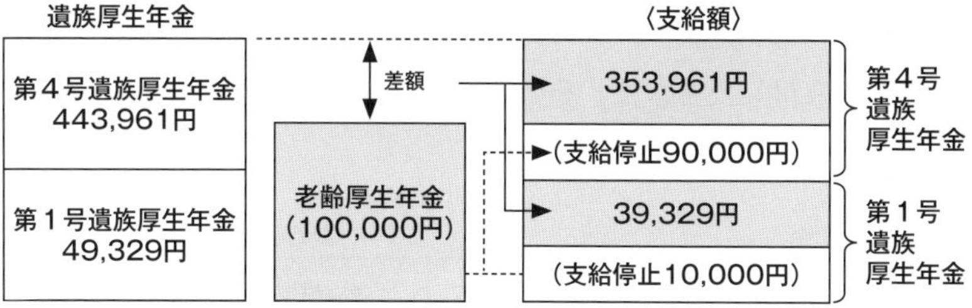

第４号遺族厚生年金	353,961円	遺族は合計493,290円を受給する
第１号遺族厚生年金	39,329円	
老齢厚生年金	100,000円	

7 老齢厚生年金の受給権を有する配偶者（2以上の種別）

～2以上の種別の期間がある人の老齢厚生年金の2分の1の額は合算する～

1 65歳以上の配偶者の遺族厚生年金の額

老齢厚生年金の受給権を有する65歳以上の配偶者が、同時に遺族厚生年金の受給権を有する場合、その遺族厚生年金の額は、次のいずれかの計算方法により算出された高い方の額となります（第４章2Ⅱ３）。

〈厚年法60、同法附17の2〉

① 死亡した人の老齢厚生年金の額の４分の３に相当する額
② 死亡した人の老齢厚生年金の額の４分の３に相当する額の３分の２と配偶者自身の老齢厚生年金の２分の１を合算した額

2 ２以上の種別の期間がある遺族の老齢厚生年金の２分の１

２以上の種別の厚生年金被保険者期間にかかる老齢厚生年金の受給権を有する人の**自身の老齢厚生年金の２分の１**の計算は、第１号～第４号までの**各号の厚生年金被保険者期間に基づく老齢厚生年金の額を合算した額に２分の１**を乗じて算出します。

また、すでに上記１②により、遺族厚生年金と配偶者自身の老齢厚生年金を受給していた人が、さらに他の種別の期間に基づく老齢厚生年金の受給権を取得したときは、その取得した日の属する月の翌月から遺族厚生年金の額が改定されます。〈厚年令3の13の9〉

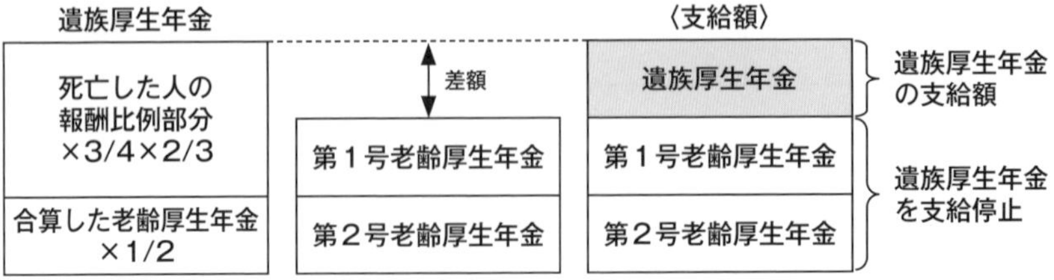

8 中高齢寡婦加算（2以上の種別）

～2以上の種別がある人の中高齢寡婦加算の要件は合算して適用する～

1 中高齢寡婦加算の加算要件

中高齢寡婦加算は一定の要件を満たしたときに妻が受給する遺族厚生年金に加算されます。夫の要件は次のいずれかに該当することです（妻の要件は第４章②Ⅱ４）。〈厚年法62〉

① 遺族厚生年金の短期要件に該当すること
② 遺族厚生年金の長期要件に該当し、かつ厚生年金の被保険者期間が240月（20年）以上（中高齢者の特例は15～19年以上）であること

2 2以上の種別の期間がある夫の要件

２以上の種別の厚生年金の被保険者期間を有する夫が死亡したときは、**合算**して**240月（20年）以上**あれば上記１②の要件を満たします。

〈厚年令３の13の６〉

3 加算される遺族厚生年金の優先順位

中高齢寡婦加算は、按分されることなく**いずれか１つの遺族厚生年金に加算**されます。その優先順位は次のとおりです。〈厚年令３の13の７〉

（１）被保険者期間が最も長い１の期間に基づく遺族厚生年金
（２）被保険者期間が同じ場合は次の期間に基づく遺族厚生年金の順
　① 第１号厚生年金被保険者期間　② 第２号厚生年金被保険者期間
　③ 第３号厚生年金被保険者期間　④ 第４号厚生年金被保険者期間

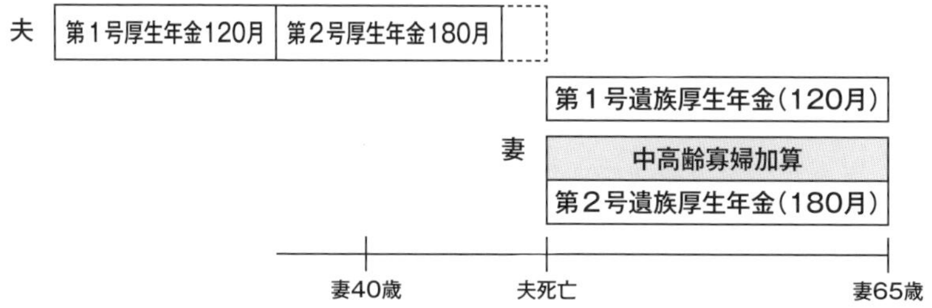

第７章 共済期間の年金

V 2以上の種別がある人の脱退一時金

1 脱退一時金の要件(2以上の種別)

～2以上の種別の期間がある人の脱退一時金は合算して適用する～

1 厚生年金の脱退一時金の制度の概要

厚生年金の**脱退一時金**は、①厚生年金の被保険者期間が6カ月以上あること、②請求時に日本国籍を有していないこと、③老齢厚生年金等の受給資格期間を満たしていないこと、の要件を満たす人が請求できる制度です。ただし、①日本国内に住所を有するとき、②障害厚生年金等の受給権を有したことがあるとき、③最後に国民年金の被保険者資格を喪失した日から2年を経過しているとき、は請求できません。

〈厚年法附29①、厚年令12〉

脱退一時金の額は、請求の前月までの厚生年金の被保険者期間に応じており、平均標準報酬額(再評価なし)×支給率で算出されます。

支給率は、最終月(最後に被保険者の資格を喪失した日の属する月の前月)の属する年の前年の10月(最終月が1月から8月の場合は前々年の10月)の厚生年金の保険料率に2分の1を乗じて得た率に、被保険者期間の区分に応じた支給率計算に用いる数(6～60)を乗じたものをいいます(第5章③2)。

2 2以上の種別の期間がある人の脱退一時金の要件

2以上の種別の厚生年金被保険者期間を有する人の脱退一時金の計算に際しては、その人の2以上の種別の厚生年金被保険者期間を**合算**し、1つの期間とみなして適用します。そのうえで、脱退一時金の額の計算は、第1号～第4号までの**厚生年金被保険者期間ごと**に行われます。

〈厚年令16〉

2 脱退一時金の額の計算（2以上の種別）

～2以上の種別がある人の脱退一時金は期間を合算して定数を決定する～

1 2以上の種別の期間がある人の脱退一時金の額

2以上の種別の厚生年金被保険者期間を有する人の脱退一時金の計算方法は、次のとおりです。

① 2以上の種別の厚生年金被保険者期間を合算した月数に基づき、定数（6～60）を決定します。

② 種別ごとに、平均標準報酬額に支給率（保険料率の2分の1の乗率に定数を乗じて得た率）を乗じた額を、それぞれの被保険者期間に応じて按分します。計算には同一の支給率を用います。

③各号別に計算した額を合算し、脱退一時金の額として支給します。

参考 計算事例

第1号厚生年金被保険者期間15月、第2号厚生年金被保険者期間25月

合算して40月→36月以上であるため、定数は「36」（第5章3 2）

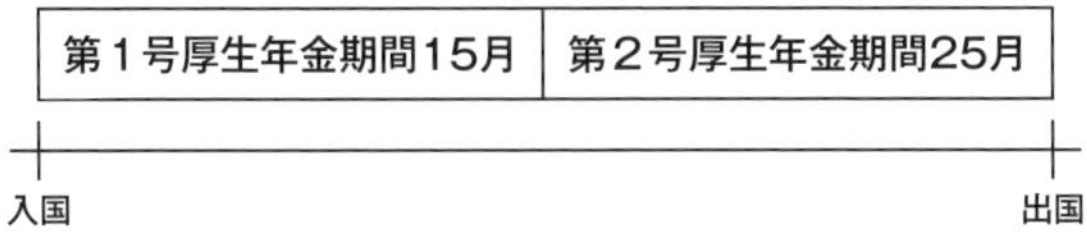

①第1号厚生年金被保険者期間の平均標準報酬額×保険料率×1/2×36×15/40

②第2号厚生年金被保険者期間の平均標準報酬額×保険料率×1/2×36×25/40

脱退一時金の額＝①＋②

参考 脱退一時金の請求方法

脱退一時金請求書はワンストップサービスの対象外ですが、2以上の厚生年金期間を有する外国人の脱退一時金は、1つの実施機関が取りまとめて決定および支給を行います。取りまとめ実施機関は、国民年金の加入期間が6月以上の場合は日本年金機構、6月未満の場合は最終加入期間がある実施機関です。

2 2以上の種別の厚生年金期間がある人の年金

Ⅵ 2以上の種別がある人の離婚分割

1 年金分割（2以上の種別）

～2以上の種別の期間がある人の合意分割請求は同時に行う～

1 2以上の種別の期間がある人の合意分割

２以上の種別の厚生年金の被保険者であった期間を有する人の**合意分割**は、その期間を**合算**して**１つの期間にかかる被保険者期間のみを有するもの**とみなします。これにより、当事者が対象期間に加入したすべての厚生年金の被保険者期間にかかる標準報酬総額に基づいて改定処理が行われます。１つの実施機関に対する改定請求は、すべての実施機関に対して請求したものとされます。〈厚年法78の35〉

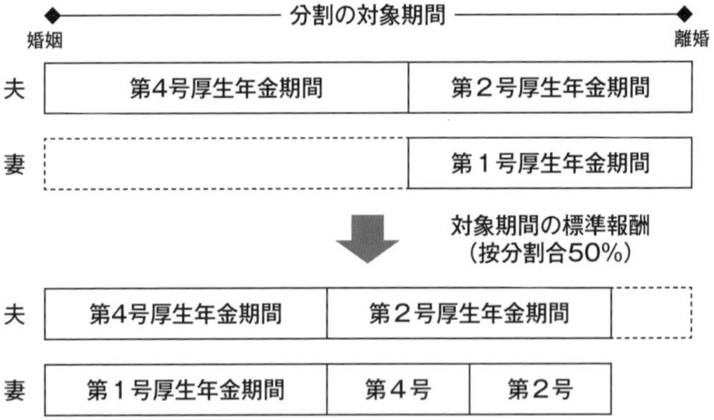

2 2以上の種別の期間がある人の年金分割のための情報通知書

２以上の種別の厚生年金の被保険者期間を有する人の離婚分割のための情報提供にかかる**年金分割のための情報通知書**は、その請求を受けた実施機関が発行します。

通知書には、当事者双方が対象期間に加入したすべての厚生年金被保険者期間にかかる標準報酬総額に基づき算定した按分割合の範囲が記載されます。

按分割合を指定した見込額の試算を希望したときは、それぞれの実施機関ごとに、**年金分割を行った場合の年金見込額のお知らせ**が作成されます。見込額の試算は50歳以上であれば依頼することができます。

3 対象期間標準報酬総額に乗じる再評価率

対象期間標準報酬総額とは、対象期間に係る被保険者期間の各月の標準報酬月額と標準賞与額の総額のことをいい、それぞれの当事者を受給権者とみなして再評価率(対象期間の末日において適用される再評価率)を乗じて算出されます。

２以上の種別の被保険者期間を有する人にかかる離婚分割について、対象期間標準報酬総額を算出するときは、第１号～第４号の**各号の厚生年金の被保険者期間の種別ごと**に再評価率を乗じます。

〈厚年法78の3、厚年令3の13の12〉

4 対象期間標準報酬総額の計算の特例

対象期間標準報酬総額を計算する場合において、昭和60年９月以前の国家公務員共済組合期間、地方公務員共済組合期間および私立学校教職員共済加入期間の平均標準報酬月額の計算の基礎となる標準報酬月額は、それぞれの期間の各月の標準報酬月額に、生年月日に応じた次表の率を乗じた額となります。ただし、昭和61年４月前の一部期間を除きます。

〈厚年法附17の9、附則別表第２〉

生年月日	再評価率
昭和 5年4月1日以前	1.222
昭和 5年4月2日から昭和 6年4月1日	1.233
昭和 6年4月2日から昭和 7年4月1日	1.260
昭和 7年4月2日から昭和10年4月1日	1.266
昭和10年4月2日から昭和11年4月1日	1.271
昭和11年4月2日から昭和12年4月1日	1.281
昭和12年4月2日以後	1.291

2 標準報酬改定の計算（2以上の種別）

～2以上の種別の期間がある人の標準報酬改定は合算した額から改定割合を算出する～

1 2以上の種別の期間がある人の標準報酬改定の計算

2以上の種別の厚生年金の被保険者期間を有する人の**標準報酬の改定**は、それぞれの期間ごとに計算した**標準報酬総額を合算**し、その額に基づき算出した改定割合を用いて、各実施機関により標準報酬の改定が行われます。改定割合の計算方法は次のとおりです。

〈厚年法78の6、厚年令3の13の12〉

$$\text{改定割合}=\text{按分割合}-\frac{\text{第2号改定者の}\ \begin{matrix}\text{第1号～第4号厚生年金}\\\text{被保険者期間の標準報酬総額}\end{matrix}}{\text{第1号改定者の}\ \begin{matrix}\text{第1号～第4号厚生年金}\\\text{被保険者期間の標準報酬総額}\end{matrix}}\times(1-\text{按分割合})$$

計算事例

対象期間標準報酬総額（婚姻期間内の標準報酬総額）が次表の場合
（按分割合50%）

		元夫	元妻	合計
標準報酬総額	①第４号厚生年金	22,000万円	0	22,000万円
	②第２号厚生年金	8,000万円	0	8,000万円
	③第１号厚生年金	0	10,000万円	10,000万円
合　　計		30,000万円	10,000万円	40,000万円

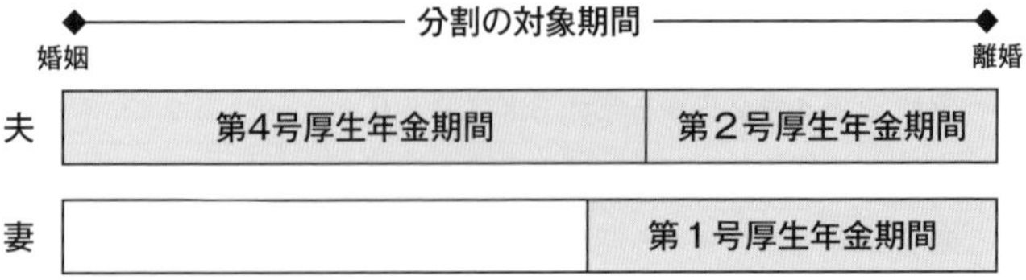

分割後の標準報酬

（婚姻期間中の全期間の報酬総額の合計を比較→元夫が第1号改定者）

・改定割合（合算した標準報酬総額で計算）

0.5－10,000万円／30,000万円×（1－0.5）＝0.333333333

- 元夫（第1号改定者）の分割後の標準報酬総額
 改定前の標準報酬総額×（1－改定割合）
 30,000万円×（1－0.33333・・・）≒20,000万円
- 元妻（第2号改定者）の分割後の標準報酬総額
 改定前の標準報酬総額＋第1号改定者の改定前の標準報酬総額×改定割合
 10,000万円＋30,000万円×0.33333・・・≒20,000万円

分割後

	婚姻 ◆―――― 分割の対象期間 ――――◆ 離婚		分割後の標準報酬総額
元夫	第4号厚生年金期間 \| 第2号厚生年金期間		20,000万円
元妻	第1号厚生年金期間 \| 第4号 \| 第2号		20,000万円

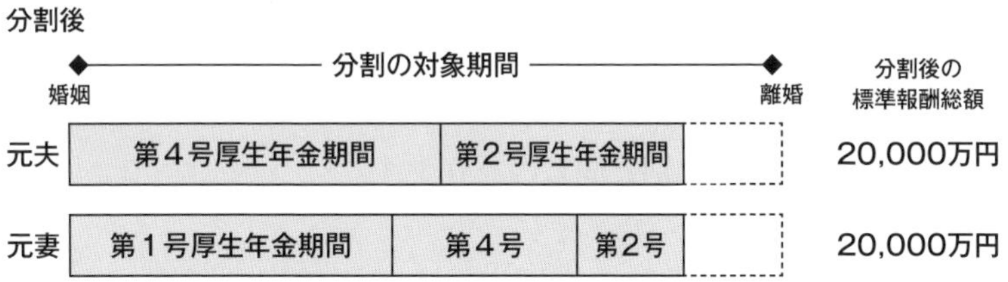

　年金分割を行う場合、当事者それぞれが対象期間に加入したすべての厚生年金被保険者期間にかかる標準報酬総額を比較し、その総額の多い方が第1号改定者です。

　計算事例の場合は第1号改定者（元夫）が加入していた第2号厚生年金被保険者期間および第4号厚生年金被保険者期間の実施機関が改定手続きを行います。これにより、第2号改定者（元妻）は、夫の第2号厚生年金および第4号厚生年金の標準報酬の分割を受けることになり、自身の第1号厚生年金と合わせて、最終的な持ち分が50％になります。

第7章 共済期間の年金

参考 ―――――――――― **第1号改定者・第2号改定者とは** ――――――――――

　対象期間標準報酬総額が多い側（分割される人）を第1号改定者、少ない側（分割を受ける人）を第2号改定者といいます。

3 離婚時みなし被保険者期間(2以上の種別)

～離婚時みなし被保険者期間の種別は第1号改定者の種別となる～

1 2以上の種別の期間がある人の離婚時みなし被保険者期間

合意分割では、第1号改定者から第2号改定者に標準報酬が分割されます。この際、第1号改定者の被保険者期間であって第2号改定者の被保険者でなかった期間は、第2号改定者も被保険者であったものとみなされます。これを**離婚時みなし被保険者期間**といいます(第6章[2]Ⅲ2)。

離婚時みなし被保険者期間にかかる種別は、標準報酬が分割される側である第1号改定者の被保険者期間の種別です。

第1号改定者が2以上の種別の被保険者期間を有する場合において、そのうち第2号改定者の被保険者期間でない期間は、第2号改定者がその期間における被保険者であったものとみなされ、その種別は**第1号改定者の被保険者期間の種別と同じ**になります。〈厚年令3の13の12〉

2 離婚時みなし被保険者期間にかかる受給権の取得

特別支給の老齢厚生年金の受給要件の1つに「1年以上の厚生年金の被保険者期間を有すること」がありますが、この1年に離婚時みなし被保険者期間は含まれません。

2以上の種別の厚生年金被保険者期間を有するときは、**1年以上**の要件は、2以上の厚生年金被保険者期間を**合算**して判断されます。つまり、第2号改定者が、自身が加入した厚生年金の被保険者期間が1年以上あれば、自身が実際に加入したことのない種別の厚生年金の期間であっても、分割を受けた離婚時みなし被保険者期間にかかる特別支給の老齢厚生年金を受給することができます。ただし、特別支給の老齢厚生年金の他の要件(生年月日等)を満たしている人に限ります(第2章[3]Ⅰ・Ⅱ)。

■第２号改定者に１年以上の厚生年金期間がないとき

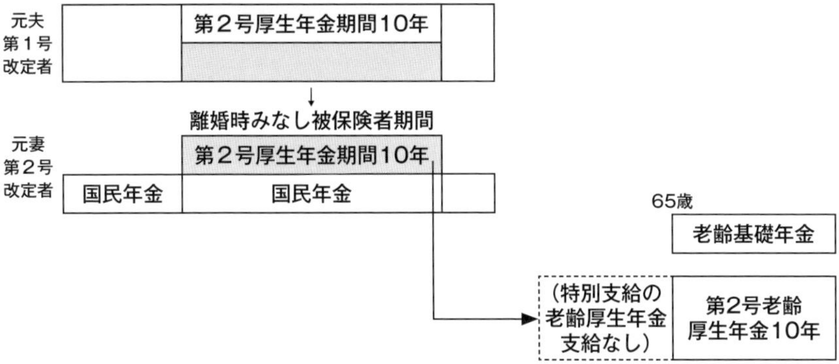

■第２号改定者に１年以上の厚生年金期間があるとき

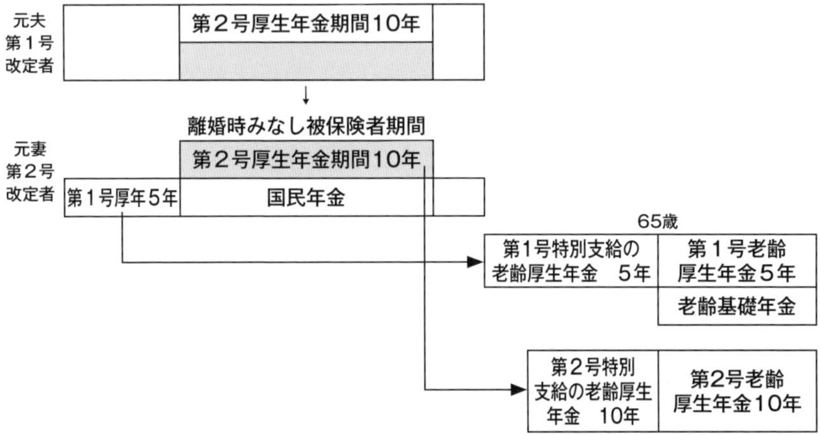

自身が1年以上の厚生年金被保険者期間を有する場合、第２号特別支給の老齢厚生年金が支給されます。平成27年10月までは支給されませんでした。

参考　一元化前の離婚分割

一元化前の２以上の年金制度の加入期間を有する場合の合意分割は、対象期間に加入していた各年金制度（国民年金除く）について、それぞれの対象期間ごとに、標準報酬の改定の請求、対象期間標準報酬総額および按分割合の範囲の計算等の改定処理が行われていました。これにより、当事者が対象期間に加入した年金制度のうち、一部の年金制度のみの標準報酬等の改定請求を行うことが可能でした。一元化後はすべての種別の改定請求が必要となりました。

4 3号分割(2以上の種別)

～2以上の種別の期間がある人の3号分割は同時に行う～

1 3号分割請求

厚生年金の被保険者であった期間中に被扶養配偶者を有する場合、離婚等の際には、その被扶養配偶者は特定期間にかかる**3号分割**の請求をすることができます。

特定期間とは、3号分割の対象となる期間のことをいい、厚生年金の被保険者であった期間であり、かつ、その被扶養配偶者が国民年金の第3号被保険者であった期間を指します。特定期間は、平成20年4月1日以後の期間に限られます。(第6章[3] I 1)。

なお、厚生年金加入期間がある側（分割される人）を特定被保険者、第3号被保険者だった側（分割を受ける人）を被扶養配偶者といいます。

2 2以上の種別の期間がある人の3号分割

2以上の種別の厚生年金被保険者期間を有する人にかかる3号分割請求を行うときは、第1号～第4号までの各号の厚生年金の被保険者期間のうち、1つの種別の3号分割の請求は、他の種別の3号分割の請求と**同時**に行う必要があります。

この場合、2以上の種別の厚生年金被保険者期間を合算して、**1つの厚生年金被保険者期間のみを有するもの**とみなして、3号分割の請求および標準報酬の改定請求の特例が適用されます。 〈厚年法78の36〉

合意分割と3号分割が両方含まれるときは、合意分割と同時に3号分割の請求があったとみなされます。まず3号分割が適用され、その後計算される按分割合の範囲内で合意分割が行われます。

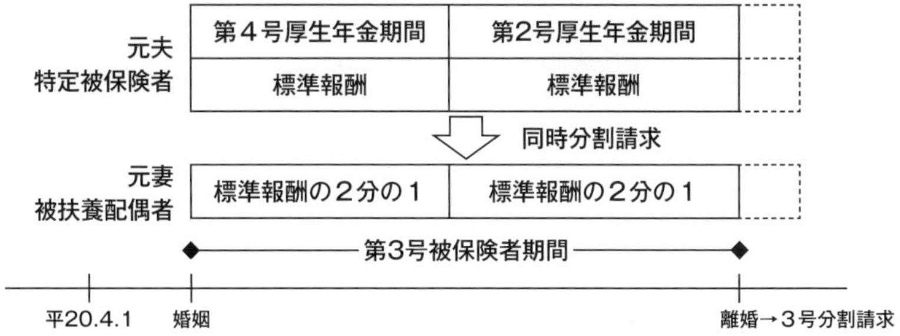

3 被扶養配偶者みなし被保険者期間の種別

３号分割により分割された特定期間にかかる被保険者期間は、被扶養配偶者の被保険者期間であったものとみなされます。これを**被扶養配偶者みなし被保険者期間**といいます（第６章③Ⅱ１）。

被扶養配偶者みなし被保険者期間にかかる種別は、標準報酬が分割される側である特定被保険者の被保険者期間の種別です。

被扶養配偶者みなし被保険者期間は、離婚時みなし被保険者期間と同様の扱いです。

〈厚年令３の12の９〉

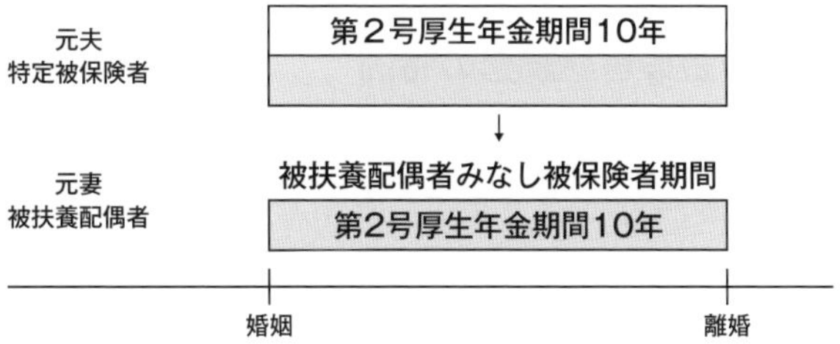

参考 年金分割の請求先

２以上の種別の厚生年金期間を有する人の標準報酬の改定の実務はそれぞれの実施機関で行われますが、標準報酬改定請求書はワンストップサービスの対象であるため、請求はいずれの実施機関でも可能です。

2　2以上の種別の厚生年金期間がある人の年金

Ⅶ　2以上の種別がある人のその他の規定

1　併給調整（2以上の種別）

～2以上の種別の期間がある人の併給調整は同一支給事由による年金受給が原則～

1　2以上の種別の期間がある人の併給調整

２以上の種別の被保険者期間を有する人は、それぞれの種別に応じた年金を受給します。

受給権者が65歳未満であるときに併給されるのは、**同一支給事由**による年金のみです。例えば、第１号特別支給の老齢厚生年金と第２号特別支給の老齢厚生年金は同一支給事由による年金なので併給されます。

受給権者が**65歳以上**である場合は、同一支給事由による年金受給を原則としつつも、他の支給事由による年金が支給される場合があります。

〈厚年法78の22〉

2　老齢厚生年金の併給調整の特例

老齢厚生年金の受給権者に他の年金給付が支給されるときは、併給調整が適用され、選択受給となります。ただし、65歳以上の老齢厚生年金と同一の支給事由に基づいて支給される他の種別の老齢厚生年金および遺族厚生年金、国民年金法による老齢基礎年金、付加年金、障害基礎年金は併給されます。

■併給される組み合わせ例（65歳以上）

第１号老齢厚生年金	第１号老齢厚生年金	遺族厚生年金
第２号老齢厚生年金	第２号老齢厚生年金	第１号老齢厚生年金
老齢基礎年金	障害基礎年金	第２号老齢厚生年金
		老齢基礎年金

3 障害厚生年金の併給調整の特例

障害厚生年金の受給権者に他の年金給付が支給されるときは、併給調整が適用され、選択受給となります。ただし、障害厚生年金と同一の支給事由に基づいて支給される障害基礎年金は併給されます。

1の種別の厚生年金被保険者期間にかかる障害等級2級以上の障害厚生年金の受給権を有する人に、さらに別の種別の厚生年金被保険者期間にかかる2級の障害厚生年金を支給すべき事由が生じた場合は、前後の障害を併合した障害の程度に応じて、障害厚生年金の額が改定されます。

〈厚年法48〉

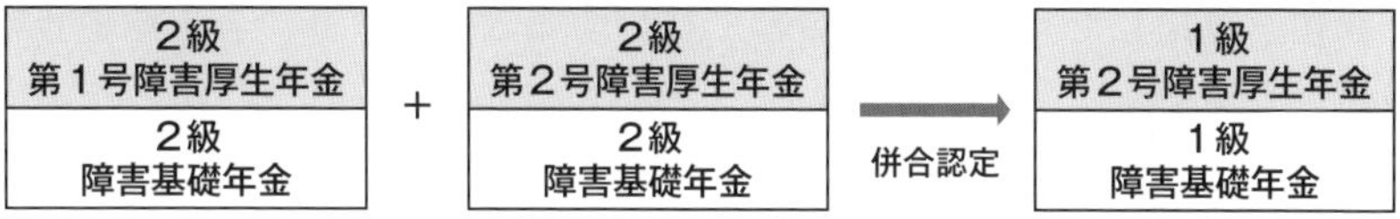

4 遺族厚生年金の併給調整の特例

遺族厚生年金の受給権者に他の年金給付が支給されるときは、併給調整が適用され、選択受給となります。ただし、65歳以上は老齢厚生年金およびその遺族厚生年金と同一の支給事由に基づいて支給される他の種別の遺族厚生年金のほか、国民年金法による老齢基礎年金、付加年金、障害基礎年金、その遺族厚生年金と同一の支給事由に基づいて支給される遺族基礎年金が併給されます。

■併給される組み合わせ例（65歳以上）

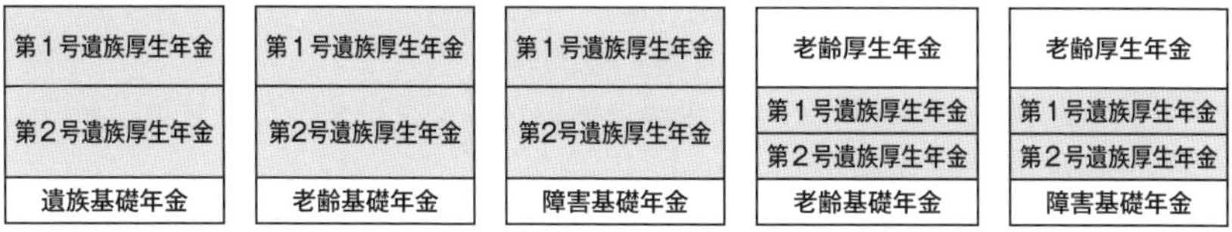

2 高年齢雇用継続給付受給による支給停止（2以上の種別）

～2以上の種別の期間がある人の按分計算により支給停止額を計算する～

1 2以上の種別の期間がある人の高年齢雇用継続給付と年金との調整

2以上の種別の被保険者期間を有する人の雇用保険の**高年齢雇用継続給付との調整**は、第1号～第4号までの**各号の厚生年金被保険者期間ごと**に適用されます。例えば、第1号特別支給の老齢厚生年金と第2号特別支給の老齢厚生年金を受給中の厚生年金の被保険者が、高年齢雇用継続基本給付金を受給したとき、2つの年金の合算額を基に全体の支給停止総額を算出したうえで各年金額で按分することにより、各支給停止額を決定します。

〈厚年法附11の6、20、厚年令8の5〉

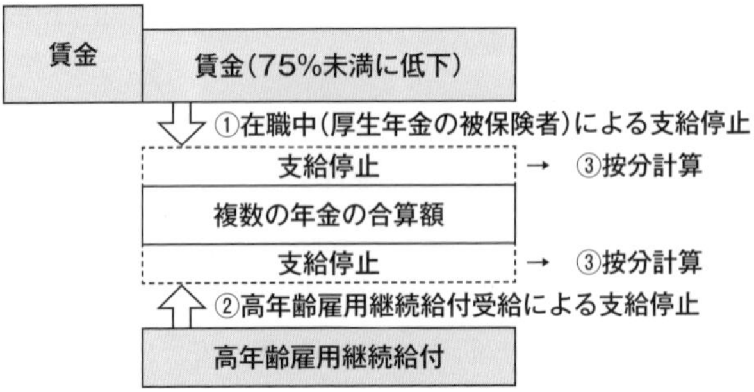

計算事例

- 第1号特別支給の老齢厚生年金額（第1号特老厚）　7万円
- 第2号特別支給の老齢厚生年金額（第2号特老厚）　1万円
- 60歳到達時賃金月額（標準報酬月額）　41万円
- 60歳以後賃金月額（標準報酬月額）　20万円

①賃金が61％未満となり、高年齢雇用継続基本給付金を月3万円受給
200,000円×15％＝30,000円

②在職老齢年金から、標準報酬月額×６％が支給停止
200,000円×6％＝12,000円

③支給停止額の按分計算
第1号特老厚12,000円×70,000円／80,000円=10,500円（支給停止）
第2号特老厚12,000円×10,000円／80,000円＝1,500円（支給停止）

3 受給権者の申出による支給停止(2以上の種別)

～2以上の種別の期間がある人が自ら年金の支給を停止するときは同時に行う～

1 2以上の期間がある人の支給停止の申出

年金の受給権者が自ら申出を行うことにより、年金の支給を停止することができます。また、受給権者はいつでも支給停止の解除の申出をすることができます。

受給権者が2以上の種別の被保険者期間を有するときは、同一の支給事由に基づく年金の**支給停止の申出**および撤回は**同時**に行う必要があります。例えば、第1号厚生年金被保険者期間と第2号厚生年金被保険者期間に基づく老齢厚生年金を受給している人が、第1号老齢厚生年金の支給停止の申出を行うときは、第2号老齢厚生年金にかかる支給停止の申出も同時に行う必要があります。 〈厚年法78の23〉

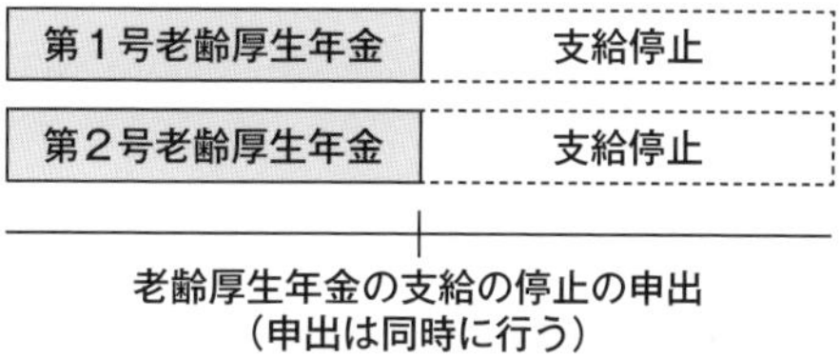

2 老齢基礎年金の支給停止の申出

老齢基礎年金と老齢厚生年金は別に取り扱われます。そのため、第1号老齢厚生年金と第2号老齢厚生年金の支給停止の申出を行う場合であっても、老齢基礎年金に関しては申出を行う必要はありません。

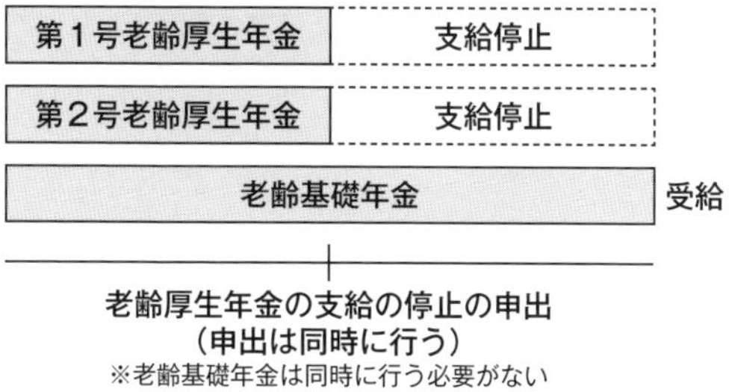

4 損害賠償請求権の特例(2以上の種別)

~2以上の種別の期間がある人の損害賠償との調整は按分した価額の限度で行われる~

1 2以上の種別の期間がある人の損害賠償額との調整

事故が第三者の行為によって生じた場合に保険給付が行われたときは、受給権者が第三者に対して有する**損害賠償の請求権**は、その給付の価額の限度で政府および実施機関が取得します。また、受給権者が第三者から同一の事由について損害賠償を受けたときは、政府および実施機関はその価額の限度で**保険給付をしない**ことができます。これにより、同じ事由に対する重複した給付の調整を行います(第8章2Ⅲ1)。〈厚年法40〉

この場合、2以上の種別の厚生年金被保険者期間を有する者の保険給付は、**損害賠償の価額**をそれぞれの厚生年金被保険者期間に基づく**保険給付の価額に応じて按分**し、その按分した価額の限度で、保険給付をしないことができるものとされています。〈厚年法78の25〉

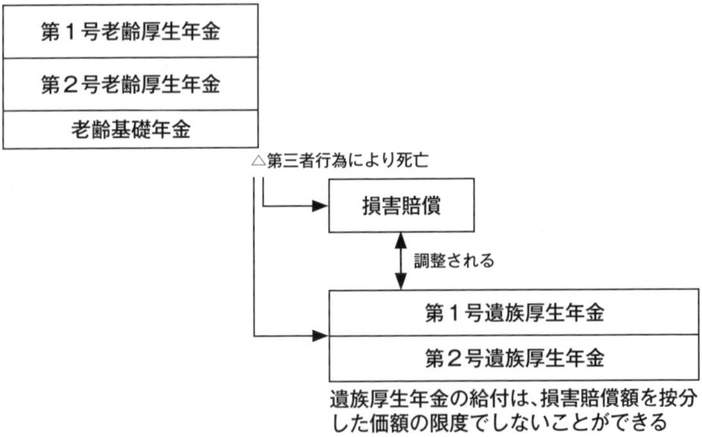

第8章

年金の支給・停止等

1 年金の裁定請求

Ⅰ 年金の通則

1 年金の裁定

～年金を受給するためには裁定の請求を行う必要がある～

1 年金の裁定

年金や一時金を受ける権利は、請求行為自体を権利発生の要件としている一部の給付（事後重症による障害基礎年金など）を除いて、支給要件を満たしたときに取得します。しかし、自動的に支給されるものではなく、要件を満たしたことの確認を受けることが必要です。この受給権を確認することを**裁定**といいます。裁定は、受給権者の請求に基づいて、**厚生労働大臣**または厚生年金の**実施機関**が行います。〈国年法16、厚年法33〉

裁定が行われると、厚生労働大臣または実施機関は年金証書を作成し、これを通知書に添えて受給権者に交付します。基礎年金の受給権が裁定されたときに、その受給権者が同じ事由に基づく厚生年金（厚生労働大臣が支給するものに限る）の年金証書をすでに受けていれば、基礎年金と厚生年金は同じ年金証書にまとめられます。〈国年則65②③〉

2 年金の受取り方法

年金の受取り方法は、金融機関の預金口座やゆうちょ銀行の貯金口座への振込みが一般的です。受給権者はこれらの口座を指定して、年金を各支払日に受け取ります。一部のインターネット専業銀行も年金の受取り先として指定できます。

また、年金の受取りをゆうちょ銀行の窓口の受取りに指定する方法もあります。この場合、年金送金通知書に記載されたゆうちょ銀行（郵便局）の窓口で、年金を受け取ることができます。

2 年金が支給される期間

～年金は月単位で２カ月に１回支給される～

1 年金が支給される期間

年金は、年金を支給すべき事由が生じた日（受給権取得日）の属する**月の翌月**から、受給する権利が消滅した日の属する**月まで**支給されます。

〈国年法18①、厚年法36①〉

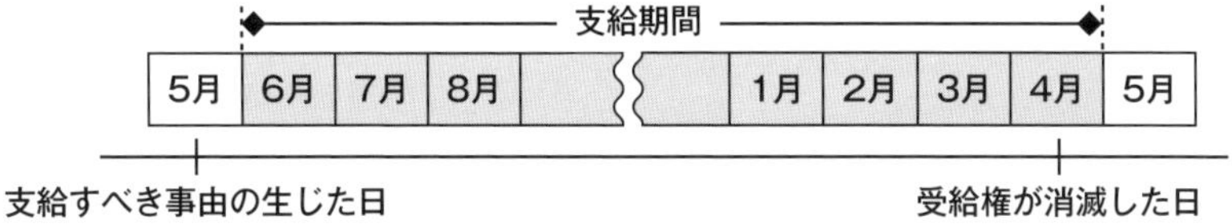

2 年金の受給権を取得する日

主な年金の受給権取得日は次のとおりです。

年金	受給権取得日
老齢基礎年金 老齢厚生年金	65歳に達した日 （特別支給の老齢厚生年金は特例支給開始年齢に達した日） 【繰上げ支給の請求をしたとき】　請求書が受理された日
障害基礎年金 障害厚生年金	障害認定日 【事後重症・基準障害のとき】　請求した日 【20歳前障害のとき】　20歳に達したときほか
遺族基礎年金 遺族厚生年金 寡婦年金 死亡一時金	死亡日

3 年金が支給停止される期間

年金の支給を停止すべき事由が生じたときには、その事由が生じた**月の翌月**から、その事由が消滅した**月まで**の間において、支給されません。

〈国年法18②、厚年法36②〉

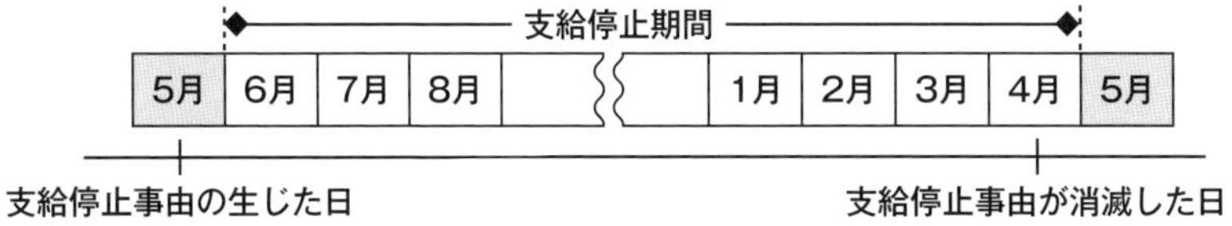

3 年金の支払期月

～年金は年に6回支給される～

1 年金の支払期月

年金は、**年に6回**、特定の日に前月分までの年金が支払われます。具体的には、**2月**、**4月**、**6月**、**8月**、**10月**、**12月**の各月に、それぞれ**前月までの2カ月分の年金**が支払われます。例えば、2月と3月の分の年金の支払日は、原則として4月15日（15日が休日のときは前日）です。

〈国年法18③、厚年法36③〉

2 各支払期の年金支払額

年金の各支払期の支払額は、その年に支払われるべき年金額（支給停止の額を控除した年金額）の6分の1の額です。年金は年に6回支払われるため、年金額を6等分して各支払期に分配されます。各支払期の額に1円未満の端数が生じたときは、その**端数は切り捨て**て計算します。

支払月	支払日	支払月分	支払額
2月	2月15日	前年12月、本年1月の2カ月分	年金額の6分の1
4月	4月15日	2月、3月の2カ月分	
6月	6月15日	4月、5月の2カ月分	
8月	8月15日	6月、7月の2カ月分	
10月	10月15日	8月、9月の2カ月分	
12月	12月15日	10月、11月の2カ月分	

15日が土曜日・日曜日・祝日のときは、
直前の平日が支払日です。

各支払期において1円未満の端数は切り捨てされます。
切り捨てられた分は2月の支払期に精算されます（本章1 I 4）。

3 各支払期月以外の支払い

年金の裁定請求が遅れたときなどに生じる前支払期月に支払われるべきであった年金は、通常の**支払期月でない月**であっても支払われます。受給権が消滅したときや年金が支給停止したときにおける期の年金も、その支払期月でない月に支払われることがあります。

年金を初めて受け取る際には、その年金の支給されるべき期間分がまとめて支払われます。支払開始年月（いつの分からの支払いか）は年金証書（巻末資料Ⅰ・3）に記載されています。いつの分までの支払いかは、次のとおりです。

最初に年金を受け取った月	最初の年金支給に係る支払対象月	
1月	支払開始年月の分から	前年の11月までの分
2月 3月	支払開始年月の分から	その年の1月までの分
4月 5月	支払開始年月の分から	その年の3月までの分
6月 7月	支払開始年月の分から	その年の5月までの分
8月 9月	支払開始年月の分から	その年の7月までの分
10月 11月	支払開始年月の分から	その年の9月までの分
12月	支払開始年月の分から	その年の11月までの分

4 年金振込通知書の送付

年金振込通知書（巻末資料Ⅰ・5）は、各支払期月に支給される年金額の通知です。この通知書は毎年1回、6月に郵送されます。

4 年金額の端数処理

～年金額の端数処理にはルールがある～

1 年金額の端数処理

年金を裁定するときや、年金額の改定を行うときには、1円未満の額に対して四捨五入の端数処理が行われます。これにより、老齢基礎年金や老齢厚生年金等については、1円単位で計算されることになります。

〈国年法17①・厚年法35①〉

65歳前に支給される特別支給の老齢厚生年金は、報酬比例部分と定額部分のそれぞれにおいて1円未満の端数処理が行われます。

年金額の計算の過程で生じる1円未満の端数処理について、政令により「50銭未満は切り捨て､50銭以上1円未満は1円に切り上げることができる」とされています。

POINT!

老齢基礎年金の満額、障害基礎年金（2級）の額、遺族基礎年金の額、付加年金、子の加算額、障害厚生年金の最低保障額、老齢厚生年金および障害厚生年金にかかる加給年金額、遺族厚生年金にかかる中高齢寡婦加算額等については、100円未満四捨五入の端数処理が行われます。

2 年金の支払額の端数処理

年金の支払額の端数処理に関しては、次の2つの基本ルールがあります。

① 毎支払期月に支払われる年金額に1円未満の端数が生じたときは、その**端数は切り捨て**られます。

② **毎年3月から翌年の2月**までに支払われた年金額のうち、①の方法により切り捨てられた金額の合計額は、**翌年2月の支払期月**の年金額に加算され支払われます。 〈国年法18の2、厚年法36の2〉

参考　端数処理の方法

	端数処理の方法
年金の支給額	1円単位に四捨五入する
年金の額の計算過程	1円単位に四捨五入することができる
毎支払期月に支払う年金額	1円未満は切り捨てる。切り捨てた額の合計額は、2月の支払期月の年金額に加算する

計算事例

端数処理

保険料納付済期間302月の場合

令和6年度の老齢基礎年金の額（昭和31年4月2日以後生まれ）

● 老齢基礎年金の満額

780,900円×改定率（1.045）＝816,000円

※100円単位（四捨五入）の端数処理が行われます。

● 支給される老齢基礎年金の額

$$816{,}000\text{円}\times\frac{302}{480}=513{,}400\text{円}$$

※1円単位（四捨五入）の端数処理が行われます。

● 毎支払期月（4月、6月、8月、10月、12月期）の支払額

513,400円÷6回＝85,566.666…円＝85,566円

※1円単位（1円未満切捨て）の端数処理が行われます。

● 2月期の支払額の

85,566円＋4円＝85,570円

※各支払期月後の端数（0.666円）の合計額（0.666円×6回≒4円）が2月の支払期に加算されて支払われます。

1 年金改定のルール

~年金額は年金改定のルールにより毎年変わる~

1 平成16年10月の改正

平成 16 年の年金制度改正により、基礎年金額の改定方法は、**新規裁定者**（68 歳到達年度前の受給権者）は毎年度**名目手取り賃金変動率**による改定率、**既裁定者**（68 歳到達年度以後の受給権者）は**物価変動率**による改定率により改定する原則と算定方法が法定化されています。

2 マクロ経済スライドの導入

上記 1 の改定方法について、一定の調整を講じる**マクロ経済スライド**が導入されています。マクロ経済スライドの目的は、少子化や高齢化が進行した場合でも社会全体の負担能力に応じて賃金および物価スライド率を抑制し、財政の健全化を図ることにあります。

マクロ経済スライドによる調整が行われるのは、給付と負担が均衡し年金財政が安定するまでの間です。少なくとも 5 年に一度行われる財政検証において、年金財政が長期にわたって均衡すると見込まれると評価されるまで行われます。この期間を**調整期間**といい、現在は調整期間中にあります。

〈国年法 16 の 2、厚年法 34 ほか〉

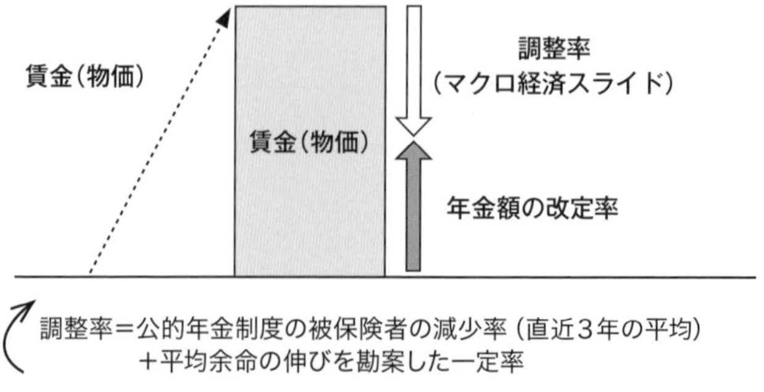

3 年金額の改定ルール

年金額の改定の基本ルールは次のとおりです。

> **名目手取り賃金変動率**が**物価変動率**を上回るとき
> ・**新規裁定者**（67歳以下）の年金額は**名目手取り賃金変動率**を用いて改定
> ・**既裁定者**（68歳以上）の年金額は**物価変動率**を用いて改定

また、名目手取り賃金変動率が物価変動率を下回る場合などの状況では、この改定の基本ルールが適さないことから、新規裁定者および既裁定者ともに名目手取り賃金変動率を用いて改定するという例外が定められています。

名目手取り賃金変動率と物価変動率の関係性は６つに分けることができ、それぞれに用いる改定率は次表のとおりです。

〈国年法27の2～27の5、厚年法43の2～43の5〉

	賃金と物価の変動率	改定率	
		新規裁定者	既裁定者
①	賃金≧物価≧０	賃金変動率	物価変動率
②	賃金≧０≧物価		
③	０≧賃金≧物価		
④	０≧物価≧賃金	賃金変動率 （令和2年度までは物価変動率）	
⑤	物価≧０≧賃金	賃金変動率 （令和2年度まではゼロ改定）	
⑥	物価≧賃金≧０	賃金変動率	

令和６年度は、物価変動率が名目手取り賃金変動率を上回った⑥に該当します。直近でいえば、平成29年度は④、平成30年度は⑤、平成31年度は⑥、令和２年度は⑥、令和３年度は⑤、令和４年度は④、令和５年度は①に該当しました。

2 調整期間における改定率

～賃金と物価の伸びや下落によって改定のルールが異なる～

1 調整期間の改定率（賃金・物価上昇時）

賃金・物価が上昇したときは、マクロ経済スライドによる**調整が実施**され、年金額の上昇は調整率に基づいて抑制されます。

〈国年法16の2、厚年法34ほか〉

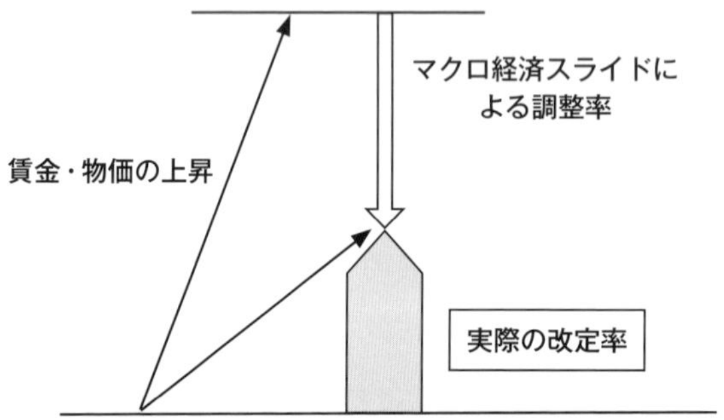

2 調整期間の改定率（賃金・物価下落時）

賃金・物価が下落したときは、マクロ経済スライドによる**調整は行われず**、年金額は賃金・物価の下落分のみに基づいて引き下げられます。この際、未調整分は、次年度以降に持ち越されます（**キャリーオーバー**）。

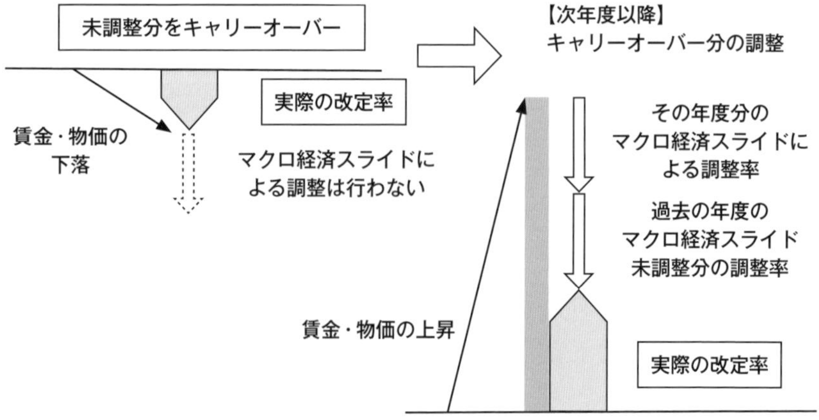

3 調整期間における年金額の改定

例えば、老齢基礎年金の額は780,900円に**改定率**を乗じて得た額です。この改定率の改定により毎年度の年金額を改定します。

(1) 68歳到達年度前の受給権者

68歳到達年度前の受給権者の調整期間における改定率の改定は、**算出率**を基準に行われます。

改定率＝前年度の改定率×算出率（下限1.000）

↓

算出率＝名目手取り賃金変動率×調整率×前年度特別調整率

調整率：公的年金被保険者総数変動率×平均余命の伸びを勘案した率（0.997）　※上限1.000

前年度特別調整率：過去の未調整分を前年度まで累積させたもの

(2) 68歳到達年度以後の受給権者

68歳到達年度以後の受給権者の調整期間における基準年度以後の改定率の改定は、**基準年度以後算出率**を基準に行われます。

基準年度以後改定率＝前年度基準年度以後改定率×基準年度以後算出率（下限1.000）

↓

基準年度以後算出率＝物価変動率×調整率×前年度基準年度以後特別調整率

物価変動率：物価変動率が名目手取り賃金変動率を上回るときは名目手取り賃金変動率

POINT!

具体的な改定率は、物価変動率および名目手取り賃金変動率を改定ルールに当てはめて算定し、毎年度政令で規定されています。

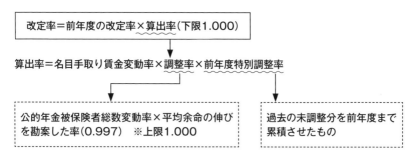

3 令和6年度の年金額

～令和6年度の年金額は昨年より上がった～

1 令和6年度の改定率

令和6年度の年金額は、物価変動率が3.2％、名目手取り賃金変動率が3.1％であったため、改定ルールに基づき、新規裁定者（昭和32年4月2日以後生まれ）と既裁定者(昭和32年4月1日以前生まれ）ともに名目手取り賃金変動率を用いて改定されています。また、調整率が▲0.4％であったため、令和6年度の年金額の改定率は2.7％です。

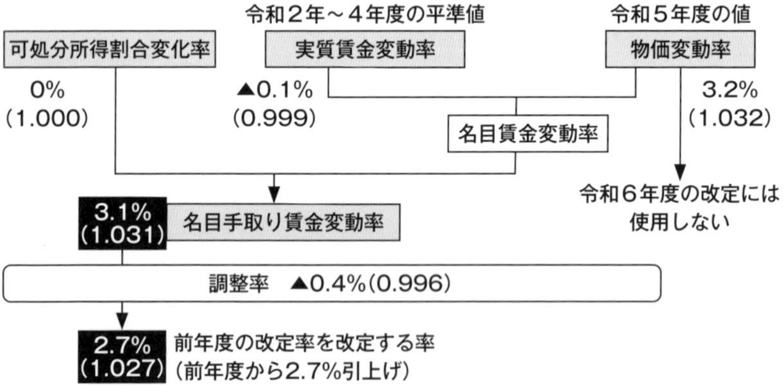

POINT!

令和5年度は、新規裁定者（昭和31年4月2日以後生まれ）と既裁定者（昭和31年4月1日以前生まれ）の改定率が異なっており、年金額に違いが生じました。年金額の改定は、前年度の改定率を改定する方法によるため、令和6年度は令和5年度に引き続き、昭和31年4月2以後生まれと昭和31年4月1日以前生まれの年金額に違いが生じています。

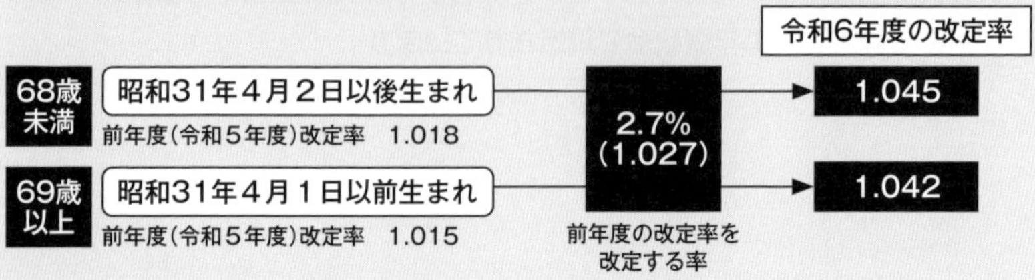

2 老齢基礎年金の額

老齢基礎年金の額は780,900円に改定率を乗じて得た額です。**２級の障害基礎年金**の額および**遺族厚生年金**の額も同様です。〈国年法27、33、38〉

■令和６年度の老齢基礎年金の額（昭和31年４月２日以後生まれ）
780,900円×改定率（1.045）＝816,000円
■令和６年度の老齢基礎年金の額（昭和31年４月１日以前生まれ）
780,900円×改定率（1.042）＝813,700円

3 障害基礎年金の子の加算額

障害基礎年金の**子の加算額**は、第１子と第２子は224,700円に、第３子以降は74,900円に改定率を乗じて得た額です。この場合の改定率は、新規裁定者の改定率が適用されます。遺族基礎年金の子の加算も同様です。
〈国年法33の２、39〉

■令和６年度の第１子・第２子の加算額
224,700円×1.045＝234,800円
■令和６年度の第３子以降の加算額
74,900円×1.045＝78,300円

4 老齢厚生年金と障害厚生年金の加給年金額

老齢厚生年金と**障害厚生年金**に加算される**加給年金額**は配偶者と第１子、第２子は224,700円に改定率を乗じて得た額です。第３子以降は74,900円に改定率を乗じて得た額です。この場合の改定率は、新規裁定者の改定率が適用されます。計算式は上記３と同じです。
〈厚年法44、50の２〉

なお、老齢厚生年金の配偶者の**特別加算額**は、昭和18年４月２日以後生まれの受給権者は「165,800円×改定率」とされており、令和６年度は、「165,800円×1.045＝173,300円」です。つまり、令和６年度の昭和18年４月２日以後生まれの老齢厚生年金の配偶者の加給年金額は408,100円です。〈法附則（60）60〉

5 老齢厚生年金の定額部分の単価

定額部分の単価は1,628円に改定率を乗じて得た額です。

〈厚年法附9の2〉

■令和６年度の老齢厚生年金の定額部分の単価（昭和31年４月２日以後生まれ）
1,628円×改定率（1.045）＝1,701円

■令和６年度の老齢厚生年金の定額部分の単価（昭和31年４月１日以前生まれ）
1,628円×改定率（1.042）＝1,696円

6 遺族厚生年金の中高齢寡婦加算

遺族厚生年金の**中高齢寡婦加算**は、遺族基礎年金の額に４分の３を乗じて得た額です。中高齢寡婦加算は65歳未満であるため、新規裁定者の改定率が適用されます。〈厚年法60〉

■令和６年度の中高齢寡婦加算
780,900円×1.045×４分の３＝612,100円

7 遺族厚生年金の経過的寡婦加算

遺族厚生年金の**経過的寡婦加算**は、「遺族基礎年金の４分の３－（老齢基礎年金の額×生年月日に応じて定める率）」で算出されます。対象者は昭和31年４月１日以前生まれであり既裁定者の改定率を用います。

〈法附則(60)73〉

■経過的寡婦加算（令和６年度）
例えば、昭和31年４月１日生まれの令和６年度の経過的寡婦加算は
610,300円－（813,700円×348／480）＝20,367円
です。

8 障害厚生年金の最低保障額

障害厚生年金の最低保障額は障害基礎年金の４分の３の額です。

〈厚年法50〉

■令和６年度の障害厚生年金の最低保障額（昭和31年４月２日以後生まれ）
816,000円×４分の３＝612,000円

■令和6年度の障害厚生年金の最低保障額（昭和31年4月1日以前生まれ）
813,700円×4分の3＝610,300円

9 障害手当金の最低保障額

障害手当金の最低保障額は、障害厚生年金の最低保障額の2倍の額です。〈厚年法57〉

■令和6年度の障害手当金の最低保障額（昭和31年4月2日以後生まれ）
612,000円×2＝1,224,000円
■令和6年度の障害手当金の最低保障額（昭和31年4月1日以前生まれ）
610,300円×2＝1,220,600円

10 老齢厚生年金の報酬比例部分（本来額）

老齢厚生年金の**報酬比例部分**の額の計算には、平均標準報酬（月）額を用いますが、これは、厚生年金加入期間の各月の標準報酬月額と標準賞与額を現在価値に再評価した額の総額の平均値です。平均標準報酬（月）額を算出するための再評価率を改定することにより、年金額を改定します。〈厚年法43〉

■令和6年度の再評価率
令和5年度の再評価率×1.027

11 老齢厚生年金の報酬比例部分（従前額保障）

老齢厚生年金の**従前額保障**による報酬比例部分の額の計算は、従前額改定率を改定することにより、年金額を改定します。つまり今年度の従前額改定率は前年度の従前額改定率に改定率を乗じて算出します。既裁定者の改定率が適用されます。〈法附則(12)21〉

■令和6年度の従前額改定率（昭和13年4月2日以後生まれ）
1.014 × 1.027 ＝ 1.041
■令和6年度の従前額改定率（昭和13年4月1日以前生まれ）
1.016 × 1.027 ＝ 1.043

2 支給停止・給付制限・不服申立て

I 申出による支給停止

1 受給権者からの申出による支給停止

～年金受給権者は、自身の判断で年金の受給を辞退することができる～

1 申出による支給停止

年金の受給権者は、自身の判断で年金の受給を辞退することができます。**受給権者の申出**により、その**翌月**から年金の**全額が支給停止**されます。この申出はいつでも撤回することができますが、将来に向かっての撤回であるため、撤回前の支給停止された期間分の年金を遡って受給することはできません。なお、年金の一部のみの支給停止の申出はできません。

〈国年法20の2、厚年法38の2〉

2 申出による支給停止の効果

申出により支給停止されている年金は、「政令で定める法令の規定」の適用については、その支給を停止されていないものとみなされます。これにより、他制度から同一の支給事由に基づく給付は行われません。

〈国年令4の4の2、厚年令3の3〉

「政令で定める法令の規定」の一部の法令を挙げると次のとおりで、これら法令にかかる特定の規定が対象とされています。

- 労働者災害補償保険法
- 健康保険法
- 特定障害者に対する特別障害給付金支給に関する法律
- 児童扶養手当法
- 特別児童扶養手当等の支給に関する法律
- 国家公務員災害補償法
- 地方公務員災害補償法

例えば、同一の支給事由によって、労働者災害補償保険法（労災保険）の給付と厚生年金が両方支給されるときは、厚生年金が全額支給され、労災保険の給付は一定率を乗じた額に減額されます。この場合、厚生年金の支給停止を申し出たことによりその支給が停止されていても、支給を停止されていないものとみなされ、労災保険の給付額の減額調整は解除されません。

また、同一の病気やケガによって、厚生年金保険法に基づく障害厚生年金を受けることができるときは、健康保険法に基づく傷病手当金は原則として支給されません。この場合、障害厚生年金の支給停止を申し出たことによりその支給が停止されていても、支給を停止されていないものとみなされ、傷病手当金は支給されません。

参考　**加給年金の支給停止事例**

夫が受給する老齢厚生年金に、配偶者にかかる加給年金額が加算されている場合、加算の対象の妻が特別支給の老齢厚生年金（被保険者期間240月以上あるもの）を受給できるときは、加給年金額の支給が停止されます。この場合、妻が特別支給の老齢厚生年金の支給停止を申し出たことにより年金を受給していないときであっても、加給年金額の支給停止は解除されません。

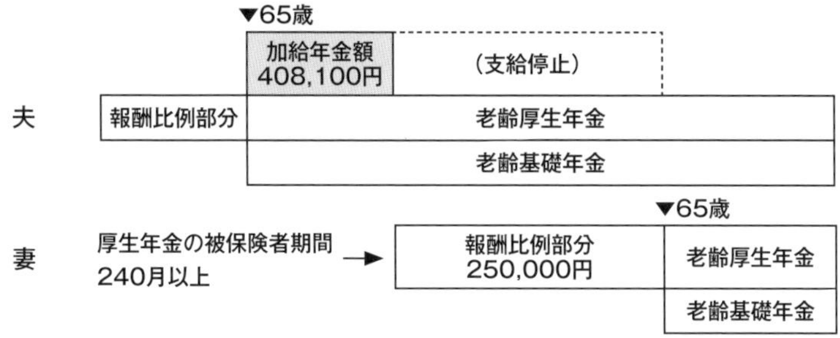

例えば、妻が250,000円の特別支給の老齢厚生年金を受給することによって、夫の老齢厚生年金に加算されていた加給年金額（408,100円）が支給停止されます。このような場合に「妻の年金はいらないから、夫の加給年金額を継続したい」と申出による支給停止を考える人がいますが、申出による支給停止を行っても加給年金額は支給停止の状態のままであり、支給されることはありません。

2 支給停止・給付制限・不服申立て

Ⅱ 保険給付の制限

1 故意等による保険給付の制限

〜故意に生じさせた障害などに対しての給付制限がある〜

1 絶対的な給付制限

（1）障害基礎年金など

被保険者または被保険者であった人が**故意に障害**または障害の直接の原因となる事故を生じさせたときは、その**障害**を支給事由とする**障害基礎年金**、**障害厚生年金**または**障害手当金**は支給されません。

〈国年法 69、厚年法 73〉

（2）遺族基礎年金など

遺族基礎年金、**寡婦年金**、**死亡一時金**、**遺族厚生年金**の支給に関して、被保険者または被保険者であった人を**故意に死亡**させた人には支給されません。また、被保険者または被保険者であった人が死亡する前に、遺族基礎年金等の受給権者となるべき人を**故意に死亡**させたときも同様です。

〈国年法 71 ①、厚年法 76 ①〉

さらに、遺族基礎年金および遺族厚生年金の受給権は、受給権者が他の受給権者（同順位者）を**故意に死亡**させたときは消滅します。

〈国年法 71 ②、厚年法 76 ②〉

2 相対的な給付制限

（1）自己の故意の犯罪行為もしくは重大な過失

被保険者または被保険者であった人が、自己の**故意の犯罪行為**もしくは**重大な過失**により、または正当な理由がなくて**療養に関する指示に従わない**ことにより、**障害**もしくは**死亡**、あるいはそれらの原因となった事故を生じさせたり、その障害の程度を増進させたり、またはその回復を妨げたときは、保険給付の全部または一部を行わないことができると

されています。〈国年法70、厚年法73の2〉

例えば、障害基礎年金、障害厚生年金等の新規裁定請求、再認定、額改定請求または支給停止事由消滅の届出等に際して、対象障害または対象障害の原因となった事故が違法薬剤の使用によって生じたものであることが医学的に認められたときは、不支給、支給停止、額改定請求非改定、または支給停止事由消滅不該当の決定が行われています。

参考 違法薬剤の使用にかかる通達

対象障害について、違法薬剤の使用により生じた障害と違法薬剤の使用とは無関係に生じた障害が併存するときや、違法薬剤の使用と無関係に生じた障害が違法薬剤の使用によって程度が増進したことが医学的に把握できるときには、違法薬剤の使用と無関係に生じた障害に関して障害の程度を審査し、障害基礎年金や障害厚生年金などの新規裁定請求等にかかる判断が行われます。なお、提出された診断書などの内容から、過去に違法薬剤の使用歴がある場合でも、対象障害またはその原因となった事故と違法薬剤の使用との間に直接の起因性が医学的に認められないときや、故意の犯罪行為または重大な過失による障害ではないと確認されたときは、給付制限の対象にならないものとされています。〈令3年年管管発0304第6号〉

(2) 故意または重大な過失

障害厚生年金の受給権者が、故意または重大な過失により、または正当な理由がなくて療養に関する指示に従わないことにより、その障害の程度を増進させたり、回復を妨げたりしたときは、職権による増額改定は行われず、また、その人の障害の程度が現に該当する障害等級以下の障害等級に該当するものとして、職権による減額改定を行うことができるとされています。〈厚年法74〉

参考 自殺による保険給付の制限にかかる通達

自殺による保険給付の制限に関しては、自殺行為が何らかの精神異常に起因して行われることが多く、たとえ、当該行為者が外見上、通常人と全く同様の状態であったとしても、これをもって直ちに故意に保険事故を発生せしめたものとして給付制限を行うことは適当でないとされています。〈昭35年保険発123号〉

2 保険料徴収権と協力義務違反等による保険給付の制限

～給付制限には支給停止と一時差止めがある～

1 保険料徴収権の時効消滅

保険料を徴収する権利が時効によって消滅したときは、その保険料にかかる被保険者であった期間に基づく保険給付は行われません。保険料を徴収する権利は**2年**を経過したときに、時効によって消滅します。

〈国年法102、厚年法92〉

2 保険料を徴収する権利の時効

保険料を徴収する権利が時効によって消滅した期間も、被保険者であった期間とされます。被保険者でなかった期間とみなされるわけではありませんが、原則として、保険給付の計算基礎には算入されません。

ただし、被保険者であった期間にかかる被保険者の資格の取得の届出や確認の請求、または厚生年金保険原簿の訂正請求が行われた後に、保険料を徴収する権利が時効によって消滅したときなど、保険者の責任による場合には保険給付が行われることがあります。〈厚年法75〉

参考 **年金記録の訂正請求**

年金記録が事実と異なるときは、厚生労働省に対して年金記録の訂正請求を行うことができます。この請求を受けた厚生労働省（地方厚生局）は、関係する法人や行政機関などに対する調査や資料収集を行い、有識者で構成されている地方年金記録訂正審議会で審議します。審議の結果、請求が認められた場合は、年金記録を訂正する決定が下されます。すでに年金を受けている人は、訂正後の記録に基づいて年金額が変更されます。

3 協力義務違反にかかる給付制限

次のいずれかに該当するときは、年金額の**全部または一部の支給が停止**されることがあります。〈国年法72、厚年法77〉

① 年金の受給権者が正当な理由なく、実施機関が行う**身分関係、障害の状態**、その他の受給権の消滅、年金額の改定もしくは支給停止に

かかる事項に関する書類その他の物件の**提出命令に従わない**とき、またはこれらに関する職員の**質問に応じない**とき

② 障害等級に該当する程度の障害の状態にあることにより、障害基礎年金や障害厚生年金を受給している人、または、障害基礎年金や老齢厚生年金の加算の対象である子および遺族基礎年金や遺族厚生年金の受給権者である子が、正当な理由がなく、実施機関の**診断命令**に従わず、または職員が行う診断を**拒んだ**とき

支給停止事由消滅後においても支給されない

4 保険給付事務に関する保険給付の制限

年金の受給権者が、正当な理由がなくて、厚生労働省令の定める受給権者にかかる届出または書類等を提出しないときは、保険給付の**支払いを一時差し止められる**ことがあります。

例えば、受給権者の障害状態確認届、年金受給者にかかる生存確認の書類、国会議員等に係る老齢厚生年金在職支給停止届、加給年金額対象者に関する生計維持確認届等を提出しないときに行われます。

一時差止めされた期間の給付は、差止め事由が消滅すれば、遡って支給されます。

〈国年法 73、厚年法 78 ①〉

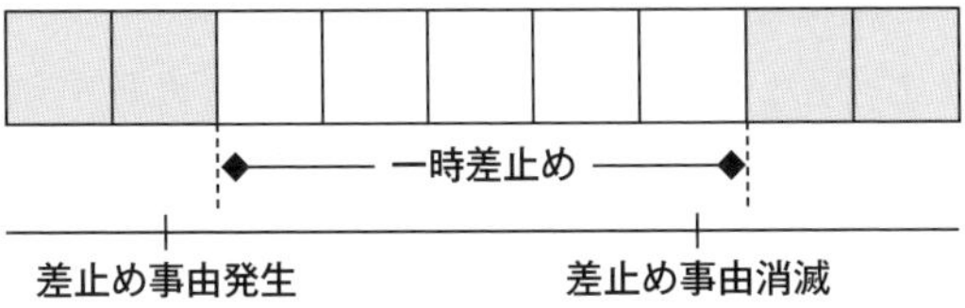

差止め事由消滅後に遡って支給される

2 支給停止・給付制限・不服申立て

Ⅲ 損害賠償請求権

1 第三者行為による年金の支給

～損害賠償額の範囲内で給付が一定期間行われないことがある～

1 第三者行為による年金の支給

障害や死亡、またはこれらの直接の原因となった事故が**第三者の行為**によって生じた場合においても、厚生年金保険法および国民年金法に基づく給付は行われます。この際、その事故がなければ保険者が給付をする必要がなかったとの観点から、被害者である被保険者または被保険者であった人、もしくはその遺族が損害賠償を受けたときは、二重保障を回避するため年金の支給が一定期間行われません。

2 損害賠償額との調整

事故が**第三者の行為**によって生じた場合において、厚生年金保険法および国民年金法に基づく給付が行われたときは、政府等は、その**給付の価額の限度**で、受給権者が**第三者**に対して有する**損害賠償の請求権**を取得します。また、受給権者がその**第三者**から同一の事由について**損害賠償**を受けたときは、政府等は、その**価額の限度**で保険給付を行わないことができます。〈国年法 22、厚年法 40〉

具体的には、給付を行わない期間（月数）等が算出され、その期間の給付が行われません。給付を行わない期間が36カ月を超えるときは、**36カ月を限度**（平成27年9月30日までは24カ月）として支給が停止されます。

POINT!

保険給付と調整されるべき損害賠償額は、損害賠償額のうちの生活補償費相当額に限られ、慰謝料、医療費、葬祭費等は調整の対象となりません。

3 対象となる給付

損害賠償額との調整の対象となる給付は次のとおりです。

- 第三者行為事故の被害者が受給することとなる障害厚生年金、障害基礎年金および障害手当金
- 第三者行為事故の被害者の遺族が受給することとなる遺族厚生年金、遺族基礎年金および寡婦年金

POINT!

死亡一時金は、保険料の掛け捨て防止の考え方による給付であり、損害賠償を受けた場合であっても損害賠償額との調整は行われません。

4 調整の対象とならないとき

次のような場合には調整は行われません。

- 寡婦年金の支給停止期間が事故日の翌月から36カ月以上のとき
- 遺族厚生年金の受給権者が夫、父母、祖父母であり、支給停止期間が事故日の翌月から36カ月以上のとき
- 20歳前障害基礎年金にかかる事故日の翌月から受給権者が20歳に達した日の属する月までの月数が36カ月以上のとき

※いずれも事故日が平成27年9月30日以前のときは36カ月を24カ月に読み替える

5 年金給付が先行して支給されたとき

示談成立まで長期間を有することが多いため、先に年金が全額支給されることが一般的です。先に支払われた年金については、支給停止期間の満了後に、年金額から原則2分の1の額が調整されます。

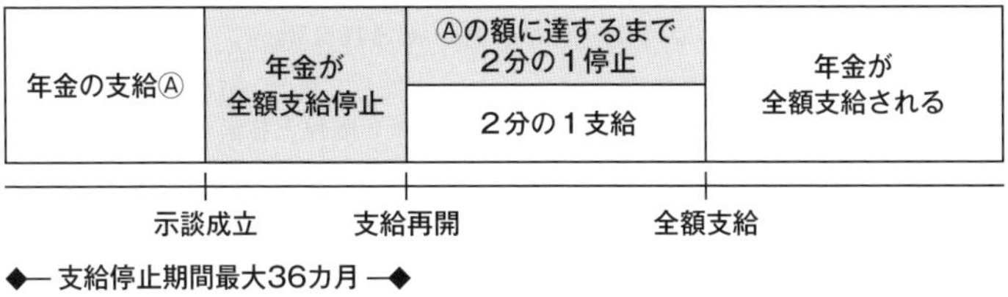

2 年金給付を行わない期間

～生活補償費相当額を基に損害賠償額との調整額が計算される～

1 年金給付を行わない期間(月数)

第三者から受けた損害賠償額のうち、**生活補償費相当額**の限度において、年金の給付を行わない期間（月数）を算出します。この結果、当該期間（月数）が36月以上となったときは**36月**とされます。

〈平27年管管発0930第6号〉

※共済組合等の各実施機関が独自に給付を行う加算額等は、本通知に基づく調整の対象にはなりません。

(1) 障害基礎年金および障害厚生年金の「給付を行わない期間」

> 支給を行わない期間
> 　＝生活補償費相当額
> 　× 受給権者および加給金の対象となる人の数の合計／受給権者およびその被扶養利益を受けるべきであった人の数
> 　÷ 基準生活費

(2) 遺族基礎年金、遺族厚生年金および寡婦年金の「給付を行わない期間」

> 支給を行わない期間
> 　＝（生活補償費相当額×相続割合）
> 　× 受給権者数／死亡した者の被扶養利益を受けるべきであった人の数
> 　÷ 基準生活費

- 遺族厚生年金と遺族基礎年金の受給権を同時に取得した場合には、それぞれに給付を行わない期間（月数）を算出し、その結果、給付を行わない期間（月数）が、遺族厚生年金と遺族基礎年金とで異なる期間（月数）となったときは、短い方の期間（月数）が給付の行われない期間（月数）とされます。
- 2以上の実施機関から遺族厚生年金が支給されるときは、損害賠償請求権の価額をそれぞれの年金の額に応じて按分した価額を限度とします（第7章②Ⅶ4）。

2 障害手当金と損害賠償金の調整

第三者行為事故により障害手当金の受給権を得たときは、第三者から受けた損害賠償額のうち、生活補償費相当額の限度において障害手当金の支給が行われません。

支給を行わない期間
　＝ 生活補償費相当額
　× 受給権者の数（1人）／ 受給権者およびその被扶養利益を受けるべきであった者の数
　－（第三者行為事故が発生した月の翌月から障害手当金の受給権を取得するまでの月数×単身者世帯の基準生活費）

この計算の結果、支給を行わない額が障害手当金の額より高額になったときは、障害手当金は支給されません。その額が障害手当金の額に充たないときは、その差額が支給されます。

なお、第三者行為事故が発生した日の属する月の翌月より**36月**（3年）以上経過した後に受給権を取得したときは、障害手当金の全額が支給されます。

参考 基準生活費

基準生活費は、総務省統計局が発表する「家計調査」のデータに基づいています。この調査における「世帯人員別1世帯当たり1カ月間の収入と支出（全国･2人以上の世帯）」および「1世帯当たり1カ月間の収入と支出（単身世帯）」の世帯人員別に応じた1カ月の消費支出額を基準にして、発表された年の年度に発生した第三者行為事故に適用されます。厚生労働省年金局事業管理課は、毎年度、この消費支出額に基づき基準生活費（表）を作成し、日本年金機構、財務省、総務省、文部科学省に通知しています。

1 健康保険の傷病手当金との併給調整

～同一事由の傷病手当金と障害年金を受給するときは併給調整される～

1 障害厚生年金と傷病手当金の併給調整

同一の病気やケガによって、厚生年金保険法に基づく**障害厚生年金**または**障害手当金**を受けることができるときは、健康保険法等に規定される**傷病手当金は受給できません**。ただし、障害厚生年金の額（同一の支給事由による障害基礎年金が支給されるときは障害厚生年金と障害基礎年金の合算額）の360分の1が傷病手当金の日額より低いときは、その差額を受給することができます。障害手当金の場合は、傷病手当金の額の合計額が障害手当金の額に達する日まで傷病手当金が支給されません。

〈健保法108③、健保法則89①ほか〉

傷病手当金の1日あたりの支給額は、「傷病手当金の支給開始日の属する月以前の直近の被保険者期間で継続した12カ月間の各月の標準報酬月額を平均した額の30分の1に相当する額の3分の2に相当する額」が原則です。共済組合員は、標準報酬月額の平均した額の22分の1に相当する額の3分の2、私学共済の加入者は、標準報酬月額を平均した額の22分の1に相当する額の100分の80です。

〈国共済法66、地共済法68、私学共済法25〉

■傷病手当金が障害厚生年金の額より高いとき

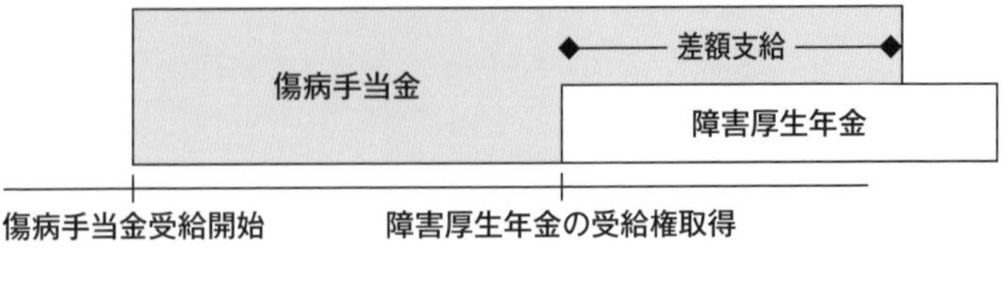

■傷病手当金が障害厚生年金の額より低いとき

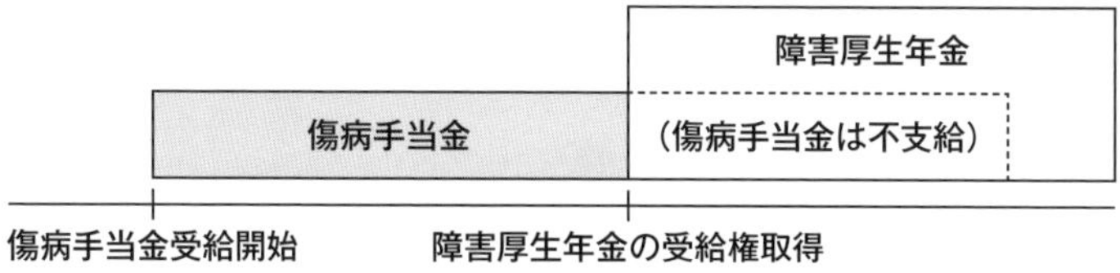

2 老齢厚生年金と傷病手当金の併給調整

退職後の傷病手当金を受けている人が、**老齢厚生年金**を受けている場合、**傷病手当金は受給できません**。ただし、老齢厚生年金の360分の1が傷病手当金の日額より低い場合は、その差額を受給することができます。なお、在職中は、老齢厚生年金と傷病手当金の併給調整はありません。

〈健保法108⑤、健保法則89〉

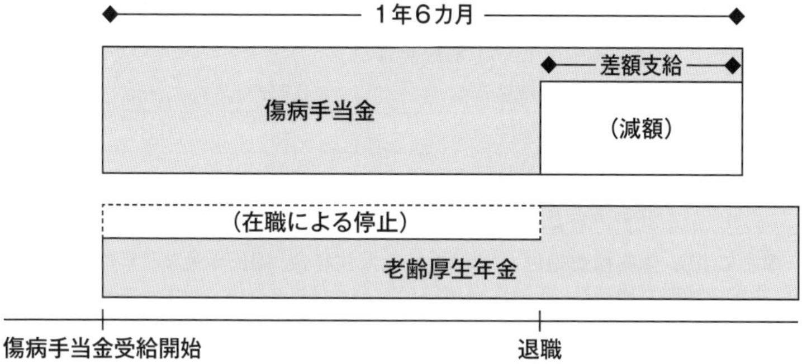

参考 傷病手当金の支給要件

傷病手当金は健康保険の被保険者（任意継続被保険者を除く）が、業務外の事由による病気やケガのために働けないときに支給される給付金です。連続する3日間を含み4日以上仕事に就けない場合、4日目以降の仕事に就けなかった日で給与の支払いがない日（傷病手当金より低い給与の支払いがあった日を含む）に対して支給されます。支給期間の上限は、通算で1年6カ月です。なお、共済組合等では、傷病手当金の受給終了後に附加金が支給されることがあります。〈健保法99ほか〉

2 労働者災害補償保険との併給調整

～同一事由の労災給付と障害年金を受給するときは併給調整される～

1 労災保険の給付との併給調整

同一の支給事由によって、**労働者災害補償保険法（労災保険）に基づく給付**と社会保険（厚生年金・国民年金）の年金が両方支給されるときは併給調整が行われます。社会保険からの年金は全額支給され、労災保険の給付は次表の一定率を乗じた額に減額されます。

〈労災法別表１、労災令２、４、６〉

■労災保険の給付の調整率（支給率）

社会保険の種類	併給される年金給付	労災保険の給付 障害補償年金 障害年金	労災保険の給付 遺族補償年金 遺族年金	労災保険の給付 傷病補償年金 傷病年金
厚生年金および国民年金	障害厚生年金および障害基礎年金	0.73	–	0.73
厚生年金および国民年金	遺族厚生年金および遺族基礎年金または寡婦年金	–	0.80	–
厚生年金	障害厚生年金	0.83	–	0.88
厚生年金	遺族厚生年金	–	0.84	–
国民年金	障害基礎年金	0.88	–	0.88
国民年金	遺族基礎年金または寡婦年金	–	0.88	–

※同一事由により、休業補償給付（休業給付）と厚生年金、国民年金など年金を受給するときにも、年金は全額支給され、休業補償給付が減額されます。

2 併給調整が行われる給付

労災保険との併給調整は、同一の支給事由によって支給される給付間のみ適用されます。異なる原因による給付は併給調整の対象外です。例えば、仕事中の事故により肢体に障害が残って障害補償年金を受給している人が、後に異なる理由（人工透析など）で障害厚生年金を受給するようになったときは、両者は異なる支給事由に基づいているため、障害補償年金は減額されず全額が支給されます。

同様に、老齢厚生年金を受けるときも、労災保険の給付とは異なる事由によるものであるため、労災保険の給付は減額されず全額が支給されます。

3 調整前の労災給付の額の考慮

労災保険の給付と社会保険の給付の調整は、両制度からの給付額の合計額が、被災前に支給されていた給与よりも高額にならないための措置です。

併給調整によって労災保険の給付が減額されたとき、労災保険の給付と社会保険の給付の合計が、調整前の労災保険の給付の額より低くならないように考慮されています。

参考 労災保険の給付

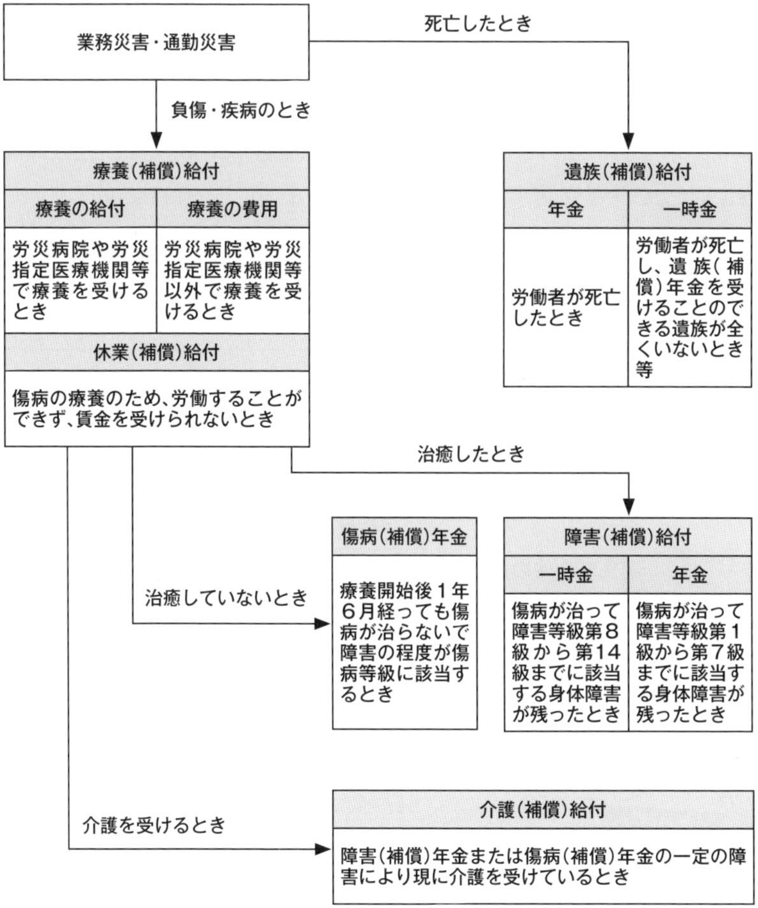

2 支給停止・給付制限・不服申立て

V 不服申立て

1 審査請求・再審査請求

～年金の決定に不服があるときは不服申立てができる～

1 不服申立てによる権利の救済

年金制度における権利の保護救済は、最終的に裁判所の判断に委ねられますが、権利の保護救済を迅速に行うために、特別の審査機関が設けられています。

厚生労働大臣による処分に不服のあるときは、**社会保険審査官**に対して審査請求を行います。その決定にさらに不服がある人は、**社会保険審査会**に対して再審査請求を行うことができます。〈国年法101、厚年法90〉

被保険者	管掌・実施機関	審査機関
国民年金の被保険者 第1号厚生年金被保険者	厚生労働大臣	社会保険審査官 社会保険審査会

2 不服申立ての対象となる処分

不服申立ての対象となるのは次の処分です。

国民年金法の処分	①被保険者の資格
	②給付
	③保険料その他の徴収金
厚生年金保険法の処分	①被保険者の資格
	②標準報酬
	③保険給付

POINT!

厚生年金保険料等に関する処分に不服がある場合の審査請求先は、社会保険審査会（一審制）です。

3 不服申立ての期限

不服申立ては、処分が行われてから一定期間内に行う必要があります。

年金の決定に不服があるときは、決定があったことを知った日の翌日から起算して**3カ月以内**に文書または口頭で、地方厚生局内に設置された**社会保険審査官**に**審査請求**をすることができます。

その決定に対してさらに不服があるときは、決定書の謄本が送付された日の翌日から起算して**2カ月以内**に**社会保険審査会**（厚生労働省内）に**再審査請求**ができます。

以上のように審査請求および再審査請求は定められた期間内に行う必要がありますが、正当な事由によりこれらの期間内に審査請求および再審査請求をすることができなかったことを疎明したときは、期間を過ぎた後でも可能になることがあります。〈社審法4①、5①ほか〉

4 決定の取消しの訴えの提起

国民年金法および厚生年金保険法の第1号厚生年金被保険者にかかる決定の取消しの訴えの提起（行政事件訴訟等）は、原則として、**審査請求の決定**を経た後でなければ行うことができません。ただし、次の場合には審査請求の決定を経なくても行うことができます。

（1）審査請求があった日から2カ月を経過しても決定がないとき

（2）決定の執行等による著しい損害を避けるため緊急の必要があるとき

（3）その他正当な理由があるとき　〈国年法101の2、厚年法91の3〉

訴えの提起は審査請求の決定（再審査請求をした場合は決定または社会保険審査会の裁決）があったことを知った日から**6カ月以内**に、国を被告として行います。ただし、原則として、審査請求の決定の日から1年を経過したときは訴えを提起できません。〈行政事件訴訟法14〉

POINT!

厚生労働大臣による被保険者の資格、標準報酬または保険給付に関する社会保険審査官の決定に不服があるときに、社会保険審査会に再審査請求をするか裁判所に処分の取消しの訴えを提起するかは、本人の選択に委ねられています。

2 種別ごとの審査請求先

～第2号～第4号厚生年金被保険者にかかる審査請求は各審査会に行う～

1 各実施機関の審査機関

厚生労働大臣による年金にかかる処分に不服があるときは、社会保険審査官に対して審査請求をし、さらに社会保険審査会に対して再審査請求をすることができます。

一方で、共済組合等の決定に不服があるときは、行政不服審査法等に基づき、特定の機関に審査請求を行うことができます。平成27年10月1日以降は、第2号～第4号厚生年金被保険者に係る審査請求は、それぞれ次表に定める審査会に行います。 〈厚年法90②ほか〉

被保険者	実施機関	審査機関
第2号厚生年金被保険者	国家公務員共済組合および国家公務員共済組合連合会	国家公務員共済組合審査会
第3号厚生年金被保険者	地方公務員共済組合、全国市町村職員共済組合連合会および地方公務員共済組合連合会	地方公務員共済組合審査会
第4号厚生年金被保険者	日本私立学校振興・共済事業団	日本私立学校振興・共済事業団の共済審査会

POINT!

厚生労働大臣の処分に対する不服申立ては2審制ですが、第2号～第4号厚生年金被保険者にかかる不服申立ては1審制です。

2 行政不服審査法との関係

国民年金法および厚生年金保険法は、一般法である行政不服審査法に対して特別法としての立場にあり、国民年金法および厚生年金保険法における不服申立ての規定は、その規定の限度において行政不服審査法の適用が排除されますが、特別の定めのない事項は、行政不服審査法が適用されます。

■社会保険審査官、社会保険審査会への不服申立ての流れ
（厚生労働大臣の処分に対する不服申立て）

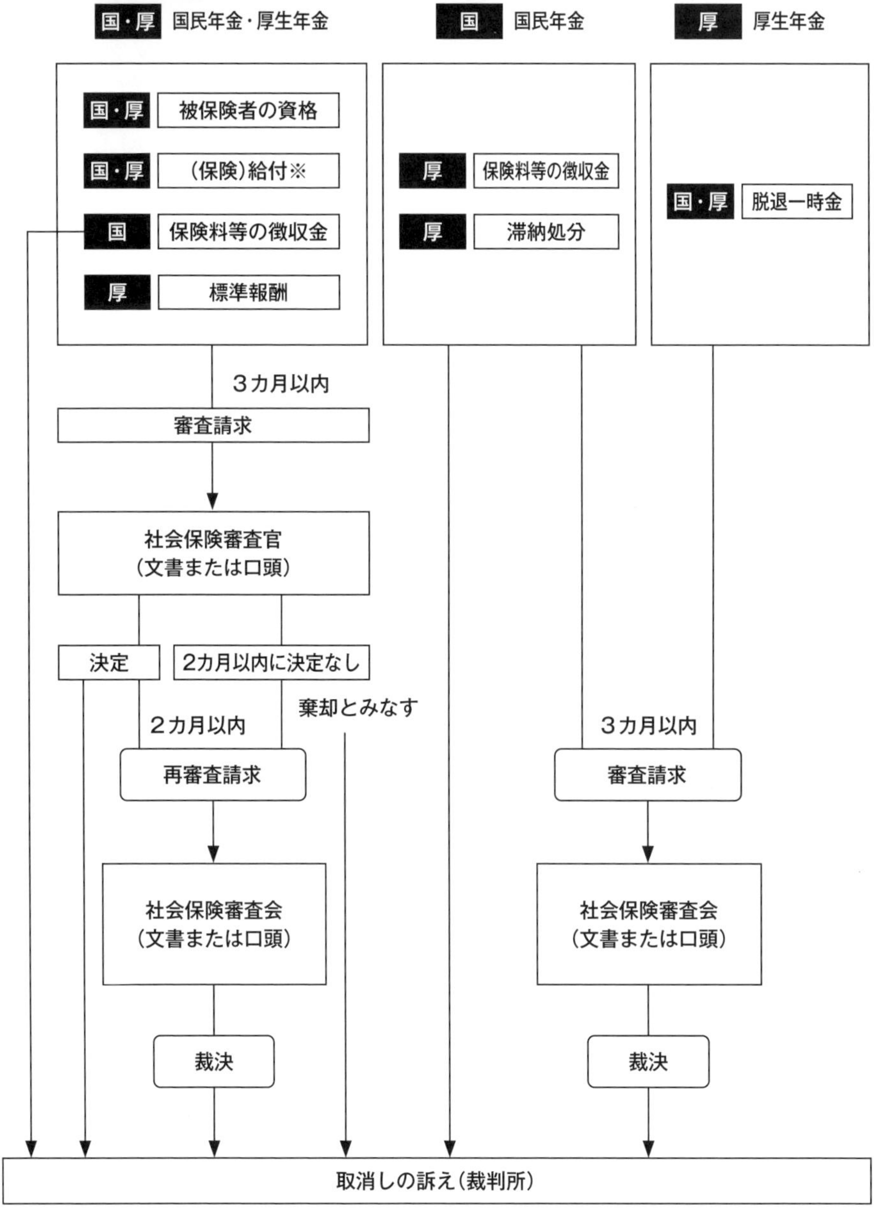

※共済組合等が行った障害基礎年金にかかる障害の程度の診査に関する処分に不服があるときは、各共済組合等の審査機関に不服申立てを行います。〈国年法101 ⑥〉

3 時効・未支給年金・税金等

Ⅰ 時効・内払い調整・未支給

1 年金の時効

～年金を受ける権利は５年で時効消滅する～

1 基本権の消滅時効

年金を受ける権利を**基本権**といい、権利が生じてから**５年**を経過したときは、時効によって消滅します。 〈国年法 102 ①・厚年法 92 ①〉

ただし、やむを得ない事情により、時効完成前に請求をすることができなかったときは、その理由を書面で申し立てることにより、基本権を時効消滅させない取扱いが行われています。

2 基本権の消滅時効の起算日

年金および一時金の基本権の時効と具体的な起算日は次のとおりです。

年金の種類	時効の期間	時効の起算日
老齢基礎年金および老齢厚生年金	5年	支給事由が生じた日の翌日
障害基礎年金および障害厚生年金	5年	支給事由が生じた日の翌日
遺族基礎年金、遺族厚生年金および寡婦年金	5年	支給事由が生じた日の翌日
未支給年金	5年	受給権者の年金の支払日の翌月の初日
死亡一時金	2年	死亡日の翌日
脱退一時金	2年	日本に住所を有しなくなった日

※保険料徴収権の時効（2年）は本章2Ⅱ2

3 支分権の消滅時効

年金は、毎年２月、４月、６月、８月、10月および12月の６期に支払われます（本章1Ⅰ３）。この年金の支払いを受ける権利を**支分権**といいます。

平成19年７月６日までに受給権を取得した年金の支分権は、会計法の規定により、５年を経過すると自動的に時効消滅します。

平成19年7月7日以降に受給権を取得した年金の支分権は、年金時効特例法の制定に伴う改正により、**5年**を経過しても自動的には消滅せず、国が個別に**時効を援用**することによって、時効消滅します。国が援用をしない場合は消滅しません（本章③Ⅰ2）。

4 支分権の消滅時効の起算日

支分権は、支払期月の翌月の初日から5年を経過したときは、時効によって消滅します。年金の支払期月は2月、4月、6月、8月、10月、12月なので、それぞれの翌月の初日である、3月1日、5月1日、7月1日、9月1日、11月1日、1月1日が起算日です。この起算日から5年を経過すると、年金を受給する権利が消滅します。例えば、令和元年6月支払期に支払われる年金（令和元年4月・5月分）は、令和6年7月1日に時効によって消滅します。

5 失踪宣告を受けた人の死亡一時金の消滅時効の起算日

失踪宣告を受けた人にかかる**死亡一時金**の請求にかかる消滅時効の起算日は、失踪宣告の審判の確定日の翌日です。そのため、失踪宣告の審判の確定日の翌日から起算して**2年**以内に請求があったときは、国は給付を受ける権利について時効を援用せず、請求者に対して死亡一時金が支給されます。

〈平26管管発0327第2号〉

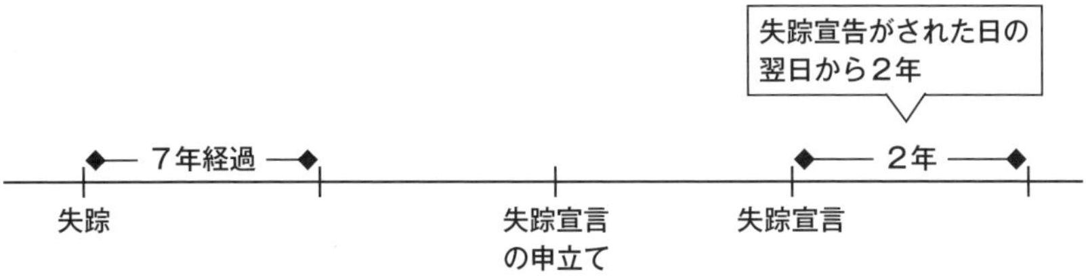

参考 時効の援用

時効は、時効期間が過ぎれば自然に成立するものではありません。時効が完成するには時効によって利益を受ける者が、時効が成立したことを主張する必要があります。この時効が成立したことを主張することを時効の援用といいます。

2 時効の援用

～年金時効特例法により時効消滅せず支給されるときがある～

1 年金時効特例法の概要(平成19年７月６日施行)

平成 19 年までは、２カ月ごとに年金の支払いを受ける権利（支分権）は、会計法 31 条の規定に基づき、権利発生日(法定支払月）の翌月から起算して５年を経過すると、一律的かつ自動的に時効消滅する取扱いでした。

平成 19 年７月６日の年金時効特例法の施行後は、年金記録の訂正がされたうえで裁定や再裁定（年金額の増額訂正）が行われたときは、裁定または再裁定された時点で５年の時効消滅が完成していても、年金記録の訂正にかかる部分の年金額が遡及して支払われます。具体的には次のとおりです。

(1) 平成19年7月6日以前に受給権が発生した年金

平成 19 年７月６日以前に受給権が発生した年金の支分権は、会計法の規定により、５年を経過したときは時効によって消滅します。ただし、年金記録の訂正がなされたうえで裁定（裁定の訂正を含む）が行われたときは、支分権が時効消滅していても、全額が支給されます。

(2) 平成19年7月7日以降に受給権が発生した年金

平成 19 年７月７日以降に受給権が発生した年金の支分権は、５年を経過しても自動的に消滅せず、国が個別に時効を援用することによって、時効消滅します。ただし、５年以上前の給付を受ける権利について、次のアまたはイに該当する場合には、国は時効を援用しません。

ア　年金記録の訂正がなされたうえで裁定（裁定の訂正を含む）が行われたもの

イ　時効援用しない事務処理誤りと認定されたもの

※イについては通知が発出されています（次ページ）。

2 時効の援用が行われないとき

時効の援用をしない場合について、次のような基準が定められています。

時効援用しない事務処理誤りに係る認定基準

（平24年管発0907第6号）

時効の援用の取扱いにおいて、次の（1）から（8）までのいずれかの事由に該当する場合は時効援用しない事務処理誤りがあったものと認定する。

（1）受付時の書類管理誤り

日本年金機構（以下「機構」という。）において保有している請求書、申請書、届出書又は申出書及びこれらに関する添付書類（以下「請求書等」という。）の担当部署への回付漏れ、又は請求書等へ押印された受付印の年月日の誤り若しくは押印漏れの事実が確認できる場合

（2）確認又は決定誤り

法令及び機構の諸規程（以下「法令等」という。）と社会保険オンラインシステムに登録されている内容を照らし合わせ、機構における請求書等の内容の確認誤り、受給要件に係る事実関係の誤認、又は法令等の適用誤りに基づく誤った行政処分が行われた等の事実が確認できる場合であって、当該事実が発生したことについて、受給権者の責に帰すべき事由が認められない場合

（3）未処理又は処理の遅延

請求書等の未処理（社会保険オンラインシステムへの入力漏れ及び機構本部等への進達漏れ）又は処理の遅延の事実が確認できる場合

（4）入力誤り

適正に審査された請求書等とは異なる内容が、社会保険オンラインシステムに登録されていることが確認できる場合

（5）通知書の作成誤り

通知書（年金証書、裁定通知書又は支給額変更通知書等の処分通知書に限る。以下同じ。）の様式誤り又は処分の名宛人の記載誤りが確認できる場合

（6）誤送付又は誤送信

社会保険オンラインシステム又は請求書等に記載された住所地若しくは処分の名宛人以外への通知書の誤送付、誤送信若しくは誤交付の事実が確認できる場合

（7）説明誤り

機構若しくは市区町村の窓口若しくは電話等における制度の説明誤り及び説明漏れ、又は請求書等の作成若しくは添付に係る指示誤りを行った事実が確認できる場合であって、受給権者の責に帰すべき事由が認められない場合。ただし、市区町村が行った説明については、国民年金法に基づく法定受託事務を執り行う過程で行ったものに限るものとする。

（8）受理後の書類管理誤り

受付した請求書等を紛失した事実が確認できる場合

3 年金の内払い調整

～年金支払い手続きの簡素化のため年金の内払い調整がある～

1 同一人が受給する同一制度内の年金の調整

Ａ年金の受給権者がＢ年金の受給権を取得したため、その結果Ａ年金の受給権が消滅した場合、Ａ年金の受給権が消滅した月の翌月以降分のＡ年金が支給されたときは、そのＡ年金はＢ年金の**内払い**とみなすことができます。

また、同一人に対してＡ年金の支給を停止してＢ年金を支給するとき、Ａ年金の支給を停止すべき事由が生じた月の翌月以降の分として、Ａ年金の支払いが行われたときは、そのＡ年金はＢ年金の**内払い**とみなすことができます。〈国年法21①・厚年法39①〉

例えば、老齢厚生年金の受給権者が障害厚生年金の受給権を取得し、遡って障害厚生年金を選択したときは、すでに受給した老齢厚生年金額の過払い分を返還するのではなく、障害厚生年金の内払いとして扱います。具体的には、障害厚生年金の額からすでに支払っている老齢厚生年金の過払い額を控除した額が支給されます。

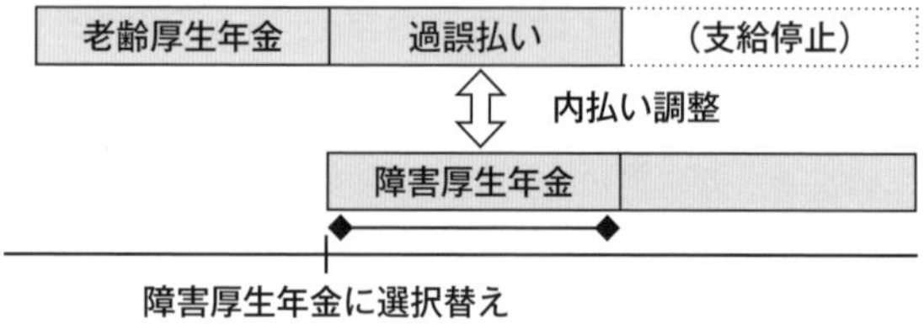

2 同一の年金の調整

年金の支給を停止すべき事由が生じたにもかかわらず、その停止すべき期間の分として年金が支給されたときは、その後に支払われる年金の内払いとみなすことができます。

また、年金を減額して改定すべき事由が生じたにもかかわらず、その事由が生じた日の翌月以降の分として減額しない額が支給されたとき、その後に支払われる年金の**内払い**とみなすことができます。

〈国年法21②・厚年法39②〉

3 国民年金法の年金と厚生年金保険法の年金の調整

同一人に対して、国民年金法における年金の支給を停止して厚生年金保険法の年金（厚生労働大臣が支給するものに限る）を支給すべき場合に、厚生年金保険法の年金を支給すべき事由が生じた月の翌月以後の分として、国民年金法による年金の支払いが行われたときは、厚生年金保険法による年金の**内払い**とみなすことができます。厚生年金保険法の年金（厚生労働大臣が支給するものに限る）の支給を停止して国民年金法における年金を支給すべき場合も同様です。

4 他の種別の加入期間に係る年金との内払い調整

内払い調整は、同一種別の加入期間に係る年金間のみ行われます。異なる種別の加入期間に係る年金間の内払い調整は行いません。したがって、厚生労働大臣が支払う障害厚生年金と、共済組合等が支払う老齢厚生年金間の内払い調整は行われません。 〈厚年法78の24〉

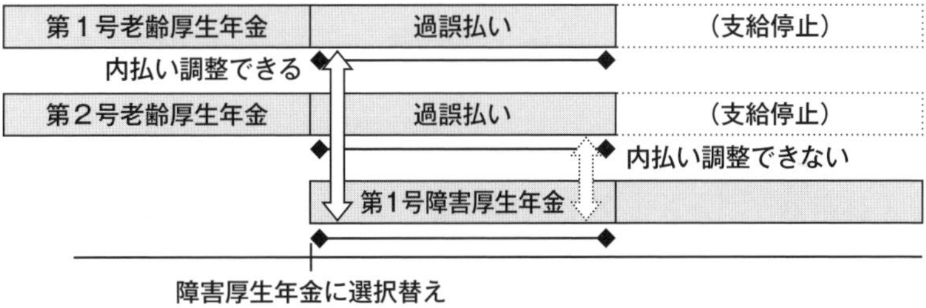

POINT!

年金の内払い調整は、同一種別の被保険者期間内で行われます。
他の種別の被保険者期間にかかる年金との内払い調整は行われません。

参考 充当処理

年金の受給権者が死亡した場合に生じた過誤払い分の年金は、その過誤払いによる返還金債権にかかる債務の弁済をすべき者に支払うべき年金があるときは充当できるとされています。 〈国年法21の2、厚年法39の2〉

4 未支給年金

～年金を受けていた人が死亡したときには未支給年金が発生する～

1 年金の受給権者が死亡したとき

年金を受けている人が死亡したときは未支給分の年金が発生します。年金は、年金を受給する人が死亡した月まで支給されますが、原則として支払いは次の偶数月に行われるため、その時点で支払う相手が存在しません。例えば、６月と７月分の年金は、８月が支払月ですが、７月中に死亡したときは、６月と７月分の年金を本人に支払うことができません。これが**未支給年金**です。〈国年法 19①、厚年法 37①〉

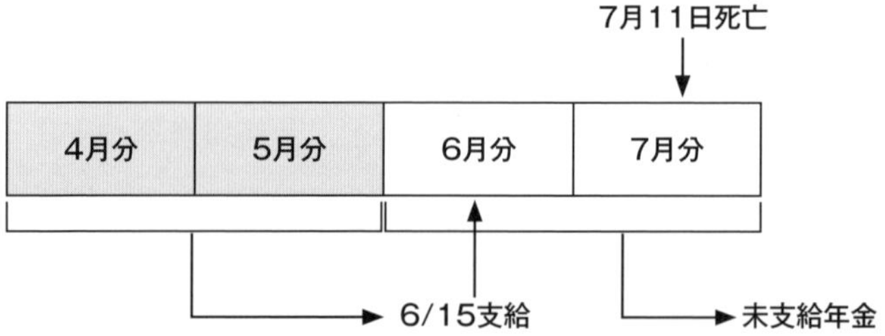

2 未支給年金を請求できる人

未支給年金は、死亡した人の**配偶者、子、父母、孫、祖父母、兄弟姉妹、またはこれらの者以外の３親等内の親族**であって、受給権者の死亡当時に、受給権者と**生計を同じく**していた人の請求により支払われます。

未支給年金を受ける順位は、①配偶者、②子、③父母、④孫、⑤祖父母、⑥兄弟姉妹、⑦３親等内の親族です。同順位者が２人以上あるときは、その１人がした請求は、全員のため全額についてしたものとみなし、１人に対して行われた支給は、全員に対しての支給とみなされます。

〈国年法 19④⑤、厚年法 37④⑤〉

■3親等内の親族図

数字は親等数

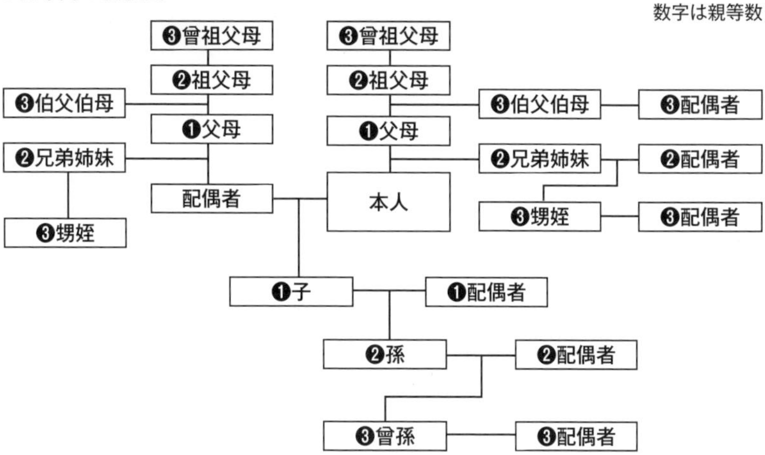

3 死亡した人が遺族基礎年金の受給権者等のとき

遺族基礎年金の受給権者が死亡したとき、その受給権者の死亡当時に生計を同じくしていた被保険者または被保険者であった人の子は、未支給の遺族基礎年金を請求することができる子とみなされます。

例えば、遺族基礎年金の支給要件または加算の対象となっていた子が「妻と養子縁組をしていなかった死亡した夫の子」であったような場合、身分上は受給権者（妻）の子ではないため、上記２の遺族に該当しません。そのような場合であっても、未支給年金を請求することができる受給権者の子として扱われます。遺族厚生年金も同様です。

〈国年法 19 ②、厚年法 37 ②〉

4 年金を請求していなかったとき

死亡した受給権者が死亡前にその保険給付を請求していなかったときも、未支給の保険給付の支給を請求することができます。この場合、未支給保険給付請求書とともに、**自己の名で**保険給付の裁定請求書を提出する必要があります。

3 時効・未支給年金・税金等

Ⅱ 税金

1 所得税の対象となる年金

～老齢厚生年金などは所得税の対象となる～

1 受給権の保護

給付を受ける権利は、譲渡、担保に供すること、または差し押さえることはできません。ただし、老齢基礎年金または付加年金、老齢厚生年金を受ける権利を国税滞納処分により差し押さえる場合等は例外とされています。〈国年法24、厚年法41①〉

2 所得税の対象となる年金

租税その他の公課は、給付として受けた金銭を標準として課すことはできないとされています。ただし、年金のうち、老齢および退職を支給事由とする給付は、所得税法による雑所得として、所得税および復興特別所得税がかかります。具体的には次の給付です。〈国年法25、厚年法41②〉

制度	課税対象となるもの	課税対象とならないもの
国民年金	老齢基礎年金、付加年金、国民年金基金の年金など	障害基礎年金、遺族基礎年金など
厚生年金 共済年金	老齢厚生年金、退職共済年金、脱退手当金、厚生年金基金の年金など	障害厚生年金、遺族厚生年金、障害共済年金、遺族共済年金など

3 源泉徴収される年金額

所得税は、年金が支払われる際に源泉徴収されます。その基準額は、その年の最初の支払日の前日の現況において、**158万円**（65歳未満の人は**108万円**）以上です。

65歳以上かどうかは、その年の12月31日の年齢によって判定されます。令和6年分の控除額を決定するときは、昭和35年1月1日以前に生まれた人が65歳以上の人として扱われます。

4 扶養親族等申告書の提出

老齢厚生年金等の年額が158万円（65歳未満の人は108万円）以上の人は、扶養親族等申告書の提出が必要です。扶養親族等申告書は、年金から源泉徴収される所得税等について、所得控除（人的控除）を受けるために提出する申告書です。所得控除（人的控除）とは、受給者本人が障害者・寡婦・ひとり親に該当する人、または控除対象となる配偶者や扶養親族がいる人が控除を受けることです。老齢厚生年金等にかかる所得税額および復興特別所得税額の計算は、扶養親族等申告書を元に行われます。

(1) 65歳未満の人

老齢厚生年金等の年額が**108万円**以上の人は、扶養親族等申告書の提出が必要です。ただし、各種控除に該当しない人（受給者本人が障害者・寡婦・ひとり親に該当せず、控除対象となる配偶者または扶養親族、または退職手当等を受ける見込みのある配偶者または扶養親族がいない人）は扶養親族等申告書を提出する必要はありません。

(2) 65歳以上の人

老齢厚生年金等の年額が**158万円**以上の人は、扶養親族等申告書の提出が必要です。共済組合等から老齢厚生年金や退職共済年金が支給されている人については、老齢基礎年金の受給権があるときは老齢厚生年金や退職共済年金の年額が80万円以上のときに該当します。老齢基礎年金の受給権がないときは158万円以上が対象です。

ただし、各種控除に該当しない人（受給者本人が障害者・寡婦・ひとり親に該当せず、控除対象となる配偶者または扶養親族、または退職手当等を受ける見込みのある配偶者または扶養親族がいない人）は扶養親族等申告書を提出する必要はありません。

参考 扶養親族等申告書

通常、9月頃に次年分の「扶養親族等申告書」が郵送されます。内容を確認し、各種控除に該当する人は期限内に提出が必要です。源泉徴収の対象とならない人には、「扶養親族等申告書」は郵送されません。

2 年金の税額の計算方法

～公的年金には公的年金等控除（基礎控除）がある～

1 税額の計算方法

所得税は年金の支払いの都度、源泉徴収されます。具体的には、次の計算式により源泉徴収税額を算出します。

① 源泉徴収税額（月額）

源泉徴収税額＝（年金支給額－社会保険料－各種控除額）×5.105％

- 社会保険料は、年金から特別徴収された介護保険料および国民健康保険料（または後期高齢者医療保険料）の合計額
- 合計税額（5.105％）＝所得税率（5％）×復興特別所得税（1.021）
- 1円未満切捨て

② 退職共済年金の受給者

退職共済年金の受給者（旧三公社（JR・JT・NTT）・農林共済の退職共済年金を受給している人のうち、老齢基礎年金が支給されている65歳以上の人）の源泉徴収税額は次の計算式により算出します。

源泉徴収税額＝{年金支給額－社会保険料－（各種控除額－政令で定める一定の額）}×5.105％

政令で定める一定の額＝47,500円×年金支払額の計算の基礎となった月数、により算出された額（老齢基礎年金控除）

税制改正に伴い、令和２年分以降の扶養親族等申告書については、提出された場合と提出されなかった場合で、所得税率に差がなくなりました。そのため、各種控除に該当しない人（受給者本人が障害者・寡婦等に該当せず、控除対象となる配偶者または扶養親族がいない人等）は扶養親族等申告書を提出する必要はありません。

2 各種控除額表

各種控除額は次のとおりです。 〈所得税法 203 の 3〉

■基礎的控除額

対象	月額控除額（1カ月あたり）
65歳未満	【65歳未満】1カ月分の年金支払額×25%＋65,000円 （最低額9万円）
65歳以上	【65歳以上】1カ月分の年金支払額×25%＋65,000円 （最低額13万5千円）

■人的控除（月額）

区分	控除の種類		控除額
受給者本人	障害者に該当するとき	障害者	22,500円
		特別障害者	35,000円
	寡婦またはひとり親に該当するとき	寡婦	22,500円
		ひとり親	30,000円
控除対象配偶者および扶養親族	源泉控除対象配偶者がいるとき	配偶者控除	32,500円
		老人控除対象配偶者相当	40,000円
	扶養親族がいるとき（16歳以上に限る）	扶養控除	32,500円×人数
		特定扶養親族控除	52,500円×人数
		老人扶養親族控除	40,000円×人数
	同一生計配偶者、扶養親族が障害者のとき（16歳未満含む）	普通障害者控除	22,500円×人数
		特別障害者控除	35,000円×人数
		同居特別障害者控除	62,500円×人数

POINT!

令和6年分の所得税の「定額による特別控除（定額減税）」が実施され、年金から源泉徴収される所得税が減額されます。減税される所得税の限度額は本人分として30,000円、一定要件の配偶者または扶養親族は1人につき30,000円です。

3 控除対象となる障害者の区分

～所得税法における障害者は普通障害者と特別障害者に分かれる～

1 所得税法上の障害者

所得税法上の**普通障害者**と**特別障害者**とは、受給者本人または控除対象配偶者もしくは扶養親族の中で、次に該当する人をいいます。

	障害の内容	普通障害者	特別障害者
①	精神上の障害により事理を弁識する能力を欠く常況にある人※1		該当するすべての人
②	精神保健指定医などから知的障害者と判定された人	中度または軽度と判定された人（療育手帳の障害の程度がBの人など）	重度と判定された人（療育手帳の障害の程度がAの人など）
③	精神に障害がある人で、精神障害者保健福祉手帳の交付を受けている人	右の程度以外の人	精神障害者保健福祉手帳の障害の程度が1級の人
④	身体障害者手帳に身体上の障害がある人として記載されている人	障害の程度が３級から６級までの人	障害の程度が１級または２級の人
⑤	戦傷病者手帳の交付を受けている人	右の程度以外の人	障害の程度が恩給法別表第１号表ノ２の特別項症から第３項症までの人
⑥	原子爆弾の被爆による障害者として厚生労働大臣の認定を受けている人		該当するすべての人
⑦	常に就床を要し複雑な介護を要する人※2		該当するすべての人
⑧	年齢が65歳以上で、福祉事務所長などから認定されている人	右の程度以外の人	①②④の特別障害者と同程度の障害がある人

※1 「精神上の障害により事理を弁識する能力を欠く常況にある人」
精神上の障害のため物事の善し悪しを区別できない、あるいは、できるとしてもそれに基づき行動することができない状態にあることをいいます。
「精神上の障害により事理を弁識する能力を欠く常況」は、医師の診断書によって証明されますが、診断書の写しを申告書に添付する必要はありません。

※2 「常に就床を要し複雑な介護を要する人」
６カ月以上継続して身体の障害により就床を要し、介護がなければ自ら排せつなどを行うことができない程度の状態にある人です。排せつなどの日常生活に支障のある寝たきりの人などが該当します。「常に就床を要し複雑な介護を要する人」であることについて、特に証明するものはありませんが、症状が固定すれば身体障害者手帳の交付申請を行うことができます。

4 確定申告が必要なとき

〜年金受給権者には確定申告の必要のある人がいる〜

1 確定申告が必要な人

公的年金が年額400万円を超えるときや、アルバイトなどの収入が月額20万円を超えるときは確定申告が必要です。また、源泉徴収された税額が納め過ぎのときは、確定申告により所得税の還付を受けることができます。確定申告で利用できる主な控除には、社会保険料控除、生命保険料控除、医療費控除、住宅借入金等特別控除、寡婦控除などがあります。

2 確定申告の期限

■確定申告をする必要がある人

→その年の翌年の2月16日から同年3月15日までに行う必要があります。

■還付請求を受けられる人（確定申告の必要がない人）

→源泉徴収された翌年の1月1日から5年間に行うことができます。

3 確定申告が不要な人

公的年金等の収入金額の合計額が年額400万円以下であり、かつ、その公的年金等のすべてが源泉徴収の対象となる場合において、公的年金等に係る雑所得以外の所得金額が20万円以下であるときは、所得税および復興特別所得税の確定申告は必要ありません。

「公的年金等に係る雑所得以外の所得」で主なものは次のとおりです。

所得の種類	所得の内容	所得金額の計算方法
給与所得	給与・賞与、パート収入など	給与等の収入金額−給与所得控除
雑所得（公的年金等以外）	個人年金、原稿料など	総収入金額−必要経費
配当所得 ※上場株式等に係る配当所得の申告不要制度を選択した場合を除く	株式の配当や投資信託の収益分配金など	収入金額−株式などの元本取得に要した負債の利子
一時所得	生命保険の満期返戻金など	（総収入金額−収入を得るために直接要した金額−特別控除額【最高50万円】）×1/2

5 確定申告における公的年金等控除

～公的年金等控除後の金額が所得税の対象となる～

1 公的年金等控除

老齢・退職の年金は、雑所得として所得税の対象です。具体的には次表の年齢の区分および「(A) 公的年金等の収入金額の合計額」に対応した「(B) 公的年金等に係る雑所得の金額」の計算式を使って算出します。

■公的年金等にかかる雑所得以外の所得に係る合計所得金額が1,000万円以下

受給者の年齢	(A)公的年金等の収入金額の合計額	(B)公的年金等に係る雑所得の金額
65歳未満	60万円以下	0円
	60万円超　130万円未満	収入金額の合計額−60万円
	130万円以上　410万円未満	収入金額の合計額×0.75−27万5千円
	410万円以上　770万円未満	収入金額の合計額×0.85−68万5千円
	770万円以上　1,000万円未満	収入金額の合計額×0.95−145万5千円
	1,000万円以上	収入金額の合計額−195万5千円
65歳以上	110万円以下	0円
	110万円超　330万円未満	収入金額の合計額−110万円
	330万円以上　410万円未満	収入金額の合計額×0.75−27万5千円
	410万円以上　770万円未満	収入金額の合計額×0.85−68万5千円
	770万円以上　1,000万円未満	収入金額の合計額×0.95−145万5千円
	1,000万円以上	収入金額の合計額−195万5千円

参考 計算事例

・年齢　65歳以上

・公的年金等に係る雑所得以外の所得に係る合計所得金額　500万円

・公的年金等の収入金額の合計額　350万円

公的年金等に係る雑所得の金額は次のとおりです。

3,500,000円×75％－275,000円＝2,350,000円

■公的年金等にかかる雑所得以外の所得に係る合計所得金額が
1,000万円超2,000万円以下

受給者の年齢	(A)公的年金等の収入金額の合計額	(B)公的年金等に係る雑所得の金額
65歳未満	50万円以下	0円
	50万円超　130万円未満	収入金額の合計額−50万円
	130万円以上　410万円未満	収入金額の合計額×0.75−17万5千円
	410万円以上　770万円未満	収入金額の合計額×0.85−58万5千円
	770万円以上　1,000万円未満	収入金額の合計額×0.95−135万5千円
	1,000万円以上	収入金額の合計額−185万5千円
65歳以上	100万円以下	0円
	100万円超　330万円未満	収入金額の合計額−100万円
	330万円以上　410万円未満	収入金額の合計額×0.75−17万5千円
	410万円以上　770万円未満	収入金額の合計額×0.85−58万5千円
	770万円以上　1,000万円未満	収入金額の合計額×0.95−135万5千円
	1,000万円以上	収入金額の合計額−185万5千円

※公的年金等に係る雑所得以外の所得に係る合計所得金額が2,000 万円超は省略

2 給与所得控除

給与所得控除は下表の区分となっています。

給与等の収入金額 (給与所得の源泉徴収票の支払金額)	給与所得控除額
1,625,000円まで	550,000円
1,625,001円から　1,800,000円まで	収入金額×40%−100,000円
1,800,001円から　3,600,000円まで	収入金額×30%+80,000円
3,600,001円から　6,600,000円まで	収入金額×20%+440,000円
6,600,001円から　8,500,000円まで	収入金額×10%+1,100,000円
8,500,001円以上	1,950,000円(上限)

6 公的年金等の源泉徴収票

～毎年1月下旬に源泉徴収票が送付される～

1 公的年金等の源泉徴収票

毎年１月下旬に、老齢または退職を支給事由とする年金を受けている人に対して、**源泉徴収票**が送付されます。この源泉徴収票は確定申告などに使用します。一方、障害年金や遺族年金は、所得税および復興特別所得税の課税対象となっていないため、これらの年金を受給している人には、源泉徴収票は送付されません。

確定申告・年末調整に必要な通知書の電子データをマイナポータルの「お知らせ」を通じて受け取れる電子送付サービスが開始されています。このサービスにより受け取った電子データをe-Taxによる確定申告等や年末調整に利用することができます。公的年金等の源泉徴収票もこの電子送付サービスの対象となっています。

令和　6　年分　公的年金等の源泉徴収票

支払を受ける者	住所又は居所			
	（フリガナ）		生年月日	年金の種別
	氏名			

区　　分	支　払　金　額	源　泉　徴　収　税　額
所得税法第203条の3第1号・第4号適用分	円	円
所得税法第203条の3第2号・第5号適用分	円	円
所得税法第203条の3第3号・第6号適用分	円	円
所得税法第203条の3第7号適用分	円	円

本　人				源泉控除対象配偶者の有無等		控除対象扶養親族の数			16歳未満の扶養親族の数	障害者の数		非居住者である親族の数	社会保険料の額
特別障害者	その他の障害者	ひとり親	寡婦	一般	老人	特定	老人	その他		特別	その他		
						人	人	人	人	人（　　人）	人	人	円

源泉控除対象配偶者	（フリガナ）		区分	
	氏名			
控除対象扶養親族	（フリガナ）		区分	
	氏名			
	（フリガナ）		区分	
	氏名			
16歳未満の扶養親族	（フリガナ）		区分	
	氏名			
	（フリガナ）		区分	
	氏名			

（摘要）

支払者　法人番号　6000012070001
東京都千代田区霞が関１丁目２番２号
官署支出官　厚生労働省年金局　事業企画課長　印 10mm

参考

令和６年分の定額減税による減税額は、令和７年１月に送付される公的年金等の源泉徴収票の概要欄に記載される予定です。

第9章

社会保障協定

1 社会保障協定

Ⅰ　社会保障協定のしくみ

1 社会保障協定の締結

～社会保障協定の目的は二重加入防止と年金保険料の掛け捨て防止～

1　社会保障協定の背景

社会保障協定は、日本と他国間で社会保障制度の二重加入を防止し、年金保険料の掛け捨てを防ぐための二国間協定です。海外で働くときは、働いている国の社会保障制度に加入をする必要がありますが、日本と外国の制度の両方に加入することにより、二重の保険料負担が生じる可能性があります。外国から日本の事業所に派遣される外国人も同様です。

また、日本や外国の年金を受け取るためには、一定期間その国の年金に加入している必要があるため、その国で負担した年金保険料が年金受給に結び付かない場合があります。国際的な人の移動が増加する中、これらの問題を解決するため、日本は各国との間で協定を締結しています。

2　社会保障協定の目的

社会保障協定が締結される主な目的は、次の２点です。

① 二重加入の防止

保険料の二重負担を防ぐために加入するべき制度を二国間で調整します。事業所から海外に派遣される人など社会保険制度等の取扱いに関しては、通常は就労地国の制度のみに加入することが原則ですが、一時的な派遣者は例外的に、派遣元国の制度のみに加入します。社会保障協定による一時的な派遣とは５年とされています。

② 年金加入期間の通算

年金受給資格を確保するために、両国の年金制度への加入期間を通算することにより、年金受給のために必要とされる加入期間の要件を満たしやすくするものです。

2 社会保障協定発効状況

～23カ国との社会保障協定がある～

1 2024年4月現在の社会保障協定の発効状況

2024年4月1日時点において、日本は23カ国との社会保障協定を発効済です。社会保障協定の相手国（以下「協定相手国」という）は次のとおりです。

協定相手国	協定発効年月	期間通算	二重加入防止の対象となる社会保障制度	
			日本	協定相手国
ドイツ	2000年2月	○	年金	年金
イギリス	2001年2月	×	年金	年金
韓国	2005年4月	×	年金	年金
アメリカ	2005年10月	○	年金・医療	年金・医療
ベルギー	2007年1月	○	年金・医療	年金・医療・労災・雇用
フランス	2007年6月	○	年金・医療	年金・医療・労災
カナダ	2008年3月	○	年金	年金（ケベック州年金除く）
オーストラリア	2009年1月	○	年金	年金（退職年金保障制度）
オランダ	2009年3月	○	年金・医療	年金・医療・雇用
チェコ	2009年6月	○	年金・医療	年金・医療・雇用
スペイン	2010年12月	○	年金	年金
アイルランド	2010年12月	○	年金	年金
ブラジル	2012年3月	○	年金	年金
スイス	2012年3月	○	年金・医療	年金・医療
ハンガリー	2014年1月	○	年金・医療	年金・医療・雇用
インド	2016年10月	○	年金	年金
ルクセンブルク	2017年8月	○	年金・医療	年金・医療・労災・雇用・介護等
フィリピン	2018年8月	○	年金	年金
スロバキア	2019年7月	○	年金	年金・医療（現金給付）・労災・雇用等
中国	2019年9月	×	年金	年金（被用者基本老齢保険）
フィンランド	2022年2月	○	年金・雇用	年金・雇用
スウェーデン	2022年6月	○	年金	年金
イタリア	2024年4月	×	年金・雇用	年金・雇用

（注）イギリス、韓国、中国およびイタリアとの協定は「保険料の二重負担防止」のみです。

1 社会保障協定

Ⅱ 二重加入の防止(外国で働く日本人)

1 二重加入の防止の原則と例外

～外国で働く日本人は原則として外国の制度のみに加入する～

1 被用者の制度加入

(1) 原則

社会保障協定の対象者が協定相手国で就労するときは、原則として**協定相手国の年金制度のみに加入**します。日本の企業から協定相手国の支店に派遣されるときや、現地の企業に雇用されたときにも適用されます。

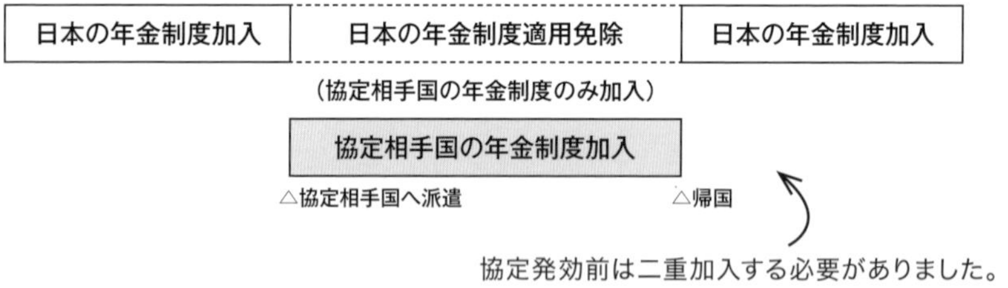

(2) 例外(5年以内の一時派遣)

協定相手国に**5年以内の見込みで派遣**されるときは、協定の例外規定が適用されます。この場合において、派遣された人は日本の年金制度のみに引き続き加入し、協定相手国の年金制度への加入は免除されます。

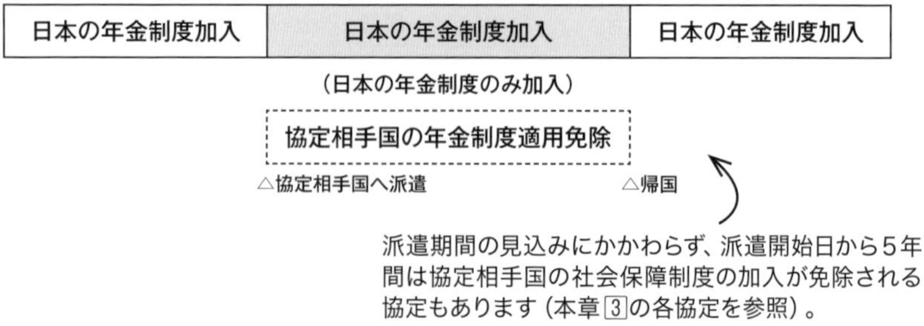

(3) 同一期間に両国で同時に就労する場合の例外（日英・日韓協定のみ）

日本国と協定相手国（イギリス、韓国）の領域内において同時に就労しているときは、生活の本拠を基準として、その国の年金制度のみに加入します。

日本の年金制度加入	生活本拠を置く国の年金制度加入	日本の年金制度加入
	（生活の本拠を置く国の制度のみ加入）	
	他方の年金制度加入免除	

△協定相手国における就労開始　　△帰国

2 加入免除期間の延長

派遣期間が５年を超えるときは、申請に基づき両国関係機関の協議と合意により、引き続き日本の社会保障制度のみに加入することが認められることがあります。ただし、５年を超えた延長期間の上限は各協定により異なります（本章③の各協定を参照）。

加入免除期間の延長が認められない等の事情により、協定相手国の年金制度の適用を受けることとなったときは、厚生年金に任意加入をすることができる**特例加入制度**が利用できます。この場合、協定相手国の年金制度に強制加入し、日本の年金制度には任意加入します。

3 自営業者の制度加入

被用者と同様に、自営業者も一定の条件の元で、協定相手国の制度と国民年金のいずれか一方の制度への加入が免除される場合があります。

日本の自営業者が協定相手国で一時的に（５年以内）自営活動を行うときは、引き続き日本の制度のみに加入します。しかし、長期的に（５年超）協定相手国で自営活動をするときには、協定相手国の社会保障制度のみに加入します。また、日本で自営業をしていない人が協定相手国で初めて自営活動を行うときは、協定相手国の年金制度に加入します。

2 外国で働く本人と家族の年金制度加入

～日本国籍の人であれば国民年金に任意加入することができる～

1 外国で働く本人の年金制度加入

(1) 海外に住む日本国籍の人

海外に住む日本国籍の人は、国民年金の強制加入被保険者から外れますが、**任意加入**をすることができます（第1章②Ⅱ1）。

協定相手国において自営活動を行うときは、協定の原則により、一定の要件に該当すればその国の年金制度に加入します。

ただし、原則として5年以内の一時的な自営活動のときは、例外規定により協定相手国の年金制度への加入が免除されることがあります。この規定は、オーストラリア、インドおよび中国との協定では適用されず、フランスとの協定では個別の申請に基づいて適用が調整されます。

(2) 日本の適用事業所に使用される人

日本の適用事業所に使用されている人は**厚生年金の被保険者**です（第1章③Ⅰ1）。日本国内の厚生年金の適用事業所の雇用関係が継続したまま海外で勤務し、出向元から給与が支払われているときは、通常、厚生年金の加入が継続します。

一方で、協定相手国内の企業で就労する人は、協定相手国の年金制度に加入します。日本の企業から、協定相手国の支店に派遣されて両国の年金制度が適用されるときは、協定の原則により、協定相手国の年金制度のみに加入します。

ただし、協定の例外規定により、原則として5年以内の一時的な派遣の場合は、協定相手国の年金制度への加入が免除され、厚生年金が引き続き適用されます。

(3) 協定相手国の年金制度に加入する人

協定の原則により協定相手国の年金制度に加入するときは、同時に日本の国民年金に**任意加入**することができます。ただし、この選択をするためには、その人が**日本国籍**を持ち、**20歳以上65歳未満**である必要があります（第1章②Ⅱ1）。

2 派遣される人の家族の年金制度加入

(1) 配偶者

厚生年金の被保険者によって扶養される**20歳以上60歳未満の配偶者**は、住所地にかかわらず、国民年金の**第3号被保険者**となります。

協定相手国に派遣された人が引き続き厚生年金の被保険者であるときは、要件に該当すれば第3号被保険者です。配偶者が協定相手国に同伴して居住するか、日本に居住するかは関係ありません（第1章2Ⅰ1）。

派遣された人が協定相手国の年金制度に加入したときであっても、その配偶者には協定相手国への年金制度への加入義務はありません。

配偶者が日本に住んでいるときは、日本国籍の有無にかかわらず、国民年金の第1号被保険者となります。

一方で、住所地が協定相手国であれば、日本国籍のある20歳以上65歳未満の人は日本の国民年金制度に任意加入をすることができます。ただし、日本国籍がない人は任意加入をすることができません（第1章2Ⅱ1）。

(2) 20歳以上の配偶者以外の家族

協定相手国に派遣された人に**配偶者以外の20歳以上60歳未満の家族**があるときは、派遣された人が加入している年金制度にかかわらず、その家族の住所地が日本であれば、国民年金の**第1号被保険者**となります。国籍の有無は問いません（第1章2Ⅰ1）。

一方で、その家族の住所地が協定相手国であれば、日本国籍のある20歳以上65歳未満の人は日本の国民年金制度に任意加入をすることができます。日本国籍のない人は任意加入をすることができません（第1章2Ⅱ1）。

1 社会保障協定

Ⅲ 二重加入の防止（日本で働く外国人）

1 二重加入の防止の原則と例外

～日本で働く外国人は原則として日本の制度のみに加入する～

1 被用者の制度加入

（1）原則

協定相手国の外国人が日本で就労するときは、原則として**日本の年金制度のみに加入**します。外国の企業から日本の支店などに派遣されるときや、日本の現地の企業に雇用されたときにも適用されます。

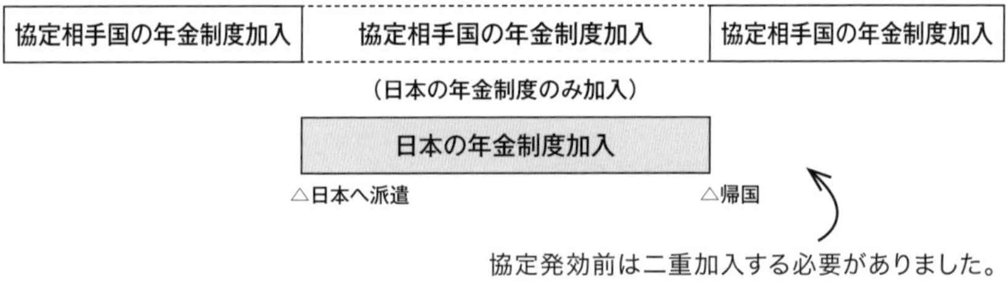

（2）例外（5年以内の一時派遣）

派遣や出向等により日本に**5年以内の見込みで派遣**されるときは、例外規定が適用されます。この場合において、派遣された人は協定相手国の年金制度のみに引き続き加入し、日本の年金制度への加入は免除されます。

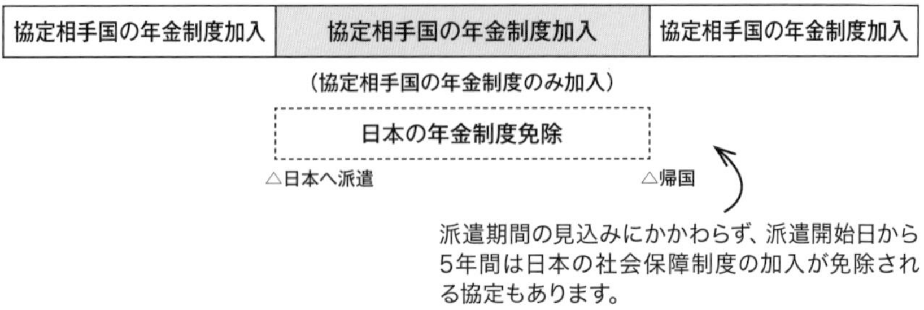

（3）同一期間に両国で同時に就労する場合（日英・日韓協定のみ）

　日本国と相手国（イギリス、韓国）の領域内で同時に就労していると
きは、生活の本拠を基準として、その国の年金制度のみに加入します。

協定相手国の年金制度加入	生活の本拠を置く国の年金制度加入	協定相手国の年金制度加入

（生活の本拠を置く国の制度のみ加入）

他方の年金制度加入免除

△日本における就労開始　　　　　　　　　　　△帰国

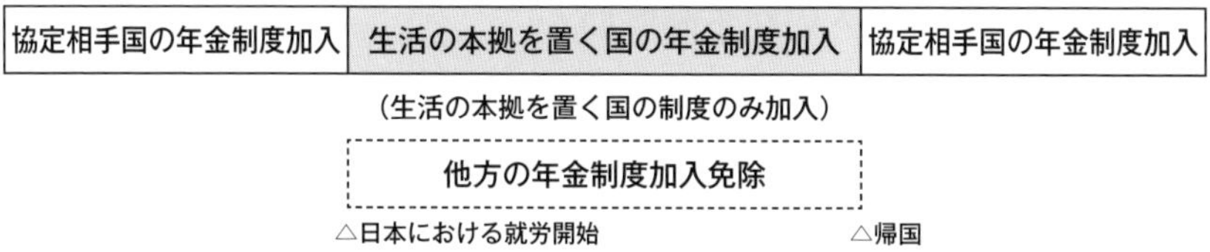

2　加入免除期間の延長

　日本への派遣期間が**5年を超える**ときは、協定相手国の事業主（自営
業者の場合は本人）から協定相手国の実施機関に対して、日本の制度の
加入免除期間の延長を申請することができます。この延長が認められる
ためには、日本と協定相手国の関係機関間の合意が必要です。ただし、
5年を超えた延長期間の上限は各協定により異なります。

3　自営業者の制度加入

　被用者と同様に、自営業者も一定の条件の元で、協定相手国の制度と
国民年金のいずれか一方の制度への加入が免除される場合があります。

　協定相手国の自営業者が一時的（5年以内）に日本で自営活動を行う
場合、引き続き協定相手国の制度のみに加入します。しかし、長期的
（5年超）に日本で自営活動を行うときには、日本の年金制度のみに加
入します。また、協定相手国で自営業をしていない人が日本で初めて自
営活動を行うときは、日本の年金制度に加入します。

2 派遣される本人と家族の年金制度加入

～派遣される人の家族も免除されることがある～

1 派遣される本人の年金制度加入

協定相手国から日本に派遣されて就労する場合、厚生年金の適用事業所に使用される人は、原則として厚生年金に加入します（第１章③Ｉ１）。ただし、派遣された人が協定相手国の年金制度に引き続き加入しているときは、日本の厚生年金への加入が免除されます。

厚生年金の適用事業所に使用されない人は、国民年金の第１号被保険者となります（第１章②Ｉ１）。この場合においても、協定相手国の年金制度に引き続き加入しているときは、国民年金への加入が免除されます。

2 派遣される人の家族の年金制度加入

日本に居住する20歳以上60歳未満の人は、国籍にかかわらず、すべて国民年金の被保険者です。ただし、協定相手国から日本に派遣された人が協定相手国の年金制度に引き続き加入し、日本の年金制度の適用が免除されているときは、その同行する配偶者や子も国民年金への加入が免除されます。その家族が日本国籍であるときは、派遣された人に生計維持されている必要があります。なお、日本の制度の加入が免除されていても、希望すれば届出により国民年金の被保険者となることができます。

参考 国籍要件

昭和56年12月までの日本の年金制度には「日本国内に住所を有する20歳以上60歳未満の日本国民は国民年金の被保険者とする（旧国民年金法７条）」の規定があり、日本居住の外国籍の人は年金制度に加入することができませんでした。昭和57年１月１日以後（難民条約関係整備法の施行後）において、日本居住の外国人のうち被用者年金制度に加入していない20歳以上60歳未満の人は、国民年金の強制加入の対象となりました。また、被用者年金制度に加入する人の外国籍の配偶者は、昭和61年３月まで任意加入の対象とされていました。

3 加入随伴家族の適用免除

協定相手国から日本に一時的に派遣された人が日本の年金制度への加入が免除されるとき、同行する配偶者および子(「随伴家族」という)に関する適用は次のとおりです。免除の手続きには証拠書類の提出が必要です。

〈特例法7①、特例令11、12ほか〉

一時派遣元の協定相手国		日本に一時派遣されるとき
ドイツ	〈議定書9〉	一時派遣者に臨伴する配偶者または子の適用は、次のとおりです。 ① 家族滞在の在留資格[注3]をもって滞在する人 別段の申出がない限り、日本の制度を適用しない。 ② ①以外の人 (在留資格が「家族滞在」以外) 日本における該当する制度に基づき適用要否を判断する。
韓国	〈日韓協定10〉	
アメリカ	〈日米協定4の9〉	
ベルギー	〈日白協定12〉	
フランス	〈日仏協定10〉	
カナダ	〈日加協定5の7〉	
オーストラリア	〈日豪協定12〉	
チェコ[注1]	〈日チェコ協定11〉	
スペイン	〈日スペイン協定12〉	
アイルランド	〈日アイルランド協定11〉	
ブラジル	〈日ブラジル協定11〉	
スイス	〈日スイス協定11〉	
ハンガリー[注2]	〈日ハンガリー協定11〉	
インド	〈日インド協定11〉	
ルクセンブルク	〈日ルクセンブルク協定11〉	
フィリピン	〈日フィリピン協定10〉	
スロバキア	〈日スロバキア協定11〉	
中国	〈日中協定10〉	
フィンランド	〈日フィンランド協定11〉	
スウェーデン	〈日スウェーデン協定11〉	
イタリア	〈日イタリア協定11〉	
イギリス	なし	随伴する配偶者または子に関する特別な規定はなく、原則どおり、日本における該当する制度を適用する
オランダ	〈日蘭協定11〉	

注1　日チェコ協定は年金制度のみが対象です。よって、随伴家族には国民健康保険制度および後期高齢者医療制度が強制適用されます。

注2　日ハンガリー協定では、随伴家族は年金制度の免除が適用されます。さらに随伴家族がハンガリーの医療保険制度に加入している場合のみ、日本の国民健康保険制度および後期高齢者医療制度の加入が免除されます。

注3　在留資格は外国人の在留カードまたは外国人住民票に表記されています。

2 期間通算による年金給付

Ⅰ 期間通算による支給要件の特例

1 協定相手国の期間がある人の特例

～年金の受給要件をみるときに協定相手国期間を算入できる～

1 老齢基礎年金・老齢厚生年金の特例

日本の年金制度では、老齢給付などの支給を受けるために一定の年金加入期間が必要です。日本の加入期間だけでは受給資格を満たさないときは、社会保障協定に基づく期間通算を利用して、協定相手国の加入期間を**日本の年金制度の加入期間として算入**することができます。

（1）老齢基礎年金

老齢基礎年金の受給資格を得るためには、保険料納付済期間、保険料免除期間および合算対象期間を合わせて**10年以上**有することが要件とされています。日本における期間だけでは受給資格期間の要件を満たさないときは、社会保障協定に基づき、協定相手国の期間を合算対象期間等として、日本の年金制度の加入期間に算入することができます。

〈特例法10①〉

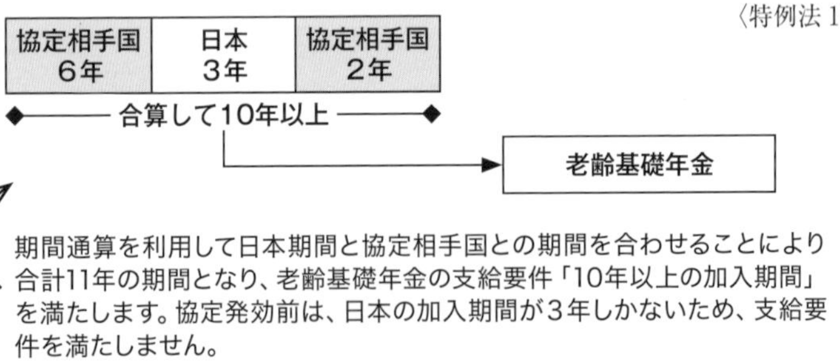

協定相手国
6年
日本
3年
協定相手国
2年
合算して10年以上
老齢基礎年金
期間通算を利用して日本期間と協定相手国との期間を合わせることにより合計11年の期間となり、老齢基礎年金の支給要件「10年以上の加入期間」を満たします。協定発効前は、日本の加入期間が3年しかないため、支給要件を満たしません。

2 老齢厚生年金

老齢厚生年金の受給資格を得るためには、保険料納付済期間、保険料免除期間および合算対象期間を合わせて**10年以上**有することが要件とされています。日本の期間だけでは受給資格期間の要件を満たさないときは、社会保障協定に基づき、協定相手国の期間を厚生年金の被保険者期間等として、日本の年金制度の加入期間に算入することができます。

〈特例法 27〉

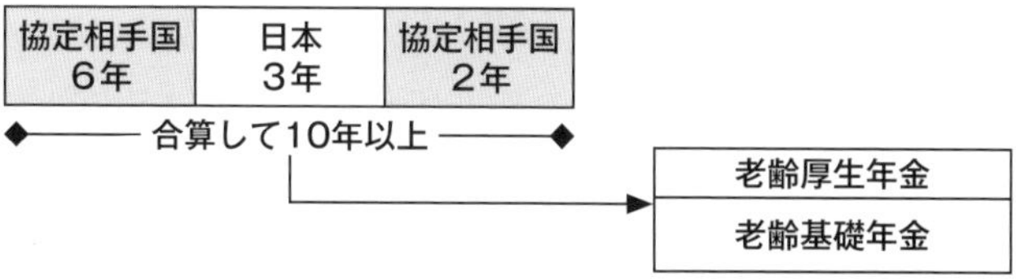

3 加給年金・振替加算の特例

日本の年金制度において、老齢厚生年金に加算される**加給年金額**、老齢基礎年金に加算される**振替加算**には、自身または配偶者が**240 月（20 年）以上**の厚生年金の被保険者期間を有することが要件とされています。日本の被保険者期間だけでは、これらの要件を満たさないときは、社会保障協定に基づく期間通算を利用して、協定相手国の期間を日本の年金制度の加入期間に算入することができます。 〈特例法 10 ②、27〉

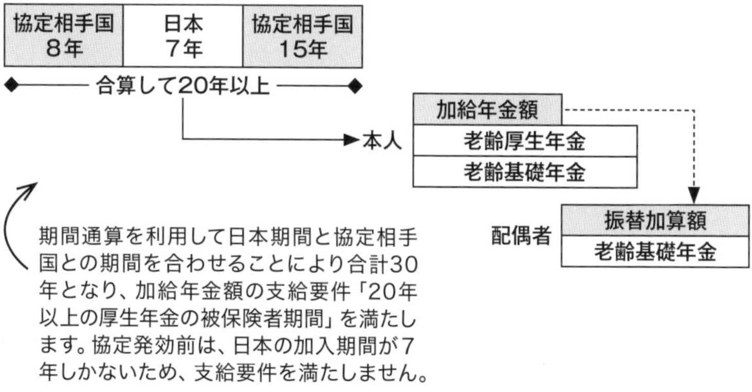

POINT!

遺族厚生年金、特例老齢年金、特例遺族年金、遺族厚生年金の中高齢寡婦加算および経過的寡婦加算、脱退一時金においても相手国期間算入の対象です。

2 協定相手国の期間が重複するとき

～相手国期間と重複する期間はダブルカウントされない～

1 両国の年金制度に重複して加入していた期間

日本と協定相手国の両国の年金制度に重複して加入していた期間は、ダブルカウントされません。

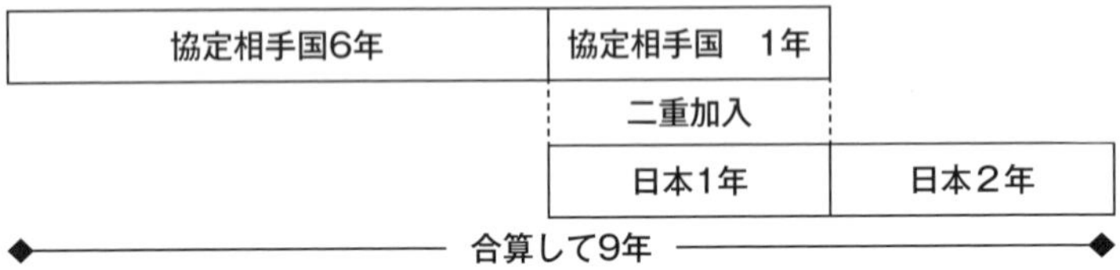

協定相手国7年のうち、1年は日本期間と重複しているため、支給要件を判断するときには、協定相手国期間6年を算入します。

2 協定相手国期間を算入できる期間

協定相手国期間を有し日本の年金制度の受給資格要件を満たさない人は、社会保障協定に基づく協定相手国の期間を日本の年金制度の加入期間に算入することができますが、日本の年金制度の受給資格要件に算入できる期間の計算の基礎である期間には算入できません。

つまり、保険料納付済期間、保険料免除期間、合算対象期間、学生納付特例期間、若年者納付猶予期間および第３号被保険者の特例届出期間と、協定相手国期間とが重複しているときは、日本のこれらの期間が優先され、協定相手国の期間を算入することはできません。

一方で、協定相手国期間と日本期間が重複していても、該当月が日本の国民年金保険料未納期間や国民年金第３号未届期間であるときには、協定相手国期間を算入することができます。　〈特例法 11、特例政令 22 ほか〉

3 第３号未届期間と第３号被保険者の特例届出期間

協定相手国期間と重複している期間があり、その期間が国民年金の第３号未届期間であるときは、協定相手国期間を算入することができます。その後、第３号被保険者の特例届出により保険料納付済期間になると、その期間に協定相手国期間を算入することができません。しかし、このような場合においても、加給年金額などの要件には影響しません。

■第3号被保険者の特例届出前

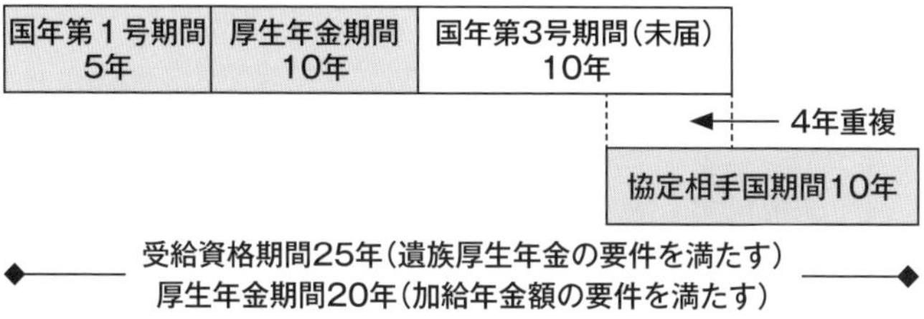

■ 第3号被保険者の特例届出以後

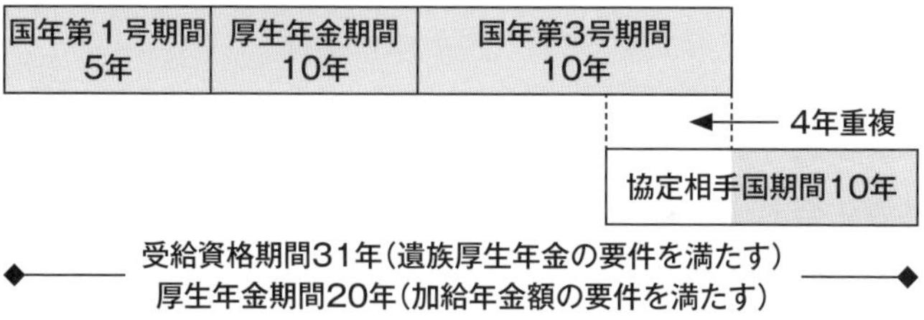

第３号被保険者の特例届出がなされ保険料納付済期間となった場合、受給資格期間を判断するときには、第3号被保険者期間と重複しない相手国期間（6年）を算入します。加給年金額等の加算の資格要件である期間を計算する際には、厚生年金期間（10年）と協定相手国期間（10年）を合算します。

参考 第３号特例届

第３号被保険者の特例届出期間は、届出が行われた日以降、届出にかかる期間について保険料納付済期間に算入されます。

3 協定相手国期間がある人の保険料納付要件

～保険料納付要件をみるときに協定相手国期間を算入できる～

1 障害基礎年金および障害厚生年金の保険料納付要件

障害基礎年金および**障害厚生年金**には、保険料納付済期間と保険料免除期間とを合算した期間が全被保険者期間の３分の２以上必要であるとする**保険料納付要件**があります。この要件を日本の年金制度の期間のみで満たさないときは、その人の有する協定相手国期間を国民年金の保険料納付済期間とみなすことができます。〈特例法 11 ①、28 ①〉

国民年金 未納10年	協定相手国期間 15年	厚生年金 5年

初診日

協定相手国期間を国民年金の保険料納付済期間とみなすことにより、(5年+15年) / (10年+5年+15年) =2/3≧2/3となり、保険料納付要件を満たします。協定発効前は、5年/ (10年+5年) =1/3<2/3となり要件を満たしません。

2 遺族基礎年金および遺族厚生年金の保険料納付要件

遺族基礎年金および**遺族厚生年金**には、保険料納付済期間と保険料免除期間とを合算した期間が全被保険者期間の３分の２以上必要であるとする**保険料納付要件**があります。この要件を日本の年金制度の期間のみで満たさないときは、その人の有する協定相手国期間を国民年金の保険料納付済期間とみなすことができます。〈特例法 12 ①、30 ①〉

国民年金 未納10年	協定相手国期間 15年	厚生年金 5年

死亡日

POINT!

障害認定日または死亡日において国民年金の保険料納付済期間、保険料免除期間または厚生年金の被保険者期間が0月の場合は対象外です。

3 各国の期間算入の可否

日本の年金制度の期間のみでは要件を満たさないときは協定相手国の期間を算入することができますが、その対象は各国により様々です。

○：対象　　×：対象外

協定相手国	老齢・障害・遺族（基礎年金） 老齢・障害・遺族（厚生年金）	振替加算 中高齢寡婦加算 経過的寡婦加算	脱退一時金（厚生年金）※4	障害手当金
ドイツ	○	○	○	×
アメリカ	○	○	×	×
ベルギー	○	○	×	○
フランス	○	○	×	○
カナダ	○	○	×	×
オーストラリア	○※1	○※2	×	×
オランダ	○	○	×	○
チェコ	○	○	×	○
スペイン	○	○	×	○
アイルランド	○	○	×	○
ブラジル	○	○	×	○
スイス	○	○	×	○
ハンガリー	○※3	○	×	×
インド	○	○	×	○
ルクセンブルク	○	○	×	○
フィリピン	○	○	×	○
スロバキア	○	○	×	○
スウェーデン	○	○	×	○
フィンランド	○	○	×	○
関連条文	特例法27、28、特例政令56～59	特例法27、特例政令56	特例法27、特例政令56	特例法29、特例政令61、62

※1　日オーストラリア協定において、老齢に係る給付にのみ相手国期間を算入する。また、当該給付の受給者が死亡したことに伴う遺族に係る給付額の計算についても相手国期間を算入する。
※2　上記※1による遺族に係る給付の中高齢寡婦加算および経過的寡婦加算の計算にのみ算入する。
※3　日ハンガリー協定において、通算の対象となるのは老齢年金と遺族年金に限られる。
※4　国民年金の脱退一時金についての期間算入はない。
（注）　共済組合各法に係る給付についても同様。

4 協定相手国期間がある人の被保険者の要件

～協定相手国期間中の初診日は日本の期間と同等の期間とみなされる～

1 障害基礎年金および障害厚生年金の支給要件

障害基礎年金および**障害厚生年金**の支給要件の１つに、**初診日**において国民年金または厚生年金の**被保険者**であることがあります。

初診日が協定相手国の期間中にあるときは、その初診日において国民年金または厚生年金の被保険者であったものとみなされます。この場合において、協定相手国の期間は、国民年金の第２号被保険者期間または厚生年金の被保険者期間と同等の期間とみなされます。〈特例法 11 ②、28 ②〉

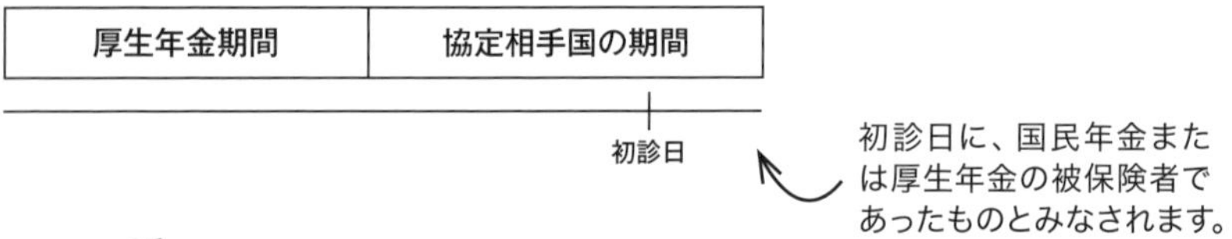

参考 障害手当金

日白（ベルギー）協定、日仏（フランス）協定、日蘭（オランダ）協定、日チェコ協定、日スペイン協定、日アイルランド協定、日ブラジル協定、日スイス協定、日インド協定、日ルクセンブルク協定、日フィリピン協定、日スロバキア協定、日フィンランド協定および日スウェーデン協定においては、障害手当金の支給要件についても同様の取扱いです。

2 遺族基礎年金および遺族厚生年金の支給要件

遺族基礎年金および**遺族厚生年金**の支給要件の１つに、**被保険者期間中に死亡**するか、**被保険者加入中に初診日**がある傷病が原因で死亡したこと等の要件があります。これらの要件をみるとき、死亡日または初診日が協定相手国の年金制度加入期間中にあるときは、国民年金または厚生年金の被保険者期間中であるものとみなされます。〈特例法 12 ②、30 ②〉

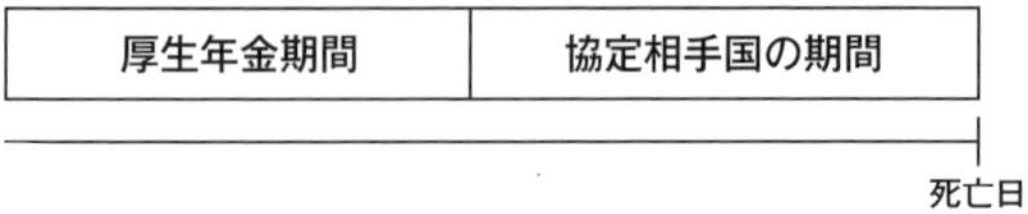

3 協定相手国がアメリカのとき

日米協定においては、特定の条件を満たしたときに限り、日本の年金制度に加入していたものとみなされます。この条件は次のとおりです。

〈日米協定6、特例令26、28ほか〉

（1）初診日（死亡日）が属する暦四半期までの8暦四半期中に、4加入四半期以上のクレジットが付与されていること（8分の4要件）。

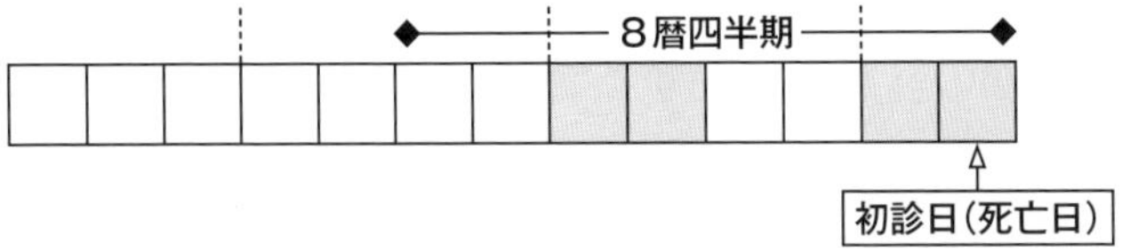

（2）初診日（死亡日）が属する暦四半期までの13暦四半期中に、6加入四半期以上のクレジットが付与されていること（13分の6要件）。

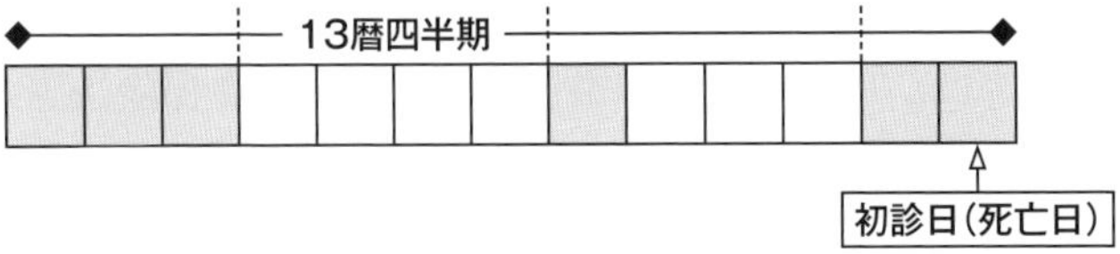

参考 アメリカ年金制度

アメリカの年金加入期間は暦年中の収入に応じて付与されるクレジット（四半期単位）でカウントされます。このため、実際に就労した期間とクレジットに基づく年金加入期間とが一致しないときがあります。

4 協定相手国がフランスのとき

フランスの年金制度における加入記録は四半期毎に管理されています。このため、初診日（死亡日）の属する暦年において、最低1四半期のフランス年金加入期間を有しているときは、日本の年金制度に加入していたものとみなされます。〈日仏協定14、特例令26、28ほか〉

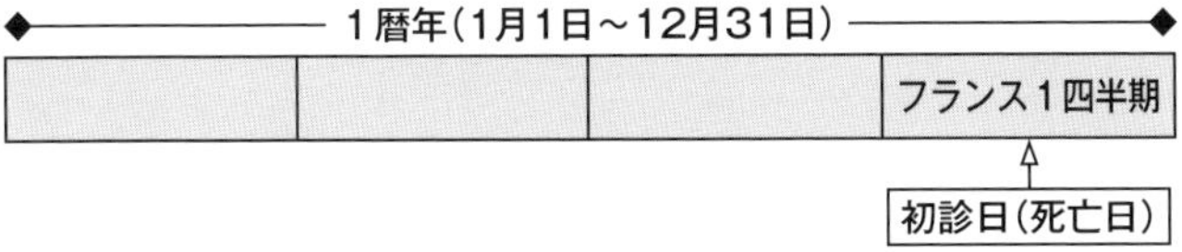

2 期間通算による年金給付

Ⅱ 期間通算による年金額の計算

1 老齢基礎年金・老齢厚生年金等の計算

～老齢基礎年金等の給付は日本期間のみで計算する～

1 給付額の計算等に関する特例

社会保障協定により協定相手国の年金加入期間を通算して受給資格要件を満たしたときに支給される年金給付額は、日本の年金制度の保険料納付実績に基づいて算定されます。

2 加入期間の長さに比例する給付

老齢給付等は、日本の国民年金法および厚生年金保険法等の法令に基づき、加入期間の長さに比例して給付額を算定します。対象となる給付は、老齢基礎年金、老齢厚生年金、遺族厚生年金（長期要件）です。これは、日本期間のみでは受給資格要件を満たさないことが前提です。

（1）老齢基礎年金の計算式

$$\text{老齢基礎年金の満額} \times \frac{\text{20歳以上60歳未満の国民年金加入期間}^{※}\text{（日本期間のみ）}}{480}$$

※保険料納付済月数＋保険料免除月数×一定割合

（2）老齢厚生年金の計算式

平均標準報酬額 ×乗率 ×厚生年金加入月数（日本期間のみ）

（3）遺族厚生年金（長期）の計算式

平均標準報酬額 × 乗率 × 厚生年金加入月数（日本期間のみ）× 4 分の 3

2 老齢厚生年金の加給年金等の計算

～加給年金や振替加算等は比例配分により計算する～

1 一定以上の加入期間を要件として一定額支給される給付

日本の年金制度では、老齢基礎年金の振替加算および老齢厚生年金の加給年金額等の給付額は、一定以上の年金加入期間を有するときに一定額が支給されています。

相手国期間を考慮して受給権が確立したときの年金額の算定にあたっては、その給付の個別の要件となる加入期間に対する日本の制度加入期間の比率により比例配分されます。〈特例法31ほか〉

2 対象となる給付

- 老齢基礎年金の振替加算、老齢厚生年金の加給年金額
- 遺族厚生年金（長期要件）の中高齢寡婦加算・経過的寡婦加算

3 比例配分の計算式

（例）老齢厚生年金の加給年金額の計算式

$$\text{加給年金額} \times \frac{\text{厚生年金加入期間（日本期間のみ）}}{\text{240月（※）}}$$

※生年月日に応じて180月～240月

参考 計算事例

20歳　60歳　65歳

厚生年金	厚生年金	ブラジル期間	厚生年金
11月	59月	143月	49月

の加入期間の人

老齢基礎年金　$816{,}000\text{円} \times \frac{59}{480} = 100{,}300\text{円}$

老齢厚生年金の配偶者の加給年金額（昭18.4.2以後生まれ）　$408{,}100\text{円} \times \frac{119}{240} = 202{,}350\text{円}$

（令和６年度額）

第9章 社会保障協定

3 障害基礎年金・障害厚生年金等の計算

～障害年金は社会保障協定ごとに計算方法が異なる～

1 加入期間にかかわらず支給される給付

被保険者期間の長短にかかわらず一定額が支給される障害基礎年金などの給付について、社会保障協定により支給要件を満たすときの給付額は、日本の加入期間に比例して計算されます。この計算により、一定の比率で按分した額が支給されます。なお、社会保障協定ごとに、按分率の計算方法が異なるため、具体的な計算は協定の内容により異なります。

〈特例法31、32ほか〉

2 対象となる給付

- 老齢基礎年金の振替加算（障害厚生年金または障害共済年金の受給権者の配偶者に支給するものに限る）
- 障害基礎年金、障害厚生年金、障害手当金
- 障害厚生年金の加給年金額
- 遺族基礎年金、遺族厚生年金
- 遺族厚生年金（短期要件）の中高齢寡婦加算・経過的寡婦加算

3 障害基礎年金の計算式

次のような状態を仮定します（4も同様）。 〈特例法13、15ほか〉

【加入例】

厚生年金 A月	国民年金（納付） B月	未加入 C月	相手国期間 D月

日本期間のみでは、資格要件を満たさない

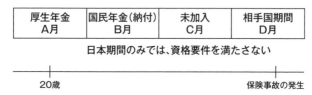

（1）アメリカ、カナダ、ブラジル、インドおよびフィリピンとの協定

$$\text{障害基礎年金の額} \times \frac{\text{A月}+\text{B月}}{\text{理論的加入期間}}$$

(2) ドイツ、ベルギー、フランス、オランダ、チェコ、スペイン、アイルランド、スイス、ルクセンブルク、スロバキア、フィンランドおよびスウェーデンとの協定

$$障害基礎年金の額 \times \frac{A月 + B月}{A月 + B月 + D月}$$

※(1)(2)ともに、1級の場合は1.25倍の額に按分率を乗じます。

4 障害厚生年金(300月未満)の計算式

障害厚生年金(300月未満)の計算式は、次のとおりです。

〈特例法32ほか〉

(1) アメリカ、カナダ、ブラジル、インドおよびフィリピンとの協定

$$平均標準報酬額 \times 乗率 \times 300 \times \frac{A月}{理論的加入期間}$$

(2) ベルギー、フランス、オランダ、チェコ、スペイン、アイルランド、スイス、ルクセンブルク、スロバキア、フィンランドおよびスウェーデンとの協定

$$平均標準報酬額 \times 乗率 \times 300 \times \frac{A月}{A月 + D月}$$

(3) ドイツとの協定

$$平均標準報酬額 \times 乗率 \times 300 \times \frac{A月 + (300 - A月) \times \frac{A月}{A月 + D月}}{300}$$

※(1)(2)(3)ともに、1級の場合は1.25倍の額に按分率を乗じます。

(出所:日本年金機構HP)

参考 理論的加入期間

理論的加入期間とは、原則として、給付の受給権者が日本の制度に加入可能な期間(昭和36年4月1日以後の20歳以上60歳未満の期間)をいい、障害給付については障害認定日の属する月以後の期間が除かれ、遺族給付については死亡した日の翌日の属する月以後の期間が除かれます。

3 各国との社会保障協定

1 日ドイツ社会保障協定

～ドイツとの社会保障協定が2000年2月1日に発効された～

1 協定の適用範囲

日本	ドイツ
国民年金（国民年金基金を除く） 厚生年金保険（厚生年金基金を除く） 国家公務員共済年金 地方公務員等共済年金（地方議会議員の年金制度を除く） 私立学校教職員共済年金 農林漁業団体職員共済年金	法定年金保険 製鉄従事者付加保険 農業者老齢保障

〈日ドイツ協定２、議定書〉

2 協定の適用を受ける人

いずれかの締約国の国民等に適用されます。〈日ドイツ協定３〉

3 年金制度への加入

年金制度への強制加入は、原則として被用者または自営業者として就労する国の制度のみが適用されます。日本企業からの派遣される期間が５年を超えないと見込まれることを条件として、ドイツの年金制度の加入が免除され、日本の制度のみが適用されます。ただし、派遣期間が当初から５年を超えると見込まれるときであっても、派遣開始から60カ月までは、派遣元の国の年金制度にのみ加入し、派遣先の国の年金制度の加入が免除されます。５年を超えて派遣（自営活動）期間が延長される特別の事情があるときは、36カ月を超えない期間は派遣元の年金制度のみが引き続き適用されます。〈日ドイツ協定７、８〉

4 通算の対象となるドイツ期間

通算の対象となるドイツ期間は、ドイツ保険料納付期間と代替期間です。ドイツ保険料納付期間は、実際に保険料を納付した期間であり、代替期間は兵役期間等の戦争または兵役に関する期間（1991年以前の期間に限る）です。

5 通算の方法

ドイツ期間を日本年金の受給資格要件に算入する場合は、日本期間に相当するドイツ期間等を算入します。

日本年金制度	ドイツ年金制度
厚生年金の被保険者期間 各共済組合の組合員等の期間 国民年金の保険料納付済期間	ドイツ保険料納付期間
坑内員期間としての厚生年金の被保険者期間	ドイツ坑内員期間
合算対象期間・通算対象期間	ドイツ期間（ドイツ保険料納付済期間、代替期間）

【原則的なケース】

■ドイツ期間（1月～6月）があるとき

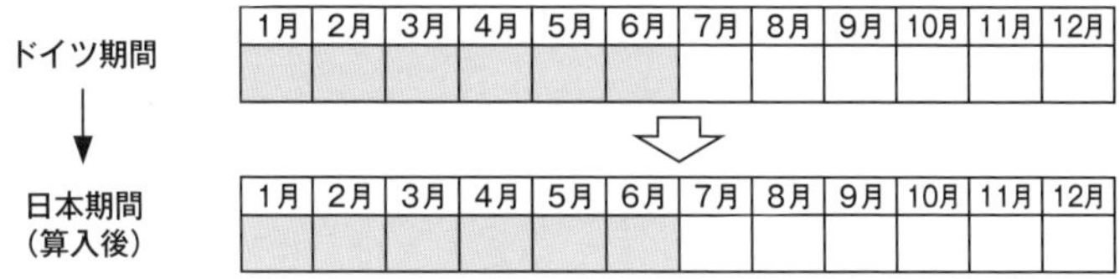

日本期間として1月～6月に算入します。

【期間が重複するとき】

■ドイツ期間（1月～6月）、日本期間（5月～12月）があるとき

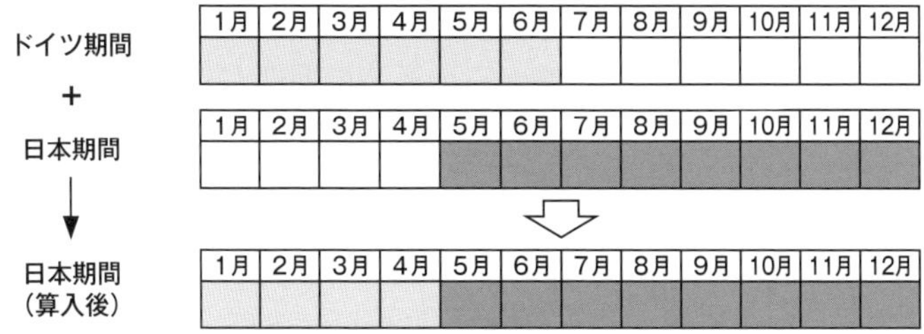

重複する期間は算入されません。

2 日英(イギリス)社会保障協定

〜イギリスとの社会保障協定が2001年2月1日に発効された〜

1 協定の適用範囲

日本	イギリス
国民年金 厚生年金保険 国家公務員共済年金 地方公務員等共済年金 私立学校教職員共済年金 農林漁業団体職員共済年金	1992年の社会保障行政法 1978年の社会保障(ガーンジー)法他

〈日英協定２〉

2 随伴家族の取扱い

日英協定では就労者に随伴する家族に関する適用調整の規定がありません。

3 年金制度への加入

（１）年金制度への強制加入は、原則として被用者または自営業者として就労する国の制度のみが適用されます。この規定により、イギリスの法令のみが適用されるときには、その人がイギリスにおいて通常居住するものとみなして法令が適用されます。

（２）同一期間に両国で同時に就労しているときは、生活の本拠のある国の年金制度のみに加入します。日本に生活の本拠を置くときは日本の年金制度のみに加入し、イギリスの年金制度の加入が免除されます。イギリスに生活の本拠を置くときは、イギリスの年金制度のみに加入します。〈日英協定４〉

（３）強制加入に関して、日本企業からの派遣の期間が５年を超えないと見込まれることを条件として、イギリスの年金制度の加入を免除し、日本の制度のみが適用されます。また、予見できない事情など特別の事情があり５年を超えて派遣（自営活動）期間が延長されるときは、３年を超えない範囲で日本の年金制度が引き続き適用

されます。延長が認められなかったときは、当初派遣から5年以降は、イギリスの制度のみが適用されます。〈日英協定5〉

（4）いずれか一方の国の旗を掲げる海上航行船舶で働く船員に両国の法令が適用されるときは、通常居住する領域の国の法令のみが適用されます。適用証明書の手続きは、被用者の取扱いと同様です。

（5）外交官、領事館、公務員などであって締約国の領域内で就労するときは、本国の法令のみが適用されます。〈日英協定7〉

4 年金加入期間の通算

日英社会保障協定では、年金加入期間の通算は行われません。二重加入防止に限定した協定を締結しています。

5 国民年金の任意加入の制限

日本国内で就労し、保険料納付義務に関する英国年金法令の適用を受ける人で当初の派遣予定期間を経過していない人は、国民年金法による任意加入（60歳以上の人のみを対象とした任意加入の規定を除く）の規定は適用されません。つまり、イギリスから日本へ一時派遣され、国民年金法の適用が免除されている60歳未満の人は国民年金に任意加入することができません。

参考 二重加入防止に限定した協定

日本とイギリス（グレート・ブリテン及び北部アイルランド連合王国）との社会保障協定締結交渉において、イギリス政府側は「新たに締結する協定については二重加入防止に限定した内容とする」という方針を採用してます。実際に、1985年以降、イギリスは年金加入期間の通算措置を含んだ協定を新たに結んでいません。その結果、日本とイギリスの間で締結された協定も、二重加入防止に限定した内容となっています。なお、両国は、将来的に年金加入期間の通算措置の可能性を探ることに合意しています。

3 日韓(韓国)社会保障協定

～日本と韓国との社会保障協定が2005年4月1日に発効された～

1 協定の適用範囲

日本	韓国
国民年金(老齢福祉年金その他の福祉的目的のため経過的又は補完的に支給される年金であって、専ら又は主として国庫を財源として支給されるものを除く。) 厚生年金保険 国家公務員共済年金 地方公務員等共済年金 私立学校教職員共済年金	国民年金

〈日韓協定2〉

2 協定の対象となる人

いずれか一方の締約国の法令の適用を受けているか、または受けたことがあるすべての人、ならびに、これらの人の由来する家族および遺族に適用されます。

〈日韓協定3〉

3 年金制度への加入

(1) 年金制度への強制加入は、原則として、被用者または自営業者として就労する国の制度のみが適用されます。

(2) 同一期間に両国で同時に就労するときは、生活の本拠がある国の年金制度のみに加入します。日本に生活の本拠を置くときは日本の年金制度のみに加入し、韓国の年金制度の加入が免除されます。韓国に生活の本拠を置くときは、韓国の年金制度のみに加入します。

〈日韓協定5〉

(3) 強制加入に関して、日本企業からの派遣の期間が5年を超えないと見込まれることを条件として、韓国の年金制度の加入を免除し、日本の制度のみが適用されます。また、予見できない事情など特別の事情があり5年を超えて派遣(自営活動)期間が延長されるときは、3年を超えない期間は派遣元の年金制度にのみ引き続き適用されることができます。延長が認められなかったときは、当初

派遣から５年以降は、韓国の制度が適用されます。　〈日韓協定６〉

（４）いずれか一方の国の旗を掲げる海上航行船舶で働く船員に両国の法令が適用されるときは、通常居住する領域の国の法令のみが適用されます。適用証明書の手続きは、被用者の取扱いと同様です。

〈日韓協定７〉

（５）外交官、領事館、公務員などであって締約国の領域内で就労するときは、本国の法令のみが適用されます。　〈日韓協定８〉

4 年金加入期間の通算

日韓社会保障協定では、年金加入期間の通算は行われません。二重加入防止に限定した協定を締結しています。

5 韓国の年金制度への任意加入

韓国の年金制度には任意加入制度がありますが、外国人はこの制度に加入することができません。これにより、日本人が韓国の年金制度に任意加入することはできません。

また、韓国の年金制度には保険料還付のための返還一時金制度がありますが、この制度は原則として外国人には適用されないため、日本人がこの制度を利用して、保険料の還付を受けることはできません。

参考　**二重加入防止に限定した協定**

韓国の年金制度は施行から歴史が浅く、平均加入期間が12年と短かったため、年金加入期間の通算を行ったとしても、当分の間は日本の年金制度の最低加入期間（当時25年）の受給要件を満たすことが困難であるとの考えがありました。このため、日韓間で締結された社会保障協定は、二重加入防止に限定された内容となりました。なお、年金加入期間の通算措置の問題については、日韓両国とも今後その可能性を探っていくことで一致しています。

4 日米(アメリカ)社会保障協定

～アメリカとの社会保障協定が2005年10月1日に発効された～

1 協定の適用範囲

日本の年金制度	アメリカ
国民年金(国民年金基金を除く) 厚生年金保険(厚生年金基金を除く) 国家公務員共済年金 地方公務員等共済年金(地方議会議員の年金制度を除く) 私立学校教職員共済年金	連邦老齢・遺族・障害保険制度

〈日米協定２〉

2 協定の対象となる人

一方の締約国の法令の適用を受けているか、または受けたことがある人、ならびに、これらの人に由来する家族および遺族に適用されます。

〈日米協定３〉

3 年金制度への加入

年金制度への強制加入は、原則として、被用者または自営業者として就労する国の制度のみが適用されます。強制加入に関して、日本企業からの派遣の期間が５年を超えないと見込まれることを条件として、アメリカの年金制度への加入は免除され、日本の制度のみが適用されます。予見ができない事情により、５年の期限を超えて派遣期間を延長されるときは、３年（事情により４年）を限度として、アメリカの年金制度の加入が免除されます。

〈日米協定４〉

4 6カ月ルール

日本の企業からアメリカに派遣される場合、アメリカの社会保障制度の免除を受けるためには、派遣の直前に、原則として６カ月以上継続して日本で就労または居住し、日本の社会保険制度に加入していることが必要です。また、アメリカから日本に派遣されるときにも、同様の条件が適用されます。これらの条件は、自営業者にも適用されます。

5 日本の法令による給付

日本の法令に基づく給付の受給権取得のための要件を満たすのに十分な年金加入期間を有しない人は、アメリカの法令により付与された保険期間が考慮されます。 〈日米協定６〉

厚生年金の障害手当金、各共済年金の障害一時金、各共済年金の職域加算年金、厚生年金の外国人脱退一時金、各共済年金の外国人脱退一時金、厚生年金の脱退手当金、各共済組合の脱退一時金、各共済年金の特例死亡一時金等は、この規定が適用されません。

6 通算方法

（１）アメリカの１クレジットは、日本の年金加入期間に換算すると、３カ月と同等の期間とされます。

（２）算入する際には、日本期間とは重複しない期間に換算されたアメリカ期間を算入します。

（３）原則としてある暦年の始まりから算入しますが、年金受給権の獲得のために必要がある場合は個々の給付ごとに暦年の終わりから順に算入します。

【原則的なケース】

■アメリカ期間（２クレジット）があるとき

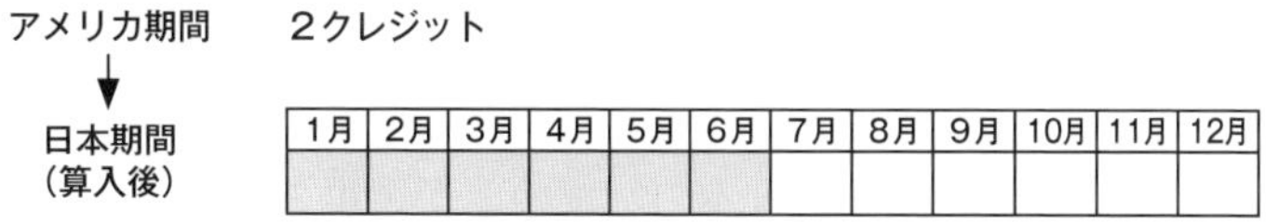

２クレジット（６月間換算）を算入します。

【期間が重複するとき】

■アメリカ期間（２クレジット）、日本期間（３月～７月）があるとき

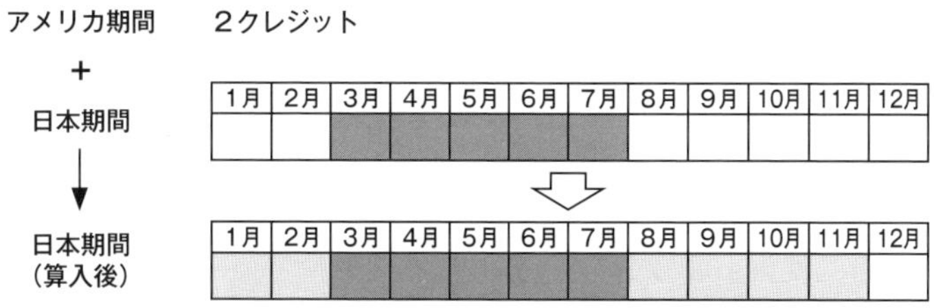

重複する期間は算入されません。

5 日白(ベルギー)社会保障協定

～ベルギーとの社会保障協定が2007年1月1日に発効された～

1 協定の適用範囲

日本	ベルギー
国民年金（国民年金基金を除く） 厚生年金保険（厚生年金基金を除く） 国家公務員共済年金 地方公務員等共済年金（地方議会議員の年金制度を除く） 私立学校教職員共済年金 日本の医療保険（省略）	被用者および自営業者に関する老齢年金および遺族年金 被用者、商船の船員、鉱山労働者および自営業者に関する障害保険 被用者に関する社会保障 自営業者に関する社会保障

〈日ベルギー協定２〉

2 協定の適用を受ける人

いずれか一方の国の法令の適用を受けているか、または受けたことがある人、ならびにこれらの人の由来する権利を有する家族および遺族に適用されます。〈日ベルギー協定３〉

3 年金制度への加入

年金制度への強制加入は、原則として被用者または自営業者として就労する国の制度のみが適用されます。強制加入に関して、日本企業からの派遣の期間が５年を超えないと見込まれることを条件として、ベルギーの年金制度の加入を免除し、日本の制度のみが適用されます。予見ができない事情により、５年の期限を超えて派遣期間が延長されるときは、１年（事情により２年）を限度としてベルギーの年金制度への加入が免除されます。〈日ベルギー協定７、８〉

4 通算の対象となるベルギー期間

協定に規定するベルギー保険期間とは、就労期間およびみなし期間であって、四半期単位でベルギーから提供されます。〈日ベルギー協定14〉

① 就労期間（就労および保険料を支払った期間）

② みなし期間（疾病、出産休暇、兵役などの期間）

5 通算の方法

ベルギー期間を日本年金の受給資格要件に通算するときは、日本期間に相当するベルギー期間を算入します。〈日ベルギー協定21〉

日本年金制度	ベルギー年金制度
厚生年金の被保険者期間 各共済組合の組合員等の期間 国民年金の保険料納付済期間	ベルギー就労期間
坑内員期間としての厚生年金の被保険者期間	ベルギー坑内員期間
船員としての厚生年金の被保険者期間	ベルギー船員期間

ベルギーの実施機関が証明した特定の四半期を、該当する日本の年金期間に換算して算入します。算入できるのは、日本期間とは重複しない期間のベルギー期間です。

【原則的なケース】

■ベルギー期間（第1～第3四半期）があるとき

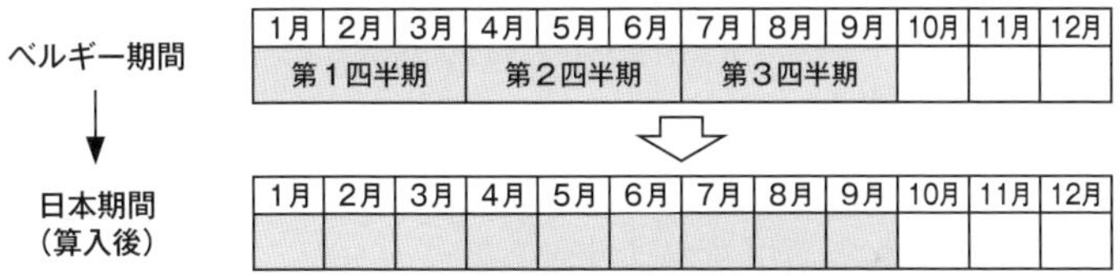

日本期間として9カ月算入します。

【期間が重複するとき】

■ベルギー期間（第1～第3四半期）、日本期間（7月～10月）があるとき

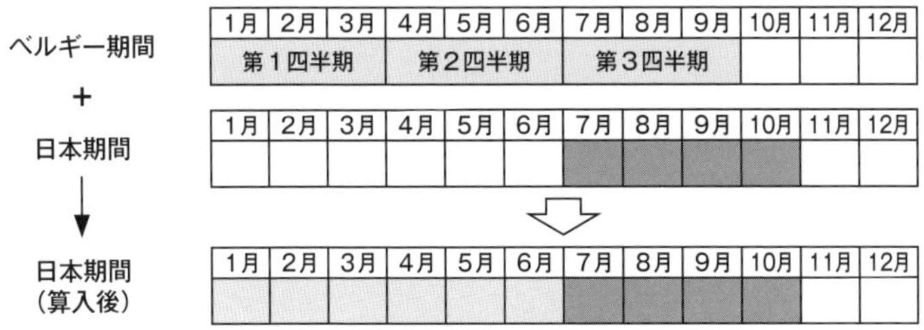

重複する期間は算入しません。

6 日仏(フランス)社会保障協定

～フランスとの社会保障協定が2007年6月1日に発効された～

1 協定の適用範囲

日本	フランス
国民年金(国民年金基金を除く) 厚生年金保険(厚生年金基金を除く) 国家公務員共済年金 地方公務員等共済年金(地方議会議員の年金制度を除く) 私立学校教職員共済年金 日本の医療保険・労災(省略)	社会保障に係る組織に関する法令ほか

〈日仏協定２〉

2 協定の適用を受ける人

国籍を問わず、いずれか一方の締約国の法令の適用を受けているか、または受けたことがある人および被扶養者に適用されます。〈日仏協定３〉

3 年金制度への加入

年金制度への強制加入は、原則として、被用者または自営業者として就労する国の制度のみが適用されます。

強制加入に関して、日本企業からの派遣の期間が５年を超えないと見込まれることを条件として、フランスの年金制度の加入を免除し、日本の制度のみが適用されます。原則として延長は認められませんが、事情によっては１年を限度として延長できる場合があります。〈日仏協定５、６〉

4 通算の対象となるフランス期間

(1) フランスの保険期間

暦年ごとに、当該暦年の収入に対し加入四半期が付与されます。１暦年中４加入四半期の付与が上限です。

(2) 実際に経過していないフランス期間

母親が子供を養育した場合、その子が16歳になるまでの１年間につき１四半期（子供１人あたり８四半期が上限）が付与されます。

5 通算の方法

フランス期間を日本年金の受給資格要件に通算するときは、日本期間に相当するフランス期間等を算入します。 〈日仏協定13、14〉

日本年金制度	フランス年金制度
厚生年金の被保険者期間 各共済組合の組合員等の期間 国民年金の保険料納付済期間	フランス保険期間
坑内員期間としての厚生年金の被保険者期間	フランス坑内員期間
船員としての厚生年金の被保険者期間	フランス船員期間

（1）各暦年につき1加入四半期ごとに3カ月の保険期間を付与します。

（2）保険期間は、月を単位とし、日本の法令により保険期間としてすでに算入された月を補完するものとなるように割り当てます。

（3）月数の総数は、1暦年について12を超えないものとされます。

【原則的なケース】

■フランス期間（2加入四半期）があるとき

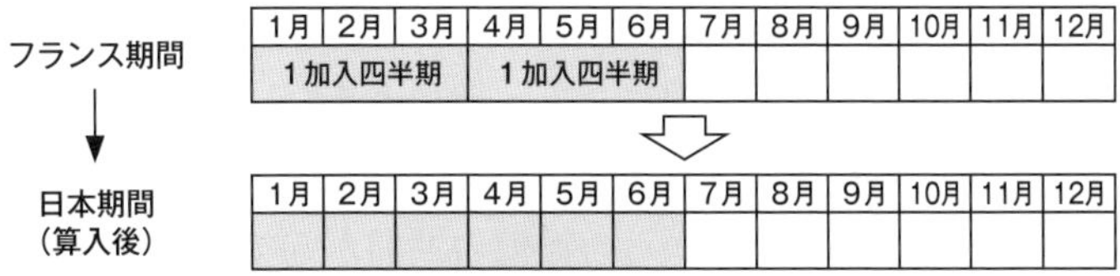

日本期間として6カ月算入します。

【期間が重複するとき】

■フランス期間（2加入四半期）、日本期間（3月～7月）があるとき

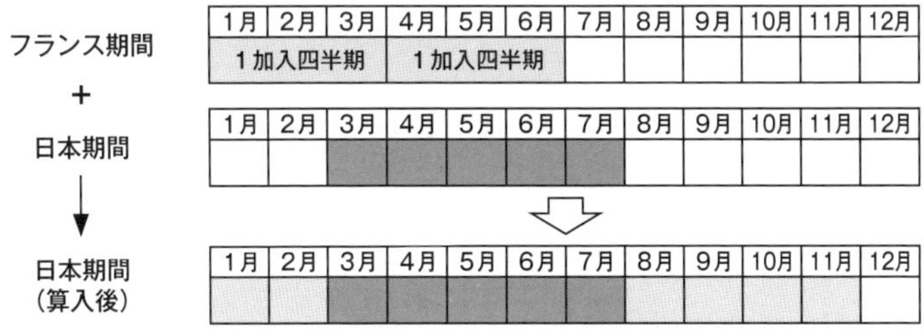

重複する期間は算入しません。

7 日加(カナダ)社会保障協定

～カナダとの社会保障協定が2008年3月1日に発効された～

1 協定の適用範囲

日本	カナダ
国民年金(国民年金基金を除く) 厚生年金保険(厚生年金基金を除く) 国家公務員共済年金 地方公務員等共済年金(地方議会議員の年金制度を除く) 私立学校教職員共済年金	老齢保障制度(居住期間) カナダ年金制度(保険期間) ※ケベック州独自の年金制度は対象外

〈日加協定３〉

2 協定の適用を受ける人

一方の締約国の法令の適用を受けているか、または受けたことがある人およびこれらの人に由来する権利を有するその他の人に適用されます。

〈日加協定４〉

3 年金制度への加入

年金制度への強制加入は、原則として、被用者または自営業者として就労する国の制度のみが適用されます。

強制加入に関して、日本企業からの派遣の期間が５年を超えないと見込まれることを条件として、カナダの年金制度の加入を免除し、日本の制度のみが適用されます。また、特別の事情があり５年を超えて派遣（自営活動）期間が延長されるときは、３年を超えない期間の免除が引き続き適用されます。〈日加協定５〉

4 6カ月ルール

日本の企業からカナダに派遣される場合、カナダ年金制度の適用免除を受けるためには、カナダに派遣される直前に原則として６カ月以上継続して日本で就労または居住し日本の年金制度に加入していることが条件として追加されます。また、カナダの企業から日本に派遣されるときも、同様の条件が必要です。

5 通算の対象となるカナダ期間

通算の対象となるのは、カナダ年金制度法による給付を受ける権利の取得のために用いられる保険料納付期間および同法により障害年金が支給される期間です。老齢保障法によるカナダ居住期間は算入できません。

〈日加協定6〉

6 通算の方法

カナダの法令により各暦年（毎年1月1日から12月31日）に付与された1年の保険期間に対して、12カ月の日本期間が付与されます。これにより付与される月数および日本の法令により年金の加入期間としてすでに算入された月数の総計は、1暦年について12を超えないように制限されます。

【原則的なケース】

■カナダ期間（1暦年）があるとき

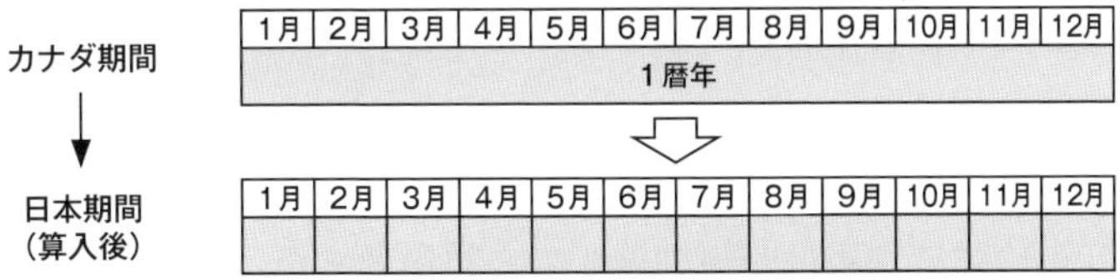

1暦年を12カ月として算入します。

【期間が重複するとき】

■カナダ期間（1暦年）、日本期間（7月～10月）があるとき

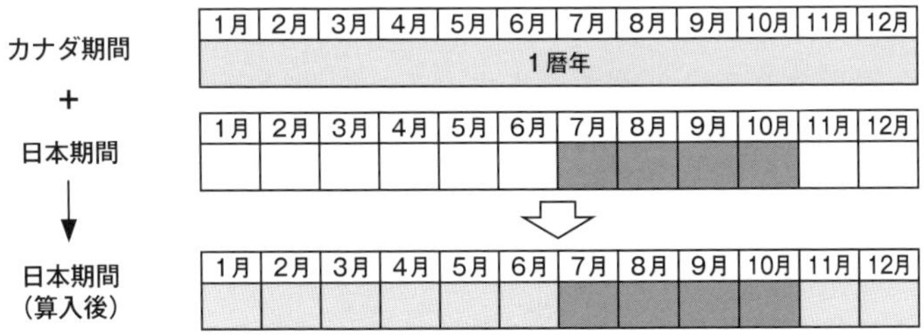

すでに日本の年金加入期間があるときは算入しません。

8 日豪（オーストラリア）社会保障協定

～オーストラリアとの社会保障協定が2009年1月1日に発効された～

1 協定の適用範囲

日本	オーストラリア
国民年金（国民年金基金を除く） 厚生年金保険（厚生年金基金を除く） 国家公務員共済年金 地方公務員等共済年金（地方議会議員の年金制度を除く） 私立学校教職員共済年金	老齢年金 退職年金保障

〈日豪協定２〉

2 協定の適用を受ける人

オーストラリアの居住者であるか居住者であった人、被用者であって一定の要件を満たす人等、これらの人の由来する権利を有するその他の人に適用されます。オーストラリアの年金制度は被用者のみを対象としていることから、自営業者は対象となりません。〈日豪協定３〉

3 年金制度への加入

年金制度への強制加入は、原則として、被用者または自営業者として就労する国の制度のみが適用されます。

強制加入に関して、日本企業からの派遣の期間が５年を超えないと見込まれることを条件として、オーストラリアの年金制度の加入を免除し、日本の制度のみが適用されます。また、特別の事情があるときは、免除が引き続き適用されることがあります。この期間は定められていません。

〈日豪協定８〉

4 通算の対象となるオーストラリア期間

日本の老齢年金の受給権の確立に際しては、対象となる「オーストラリア就労居住期間」を日本期間に算入することができます。障害年金および遺族年金は対象となりません。

5 通算の方法

日本期間のみで受給資格要件を満たさないときに限り、オーストラリア就労居住期間を日本年金の受給資格要件に算入することができます。日本期間と重複しない期間について、日本の被用者年金の期間および国民年金における第2号被保険者期間として算入します。

【原則的なケース】

■オーストラリア期間（1月～6月）があるとき

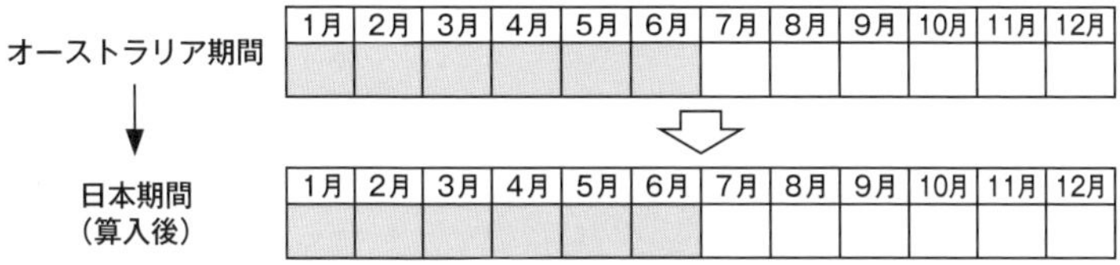

日本期間として6カ月算入します。

【期間が重複するとき】

■オーストラリア期間（1月～6月）、日本期間（5月～12月）があるとき

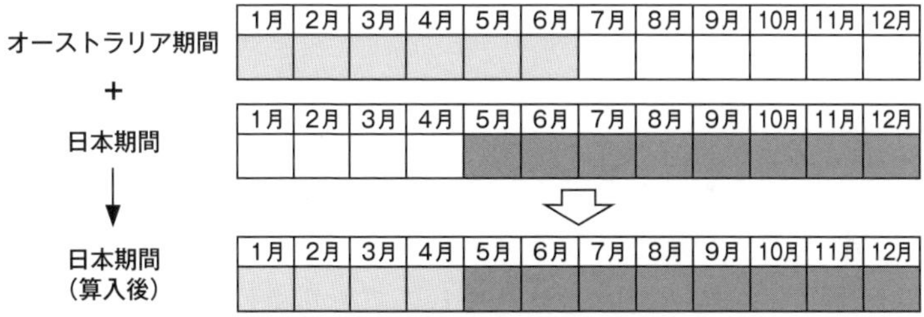

重複する期間は算入しません。

参考 **遺族年金**

通算の対象となるのは老齢年金のみであり障害年金および遺族年金は通算の対象となりませんが、年金受給資格期間が25年から10年に短縮された平成29年8月1日より前に、オーストラリア就労居住期間を有する人が、通算により老齢年金の受給権を取得した後に死亡した場合には、通算により合算された期間が25年以上であるものとみなし、遺族年金が支給されます。なお、その際の遺族年金の支給額は、特例法の規定に基づき計算されます。

9 日蘭（オランダ）社会保障協定

～オランダとの社会保障協定が2009年3月1日に発効された～

1 協定の適用範囲

日本	オランダ
国民年金（国民年金基金を除く） 厚生年金保険（厚生年金基金を除く） 国家公務員共済年金 地方公務員等共済年金（地方議会議員の年金制度を除く） 私立学校教職員共済年金 医療保険（省略）	障害給付、老齢給付、遺族給付、児童給付、疾病および出産に係る現金給付、疾病にかかる現物給付、失業給付

〈日蘭協定２〉

2 協定の適用を受ける人

いずれか一方の締約国の法令の適用を受けているか、または受けたことがあるすべての人、これらの人の由来する権利を有する家族および遺族に適用されます。〈日蘭協定３〉

3 年金制度への加入

年金制度への強制加入は、原則として、被用者または自営業者として就労する国の制度のみが適用されます。特別規定として、日本企業からの派遣の期間が５年を超えないと見込まれることを条件として、オランダの年金制度の加入を免除し、日本の制度のみが適用されます。また、５年を超えて派遣期間が延長されることの特別の事情があるときは、１年を超えない範囲で免除が引き続き適用されます。〈日蘭協定６、７〉

オランダとの協定には、就労者に随伴する家族に関する適用調整の規定がありません。オランダから日本への一時派遣・自営活動者に随伴する配偶者および子は、日本国内で就労しないときでも日本の法令（年金・医療保険）が適用されます。一方、日本からオランダへの一時派遣・自営活動者に随伴する配偶者および子は、被用者または自営業者として就労しないときには、日本の法令のみが適用されます。〈日蘭協定11〉

4 通算の対象となるオランダ期間

オランダの法令に基づく保険期間のうち単に居住していたことだけを理由として付与された保険対象となる期間を除外し、保険料を納付していた期間のみが通算の対象です。　〈日蘭協定17ほか〉

5 通算の方法

日本期間のみで受給資格要件を満たさないときに限り、オランダの保険期間を日本年金の老齢年金、障害年金および遺族年金の受給資格要件に算入します。日本期間と重複しない期間について日本の被用者年金の期間および国民年金における第２号被保険者期間として取り扱います。

【原則的なケース】

■オランダ期間（1月～6月）があるとき

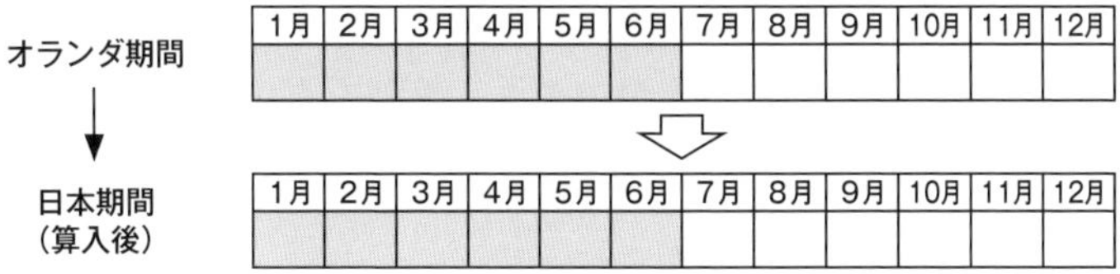

日本期間として６カ月算入します。

【期間が重複するとき】

■オランダ期間（1月～6月）、日本期間（5月～12月）があるとき

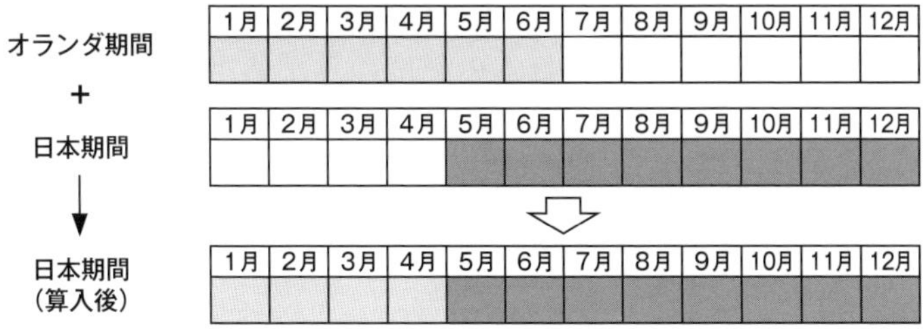

重複する期間は算入しません。

10 日チェコ社会保障協定

～チェコとの社会保障協定が2009年6月1日に発効された～

1 協定の適用範囲

日本	チェコ
国民年金(国民年金基金を除く) 厚生年金保険(厚生年金基金を除く) 国家公務員共済年金 地方公務員等共済年金(地方議会議員の年金制度を除く) 私立学校教職員共済年金 日本の医療保険(省略)	年金保険法およびその関係法、 医療保険

〈日チェコ協定2〉

2 協定の適用を受ける人

いずれか一方の締約国の法令の適用を受けているか、または受けたことがある人、ならびにこれらの人の由来する権利を有するその他の人に適用されます。〈日チェコ協定3〉

3 年金制度への加入

年金制度への強制加入は、原則として、被用者または自営業者として就労する国の制度のみが適用されます。特別規定として、日本企業からの派遣の期間が5年を超えないと見込まれることを条件として、チェコの年金制度の加入が免除され、日本の制度のみが適用されます。また、予見できない事情や企業・被用者など重大な困難を及ぼすなど特別の事情があり、派遣期間が5年を超えて延長されるときは、申請により両国で個別に判断のうえ合意した場合に、原則3年を超えない期間は日本の社会保障制度のみに加入することができます。この延長が認められなかったときは、当初派遣から5年以降は、チェコの制度のみが適用されます。

〈日チェコ協定6、7〉

チェコから日本への一時派遣者（チェコの制度のみ加入）に随伴する配偶者または子は、日本の年金制度に加入する必要はありませんが、日本の医療保険制度には加入する必要があります。〈日チェコ協定11〉

4 通算の対象となるチェコ期間

チェコの法令に基づく保険期間は、年金の通算の対象です。保険料納付期間（被用者または自営業者として年金制度に加入し保険料を拠出した期間）と、代替保険期間（失業期間や学生期間等、年金受給期間や年金額計算等の基礎となる期間として考慮される無拠出の期間）があります。

〈日チェコ協定13ほか〉

5 通算の方法

日本期間のみで受給資格要件を満たさないときに限り、チェコの保険期間を日本の制度の老齢年金、障害年金および遺族年金の受給資格要件に算入します。日本期間と重複しない期間について日本の被用者年金の期間および国民年金の期間として取り扱います。

【原則的なケース】

■チェコ期間（1月～6月）があるとき

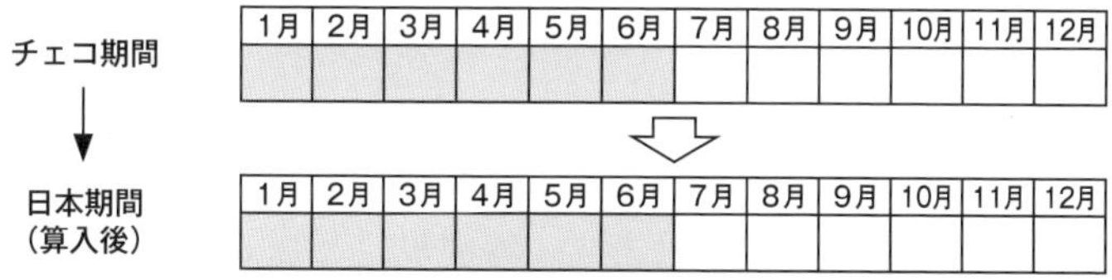

日本期間として6カ月算入します。

【期間が重複するとき】

■チェコ期間（1月～6月）、日本期間（5月～12月）があるとき

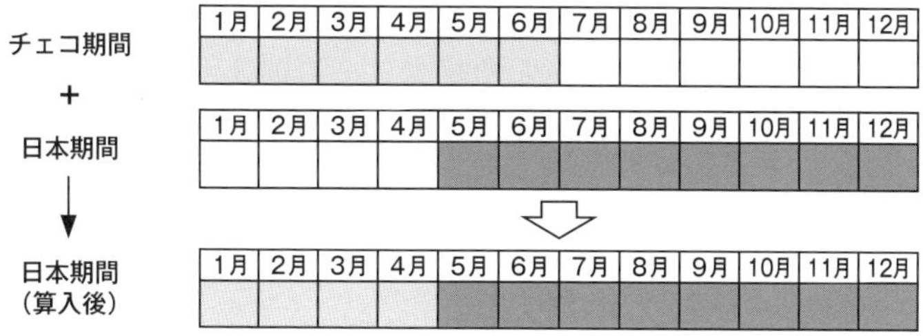

重複する期間は算入しません。

11 日スペイン社会保障協定

～スペインとの社会保障協定が2010年12月1日に発効された～

1 協定の適用範囲

日本	スペイン
国民年金（国民年金基金を除く） 厚生年金保険（厚生年金基金を除く） 国家公務員共済年金 地方公務員等共済年金（地方議会議員の年金制度を除く） 私立学校教職員共済年金	退職給付、労働災害または職業上の疾病に起因しない永久障害給付、死亡および遺族給付

〈日スペイン協定２〉

2 協定の適用を受ける人

いずれか一方の締約国の法令の適用を受けているか、または受けたことがあるすべての人、これらの人の由来する権利を有するその他の人に適用されます。〈日スペイン協定３〉

3 年金制度への加入

年金制度への強制加入は、原則として、被用者または自営業者として就労する国の制度のみが適用されます。特別規定として、日本企業からの派遣の期間が５年を超えないと見込まれることを条件として、スペインの年金制度への加入が免除され、日本の制度のみが適用されます。また、予見できない事情や企業・被用者など重大な困難を及ぼすなど特別の事情があり、５年を超えて派遣期間が延長されるときは、申請に基づき、両国で個別に判断のうえ合意した場合に、原則３年を超えない期間は日本の社会保障制度のみに加入することができます。

〈日スペイン協定６、７〉

4 通算の対象となるスペイン期間

スペインの法令に基づく保険期間とは次の期間をいいます。

（ア）通常加入期間（労働者が就労し、年金制度に加入した期間）

（イ）準加入期間（失業給付受給期間、育児休業期間等労働者が労働活

動を一時的に停止していたが、加入の継続と認められる期間）

（ウ）みなし加入期間（労働者が就労しているが、企業が登録義務や保険料納付義務を果たしていない期間）

5 通算の方法

スペイン保険期間を日本の受給資格要件に通算するときは、日本期間に相当するスペイン期間等を算入します。

日本年金制度	スペイン年金制度
厚生年金の被保険者期間 各共済組合の組合員等の期間 国民年金の保険料納付済期間	スペイン保険期間
坑内員期間としての厚生年金の被保険者期間	スペイン坑内員期間
船員としての厚生年金の被保険者期間	スペイン船員期間

【原則的なケース】

■スペイン期間（1月～6月）があるとき

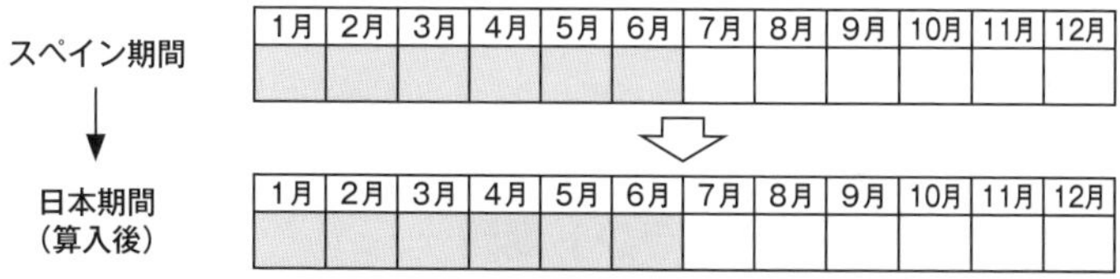

日本期間として6カ月算入します。

【期間が重複するとき】

■スペイン期間（1月～6月）、日本期間（5月～12月）があるとき

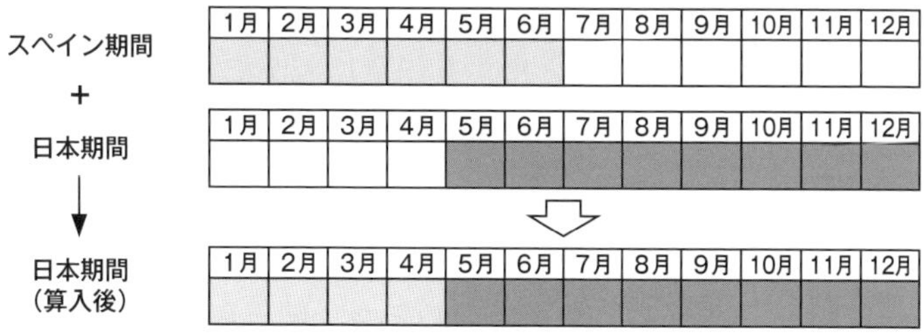

重複する期間は算入しません。

12 日アイルランド社会保障協定

～アイルランドとの社会保障協定が2010年12月1日に発効された～

1 協定の適用範囲

日本	アイルランド
国民年金（国民年金基金を除く） 厚生年金保険（厚生年金基金を除く） 国家公務員共済年金 地方公務員等共済年金（地方議会議員の年金制度を除く） 私立学校教職員共済年金	国家年金、寡婦・寡夫年金、障害年金、保護者給付、死別手当金、雇用及び自営活動に関する保険料の納付義務

〈日アイルランド協定２〉

2 協定の適用を受ける人

一方の締約国の法令の適用を受けているか、または受けたことがある人、ならびにこれらの人に由来する権利を有する家族および遺族に適用されます。 〈日アイルランド協定３〉

3 年金制度への加入

日スペイン社会保障協定と同様の扱いです（本章③11）。

4 通算の対象となるアイルランド期間

アイルランドの法令に基づく保険期間が通算の対象です。

① 納付期間（年金制度に加入し保険料を拠出した期間）

② みなし期間（障害年金、求職者給付を受給していた期間）

③ 任意加入期間（強制適用の対象者でない場合でも、66歳未満の人は、一定の要件を満たすことにより任意加入ができます。）

5 通算の方法

（１）日本期間のみで受給資格要件を満たさないときに限り、アイルランドの保険期間を日本の制度の老齢年金、障害年金および遺族年金の受給資格要件に算入します。

（２）日本期間と重複しない期間について日本の被用者年金の期間およ

び国民年金における第２号被保険者期間として取り扱います。

（３）算入する場合は、アイルランド保険期間4.33週で日本期間１月とし、原則として暦年の最初から割り当てます。ただし、日本の法令による個々の権利を確立するために必要なときは、暦年の最後の月から割り当てられます。

（４）この規定によって割り当てられる保険期間の月数および日本の法令による期間としてすでに算入された月数の総計は、１暦年について12を超えないように制限されます。　〈日アイルランド協定14〉

【原則的なケース】

■アイルランド期間（12週）があるとき

12÷4.33 ＝ 2.77≒３月　　暦年の最初から割り当てます。

【期間が重複するとき】

■アイルランド期間（30週）、日本期間（３～６月）があるとき

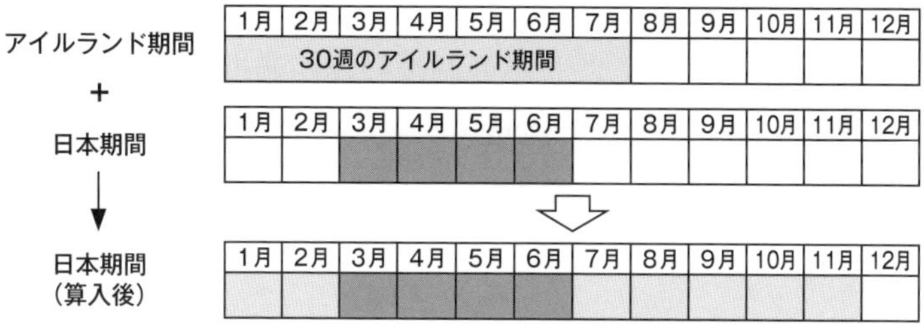

30÷4.33 ≒７月　　重複する期間は算入しません。

6 労災保険の扱い

日本からアイルランドに一時派遣されアイルランドの社会保障制度が免除される人は、両国の労災保険制度にカバーされない状態です。日本国内の使用者に使用されている海外に派遣される被用者は、日本の労災保険制度の特別加入制度を利用することができます。

13 日ブラジル社会保障協定

～ブラジルとの社会保障協定が2012年3月1日に発効された～

1 協定の適用範囲

日本	ブラジル
国民年金（国民年金基金を除く） 厚生年金保険（厚生年金基金を除く） 国家公務員共済年金 地方公務員等共済年金（地方議会議員の年金制度を除く） 私立学校教職員共済年金	一般社会保障制度が定める老齢給付、障害給付および遺族給付 軍人および文民公務員の社会保障制度が定める老齢給付、障害給付および遺族給付

〈日ブラジル協定２〉

2 協定の適用を受ける人

一方の締約国の法令の適用を受けているか、または受けたことがある人、および被扶養者に適用されます。〈日ブラジル協定３〉

3 年金制度への加入

年金制度への強制加入は、原則として、被用者または自営業者として就労する国の制度のみが適用されます。特別規定として、日本企業からの派遣の期間が５年を超えないと見込まれることを条件として、ブラジルの年金制度の加入を免除し、日本の制度のみが適用されます。また、特別の事情があり、５年を超えて派遣期間が延長されるときは、申請に基づき、両国で個別に判断のうえ合意した場合に、原則３年を超えない期間は日本の社会保障制度のみに加入することができます。

〈日ブラジル協定６、７〉

4 通算の対象となるブラジル期間

通算の対象となるブラジル保険期間には、保険料納付期間（ブラジル年金制度に加入し保険料を納付した期間）とその他期間があります。

5 通算の方法

日本期間のみで受給資格要件を満たさないときに限り、ブラジルの保険期間を日本の制度の老齢年金、障害年金および遺族年金の受給資格要件に算入します。日本期間と重複しない期間については日本の被用者年金の期間および国民年金における第２号被保険者期間として取り扱います。算入する場合はブラジル保険期間１月で日本期間１カ月とします。

〈日ブラジル協定13、14〉

【原則的なケース】

■ブラジル期間（1月～6月）があるとき

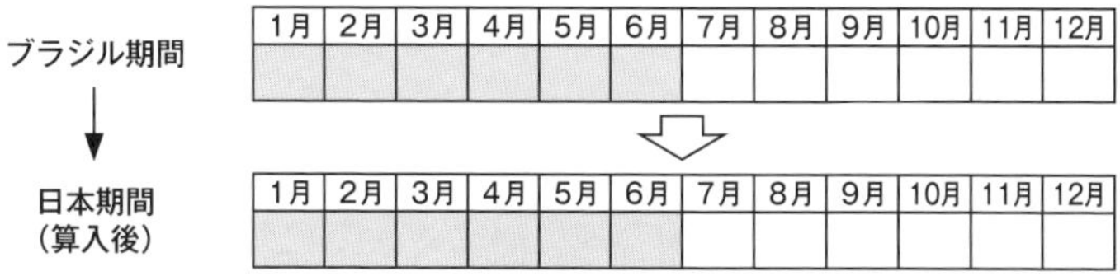

日本期間として6カ月算入します。

【期間が重複するとき】

■ブラジル期間（1月～6月）、日本期間（5月～12月）があるとき

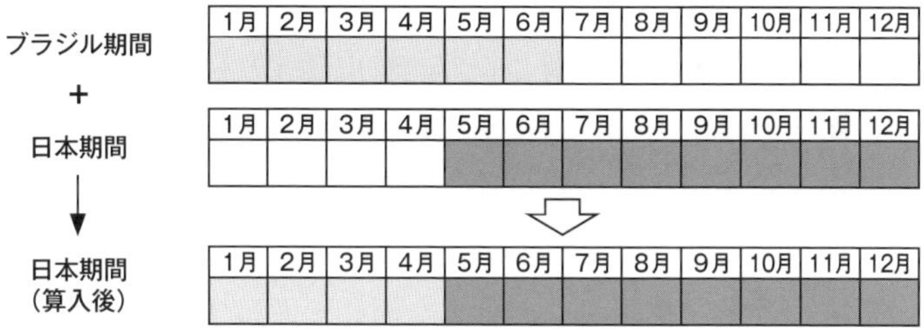

重複する期間は算入しません。

6 労災保険の扱い

日本からブラジルに一時派遣されブラジルの社会保障制度が免除される人は、両国の労災保険制度にカバーされない状態です。日本国内の使用者に使用されている海外に派遣される被用者は、日本の労災保険制度の特別加入制度を利用することができます。

14 日スイス社会保障協定

～スイスとの社会保障協定が2012年3月1日に発効された～

1 協定の適用範囲

日本	スイス
国民年金（国民年金基金を除く） 厚生年金保険（厚生年金基金を除く） 国家公務員共済年金 地方公務員等共済年金（地方議会議員の年金制度を除く） 私立学校教職員共済年金 医療保険（省略）	老齢保険および遺族保険に関する連邦法 障害保険に関する連邦法 疾病保険に関する連邦法

〈日スイス協定２〉

2 協定の適用を受ける人

日本国民または日本国の出入国管理に関する法令に基づき日本国の領域内における永住を適法に認めている人、スイス国民、これらの人に由来する権利を有する家族および遺族に適用されます。 〈日スイス協定３〉

3 年金制度への加入

年金制度への強制加入は、原則として、被用者または自営業者として就労する国の制度のみが適用されます。特別規定として、日本企業からの派遣の期間が５年を超えないと見込まれることを条件として、スイスの年金制度の加入を免除し、日本の制度のみが適用されます。また、予見できない事情や企業・被用者など重大な困難を及ぼすなど特別の事情があり、５年を超えて派遣期間が延長されるときは、申請に基づき、両国で個別に判断のうえ合意した場合に、原則１年を超えない期間は日本の社会保障制度のみに加入することができます。 〈日スイス協定６、７〉

4 通算の対象となるスイス期間

通算の対象となるスイス保険期間は、スイスの法令に基づき被保険者が保険料を納付した期間が該当します。

5 通算の方法

日本期間のみで受給資格要件を満たさないときに限り、スイスの保険期間を日本の制度の老齢年金、障害年金および遺族年金の受給資格要件に算入します。日本期間と重複しない期間について、日本の被用者年金の期間および国民年金における第２号被保険者期間として取り扱われます。〈日スイス協定13、14〉

【原則的なケース】

■スイス期間（1月～6月）があるとき

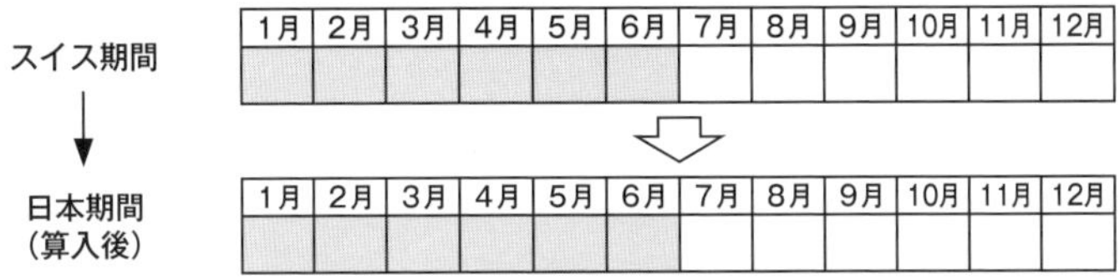

日本期間として6カ月算入します。

【期間が重複するとき】

■スイス期間（1月～6月）、日本期間（5月～12月）があるとき

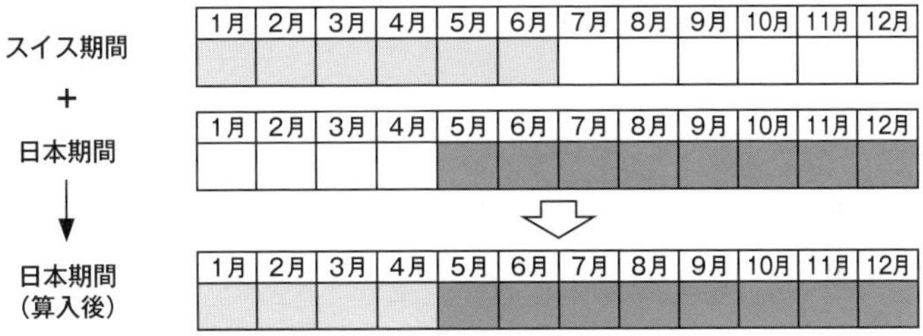

重複する期間は算入しません。

6 スイス年金保険料の還付

スイスと社会保障協定を締結していない国の外国人は、スイス国外における年金受給ができないため、納めた保険料の還付を受け取ることができる制度があります。しかし、日本とスイスの社会保障協定発効後は、スイスから帰国した日本人などは、保険料の還付を受給するしくみではなく、老齢年金または遺族年金の支給要件を満たす際に、年金または一時金（年金が少額の場合）を受給するしくみに移行しています。

〈日スイス協定18、19〉

15 日ハンガリー社会保障協定

～ハンガリーとの社会保障協定が2014年1月1日に発効された～

1 協定の適用範囲

日本	ハンガリー
国民年金（国民年金基金を除く） 厚生年金保険（厚生年金基金を除く） 国家公務員共済年金 地方公務員等共済年金（地方議会議員の年金制度を除く） 私立学校教職員共済年金 医療保険（省略）	社会保険の年金給付ほか

〈日ハンガリー協定２〉

2 協定の適用を受ける人

一方の締約国の法令の適用を受けているか、または受けたことがある人、ならびにこれらの人に由来する権利を有する家族および遺族に適用されます。〈日ハンガリー協定３〉

3 年金制度への加入

年金制度への強制加入は、原則として、被用者または自営業者として就労する国の制度のみが適用されます。特別規定として、日本企業からの派遣の期間が５年を超えないと見込まれることを条件として、ハンガリーの年金制度の加入を免除し、日本の制度のみが適用されます。期間の延長は、当初の派遣期間と延長期間の合計が６年を超えないことを条件に、両国で個別に判断のうえ合意した場合に限り、引き続き日本の制度のみに加入することができます。派遣期間の延長は、総派遣期間が５年を超えるか否かにかかわらず一回限りです。〈日ハンガリー協定６、７〉

4 通算の対象となるハンガリー期間

通算の対象となるハンガリー保険期間には、強制加入保険期間およびそれに準じた期間、任意加入保険期間があります。

5 通算の方法

日本期間のみで受給資格要件を満たさないときに限り、ハンガリーの保険期間を日本の制度の老齢年金および遺族年金の受給資格要件に算入します。日本期間と重複しない期間について日本の被用者年金の保険期間および国民年金における第２号被保険者期間として取り扱います。

日ハンガリー協定において、障害年金は通算措置の対象外です。つまり、日本とハンガリーの保険期間を合算して障害年金の資格を得ることはできません。〈日ハンガリー協定14〉

【原則的なケース】

■ハンガリー期間（1月～6月）があるとき

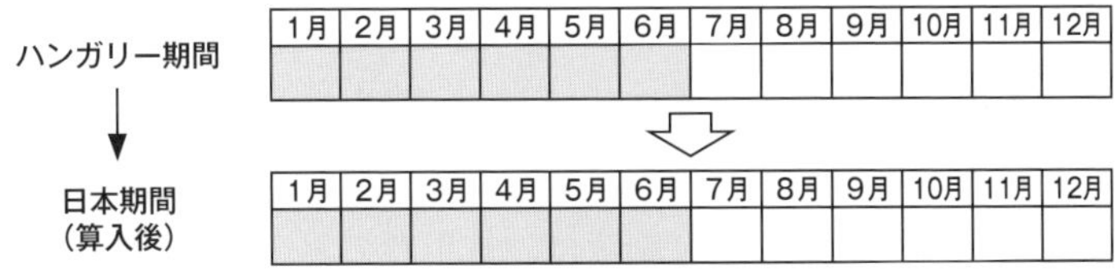

日本期間として６カ月算入します。

【期間が重複するとき】

■ハンガリー期間（1月～6月）、日本期間（5月～12月）があるとき

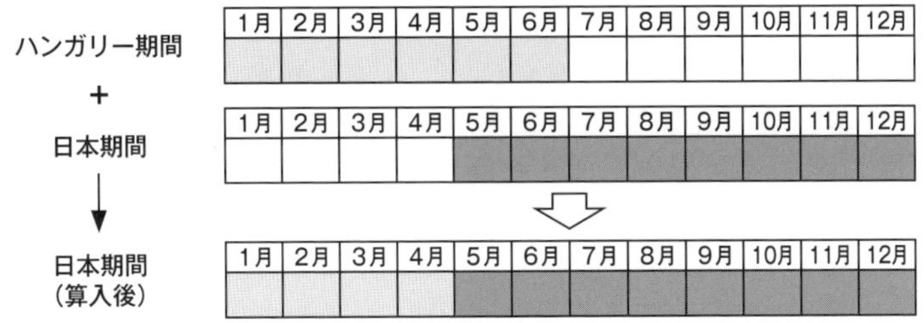

重複する期間は算入しません。

6 労災保険の扱い

日本からハンガリーに一時派遣されハンガリーの社会保障制度が免除される人は、両国の労災保険制度にカバーされない状態です。日本の労災保険制度の特別加入制度を利用することができます。

16 日インド社会保障協定

～インドとの社会保障協定が2016年10月1日に発効された～

1 協定の適用範囲

日本	インド
国民年金(国民年金基金を除く) 厚生年金保険(厚生年金基金を除く) 国家公務員共済年金 地方公務員等共済年金(地方議会議員の年金制度を除く) 私立学校教職員共済年金	被用者のための老齢年金および遺族年金 被用者のための恒久的かつ完全な障害にかかる年金

〈日インド協定２〉

2 協定の適用を受ける人

一方の締約国の法令の適用を受けているか、または受けたことがある人およびこれらの人に由来する権利を有するその他の人に適用されます。

協定の対象となるインドの年金制度は、被用者のみを対象としていることから、自営業者は対象となりません。〈日インド協定３〉

3 年金制度への加入

年金制度への強制加入は、原則として、被用者として就労する国の制度のみが適用されます。特別規定として、日本企業からの派遣の期間が５年を超えないと見込まれることを条件として、インドの年金制度の加入を免除し、日本の制度のみが適用されます。また、予見できない事情により５年を超えて派遣期間が延長されるときは、申請に基づき、両国で個別に判断のうえ合意した場合に、原則３年を超えない期間は日本の社会保障制度にのみ加入することができます。また、派遣期間が８年を超える場合でも、派遣者の収入が一定額を超えるためインドの被用者年金に加入できないときは、申請に基づき、両国で個別に判断のうえ合意した場合に日本の年金制度に継続して加入します。〈日インド協定６、７〉

4 通算の対象となるインド保険期間

通算の対象となるインド保険期間は、インドの法令に基づく保険期間であり、被用者年金における保険料を納付した期間、給付を受ける権利の確立に際して考慮されるその他の期間があります。

5 通算の方法

日本期間のみで受給資格要件を満たさないときに限り、インドの保険期間を日本の制度の老齢年金、障害年金および遺族年金の受給資格要件に算入します。日本期間と重複しない期間について日本の被用者年金の保険期間および国民年金における第２号被保険者期間として取り扱われます。

〈日インド協定13、14〉

【原則的なケース】

■インド期間（1月～6月）があるとき

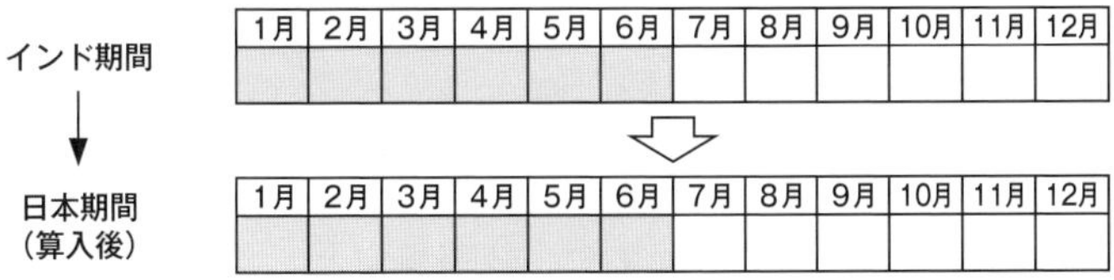

日本期間として６カ月算入します。

【期間が重複するとき】

■インド期間（1月～6月）、日本期間（5月～12月）があるとき

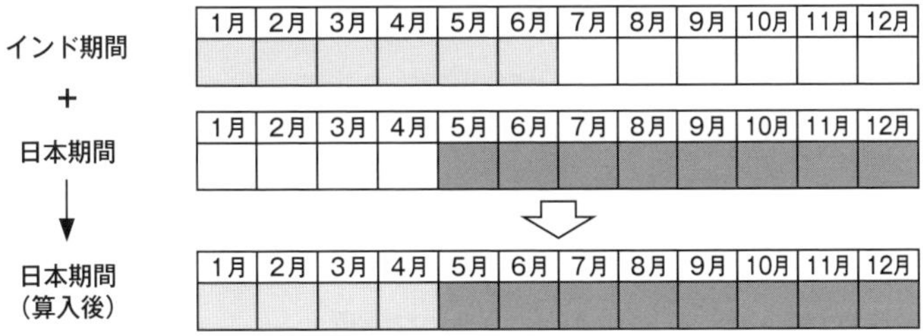

重複する期間は算入しません。

17 日ルクセンブルク社会保障協定

～ルクセンブルクの社会保障協定が2017年8月1日に発効された～

1 協定の適用範囲

日本	ルクセンブルク
国民年金（国民年金基金を除く） 厚生年金保険（厚生年金基金を除く） 医療保険（省略）	老齢、障害および遺族に関する年金保険 医療、労災、雇用、介護ほか

〈日ルクセンブルク協定２〉

2 協定の適用を受ける人

一方の締約国の法令の適用を受けているか、または受けたことがあるすべての人、これらの人に由来する権利を有する家族および遺族に適用されます。

〈日ルクセンブルク協定３〉

3 年金制度への加入

年金制度への強制加入は、原則として、被用者または自営業者として就労する国の制度のみが適用されます。特別規定として、日本企業からの派遣の期間が５年を超えないと見込まれることを条件として、ルクセンブルクの年金制度の加入を免除し、日本の制度のみが適用されます。５年を超える派遣（自営活動）期間の延長については特段定められていません。ただし、ごく短期間であれば延長が例外的に認められることがあり得ることを両国の間で合意しています。派遣期間の延長が認められるかどうかはルクセンブルク社会保障大臣による個別の判断を要します。

〈日ルクセンブルク協定６、７〉

4 通算の対象となるルクセンブルク期間

ルクセンブルクの法令に基づく保険期間として、強制加入保険期間およびそれに準じた期間が、通算の対象です。

5 通算の方法

日本期間のみで受給資格要件を満たさないときに限り、ルクセンブルクの保険期間を日本の制度の老齢年金、障害年金および遺族年金の受給資格要件に算入します。日本期間と重複しない期間について日本の被用者年金の保険期間および国民年金における第２号被保険者期間として取り扱われます。

【原則的なケース】

■ルクセンブルク期間（1月～6月）があるとき

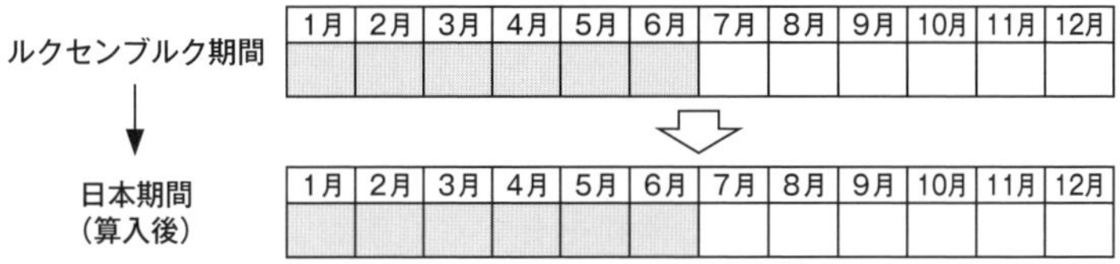

日本期間として６カ月算入します。

【期間が重複するとき】

■ルクセンブルク期間（1月～6月）、日本期間（5月～12月）があるとき

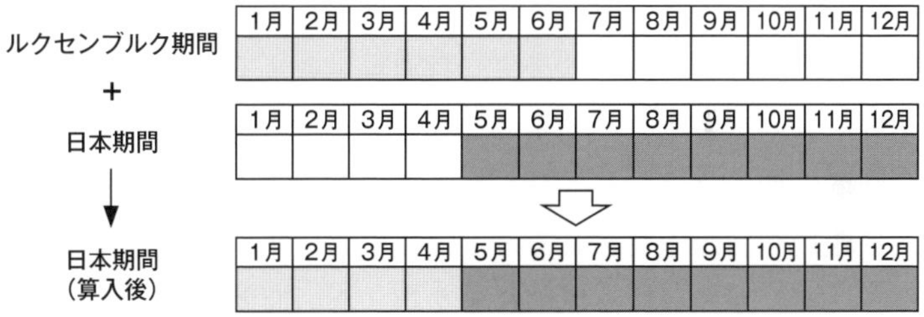

重複する期間は算入しません。

6 労災保険の扱い

ルクセンブルクの社会保障制度には、労災補償も含まれています。そのため、日本からルクセンブルクに一時派遣されルクセンブルクの社会保障制度が免除される人は、両国の労災保険制度にカバーされない状態です。日本国内の使用者に使用されている海外に派遣される被用者は、日本の労災保険制度の特別加入制度を利用することができます。

18 日フィリピン社会保障協定

～フィリピンとの社会保障協定が2018年8月1日に発効された～

1 協定の適用範囲

日本	フィリピン
国民年金（国民年金基金を除く） 厚生年金保険（厚生年金基金を除く）	退職、障害、死亡および遺族にかかる給付

〈日フィリピン協定2〉

2 協定の適用を受ける人

一方の締約国の法令の適用を受けている人、または受けたことがある人ならびにこれらの人に由来する権利を有する家族および遺族に適用されます。〈日フィリピン協定3〉

3 年金制度への加入

年金制度への強制加入は、原則として、被用者または自営業者として就労する国の制度のみが適用されます。特別規定として、日本企業からの派遣の期間が５年を超えないと見込まれることを条件として、フィリピンの年金制度の加入を免除し、日本の制度のみが適用されます。また、５年を超えて派遣期間が延長されるときは、申請に基づき、両国で個別に判断のうえ合意した場合に、原則３年を超えない期間は日本の社会保障制度にのみ加入することができます。また、派遣期間が８年を超える場合でも、申請に基づき、両国で個別に判断のうえ合意したときは日本の年金制度に継続して加入することができます。〈日フィリピン協定６、７〉

4 通算の対象となるフィリピン期間

通算の対象となるフィリピン保険期間は、フィリピンの法令に基づく保険期間です。

5 通算の方法

日本期間のみで受給資格要件を満たさないときに限り、フィリピンの保険期間を日本の制度の老齢年金、障害年金および遺族年金の受給資格要件に算入します。

日本期間と重複しない期間について日本の被用者年金の保険期間および国民年金における第2号被保険者期間として取り扱われます。

【原則的なケース】

■フィリピン期間（1月～6月）があるとき

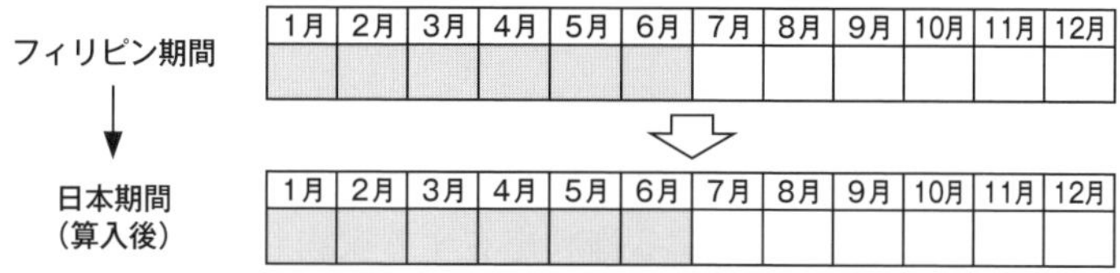

日本期間として6カ月算入します。

【期間が重複するとき】

■フィリピン期間（1月～6月）、日本期間（5月～12月）があるとき

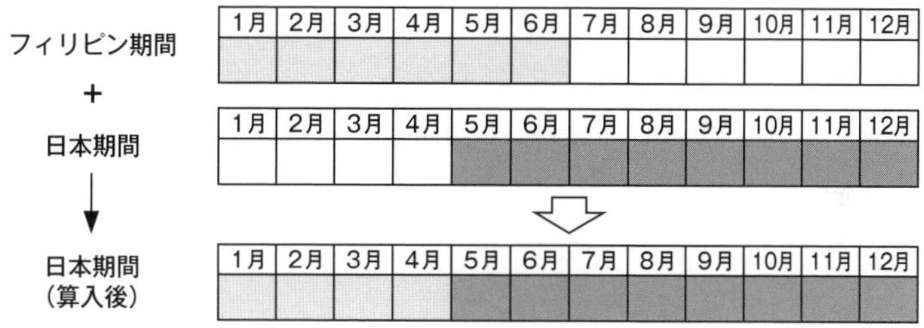

重複する期間は算入しません。

6 労災保険の扱い

フィリピンの労働災害に起因する給付は、年金制度と一体的に運用されています。そのため、日本からフィリピンに一時派遣されフィリピンの社会保障制度が免除される人は、両国の労災保険制度にカバーされない状態です。日本国内の使用者に使用されている海外に派遣される被用者は、日本の労災保険制度の特別加入制度を利用することができます。

19 日スロバキア社会保障協定

～スロバキアとの社会保障協定が2019年7月1日に発効された～

1 協定の適用範囲

日本	スロバキア
国民年金（国民年金基金を除く） 厚生年金保険（厚生年金基金を除く）	社会保険法の年金給付（老齢給付、早期退職に伴う給付、障害給付、寡婦および寡夫に対する給付、孤児に対する給付等）

〈日スロバキア協定２〉

2 協定の適用を受ける人

一方の締約国の法令の適用を受けている人、または受けたことがある人、ならびにこれらの人に由来する権利を有する家族および遺族に適用されます。

〈日スロバキア協定３〉

3 年金制度への加入

日本の派遣元事業主のみと雇用契約を締結している派遣者は、当初より５年を超えると見込まれる場合の派遣であっても、派遣を開始した日から５年間は、スロバキアの年金制度の加入を免除し、日本の制度のみが適用されます。

派遣（自営活動）期間が５年を超えて継続されるときは、当初の派遣期間と延長期間の合計が８年を超えないことを条件に、両国の当局間で個別に判断のうえ、合意した場合に限り、引き続き、日本の制度にのみ加入することができます。

〈日スロバキア協定６、７〉

4 通算の対象となるスロバキア期間

通算の対象となるスロバキア保険期間は、スロバキアの法令に基づく保険期間であり、強制加入保険期間およびそれに準じた期間です。

5 通算の方法

日本期間のみで受給資格要件を満たさないときに限り、スロバキアの保険期間を日本の老齢年金、障害年金および遺族年金の受給資格要件に算入します。

日本期間と重複しない期間について日本の被用者年金の保険期間および国民年金における第２号被保険者期間として取り扱われます。

〈日スロバキア協定14、15〉

【原則的なケース】

■スロバキア期間（１月～６月）があるとき

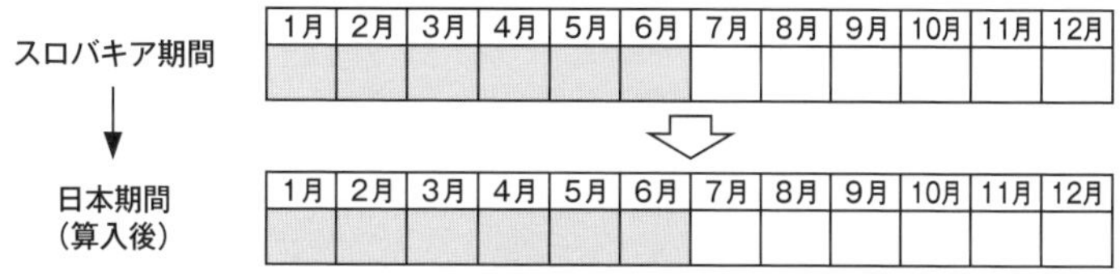

日本期間として６カ月算入します。

【期間が重複するとき】

■スロバキア期間（１月～６月）、日本期間（５月～12月）があるとき

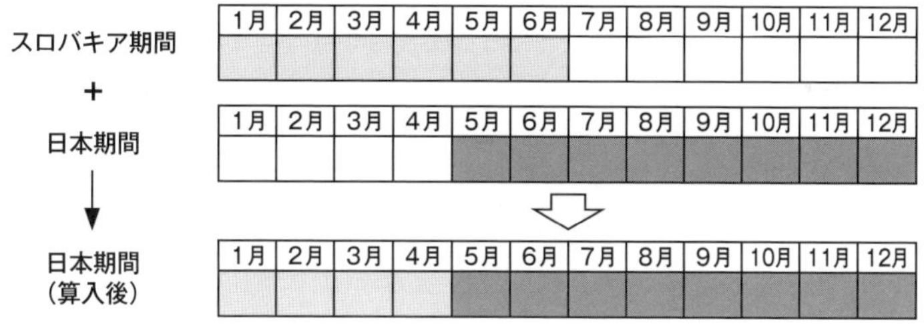

重複する期間は算入しません。

6 労災保険の扱い

スロバキアの労災保険は、スロバキアの社会保険法に基づいて年金制度と一体的に適用されることとなっています。そのため、日本から一時的にスロバキアに派遣され日本の年金制度のみが適用される人は、スロバキアの年金制度のみならず、スロバキアの労災保険も適用免除となり両国の労災保険制度にカバーされない状態です。この場合、日本の労災保険制度の特別加入制度を利用することができます。

20 日中(中国)社会保障協定

～中国との社会保障協定が2019年9月1日に発効された～

1 協定の適用範囲

日本	中国
国民年金(国民年金基金を除く) 厚生年金保険(厚生年金基金を除く)	被用者基本老齢保険

〈日中協定２〉

2 協定の適用を受ける人

一方の締約国の法令の適用を受けているか、または受けたことがあるすべての人ならびにこれらの人に由来する権利を有する家族および遺族に適用されます。〈日中協定３〉

3 年金制度への加入

年金制度への強制加入に関しては、原則として、被用者として就労する国の制度のみが適用されます。強制加入に関して、派遣開始日から５年間は派遣元国の年金制度のみに加入します。派遣期間の長さの見込みは必要ありません。

派遣期間が５年を超える場合は、申請に基づき、両国関係機関間が個別に判断のうえ合意したときには、引き続き派遣元国の年金制度のみに加入することができます。ただし、その延長期間は原則として５年を超えない期間です。一方で特段の事情があるときには、派遣期間が合計10年を超える場合でも、申請に基づき、両国関係機関間で個別に判断のうえ合意したときには、さらに引き続き派遣元国の年金制度のみに加入することができます。

なお、日中協定には自営業者の適用調整に関する規定を置いていません。中国年金制度上、自営業者（他人を雇用せずに事業を行う者）は任意加入とされています。〈日中協定６〉

4 海上航行船舶の乗組員

日本と中国の年金制度に関する規定により両国の年金制度に二重に加入することになる海上航行船舶で就労する被用者は、特段の基準が設けられています。一方の国の旗を掲げる海上航行船舶において就労しているときは、その旗を掲げる一方の国の年金制度のみに加入します。ただし、その被用者が他方の国の領域内に通常居住するときは、通常居住する他方の国の年金制度のみに加入します。この場合において期間の定めはありません。適用証明書の交付手続きは、他の被用者の取扱いと同様です。

5 国際線航空機乗務員

国際運輸に従事する航空機において就労する被用者は、その人の雇用者が所在する国の年金制度のみに加入します。

6 インターバルルール

日本から中国への再派遣に関して、日中社会保障協定では、直前の派遣終了日から再度の派遣の開始日までの間に特定の期間が経過する必要があるとするインターバルルールは、設けられていません。ただし、直前の派遣と再度の派遣が実質的に連続したものではないことが必要です。

7 年金加入期間の通算

日中社会保障協定では、年金加入期間の通算は行われません。二重加入防止に限定した協定を締結しています。

21 日フィンランド社会保障協定

～フィンランドとの社会保障協定が2022年2月1日に発効された～

1 協定の適用範囲

日本	フィンランド
国民年金（国民年金基金を除く） 厚生年金保険（厚生年金基金を除く） 雇用保険（省略）	所得比例年金制度の下における老齢年金、障害年金および遺族年金 失業保険

〈日フィンランド協定２〉

2 協定の適用を受ける人

一方の締約国の法令の適用を受けているか、または受けたことがある人ならびにこれらの人に由来する権利を有する家族および遺族に適用されます。

〈日フィンランド協定３〉

3 年金制度への加入

年金制度への強制加入は、原則として、被用者として就労する国の制度のみが適用されます。日本からフィンランドに派遣される人は、日本の年金制度に加入していること等を条件として派遣を開始した日から５年以内で当該派遣が終了するまでフィンランド年金制度（所得比例年金）が適用免除されます。

派遣（自営活動）期間が５年を超えて継続される場合には、当初の派遣期間と延長期間の合計が８年を超えないことを条件に、両国の関係機関間で個別に判断のうえ、合意した場合に限り、引き続き日本の制度にのみ加入することができます。

〈日フィンランド協定６、７〉

4 協定発効前からの派遣

協定発効前からすでにフィンランドで就労している被用者および自営業者は、協定発効日から５年を超えないと見込まれる期間内で派遣等が終了する予定であれば、発効日から５年以内の派遣等が終了するまで、フィンランドの制度の加入が免除されます。

5 年金加入期間の通算

日本の制度の受給資格要件を満たすために、日本期間だけでは不十分なときは、フィンランドの年金加入期間を日本の老齢年金、障害年金および遺族年金の受給資格要件に算入します。ただし、この加算は、両国の期間が重複しない範囲で行われます。

フィンランドにおける年金加入期間の記録管理は、2005年以降月単位から年単位となったため、2005年以降の各暦年については、フィンランドの1年の年金加入期間を日本の12カ月の年金加入期間として換算します。ただし、フィンランドの年金加入期間と日本の年金加入期間の総数は、1暦年について12カ月を超えないように制限されます。

通算して年金の受給資格要件を満たせば、日本の年金加入期間に応じた年金が支給されます。

〈日フィンランド協定14、15〉

【原則的なケース】

■フィンランド期間（1暦年）があるとき

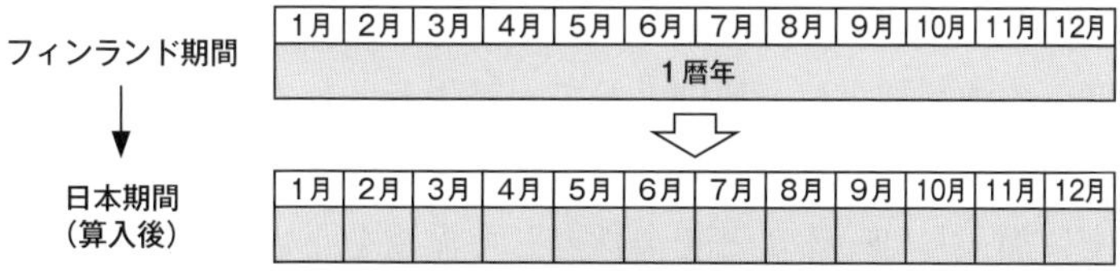

フィンランド保険期間1暦年を12月として算入。

【期間が重複するとき】

■フィンランド期間（1暦年）、日本期間（7月～10月）があるとき

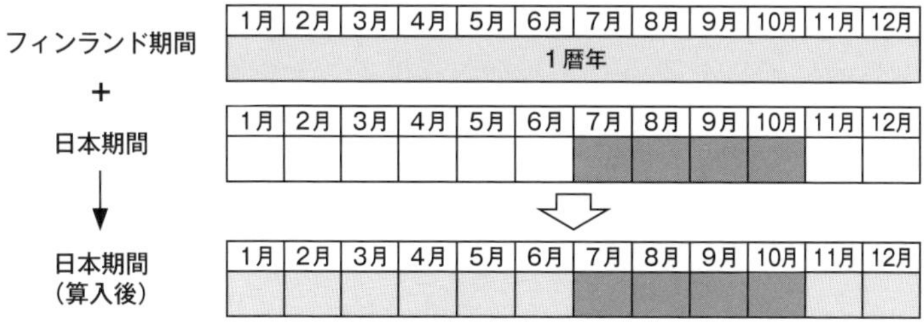

すでに日本期間であるときは算入しません。

22 日スウェーデン社会保障協定

~スウェーデンとの社会保障協定が2022年6月1日に発効された~

1 協定の適用範囲

日本	スウェーデン
国民年金(国民年金基金を除く) 厚生年金保険(厚生年金基金を除く)	疾病補償および活動補償 所得に基づく老齢年金および保証年金 遺族年金および遺児手当

〈日スウェーデン協定2〉

2 協定の適用を受ける人

一方の締約国の法令の適用を受けているか、または受けたことがある人ならびにこれらの人に由来する権利を有するその他の人に適用されます。

〈日スウェーデン協定3〉

3 年金制度への加入

年金制度への強制加入は、原則として、被用者として就労する国の制度のみが適用されます。日本からスウェーデンに派遣される人は、日本の年金制度に加入していることを条件として派遣を開始した日から5年以内で当該派遣が終了するまでスウェーデン年金制度の適用が免除されます。

5年を超える派遣（自営活動）期間の延長は原則認められていません。ただし、個別の事情を考慮し、両国関係機関間の協議により合意したときには、例外的に延長を認めることがあり得ることを両国の間で合意しています。

〈日スウェーデン協定6、7、10〉

4 協定発効前からの派遣

協定発効前からすでにスウェーデンで就労している被用者および自営業者は、協定発効日から5年を超えないと見込まれる期間内で派遣等が終了する予定であれば、発効日から5年以内の派遣等が終了するまで、スウェーデンの制度の加入が免除されます。

5 年金加入期間の通算

日本の制度の受給資格要件を満たすために、日本期間だけでは不十分なときは、スウェーデンの年金加入期間を日本の老齢年金、障害年金および遺族年金の受給資格要件に算入することができます。ただし、この加算は、両国の期間が重複しない範囲で行われます。

スウェーデンにおける年金加入期間の記録管理は年単位であり、スウェーデンの1年の年金加入期間を日本の12カ月の年金加入期間として換算します。ただし、スウェーデンの年金加入期間と日本の年金加入期間の総数は、1暦年について12カ月を超えないものとされています。通算して年金の受給資格を満たせば、日本の年金加入期間に応じた年金が支給されます。

【原則的なケース】

■スウェーデン期間（1暦年）があるとき

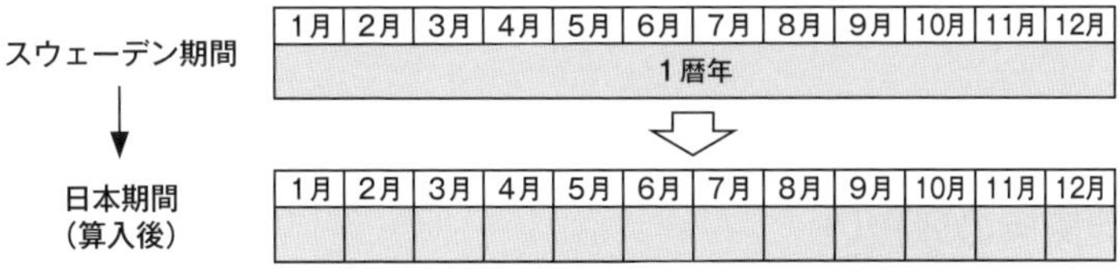

スウェーデン保険期間1暦年を12月として算入。

【期間が重複するとき】

■スウェーデン期間（1暦年）、日本期間（7月～10月）があるとき

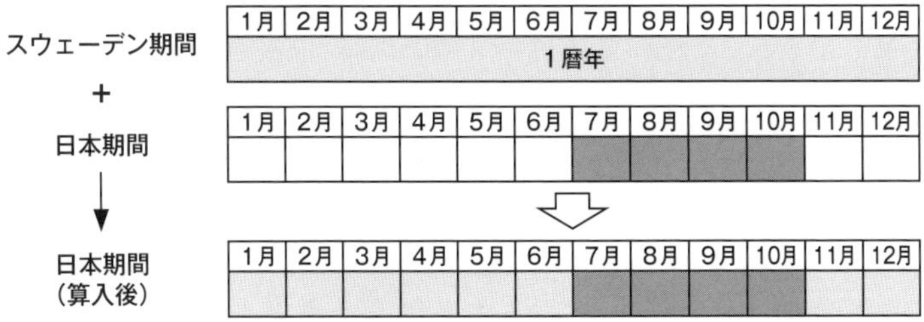

すでに日本期間であるときは算入しません。

23 日イタリア社会保障協定

～スイタリアとの社会保障協定が2024年4月1日に発効された～

1 協定の適用範囲

日本	イタリア
国民年金（国民年金基金を除く） 厚生年金保険（厚生年金基金を除く） 国家公務員共済年金 地方公務員等共済年金（地方議会議員の年金制度を除く） 私立学校教職員共済年金 雇用保険（省略）	被用者の障害年金、老齢年金および遺族年金に関する一般強制保険 自営業者に関する一般強制保険の特別制度 一般強制保険の分離制度ほか

〈日イタリア協定２〉

2 協定の適用を受ける人

一方の締約国の法令の適用を受けているか、または受けたことがある人およびこれらの人に由来する権利を有するその他の人に適用されます。

〈日イタリア協定３〉

3 随伴家族の取扱い

イタリアから日本に派遣された被用者が日本の制度の加入を免除されている場合、その者に同行する配偶者や子は、一定の条件を満たすときに日本の制度の加入を免除されます。ただし、配偶者や子が日本の制度への加入を希望する場合には加入することができます。〈日イタリア協定11〉

4 年金制度への加入

（１）年金制度への強制加入は、原則として、被用者として就労する国の制度のみが適用されます。日本からイタリアに派遣される人は、日本の年金制度に加入していること等を条件として派遣を開始した日から５年以内で当該派遣が終了するまでイタリアの制度が適用免除されます。

（２）日本で自営業者として就労し、日本の年金制度に加入している人が、イタリアで自営業者として一時的に自営活動を行う場合には、予定された自営活動の期間が５年を超えない場合は日本の年金制度のみに加入します（イタリアの年金制度の加入は免除されます）。

（３）日本からの派遣期間が５年を超えることになったとき、申請に基づき、両国関係機関間で協議し合意した場合には、イタリアの加入免除期間の延長が認められます。ただし、その延長期間は原則として５年を超えない期間とされています。〈日イタリア協定７〉

（４）日本からイタリアに派遣された被用者のうち、イタリアの年金制度に加入する人（当初の派遣期間が５年を超える見込みの人、５年を超える延長が認められない人等）は、日本の年金制度（強制加入）への加入が免除されますが、厚生年金保険に任意加入することができます（特例加入制度）。イタリアの年金制度（強制加入）と日本の年金制度（任意加入）の双方に加入することになります。

5 協定発効前からの派遣

協定発効日の時点において、すでにイタリアに派遣され就労しているときは、協定発効日を起算点として、予定された派遣期間が５年以内と見込まれる場合は、日本の制度のみに加入し、イタリアの制度への加入が免除されます。

6 年金加入期間の通算

日イタリア社会保障協定では、年金加入期間の通算は行われません。二重加入防止に限定した協定を締結しています。

参考

日本からイタリアへ一時派遣される人が、日本の派遣元企業との間のみでなく、イタリアの派遣先企業との間においても雇用契約を結んでいる場合は、原則、イタリア制度の加入が免除されません。

参考　日本と協定を結んでいる国で働く場合の手続き

一時的に日本から協定相手国に派遣され就労する人が、協定相手国の社会保障制度への加入が免除されるためには、日本の社会保障制度に加入していることを証明する「適用証明書」の交付を受ける必要があります。日本の事業主が年金事務所に申請手続きを行います。

具体的な手続きは、次のとおりです。

① 事業主は年金事務所に「適用証明書交付申請書」を提出します

② 審査の結果、申請が認められた場合には適用証明書が交付されます。

③ 派遣された被保険者は、協定相手国内の事業所に適用証明書を提出します。

④ 協定相手国の当局により相手国実施機関に提示または提出を求められたとき、また協定相手国の社会保障制度に加入していない理由を尋ねられたときには、適用証明書を提示または提出します。

⑤ 例えば、日イタリア協定の手続き（日本からイタリアへの派遣）の全体の概要は次のとおりです。

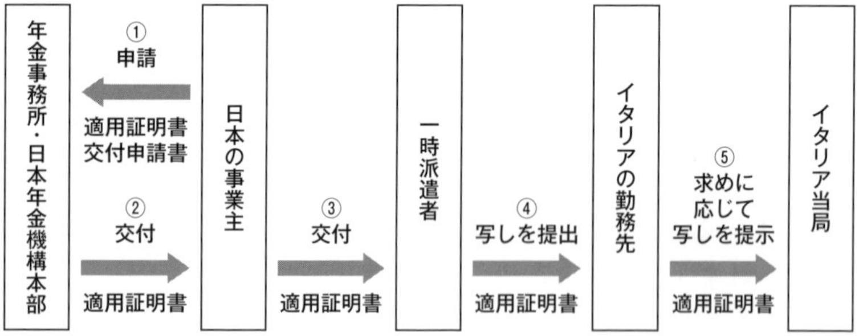

⑥ イタリアから日本への派遣は次のとおりです。

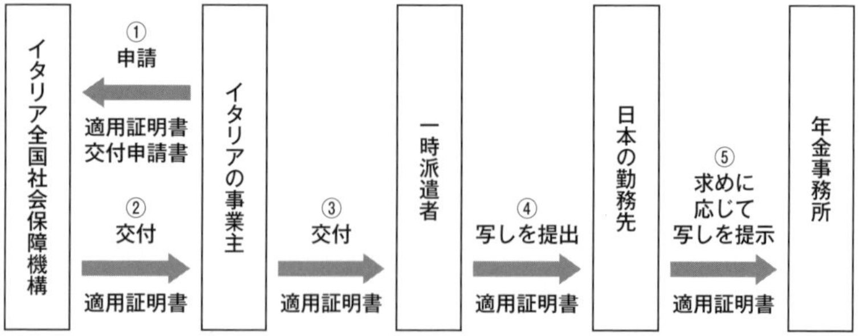

付録

その他、資料

Ⅰ　年金の受給権者などに送付される書類

1　年金請求書（事前送付）

老齢基礎年金や老齢厚生年金の受給資格期間を満たしている人には、年金支給開始年齢の３カ月（共済組合等は原則２カ月）前に、「年金請求書」が送付されます。年金請求書には、基礎年金番号や氏名、生年月日、性別、住所、年金加入歴などが印字されています。年金請求書の見本は日本年金機構のホームページで確認でき、記入方法などの説明もあります。

年金請求書には「年金の請求手続きのご案内」が同封されており、年金請求書の提出時期や添付書類の詳細が記載されています。

年金請求書　検索

■年金の請求手続きのご案内（65歳用）

それぞれの支給開始年齢に合わせた案内が同封されます

年金の請求手続きのご案内

65歳用
日本年金機構

65歳になると『老齢基礎年金』を受け取る権利が発生します。
また、厚生年金保険・船員保険の被保険者期間がある方は、同時に『老齢厚生年金』を受け取る権利が発生します。
これらの年金の受給開始時期は、65歳から75歳まで、自由に選択できます。
65歳からの受け取りを希望される方は、同封の『年金請求書（国民年金・厚生年金保険老齢給付）』（以下「年金請求書」）により、手続きを行ってください。

65歳の誕生日の前日以降に、「年金請求書」の提出が可能となります。

年金の増額を希望される方は、**66歳以降に繰り下げて請求することで、増額した年金（70歳時点で42%、75歳時点で84%）を受け取ることができます。**
（詳しくは6ページおよび同封の「大切なお知らせ」をご覧ください。）

年金を受けられるようになったときから５年を過ぎると、法律に基づき、
５年を過ぎた分については時効により受け取れなくなりますので、お早めにご提出ください。

65歳時に年金を受け取る場合の手続きの流れ

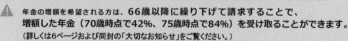

■年金請求書（事前送付用）

[redacted]

【送付実施機関：日本年金機構】

年金請求書（国民年金・厚生年金保険老齢給付）

[redacted]

- この年金請求書には、日本年金機構でお預かりしている情報をあらかじめ印字しています。
  印字内容が異なっている場合は、二重線を引いて訂正してください。
  (訂正した箇所については別途手続きが必要ですので、年金事務所等にご連絡ください)
- 記入する箇所は［　］の部分です。（（注）［　］は金融機関で証明を受ける場合に使用する欄です。）
- 黒インクのボールペンでご記入ください。鉛筆や、摩擦に伴う温度変化等により消色するインクを用いたペンまたはボールペンは、使用しないでください。
- 代理人の方が提出する場合は、ご本人（年金を受ける方）が１２ページにある委任状をご記入ください。

受付登録コード
1 7 1 1

入力処理コード
4 3 0 0 0 1

シール貼付不要

8 市区町村　受付年月日　／　実施機関等　受付年月日

1．ご本人（年金を受ける方）の印字内容を確認のうえ、太枠内をご記入ください。

23 郵便番号	
フリガナ	
24 住　所	
フリガナ	
21 氏　名	様

性　別

氏名欄	

社会保険労務士の提出代行者欄

1 基礎年金番号		2 生年月日	
電話番号１	－　－	電話番号２	－　－

＊日中に連絡が取れる電話番号（携帯も可）をご記入ください。　＊予備の電話番号（携帯も可）があればご記入ください。

2．年金の受取口座をご記入ください。 **貯蓄預金口座または貯蓄貯金口座への振込みはできません。**

25 受取機関 ※
1．金融機関（ゆうちょ銀行を除く）
2．ゆうちょ銀行（郵便局）
□ 公金受取口座として登録済の口座を指定

※1または2に○をつけ、希望する年金の受取口座を必ずご記入ください。
※また、指定する口座が公金受取口座として登録済の場合は、左欄に☑してください。
※公金受取口座については、最終ページをご参照ください。

フリガナ		
口座名義人 氏　名	(氏)	(名)

年金送金先							
金融機関	26 金融機関コード	28 支店コード	(フリガナ) 銀行 金庫 信組 農協 信連 信漁連 漁協	(フリガナ) 本店 支店 出張所 本所 支所	29 預金種別	30 口座番号（左詰めで記入）
					1．普通 2．当座	→
ゆうちょ銀行	30 貯金通帳の口座番号					
	記号（左詰めで記入）		番号（右詰めで記入）			
	→	－	←			

金融機関またはゆうちょ銀行の証明欄 ※
1ページの氏名フリガナと、口座名義人氏名フリガナが同じであることをご確認ください。

※通帳等の写し（金融機関名、支店名、口座名義人氏名フリガナ、口座番号の面）を添付する場合または公金受取口座を指定する場合、証明は不要です。

1

付録

その他、資料

2　60歳到達時のお知らせ

1　老齢年金のご案内

65歳から老齢基礎年金を受給できる人に対し、年金の受給資格があることなどが記載された「老齢年金のご案内(はがき)」が日本年金機構から送付されます。

老齢年金のご案内

このお知らせは、65歳から老齢基礎年金を受け取る権利が発生する方に送付しています。

●年金の請求書が届きます
65歳になる3カ月前に、年金を受け取るための手続きに必要な「年金請求書」をお届けします。
なお、厚生年金保険・船員保険・共済組合等の加入期間がある方は同時に老齢厚生年金を請求することができます。

●年金加入期間をご確認ください
基礎年金番号に登録されている年金加入期間は、右記の表のとおりです。
この表に記載されていない年金加入期間(基礎年金番号以外の年金手帳番号等で加入されていた年金加入期間など)があると思われる方は、年金事務所にご相談ください。

●国民年金に任意加入できます
60歳前の年金加入期間に保険料の免除や未納などの期間がある場合、満額の老齢基礎年金を受け取ることができません。
年金額を満額に近づけたい方は、60歳から65歳までの間、国民年金に任意で加入できます。詳しくは、年金事務所にご相談ください。
※厚生年金保険に加入中の方は、国民年金に任意で加入することはできません。

年金加入期間

基礎年金番号

までの年金加入期間です。

※　国民年金加入期間(納付済の月数)については、情報が反映されるまで日数がかかるため、月数に不足が生じる場合があります。ご容赦ください。

厚生年金保険加入期間(注1)	カ月
船員保険加入期間(注1)	カ月
国民年金加入期間　(納付済の月数)	カ月
〃　(全額免除該当の月数)	カ月
〃　(4分の3免除該当の月数)	カ月
〃　(半額免除該当の月数)	カ月
〃　(4分の1免除該当の月数)	カ月
〃　(学生納付特例該当の月数)	カ月
〃　(納付猶予該当の月数)	カ月
〃　(任意加入未納の月数)(注2)	カ月
〃　(特定期間の月数)(注3)	カ月
共済組合等加入期間(注4)	カ月
年金加入期間合計	カ月

注1　坑内員としての厚生年金保険の加入期間や船員保険の加入期間は、昭和61年3月までは、加入月数を3分の4倍、昭和61年4月から平成3年3月までは、加入月数を5分の6倍して計算しています。
注2　任意加入未納の月数は、国民年金の任意加入期間のうち保険料を納めていない月数を表示しています。任意加入未納期間は参考であり、年金を請求するときに書類による確認が必要です。
注3　特定期間の月数は、本来第1号被保険者である期間が第3号被保険者として管理されていたため、届出をいただいた月数を表示しています。
注4　共済組合等加入期間は、老齢基礎年金の対象期間である20歳から60歳までの期間を表示しています。

[老齢基礎年金の繰上げ受給]
老齢基礎年金は、原則として65歳から受け取ることができますが、60歳から64歳までの間でも年金を請求すること(繰上げ請求)で年金を受け取ることができます。
詳しくは、「ねんきんダイヤル」または年金事務所等にご相談ください。
なお、老齢基礎年金を繰上げて受給する場合は、次の点にご留意ください。
①繰上げ受給をした時点(月単位)に応じて年金が減額され、減額率(1月あたり0.4%減額され、最大で24%減額)は生涯変わりません。
②繰上げ受給の手続きをした後は、障害基礎年金や寡婦年金を受け取ることができません。
③国民年金に任意加入している場合は、繰上げ受給はできません。
④繰上げ受給を取り消すことはできません。

[特別支給の老齢厚生年金の受給資格]
厚生年金保険の加入期間が12カ月以上ある方は、65歳になるまでの間「特別支給の老齢厚生年金」を受け取ることができます。(昭和41年4月1日以前生まれの女性に限る)
現時点において、基礎年金番号で管理している厚生年金保険の加入期間は12カ月未満ですが、65歳になるまでの間に12カ月以上となった場合は、「特別支給の老齢厚生年金」の請求を行うことができます。
詳しくは、「ねんきんダイヤル」または年金事務所等にご相談ください。

◎住所変更の際は、手続きをお願いします
65歳になる3カ月前に、日本年金機構から「年金請求書」が届きます。
それまでに、住所を変更された場合は、住所変更の手続きをお願いします。手続きの方法は、「ねんきんダイヤル」または年金事務所等にご相談ください。
なお、住所変更の手続きがない場合は、「年金請求書」をお届けできない場合があります。
※60歳を過ぎて国民年金または厚生年金保険に加入されていない方も、住所変更の手続きをお願いします。

年金の社会保障協定
○下記の協定相手国で働いていた期間がある方は、社会保障協定により、それぞれの年金加入期間を相互に通算することができます。これによって日本か、相手国、いずれかの年金を受け取ることができる場合があります。
令和4年6月現在の社会保障協定国は次のとおりです。
ドイツ　アメリカ　ベルギー　フランス　カナダ
オーストラリア　オランダ　チェコ　スペイン
アイルランド　ブラジル　スイス　ハンガリー　インド
ルクセンブルク　フィリピン　スロバキア　フィンランド
スウェーデン
○詳しくは、日本年金機構ホームページ「社会保障協定」のコーナーをご覧ください。
社会保障協定　検索

2 年金加入期間確認のお願い

日本年金機構が管理する年金加入記録のみでは、老齢基礎年金の受給資格が確認できない人に対し、年金加入期間の確認などをお知らせする「年金加入期間確認のお願い（はがき）」が送付されます。

年金加入期間確認のお願い

●このお知らせは、基礎年金番号に登録されている年金加入期間では、年金を受け取るために必要な期間（10年：120カ月）※が確認できない方に送付しています。お客様の現在の年金加入期間では、年金を受け取ることができない状態です。

※詳しくは裏面「年金を受け取るために必要な期間（受給資格期間）」をご確認ください。

ご相談ください

●右の表に記載のない年金加入期間がある場合、または裏面に記載した「受給資格期間に含むことができる期間」、「年金の社会保障協定」に該当する期間がある方は年金事務所、街角の年金相談センターにご相談ください。

●受給資格期間を満たしていない方は、60歳から70歳までの間、国民年金に任意で加入することができます。年金事務所にご相談ください。

【受給資格期間をすでに確認いただいている方へ】
裏面「受給資格期間に含むことができる期間」を算入して受給資格期間を満たした方には、年金請求書の事前送付ができませんので、年金を受け取る際は、年金事務所、街角の年金相談センターで手続きしてください。

年金加入期間

基礎年金番号

までの年金加入期間です。

※ 国民年金加入期間（納付済の月数）については、情報が反映されるまで日数がかかるため、月数に不足が生じる場合があります。ご容赦ください。

厚生年金保険加入期間（注1）	カ月
船員保険加入期間（注1）	カ月
国民年金加入期間　（納付済の月数）	カ月
〃　（全額免除該当の月数）	カ月
〃　（4分の3免除該当の月数）	カ月
〃　（半額免除該当の月数）	カ月
〃　（4分の1免除該当の月数）	カ月
〃　（学生納付特例該当の月数）	カ月
〃　（納付猶予該当の月数）	カ月
〃　（任意加入未納の月数）（注2）	カ月
〃　（特定期間の月数）（注3）	カ月
共済組合等加入期間（注4）	カ月
年金加入期間合計	カ月

注1　坑内員としての厚生年金保険の加入期間や船員保険の加入期間は、昭和61年3月までは、加入月数を3分の4倍、昭和61年4月から平成3年3月までは、加入月数を5分の6倍して計算しています。
注2　任意加入未納の月数は、国民年金の任意加入期間のうち保険料を納めていない月数を表示しています。任意加入未納期間は参考であり、年金を請求するときに書類による確認が必要です。
注3　特定期間の月数は、本来第1号被保険者である期間が第3号被保険者として整理されていたため、届出をいただいた月数を表示しています。
注4　共済組合等加入期間は、老齢基礎年金の対象期間である20歳以降の期間を表示しています。

年金を受け取るために必要な期間（受給資格期間）

次のいずれかの加入期間があれば、老齢給付の受給資格期間を満たします。

● 国民年金の保険料納付済月数と免除月数、厚生年金保険（船員保険を含む）、共済組合等の加入期間および合算対象期間（カラ期間）の合計が10年（120カ月）※以上であること。

※ 老齢給付の受給資格期間を満たした場合であっても、遺族基礎年金・遺族厚生年金を受け取るためには、原則として、亡くなられた方の受給資格期間が25年（300カ月）以上あることが必要です。

受給資格期間に含むことができる期間

裏面の「年金加入期間」には記載されていませんが、次の期間は受給資格期間に含めることができます。

①合算対象期間（カラ期間）
年金を受け取るために必要な加入期間として算入されますが、年金額の計算には含まれない期間です。
20歳～60歳未満の主な例として次の期間があります。

- 昭和61年3月までの間で厚生年金保険や共済組合等の加入者の配偶者であった期間
- 海外に在住した期間
- 平成3年3月までの間で学生であった期間

②基礎年金番号以外の年金手帳番号で加入していた期間

③第3号被保険者の未届出期間
国民年金の第3号被保険者の届出がなく、保険料納付済期間とされていない期間
（届出をすることで、第3号被保険者期間となります。）

【例】合算対象期間（カラ期間）

厚生年金保険 2年	海外在住期間※ （年金制度未加入） 35年	国民年金 3年

20歳　受給資格期間：2年+35年+3年=40年　60歳

<解説>
年金に加入していた期間は、「厚生年金保険2年」「国民年金3年」の5年ありますが、この期間のみでは、受給資格期間を満たすことはできません。
しかし、海外に在住していた期間が35年あります。この35年間は、年金制度に未加入ですが、合算対象期間（カラ期間）として受給資格期間に算入できることから、合計40年となり、受給資格期間を満たすことができます。

※「海外在住期間」は、次の社会保障協定国に該当しない場合でも、合算対象期間（カラ期間）として受給資格期間に算入できます。

年金の社会保障協定

○下記の協定相手国で働いていた期間がある方は、社会保障協定により、それぞれの年金加入期間を相互に通算することができます。これによって日本か、相手国、いずれかの年金を受け取ることができる場合があります。

令和4年6月現在の社会保障協定国は次のとおりです。
ドイツ　アメリカ　ベルギー　フランス　カナダ
オーストラリア　オランダ　チェコ　スペイン
アイルランド　ブラジル　スイス　ハンガリー　インド
ルクセンブルク　フィリピン　スロバキア　フィンランド
スウェーデン

○詳しくは、日本年金機構ホームページ「社会保障協定」のコーナーをご覧ください。

社会保障協定　検索

3 年金証書(年金決定通知書)

年金の受給権が確認できると「年金証書」が届きます。「年金決定通知書」には、支払開始年月や年金額などが記載されています。

■年金証書(表面)

国民年金・厚生年金保険年金証書

年金の種類 障害　　基礎年金番号　　-　　年金コード6350

受給権者の氏名

受給権者の生年月日 平成 9年 1月 日　受給権を取得した年月 令和 6年 3月

上記のとおり、国民年金法による年金給付・厚生年金保険法による保険給付を行うことに決定したことを証します。

令和 6年 4月25日　　厚生労働大臣

I 厚生年金保険 年金決定通知書

1. 年金の種類と年金決定の根拠となった厚生年金保険法の条文　厚生年金　厚生年金保険法　第　条の

2. 年金額の内訳

支払開始年月	基本となる年金額(円)	加給年金額または加算額(円)	繰上げ・繰下げによる減算・加算額(円)	支給停止額(円)	年金額(円)
元号 年 月					

支給停止理由		支給停止期間	年 月～ 年 月まで

3. 加入期間の内訳

加入期間	月数
①厚生年金保険の加入期間	月
②厚生年金保険の戦時加算期間	月
③船員保険の戦時加算期間	月
④沖縄農林期間	月
⑤沖縄免除期間	月
⑥離婚分割等により加入者とみなされた期間	月
⑦旧令共済組合期間	月

4. 加給年金額対象者等の内訳

加給年金額対象者	配偶者 (区分) 子 人

5. 平均標準報酬額等の内容

厚生年金保険の加入期間の種類	月数	平均標準報酬額(平均標準報酬月額)
①平成15年3月までの期間	月	円
②平成15年4月以降の期間	月	円
③平成15年3月までの厚生年金基金期間	月	円
④平成15年4月以降の厚生年金基金期間	月	円
⑤昭和61年3月までの坑内員又は船員であった期間	月	円
⑥昭和61年4月～平成3年3月の坑内員又は船員であった期間	月	円
⑦昭和61年3月までの坑内員であった厚生年金基金期間	月	円
⑧昭和61年4月～平成3年3月の坑内員であった厚生年金基金期間	月	円

II 国民年金 年金決定通知書

1. 年金の種類と年金決定の根拠となった国民年金法の条文 障害　基礎年金　国民年金法　1 第 30 条 の4

2. 年金額の内訳

支払開始年月	基本となる年金額(円)	加算額(円)	繰上げ・繰下げによる減算・加算額(円)	支給停止額(円)	年金額(円)
元号 年 月 令和 6 4	816,000	0	0	0	816,000

支給停止理由		支給停止期間	年 月～ 年 月まで	加算額対象者	人

3. 年金の計算の基礎となった保険料納付済期間等の内訳

	第1号期間(国民年金加入期間)	第2号期間(厚生年金・共済年金加入期間)	第3号期間(厚生年金・共済年金加入者に扶養されていた配偶者の期間)
国民年金の保険料納付済期間等	納付 86 月 4分の1免除 月 ( ) 半額免除 月 ( ) (付加) 月 4分の3免除 月 ( ) 全額免除 月 ( )	厚生年金保険 月 共済組合 月	月

※ 国民年金の保険料納付済期間等の第1号期間における免除期間の( )内の月数は平成21年4月以降の月数です。

III 障害基礎年金の障害状況

障害の等級	2 級 16 号
診断書の種類	7
次回診断書提出年月	令和 9 年 1 月

※診断書の種類は、裏面をご覧ください。

令和 6年 4月 25日

様　　上記のとおり決定しましたので通知します。

厚生労働大臣

2106 1018 065

■年金証書(裏面)

注　意　事　項

1　この年金証書は、あなたが国民年金・厚生年金保険の年金を受ける権利を有することを証する書類です。
大切に保管しておいてください。

2　この年金証書をなくしたり、破いたり、またはよごしたりしたときは、お近くの年金事務所に申請して再交付を受けることができます。

3　受給権者が死亡したときは、遺族の方が、速やかに死亡届および死亡に関する証明書とともに、この年金証書を次のところにご提出ください。
提出先（1）国民年金のみの受給権者が亡くなられたときは、お近くの年金事務所または住所地の市区町村役場
（2）厚生年金保険のみの受給権者または国民年金と厚生年金保険の両方の受給権者が亡くなられたときは、お近くの年金事務所
ただし、日本年金機構にマイナンバーが登録されている方は、原則死亡届は不要です。(未支給年金や遺族年金の手続きは必要です。)

年金決定通知書の記載事項の説明

決定通知書の年金額等は、あなたがはじめて年金の受給権を取得したときの状態で計算したものです。したがって、その後に年金額等に変更があるときは、後日、直近の年金額等を記載した「年金決定通知書・支給額変更通知書」により通知します。
(例えば、受給権を取得した時点で在職中の方は在職による停止額がかかったままとなりますが、その後退職されていれば、停止額を解除する通知を後日お送りします。)

1　厚生年金保険　年金決定通知書

（1）「支給停止理由」欄の数字は、それぞれ次の理由により年金額の一部（または全部）が支給停止されていることを表しています。

01	厚生年金保険の被保険者等であるため
10	共済組合等の組合員または加入者であるため
15	繰上げによる老齢基礎年金を受給しているため
80	議員資格を取得したため

（2）「沖縄免除期間」欄の数字は、「沖縄の復帰に伴う特別措置に関する法律」により国民年金法による保険料免除期間とみなされた月数です。

（3）「加給年金額対象者」欄の配偶者の項については、厚生年金保険において加給年金額が支給されるとき、または国民年金において振替加算額が支給されるときに表示されます。なお、区分に数字があるときは、それぞれ次のことを表しています。

1	老齢基礎年金に振替加算額が支給されている
2	老齢基礎年金の振替加算額が支給停止されている
3	老齢厚生年金に加給年金額が支給されている
4	老齢厚生年金の加給年金額が支給停止されている
5	老齢厚生年金に加給年金額（終身）が支給されている
6	老齢厚生年金の加給年金額（終身）が支給停止されている

（4）「月数」欄の「*」印がある月数については、同じ時期に２つ以上の事業所に勤務していた期間がある場合に表示されます。
この場合、実際の加入月数を表示しています。

（5）「平均標準報酬月額」は、厚生年金保険（旧船員保険）に加入していた全部の期間のうち、平成15年３月までの標準報酬月額を平均したものです。
また、「平均標準報酬額」は、厚生年金保険（旧船員保険）に加入していた全部の期間のうち、平成15年４月以降の標準報酬月額と標準賞与額の総額を平均したものです。

2　国民年金　年金決定通知書

（1）「支給停止理由」欄の数字は、それぞれ次の理由により、基本額の一部（または全部）が支給停止されていることを表しています。

01	厚生年金保険の被保険者等であるため
07	業務上の事由による障害または死亡のため、他の法律による障害補償または遺族補償を受けることができるため
10	共済組合等の組合員または加入者であるため
13	父または母が遺族基礎年金を受給しているため
14	生計を同じくする父または母がいるため
60	寡婦年金の場合で、60歳に達していないため
61	20歳前障害基礎年金の場合で、○監獄・労役場その他これらに準ずる施設に拘禁されているとき○少年院その他これに準ずる施設に収容されているとき○日本国内に住所を有しないときによる支給停止
62	20歳前障害基礎年金の場合で、政令で定める額より年金の支給を停止としました
65	20歳前障害基礎年金の場合で、政令で定める額より年金の支給を一部停止としました

（2）「年金額（円）」欄の金額の左横に「*」がある場合は、第３号被保険者から第１号被保険者への被保険者記録の訂正に関して従前額を保障する特例措置が終了したため、従前額の９割に相当する年金額で決定または変更された場合です。

（3）「国民年金の保険料納付済期間等」欄の月数は、老齢基礎年金を決定した場合であって、基本となる年金額の計算の基礎となったものです。

3　障害基礎年金の障害状況

「診断書の種類」欄の数字は、障害の現状に関する届出等をする場合の診断書の提出の要否およびその種類を指定したもので、次のことを表しています。
なお、診断書の種類が「1」で、かつ、「次回診断書提出年月」欄に「**」で表示されている場合は、診断書の提出が不要であることを表しています。

1	障害の現状に関する届出が不要
2	呼吸器疾患の障害用の診断書およびレントゲンフィルムの添付が必要
3	循環器疾患の障害用の診断書の添付が必要
4	聴覚、鼻腔機能、平衡機能、そしゃく・嚥下機能、言語機能の障害用の診断書の添付が必要
5	眼の障害用の診断書の添付が必要
6	肢体の障害用の診断書の添付が必要
7	精神の障害用の診断書の添付が必要
8	腎疾患、肝疾患、糖尿病の障害用の診断書の添付が必要
9	血液・造血器、その他の障害用の診断書の添付が必要

この決定に不服があるときは、この決定があったことを知った日の翌日から起算して３か月以内に文書又は口頭であなたの住所地の社会保険審査官（地方厚生局内）に審査請求できます。また、その決定に不服があるときには、決定書の謄本が送付された日の翌日から起算して２か月以内に社会保険審査会（厚生労働省内）に再審査請求できます。
なお、この決定の取消の訴えは、審査請求の決定を経た後でないと、提起できませんが、審査請求があった日から２か月を経過しても審査請求の決定がないときや、この決定の執行等による著しい損害を避けるため緊急の必要があるとき、その他正当な理由のあるときは、審査請求の決定を経なくても提起できます。この訴えは、審査請求の決定（再審査請求をした場合には、当該決定又は社会保険審査会の裁決。以下同じ。）の送達を受けた日の翌日から起算して６か月以内に、国を被告（代表者は法務大臣）として提起できます。
ただし、原則として審査請求の決定の日から１年を経過したときは訴えを提起できません。

0151

4 年金決定通知書・支給額変更通知書

すでに受給が決定されている年金額が変更になったときは、変更後の年金額が記載された「年金決定通知書・支給額変更通知書」が送付されます。

国民年金・厚生年金保険　　　年金決定通知書・支給額変更通知書

このたび、年金を決定または年金額を変更しましたので通知します。（決定・変更理由等は裏面でご確認ください。）

年金の種類	基礎年金番号・年金コード
年金	

	円

あなたにお支払いする年金額は、左の太ワク内の金額になります。

（A）厚生年金

1. 年金の計算の基礎となった加入期間の内訳

加　入　期　間	月数
ア．厚生年金保険の加入期間	
イ．厚生年金保険の戦時加算期間	
ウ．船員保険の戦時加算期間	
エ．沖縄農林期間	
オ．沖縄免除期間	
カ．離婚分割等により厚生年金の被保険者とみなされた期間	
キ．旧令共済組合期間	

2. 年金の計算の基礎となった平均標準報酬額等の内訳

厚生年金保険の加入期間の種類	月数	平均標準報酬額 平均標準報酬月額 （円）
ア．平成15年3月までの期間（ウ．及びオ．～ク．を除きます）		
イ．平成15年4月以降の期間（エ．を除きます）		
ウ．平成15年3月までの厚生年金基金期間（キ．及びク．を除きます）		
エ．平成15年4月以降の厚生年金基金期間		
オ．昭和61年3月までの坑内員又は船員であった期間（キ．を除きます）		
カ．昭和61年4月から平成3年3月までの坑内員又は船員であった期間（ク．を除きます）		
キ．昭和61年3月までの坑内員又は船員であった厚生年金基金期間		
ク．昭和61年4月から平成3年3月までの坑内員又は船員であった厚生年金基金期間		

3. 加給年金対象者等の内訳

加給年金対象者	
遺族加算区分	
70歳（障害）下支え加算額表示	

（B）国民年金（基礎年金）

年金の計算の基礎となった納付済期間等の内訳

	第1号期間 （国民年金加入期間） ※（）内の月数は平成21年4月以降の月数です。	第2号期間 （厚生年金・共済等加入期間）	第3号期間 （厚生年金・共済等加入者に扶養されていた配偶者の期間）
国民年金の保険料納付済期間			

【　障害基礎・障害厚生年金の障害の状況　】

障害の等級		次回診断書提出年月		診断書の種類	

この決定に不服があるときは、この決定があったことを知った日の翌日から起算して3か月以内に文書又は口頭であなたの住所地の社会保険審査官（地方厚生局内）に審査請求できます。また、その決定に不服があるときは、決定書の謄本が送付された日の翌日から起算して2か月以内に社会保険審査会（厚生労働省内）に再審査請求できます。
なお、この決定の取消の訴えは、審査請求の決定を経た後でないと、提起できませんが、審査請求があった日から2か月を経過しても審査請求の決定がないときや、この決定の執行等による著しい損害を避けるため緊急の必要があるとき、その他正当な理由のあるときは、審査請求の決定を経なくても提起できます。この訴えは、審査請求の決定（再審査請求をした場合には、当該決定又は社会保険審査会の裁決。以下同じ。）の送達を受けた日の翌日から起算して6か月以内に、国を被告（代表者は法務大臣）として提起できます。ただし、原則として審査請求の決定の日から1年を経過したときは訴えを提起できません。

5 年金額改定通知書・年金振込通知書

物価や賃金の変動等により年金額が改定されたときは、年金の受給権者全員に「年金額改定通知書(ハガキ)」が6月初旬に送付されます。また、「年金振込通知書」には変更後の振込み額が記載されています。

国民年金・厚生年金保険　年金額改定通知書

年金の種類　　　　　　　　　　年金

基礎年金番号		年金コード		受給権者氏名	

		令和　年　月からの年金額	参考：改定前の年金額(令和　年　月の年金額)
国民年金(基礎年金)	基本額	円	円
	支給停止額	円	円
	年金額	円	円
厚生年金保険	基本額	円	円
	支給停止額	円	円
	年金額	円	円
合計年金額（年額）		円	円

※年金額は、賃金や物価の変動に応じて毎年度改定を行う仕組みとなっており、令和５年度の年金額は、生年月日によって、昨年度から2.2%または1.9%の増額改定となります。詳細は、裏面をご覧ください。

令和５年６月１日

印影

厚生労働大臣

（この通知書は、年金額を証するものです。大切に保管してください。）

年金振込通知書

（振込予定日）令和５年６月１５日

以下の金額を、ご指定の預貯金口座に振り込みます。
振り込みは令和　年　月から令和　年　月までの各偶数月に行われます。（「振込予定日」は裏面をご覧ください。）

振込先
※1

年金の制度・種類　　　　　　　　年金

基礎年金番号		年金コード		受給権者氏名	

各支払期の支払額、年金から特別徴収（控除）する額および控除後振込額 ※3

	令和　年　月から令和　年　月の各期支払額	令和　年　月の支払額	令和　年　月の支払額	参考：前回支払額(令和　年　月の支払額)
年金支払額	円	円	円	円
介護保険料額 ※2	円	円	円	円
※2	円	円	円	円
所得税額および復興特別所得税額	円	円	円	円
個人住民税額 ※2	円	円	円	円
控除後振込額	円	円	円	円

※1 支店には、支店のほか支所、営業所、出張所等が含まれます。（ゆうちょ銀行除く。）
※2 8月以降の年金から特別徴収する保険料等（裏面参照）の決定額は、6月と同じ額を仮に記載しています。
決定額は、市区町村から送付される通知書でご確認ください。
※3 令和6年4月までの支払額の記載のない方は、支払額の変更が予定されている方です。

印影

厚生労働省
官署支出官 厚生労働省年金局事業企画課長

※その年によって、記載内容が変更になる場合があります。
令和6年度から、年金と年金生活者支援給付金を受給する人には、一体化された統合通知書が送付されるようになりました。

6 ねんきん定期便

毎年誕生月に年金記録を記載した「ねんきん定期便」が送付されます。「ねんきん定期便」は年齢によって形式や記載される内容が異なります。

区分	送付形式	通知内容
50歳未満（35歳、45歳以外）	ハガキ	保険料納付額
		月別状況（直近13月）
		年金加入期間
		これまでの加入実績に応じた年金額
50歳以上（59歳以外）	ハガキ	保険料納付額
		月別状況（直近13月）
		年金加入期間
		老齢年金の種類と見込額
受給者 （直近1年間に被保険者期間がある場合）	ハガキ	月別状況（直近13月）
		保険料納付額
		年金加入期間
35歳、45歳	封書	保険料納付額
		年金加入期間
		これまでの加入実績に応じた年金額
		これまでの年金加入履歴
		月別状況（全期間）
59歳	封書	保険料納付額
		年金加入期間
		老齢年金の種類と見込額
		年金加入履歴
		月別状況（全期間）

日本年金機構のホームページには最新の「ねんきん定期便」の見方が記載されています。

ねんきん定期便　サンプル　検索

■ねんきん定期便（59歳の人用）

このページの見方は、見方ガイドの4～5ページをご覧ください。

2．これまでの年金加入期間（老齢年金の受け取りには、原則として120月以上の受給資格期間が必要です）

国民年金（a）			付加保険料納付済月数	船員保険（c）	年金加入期間 合計（未納月数を除く）	合算対象期間等	受給資格期間
第1号被保険者（未納月数を除く）	第3号被保険者	国民年金 計（未納月数を除く）					
月	月	月	月	月	（a＋b＋c）	（d）	（a＋b＋c＋d）
厚生年金保険（b）							
一般厚生年金	公務員厚生年金（国家公務員・地方公務員）	私学共済厚生年金（私立学校の教職員）	厚生年金保険 計		月	月	月
月	月	月	月				

3．老齢年金の種類と見込額(年額)（60歳未満の方は現在の加入条件が60歳まで継続すると仮定して見込額を計算しています）

受給開始年齢		歳～	歳～	歳～	歳～
（1）基礎年金					老齢基礎年金 円
（2）厚生年金		特別支給の老齢厚生年金	特別支給の老齢厚生年金	特別支給の老齢厚生年金	老齢厚生年金
	一般厚生年金期間		（報酬比例部分）円 （定額部分）円	（報酬比例部分）円 （定額部分）円	（報酬比例部分）円 （経過的加算部分）円
	公務員厚生年金期間	（報酬比例部分）円 （定額部分）円 （経過的職域加算額(共済年金)）円	（報酬比例部分）円 （定額部分）円 （経過的職域加算額(共済年金)）円	（報酬比例部分）円 （定額部分）円 （経過的職域加算額(共済年金)）円	（報酬比例部分）円 （経過的加算部分）円 （経過的職域加算額(共済年金)）円
	私学共済厚生年金期間	（報酬比例部分）円 （定額部分）円 （経過的職域加算額(共済年金)）円	（報酬比例部分）円 （定額部分）円 （経過的職域加算額(共済年金)）円	（報酬比例部分）円 （定額部分）円 （経過的職域加算額(共済年金)）円	（報酬比例部分）円 （経過的加算部分）円 （経過的職域加算額(共済年金)）円
（1）と（2）の合計		円	円	円	円

■ねんきんネット

「ねんきんネット」は、日本年金機構が提供する情報提供サービスで、インターネットを通じて自身の年金情報を確認することができます。自身の年金記録や、将来の年金見込額のほか、「ねんきん定期便」を電子版（PDF ファイル）で確認することができます。利用するには、登録が必要です。

ねんきんネット　検索

Ⅱ 年金受給にかかる届出書

1 配偶者が振替加算の加算要件を満たす年金を受けるようになったため、老齢基礎年金に振替加算が加算されるとき

国民年金 老齢基礎年金額加算開始事由該当届（様式第222号） 検索

国民年金　老齢基礎年金額加算開始事由該当届　　様式第 222 号

54 57 80

（老齢たる年金給付の受給権者の配偶者が下記の⑤欄に掲げる年金を受けているとき、または受けられることになったときの届）　＊基礎年金番号（１０桁）で届出する場合は左詰めでご記入ください。

受給権者	① 個人番号(または基礎年金番号)および年金コード	個人番号(または基礎年金番号)	年金コード
	② 生年月日	大3・昭5　年　月　日	
配偶者	③ 氏名		
	④ 生年月日	大3・昭5　年　月　日	
	⑤ 受けている老齢・退職または障害を支給事由とする年金の名称およびその支給を行う制度の名称等	年金の名称	ア．老齢厚生年金(額計算の基礎となる被保険者期間 240 月以上) イ．退職共済年金(額計算の基礎となる組合員等の期間 240 月以上) ウ．障害厚生年金(1 級または 2 級の障害の状態にあるものに限る) エ．障害共済年金(1 級または 2 級の障害の状態にあるものに限る)
		制度の名称	ア 厚生年金保険　イ （　　）共済
		個人番号（または基礎年金番号）・年金コード等	
	⑥ 上記⑤の年金が受けられることとなった年月日	昭和・平成・令和　年　月　日	
受給権者	⑦ 現在、老齢基礎年金または老齢厚生年金以外に公的年金制度から年金を受けていますか。受けている方・請求中の方は、その制度の名称および年金証書の年金コード(記号番号)をご記入ください。	ア．受けている　イ．いない　ウ．請求中	
		名称	
		年金コード（記号番号）	

2 年金生活者支援給付金を請求するとき

年金生活者支援給付金請求書 検索

年金生活者支援給付金請求書

届書コード	712	※基礎年金番号（10桁）で届出する場合は左詰めでご記入ください。
①個人番号（マイナンバー）または基礎年金番号		
②氏名	フリガナ 氏	名
③生年月日	1.明治 3.大正 5.昭和 7.平成 9.令和　年　月　日	
④住所	〒　－ 電話番号　（　　）	
⑤届出年月日	令和　年　月　日	

※ ①～⑤の上記空白欄内にご記入ください。

※ 給付金は、年金と同じ受取口座に、年金とは別途お支払いします。

3 老齢基礎年金の受給権者が老齢厚生年金の受給権を有するに至ったとき

老齢基礎年金受給権者 老齢厚生年金請求書（様式第233号） 検索

国民年金
厚生年金保険

老齢基礎年金受給権者　老齢厚生年金請求書

様式第233号

54	57	65	72	80

（老齢基礎年金の受給権者が老齢厚生年金の受給権を有するに至ったときの届）
※基礎年金番号(10桁)で届出する場合は左詰めでご記入ください。

① 個人番号(または基礎年金番号)および年金コード	個人番号(または基礎年金番号)	年金コード
② 生　年　月　日	大3・昭5・平7	年　月　日
③ 老齢基礎年金の受給権を取得した日以降に初めて厚生年金保険(船員含む)の被保険者となった期間がありますか。 ある方は、該当する制度の名称および期間をご記入ください。	ある・ない 名称 期間　平成/令和　年　月～平成/令和　年　月	
④ 老齢基礎年金の受給権を取得した日以降に初めて各種共済組合等の組合員または加入者となった期間がありますか。 ある方は、その共済組合等(支部)の名称および期間をご記入ください。	ある・ない 名称 期間　平成/令和　年　月～平成/令和　年　月	
⑤ 配偶者について	現在、公的年金制度等から老齢・退職または障害を支給事由とする年金を受けていますか。	ア 老齢・退職の年金を受けている。 イ 障害の年金を受けている。 ウ いずれも受けていない。

4 年金受給権者の配偶者または子が死亡などにより加給不該当になったとき

加算額・加給年金額対象者不該当届（様式第205号） 検索

様式第205号

加算額・加給年金額対象者不該当届

共済適用表示
※

年金受給権者の配偶者または子どもが、死亡や離縁など下記の⑥に掲げる事由に該当したときに提出していただく届書です。

54

＊基礎年金番号（１０桁）で届出する場合は左詰めでご記入ください。

受給権者	① 個人番号（または基礎年金番号）および年金コード	個人番号（または基礎年金番号）	年金コード
	② 生年月日	大・昭・平・令	年　月　日
	③ 氏　名	（フリガナ）	
	④ 住　所	〒　－ （連絡先）　－　－	

5 配偶者加給年金額が加算されている受給権者の配偶者が老齢・退職または障害を支給事由とする年金が受けられることになったとき

老齢・障害給付 加給年金額支給停止事由該当届（様式第230号） 検索

共済適用表示

老齢・障害給付　加給年金額支給停止事由該当届

様式第230号

（配偶者加給年金額が加算されている受給権者の配偶者が老齢・退職または障害を支給事由とする年金が受けられることになったときの届書）

54	57	80

（注）年金額の全部について支給が停止されている場合は、提出する必要はありません

受給権者	① 個人番号（または基礎年金番号）および年金コード（基礎年金番号（10桁）で届出する場合は左詰めでご記入ください。）	個人番号（または基礎年金番号）		年金コード	
	② 生年月日	大・昭・平・令	年	月	日
加給年金	③ 配偶者の氏名				
	④ 配偶者の生年月日	大・昭・平・令	年	月	日
	配偶者が公的年金制度等から支給を受けることとなった年	年金等の名称			

6 障害者特例を請求するとき

厚生年金保険障害者特例・繰上げ調整額請求書（様式第401号） 検索

厚生年金保険障害者特例・繰上げ調整額請求書

様式第401号

（繰上げ調整額停止事由消滅届）

33	54	64

（受給権者が被保険者でなく、かつ、障害の状態に該当することにより特例支給または繰上げ調整額を請求するときの請求書）

＊基礎年金番号（10桁）で届出する場合は左詰めでご記入ください。

受給権者に	① 個人番号（または基礎年金番号）					
	年金コード					
	② 氏名	フリガナ （氏）	（名）			
	③ 生年月日	昭和		年	月	日
	④ 住所	□□□-□□□□				
		⑤ 受けている障害を支給事由とする年金の	年金の名称			

7 老齢厚生年金に加給年金額が加算されるようになったとき

老齢厚生年金・退職共済年金 加給年金額加算開始事由該当届（様式第229号） 検索

共済適用表示

様式第229号

老齢厚生年金・退職共済年金　加給年金額加算開始事由該当届

基礎年金番号（１０桁）で届出する場合は左詰めでご記入ください。

受給権者	① 個人番号（または基礎年金番号）および年金コード	個人番号（または基礎年金番号）				年金コード
	② 生 年 月 日	昭和　平成　令和	年	月	日	
加給年金額の対象者	③ 氏名 フリガナ	④ 生年月日	昭和　令和 平成	年 月 日		
	⑤ 個人番号		⑥ 受給権者との続柄	配偶者 1 子 2	⑦障害の状態にある・ない	
	③ 氏名 フリガナ	④ 生年月日	昭和　令和 平成	年 月 日		
	⑤ 個人番号		⑥ 受給権者との続柄	子 2	⑦障害の状態にある・ない	
	③ 氏名 フリガナ	④ 生年月日	昭和　令和 平成	年 月 日		
	⑤ 個人番号		⑥ 受給権者との続柄	子 2	⑦障害の状態にある・ない	
⑧ ご配…	a 現在、公的年金制度等から老齢・退職または障害を支給事由とする年金をうけていますか	ア 老齢・退職の年金を受けている。 イ 障害の年金を受けている。				

老齢厚生年金 加給年金額加算開始事由該当届（生計維持申立書） 検索

老齢厚生年金　加給年金額加算開始事由該当届　（生計維持申立書）

54　＊基礎年金番号(10桁)で届出する場合は、左詰めでご記入ください。

受給権者	① 個人番号(または基礎年金番号)および年金コード	個人番号(または基礎年金番号)				年金コード
	② 生　年　月　日	昭　和　5	年	月	日	

下 記 の 者 は 私 が 生 計 を 維 持 し て い ま す 。

加給年金額の対象者	③ 配偶者および子の氏名	④ 生	年	月	日	⑤受給権者との続柄	⑥障害の状態にありますか
		明・1 大・3 昭・5 平・7 令・9	年	月	日	配偶者・1 子 2	ある・ない
		昭・5 平・7 令・9	年	月	日	子 2	ある・ない
		昭・5 平・7 令・9	年	月	日	子 2	ある・ない
		昭・5 平・7 令・9	年	月	日	子 2	ある・ない

※　年金額改定　54	改定年月日			事由
	年	月	日	37

※太枠の中をご記入ください。

付録

その他、資料

8 65歳前に年金を繰り上げて受け取りたいとき（老齢年金を初めて請求するときの老齢年金請求書添付用）

老齢基礎年金・老齢厚生年金 支給繰上げ請求書（様式第102号） **検索**

様式第102号
（共 102-1）

国民年金
厚生年金保険　老齢基礎年金・老齢厚生年金 支給繰上げ請求書

課所符号	進達番号

※裏面の「注意事項」および「記入上の注意」をよく読んでから記入してください。
※基礎年金番号（10桁）で届出する場合は左詰めでご記入ください。

① 個人番号（または基礎年金番号）		
② 氏名	（フリガナ） （氏）	（名）
③ 生年月日	昭和　年　月　日	
④ 住所	郵便番号 □□□－□□□□	（フリガナ）
繰上げの請求を行うことによる制約等を理解のうえ、		
ア．老齢基礎年金の全部を繰上げ請求します。		
イ．老齢厚生年金の繰上げおよび老齢基礎年金の全部を繰上げ請求します。		
ウ．老齢厚生年金の繰上げおよび老齢基礎年金の一部を繰上げ請求します。		

9 特別支給の老齢厚生年金の受給権者が老齢基礎年金を繰り上げて請求するとき

特別支給の老齢厚生年金受給権者 老齢基礎年金支給繰上げ請求書（様式第234号） **検索**

様式第234号

国民年金
厚生年金保険　特別支給の老齢厚生年金受給権者　老齢基礎年金支給繰上げ請求書

54	57	65	80

（特別支給の老齢厚生年金受給権者が老齢基礎年金を繰上げて請求するときの届）
※基礎年金番号（１０桁）で届出する場合は左詰めでご記入ください。

① 個人番号（または基礎年金番号）および年金コード	個人番号（または基礎年金番号）		年金コード	
② 生　年　月　日	昭　和	年	月	日
③ 配偶者について、右の欄にご記入ください。	現在、公的年金制度等から老齢・退職または障害を支給事由とする年金を受けていますか。	ア 老齢・退職の年金を受けている。	イ 障害の年金を受けている。	ウ いずれも受けていない。
	受けているときは、その公的年金制度等の名称および個人番号または年金証書の基礎年金番号・年金コード、恩給証書等の記号番号	名　称		
		基礎年金番号・年金コード等		
	その支給を受けることになった年月日	昭和・平成・令和　年　月　日		
④ あなたは現在、特別支給の老齢厚生年金以外に公的年金制度から年金を受けていますか。受けている方、請求中の方は、その制度の名称および個人番号または年金証書の基礎年金番号・年金コ	ア 受けている ・ イ 受けていない ・ ウ 請求中			
	名　称			

10 65歳以後に老齢基礎年金および老齢厚生年金の裁定の請求を行い、いずれかの年金について支給の繰下げを希望するとき

老齢基礎年金・老齢厚生年金 支給繰下げ申出書（様式第103-1号） 検索

様式第103-1号

老齢基礎年金・老齢厚生年金　支給繰下げ申出書

平成１９年４月１日以後に老齢厚生年金の受給権を有した方が老齢基礎年金または老齢厚生年金の繰下げを希望するときの申出書

※基礎年金番号（１０桁）で届出する場合は左詰めでご記入ください。

		課所符号	進達番号
① 個人番号(または基礎年金番号)			
② 氏　名	(フリガナ) (氏)　(名)		
③ 生年月日	大正・昭和	年　月　日	
④ 住　所	TEL(　)—(　)—(　)		
⑤ 繰下げを希望する年金に○印をご記入ください	1．老齢基礎年金の繰下げを申し出します。 2．老齢厚生年金の繰下げを申し出します。		

11 特別支給の老齢厚生年金の受給権者、老齢基礎年金・老齢厚生年金の受給権者が、66歳以降に老齢基礎年金・老齢厚生年金を遡って請求するとき、または、繰り下げて受給しようとするとき

老齢基礎年金・老齢厚生年金裁定請求書／支給繰下げ請求書（様式第235-1号） 検索

二次元コード

様式第235-1号

国民年金 厚生年金保険　老齢 基礎 厚生　年金裁定請求書/支給繰下げ請求書

職員記入欄	
本来請求	繰下げ
繰下げみなし（5年前）	

特別支給の老齢厚生年金の受給権者であった方または、老齢基礎年金/老齢厚生年金の受給権者が、66歳以降に老齢基礎年金/老齢厚生年金をさかのぼって請求するときまたは、繰り下げて受けようとするときの請求書。

裏面の「記入上の注意」をよく読んでからご記入ください。

54 57 65 80

*基礎年金番号(10桁)で届出する場合は左詰めでご記入ください。
*複数の年金を受け取っているため年金証書の年金コード(4桁)が複数ある場合、左詰めで続けてご記入ください。

❶	個人番号(または基礎年金番号)*	
	年金証書の年金コード*	
❷	生年月日	大正・昭和　年　月　日

希望する年金の受取方法に○印をつけてください。

❸老齢厚生年金の受取方法 老齢厚生年金を既に受給中の場合は右の欄にチェックしてください。	ア 老齢厚生年金を現時点で繰り下げて受け取ります。
	イ 老齢厚生年金を65歳(受給権発生時点)までさかのぼって受け取ります。 70歳後に請求する場合は、請求の日の5年前の日の翌月分からの受け取りとなります。
	ウ 老齢厚生年金は今回請求しません。 (後日、あらためて老齢厚生年金の請求を行う予定です。)
❹老齢基礎年金の受取方法	ア 老齢基礎年金を現時点で繰り下げて受け取ります。
	イ 老齢基礎年金を65歳(受給権発生時点)までさかのぼって受け取ります。 70歳後に請求する場合は、請求の日の5年前の日の翌月分からの受け取りとなります。

12 選択関係にある2つ以上の年金を受けられるようになったとき

年金受給選択申出書（様式第201号）　検索

様式第201号

国民年金
共済年金
厚生年金保険

年金受給選択申出書　（日本年金機構）

（選択関係にある二つ以上の年金を受けられるようになったときに停止の解除を申請する届及び生計維持申立）

二次元コード

※裏面の「年金受給選択申出に関するご確認事項」を必ずお読みください。
年金受給の選択は、将来に向かって変更することができます。

基礎年金番号（10桁）で届出する場合は左詰めでご記入ください。　令和　年　月　日　提出

① 個人番号（または基礎年金番号）	
② 選択方法	下欄のアかイのうち、いずれかに○を付してください。 **ア** 国から支給される年金額を比較して、年金額が高い方を選択する ⇒③欄に年金額の高い年金コード、④欄にそれ以外の年金コードをご記入ください。 （注）額の比較にあたっては、企業年金などの支給の有無や金額は考慮されません。国の年金以外に企業年金など支給される場合で、その支給の有無や金額について考慮を不要とする場合は（ア）をご記入ください。 **イ** 選択する年金を具体的に指定する ⇒③欄に選択する年金コード、④欄にそれ以外の年金コード、⑥欄に受ける年金を指定する理由をご記入ください。 （注）企業年金や特例年金など国の支給する年金以外の要素を考慮した結果、国の支給する年金のうち年金額が低い方を選択する場合または年金額の高低にかかわらず受給する年金の種別が決まっている場合（イ）をご記入ください。
③ 選択する年金の年金証書の年金コード（支給停止の解除を申請する年金）	
④ 選択する年金以外の年金証書の年金コード	

13 障害基礎年金・障害厚生年金の権利を取得した日の翌日以降に、生計を維持する子を有したときなど増額改定されるとき

障害給付加算額・加給年金額開始事由該当届（様式第229-1号）　検索

様式第229-1号

共済適用表示
※

障害給付加算額・加給年金額加算開始事由該当届

54

＊基礎年金番号（10桁）で届出する場合は左詰めでご記入ください。

受給権者	① 個人番号（または基礎年金番号）および年金コード	個人番号（または基礎年金番号）	年金コード
	② 氏名	（フリガナ）	
	③ 生年月日	大・昭・平・令　年　月　日	
	④ 住所	〒　－	
	⑤ 電話番号	（　　）	
	⑥ 平成26年11月以前の期間について、配偶者は児童扶養手当を受給していますか　※注	はい　・　いいえ　（「はい」の場合は裏面へ）	

14 20歳前傷病の障害基礎年金等受給権者が支給停止事由に該当したとき

国民年金受給権者支給停止事由該当届（様式第250号） 検索

様式第250号

国民年金受給権者支給停止事由該当届

（20歳前障害による障害基礎年金・裁定替障害・遺族基礎年金受給権者が下記の③に該当したときの届）

51

＊基礎年金番号（10桁）で届出する場合は左詰めでご記入ください。

① 個人番号（または基礎年金番号）および年金コード	個人番号（または基礎年金番号）	年金コード
② 生　年　月　日	明1・大3・昭5・平7・令9	年　月　日
③ 停止の事由	ア.政令で定める年金給付をうけるようになった イ.日本国内に住所を有さなくなった ウ.その他（　　　）	
④ 上記③の事由が発生した年月日	昭和・平成・令和　年　月　日	

※	停止年月日	事由	手作業表示	調整額
	年　月　日	57・58・61		⊖
時効区分				

15 20歳前傷病の障害基礎年金等受給権者の支給停止事由が消滅したとき

国民年金受給権者支給停止事由消滅届（様式第252号） 検索

様式第２５２号

国民年金受給権者支給停止事由消滅届

（20歳前障害による障害基礎年金、裁定替障害・遺族基礎年金または寡婦年金の受給権者が下記の③に該当したときの届）

52 57

＊基礎年金番号（10桁）で届出する場合は左詰めでご記入ください。

① 個人番号（または基礎年金番号）および年金コード	個人番号（または基礎年金番号）	年金コード	
② 生　年　月　日	大3・昭5・平7・令9	年　月　日	
③ 消滅の事由	ア　停止期間が満了したため イ　政令で定める年金給付を受けなくなったため ウ　所得の高い扶養義務者（子、孫など）に扶養されなくなったため エ　日本国内に住所を有するようになったため オ　その他（　　　）		
④ 上記③の事由の生じた日	昭和・平成・令和　年　月　日		※時効区分

付録

その他、資料

16 障害基礎年金を請求するとき

年金請求書（国民年金障害基礎年金）（様式第107号）　検索

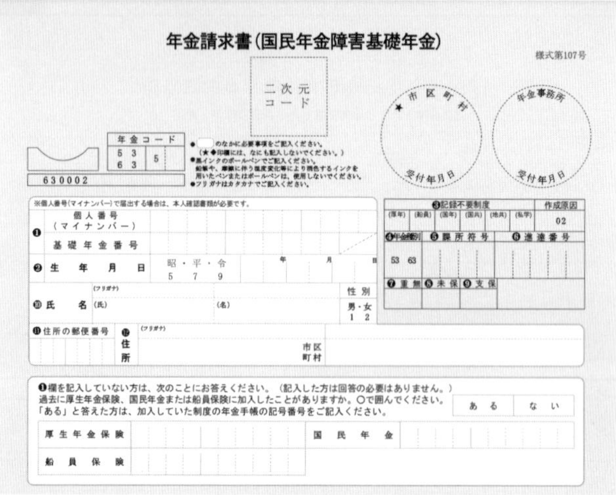

年金請求書（国民年金障害基礎年金）

様式第107号

二次元コード

★市区町村　受付年月日

年金事務所　受付年月日

年金コード　5 3 / 6 3　5

630002

● □のなかに必要事項をご記入ください。
（★◆印欄には、なにも記入しないでください。）
●黒インクのボールペンでご記入ください。
鉛筆や、摩擦に伴う温度変化等により消色するインクを用いたペンまたはボールペンは、使用しないでください。
●フリガナはカタカナでご記入ください。

※個人番号（マイナンバー）で届出する場合は、本人確認書類が必要です。

❶ 個人番号（マイナンバー）／基礎年金番号

❷ 生年月日　昭・平・令　5 7 9　年　月　日

❿ 氏名　（フリガナ）（氏）（名）　性別　男・女　1 2

⓫ 住所の郵便番号　⓬ 住所　（フリガナ）　市区町村

❸記録不要制度　（厚年）（船員）（国年）（国共）（地共）（私学）　作成原因　02

❹年金種別　53 63　❺課所符号　❻進達番号

❼重無　❽未保　❾支保

❶欄を記入していない方は、次のことにお答えください。（記入した方は回答の必要はありません。）
過去に厚生年金保険、国民年金または船員保険に加入したことがありますか。○で囲んでください。　ある　ない
「ある」と答えた方は、加入していた制度の年金手帳の記号番号をご記入ください。

厚生年金保険　国民年金

船員保険

17 障害基礎年金・障害厚生年金を請求するとき

年金請求書（国民年金・厚生年金保険障害給付）（様式第104号）　検索

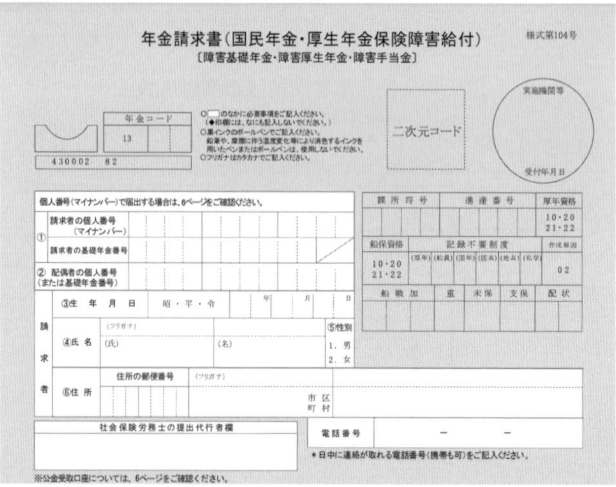

年金請求書（国民年金・厚生年金保険障害給付）

〔障害基礎年金・障害厚生年金・障害手当金〕

様式第104号

二次元コード

実施機関等　受付年月日

年金コード　13

430002　82

○□のなかに必要事項をご記入ください。
（◆印欄には、なにも記入しないでください。）
○黒インクのボールペンでご記入ください。
鉛筆や、摩擦に伴う温度変化等により消色するインクを用いたペンまたはボールペンは、使用しないでください。
○フリガナはカタカナでご記入ください。

個人番号（マイナンバー）で届出する場合は、6ページをご確認ください。

① 請求者の個人番号（マイナンバー）／請求者の基礎年金番号

② 配偶者の個人番号（または基礎年金番号）

請求者　③生年月日　昭・平・令　年　月　日

④氏名　（フリガナ）（氏）（名）　⑤性別　1. 男　2. 女

⑥住所　住所の郵便番号　（フリガナ）　市区町村

課所符号　進達番号　厚年資格　10・20 21・22

船保資格　10・20 21・22　記録不要制度　（厚年）（船員）（国年）（国共）（地共）（私学）　作成原因　02

船戦加　重　未保　支保　配状

社会保険労務士の提出代行者欄

電話番号　－　－

＊日中に連絡が取れる電話番号（携帯も可）をご記入ください。

※公金受取口座については、6ページをご確認ください。

18 医療機関の初診日を証明するとき

受診状況等証明書 検索

年金等の請求用

障害年金等の請求を行うとき、その障害の原因又は誘因となった傷病で初めて受診した医療機関の初診日を明らかにすることが必要です。そのために使用する証明書です。

受　診　状　況　等　証　明　書

① 氏　　　　　名 ＿＿＿＿＿＿＿＿＿＿＿＿

② 傷　　病　　名 ＿＿＿＿＿＿＿＿＿＿＿＿

③ 発　病　年　月　日　昭和・平成・令和　　年　　月　　日

④ 傷病の原因又は誘因 ＿＿＿＿＿＿＿＿＿＿＿＿

⑤ 発病から初診までの経過

前医からの紹介状はありますか。⇒　有　　無　（有の場合はコピーの添付をお願いします。）

※診療録に前医受診の記載がある場合
右の該当する番号に○印をつけてください

1　初診時の診療録より記載したものです。
2　昭和・平成・令和　　年　　月　　日の診療録より記載したものです。

⑥ 初診年月日　昭和・平成・令和　　年　　月　　日

⑦ 終診年月日　昭和・平成・令和　　年　　月　　日

19 前回請求時の初診日証明書類を用いたいとき

障害年金前回請求時の初診日証明書類の利用希望申出書 検索

障害年金前回請求時の初診日証明書類の利用希望申出書　二次元コード

私は、以前、障害年金の請求を行いましたが、同一傷病により改めて障害年金を請求します。初診日は前回と同一として請求しますので、前回請求時に提出した初診日証明書類を今回の審査に用いることを希望します。

申立者に関する事項

申　立　日：令和　　年　　月　　日

基礎年金番号：□□□□□□□□□□

氏　　　名：＿＿＿＿＿＿＿＿＿＿　連絡先：＿＿＿（　　）＿＿＿

生　年　月　日：大正・昭和・平成　　年　　月　　日

住　　　所：＿＿＿＿＿＿＿＿＿＿＿＿

前回請求に関する事項　※できる限り記入をお願いします。

不支給決定日：　平成・令和　　年　　月　　日

20 障害給付を受ける原因となった障害の程度が重くなったとき

障害給付 額改定請求書（様式第210号） 検索

共済適用表示

様式第210号

障害給付　額改定請求書

（障害給付を受ける原因となった障害の程度が重くなったときの届
障害給付を受けられるようになった以後の疾病または負傷により障害の程度が重くなったときの届）

33	54	56	57	80

＊基礎年金番号（10桁）で届出する場合は左詰めでご記入ください。

① 個人番号（または基礎年金番号）および年金コード	個人番号（または基礎年金番号）	年金コード
② 生　年　月　日	大・昭・平・令　年　月　日	
③ 障害給付を受ける原因となった疾病または負傷の傷病名		
④ 障害給付を受ける権利が発生した年月日	昭和・平成・令和　年　月　日	
⑤ ③以外の疾病または負傷の傷病名		
⑥ ⑤の疾病または負傷の初診日	昭和・平成・令和　年　月　日	
⑦ 障害給付を受ける権利が発生した以降に取得した基礎年金番号と異なる年金手帳等の記号番号		
⑧ 障害給付を受ける権利が発生した年月日以降の職歴		

21 年金の支給停止事由がなくなったとき

老齢・障害給付 受給権者支給停止事由消滅届（様式第207号） 検索

様式207号

共済適用表示

実施機関等

受付年月日

老齢・障害給付　受給権者支給停止事由消滅届

（受給権者が下記④の事由に該当したときの届）

52	54	57	80

＊基礎年金番号（10桁）で届出する場合は左詰めでご記入ください。

① 個人番号（または基礎年金番号）	個人番号（または基礎年金番号）			年金コード
② 生　年　月　日	大・昭・平　年　月　日			
③ 消滅の事由に該当した年月日	昭和・平成・令和　年　月　日			
④ 消滅の事由	ア　選択していた年金の受給権が消滅したため、または支給停止となったため イ　厚生年金保険法、国家公務員共済組合法の障害等級に定める程度の障害の状態になったとき、または国民年金法の障害等級に定める程度の障害の状態になったとき（ただし、障害厚生年金が支給されているときを除く。） ウ　支給停止期間が満了したため			
⑤ 配偶者について、右の欄に記入してください。	現在、公的年金制度等から老齢・退職または障害を支給事由とする年金を受けていますか。	ア 老齢・退職の年金を受けている	イ 障害の年金を受けている	ウ いずれも受けていない
	受けているときは、その公的年金制度等の名称および個人番号（または年金証書の基礎年金番号）・年金コード、恩給証書等の記号番号	名称		
		個人番号（または基礎年金番号）・年金コード		
	その支給を受けることとなった年月日	昭和・平成・令和　年　月　日		

22 障害年金を受給している人の障害状態の確認が必要なとき

障害状態確認届　**検索**

障害状態確認届

年　月　日提出期限	年　月　日提出

※提出期限は年金事務所等に確認してください。

受給権者の欄			
基礎年金番号	－	年金コード	
住　所			
フリカ゛ナ		生　年　月　日	
氏　名			
電話番号	－　－		

- **誕生月までの間に医療機関を受診し、医師または歯科医師に診断書の記載を依頼してください。**
- 提出期限までに、日本年金機構に到着するように提出してください。
  〈提出先〉〒162-8799　日本郵便株式会社　牛込郵便局　私書箱145号
  日本年金機構
- 提出期限までに診断書をご提出いただけない場合は、年金の支払いが一時止まることがあります。
- 提出期限を過ぎてからご提出いただく場合には、提出期限までにお近くの年金事務所へお問い合わせください。

-----《これ以降は医師に記入していただき、切り離さないで提出してください。》-----

国民年金・厚生年金保険・共済年金

診断書（肢体の障害用）

様式第120号の3

○裏面の「記入上の注意」をよく読んで記入してください。○本人の障害の程度及び状態に無関係な欄は、記入する必要はありません。（無関係な欄は、斜線により抹消してください。）

（お願い）赤字の欄は、記入もれがないように記入してください。

① フリガナ 氏名（生年月日）	明・大・昭・平　年　月　日生（　歳）	性別 男・女	② 住所 □□□-□□□□
③ 傷病名		診療回数 年間　回、月平均　回	
④ 最近一年間の治療の内容、期間、経過、その他参考となる事項			
⑤ 計測（　年　月　日計測）	身長　cm／体重　kg	血圧	最高　mmHg／最低　mmHg

障　害　の　状　態　（　年　月　日現症）※ 現症の日は、誕生月までの間に本人が診断を受けた日で、記入してください。

⑥ 切断又は離断・変形・麻痺

右　左　右　左

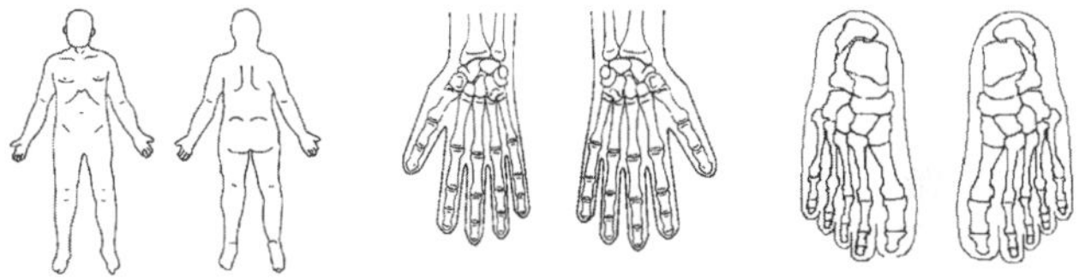

切断又は離断日	年　月　日	■ 切断 離断	× 変形
創面治ゆ日	年　月　日	▨ 感覚麻痺	▤ 運動麻痺

切断又は離断の場合の神経・運動障害	断端の痛み　有・無　すぐ上の関節の異常　有・無　（有の場合は⑪欄に記入してください。）							
外観	弛緩性・痙直性・不随意運動性・失調性・強剛性・しんせん性							
起因部位	脳性・脊髄性・末梢神経性・筋性・その他（（心因性のものと思われる場合は、その旨を右に記入してください。）　）							
種類及びその程度	感覚麻痺（脱失・鈍麻・過敏・異常）運動麻痺							
反射	右				左			
	上肢	下肢	バビンスキー反射	その他の病的反射	上肢	下肢	バビンスキー反射	その他の病的反射
その他	排尿障害　有・無		排便障害　有・無		褥創又はその瘢痕　有・無			

⑦ 脊柱の障害	脊柱の他動可動域						随伴する脊髄・根症状などの臨床症状
部位	前屈	後屈	右側屈	左側屈	右回旋	左回旋	
頸部							
胸腰部							

⑧ 人工骨頭・人工関節の装着の状態	部位／手術日　年　月　日	⑨ 握力	右　kg／左　kg

⑩ 手(足)指関節の他動可動域	部位		母指		示指		中指		環指		小指	
			屈曲	伸展	屈曲	伸展	屈曲	伸展	屈曲	伸展	屈曲	伸展
	中手（足）指節関節（MP）	右										
		左										
	近位指節間関節（PIP）（母指では指節間関節）	右										
		左										

※	1 継続	2 増改	3 減改	4 停止	5 永固	6 五有	7 四有	8 三有	9 二有	10 一有	11 未固	医療専門役印		認定医員印		診断書コード 6

年金証書の基礎年金番号・年金コード　生年月日　診　上外　等級　傷病名　差引　有固　氏　名　受発年月　差止年月　経

コード番号	コード番号
34	35

レントゲンフィルムの添付	有　無	※レントゲンフィルム返送
	枚	※　年　月　日

23 遺族基礎年金を請求するとき

年金請求書(国民年金遺族基礎年金)(様式第108号) 検索

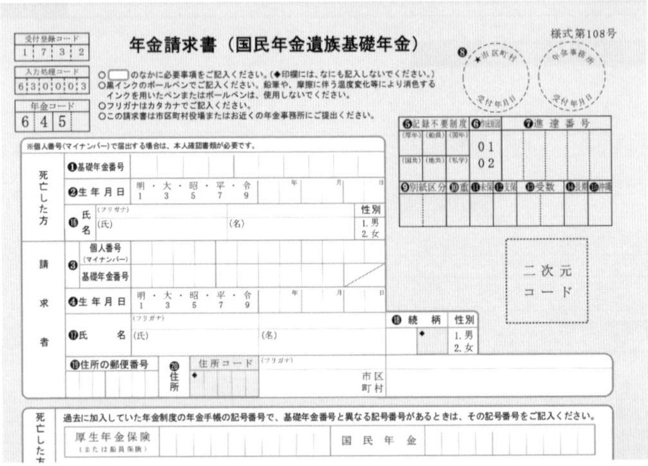

年金請求書（国民年金遺族基礎年金）

様式第108号

受付登録コード 1 7 3 2

入力処理コード 6 3 0 0 0 3

年金コード 6 4 5

○□のなかに必要事項をご記入ください。(◆印欄には、なにも記入しないでください。)
○黒インクのボールペンでご記入ください。鉛筆や、摩擦に伴う温度変化等により消色するインクを用いたペンまたはボールペンは、使用しないでください。
○フリガナはカタカナでご記入ください。
○この請求書は市区町村役場またはお近くの年金事務所にご提出ください。

※個人番号(マイナンバー)で届出する場合は、本人確認書類が必要です。

死亡した方　❶基礎年金番号　❷生年月日 明・大・昭・平・令 1 3 5 7 9 年 月 日　⑯氏名 (フリガナ) (氏) (名)　性別 1.男 2.女

請求者　❸個人番号(マイナンバー) 基礎年金番号　❹生年月日 明・大・昭・平・令 1 3 5 7 9 年 月 日　⑰氏名 (フリガナ) (氏) (名)　⑱続柄 ◆　性別 1.男 2.女　⑲住所の郵便番号　⑳住所 住所コード ◆ (フリガナ) 市区町村

❽ 市区町村 受付年月日　年金事務所 受付年月日

❺記録不要制度 (厚年)(船員)(国年)(国共)(地共)(私学)　❻作成原因 01 02　❼進達番号

❾別紙区分 ❿重 ⓫未保 ⓬支保 ⓭受数 ⓮長期 ⓯沖縄

二次元コード

死亡した方　過去に加入していた年金制度の年金手帳の記号番号で、基礎年金番号と異なる記号番号があるときは、その記号番号をご記入ください。
厚生年金保険(または船員保険)　国民年金

24 遺族基礎年金・遺族厚生年金を請求するとき

年金請求書(国民年金・厚生年金保険遺族給付)(様式第105号) 検索

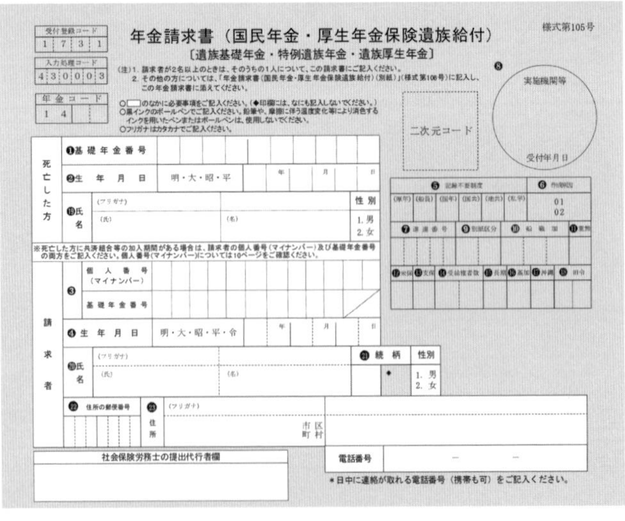

年金請求書（国民年金・厚生年金保険遺族給付）

〔遺族基礎年金・特例遺族年金・遺族厚生年金〕

様式第105号

受付登録コード 1 7 3 1

入力処理コード 4 3 0 0 0 3

年金コード 1 4

(注)1. 請求者が2名以上のときは、そのうちの1人について、この請求書にご記入ください。
2. その他の方については、「年金請求書(国民年金・厚生年金保険遺族給付)(別紙)」(様式第106号)に記入し、この年金請求書に添えてください。

○□のなかに必要事項をご記入ください。(◆印欄には、なにも記入しないでください。)
○黒インクのボールペンでご記入ください。鉛筆や、摩擦に伴う温度変化等により消色するインクを用いたペンまたはボールペンは、使用しないでください。
○フリガナはカタカナでご記入ください。

死亡した方　❶基礎年金番号　❷生年月日 明・大・昭・平 年 月 日　⑲氏名 (フリガナ) (氏) (名)　性別 1.男 2.女

※死亡した方に共済組合等の加入期間がある場合は、請求者の個人番号(マイナンバー)及び基礎年金番号の両方をご記入ください。個人番号(マイナンバー)については10ページをご確認ください。

請求者　❸個人番号(マイナンバー) 基礎年金番号　❹生年月日 明・大・昭・平・令 年 月 日　⑳氏名 (フリガナ) (氏) (名)　㉑続柄 ◆　性別 1.男 2.女　㉒住所の郵便番号　㉓住所 (フリガナ) 市区町村

社会保険労務士の提出代行者欄

電話番号 − −

＊日中に連絡が取れる電話番号(携帯も可)をご記入ください。

二次元コード

❽ 実施機関等 受付年月日

❺記録不要制度 (厚年)(船員)(国年)(国共)(地共)(私学)　❻作成原因 01 02

❼進達番号 ❾別紙区分 ❿船舶加 ⓫重無

⓬未保 ⓭支保 ⓮受給権者数 ⓯長期 ⓰高加 ⓱沖縄 ⓲旧令

25 遺族基礎年金・遺族厚生年金を受給するときに胎児であった子が生まれたとき

遺族基礎（厚生）年金額改定請求書（様式第215号） 検索

国民年金 厚生年金保険 遺族 基礎 厚生 年金額改定請求書

様式第215号

（遺族給付を受けられることになったときに胎児であった子が生まれたときの届書）

基礎年金番号（１０桁）で届出する場合は左詰めでご記入ください。

受給権者	①個人番号（または基礎年金番号）および年金コード	個人番号（または基礎年金番号）		年金コード
	② 生年月日	昭和・平成・令和　年　月　日	③氏名	
	④住所			
	①個人番号（または基礎年金番号）および年金コード	個人番号（または基礎年金番号）		年金コード
	② 生年月日	昭和・平成・令和　年　月　日	③氏名	
	④住所			
	①個人番号（または基礎年金番号）および年金コード	個人番号（または基礎年金番号）		年金コード
	② 生年月日	昭和・平成・令和　年　月　日	③氏名	
	④住所			

26 年金受給権者が所在不明になったとき

年金受給権者所在不明届 検索

この届書を提出いただいた後、年金受給権者本人宛に現況申告書を送付します。その後、１か月以内に年金受給権者本人から現況申告書の返信がない場合は、年金の支払いが一時止まります。

年金受給権者所在不明届

（年金受給権者が所在不明となって１か月以上経過したときの届書）

① 年金受給権者（所在不明となった者）	㋐ 氏名（フリガナ）	（氏）	（名）
	㋑ 生年月日	明治・大正・昭和・平成・令和　年　月　日	
	㋒ 基礎年金番号および年金コード	基礎年金番号	年金コード
② 所在不明となった年月日		平成・令和　年　月　日	
③ 届出者は上記の年金受給権者と同一世帯ですか		はい・いいえ	

付録

その他、資料

27 寡婦年金を請求するとき

年金請求書(国民年金寡婦年金)(様式第109号) **検索**

年金請求書（国民年金寡婦年金）　様式第109号

受付登録コード	入力処理コード	年金コード
1 7 4 1	6 3 0 0 0 4	5 9 5

二次元コード

○□のなかに必要事項をご記入ください。
（◆印欄には、なにも記入しないでください。）
○黒インクのボールペンでご記入ください。
○フリガナはカタカナでご記入ください。

※個人番号(マイナンバー)で届出する場合は、本人確認書類が必要です。

死亡した人(夫)	❶基礎年金番号		
	❷生年月日	明・大・昭・平 1 3 5 7	年 月 日
	⓫氏名	(フリガナ) (氏)	(名)
請求者	❸個人番号(マイナンバー)		
	基礎年金番号		
	❹生年月日	明・大・昭・平 1 3 5 7	年 月 日
	⓬氏名	(フリガナ) (氏)	(名)
	⓭住所の郵便番号	⓮住所 住所コード ◆	(フリガナ) 市区 町村

❼ ★市区町村 受付年月日　　年金事務所 受付年月日

❺作成原因	❻進達番号		
01			
❽重無	❾未保	❿支保	

死亡した方	過去に加入していた年金制度の年金手帳の記号番号で、基礎年金番号と異なる記号番号があるときは、その記号番号をご記入ください。	
	厚生年金保険（または船員保険）	国民年金

28 死亡一時金を請求するとき

国民年金死亡一時金請求書 **検索**

二次元コード

国民年金死亡一時金請求書

提出日	令和　年　月　日

死亡した方	基礎年金番号		フリガナ	
	基礎年金番号以外の手帳記号番号		氏名	(姓) (名)
	生年月日	大正・昭和 平成　年　月　日	死亡年月日	令和　年　月　日
	住所	市・区 町・村		

請求者	フリガナ		生年月日	大正・昭和 平成・令和　年　月　日		
	氏名	(姓) (名)				
	個人番号		死亡者との続柄		電話番号	－ －
	住所	〒□□□－□□□□ 市・区 町・村				

受	受取機関※1	ア. 金融機関 イ. ゆうちょ銀行（郵便局） □ 公金受取口座として登録済の口座を指定	※1 ア又はイに○をつけ、希望する受取口座を下欄に必ずご記入ください。また、指定する口座が公金受取口座として登録済の場合は、左欄に☑してください。	振込送金コード 3. 口座振込	フリガナ 口座名義人氏名 (姓) (名)
	ア 金	金融機関コード 支店コード	(フリガナ) 銀行 金庫 信組 (フリガナ) 本店 支店	預金種別	口座番号(左詰めで記入)

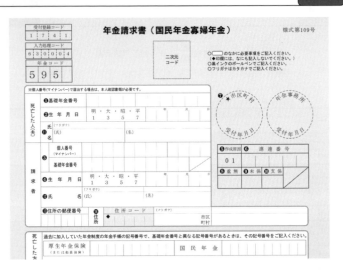

29 離婚分割にかかる情報提供を求めるとき

年金分割のための情報提供請求書（様式第650号） 検索

届書コード				処理区分	
7	8	1	1		

届書

年金分割のための情報提供請求書

様式第６５０号

○ 太枠▭の中に必要事項をご記入ください。ただし、◆印がついている欄は、記入不要です。
○ 記入にあたっては、「年金分割のための情報提供請求書の記入方法等について」を参照してください。

⑤ 実施機関等受付年月日

基礎年金番号（１０桁）で届出する場合は左詰めでご記入ください。

1 請求者（甲）	① 個人番号（または基礎年金番号）			
	② 生年月日	明治・大正・昭和・平成・令和	年 月 日	
	㋐ 氏名	（フリガナ） （氏） （名） （旧姓 ）		
	㋑ 住所の郵便番号 ―	㋒ 住所	（フリガナ） 市区 町村	
	過去に加入していた年金制度の年金手帳の記号番号で基礎年金番号と異なる記号番号があるときは、その番号をご記入ください。			
	厚生年金保険		国民年金	
	船員保険			

30 離婚分割にかかる標準報酬改定請求をするとき

標準報酬改定請求書（様式第651号） 検索

届書コード				処理区分	
7	8	2	1		

届書

標準報酬改定請求書（離婚時の年金分割の請求書）

請求する年金分割の種類
合意分割 ・ 3号分割

様式第６５１号

⑤ 実施機関等受付年月日

○ 太枠▭の中に必要事項をご記入ください。ただし、◆印がついている欄は、記入不要です。
○ 黒インクのボールペンで記入してください。
○ 記入にあたっては、「標準報酬改定請求書（離婚時の年金分割の請求書）の記入方法等について」を参照してください。

＊基礎年金番号（１０桁）で届出する場合は左詰めでご記入ください。

1 請求者	① 個人番号（または基礎年金番号）			送信
	② 生年月日	明治 大正 昭和 平成 令和	年 月 日	
	氏名	（フリガナ） （氏） （名） （旧姓 ）	⑥◆ 改定者区分	1．第一号改定者 2．第二号改定者 3．被扶養配偶者
	住所の郵便番号 ―	住所	（フリガナ） 市区 町村	
	過去に加入していた年金制度の年金手帳の記号番号で基礎年金番号と異なる記号番号があるときは、その番号をご記入ください。			
	厚生年金保険		国民年金	
	船員保険			
2	③ 個人番号（または基礎年金番号）			送信
	④ 生年月日	明治・大正・昭和・平成・令和	年 月 日	

1 国民年金保険料の変遷

保険料を納付する月分	定額		付加保険料	半額免除（平14.4～）	4分の1納付（平18.7～）	4分の3納付（平18.7～）
	35歳未満	35歳以上				
昭36年4月～昭41年12月	100円	150円				
昭42年1月～昭43年12月	200円	250円				
昭44年1月～昭45年6月	250円	300円				
昭45年7月～昭47年6月	450円		350円（10月から）			
昭47年7月～昭48年12月	550円		350円			
昭49年1月～昭49年12月	900円		400円			
昭50年1月～昭51年3月	1,100円		400円			
昭51年4月～昭52年3月	1,400円		400円			
昭52年4月～昭53年3月	2,200円		400円			
昭53年4月～昭54年3月	2,730円		400円			
昭54年4月～昭55年3月	3,300円		400円			
昭55年4月～昭56年3月	3,770円		400円			
昭56年4月～昭57年3月	4,500円		400円			
昭57年4月～昭58年3月	5,220円		400円			
昭58年4月～昭59年3月	5,830円		400円			
昭59年4月～昭60年3月	6,220円		400円			
昭60年4月～昭61年3月	6,740円		400円			
昭61年4月～昭62年3月	7,100円		400円			
昭62年4月～昭63年3月	7,400円		400円			
昭63年4月～平元年3月	7,700円		400円			
平元年4月～平2年3月	8,000円		400円			
平2年4月～平3年3月	8,400円		400円			
平3年4月～平4年3月	9,000円		400円			
平4年4月～平5年3月	9,700円		400円			
平5年4月～平6年3月	10,500円		400円			
平6年4月～平7年3月	11,100円		400円			
平7年4月～平8年3月	11,700円		400円			
平8年4月～平9年3月	12,300円		400円			
平9年4月～平10年3月	12,800円		400円			
平10年4月～平11年3月	13,300円		400円			
平11年4月～平12年3月	13,300円		400円			
平12年4月～平13年3月	13,300円		400円			
平13年4月～平14年3月	13,300円		400円			
平14年4月～平15年3月	13,300円		400円	6,650円		
平15年4月～平16年3月	13,300円		400円	6,650円		
平16年4月～平17年3月	13,300円		400円	6,650円		
平17年4月～平18年3月	13,580円		400円	6,790円		
平18年4月～平19年3月	13,860円		400円	6,930円	3,470円	10,400円
平19年4月～平20年3月	14,100円		400円	7,050円	3,530円	10,580円
平20年4月～平21年3月	14,410円		400円	7,210円	3,600円	10,810円
平21年4月～平22年3月	14,660円		400円	7,330円	3,670円	11,000円
平22年4月～平23年3月	15,100円		400円	7,550円	3,780円	11,330円
平23年4月～平24年3月	15,020円		400円	7,510円	3,760円	11,270円
平24年4月～平25年3月	14,980円		400円	7,490円	3,750円	11,240円
平25年4月～平26年3月	15,040円		400円	7,520円	3,760円	11,280円
平26年4月～平27年3月	15,250円		400円	7,630円	3,810円	11,440円
平27年4月～平28年3月	15,590円		400円	7,800円	3,900円	11,690円
平28年4月～平29年3月	16,260円		400円	8,130円	4,070円	12,200円
平29年4月～平30年3月	16,490円		400円	8,250円	4,120円	12,370円
平30年4月～平31年3月	16,340円		400円	8,170円	4,090円	12,260円
平31年4月～令2年3月	16,410円		400円	8,210円	4,100円	12,310円
令2年4月～令3年3月	16,540円		400円	8,270円	4,140円	12,410円
令3年4月～令4年3月	16,610円		400円	8,310円	4,150円	12,460円
令4年4月～令5年3月	16,590円		400円	8,300円	4,150円	12,440円
令5年4月～令6年3月	16,520円		400円	8,260円	4,130円	12,390円
令6年4月～令7年3月	16,980円		400円	8,490円	4,250円	12,740円
令7年4月～令8年3月	17,510円		400円	8,760円	4,380円	13,130円

2 年金コード

年金請求書の提出により、各年金が支給されることとなったときは「年金証書・年金決定通知書」が送付されます。その「年金証書・年金決定通知書」には、基礎年金番号の欄の次に「年金コード」の欄があり、年金の種類を4桁の数字で表しています。

■主な年金コード

制度	年金種別	年金コード
旧法国民年金	老齢年金(26条、76条)	0120
	老齢年金(78条)	0220
	老齢年金(旧陸軍共済)	0320
	老齢年金(5年年金)	0420
	通算老齢年金	0520
	障害年金	0620
	母子年金	0720
	準母子年金	0820
	寡婦年金	0920
	遺児年金	1020
	老齢福祉年金	2120
旧法厚生年金	老齢年金	0130
	通算老齢年金	0230
	障害年金	0330
	遺族年金	0430
	寡婦年金	0530
	かん夫年金	0630
	遺児年金	0730
	特例老齢年金	0830
	通算遺族年金	0930
	特例遺族年金(新法含む)	1030
	障害手当金	3030
旧法船員保険	老齢年金	0140
	通算老齢年金	0240
	障害年金	0340
	遺族年金	0440
	寡婦年金	0540
	養老年金	0640
	遺児年金	0740
	特例老齢年金	0840
	通算遺族年金	0940
	特例遺族年金(新法含む)	1040
	障害手当金	3040

制度	年金種別	年金コード
新法	老齢厚生(基礎)年金(第1号厚年)、特別支給の老齢厚生年金(第1号厚年)、老齢基礎年金	1150
	老齢厚生年金(第2号厚年)	1120
	老齢厚生年金(第3号厚年)	1130
	老齢厚生年金(第4号厚年)	1140
	障害基礎年金・障害厚生年金(第1号厚年)	1350
	障害厚生年金(第2号厚年)	1320
	障害厚生年金(第3号厚年)	1330
	障害厚生年金(第4号厚年)	1340
	遺族基礎年金・遺族厚生年金(第1号厚年)	1450
	遺族厚生年金(第2号厚年)	1420
	遺族厚生年金(第3号厚年)	1430
	遺族厚生年金(第4号厚年)	1440
	障害基礎年金(障害福祉年金裁定替分)	2650
	遺族基礎年金(母子福祉年金裁定替分)	2750
	遺族基礎年金(準母子福祉年金裁定替分)	2850
	障害基礎年金	5350
	寡婦年金	5950
	障害基礎年金(20歳前障害)	6350
	遺族基礎年金	6450
新法船員保険	障害手当金	3050
	障害差額一時金	3050
	職務上障害年金	3350
	職務上遺族年金	3450
	遺族一時金	4050
旧法共済	退職年金、減額退職年金	0160
	通算退職年金	0260
	障害年金	0360
	遺族年金	0460
	通算遺族年金	0960
新法共済	退職共済年金	1170
	障害共済年金	1370
	遺族共済年金	1470

3 被保険者記録照会（国民年金保険料納付記録コード）

被保険者記録照会（国民年金）により、国民年金の保険料の納付状況を確認することができます。年金事務所で出力される資料です。

被保険者記録照会（納付Ⅱ）

26 照会区分 04
基礎年金番号 5112-567891
ﾔﾏﾀﾞ ｱｲｺ
生年月日 昭 －30．11．11 性別 女 氏名 山田 愛子

納付記録Ⅱ

年度	4	5	6	7	8	9	10	11	12	1	2	3	年度	4	5	6	7	8	9	10	11	12	1	2	3
平 4	／	／	／	／	A	A	A	A	A	A	A	A	平 18	＋	＋	＋	A	A	A	A	A	A	A	A	A
平 5	A	A	A	A	A	A	A	A	A	A	A	A	平 19	A	A	A	A	A	A	A	A	A	A	A	A
平 6	A	A	A	A	A	A	A	A	A	A	A	A	平 20	P	P	P	P	P	P	P	P	P	P	P	P
平 7	A	A	A	A	A	A	A	A	A	A	A	A	平 21	＊	＊	＊	＊	＊	＊	＊	＊	＊	＊	＊	＊
平 8	A	A	A	A	A	A	A	A	A	A	A	A	平 18	＊	＊	＊	Z	Z	Z	Z	Z	Z	Z	Z	Z
平 9	A	A	A	A	A	A	A	A	A	A	A	A	平 19	Z	Z	Z	＊	＊	＊	＊	＊	＊	＊	＊	＊
平 10	A	A	A	A	A	A	A	A	A	A	A	A	平 20	A	A	A	A	A	A	A	Y	Y	Y	Y	Y
平 11	A	A	A	A	A	A	A	A	A	A	A	A	平 21	Y	Y	Y	Y	Y	Y	Y	Y	Y	Y	Y	Y
平 12	A	A	A	A	A	A	A	A	A	A	A	A	平 22	Y	Y	Y	Y	Y	Y	Y	Y	Y	Y	Y	Y
平 13	A	A	A	A	A	A	A	A	A	A	A	A	平 23	Y	Y	Y	Y	Y	Y	Y	Y	Y	Y	Y	Y
平 14	A	A	A	A	A	A	A	A	A	A	A	A	平 24	＋	＋	＋	＋	＋	＋	＋	＋	＋	＋	＋	＋
平 15	＋	＋	＋	＋	＋	＋	＋	＋	＋	＋	＋	＋	平 25	＋	＋	＋	＋	＋	＋	＋	＋	＋	＋	＋	＋
平 16	＋	＋	＋	＋	＋	＋	＋	＋	＋	＋	＋	＋	平 26	＋	＋	＋	＋	＋	＋	＋	＋	＋	＋	＋	＋
平 17	＋	＋	＋	＋	＋	＋	＋	＋	＋	＋	＋	＋	平 27	＋	＋	＋	＋	＋	＋	＋	／	／	／	／	／

■国民年金保険料納付記録コード

アルファベットの記号	
A	定額保険料
B	定額保険料＋付加保険料
C	定額保険料＋付加分未納
D	産前産後免除
E	産前産後免除＋付加保険料
F	産前産後免除＋付加保険料（充当）
G	定額保険料（前納）＋付加保険料
H	中国残留邦人等の特例措置に係る追納保険料
K	特例納付（昭和48年改正法附則第18条）
L	中国残留邦人等の特例措置に係る免除
M	特例納付（昭和58年改正法附則第4条）
P	定額保険料（前納）
Q	定額保険料（前納）＋付加保険料（前納）
T	追納保険料
U	追納加算保険料
V	定額保険料（充当）
W	定額保険料（充当）＋付加保険料（充当）
R	みなし免除　沖縄特別処置
X	定額＋付加分未納
Y	法定免除
Z	申請免除（全額）
マークの記号	
＋	第3号納付（保険料納付済期間に算入）
－	第3号未納（保険料納付済期間に算入しない）
$	第3号特例納付
／	第2号被保険者または無資格
＊	未納
＃	納付記録未切替
¥	コンビニ納付（納付速報）照会区分「03」のみ対応 （納付後、翌営業日から約20日程度表示）
カタカナの記号	
ア	半額未納
イ	半額納付
ウ	半額前納

カタカナの記号	
エ	半額分充当
オ	半額納付済の追納
カ	半額納付済の追納＋追納加算保険料
キ	半額前納済の追納
ク	半額前納済の追納＋追納加算保険料
ケ	半額充当済の追納
コ	半額充当済の追納＋追納加算保険料
サ	学生納付特例
シ	学生納付特例追納
ス	学生納付特例追納＋追納加算保険料
セ	納付猶予
ソ	納付猶予追納
タ	納付猶予追納＋追納加算保険料
チ	4分の3免除期間に係る未納
ツ	4分の3免除期間に係る納付
テ	4分の3免除期間に係る前納
ト	4分の3免除期間に係る充当
ナ	4分の1免除期間納付済に係る追納
ニ	4分の1免除期間納付済に係る追納＋追納加算保険料
ヌ	4分の1免除期間前納済に係る追納
ネ	4分の1免除期間前納済に係る追納＋追納加算保険料
ノ	4分の1免除期間充当済に係る追納
ハ	4分の1免除期間充当済に係る追納＋追納加算保険料
ヒ	4分の1免除期間に係る未納
フ	4分の1免除期間に係る納付
ヘ	4分の1免除期間に係る前納
ホ	4分の1免除期間に係る充当
マ	4分の3免除期間納付済に係る追納
ミ	4分の3免除期間納付済に係る追納＋追納加算保険料
ム	4分の3免除期間前納済に係る追納
メ	4分の3免除期間前納済に係る追納＋追納加算保険料
モ	4分の3免除期間充当済に係る追納
ヤ	4分の3免除期間充当済に係る追納＋追納加算保険料

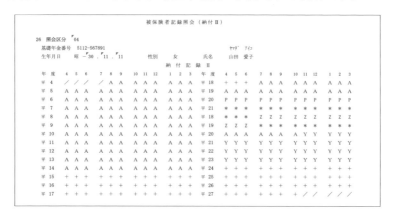

4 被保険者記録照会（国民年金の資格取得状況）

被保険者記録照会（国民年金）により、国民年金の資格取得状況等を確認することができます。年金事務所で出力される資料です。

被保険者記録照会（基本）

26 照会区分

基礎年金番号 2115-123456 イノウエ サクコ

生年月日 平 －1．8．28 性別 女 氏名 井上 咲子

電話番号

住 所 外国人通称名

被保険者区分 現存者

資格記録 平 21.8.27 -1 平 26.10.4 -1 平 28.9.1 -1 平 28.10.15 -1

平 26.8.1 -5 平 27.4.1 -5 平 28.10.3 -5 喪失予定

													記録情報	99 基本2	諸変更履歴
納付記録	4	5	6	7	8	9	10	11	12	1	2	3	01 基本	免除	証番	12 資格記録
平 25 年度	P	P	P	P	P	P	P	P	P	P	P	P	02 資格	付加	追納	12 住所記録
平 26 年度	P	P	P	P	／	／	A	A	P	P	P	P	納付Ⅲ	追納申込	基金	13 氏名
平 27 年度	／	／	／	／	／	／	／	／	／	／	／	／	03 納付Ⅰ	徴収事績	納付書	納付記録
平 28 年度	／	／	／	／	／	A	A	A	A	A	A	A	配偶者	一時金	口振情報	免除記録
平 29 年度	A	P	P	P	P	P	P	P	P	P	P	P	04 納付Ⅱ	過誤納	口振事績	付加記録
													05 前納	備考	免除却下	追納申込

月数算出

被保険者期間	納付	全免	3/4免	半免	1/4免	学生	猶予	付加	特定	任未	合算	沖縄
6 年5 月（77 月）	85 月	0 月	0 月	0 月	0 月	0 月	0 月	0 月	0 月	0 月	0 月	

■国民年金の資格記録のコード

国民年金の資格記録

原因	第3号被保険者区分（配偶者の加入制度）
1：資格取得	A：厚生年金
2：任意取得	B：切替非対象者
5：資格喪失	C：国家公務員共済組合
6：死亡	D：日本たばこ産業共済組合
7：70歳到達日喪失	E：日本電信電話共済組合
8：通算老齢喪失	F：日本鉄道共済組合
9：高齢任意滞納喪失	G：地方公務員共済組合
	H：公立学校共済組合
	J：私立学校教職員共済制度
	K：農林漁業団体職員共済組合

5 被保険者期間記録回答票(厚生年金の資格記録)

被保険者期間記録回答票(資格画面)により、厚生年金加入時の状況を確認することができます。年金事務所で出力される資料です。

被保険者記録回答票(資格画面)

サトウ　ハナコ

氏名　佐藤　花子　生年月日　昭和　49　.　8　.　11　基礎年金番号　5112-123456

年番　年金コード　整理記号番号　適用種別

発生月　改定月　事由　得喪日　種別　月・賞　原因　月数

5124-ｲﾛﾊ-000111

平 07.04.01　2　160　千円　新規取得　006 月

平 07.10.01　2　160　千円　算/月/他　006 月

平 08.04.13　喪失

5201-ﾆﾎﾍ-000212

キキン-1234

平 09.06.16　2　150　千円　再取得　004 月

平 08.10.01　2　134　千円　算/月/他　005 月

平 09.03.19　喪失

5124　-　ﾄﾁﾘ　-000058

平 09.04.01　2　160　千円　再取得　006 月

平 09.10.01　2　160　千円　算/月/他　003 月

平 10.01.25　喪失

5215-ﾇﾙｦ-000295

整理記号番号　適用種別

得喪日　種別　月・賞　原因　月数

キキン-5678

平 10.01.26　2　134　千円　再取得　009 月

平 10.10.01　2　142　千円　算/月/他　009 月

平 11.07.10　喪失

5215-ﾜｶﾖ-000315

平 11.11.16　2　134　千円　再取得　006 月

平 12.05.16　喪失

5201-ﾀﾚｿ-000158

平 12.09.08　2　170　千円　再取得　001 月

平 12.10.01　2　170　千円　算/月/他　012 月

平 13.10.01　2　200　千円　算/月/他　012 月

平 13.12.01　2　060　千円　賞与

平 14.10.01　2　142　千円　算/月/他　002 月

平 14.12.01　喪失

合計　81　月　実期間　81月　3加　0月　戦加　0月　35以降　0月

■厚生年金の資格記録のコード

資格画面表示	見方
整理記号番号	事業所の整理記号番号
得喪日	被保険者の資格取得、種別変更、資格喪失の日
種別	1　：　男子(第1種被保険者) 2　：　女子(第2種被保険者) 3　：　坑内員(第3種被保険者) 4　：　任意継続者(第4種被保険者) 5　：　厚生年金基金加入の男子 6　：　厚生年金基金加入の女子 7　：　厚生年金基金加入の坑内員 5H　：　厚生年金基金代行返上後(男子) 6H　：　厚生年金基金代行返上後(女子) 7H　：　厚生年金基金代行返上後(坑内員)
原因	新規取得　：　厚生年金に初めて加入 再取得　：　厚生年金に再加入 算/月/他　：　標準報酬月額 喪失　：　死亡以外の喪失(退職日の翌日) 死亡喪失　：　死亡による喪失(死亡日の翌日) 四種取得　：　第四種被保険者の資格取得 賞与　：　賞与
実期間	加入期間の合計月数
35以降	男子40歳以降、女子35歳以降の被保険者期間

6 令和6年度年金額一覧

令和6年度の年金額は次のとおりです。

老齢基礎年金816,000円（昭31.4.1以前生：813,700円）

生年月日	年齢	受給資格期間※			老齢基礎年金		老齢厚生年金							遺族年金
		①	②	③	④	⑥	⑦	⑧	⑨	⑩	⑪	⑫	⑬	⑭
		国民年金と合わせた期間	厚年・共済を合わせた期間	厚生年金の中高齢の特例	加入可能年数	振替加算額（年額）	定額部分の単価の乗率	報酬比例部分の乗率（旧）総報酬制導入 前	報酬比例部分の乗率（旧）総報酬制導入 後	報酬比例部分の乗率（新）総報酬制導入 前	報酬比例部分の乗率（新）総報酬制導入 後	定額部部分の上限	配偶者加給年金額（年額）	経過的寡婦加算額（年額）
T15. 4. 1以前		旧制度の老齢年金または通算老齢年金が支給されます												
大15.4.2～昭 2.4.1	98	21年	20年	15年	25年	234,100円	1.875	10.00	7.692	9.500	7.308	420月	234,800円	610,300円
昭 2.4.2～昭 3.4.1	97	22年	〃	〃	26年	227,779円	1.817	9.86	7.585	9.367	7.205	〃	〃	579,004円
昭 3.4.2～昭 4.4.1	96	23年	〃	〃	27年	221,693円	1.761	9.72	7.477	9.234	7.103	〃	〃	550,026円
昭 4.4.2～昭 5.4.1	95	24年	〃	〃	28年	215,372円	1.707	9.58	7.369	9.101	7.001	432月	〃	523,118円
昭 5.4.2～昭 6.4.1	94	25年	〃	〃	29年	209,051円	1.654	9.44	7.262	8.968	6.898	〃	〃	498,066円
昭 6.4.2～昭 7.4.1	93	〃	〃	〃	30年	202,965円	1.603	9.31	7.162	8.845	6.804	〃	〃	474,683円
昭 7.4.2～昭 8.4.1	92	〃	〃	〃	31年	196,644円	1.553	9.17	7.054	8.712	6.702	〃	〃	452,810円
昭 8.4.2～昭 9.4.1	91	〃	〃	〃	32年	190,323円	1.505	9.04	6.954	8.588	6.606	〃	〃	432,303円
昭 9.4.2～昭10.4.1	90	〃	〃	〃	33年	184,237円	1.458	8.91	6.854	8.465	6.512	444月	269,500円	413,039円
昭10.4.2～昭11.4.1	89	〃	〃	〃	34年	177,916円	1.413	8.79	6.762	8.351	6.424	〃	〃	394,909円
昭11.4.2～昭12.4.1	88	〃	〃	〃	35年	171,595円	1.369	8.66	6.662	8.227	6.328	〃	〃	377,814円
昭12.4.2～昭13.4.1	87	〃	〃	〃	36年	165,509円	1.327	8.54	6.569	8.113	6.241	〃	〃	361,669円
昭13.4.2～昭14.4.1	86	〃	〃	〃	37年	159,188円	1.286	8.41	6.469	7.990	6.146	〃	〃	346,397円
昭14.4.2～昭15.4.1	85	〃	〃	〃	38年	152,867円	1.246	8.29	6.377	7.876	6.058	〃	〃	331,929円
昭15.4.2～昭16.4.1	84	〃	〃	〃	39年	146,781円	1.208	8.18	6.292	7.771	5.978	〃	304,100円	318,203円
昭16.4.2～昭17.4.1	83	〃	〃	〃	40年	140,460円	1.170	8.06	6.200	7.657	5.890	〃	338,800円	305,162円
昭17.4.2～昭18.4.1	82	〃	〃	〃	〃	134,139円	1.134	7.94	6.108	7.543	5.802	〃	373,400円	284,820円
昭18.4.2～昭19.4.1	81	〃	〃	〃	〃	128,053円	1.099	7.83	6.023	7.439	5.722	〃	408,100円	264,477円
昭19.4.2～昭20.4.1	80	〃	〃	〃	〃	121,732円	1.065	7.72	5.938	7.334	5.642	456月	〃	244,135円
昭20.4.2～昭21.4.1	79	〃	〃	〃	〃	115,411円	1.032	7.61	5.854	7.230	5.562	468月	〃	223,792円
昭21.4.2～昭22.4.1	78	〃	〃	〃	〃	109,325円	1.000	7.50	5.769	7.125	5.481	480月	〃	203,450円
昭22.4.2～昭23.4.1	77	〃	〃	16年	〃	103,004円	〃	〃	〃	〃	〃	〃	〃	183,107円
昭23.4.2～昭24.4.1	76	〃	〃	17年	〃	96,683円	〃	〃	〃	〃	〃	〃	〃	162,765円
昭24.4.2～昭25.4.1	75	〃	〃	18年	〃	90,597円	〃	〃	〃	〃	〃	〃	〃	142,422円
昭25.4.2～昭26.4.1	74	〃	〃	19年	〃	84,276円	〃	〃	〃	〃	〃	〃	〃	122,080円
昭26.4.2～昭27.4.1	73	〃	〃		〃	77,955円	〃	〃	〃	〃	〃	〃	〃	101,737円
昭27.4.2～昭28.4.1	72	〃	21年		〃	71,869円	〃	〃	〃	〃	〃	〃	〃	81,395円
昭28.4.2～昭29.4.1	71	〃	22年		〃	65,548円	〃	〃	〃	〃	〃	〃	〃	61,052円
昭29.4.2～昭30.4.1	70	〃	23年		〃	59,227円	〃	〃	〃	〃	〃	〃	〃	40,710円
昭30.4.2～昭31.4.1	69	〃	24年		〃	53,141円	〃	〃	〃	〃	〃	〃	〃	20,367円
昭31.4.2～昭32.4.1	68	〃	25年		〃	46,960円	〃	〃	〃	〃	〃	〃	〃	
昭32.4.2～昭33.4.1	67	〃	〃		〃	40,620円	〃	〃	〃	〃	〃	〃	〃	
昭33.4.2～昭34.4.1	66	〃	〃		〃	34,516円	〃	〃	〃	〃	〃	〃	〃	
昭34.4.2～昭35.4.1	65	〃	〃		〃	28,176円	〃	〃	〃	〃	〃	〃	〃	
昭35.4.2～昭36.4.1	64	〃	〃		〃	21,836円	〃	〃	〃	〃	〃	〃	〃	
昭36.4.2～昭37.4.1	63	〃	〃		〃	15,732円	〃	〃	〃	〃	〃	〃	〃	
昭37.4.2～昭38.4.1	62	〃	〃		〃	15,732円	〃	〃	〃	〃	〃	〃	〃	
昭38.4.2～昭39.4.1	61	〃	〃		〃	15,732円	〃	〃	〃	〃	〃	〃	〃	
昭39.4.2～昭40.4.1	60	〃	〃		〃	15,732円	〃	〃	〃	〃	〃	〃	〃	
昭40.4.2～昭41.4.1	59	〃	〃		〃	15,732円	〃	〃	〃	〃	〃	〃	〃	
昭41.4.2以後	58	〃	〃		〃		〃	〃	〃	〃	〃	〃	〃	

※　老齢基礎年金の受給資格期間は、平成29年8月から10年。①②③は遺族年金受給資格要件において必要

※　⑧～⑪は1,000分の1表示

7 令和6年度再評価率一覧

令和6年度の標準報酬月額の再評価率は次表のとおりです。

加入年月	平成6年再評価率	令和6年度再評価率									
		昭5.4.2以後生まれ	昭5.4.2～昭6.4.1生まれ	昭6.4.2～昭7.4.1生まれ	昭7.4.2～昭8.4.1生まれ	昭8.4.2～昭10.4.1生まれ	昭10.4.2～昭11.4.1生まれ	昭11.4.2～昭12.4.1生まれ	昭12.4.2～昭13.4.1生まれ	昭13.4.2～昭31.4.1生まれ	昭31.4.2以後生まれ
昭33. 3以前	13.960	14.563	14.711	15.025	15.102	15.102	15.165	15.273	15.400	15.414	15.459
昭33. 4～昭34. 3	13.660	14.250	14.392	14.705	14.776	14.776	14.837	14.946	15.068	15.081	15.126
昭34. 4～昭35. 4	13.470	14.052	14.192	14.497	14.572	14.572	14.634	14.738	14.858	14.874	14.918
昭35. 5～昭36. 3	11.140	11.622	11.739	11.989	12.052	12.052	12.100	12.186	12.289	12.300	12.337
昭36. 4～昭37. 3	10.300	10.746	10.853	11.084	11.142	11.142	11,188	11.271	11.360	11.373	11.407
昭37. 4～昭38. 3	9.300	9.701	9.801	10.009	10.060	10.060	10.102	10.177	10.259	10.270	10.301
昭38. 4～昭39. 3	8.540	8.910	8.994	9.195	9.239	9.239	9.277	9.345	9.421	9.429	9.457
昭39. 4～昭40. 4	7.850	8.188	8.270	8.451	8.491	8.491	8.526	8,589	8.659	8.668	8.694
昭40. 5～昭41. 3	6.870	7.166	7.237	7.395	7.431	7.431	7.461	7.515	7.579	7.584	7.606
昭41. 4～昭42. 3	6.310	6.584	6.649	6.789	6.826	6.826	6.853	6.903	6.960	6.966	6.987
昭42. 4～昭43. 3	6.140	6.403	6.470	6.611	6.645	6.645	6.670	6.719	6.772	6.777	6.797
昭43. 4～昭44.10	5.430	5.665	5.723	5.843	5.875	5.875	5.898	5.940	5.989	5.996	6.013
昭44.11～昭46.10	4.150	4.329	4.373	4.467	4.490	4.490	4.510	4.541	4.578	4.582	4.596
昭46.11～昭48.10	3.600	3.755	3.793	3.874	3.894	3.894	3.911	3.941	3.972	3.976	3.988
昭48.11～昭50. 3	2.640	2.753	2.779	2.842	2.856	2.856	2.867	2.889	2.915	2.918	2.926
昭50. 4～昭51. 7	2.250	2.347	2.370	2.424	2.435	2.435	2.445	2.465	2.481	2.483	2.490
昭51. 8～昭53. 3	1.860	1.940	1.961	2.003	2.013	2.013	2.021	2.034	2.051	2.053	2.059
昭53. 4～昭54. 3	1.710	1.783	1.802	1.840	1.851	1.851	1.859	1.872	1.887	1.888	1.894
昭54. 4～昭55. 9	1.620	1.690	1.707	1.742	1.751	1.751	1.758	1.771	1.786	1.788	1.794
昭55.10～昭57. 3	1.460	1.523	1.538	1.572	1.580	1.580	1.586	1.596	1.608	1.610	1.615
昭57. 4～昭58. 3	1.390	1.448	1.466	1.497	1.505	1.505	1.511	1.521	1.533	1.534	1.538
昭58. 4～昭59. 3	1.340	1.400	1.414	1.442	1.448	1.448	1.455	1.467	1.480	1.481	1.485
昭59. 4～昭60. 9	1.290	1.346	1.361	1.389	1.396	1.396	1.403	1.413	1.424	1.424	1.429
昭60.10～昭62. 3	1.220	1.273	1.284	1.313	1.319	1.319	1.325	1.335	1.346	1.347	1.352
昭62. 4～昭63. 3	1.190	1.241	1.254	1.280	1.286	1.286	1.291	1.300	1.311	1.313	1.317
昭63. 4～平元. 11	1.160	1.210	1.221	1.249	1.255	1.255	1.260	1.269	1.279	1.280	1.284
平元.12～平3. 3	1.090	1.138	1.148	1.173	1.178	1.178	1.183	1.192	1.202	1.203	1.206
平3. 4～平4. 3	1.040	1.085	1.097	1.120	1.126	1.126	1.131	1.139	1.147	1.148	1.151
平4. 4～平5. 3	1.010	1.054	1.064	1.087	1.093	1.093	1.098	1.107	1.115	1.116	1.119
平5. 4～平6. 3	0.990	1.033	1.043	1.065	1.071	1.071	1.076	1.083	1.092	1.093	1.096
平6. 4～平7. 3	0.990	1.025	1.025	1.045	1.051	1.051	1.055	1.062	1.071	1.071	1.075
平7. 4～平8. 3	0.990	1.024	1.024	1.024	1.029	1.029	1.033	1.040	1.049	1.050	1.053
平8. 4～平9. 3	0.990	1.020	1.020	1.020	1.015	1.015	1.020	1.028	1.036	1.037	1.040
平9. 4～平10. 3	0.990	0.998	0.998	0.998	0.998	1.001	1.005	1.013	1,023	1.024	1.027

加入年月	平成６年再評価率	令和６年度再評価率									
		昭5.4.2以後生まれ	昭5.4.2～昭6.4.1生まれ	昭6.4.2～昭7.4.1生まれ	昭7.4.2～昭8.4.1生まれ	昭8.4.2～昭10.4.1生まれ	昭10.4.2～昭11.4.1生まれ	昭11.4.2～昭12.4.1生まれ	昭12.4.2～昭13.4.1生まれ	昭13.4.2～昭31.4.1生まれ	昭31.4.2以後生まれ
平10. 4～平11. 3	0.990	0.992	0.992	0.992	0.992	0.992	0.996	1.001	1.010	1.011	1.014
平11. 4～平12. 3	0.990	0.995	0.995	0.995	0.995	0.995	0.995	1.000	1.009	1.010	1.013
平12. 4～平13. 3	0.917	1.000	1.000	1.000	1.000	1.000	1.000	1.000	1.009	1.010	1.013
平13. 4～平14. 3	0.917	1.007	1.007	1.007	1.007	1.007	1.007	1.007	1.007	1.009	1,012
平14. 4～平15. 3	0.917	1.017	1.017	1.017	1.017	1.017	1.017	1.017	1.017	1.015	1.018
平15. 4～平16. 3	0.917	1.022	1.022	1.022	1.022	1.022	1.022	1.022	1.022	1.018	1.021
平16. 4～平17. 3	0.917	1.023	1.023	1.023	1.023	1.023	1.023	1.023	1.023	1.020	1.022
平17. 4～平18. 3	0.923	1.024	1.024	1.024	1.024	1.024	1.024	1.024	1.024	1.022	1.024
平18. 4～平19. 3	0.926	1.024	1.024	1.024	1.024	1.024	1.024	1.024	1.024	1.022	1.024
平19. 4～平20. 3	0.924	1.022	1.022	1.022	1.022	1.022	1.022	1.022	1.022	1.018	1.021
平20. 4～平21. 3	0.924	1.003	1.003	1.003	1.003	1.003	1.003	1.003	1.003	1.001	1.004
平21. 4～平22. 3	0.914	1.016	1.016	1.016	1.016	1.016	1.016	1.016	1.016	1.014	1.017
平22. 4～平23. 3	0.927	1.023	1.023	1.023	1.023	1.023	1.023	1.023	1.023	1.020	1.022
平23. 4～平24. 3	0.934	1.025	1.025	1.025	1.025	1.025	1.025	1.025	1.025	1.023	1.025
平24. 4～平25. 3	0.937	1.026	1.026	1.026	1.026	1.026	1.026	1.026	1.026	1.024	1.027
平25. 4～平26. 3	0.937	1.028	1.028	1.028	1.028	1.028	1.028	1.028	1.028	1.026	1.029
平26. 4～平27. 3	0.932	0.998	0.998	0.998	0.998	0.998	0.998	0.998	0.998	0.996	0.999
平27. 4～平28. 3	0.909	0.993	0.993	0.993	0.993	0.993	0.993	0.993	0.993	0.991	0.994
平28. 4～平29. 3	0.909	0.996	0.996	0.996	0.996	0.996	0.996	0.996	0.996	0.994	0.997
平29. 4～平30. 3	0.910	0.992	0.992	0.992	0.992	0.992	0.992	0.992	0.992	0.990	0.993
平30. 4～平31. 3	0.910	0.983	0.983	0.983	0.983	0.983	0.983	0.983	0.983	0.981	0.984
平31. 4～令2. 3	0.903	0.980	0.980	0.980	0.980	0.980	0.980	0.980	0.980	0.978	0.981
令2. 4～令3. 3	0.899	0.980	0.980	0.980	0.980	0.980	0.980	0.980	0.980	0.978	0.978
令3. 4～令4. 3	0.900	0.983	0.983	0.983	0.983	0.983	0.983	0.983	0.983	0.981	0.981
令4. 4～令5. 3	0.904	0.958	0.958	0.958	0.958	0.958	0.958	0.958	0.958	0.956	0.956
令5. 4～令6. 3	0.879	0.928	0.928	0.928	0.928	0.928	0.928	0.928	0.928	0.926	0.926
令6. 4～令7. 3	0.853	0.928	0.928	0.928	0.928	0.928	0.928	0.928	0.928	0.926	0.926

8 年金額の推移

平成16年以降の年金額等の推移は次表のとおりです。

	改定率		老齢基礎年金			老齢厚生年金		障害基礎年金			
			満額	子の加算		定額単価	配偶者加給年金額（昭18.4.2～生）	2級	1級	加算額	
				第1子、第2子	第3子以下					第1子、第2子	第3子以下
平16年度	特例水準	0.988	794,500円	228,600円	76,200円	1,676円	397,300円	794,500円	993,100円	228,600円	76,200円
平17年度		0.988	794,500円	228,600円	76,200円	×特例水準スライド率	397,300円	794,500円	993,100円	228,600円	76,200円
平18年度		0.985	792,100円	227,900円	75,900円		396,000円	792,100円	990,100円	227,900円	75,900円
平19年度		0.985	792,100円	227,900円	75,900円		396,000円	792,100円	990,100円	227,900円	75,900円
平20年度		0.985	792,100円	227,900円	75,900円		396,000円	792,100円	990,100円	227,900円	75,900円
平21年度		0.985	792,100円	227,900円	75,900円		396,000円	792,100円	990,100円	227,900円	75,900円
平22年度		0.985	792,100円	227,900円	75,900円		396,000円	792,100円	990,100円	227,900円	75,900円
平23年度		0.981	788,900円	227,000円	75,600円		394,500円	788,900円	986,100円	227,000円	75,600円
平24年度		0.978	786,500円	226,300円	75,400円		393,200円	786,500円	983,100円	226,300円	75,400円
平25年4月～		0.978	786,500円	226,300円	75,400円		393,200円	786,500円	983,100円	226,300円	75,400円
平25年10月～		0.968	778,500円	224,000円	74,600円		389,200円	778,500円	973,100円	224,000円	74,600円
平26年度		0.961	772,800円	222,400円	74,100円		386,400円	772,800円	966,000円	222,400円	74,100円
平27年度	0.999		780,100円	224,500円	74,800円	1,626円	390,100円	780,100円	975,125円	224,500円	74,800円
平28年度	0.999		780,100円	224,500円	74,800円	1,626円	390,100円	780,100円	975,125円	224,500円	74,800円
平29年度	0.998		779,300円	224,300円	74,800円	1,625円	389,800円	779,300円	974,125円	224,300円	74,800円
平30年度	0.998		779,300円	224,300円	74,800円	1,625円	389,800円	779,300円	974,125円	224,300円	74,800円
平31年度	0.999		780,100円	224,500円	74,800円	1,626円	390,100円	780,100円	975,125円	224,500円	74,800円
令2年度	1.001		781,700円	224,900円	75,000円	1,630円	390,900円	781,700円	977,125円	224,900円	75,000円
令3年度	1.000		780,900円	224,700円	74,900円	1,628円	390,500円	780,900円	976,125円	224,700円	74,900円
令4年度	0.996		777,800円	223,800円	74,600円	1,621円	388,900円	777,800円	972,250円	223,800円	74,600円
令5年度	昭31.4.2～生 1.018		795,000円	228,700円	76,200円	1,657円	397,500円	795,000円	993,750円	228,700円	76,200円
	～昭31.4.1生 1.015		792,600円			1,652円		792,600円	990,750円		
令6年度	昭31.4.2～生 1.045		816,000円	234,800円	78,300円	1,701円	408,100円	816,000円	1,020,000円	234,800円	78,300円
	～昭31.4.1生 1.042		813,700円			1,696円		813,700円	1,017,125円		

障害厚生年金			遺族基礎年金			遺族厚生年金	年金生活者支援給付金	
配偶者加算額	3級障害厚生年金最低保障額	障害手当金最低保障額	基本額	子の加算 第1子、第2子	子の加算 第3子以下	中高齢寡婦加算	老齢年金生活者支援給付金の基準額、障害年金生活者支援給付金(2級)、遺族年金生活者支援給付金	障害年金生活者支援給付金(1級)
228,600円	596,000円	1,206,400円	794,500円	228,600円	76,200円	596,000円		
228,600円	596,000円	1,171,400円	794,500円	228,600円	76,200円	596,000円		
227,900円	594,200円	1,168,000円	792,100円	227,900円	75,900円	594,200円		
227,900円	594,200円	1,168,000円	792,100円	227,900円	75,900円	594,200円		
227,900円	594,200円	1,168,000円	792,100円	227,900円	75,900円	594,200円		
227,900円	594,200円	1,178,400円	792,100円	227,900円	75,900円	594,200円		
227,900円	594,200円	1,162,000円	792,100円	227,900円	75,900円	594,200円		
227,000円	591,700円	1,153,800円	788,900円	227,000円	75,600円	591,700円		
226,300円	589,900円	1,150,200円	786,500円	226,300円	75,400円	589,900円		
226,300円	589,900円	1,150,200円	786,500円	226,300円	75,400円	589,900円		
224,000円	583,900円	1,150,200円	778,500円	224,000円	74,600円	583,900円		
222,400円	579,700円	1,153,800円	772,800円	222,400円	74,100円	579,700円		
224,500円	585,100円	1,170,200円	780,100円	224,500円	74,800円	585,100円		
224,500円	585,100円	1,170,200円	780,100円	224,500円	74,800円	585,100円		
224,300円	584,500円	1,169,000円	779,300円	224,300円	74,800円	584,500円		
224,300円	584,500円	1,169,000円	779,300円	224,300円	74,800円	584,500円		
224,500円	585,100円	1,170,200円	780,100円	224,500円	74,800円	585,100円	5,000円	6,250円
224,900円	586,300円	1,172,600円	781,700円	224,900円	75,000円	586,300円	5,030円	6,288円
224,700円	585,700円	1,171,400円	780,900円	224,700円	74,900円	585,700円	5,030円	6,288円
223,800円	583,400円	1,166,800円	777,800円	223,800円	74,600円	583,400円	5,020円	6,275円
228,700円	596,300円	1,192,600円	795,000円	228,700円	76,200円	596,300円	5,140円	6,425円
228,700円	594,500円	1,189,000円	792,600円	228,700円	76,200円	—	5,140円	6,425円
234,800円	612,000円	1,224,000円	816,000円	234,800円	78,300円	612,000円	5,310円	6,638円
234,800円	610,300円	1,220,600円	813,700円	234,800円	78,300円	—	5,310円	6,638円

9 障害等級表

国年令別表、厚年令第３条の８、厚年令別表に定められる障害の状態は、次表のとおりです。

障害の程度			障害の状態
1級	1	イ	両眼の視力がそれぞれ0.03以下のもの
		ロ	一眼の視力が0.04、他眼の視力が手動弁以下のもの
		ハ	ゴールドマン型視野計による測定の結果、両眼のI／4視標による周辺視野角度の和がそれぞれ80度以下かつI／2視標による両眼中心視野角度が28度以下のもの
		ニ	自動視野計による測定の結果、両眼開放視認点数が70点以下かつ両眼中心視野視認点数が20点以下のもの
	2		両耳の聴力レベルが100デシベル以上のもの
	3		両上肢の機能に著しい障害を有するもの
	4		両上肢の全ての指を欠くもの
	5		両上肢の全ての指の機能に著しい障害を有するもの
	6		両下肢の機能に著しい障害を有するもの
	7		両下肢を足関節以上で欠くもの
	8		体幹の機能に座っていることができない程度又は立ち上がることができない程度の障害を有するもの
	9		前各号に掲げるもののほか、身体の機能の障害又は長期にわたる安静を必要とする病状が前各号と同程度以上と認められる状態であって、日常生活の用を弁ずることを不能ならしめる程度のもの
	10		精神の障害であって、前各号と同程度以上と認められる程度のもの
	11		身体の機能の障害若しくは病状又は精神の障害が重複する場合であって、その状態が前各号と同程度以上と認められる程度のもの

障害の程度			障害の状態
2級	1	イ	両眼の視力がそれぞれ0.07以下のもの
		ロ	一眼の視力が0.08、他眼の視力が手動弁以下のもの
		ハ	ゴールドマン型視野計による測定の結果、両眼のI／4視標による周辺視野角度の和がそれぞれ80度以下かつI／2視標による両眼中心視野角度が56度以下のもの
		ニ	自動視野計による測定の結果、両眼開放視認点数が70点以下かつ両眼中心視野視認点数が40点以下のもの
	2		両耳の聴力レベルが90デシベル以上のもの
	3		平衡機能に著しい障害を有するもの
	4		そしゃくの機能を欠くもの
	5		音声又は言語機能に著しい障害を有するもの
	6		両上肢のおや指及びひとさし指又は中指を欠くもの
	7		両上肢のおや指及びひとさし指又は中指の機能に著しい障害を有するもの
	8		一上肢の機能に著しい障害を有するもの
	9		一上肢の全ての指を欠くもの
	10		一上肢の全ての指の機能に著しい障害を有するもの
	11		両下肢の全ての指を欠くもの
	12		一下肢の機能に著しい障害を有するもの
	13		一下肢を足関節以上で欠くもの
	14		体幹の機能に歩くことができない程度の障害を有するもの
	15		前各号に掲げるもののほか、身体の機能の障害又は長期にわたる安静を必要とする病状が前各号と同程度以上と認められる状態であって、日常生活が著しい制限を受けるか、又は日常生活に著しい制限を加えることを必要とする程度のもの
	16		精神の障害であって、前各号と同程度以上と認められる程度のもの
	17		身体の機能の障害若しくは病状又は精神の障害が重複する場合であって、その状態が前各号と同程度以上と認められる程度のもの

障害の程度			障害の状態
3級	1	イ	両眼の視力がそれぞれ0.1以下に減じたもの
		ロ	ゴールドマン型視野計による測定の結果、両眼のI／4視標による周辺視野角度の和がそれぞれ80度以下に減じたもの
		ハ	自動視野計による測定の結果、両眼開放視認点数が 70 点以下に減じたもの
	2		両耳の聴力が、40センチメートル以上では通常の話声を解することができない程度に減じたもの
	3		そしゃく又は言語の機能に相当程度の障害を残すもの
	4		脊柱の機能に著しい障害を残すもの
	5		一上肢の三大関節のうち、二関節の用を廃したもの
	6		一下肢の三大関節のうち、二関節の用を廃したもの
	7		長管状骨に偽関節を残し、運動機能に著しい障害を残すもの
	8		一上肢のおや指及びひとさし指を失ったもの又はおや指若しくはひとさし指を併せ一上肢の三指以上を失ったもの
	9		おや指及びひとさし指を併せ一上肢の四指の用を廃したもの
	10		一下肢をリスフラン関節以上で失ったもの
	11		両下肢の10趾(し)の用を廃したもの
	12		前各号に掲げるもののほか、身体の機能に、労働が著しい制限を受けるか、又は労働に著しい制限を加えることを必要とする程度の障害を残すもの
	13		精神又は神経系統に、労働が著しい制限を受けるか、又は労働に著しい制限を加えることを必要とする程度の障害を残すもの
	14		傷病が治らないで、身体の機能又は精神若しくは神経系統に、労働が制限を受けるか、又は労働に制限を加えることを必要とする程度の障害を有するものであって、厚生労働大臣が定めるもの

障害の程度		障害の状態
障害手当金	1	両眼の視力がそれぞれ0.6以下に減じたもの
	2	一眼の視力が0.1以下に減じたもの
	3	両眼のまぶたに著しい欠損を残すもの
	4	両眼による視野が2分の1以上欠損したもの、ゴールドマン型視野計による測定の結果、I／2視標による両眼中心視野角度が56度以下に減じたもの又は自動視野計による測定の結果、両眼開放視認点数が100点以下若しくは両眼中心視野視認点数が40点以下に減じたもの
	5	両眼の調節機能及び輻輳機能に著しい障害を残すもの
	6	一耳の聴力が、耳殻に接しなければ大声による話を解することができない程度に減じたもの
	7	そしゃく又は言語の機能に障害を残すもの
	8	鼻を欠損し、その機能に著しい障害を残すもの
	9	脊柱の機能に障害を残すもの
	10	一上肢の3大関節のうち、1関節に著しい機能障害を残すもの
	11	一下肢の3大関節のうち、1関節に著しい機能障害を残すもの
	12	一下肢を3センチメートル以上短縮したもの
	13	長管状骨に著しい転位変形を残すもの
	14	一上肢の2指以上を失ったもの
	15	一上肢のひとさし指を失ったもの
	16	一上肢の3指以上の用を廃したもの
	17	ひとさし指を併せ一上肢の2指の用を廃したもの
	18	一上肢のおや指の用を廃したもの
	19	一下肢の第1趾(し)又は他の4趾以上を失ったもの
	20	一下肢の5趾の用を廃したもの
	21	前各号に掲げるもののほか、身体の機能に、労働が制限を受けるか、又は労働に制限を加えることを必要とする程度の障害を残すもの
	22	精神又は神経系統に、労働が制限を受けるか、又は労働に制限を加えることを必要とする程度の障害を残すもの

10 年金制度改正の主な沿革・改正

施行時期		内容	改正
昭和15年	3月	船員保険法の施行	—
昭和17年	1月	労働者年金保険法の施行	—
昭和19年	2月	厚生年金保険法の施行（旧労働者年金保険法の改正）	—
昭和29年	5月	厚生年金保険法改正法の施行（全面改正）	—
昭和34年	4月	国民年金法の公布	—
	11月	無拠出の福祉年金の給付開始（老齢福祉年金、障害福祉年金、母子福祉年金、準母子福祉年金）	—
昭和36年	4月	国民皆年金体制の実現	—
		国民年金保険料の徴収、拠出制年金の給付開始	—
昭和41年	10月	厚生年金基金制度の開始	昭和40年改正
昭和45年	10月	付加年金制度の導入	昭和45年改正
		国民年金基金の新設（職能型基金）実際には設立されず	
昭和47年	4月	沖縄の復帰に伴う特別措置に関する法律の施行	—
昭和48年	4月	再評価制度の導入	昭和48年改正
		物価スライド制の導入（年度平均の全国消費者物価指数が5%を超えて変動した場合に適用）	
昭和57年	1月	国民年金の被保険者の資格要件から国籍要件を撤廃（昭和57年1月1日実施）	昭和57年改正
昭和61年	4月	全国民共通の基礎年金制度の導入	昭和60年改正
		国民年金第3号被保険者制度の創設	
		障害福祉年金を障害基礎年金に、母子福祉年金・準母子福祉年金を遺族基礎年金に裁定替え	
		厚生年金の被保険者の資格が65歳で資格喪失に	
		物価スライド制の改正（年平均の全国消費者物価指数が5%を超えて変動した場合に適用）	
		老齢厚生年金支給繰下げ制度創設	
		振替加算制度創設	
		国民年金60歳から65歳になるまでの間の任意加入制度創設	
平成元年	12月	障害年金制度のその他障害の併合規定の改正	平成元年改正
平成2年	2月	年金支払い回数が年4回から年6回に変更	
	4月	完全自動物価スライド制の導入	
平成3年	4月	国民年金基金制度の実施（平成3年4月1日から地域型基金の設立）	
		学生の強制適用（平成3年4月1日適用開始）	

施行時期		内容	改正
平成6年	11月	障害給付失権時期の改正(3級不該当3年経過で失権から65歳失権制度に変更)	平成6年改正
平成7年	4月	70歳までの特例による任意加入制度の創設	平成6年改正
平成9年	1月	基礎年金番号の導入	—
平成9年	4月	旧適用法人共済組合(JR共済、JT共済、NTT共済)を厚生年金に統合	平成8年改正
平成10年	4月	雇用保険の給付との調整(平成10年4月1日施行)	平成6年改正
平成12年	4月	報酬比例部分の5%適正化	平成12年改正
平成13年	4月	60歳台前半の老齢厚生年金の定額部分の支給開始年齢引上げ	平成6年改正
平成13年	4月	障害者特例、長期加入者特例の創設	平成6年改正
平成13年	4月	報酬比例部分と老齢基礎年金繰上げ支給との併給	平成6年改正
平成13年	4月	老齢基礎年金の一部繰上げ制度の創設	平成6年改正
平成14年	4月	保険料半額免除制度の創設	平成12年改正
平成14年	4月	厚生年金の被保険者の資格の改正(70歳で資格喪失)	平成12年改正
平成14年	4月	60歳台後半の在職老齢年金制度の創設	平成12年改正
平成14年	4月	農林漁業団体職員共済組合制度を厚生年金に統合	平成13年改正
平成15年	4月	総報酬制の導入	平成12年改正
平成16年	10月	保険料水準固定方式の導入	平成16年改正
平成16年	10月	マクロ経済スライドによる給付水準の調整	平成16年改正
平成16年	10月	年金額の改定方式の変更	平成16年改正
平成17年	4月	若年者納付猶予の創設(30歳未満を対象)平成28年7月に対象者拡大	平成16年改正
平成17年	4月	申請免除および学生納付特例等の承認期間の変更	平成16年改正
平成17年	4月	特例による任意加入制度の対象者の拡大(昭和40年4月1日以前生まれを対象)	平成16年改正
平成18年	4月	障害基礎年金と老齢厚生年金等の併給	平成16年改正
平成18年	7月	国民年金保険料の多段階免除制度の導入	平成16年改正
平成19年	4月	70歳以上の被用者に係る老齢厚生年金の給付調整の導入	平成16年改正
平成19年	4月	離婚分割(合意分割)の導入	平成16年改正
平成19年	7月	年金時効特例法の施行	—
平成20年	4月	ねんきん特別便の実施	—
平成20年	4月	離婚分割(3号分割)の導入	平成16年改正
平成22年	1月	日本年金機構の設立	平成19年改正
平成23年	4月	障害年金の加算額の加算要件の緩和(受給権取得後の加算)	平成22年改正

施行時期		内容	改正
平成25年	10月	特例水準の解消開始（平成27年4月完了）	平成24年改正
平成26年	4月	厚生年金基金制度の見直し	平成25年改正
		遺族基礎年金の支給対象の拡大（父子家庭への給付拡大）	平成24年改正
		未支給年金の請求権者の範囲の拡大	
		産前産後休業期間中の厚生年金保険料免除	
		繰下げ支給の取扱いの見直し（70歳に遡及）	
		国民年金の任意加入未納期間の合算対象期間への算入	
		障害年金の額改定請求に係る待期期間の一部緩和	
		特別支給の老齢厚生年金の障害者特例の改善（遡り適用）	
		付加保険料の納付期間の延長	
		国民年金の保険料免除期間に係る保険料の取扱いの改善	
		国民年金の保険料免除に係る遡及期間の見直し（2年遡及申請）	
		所在不明高齢者に対する世帯主等の届出を義務化	
		基礎年金の国庫負担割合の2分の1の恒久化	
平成27年	4月	年金額の特例水準の解消（マクロ経済スライド発動）	
	10月	被用者年金一元化法の施行	
平成28年	7月	保険料の納付猶予の対象者の拡大（30歳以上50歳未満も対象）	平成26年改正
	10月	被用者保険（短時間労働者）の適用拡大	平成24年改正
平成29年	8月	老齢基礎年金等の受給資格期間の短縮措置（25年から10年への短縮）	
平成30年	4月	マクロ経済スライドの見直し	平成28年改正
平成31年	4月	産前産後の国民年金保険料免除制度の実施	
令和2年	4月	第3号被保険者に国内居住要件	令和元年改正
令和3年	3月	児童扶養手当と障害年金の併給調整の見直し	令和2年改正
	4月	脱退一時金の上限の改正（3年から5年に延長）	
令和4年	4月	60歳台前半の在職老齢年金の支給停止調整開始額を65歳以上の人と同じ在職老齢年金のしくみ（支給停止調整額）に改正	
		在職定時改定の導入	
		繰上げ減額率の変更（1カ月につき0.5％を0.4％に）	
		老齢基礎年金等の繰下げ申出期間の改正（受給権取得後5年から10年に）	
		加給年金額の支給停止の規定の見直し	
		国民年金手帳から基礎年金番号通知書への切り替え	
	10月	被用者保険（短時間労働者）の適用拡大（企業規模を101人以上に拡大）	
令和5年	4月	特例的な繰下げみなし増額制度創設	
令和6年	10月	被用者保険（短時間労働者）の適用拡大（企業規模を51人以上に拡大）	
令和7年	4月	雇用保険の高年齢雇用継続給付の給付率の縮小	令和6年改正

さくいん

〈著者プロフィール〉
脇　美由紀（わき　みゆき）
特定社会保険労務士、社会福祉士、精神保健福祉士。中央大学法学部卒業。早稲田大学大学院法学研究科修士課程修了。
地方銀行および社会福祉協議会勤務を経て、2006年に社会保険労務士事務所を設立。開業当初から年金業務を専門にし、金融機関、社労士会、患者会等での相談会やセミナー経験多数あり。
著書：『実務に役立つ被用者年金一元化法の詳解―改正の要点と準拠法令―』『病気やケガで働けなくなったときに知っておきたい「制度」と「お金」』『夫が、妻が、自分が、親が「まさかのときに備える」知っておきたい遺族年金』（以上、ビジネス教育出版社）、『医療・福祉担当者、利用者の素朴な疑問にこたえる年金・社会保障ガイド』（中央経済社）

公的年金の教科書

2024年9月12日　初版第1刷発行

著　者　脇　美由紀
発行者　延對寺　哲

発行所　株式会社 ビジネス教育出版社

〒102-0074　東京都千代田区九段南4-7-13
TEL 03(3221)5361(代表)／FAX 03(3222)7878
E-mail▶info@bks.co.jp URL▶https://www.bks.co.jp

印刷・製本／壮光舎印刷㈱　装丁・本文デザイン・DTP／㈲エルグ

ISBN978-4-8283-1096-1